国家自然科学基金资助项目

项目批准号：71673243
项目名称：基于区域化、网络化视角的农业品牌价值
体系建构与管理策略研究

价值决胜

中国茶叶品牌价值成长报告
（2010—2023）

胡晓云　魏春丽　等◎著

DECISIVE VICTORY OF VALUE

CHINA TEA BRAND
VALUE GROWTH REPORT

（2010-2023）

ZHEJIANG UNIVERSITY PRESS
浙江大学出版社
·杭州·

图书在版编目（CIP）数据

价值决胜：中国茶叶品牌价值成长报告. 2010—
2023 / 胡晓云等著. —杭州：浙江大学出版社，2024.5
ISBN 978-7-308-24937-9

Ⅰ. ①价… Ⅱ. ①胡… Ⅲ. ①茶叶－品牌战略－研究
报告－中国－2010－2023 Ⅳ. ①F326.12

中国国家版本馆 CIP 数据核字(2024)第 091851 号

价值决胜——中国茶叶品牌价值成长报告(2010—2023)

胡晓云　魏春丽　等著

责任编辑	李海燕	
责任校对	黄伊宁	
封面设计	雷建军	
责任印制	范洪法	
出版发行	浙江大学出版社	
	（杭州市天目山路 148 号　邮政编码 310007）	
	（网址：http://www.zjupress.com）	
排　　版	杭州好友排版工作室	
印　　刷	杭州宏雅印刷有限公司	
开　　本	787mm×1092mm　1/16	
印　　张	36.75	
字　　数	940 千	
版 印 次	2024 年 5 月第 1 版　2024 年 5 月第 1 次印刷	
书　　号	ISBN 978-7-308-24937-9	
定　　价	128.00 元	

第二版序一:持续实施品牌价值研究,着力推进中国茶产业的品牌化进程

中国茶,历经世代传承、协力振兴,业已成为中华文化的独特代表,中国乡村区域经济发展的主体力量,在文化传承、产业兴旺、科技创新、乡村脱贫与振兴等方面,创造了独特且壮丽的业绩。

但在2010年之前,我国在着力生产与开发茶本身的功能价值的同时,对茶产业的品牌化发展却重视不够。即便许多茶产区努力争取获得农业部的"农产品地理标志"、质监局的"地理标志产品"登记,陆续注册国家知识产权局的"地理标志证明商标"或"地理标志集体商标",但对品牌化管理的要素构成、知识产权价值、品牌价值等问题的探索,尚处于初级阶段。

基于从20世纪90年代开始的对国际品牌价值评估模型与品牌价值相关问题的扎实研究,2008年,浙江大学的胡晓云主任团队在有关学术杂志发表了"中国农业品牌价值评估理论模型"研究成果。2009年,该团队协同农业部市场司、市场信息中心,联合进行了"中国农产品区域公用品牌价值评估"活动,并在北京召开"首届中国农产品区域公用品牌建设高峰论坛",发布了评价结果,引发了创建"中国农产品区域公用品牌"的热潮。

2010年,胡晓云主任团队期望,通过对中国茶叶区域公用品牌的价值评估研究,以数据分析与数智价值,直观表现各地茶叶区域公用品牌的品牌价值现状,引导各品牌主体形成有关品牌价值构成要素的科学共识,探索茶叶区域公用品牌价值产生机制,引导未来茶产业的知识产权利用,协同中国农科院茶叶科学研究所《中国茶叶》杂志,开展了"中国茶叶区域公用品牌价值评估"专项课题探索。

课题组提出,相对于其他农产品品牌,茶叶品牌具有更明显的兼具物理属性和文化属性的双重性。也正是因为这一双重性,茶叶品牌可能具有更高的品牌价值。针对当时不少学者将茶叶品牌的品牌价值(brand value)与文化价值(cultural value)等同起来,并得出某茶叶品牌的品牌价值是无价的、不可用货币形式衡量的结论,课题组根据品牌学原理,提出"品牌价值是品牌主体与品牌消费两端的统一体"的观点。课题组认为,从消费端看,品牌价值是消费者持续购买某品牌产品的意愿、态度等相关因素的综合;从品牌主体端看,品牌价值表现为未来一段时间内品牌所拥有的稳定的、持续的收益能力的预期。品牌价值评估,是对这一收益能力预期和消费者消费意愿的综合分析量化。通过综合分析量化,研究最终可以得出品牌等级分类,可以形成品牌影响强弱排序,也可以通过货币化处理计算得出相对精确的品牌价值比较数值。文化价值,指一客观事物所具有的能够满足一定文化需要的特殊性质或者能够反映一定文化形态的属性。它指的是文化主体与客体的关系中除经济价值之外的价值因素,其文化效用价值可以计量,而文化价值关系则只可以描述却难以量化。因此,茶叶品牌文化属性强的特征是茶叶品牌价值评估中必须考虑的因子,也是茶叶品牌与其他

品类农产品品牌的显著区别之所在,但茶的文化价值只是品牌价值构成的一个部分而已,结合到品牌价值评估中,它可以以文化效用价值体现。

在探讨茶叶品牌的文化特殊性的基础上,课题组在"中国农产品区域公用品牌价值评估模型"(CARD模型)的3项一级指标、5项二级指标的基础上,以针对性和适应性为原则,将茶叶区域公用品牌的区域文化地位和文化渊源、文化传承等指标纳入模型体系,形成中国茶叶区域公用品牌价值评估的专有模型与指标体系:

中国茶叶区域公用品牌价值=品牌收益×品牌强度乘数×品牌忠诚度因子

其中,品牌收益=茶叶年销量×(品牌零售均价-原料收购价)×(1-产品经营费率)。

品牌强度乘数是茶叶区域公用品牌强度所决定的决定品牌未来收益能力的一个乘数,而品牌强度是该品牌所带来的未来持续收益的能力,是一组因子的加权综合。

参照 Interbrand 的品牌价值计算方法,有关品牌强度与品牌强度乘数之间的关系公式为 $250y=x^2, x\in[0,50]$;$(y-10)^2=2x-100, x\in(50,100]$(其中,$x$ 为品牌强度得分,y 为品牌强度乘数,y 值在 0~20 之间),并最终形成品牌强度指标体系。

在确定了品牌强度的针对性指标体系之后,对各项三级指标及四级指标进一步做针对性的细化分解,使其更适应茶叶区域公用品牌的双重特性。

品牌忠诚度因子主要测度消费者的品牌忠诚度,侧重于品牌能否在长时间内维持稳定的销售。在计算上依然参照日本经济产业省的 HIROSE 模型中关于忠诚度的方法,以确保该因子也可准确地反映消费者对茶叶区域公用品牌的忠诚程度,再结合品牌强度指标体系中对消费者的深入分析和研究,从而弥补 Interbrand 评估办法对消费环节因素关注过少的缺陷。

基于"中国茶叶区域公用品牌价值评估模型""中国茶叶企业产品品牌价值评估模型",从 2010 年至今,课题组以公益研究的方式,持续实施品牌价值研究。每一年的《中国茶叶》杂志上,都能够看到两个数据客观且丰富、分析独到且具有"行业风向标"价值的研究报告;我们看到,这两个专项课题研究,已经来到了第 15 个年头,即将拥有 18 年的第一手数据与数理分析数据,发表了 27 个有分量的研究报告。这两个专项研究与发表的相关研究报告,为中国茶产业的品牌化进程提供了客观、公正、科学的研究成果,有效推动了中国茶产业的品牌化进程。

胡晓云教授告诉我,当初开展这一研究工作的初衷,主要有两个:其一,推动中国茶人从产业思维向品牌思维转型,促进中国茶品牌的科学运营进程;其二,希望中国茶产业能够通过品牌化经营,继而开展"知识产权授信"等工作,解决品牌运营资金不足、品牌传播投入不足等问题。

中国茶的未来,任重道远:要复兴中国茶的唐宋盛景,要重获中国茶的国际地位,要振兴中国茶的乡土文化,要创新中国茶的品牌价值……需要更多的不同学科的专家一起探索,共创未来。

从这一意义上,我长期以来都特别支持课题组的工作,并愿意为本书作序。我期望,"中国茶叶品牌价值评估"课题组能够不负众望,持续研究,持续以独特的研究价值,推进中国茶产业的品牌化发展进程和发展水平。

我的理想,是通过多学科交叉、科技文化协同、多维度推进中国从"茶生产大国"变为"茶品牌强国""茶消费王国""茶出口强国",以"品牌价值创造"这一"新质生产力"的创造为契机,通过品牌化推进中国茶的国际化和年轻化。

　　是为序。

中国工程院院士 刘仲华

2024 年 2 月 22 日

第二版序二：让中国茶经济，从产业经济走向品牌经济

中国是最早种植并使用茶的国家，经神农氏到当代茶人的数千年探索，中国茶从中国走向了世界，从东方走向了全球。当下，全球五大洲共有 64 个国家在种植茶树，其中亚洲 22 个、非洲 21 个、美洲 12 个、大洋洲 4 个、欧洲 5 个。中国茶叶仍然对世界茶叶的生产和消费有着巨大影响，根据国际茶叶委员会公布的数据（2022 年）显示，在茶叶产量、种植面积、消费总量、出口量、出口金额和进口量 6 个要素中，中国茶有 4 个"世界第一"：年茶叶产量世界第一；茶园面积世界第一；茶叶消费总量世界第一；年出口金额也为世界第一。当然中国也是茶文化最丰富的国度。这就是中国茶文化、茶产业、茶科技的自信，也说明我国茶在世界上有举足轻重的地位。

茶业是民生产业。茶让人民更富足，我国 1085 个产茶县中有 3000 多万茶农的年收入一半以上依靠茶叶。茶叶在中国已形成一个产业，也是山区人民重要经济收入来源之一。习近平总书记说："因茶致富，因茶兴业，能够在这里脱贫奔小康，做好这些事情，把茶叶这个产业做好。"[①] 茶是产业脱贫、精准脱贫的重要抓手，也是未来乡村振兴的重要抓手。

但从世界茶业的竞争格局来看，在过去相当长的时间里，中国茶虽曾在世界上赢得过诸多产品品质荣誉，但并未能在世界茶叶品牌消费中获得更高的品牌声誉及品牌溢价。甚至，我们曾眼看着立顿、TWG、川宁等国际茶品牌大举进入中国，以品牌的方式获得了我国年轻的、追求时尚的消费者们追捧，但我们却没有一争之力。

毋庸讳言，这与长期以来中国茶人一直只关注茶产品生产而忽视了品牌创建有关。因此，通过品牌化建设，让中国的茶经济从产业经济走向品牌经济，从产品价值走向品牌价值，就成为中国茶业与世界对话、同台竞技的必由之路。

历史已行进到 3B 时代，茶叶消费者的品牌消费倒逼了品牌竞争的白热化。数据证明，目前我国茶产业中具有一定规模、独特地标属性的区域公用品牌已达 600 多个，其中如八马、小罐茶、大益、竹叶青等具有相当的市场影响力的茶企业、产品品牌也正在不断崛起。

但是，如何将基于区域生态和人文特征的 600 多个茶叶区域公用品牌打造成为富有全球竞争力的茶叶地标品牌？中国众多的茶叶企业又如何能够立得住、活得好，并超越进入国门攻城略地的茶叶国际品牌？答案只有一个，那就是中国茶的品牌管理与运营者，必须懂得品牌思维和品牌价值创造方式，必须用品牌的语言与国内外市场对话。

为了以研究引领茶产业的品牌化发展，带动中国茶的品牌管理与运营者们用正确的品牌思维进行价值创造，胡晓云主任领衔的浙江大学 CARD 中国农业品牌研究中心团队从 2010 年始，便先后协同了中国茶叶研究所《中国茶叶》杂志社、浙江大学茶叶研究所、中国国际茶文化研究会茶业品牌建设专业委员会、浙江永续农业品牌研究院等，持续开展了 15 年

---

① 史伟、邢彬："独家视频｜习近平：因茶致富 把茶叶这个产业做好"，央视新闻，2020-04-22。

的"中国茶叶区域公用品牌价值评估"研究活动。

近15年来，每一年的5、6月份，我们都可以在《中国茶叶》杂志上看到《中国茶叶区域公用品牌价值评估研究报告》（2010年至今）以及《中国茶叶企业产品品牌价值评估研究报告》（2011年至今）。这两组篇幅长、数据实、分析专业的研究报告，从品牌价值构成的视角，逐项获得并分析了数据及数据产生的基本逻辑。持续不断的系统性研究报告，让所有《中国茶叶》杂志的读者，都能够了解到中国茶品牌的发展现状与轨迹，并看到自己所运营管理的茶品牌每一年的成长性。让他们能发现关键数据的变化，以提醒自己在新一年中应当继续发挥优势、规避弱势、提升品牌价值要素等。因此，这两组报告不仅成为过去14年里我国茶业每年的"风向标"，更是一位以"品牌价值"为核心，科学管理运营品牌的专业"分析师"，为中国茶品牌的科学发展，提供了独一份的品牌学指引。2018年，胡晓云主任团队将2010—2017年间的15个报告积集成册，由浙江大学出版社出版了《价值决胜——中国茶叶品牌价值成长报告（2007—2017）》一书，并于2018年5月20日召开了新书发布会。我作为这项研究的联合课题组专家也参加了发布会，对胡晓云主任团队在中国茶从产业经济走向品牌经济方面特殊的研究贡献给予了充分的肯定。

年前，胡晓云主任特别跟我提起，要将2019—2023年间的10个研究报告纳入书中，出版《价值决胜——中国茶叶品牌价值成长报告（2010—2023）》，向2024年的"国际茶日"献礼，并嘱我为之写序。

这15年的研究历程，实属不易。我作为联合课题组专家，深有同感。因此，我非常乐意为之作序，并希望所有的中国茶品牌管理与运营者，都能够好好阅读，在浩瀚的、系统的数据与精辟的专业分析中，体会到胡晓云主任及其课题组所有成员的用心。

我们有着一个共同的愿景：复兴中国茶，振兴茶经济，创新茶价值，造福全人类。

特为之序。

国务院学科评议组成员
浙江大学茶学学科领头人
浙江大学茶叶研究所所长
浙江大学求是特聘学者
王岳飞
2024年2月17日

第二版自序:向世人,奉上独特的东方美茶

胡晓云

本书的第一版出版于 2018 年。当时,我的自序题为"我期待,世界转身向东"。基于 2007—2017 十年间的中国茶叶区域公用品牌、中国茶叶企业产品品牌丰富而专业的数据,我试图告诉读者:

中国这个茶叶的故乡,的确有着丰富的茶品牌。这些品牌,无论是基于区域生态与人文特色因素创建的中国茶叶区域公用品牌,还是基于企业产品品牌发展原理构建的相关品牌,都已经呈现出品牌独特的文化力量、消费竞争力、品牌溢价能力。通过中国茶叶品牌的创建、运营、传播、消费,中国茶文化、各个茶叶品牌的品牌文化已然得以传递。我也期待,终有一天,因为中国茶品牌的特色与力量,世界将会"转身向东",以欣赏的目光,看我们具有"茶和天下"理念的伟大的祖国。

我同时想通过对大量数据的专业分析,给所有获评、尚未获评的中国茶叶品牌,提供相关专业数据与专业分析,让所有的中国茶叶品牌经营者,通过数据了解自身的来路与前路,了解竞争对手或竞合者在品牌价值、品牌收益、品牌强度指数、品牌忠诚度因子等方面更详尽的数据,以便科学审视自身的优劣势,精确拟定自身未来的品牌发展目标,创造更高的品牌价值。

书出版之后,成为相关研究机构与茶叶区域公用品牌、茶叶企业产品品牌的案头书,起到了一定的数据展示、观点呈现、行业参考的作用。

2019 年,我们依然在中国茶叶科学研究所《中国茶叶》杂志、浙江大学茶叶研究所的支持下,持续开展该项研究,并有浙江永续农业品牌研究院加盟了具体研究工作。

2021 年,中国国际茶文化研究会茶业品牌建设专业委员会成立,本人担任专委会主任,专委会也加入了该项研究工作。

从 2010 至 2023 年,这项研究已然持续了 14 年,拥有了 2007—2022 共 16 年的中国茶叶品牌系统数据。共 27 个中国茶叶品牌的价值评估报告,在每一年的 5、6 月,按时刊登在《中国茶叶》杂志上,成为每一年度中国茶叶品牌发展的风向标。

这 27 个研究报告,拥有真实、扎实、丰富、层级化的第一手数据,并经由数智化赋能、专业化分析,拥有了中国迄今为止唯一的有关中国茶品牌的系统化数据体系、指标现象、数智分析。从这 27 个报告中,我们可以看到,中国茶叶品牌正在快步复兴、强力振兴。

本书涉及的众多获评品牌,作为中国茶业的新质生产力,关键的生产要素、消费可能,代表着中国茶叶重要的品牌特色及集群现象,象征着中国茶产业日趋兴旺,传承并传播了中华茶文化、茶美学,向世人,奉上品质独特、品牌独特的东方美茶。

中国茶叶品牌,不仅生产色香味形俱佳的东方好茶,更创造充满善意的、柔情的、温暖的东方美茶的品牌特色、品牌集群,承载着中华文化与东方美学独特的韵味与价值观。

1

　　我相信,这一杯杯东方美茶,将冲破千百年来源自地理、心理甚至宗教、意识形态所形成的国家地理边界,将冲破近年来疫情危害所带来的各种不确定障碍,将冲破东西方区域文化隔阂,与世界人民一道,真正实现茶和天下、美美与共。

2024 年 2 月 18 日

第一版序一　中国茶产业的兴旺,需要各方努力

鲁成银

中国是茶的故乡,茶之为饮,发乎神农氏,闻于鲁周公,兴于唐,盛于宋,从神农尝百草至今,已有5000年历史。中国是世界上最大的茶叶生产国,2017年,我国茶园面积已达305.9万公顷(4588.7万亩),产量260.9万吨,占世界茶叶总产量的46%左右。面对历史文化底蕴深厚、规模庞大的中国茶产业,保障产业健康可持续发展、提升产业效益、增加茶农收入,是一项具有重要意义的研究课题。

我长期从事茶叶质量与标准研究,关注茶叶质量、标准与品牌之间的内在关系。我认为,要想做好茶产业,一定要做出自己的特色。

2009年,浙江大学胡晓云教授找到我,希望在中国茶叶品牌价值评估上一起做点事。当时,胡教授已经开发出了一个"中国农产品区域公用品牌价值评估"模型,但是,要开展茶叶品牌价值的专项评估,需要对这个模型进行修改,使之适合茶叶品牌价值评估,需要对模型各项指标的权重以及信息的获取等进行针对性论证。经过多次反复讨论论证,2010年,第一次"中国茶叶区域公用品牌价值"专项评估正式开展,当时由浙江大学CARD中国农业品牌研究中心、《中国茶叶》杂志以及中国茶叶网共同组建了课题组。此后,胡教授团队又延伸开发了针对中国茶叶企业产品品牌价值评估的模型。2011年,在前一年的基础上,开展了首次"中国茶叶企业产品品牌价值"专项评估。自此,两项公益性评估——"中国茶叶区域公用品牌价值"专项评估和"中国茶叶企业产品品牌价值"专项评估,变成了课题组每年春季的例行研究课题。这是一件有利于中国茶业发展的事情,通过品牌价值评估,从海量数据中总结过去,展望未来,推进中国茶业品牌化,实现茶农增收,促进茶产区社会经济发展,助力乡村振兴。

转眼,这项研究已经持续了9年,分析了共计11年的中国茶叶区域公用品牌与企业产品品牌的海量数据。在中国传统文化中,"九"具有非同寻常的内涵。能够坚持九年的事业,值得敬佩。研究清苦,幸好有茶相伴,希望胡教授能够一如既往,将这项公益性研究事业长久坚持下去。也希望能有更多的茶叶品牌参与其中,无论是区域公用品牌还是企业产品品牌,无论是"大而全"还是"小而美"的茶品牌。中国茶产业的兴旺,需要各方共同努力。

2018年6月18日

第一版自序　我期待,世界转身向东

胡晓云

　　这十余年来,始终不断地有人追问或感叹:胡老师,当初为什么要进行中国农产品品牌价值评估活动? 评估的初衷与方法是什么? 从 2009 年开始的全产业农产品区域公用品牌价值评估,到 2010 年开始的中国茶叶区域公用品牌价值评估、2011 年开始的中国茶叶企业产品品牌评估,至今已经拥有了 12 年的农产品产业调查数据和 10 年评估历程,不容易啊!

　　每一次,我总是会不厌其烦地解释当年的初衷,边解释,边让自己回到了 11 年之前——2007 年。2007 年,我率领课题组调查、研究、写作并出版了专著《中国农产品的品牌化——中国体征与中国方略》。在该书中,针对中国农业现实,提出了"区域公用品牌"的概念,并为之进行了简要定义:"区域公用品牌是指某一区域内的商品或服务,联合提高区域内外消费者的评价,使区域产品与区域形象共同发展的品牌。"①且在书中"本土创造:中国方略与中国元素"②一章,强调要形成整合区域公用品牌与非区域公用品牌的中国方略;在"未来提案:国家品牌与中国诉求"③一章,强调要整合区域力量,打造国家品牌、地区区域公用品牌、企业品牌、商品品牌等互补融合的科学的品牌生态系统,并进一步提出了"建立中国农产品品牌价值评估体系"④的初步模型建议。

　　该专著引领了学界与业界的相关研究与实践探讨,但由于我国农业品牌化的人才基础薄弱,所以,如何引导农口人员、农口组织进行农产品品牌塑造,依然是一个大难题。

　　作为应用学科的研究人员,我始终认为,解决现实问题,实现问题导向才有真正的学术价值。为了解决难题,2007—2008 年,我继续率领课题组,借助德尔菲法,研制了"中国农产品区域公用品牌价值评估模型"(简称 CARD 模型 1)、"中国农产品企业产品品牌价值评估模型"(简称 CARD 模型 2)。为验证模型的中国特色与应用性,进行了跨越 29 个省(区、市)的农产品品牌现状调查与品牌价值评估活动,历时一年多。2009 年底,与农业部信息中心合作,召开"首届中国农产品品牌建设高峰论坛",发布了经 CARD 模型 1 数据处理与分析形成的"2009 中国农产品区域公用品牌价值评估报告"⑤,该报告包括了"中国农产品区域公用品牌的前世今生""理论与方法:品牌价值评估与农产品品牌价值评估""农产品区域公用品牌的价值构成与量化""中国农产品区域公用品牌价值评估的数据解读"等四大部分。与所

---

①　胡晓云等:《中国农产品的品牌化——中国体征与中国方略》,北京:中国农业出版社,2007 年,第 43 页。

②　同上,第 112—142 页。

③　同上,第 185—194 页。

④　同上,第 243 页。

⑤　胡晓云等:"2009 中国农产品区域公用品牌价值评估报告",《农产品市场周刊》,2009 年第 47 期。

有评估机构的做法不同，课题组在文中详细公布了"品牌价值评估与农产品品牌价值评估""农产品区域公用品牌的价值构成与量化"内容，让农口政府部门及农口企业所有的《农产品市场周刊》的读者都能够了解到四个知识板块：一般的品牌价值评估指标体系是什么；农产品区域公用品牌的价值评估指标体系是什么；农产品区域公用品牌价值评估各指标的量化与权重如何；经由该指标体系测算出的中国农产品区域公用品牌的现有价值处于什么位置。稍后，2010 年，又发表了相关论文《中国农产品区域公用品牌的价值评估研究》[①]，不仅对区域公用品牌定义进行了更详尽的表述："作为品牌的一种重要类型，区域公用品牌是指特定区域内相关组织和机构所共有的，在品牌建立的地域范围、品牌品质管理、品牌使用许可、品牌行销与传播等方面具有共同诉求与行动，以联合提高区域内外消费者的评价，使区域产品与区域形象共同发展的品牌。"也从理论层面进一步阐述了农产品区域公用品牌价值评估的指标体系、权重构成、计算公式等内容。[②] 这样做的目的，是希望通过上述知识板块的发表，向涉农品牌主体、相关人员与组织、涉农政府职能部门等，传播品牌建设科学的、有效的指标体系。农产品区域公用品牌的特殊品牌性质带来的特殊的科学、有效的指标体系，使得涉农品牌主体、涉农政府机构、涉农人员与组织能够在未来的品牌建设中，有章可循，有据可依，不会误读品牌建设的战略意义与品牌建设的内涵结构、方法论。因此，我们的农产品品牌价值评估，并非一般意义上的排名或排行榜，而是发现问题、深入研究的一种方法论，我们的目的，是理论引领，而非排名。

茶产业是中国农业的重要构成部分。中国是全球最早种植茶的国度。2009 年，中国茶产业经过千年历史孕育与延续，经历了 20 世纪 80 年代开始的名优茶战略，在种植面积、产量、销售量上均位于世界前列。但放眼全球，在茶品牌建设、茶产品溢价、茶品牌价值构建等方面，中国落在了英国、斯里兰卡甚至印度的后面。"中国七万家茶企不如一个立顿"的说法，弥漫整个茶界。而以"立顿""川宁"为代表的域外品牌，则乘着中国"新新人类"欧化生活之风，长驱直入。

当时，我们认为，如果从品牌经济的角度去审视中国茶产业，我们可以看到，茶产业的产业属性决定了该农产品不仅具有"色香味形"的物质属性，更是一种文化现象，是东方的、中国的生活方式，是中华文明与价值观的物性代表，是兼具产品物性、文化性、象征性、与区域形象甚至国家品牌具有密切关系的农产品及产业。中国农产品的品牌化，必须首先是中国茶产业的品牌化。

茶，曾经从中国，经由各种宗教的、民间的、商业的、政治的路径，走向世界。如今，茶，又从世界走向中国。但在走向中国的过程中，世界上其他国家的茶叶品牌，已然以后起之秀和竞争者的姿态，以胜利者的荣耀，俯视着茶的故乡。为发展中国茶品牌，我们应当担起自己的责任，付出自己的努力。

---

① 胡晓云等："中国农产品区域公用品牌价值评估研究"，《中国广告》，2010 年第 3 期，第 120 页。

② 2014 年 12 月 3 日，农业部市场司发布"中国农产品品牌发展研究报告"，其中有关品牌、区域公用品牌的相关定义与表达界定，均采用了胡晓云的研究成果。该报告第一页中有关"品牌是一个整合体……"的阐述了引用了胡晓云 2007 年专著《现代广告学》(浙江大学出版社)第 303 页内容；该报告第 3 页中有关农产品区域可用品牌的阐述引用了胡晓云等于 2009 年发表于农业部《农产品市场周刊》第 47 页相关文章等。

于是,我们决定,单独进行中国茶叶区域公用品牌及企业产品品牌的品牌价值评估与研究。此举得到了中国茶叶研究所副所长鲁成银研究员的大力支持,他协同《中国茶叶》杂志、中国茶叶网全力支持课题组的研究。课题也得到了浙江大学中国茶叶研究所王岳飞所长的大力支持。2010年,在浙江新昌的茶文化节上,基于2007—2009年3年数据的"2010中国茶叶区域公用品牌价值评估报告"发布,当年5月,《中国茶叶》杂志全文刊登该报告。2011年,依据"中国农产品企业产品品牌价值评估模型"(简称CARD模型2)写成的"2011中国茶叶企业产品品牌价值评估报告"出炉。2010—2018年前后9年时间里,数据跨度长达整整11年(2007—2017年)的两个公益性评估报告,总能够在每年5月的《中国茶叶》杂志上发表。

2007—2018年的数据研究与应用,2008—2018年的模型研究与应用,2010—2018年的评估与发布,我们一路走来,竟成大观。我们付出了情怀、心血与智慧,收获了海量的调研资料,收获了在《中国茶叶》杂志发布的17个研究报告,收获了对中国茶产业品牌建设研究的成果与心得,收获了这个行业对我们的公益研究发自内心的尊重。

本书总计78.6万字,全书共分上、中、下三篇。

上篇"区域公用品牌篇",是历年来发表于《中国茶叶》的"中国茶叶区域公用品牌价值评估报告"。从该篇九个报告中,读者可以看到我们构建的中国茶叶区域公用品牌价值指标体系,对中国2007—2017年11年间近百个代表性茶叶区域公用品牌的价值发展与成长的数据研究与分析,对中国茶叶区域公用品牌建设的专业建议与未来趋势判断。在2018年的评估报告第三部分,根据历年数据和现状研究,我们强调:要"奠定品牌大业""崛起国家品牌"。

中篇"企业产品品牌篇",是历年来发表于《中国茶叶》杂志的"中国茶叶企业产品品牌价值评估报告",从该篇八个报告中,读者可以看到我们构建的中国茶叶企业产品品牌的价值指标体系,对中国2008—2017年10年间数百个代表性中国茶叶企业产品品牌的价值成长数据的研究与分析,对中国茶叶企业产品建设的问题判断与专业建议。在2018年的评估报告第三部分,根据数据显示的问题,我们强调:应当放眼全球市场,实现战略布局,企业品牌抱团,整合产业力量,策略先导,精准传播,尊重行业标准,强化品牌保护。

下篇"成长轨迹篇",分A与B两部分。A部分是"中国茶叶区域公用品牌十年成长轨迹",读者可以看到2007—2017年32个中国茶叶区域公用品牌的连续数据分析报告,可以看到这些品牌11年来的品牌价值、品牌收益、品牌强度乘数、品牌忠诚度等各项指标的成长轨迹。B部分是"中国茶叶企业产品品牌十年成长轨迹",读者可以看到2008—2017年30个中国茶叶企业产品品牌的连续数据分析报告,可以看到典型企业产品品牌10年来的品牌价值、品牌收益、品牌强度乘数、品牌忠诚度等各项指标的成长轨迹。在下篇中,我们欣喜地看到,无论品牌意识还是品牌价值、品牌收益、品牌强度、品牌忠诚度等各项指标,都展现了令人振奋的成长轨迹。只要坚持科学的品牌化道路,中国茶产业的国家品牌化指日可待。

本书最后有三篇附文。附文一,针对中国茶的国家品牌与世界表达,提出了重要观点:中国茶有自己的核心价值,应当定位于中国茶的核心价值,并进行对接世界话语的世界表达。附文二,针对中国茶的策略诉求现状,介绍了其他国家的茶品牌的品牌定位与诉求策略,强调要针对"新新人类"进行诉求与策略选择。附文三,针对2017年5月21日农业部主办的首届中国国际茶叶博览会上新评出的"中国十大茶叶区域公用品牌",进行了品牌价值数据的交互解读。在解读中,发现了"中国十大茶叶区域公用品牌"的价值成长轨迹与现实问题所在。

关于十年,我记得,我国唐代诗人杜牧曾有诗云:"落魄江湖载酒行,楚腰纤细掌中轻。十年一觉扬州梦,赢得青楼薄幸名。"而唐代诗人贾岛则另有一诗云:"十年磨一剑,霜刃未曾试。今日把示君,谁有不平事?"

十年间,我与课题组的同仁们,筚路蓝缕,也试图磨成一剑。今日,十年心血终于积集成书,示于天下。

我们期待,在世界茶品牌的园林中,除了英国的川宁、立顿,澳大利亚的 T2,新加坡的 TWG,日本的伊藤园,德国的 Tea Calendar,印度的塔塔,还有我们中国的品牌;我们期待,因为中国茶的崛起与复兴,中国不仅能够缔造中国茶的品牌经济,传承中国的茶文化,同时,能够以茶为媒,令世界转身向东,充分领会中国文化的包容与独特,真正实现世界命运共同体的博大理想。

2018 年 6 月 18 日

目 录

上篇 区域公用品牌篇（数据跨度：2007—2022）

评估背景及相关说明 ·· 3

　　一、评估背景 ··· 3

　　二、模型应用说明 ·· 4

2010：中国茶叶区域公用品牌价值评估报告（数据跨度：2007—2009） 6

　　一、评估程序说明 ·· 6

　　二、品牌基础与现代性 ·· 6

　　三、数据解读 ··· 9

　　四、评估启示 ·· 13

　　附表：2010 年中国茶叶区域公用品牌价值评估结果（前 80 位） 16

2011：中国茶叶区域公用品牌价值评估报告（数据跨度：2008—2010） 18

　　一、数据之形：品牌价值的定量解析 ····························· 18

　　二、现实之象：品牌建设七种现象洞察 ··························· 22

　　三、未来之景：品牌价值创新之路 ······························· 26

　　附表：2011 年中国茶叶区域公用品牌价值评估结果 ·············· 29

2012：中国茶叶区域公用品牌价值评估报告（数据跨度：2009—2011） 31

　　一、数据：成长性、累积性、稳定性，彰显品牌价值 ················ 31

　　二、现象：合则双赢，品牌发展新主题 ··························· 41

　　三、对策：内涵式增长推进转型升级 ····························· 45

　　附表：2012 年中国茶叶区域公用品牌价值评估结果 ·············· 47

2013：2009—2013 年中国茶叶区域公用品牌价值发展报告（数据跨度：2006—2012） 49

　　一、数据呈现 ·· 50

　　二、趋势发展 ·· 61

　　附表：2013 年中国茶叶区域公用品牌价值评估结果 ·············· 65

2014：中国茶叶区域公用品牌价值评估报告（数据跨度：2011—2013） ············ 67

　　一、把数据之脉 ·· 67

　　二、看品牌万象 ·· 76

　　三、探前行道路 ·· 79

　　附表：2014 年中国茶叶区域公用品牌价值评估结果 ············· 80

2015：中国茶叶区域公用品牌价值评估报告（数据跨度：2012—2014） ············ 82

　　一、品牌成长新常态 ·· 82

　　二、品牌现象万花筒 ·· 85

　　三、未来品牌生态系统 ·· 93

　　附表：2015 年中国茶叶区域公用品牌价值评估结果 ············· 96

2016：中国茶叶区域公用品牌价值评估报告（数据跨度：2013—2015） ············ 98

　　一、解析品牌成长 ·· 98

　　二、洞察品牌万象 ·· 103

　　三、把握品牌未来 ·· 111

　　附表：2016 年中国茶叶区域公用品牌价值评估结果 ············· 113

2017：中国茶叶区域公用品牌价值评估报告（数据跨度：2014—2016） ············ 115

　　一、品牌成长新数据 ·· 115

　　二、品牌建设新机遇 ·· 125

　　三、品牌发展新挑战 ·· 129

　　四、品牌应对新策略 ·· 132

　　附表：2017 年中国茶叶区域公用品牌价值评估结果 ············· 134

2018：中国茶叶区域公用品牌价值评估报告（数据跨度：2015—2017） ············ 136

　　一、中国茶叶区域公用品牌的价值数据 ······························ 136

　　二、十强品牌的价值成长 ·· 145

　　三、中国茶叶品牌未来之路 ·· 169

　　附表：2018 年中国茶叶区域公用品牌价值评估结果 ············· 173

2019：中国茶叶区域公用品牌价值评估研究报告（数据跨度：2016—2018） ············ 175

　　一、品牌成长新数据 ·· 175

　　二、十年品牌成长：数据体现发展脉搏 ······························ 183

　　三、品牌加持，产业扶贫升级 ······································ 190

　　附表：2019 年中国茶叶区域公用品牌价值评估结果 ············· 206

2020：中国茶叶区域公用品牌价值评估研究报告（数据跨度：2017—2019）…………… 208

　　一、数据分析 ………………………………………………… 209

　　二、现象与问题 …………………………………………… 221

　　三、未来发展趋势 ………………………………………… 225

　　附表：2020 年中国茶叶区域公用品牌价值评估结果 ……… 228

2021：中国茶叶区域公用品牌价值评估研究报告（数据跨度：2018—2020）…………… 230

　　一、数据分析 ………………………………………………… 230

　　二、现象与趋势 …………………………………………… 240

　　三、结语 …………………………………………………… 253

　　附表：2021 年中国茶叶区域公用品牌价值评估结果 ……… 254

2022：中国茶叶区域公用品牌价值评估研究报告（数据跨度：2019—2021）…………… 256

　　一、数据分析 ………………………………………………… 256

　　二、现象与趋势 …………………………………………… 268

　　三、结语 …………………………………………………… 273

　　附表：2022 年中国茶叶区域公用品牌价值评估结果 ……… 275

2023：中国茶叶区域公用品牌价值评估研究报告（数据跨度：2020—2022）…………… 278

　　一、数据分析 ………………………………………………… 278

　　二、现象与趋势 …………………………………………… 287

　　三、未来建议 ……………………………………………… 291

　　附表：2023 年中国茶叶区域公用品牌价值评估结果 ……… 293

下篇　企业产品品牌篇（数据跨度：2008—2022）

2011：中国茶叶企业产品品牌价值评估报告（数据跨度：2008—2010）…………… 299

　　一、缘起 …………………………………………………… 299

　　二、评估方法说明 ………………………………………… 299

　　三、评估数据解读 ………………………………………… 300

　　四、品牌建设的战略博弈 ………………………………… 307

　　附表：2011 年中国茶叶企业产品品牌价值评估结果（前 100 位）…… 310

2012：中国茶叶企业产品品牌价值评估报告（数据跨度：2009—2011）…………… 313

　　一、数据表现 ……………………………………………… 313

　　二、数据解读 ……………………………………………… 316

　　三、趋势观察 ……………………………………………… 319

四、未来应对 ·· 321

附表：2012 年中国茶叶企业产品品牌价值评估结果（前 100 位） 324

2013：中国茶叶企业产品品牌价值评估报告（数据跨度：2010—2012） ········ 327

一、数据呈现 ·· 327

二、现象解读：双轴交叠的品牌价值创造 ·· 335

三、变革应对：品牌成长身后的商业价值链条重构 ····························· 338

附表：2013 年中国茶叶企业产品品牌价值评估结果（前 100 位） 340

2014：中国茶叶企业产品品牌价值评估报告（数据跨度：2009—2013） ········ 343

一、数据分析：成长、累积、稳定 ·· 343

二、洞察现象：行进中的变化趋势 ·· 351

三、应变对策：于变化中凸显品牌价值 ·· 353

附表：2014 年中国茶叶企业产品品牌价值评估结果（前 100 位） 355

2015：中国茶叶企业产品品牌价值评估报告（数据跨度：2012—2014） ········ 358

一、数据解读：价值上升，增幅趋缓 ··· 358

二、现象洞察：新常态、新心态 ··· 365

三、未来应对：整合力量，创新业态 ··· 366

附表：2015 年中国茶叶企业产品品牌价值评估结果（前 100 位） 370

2016：中国茶叶企业产品品牌价值评估报告（数据跨度：2013—2015） ········ 375

一、数据解读：总体价值上升，趋势良好 ··· 375

二、现象洞察：力量整合，业态创新 ··· 397

三、未来趋势：政企联动，新品牌生态初现 ······································ 398

附表：2016 年中国茶叶企业产品品牌价值评估结果（前 100 位） 400

2017：中国茶叶企业产品品牌价值评估报告（数据跨度：2014—2016） ········ 404

一、数据说话：持续成长，增幅趋缓 ··· 404

二、典型解读：百年吴裕泰的现代传播价值 ······································ 418

三、未来建议：借助品牌传播，打出品牌建设组合拳，提升品牌竞争力 ··· 421

附表：2017 年中国茶叶企业产品品牌价值评估结果（前 100 位） ········· 423

2018：中国茶叶企业产品品牌价值评估报告（数据跨度：2015—2017） ········ 427

一、数据揭示：中国茶企产品品牌现状 ·· 427

二、品牌未来：抓住契机，高位发展 ··· 440

附表：2018 年中国茶叶企业产品品牌价值评估结果（前 100 位） ········· 443

2019：中国茶叶企业产品品牌价值评估报告（数据跨度：2016—2018） ········· 447

    一、数据引路：中国茶企产品品牌现状 ··················· 447

    二、"一带一路"，中国茶叶走向世界 ··················· 459

    三、结语 ····································· 473

    附表：2019 年中国茶叶企业产品品牌价值评估结果（前 100 位） 474

2020：中国茶叶企业产品品牌价值评估报告（数据跨度：2017—2019） ········· 478

    一、数据分析 ··································· 478

    二、现象与问题 ································· 488

    三、趋势及建议 ································· 493

    附表：2020 年中国茶叶企业产品品牌价值评估结果（前 100 位） 495

2021：中国茶叶企业产品品牌价值评估报告（数据跨度：2018—2020） ········· 498

    一、数据分析 ··································· 498

    二、现象与问题 ································· 507

    三、趋势及建议 ································· 516

    附表：2021 年中国茶叶企业产品品牌价值评估结果（前 100 位） 517

2022：中国茶叶企业产品品牌价值评估报告（数据跨度：2019—2021） ········· 521

    一、数据分析 ··································· 521

    二、现象与问题 ································· 532

    三、建议 ····································· 537

    附表：2022 年中国茶叶企业产品品牌价值（前 100 位） ······· 540

2023：中国茶叶企业产品品牌价值评估报告（数据跨度：2020—2022） ········· 544

    一、数据与分析 ································· 544

    二、现象与问题 ································· 554

    三、趋势与建议 ································· 559

    附表：2023 年中国茶叶企业产品品牌价值评估结果（前 100 位） 562

第二版后记 ····································· 566

第一版后记 ····································· 567

区域公用品牌篇（数据跨度：2007—2022）

评估背景及相关说明

一、评估背景

本研究源于 2009 年的中国农产品区域公用品牌价值评估。[①] 在进一步对不同类别的农产品区域公用品牌进行数据分析和衍生思考时,我们发现,茶叶品牌与其他种类的农产品区域公用品牌有所不同,其品牌的文化性、象征性、无形价值等均具有更突出的品牌资产特征。因此,我们觉得,有必要对其做更深入、更有针对性的专项研究。

众所周知,作为世界茶叶的发源地,中国茶叶种类齐全、种植历史悠久、种植面积大、茶文化内涵独特且影响深远。不仅茶种包括绿茶、乌龙茶、黑茶、花茶、红茶、黄茶等多种类别,到 2007 年,中国已有 2000 多个县生产茶叶,茶园面积已达 161.3 万公顷(约 2420 万亩),连续多年居世界首位。中国是东方茶文化的发源地,茶文化历史悠久,对本国及其他国家的茶文化均影响深远。尽管如此,中国茶叶在世界舞台上具有影响力且收益显著的品牌屈指可数。多年来,关于大力建设茶叶品牌的呼声不绝于耳。茶叶故乡,正在渴望中国茶叶自主品牌的强势崛起。

调查研究使我们看到,由于茶对地理资源具有相对依赖性,因此,中国茶叶产业的生产和发展具有浓重的地域特征。如浙江地区与龙井茶、云南地区与普洱茶、福建地区与乌龙茶等,大多形成了特殊的地域种植关系。而这样的地域种植关系,不仅使茶叶产品具有了明显的自然风物特征,也使茶叶品牌更多地根据区域形成其产品的种植和生产范畴。在区域范畴内,各地区域政府、协会、茶农等整合区域资源,注册区域公用茶叶品牌的证明商标或集体商标,获得原产地标志,形成了以区域公用品牌为主要形式的茶叶品牌建设模式。正因如此,茶叶区域公用品牌是否能够崛起,将更多地影响到中国茶叶自主品牌的整体崛起。

茶叶区域公用品牌作为农产品区域公用品牌的一种,指的是特定区域内相关机构、企业、农户等所共有的,在茶叶生产地域范围、品种品质管理、品牌使用许可、品牌行销与传播等方面具有共同诉求与行动,以联合提高区域内外消费者的评价,使茶叶产品与区域形象共同发展的品牌。这种区域公用品牌建设模式虽然已经具有普遍性,但是,这种模式的价值在哪里? 这种模式的品牌价值应当如何去评价和判断? 一系列的问题有待我们去探索和思考。于是,我们以茶叶区域公用品牌的价值评估作为切入点,根据以往中国茶叶自主品牌的建设得失,总结各种不同的运作经验,引导品牌价值创造的正确方向,这成为课题立项的出发点。

我们期望,通过对中国的茶叶区域公用品牌的价值评估研究,探寻和发掘我国茶叶区域

[①]　本书研究涉及的范围特指中国大陆地区,不包括中国台港澳地区。

品牌持续稳定发展的诸种因素,引导各品牌主体达成茶叶区域品牌价值构成要素的共识,探索茶叶区域品牌模式的独特性和价值产生机制,引导各品牌主体以茶叶区域品牌价值奠定未来茶产业资本整合运营的基础,以量化方式直观地表现区域形象和区域茶产业声誉。

在对相关资料进行初步梳理的基础上,2010 年 1 月,浙江大学 CARD 农业品牌研究中心和《中国茶叶》杂志联合组建课题组,由胡晓云为课题负责人,开展"2010 中国茶叶区域公用品牌价值评估"研究。

二、模型应用说明

因为研究聚焦于茶叶产业的区域公用品牌,所以总体上沿用了 2009 年开展中国农产品区域公用品牌价值评估研究时所开发的专用模型——"CARD 模型"①。在充分考量茶叶品牌的行业特征与双重属性的基础上,我们认为,首先要解决的是品牌价值评估模型的针对性问题。

我们看到,相对于其他农产品品牌,茶叶品牌具有更明显的兼具物理属性和文化属性的双重性。众多茶叶区域公用品牌均具有相当深厚的文化渊源和文化传承,也正是这一品牌文化使得茶叶品牌具有更高的品牌价值。因为这一点,不少学者将茶叶品牌的品牌价值(brand value)与文化价值(cultural value)等同起来,并得出某茶叶品牌的品牌价值是无价的、不可用货币形式来测量的结论。但我们认为,根据品牌学原理,品牌价值是品牌主体与品牌消费两端的统一体。从品牌消费端看,品牌价值是消费者持续购买某品牌产品的意愿、态度等相关因素的综合;从品牌主体端看,品牌价值表现为未来一段时间内品牌所拥有的稳定的、持续的收益能力的预期。品牌价值评估,是对这一收益能力预期和消费者消费意愿综合的分析量化。通过这种综合分析量化,研究最终可以得出品牌等级分类,可以形成品牌影响力强弱排序,也可以通过货币化处理计算得出相对精确的品牌价值比较数值。而文化价值则指一客观事物所具有的能够满足一定文化需要的特殊性质或者能够反映一定文化形态的属性。② 它指的是在文化主体与客体的关系中除经济价值之外的价值因素,其文化效用价值可以计量,文化价值关系只可以描述,难以量化。因此,茶叶品牌的文化属性强的特征是茶叶品牌价值评估中必须考虑的因子,也是茶叶品牌与其他品类农产品品牌的显著区别之所在。但是,茶的文化价值只是品牌价值的一个构成部分而已,结合到品牌价值评估中,它可以通过文化效用价值来体现。

在探讨茶叶品牌的文化特殊性的前提下,课题组在原有模型(CARD 模型)的三项一级指标、五项二级指标的基础上,以针对性和适应性为原则,将茶叶区域公用品牌的区域文化地位和文化渊源、文化传承等指标纳入模型体系,形成如下模型与指标体系:

中国茶叶区域公用品牌价值＝品牌收益×品牌强度乘数×品牌忠诚度因子

其中,品牌收益＝茶叶年销量×(品牌零售均价－原料收购价)×(1－产品经营费率)。

品牌强度乘数由茶叶区域公用品牌强度所决定,它是决定品牌未来收益能力的一个乘数,而品牌强度是该品牌未来持续收益的能力,是一组因子的加权综合。

---

① 参见《农产品市场周刊》2009 年第 47 期。

② 参见百度词条。

参照 Interbrand 的品牌价值计算方法,本课题有关品牌强度与品牌强度乘数之间的关系公式为 $250y = x^2, x \in [0, 50]$;$(y-10)^2 = 2x - 100, x \in (50, 100)$(其中,$x$ 为品牌强度得分,y 为品牌强度乘数,y 值在 0~20 之间)。据上,最终形成品牌强度指标体系,如表 1 所示。

表 1　中国茶叶区域公用品牌强度指标体系

品牌强度																
品牌带动力			品牌资源力			品牌经营力				品牌传播力			品牌发展力			
区域联动	经济地位	文化地位	历史资源	文化资源	环境资源	标准体系	检测体系	认证体系	组织执行	知名度	认知度	好感度	品牌保护	市场覆盖	生产趋势1	生产趋势2	营销趋势

在确定了品牌强度的针对性指标体系后,对各项三级指标及四级指标进一步做有针对性的细化分解,使其更适合茶叶区域公用品牌的双重特性。

品牌忠诚度因子主要测度消费者的品牌忠诚度,侧重于品牌能否在长时间内维持稳定的销售。在计算上依然参照日本经济产业省的 HIROSE 模型中关于忠诚度的方法,以确保该因子也可准确地反映消费者对茶叶区域公用品牌的忠诚程度,再结合品牌强度指标体系中对消费者的深入分析和研究,从而弥补了 Interbrand 评估办法对消费环节因素关注过少的缺陷。

2010:中国茶叶区域公用品牌价值评估报告
(数据跨度:2007—2009)*

一、评估程序说明

基于中国茶叶区域公用品牌价值评估模型(CARD模型),课题组采用品牌主体调查、茶叶市场调查、茶叶消费者消费综合评价调研、媒介评价调查、行业调查、专家调查等众多调查方式,以中国自愿参与评价的113个茶叶区域公用品牌作为研究对象,对其品牌价值做专项评估。

历时近5个月,课题组研究和评估的品牌涵盖绿茶、红茶、乌龙茶、黑茶、黄茶、白茶六大茶类及花茶品类,遍及全国主要产茶区域。在综合数据分析、数据验证、数据计算的基础上,最终得出中国茶叶区域公用品牌价值评估结果。

需要进一步说明的是:首先,本研究成果只适用于茶叶区域公用品牌,是课题组研究的阶段性成果,有待进一步研究完善;其次,因为有的茶叶品牌主体没有提供品牌主体资料,或在资料提供方面缺乏完整性,做自动放弃评估处理;再次,本次参加评估的茶叶区域公用品牌必须是经过相应的商标注册,或注册为证明商标、集体商标,或是普通商标但已经采用技术手段进行保护,或申请地理标志保护,并确保在特定的区域范围内的法定使用权限的品牌。

二、品牌基础与现代性

(一)中国茶叶区域公用品牌的形成基础

中国地大物博,有着丰富的物产资源、漫长的历史积淀和优良的文化基因,而中国疆土上有众多区域适合种植茶叶,于是便有了漫长的茶种植史和茶文化史。这为中国茶叶区域品牌的形成及其多样化、可塑性、独特性奠定了坚实的基础。

1.悠久的茶叶种植史夯实了品牌的产品基础

据史料记载,中国是世界茶树的原产地,也是最早发现和利用茶树的国家。3000多年前的巴蜀就有以茶叶为"贡品"的记载,汉代王褒著的《僮约》便已提及"烹茶尽具"及"武阳买茶"。这表明,至少在汉代以前,中国产茶已初具规模,茶已作为商品在市场上出现。在西南的云贵川、华南的两广、东南的福建等省的山区,至今还可发现为数不少的千百年以上的乔

---

* 本报告发表于《中国茶叶》2010年第5期。

木型古茶树。

中国产茶制茶历史悠久,从发现利用野生茶树到今天的各类茶叶产品的形成,其间经历了复杂的变化与革新。三国时魏国简单加工的饼茶,是制茶工艺的滥觞。后来发明的蒸青制茶,通过完善各种制作环节,去掉茶叶的青草味,降低其苦涩味。到唐时,炒青技术产生,使得茶香更为浓郁,令刘禹锡在《西山兰若试茶歌》中写出"山僧后檐茶数丛……斯须炒成满室香"的诗句。宋时,流行做团片状的龙凤团茶,同时也出现了将蒸青团茶改造为蒸青散茶,同时加入香料或香花以保持茶香的做法。"茶有真香,而入贡者微以龙脑和膏,欲助其香"(蔡襄《茶录》),"茉莉岭表所产……古人用此花焙茶"(施岳《步月·茉莉》词注)。由宋至元,饼茶、龙凤团茶和散茶同时并存。明代时,朱元璋下诏废龙团兴散茶,使蒸青散茶大为盛行,这时的炒青技术已趋于完善,与现代炒青绿茶制作方法相当接近。随着历史变迁,中国茶人通过加工方法的革新,制造工艺的改进,凭借不同发酵程序控制茶叶内质的变化,最终制成色、香、味、形等品质特征各不相同的六大茶类。这些茶叶品类品质层面的发展演进,为中国茶叶区域公用品牌的创建奠定了多样化的产品基础。

2. 多样化茶叶消费形态构成多样化的品牌成长基础

伴随着悠久的茶叶生产加工史的是悠久的茶叶饮用消费史。早期,茶叶作为食用和药用的产品进入人们的生活,从咀嚼茶鲜叶发展到生煮羹饮。至唐,不少地方仍有吃茗粥的习惯。三国时期,崇茶之风进一步发展,并出现"以茶当酒"的习俗。两晋南北朝时期,茶叶从原来珍贵的奢侈品逐渐成为普通饮料。隋代始,加调味品烹煮茶汤饮。唐代饮茶风俗更盛,饮茶方式有较大革新,为改善茶叶苦涩味,开始加入薄荷、盐、红枣等调味。自宋代始,茶成为开门七件事之一,"盖人家每日不可阙者,柴米油盐酱醋茶"(《梦粱录》卷十六)。宋元以后,饮茶逐渐回归本色,重视茶叶原有的色香味,调味品减少。明代烹茶由原来的煎煮为主逐渐转向以冲泡为主。明清以后,随着六大茶类的出现,品饮方式也随茶类不同而有很大变化,各地区也由于风俗不同而选用不同茶类。中国千年以来的多样化的茶叶消费类型,为中国茶叶区域公用品牌的多样性发展与成长提供了广阔的空间。

3. 博大精深的中国茶文化奠定了品牌的文化基础

在中国的社会生活中,茶不仅仅只是一种饮品,茶可以入诗、入情、入境,让生活平添了更多的雅趣和情致。围绕茶的消费,形成了独特的博大精深的中国茶文化。

早在六朝时期,随着文人饮茶的兴起,有关茶的诗词歌赋日渐问世,茶已脱离一般形态的饮食,进入文化圈,发挥了一定的精神、社会功能。唐代陆羽的《茶经》,探讨了饮茶艺术。宋代文人中出现了专业品茶社团,在民间,迁徙时邻里要"献茶",订婚时要"下茶",结婚时要"定茶"。明、清时,随着茶类的增多,泡茶开始有技艺讲究,茶具则有款式、质地、花纹等的要求。也有不少涉茶画作传世,如唐伯虎的《品茶图》等。1949年后,"陆羽茶文化研究会""中国茶人联谊会""中国国际茶文化研究会"等相继成立。如今,各地的茶艺馆日渐繁盛,各省主要产茶地域的"茶叶节"也屡见不鲜。以物质产品与精神文化相结合的茶文化已融汇在中国人的生活中:喝茶成为一种普通的饮品消费,也成为一种内省的、感悟式的文化体验,并因此在东方茶文化圈层里发挥着重要作用。这种文化性也为一些茶叶区域公用品牌的创建注入了内在的精神特质和灵魂。

(二)中国茶叶区域公用品牌的基本构成

中国茶叶区域公用品牌的构成主要有两大源头:一是光环耀眼的历史名优茶;二是精研细制的新创名优茶。

1.品牌来源之一:历史名优茶

以历史名优茶为源头的中国茶叶区域公用品牌,根据其品牌的历史变迁,可见两种不同的情形:一部分品牌源于传统名茶,如西湖龙井、洞庭(山)碧螺春、黄山毛峰、庐山云雾、太平猴魁、恩施玉露、信阳毛尖、六安瓜片、安溪铁观音、普洱茶、六堡茶、武夷山大红袍、祁门红茶、政和白茶、凤凰水仙等,这些品牌有独特的地理资源、深厚的历史渊源和文化传承。另一部分品牌源于被恢复的历史名茶,即在历史上曾有过的名茶,但在历史沧桑变幻中曾经被中断过种植、生产,甚或已失传。这些历史名茶后经现代茶人的创新,恢复原有茶名,焕发了新的生机,如径山茶、金奖惠明茶、蒙顶山茶、霍山黄芽、阳羡雪芽、长兴紫笋茶等。

2.品牌来源之二:新创名优茶

新创名优茶是中国茶叶区域公用品牌的主要源头,其中绝大多数是中华人民共和国成立后研制的名优茶。这类茶包括南京雨花茶、无锡毫茶、茅山青峰、岳西翠兰、望海茶、千岛玉叶、松阳银猴、都匀毛尖、安溪黄金桂、紫阳富硒茶、汉中仙毫、崂山茶、日照绿茶、安吉白茶、大佛龙井等。

各具特色的历史名优茶,在历代至今的消费者中,已经有了相当深、广的产品影响力,为茶叶区域公用品牌的形成与成长提供了发展基石。经过近年来整合区域资源、形成产品优势和品质特征、注入并传播茶文化等方面的努力,新创名优茶也为茶叶区域公用品牌的形成与成长提供了发展动力。

(三)现代意义上的茶叶区域公用品牌

尽管中国有着茶叶生产、消费的悠久历史及文化传统,尽管历史名优茶和新创名优茶已为茶叶区域公用品牌的形成与成长提供了发展基石和动力,但作为现代意义上的品牌而言,那些历史传统只是具备了建设茶叶区域品牌的一些有利的、基本的要素,却不是充分要素。

现代意义上的品牌,必须有品牌标识、品牌符号体系、品牌核心价值、品牌权益、品牌消费者等不可或缺的构成要素。作为一个区域公用品牌,应当具有以下基本要素:其一,具有统一的品牌名称和品牌标志。区域公用品牌必须有统一的品牌名称和品牌标志,且名称与一定的地理范围、地域相关联,并且,围绕着品牌名称和品牌标志有确定的符号体系。其二,具有品牌权益保护。区域公用品牌须经过相应的商标注册,或注册为证明商标、集体商标,或是普通商标但已经采用技术手段进行保护,或申请地理标志保护,并确保在特定的区域范围内的法定使用权限。其三,具有明确的品牌主体且所有权具有共有性。区域公用品牌有明确的品牌主体,基本表现为相关协会、联盟、合作社等,品牌所有权具有共有性质。其四,品牌使用授权。品牌使用没有独家使用的排他性。品牌在约定的条件下可许可不同的生产经营者使用。其五,品牌文化内涵。区域公用品牌有其独特的文化渊源和传承,或者在创制中赋予它新的文化特征,从而逐步形成了品牌特有的文化内涵,与消费者之间建立了相对稳定且持久的文化认同关系。其六,拥有一定数量的品牌忠诚消费者。区域公用品牌的核心价值存在于和消费者之间的关系中。消费者在认同该品牌的产品品质特征及其文化价值内涵的前提下,忠诚消费该品牌的产品。其七,成为区域形象表征。区域公用品牌与区域共成长,成为区域形象、区域个性的表征,如西湖龙井之于杭州、普洱茶之于云南、乌龙茶之于福建。其八,具有相当的品牌价值。在品牌的建设过程中,慢慢积累起品牌价值,在品牌收益、品牌影响力等各个方面产生品牌价值。

历经 5 个月的调研表明,在课题组调研的全部品牌中,20 世纪 90 年代前注册的茶叶区域公用品牌仅占 8%,整个 90 年代注册的茶叶区域公用品牌占到 20%,而 2000—2006 年注册的茶叶区域公用品牌达到 31%,2007—2009 年 3 年里注册的茶叶区域公用品牌达到 41%。近 10 年来品牌注册的比例接近我国现有茶叶区域公用品牌总数的 3/4。

这说明,对中国茶叶区域公用品牌而言,尽管中国茶叶区域公用品牌看上去数量多、品牌注册多,有一种"繁花似锦"的景象;尽管中国多数茶叶区域公用品牌都有丰富的文化渊源和价值传承,也拥有了产生品牌价值的资源基础,但从现代意义上的品牌而言,中国茶叶区域公用品牌的价值创造还处在初级阶段。

三、数据解读

(一)指标数据解读

如前述,本次中国茶叶区域公用品牌价值评估由三方面数据构成:品牌收益、品牌强度乘数、品牌忠诚度因子。本部分将对其做具体解读。

1. 品牌收益数据解读

品牌收益是一个品牌产品销售的量和质的综合评价。评价数据基于 2007—2009 年连续三年的数据。

根据品牌收益由茶叶年销量×(品牌零售均价－原料收购价)×(1－产品经营费率)构成的计算方法,113 个茶叶区域公用品牌中,品牌收益位于前三位的是普洱茶、信阳毛尖、安溪铁观音。可见,该三个品牌较大的茶叶生产规模支撑起规模化的茶叶年销售量,且品牌零售均价达到一定的水平。

2. 品牌强度乘数数据解读

品牌强度乘数是决定品牌未来收益能力的一个乘数,因此,首先是品牌强度的比较。茶叶区域公用品牌的品牌强度由品牌带动力、品牌资源力、品牌经营力、品牌传播力、品牌发展力五个二级指标构成。

数据比较可见,品牌强度分数和品牌强度乘数占前十位的均是西湖龙井、安溪铁观音、武夷山大红袍、信阳毛尖、普洱茶、六安瓜片、祁门红茶、洞庭(山)碧螺春、雅安藏茶、霍山黄芽等。

品牌带动力的指标比较中,区域联动程度(即带动了多少茶农生产经营)的前三强是安溪铁观音、太平猴魁、岳西翠兰。茶叶区域公用品牌在区域经济中具有突出贡献的是祁门红茶、霍山黄芽、六安瓜片等,具有突出区域文化地位的是西湖龙井、霍山黄芽、径山茶等。

品牌资源力的指标比较中,在历史资源上具有突出特征的品牌有浮梁茶、福州茉莉花茶、恩施玉露、安化黑茶、洞庭(山)碧螺春、庐山云雾茶、西湖龙井、雅安藏茶、蒙顶山茶、普洱茶、长兴紫笋茶等一系列传统历史名茶；具有突出文化资源价值的品牌有安溪铁观音、武夷山大红袍、西湖龙井等；具有突出环境资源价值的品牌有霍山黄芽、信阳毛尖、浮梁茶、汉中仙毫、蒙顶山茶、大佛龙井、松阳银猴、天台山云雾茶、西湖龙井等。

品牌经营力的指标比较由标准体系、检测体系、认证体系、组织执行四个三级指标构成。占前列位置的有安溪铁观音、西湖龙井、信阳毛尖、祁门红茶、武夷山大红袍、福鼎白茶、普洱茶等。

品牌传播力的指标比较由品牌知名度、认知度、好感度三个三级指标构成。占前列位置的是安溪铁观音、西湖龙井、普洱茶、祁门红茶、六安瓜片、普陀佛茶等。

品牌发展力指标比较由品牌保护、市场覆盖、生产趋势 1、生产趋势 2、营销趋势五个三级指标构成。营销趋势的品牌传播投入量比较中，安溪铁观音、武夷山大红袍、采花毛尖、六安瓜片、西湖龙井、安溪黄金桂、余姚瀑布仙茗、祁门红茶、普洱茶、金坛雀舌、茅山青峰、洞庭（山）碧螺春等位于前列。品牌保护方面位于前列的是安溪铁观音、六安瓜片、祁门红茶、霍山黄芽、舒城小兰花、福鼎白茶、福州茉莉花茶、武夷山大红袍、正山小种红茶等；市场覆盖方面位于前列的是安溪铁观音、大佛龙井、福州茉莉花茶、安溪黄金桂、六安瓜片、西湖龙井、武夷山大红袍、婺源绿茶、祁门红茶等。

3. 品牌忠诚度因子数据解读

品牌忠诚度因子主要测度消费者的品牌忠诚度，侧重于品牌能否在长时间内维持稳定的销售。参照日本经济产业省的 HIROSE 模型中关于忠诚度的计算方法，品牌忠诚度因子 ＝（过去三年平均售价－销售价格标准差）÷过去三年平均售价。根据茶叶区域公用品牌 2007 年、2008 年、2009 年这 3 年的销售价格，按照公式进行计算可见，西湖龙井、安溪铁观音、祁门红茶、普陀佛茶、南靖乌龙茶、信阳毛尖、龙谷丽人茶、临湘黑茶、桃源野茶王、安溪黄金桂等品牌的忠诚度因子名列前茅。

（二）数据综合解读

1. 茶叶区域公用品牌对区域经济产生了重要的、多层面的影响

数据表明，卓有成效的茶叶区域公用品牌建设能够对区域经济繁荣发展产生巨大的推动作用，甚至使茶产业成为当地的支柱性产业、衍生性产业的源头产业。从一个品牌的品牌收益可证明其对区域的直接经济贡献；从一个品牌的茶产业所衍生出来的第三产业、第四产业等可看到一个茶叶品牌对一个区域间接的经济贡献；从茶产业人口就业数量的递增数据可看到一个茶叶品牌对区域内农业人口就业的贡献程度。从 2007—2009 年茶产业平均从业人口（C）占区域内平均农业总人口（Z）的百分比来看，最高的品牌可达 82.69%。在所有被研究的茶叶区域公用品牌中，C/Z 值在 40% 以上的占四分之一，C/Z 值在 30% 以上的超过三分之一。数据显示，尽管一个区域内茶产业从业人口数量的绝对值和 C/Z 的比值分布差异很大，但茶产业在当地经济重要程度上的差异却很小。本次研究的品牌中，占比 72% 的茶叶区域公用品牌是当地农业经济中的一支重要力量。更进一步，茶叶区域公用品牌所蕴含的独特茶文化，有助于从社会影响、区域形象、生态旅游等方面对区域经济产生系统性的推动作用。

2. 茶叶区域公用品牌的价值高低、区域占有等呈现显著差异

如"2010 中国茶叶区域公用品牌价值评估结果（前 80 位）"（附表）所示，品牌价值位列前

20的品牌,基本出自浙江省(位列1、7、8、13、16、19)、福建省(2、6、9、11)、河南省(3)、云南省(4)、安徽省(10、12)、广西壮族自治区(14)、江西省(15)、四川省(17)、贵州省(18)、陕西省(20)、江苏省(5)等,与中国十大产茶省份的重合度高,前20强分布在11个省(区),其中有7个属于产茶大省。如果将研究对象扩展到前30强,其地域分布为12个省(区),其中8个属于产茶大省。

这两组数据,一方面说明了产茶大省因为具备了先天的资源条件,在品牌化运作的过程中占据了一定的优势,同时也显示出两者之间并非充分条件。个别产茶大省的品牌未能进入前30强,以及个别非产茶大省的品牌进入前20强,充分说明了品牌价值形成中人的能动因素的重要性。

将产茶大省前三甲(以种植面积和年产量来衡量,基于2009年《中国茶叶》杂志数据)在茶叶区域公用品牌价值评估中前20强、30强的个数作一比较,我们发现,高品牌价值的茶叶品牌所在区域的不均衡现象更加明显,如表2所示。

表2　产茶大省与茶叶品牌强省的几个关键评估指标比较

省份	种植面积排名	年产量排名	品牌价值前20强中的个数	品牌价值前30强中的个数	品牌价值额10亿元以上的品牌数
浙江	3	2	6	11	5
福建	2	1	4	4	4
云南	1	3	1	1	1

3.尽管各个品牌价值额高低的要素不尽相同,但高价值品牌的品牌强度与品牌价值呈现基本对应关系

从下文的表3—表7可见,品牌强度位列前10和品牌价值位列前10的品牌数据比较中,西湖龙井、安溪铁观音、信阳毛尖、普洱茶、武夷山大红袍、洞庭(山)碧螺春、祁门红茶等7个品牌均位于前10,基本对应。

表3　品牌价值位列前10的品牌

省份	品牌名称	品类	品牌价值(亿元)	排名
浙江	西湖龙井	绿茶	44.17	1
福建	安溪铁观音	乌龙茶	44.01	2
河南	信阳毛尖	绿茶	41.39	3
云南	普洱茶	黑茶	38.84	4
江苏	洞庭(山)碧螺春	绿茶	29.65	5
福建	福鼎白茶	白茶	22.56	6
浙江	大佛龙井	绿茶	20.38	7
浙江	安吉白茶	绿茶	20.36	8
福建	武夷山大红袍	乌龙茶	19.32	9
安徽	祁门红茶	红茶	17.00	10

表 4　品牌忠诚度因子位列前 6 的品牌

品牌名称	品类	排名
桃源野茶王	绿茶	1
西湖龙井	绿茶	2
普陀佛茶	绿茶	3
南靖乌龙茶	乌龙茶	4
信阳毛尖	绿茶	5
龙谷丽人茶	绿茶	6

对于这些品牌而言,品牌强度从本质上决定了其品牌价值额。六安瓜片、雅安藏茶、霍山黄芽虽品牌强度位于前 10,但品牌价值却分别排在第 12 位、57 位、39 位,从其品牌收益分别处于第 17 位、66 位、57 位,品牌忠诚度因子处于第 12 位、83 位、21 位的数据可见,品牌收益和品牌忠诚度因子成为影响这三个品牌价值的重要因素。

表 5　品牌强度位列前 10 的品牌

品牌名称	排名
西湖龙井	1
安溪铁观音	2
武夷山大红袍	3
信阳毛尖	4
普洱茶	5
六安瓜片	6
祁门红茶	7
洞庭(山)碧螺春	8
雅安藏茶	9
霍山黄芽	10

而福鼎白茶、大佛龙井、安吉白茶的品牌价值虽位于前 10,但品牌强度却分别处于第 22 位、27 位、19 位,从其品牌收益分别处于第 6 位、7 位、8 位,品牌忠诚度因子分别处于第 71 位、35 位、14 位可见,品牌收益成为该三个品牌进入前 10 的重要因素。

表 6　2007—2009 年销售额平均前 10 位的品牌

品牌名称	排名
安溪铁观音	1
信阳毛尖	2
南靖乌龙茶	3
普洱茶	4
福鼎白茶	5

续表

品牌名称	排名
福州茉莉花茶	6
安吉白茶	7
越乡龙井	8
洞庭(山)碧螺春	9
横县茉莉花茶	10

由于品牌价值由品牌收益、品牌强度分数和乘数、品牌忠诚度因子三个一级因子构成,因此高品牌价值的品牌其三个指标必然应处于高位。

表7　2009年零售均价前10位的品牌

品牌名称	排名
西湖龙井	1
洞庭(山)碧螺春	2
金山翠芽	3
都匀毛尖	4
金坛雀舌	5
桃源野茶王	6
太平猴魁	7
望海茶	8
安吉白茶	9
茅山青峰	10

从各个数据的分析可见,不同的品牌产生品牌价值的主要因素各不相同。各个品牌主体从中也可发现自己所经营管理的品牌在哪个因子中出现了问题。

四、评估启示

通过本次对中国茶叶区域公用品牌的价值评估活动、2010年4月21日在浙江省新昌县举行的价值评估结果发布会和"中国茶叶区域公用品牌建设座谈会",课题组获得了由品牌主体提供的第一手资料和茶叶品牌建设的主体感受。同时,课题组也调研获取了茶叶市场主体、典型消费主体、专业人士、大众媒介等各个不同视角的品牌评价。结合上述质性研究和量化分析,我们得到以下有关中国茶叶区域公用品牌的三大启示。

(一)加强区域资源整合力度,以针对性策略打造强势品牌

据不完全统计,目前,已经经过相应的商标注册,或注册为证明商标、集体商标,或是普

通商标但已采用技术手段进行保护，或申请地理标志保护，并确保在特定的区域范围内的法定使用权限的茶叶区域公用品牌大致有 113 个，各省（区）大致数量如表 8 所示。

表 8　各省份的茶叶区域公用品牌分布

省份	区域公用品牌个数	品牌的茶叶种类
浙江	24	均为绿茶
福建	19	4 绿、8 乌龙、2 白、1 花、4 红
四川	10	1 黄、1 黑、1 红、7 绿
安徽	8	1 红、6 绿、1 黄
江苏	8	均为绿茶
湖南	8	2 黑、6 绿
湖北	6	均为绿茶
江西	6	1 红、5 绿
广西	4	1 花、1 黑、2 绿
云南	3	1 黑、1 红、1 绿
贵州	3	3 绿
陕西	2	2 绿
山东	2	2 绿
广东	1	1 红
河南	1	1 绿

如表 8 所示，一个省份内，仅区域公用品牌便少则 1 个多则 20 个以上，且 113 个茶叶区域公用品牌基本是以行政区划、地理区域这两个前提条件划分产品生产范围而形成的产地品牌，极少有超越行政区划概念的品牌。以行政区划为生产范围的品牌大多以县域经济为基本单位，即使地理条件差不多，也会因县域经济单位区分而形成不同的品牌。如浙江的嵊州、新昌、磐安、天台等四县四个品牌，遂昌、武义、松阳等三县三个品牌。

由于茶叶的地理条件依赖性，一些历史名茶已经存在着因地理条件制约而无法成为大型品牌的先天制约和后顾之忧，而许多新创品牌，也因行政区划限制而无法形成合力。小而散、小而同质的品牌建设，不仅浪费资源、不能实现高的投资回报率，更无法聚集资源力量形成合力，与国际大品牌在国际舞台上竞争。事实证明，如果同一区域特别是一个县域经济单位内同时培育两个或者两个以上的区域公用品牌，因各种资源条件限制，品牌的价值相对较低。如福建南靖县，一个县内打造了三个茶种均为乌龙茶的茶叶区域公用品牌：南靖乌龙茶、南靖铁观音、南靖丹桂，三个品牌的品牌价值加在一起仅 8.32 亿元。

因此，中国茶业急需做的是，针对中国茶叶区域公用品牌基本由历史名优茶和新创名优茶构成的现状，以两种不同的、针对性的品牌打造策略共同发展中国茶业。其中一种策略，充分利用各个历史名优茶独有的个性化资源条件，进一步提升其个性化消费，打造差异化极强、能够拥有高忠诚度消费者的奢侈品茶品牌，以独特的产品品质、文化象征等形成品牌竞争优势；另一种策略，打破简单划一的行政区划品牌建设套路，实现同种类、同质新创品牌的资源整合与充分利用,以大品牌兼并小品牌,以品牌强度和忠诚度因子较高的品牌兼并较弱的品牌,以市场反响好感度较高的品牌兼并市场反响好感度较低的品牌,提高品牌建设的 ROI(投资回报率),以大整合成就大品牌,以规模化、现代化优势形成品牌竞争优势。两种不同策略可以使中国茶叶在茶叶奢侈品市场和大众消费品市场共同获得竞争优势。

(二)实现消费者导向,塑造品牌灵魂,创造"消费者心像"

调查证明,大多数茶叶区域公用品牌主体多年来一直致力于培育基地、扩大规模和产量、制定统一的生产标准、提升产品品质等产品生产环节,与市场和消费者的沟通、对接基本以产品为导向。产品品质是品牌发展、成长、赢得消费者的基础和前提,但产品本身只是品牌的一个构成部分而非全部要素。从消费者视角而言,一个品牌的产品品质、文化内涵、符号系统等具有同等重要的位置,甚至在个性化消费中,产品所蕴含的文化意蕴、符号价值因为赋予产品灵魂而比产品的色、香、味、形更能深入人心。如品牌好感度位于前10的安溪铁观音、西湖龙井、武夷山大红袍、普洱茶、信阳毛尖、六安瓜片、祁门红茶、洞庭(山)碧螺春、太平猴魁、蒙顶山茶等,其文化内涵、象征意义、品牌个性等方面均有独特的吸引力,因此,其品牌价值也相对较高。

实现从产品导向到消费者导向的转变时,利用现代传播工具,形成产品的"消费者心像"(即在消费者心目中产生的对一个品牌的整体印象与情绪偏好)尤为重要。目前,多数品牌只是用产品和消费者对话,大多产品又只体现茶叶的类别特征,没有品牌个性特征。个性特征恰恰是一个品牌的灵魂所在。

因此,从品牌名称、品牌标识、符号系统、文化意蕴等方面塑造品牌灵魂,利用现代传媒的传播效应创造"消费者心像"是多数品牌的当务之急。

(三)加强品牌传播投入与有效性评估,提升品牌传播力

资料说明,各茶叶区域公用品牌在知名度、认知度和好感度方面均存在相当大的差异。少数品牌誉满中华、蜚声国际,更多的品牌目前还只能囿于一地。

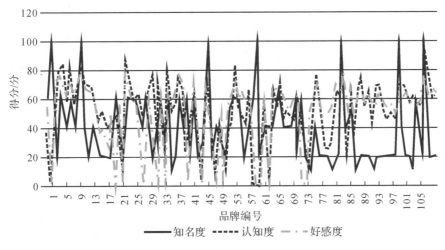

图1　品牌知名度、认知度、好感度相关关系

图 1 显示的交叉分析进一步说明，知名度、认知度、好感度三者存在一定的正相关关系，而认知度与好感度的相关程度更高。也就是说，对一个品牌越了解，越有可能成为品牌的忠实消费者。而图 1 显示的另一个问题是，多数茶叶区域公用品牌的认知度不高。

认知度和传播力度、传播有效性紧密相关。传播力度首先需要传播投入。2007—2009年，传播投入位列前 20 的品牌如表 9 所示。

表 9 2007—2009 年平均传播投入位列前 20 的茶叶区域公用品牌

品牌名称	排名	品牌名称	排名
安溪铁观音	1	金坛雀舌	11
六安瓜片	2	茅山青峰	12
普洱茶	3	宁红工夫	13
西湖龙井	4	江山绿牡丹茶	14
安溪黄金桂	5	余姚瀑布仙茗	15
采花毛尖	6	信阳毛尖	16
祁门红茶	7	汉中仙毫	17
武夷山大红袍	8	大佛龙井	18
武夷岩茶	9	松阳银猴	19
洞庭（山）碧螺春	10	越乡龙井	20

但是，从传播投入量而言，与工业品牌比较还存在较大的差距。并且，从传播的有效性而言，多数品牌采用参与当地节庆活动、产品展销会等传统的传播方式，对新的传播形态、传播策略、传播方法的认知和采用非常少，其传播的有效性、消费者的接触程度等都有待评估和论证。

21 世纪可谓传播的时代。传播即是营销，营销即是传播，品牌的"消费者心像"需要借助有效的品牌传播才能形成。因此，加强品牌传播投入、引进专业人士与组织、提高品牌传播的有效性、提高品牌传播力应当成为中国茶叶区域公用品牌进一步成长的重要举措。唯有如此，区域品牌才能真正成为中国茶叶走向市场、走向国际的中坚力量，在国际、国内消费市场获得强大的市场影响力，才能获得高额的品牌价值，中国茶叶自主品牌才能整体崛起。

附表：2010 年中国茶叶区域公用品牌价值评估结果（前 80 位）

序号	品牌名称	品牌价值（亿元）	序号	品牌名称	品牌价值（亿元）
1	西湖龙井	44.17	9	武夷山大红袍	19.32
2	安溪铁观音	44.01	10	祁门红茶	17.00
3	信阳毛尖	41.39	11	福州茉莉花茶	16.85
4	普洱茶	38.84	12	六安瓜片	14.45
5	洞庭（山）碧螺春	29.65	13	越乡龙井	13.93
6	福鼎白茶	22.56	14	横县茉莉花茶	12.75
7	大佛龙井	20.38	15	庐山云雾茶	10.99
8	安吉白茶	20.36	16	松阳银猴	10.49

序号	品牌名称	品牌价值(亿元)	序号	品牌名称	品牌价值(亿元)
17	蒙顶山茶	9.90	49	余姚瀑布仙茗	4.34
18	都匀毛尖	9.63	50	崂山茶	4.20
19	径山茶	9.62	51	金奖惠明茶	4.08
20	紫阳富硒茶	9.60	52	天台山云雾茶	4.07
21	太平猴魁	9.50	53	安化茶	3.46
22	汉中仙毫	9.29	54	安溪黄金桂	3.41
23	千岛玉叶	9.13	55	南江大叶茶	3.38
24	开化龙顶	8.63	56	日照绿茶	3.30
25	湄潭翠芽	7.69	57	雅安藏茶	3.29
26	安化黑茶	7.58	58	茅山青锋	3.29
27	龙谷丽人茶	7.38	59	松溪绿茶	3.09
28	蒲江雀舌	7.19	60	桐庐雪水云绿茶	2.96
29	长兴紫笋茶	7.07	61	恩施玉露	2.90
30	武阳春雨	7.05	62	岳阳银针	2.85
31	宁红工夫	6.74	63	天山绿茶	2.42
32	六堡茶	6.73	64	磐安云峰	2.40
33	英德红茶	6.62	65	缙云仙都笋峰	2.37
34	修水双井绿	6.59	66	舒城小兰花	2.22
35	桃源野茶王	6.45	67	宜都天然富锌茶	2.13
36	马边绿茶	6.41	68	浮梁茶	2.03
37	婺源绿茶	6.12	69	福鼎白琳工夫	1.80
38	永春佛手茶	6.07	70	江山绿牡丹茶	1.77
39	霍山黄芽	6.03	71	屏山炒青	1.70
40	望海茶	5.63	72	南靖丹桂	1.61
41	金坛雀舌	5.52	73	南靖铁观音	1.50
42	南京雨花茶	5.33	74	梵净山翠峰茶	1.44
43	永嘉乌牛早茶	5.29	75	筠连红茶	1.11
44	南靖乌龙茶	5.21	76	平阳早香茶	1.10
45	岳西翠兰	5.16	77	东至云尖	1.05
46	青川七佛贡茶	4.49	78	普陀佛茶	1.00
47	磐安生态龙井	4.48	79	苍南翠龙茶	0.95
48	金山翠芽	4.43	80	临湘黑茶	0.90

2011:中国茶叶区域公用品牌价值评估报告
(数据跨度:2008—2010)[*]

在农产品品牌领域,茶叶品牌是中国特色更为鲜明、文化积淀更为深厚的品牌类型。两年来,我们对茶叶区域公用品牌倾注了更多的关注。自 2010 年 4 月以来,这是我们第二次就茶叶区域公用品牌的价值评估发布相应研究成果。

2010 年 12 月,在 2010 年中国茶叶区域公用品牌价值评估研究的基础上,浙江大学CARD 农业品牌研究中心和《中国茶叶》杂志、中茶所中国茶叶网联合组建课题组,正式开展"2011 中国茶叶区域公用品牌价值评估"的研究工作。

本次评估继续采用 CARD 农产品品牌价值评估模型,沿用"茶叶区域公用品牌价值=茶叶品牌收益×茶叶品牌强度乘数×茶叶品牌忠诚度因子"的模型。品牌评估方法的详细说明请参见《中国茶叶》2010 年第 5 期,此处不再作说明。本次评估采用茶叶区域公用品牌主体调查、茶叶消费者消费综合评价调研、专家调查、媒介调查等多种调查方式,对 164 个茶叶区域公用品牌中的 94 个有效研究样本作了品牌价值专项评估。

在我们看来,茶叶区域品牌及其品牌价值研究,并非只是一个限于当前的总结性的数据处理与解析过程,更是一个有关茶叶品牌的未来发展成长的前瞻性的引导过程。任何品牌的成长过程,都需要经历品牌孕育、诞生、成长、成熟等不同阶段。茶叶区域公用品牌的发展也如是。因此,本次评估一方面着眼于反映整个茶叶品牌生存环境的变迁、消费市场的扩大和分化、品牌优势的持续性凸显等,另一方面着眼于探究茶叶区域公用品牌自我更新成长的能力及规律性,以期发现品牌逐步发展的阶段性特征,并为有关单位增强茶叶区域公用品牌发展能力制定完善的品牌战略提供建设性意见。

一、数据之形:品牌价值的定量解析

(一)品牌价值各项指标稳中有升

本次有效评估的 94 个茶叶区域公用品牌的总价值超过 810.8 亿元人民币,其中,品牌价值最高者达 50.33 亿元,最低者达 0.17 亿元。与 2010 年有效评估的 84 个茶叶区域公用品牌的 679.6 亿元人民币总价值相比,本次评估的品牌数目和价值总量都有所增加。从全部有效评估品牌的平均价值来看,2011 年为 8.63 亿元,比 2010 年的平均值 8.17 亿元增长了 0.46 亿元。

---

* 本报告发表于《中国茶叶》2011 年第 5 期。

本次评估结果显示,品牌价值在亿元以上的茶叶区域公用品牌占有效评估品牌总数的96.8%,比2010年提高了2.8个百分点;品牌收益平均值为7578.26万元,比2010年增长635万元。品牌收益指的是消费者为该品牌产品所支付的高于同类一般产品的以货币形式表现的超额利润。品牌收益平均值的提高,表明消费者群体的规模、消费量及为品牌产品支付溢价的意愿有了进一步的发展和成长。

在品牌强度乘数方面,各有效评估样本的数据变化引人注目。2011年的品牌强度乘数平均值为15,远高于2010年的11.61。这意味着,在过去的一年里,包括2011年新增的有效评估样本在内的绝大多数茶叶区域公用品牌在经营管理、营销传播、区域经济地位、历史文化资源开发以及未来发展潜力等方面获得了显著提升。

但数据也表明,茶叶区域公用品牌忠诚度因子的平均得分(0.83),比2010年(0.89)略有下降。造成这一结果的原因,是个别品牌的产品零售价在2010年突然暴涨,超出了原有消费者的心理预期和支付能力,从而影响到消费者对该品牌的忠诚度和持续消费意愿,并最终表现在忠诚度因子的得分上。不仅如此,从长远看,品牌的产品零售价暴涨暴跌也会影响到品牌收益的稳定性、未来预期收益能力、茶农生产积极性等方面,使品牌价值大幅缩水。

C/Z值指的是在各茶叶区域公用品牌的区域内茶产业从业人口占区域内总人口的百分比。它是品牌建设在区域经济中的地位和贡献的表征之一。数据显示,根据2008—2010年各茶叶区域公用品牌的C/Z值得出的评估数据与2010年的数据反映基本相似,即不同的茶叶区域公用品牌的茶产业从业人口数量的绝对值和C/Z值相差十分悬殊。从整体上看,本次有效评估的所有品牌的C/Z值的平均值比2010年上升了6.2个百分点,达到31.6%。这说明,茶叶区域公用品牌建设所产生的联动和辐射作用还在持续释放。

为了更精确地展示各品牌C/Z值的变动,我们将两次价值评估中共有品牌的C/Z数据进行了比较。2010C/Z值和2011C/Z值分别对应的是2007—2009年和2008—2010年的

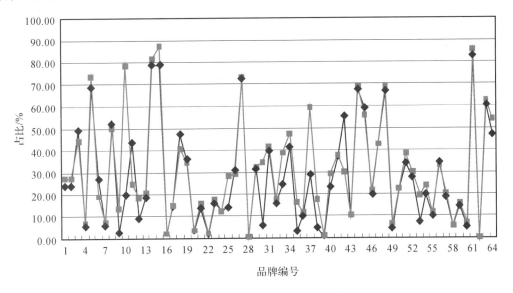

图2　两次价值评估中共有品牌的C/Z值变动曲线

C、Z 数据平均值的比率。如图 2 所示,在两次价值评估的共有品牌中,绝大多数品牌的 C/Z 值呈现出历时性增长趋势,区域公用品牌对农户和产业相关从业人员的带动作用日益彰显。

(二)依赖规模扩张实现品牌增值模式已现疲态

品牌价值的增值路径分为量的扩张和质的提升两种。前者主要指种植面积的扩大、产量的提高等规模经济效应带来的价值增量;后者则依赖品牌知名度、美誉度和忠诚度的提高等消费者指数所带来的品牌附加值增量,也就是说它更依赖单位产品获取的溢价能力,而不是规模总量。

本次价值评估的数据显示,2008—2010 年,茶叶区域公用品牌的种植面积的变化仍然以增长为主,但增长幅度已显著放缓。对比两次价值评估中共有品牌的数据可见,这三年种植面积下降的品牌占 3.1%,不变的占 9.4%(不同程度),上升的占 87.5%;上次评估(2007—2009)的对应数值为 6.3%、10.9%、82.8%。所有品牌这三年种植面积增长率的平均值为 10.8%,低于上次评估的 14.9%。这意味着茶叶区域公用品牌的建设在历年的发展和运作之后,品牌依赖扩大种植面积、提高产量等规模扩张实现价值增值的方式将会转向以盘活存量、提高单位产品的品牌附加值为增长点的方式上来。这一增长方式的转变,将使单纯的产品价值让位于品牌价值、功能价值让位于符号价值、实体的物质价值让位于虚拟的精神价值。

上述种植面积变化的原因主要来自两方面:其一,受限于区域内有限的自然资源。对于茶叶区域公用品牌而言,由于土地面积、气候、地形等条件的制约,并不是区域内的所有土地都适合种植和生产高品质的茶叶,即便适合,也有种植传统、农产品产业结构、农业物种多样性等诸多限制条件。因此,区域内适宜种植并能够产出高品质茶叶的土地面积是有上限的,获得原产地保护产品的品牌尤为如此。其二,一些新创的、处于产业发展上升期的茶叶区域公用品牌,表面上看似乎还处在规模扩张阶段,在种植面积、提高产量方面有很大的提升空间,实际上,这些品牌更多地受制于国内和国际茶叶市场的需求量这一限制条件。一个基本的事实是,市场的需求量并不取决于生产量,更不会跟随生产量的提高而无限增长。在过去的 10 年间(2000—2010),中国茶叶的种植面积增加了近 80%,从 109 万公顷增加到 190 多万公顷;产量翻了一番,从近 70 万吨增加到 140 万吨。但从世界茶叶市场来看,来自联合国粮农组织的数据表明,传统的茶叶消费市场已近饱和;从国内市场来看,相对于需求量和消费量,我国茶叶生产量将逐渐进入过剩时代。

在上述两种因素的共同作用下,无品牌或品牌运作不良的茶叶将面临低价、滞销或沦为其他品牌茶叶的原料供应者的困境。因此,未来茶叶区域公用品牌价值的增值将会更多地来自质的提升。

(三)普遍重视品牌推广,投入效益差异悬殊

统计数据显示,在本次有效评估的茶叶区域公用品牌中,有 88.2% 的品牌这三年的营销推广费用有不同程度的上升,平均增长幅度高达 110%,差不多两年翻一番。然而,营销推广费用的增长幅度在各品牌之间的差异非常大,其百分比值广泛分布在 −36.14% 至 1975% 的区间内。这一方面反映出品牌建设主体具有普遍的品牌建设意识、重视营销推广,另一方面

也反映出各主体对品牌营销的重视程度的差异。

显然,营销推广投入的增长并不会带来品牌销售额的同比增长,本次有效评估的茶叶区域公用品牌近三年统计数据显示,销售额平均增长幅度达 62.7%,低于营销推广费用的平均增长率。营销推广投入的效果是一系列复杂的致效因素综合作用的结果,而卓有成效的营销推广技巧与方法能够对品牌的销售额产生巨大的推动作用。将品牌近三年的营销推广投入增长率与其销售额增长率作一对比,能够揭示各品牌建设主体在营销推广运作方面的水平高低。

(四)日益借重网络传播渠道,缺乏负面信息应对机制

对品牌的大众媒介及其网络新闻宣传方面的专项统计显示,大众媒介以及网络媒体逐渐成为品牌传播的重要阵地。每个有效评估样本的平均相关新闻网页数量约为 485 个。图 3 是各品牌在网络上的相关新闻网页数量的散点分布图。它显示:尽管平均值很高,但各品牌之间的相关新闻网页数量差异很大。部分茶叶区域公用品牌,主要是一些历史名茶特别善于发掘、捕捉、创造新闻热点并及时地利用大众媒介和网络媒体广为传播。数据同时显示,作为一种集传播与销售功能于一体的媒介,网络将会在茶叶区域公用品牌建设中发挥越来越重要的作用。

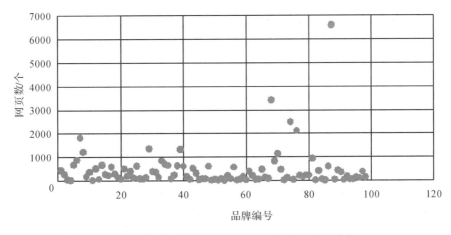

图 3 各茶叶区域公用品牌相关新闻网页数量分布

大众传播特别是网络传播是一把双刃剑。对有效评估样本品牌的负面新闻报道统计数据显示,71.3%的品牌在媒体有数量不等的负面新闻报道,部分品牌甚至有 50 篇以上的负面报道。而消费者网誉调查同时发现,大众及网络媒体的负面新闻报道量与消费者的负面评价呈现一定程度的正相关。大众媒体负面新闻报道量居于前 20 位的品牌中,有 60%也出现在消费者的负面评价前 20 位之中。

消费评价是一种悠久的传播方式,而口碑传播以其较高的可信度和亲和度在网络媒体时代焕发出前所未有的聚合力和引爆力。但是,从数据现状来看,少有被评估品牌具有对网络负面信息传播的预警、监测、处理和善后机制,不能有效利用消费评价和消费者网誉说服、培养年轻一代或下一代消费者。

二、现实之象:品牌建设七种现象洞察

(一)现象之一:品牌建设意愿强烈,品牌理解各有偏颇

数据显示,各地区对于品牌建设工作都很重视,品牌建设的意愿强烈。政府、协会和企业都希望把区域公用品牌做起来、做好。政府在政策上也给予多种支持,并利用媒体及其多种方式作相应的推广传播。但调查发现,许多地区对品牌的理解存在很多误区,造成其塑造品牌的行为模糊、随意,从而产生一系列问题。主要认识误区如下。

1. 认证和获奖多的就是好品牌

在所调查的全部样本中,大部分品牌都通过了无公害、绿色、有机认证中的一项或多项,认证率达92.8%,只有7个没有通过以上任何一个认证。并且,绝大部分品牌产品都在各种各样的茶叶评比或比赛中获奖。这一点,可以反映各品牌主体对茶叶品质的重视和严格要求。但在进一步的沟通调查中发现,部分管理人员对于认证、获奖和品牌的关系不清楚,盲目地认为认证多、获奖多就是品牌工作做得好,过分热衷于各种认证和评比。客观地说,认证和评比只能表示某品牌的产品品质或某一方面达到了某些要求,品质是品牌的基础,但不是品牌的全部。品牌建设者需要了解,品牌建设是一个系统工程,认证和评比只是其中部分环节而非全部,消费者的体验好评或口碑传播也许更能够反映一个品牌的实际状况。

2. 历史长的就是名品牌

我国有着悠久的茶叶种植历史,现已形成了许多各具特色的历史名优茶。本次调查评估的大部分茶叶品牌都有其辉煌成绩,多属历史名优茶。毋庸置疑,历史名优茶为茶叶区域公用品牌的形成与成长提供了坚实的产品与文化基础。但沟通调查发现,不少品牌经营者单纯地以为,历史长的品牌就价值高,或者过分依赖历史这一要素而令品牌建设停滞不前。历史名优茶是前人留给后人的宝贵的品牌财富,在建设区域公用品牌的过程中,经营者可以依赖历史名优茶这一重要背书进行品牌价值的发展和提升。但是,在具体的品牌宣传、品牌建设中,如何将历史名优茶的背书因素与消费者的需求对接起来,如何体现其与其他茶叶品牌不同的消费价值,这才是最关键的。因此,历史长的名优茶是一个品牌成长发展的优良基础,但是,如果只是一味地停留在历史中,那么,则会使品牌固步自封,无法建立与消费者更亲近的、更具有现代性的关系,也就影响了一个品牌的价值。

3. 种植或市场规模大的品牌价值高

调查发现,在许多政府的区域品牌建设规划中,往往一味地强调规模化、工业化,着眼于产量规模的提升,将产量规模作为最大目标。不可否认,产量的扩大能形成规模优势,从而为品牌发展助力,但品牌建设首先要解决的是产品的品种独占性、资源独占性、文化独占性等问题。不是简单地以产量规模定品牌价值高低,而是在建设品牌价值唯一性或排他性的同时保证产量规模,才能形成独占价值和规模价值的整合力量。

(二)现象之二:品牌建设多头管理,一体化管理亟待形成

调查发现,茶叶区域资源及其公用品牌涉及的管理主体不仅包括政府涉农部门,还包括相关协会等行业组织、区域内龙头企业等。区域资源或公用品牌在一定区域内为多个市场主体所管理和使用,造成了内部管理分散化现象。这种多头管理往往会造成一定的问题。以湖南省桃源县为例,桃源县茶叶产业协会对外统一推广的品牌是"桃源大叶茶",并在2009年1月获得了国家工商总局的地理标志证明商标。同时,桃源县几家较大茶叶企业对外联合推广的品牌则为"桃源野茶王"。一县以内,共有的区域资源,两个品牌同时推广,前者的管理主体、商标所有者为协会,品牌使用者为区域内协会成员等,而后者的管理主体为几个企业,商标为企业共有,并由几个企业共同使用该品牌。两个不同经营管理主体、不同使用主体的品牌,虽都在一定的区域内,且共有区域资源,但客观上不能形成合力,且削弱了其中每一个品牌的影响力,造成了一定程度的资源浪费和消费者认知混乱。类似区域资源或区域公用品牌经营的内部分散性和多头管理现象在其他地区也有存在。目前需要解决的是,及早实现协调、整合,通过一个主体或一体化管理机制统筹各生产行为和品牌推广行为,为茶叶区域公用品牌提供一体化管理保障。调查显示,所有参评的茶叶区域公用品牌中,政府及其职能部门主导成为主要的品牌管理模式。但是,由于政府及其职能部门的行政特性,一些品牌的经营管理在许多方面顾及不足。因此,某些地区的区域公用品牌,政府若没有足够精力去主导,不如改为协会或龙头企业主导型,让协会或龙头企业主推,政府的角色是政策扶持和推广支持。不可否认的是,茶叶区域公用品牌建设中,政府扮演着举足轻重的角色,协调和整合区域内品牌主体的行为需要政府的力量,但如何发动或利用协会、龙头企业的力量,如何形成政府、协会、龙头企业、茶农之间的一体化管理模式,是需要进一步去协调和发现的。

(三)现象之三:产业规划基本成熟,品牌战略管理需提升

对一个品牌而言,战略管理是促使品牌平稳、长远发展的重要保障。调查数据显示,在本次参评的茶叶区域公用品牌中,几乎所有品牌均已有较为完整的产业发展规划,并往往反映在政府的整体产业规划中。可以说,各茶叶区域公用品牌的产业规划已基本成熟。产业规划对一个品牌的成长具有重要的作用,品牌化必须以产业规划作为前提。但是,对产业规划和品牌战略发展愿景、战略管理路径等应当有充分的协调和整合,两者统筹规划才能使一个品牌具有更充分的品牌价值。目前,有的品牌在品牌战略规划方面表现为以下几种情况:其一,与品牌相关的节庆活动缺乏长远规划管理。因节庆活动具有明显的影响力,各地纷纷举办各式各样的茶叶农事节庆。但这些农事节庆往往缺乏持续性和发展性主题,一年一点子,一年一定位,影响了节庆活动对品牌经营、品牌发展的实际推动作用。其二,主管领导的职位变动直接影响品牌发展方向,品牌战略缺乏定位模式及其连贯性、持续性。其三,营销传播活动的整合力规划需加强。调查显示,各地相关部门或有关单位、企业为其公用品牌做了大量工作,各种名目的新闻发布会、推介会、节庆活动、展销会等每年都有开展,但这些活动的互动作用、整合作用及其对品牌的独特影响力在哪里?相关思考和相关论证相对不足。其四,同理,各区域政府、行业协会、企业等主体之间亟待通过整合进一步形成合力。

区域公用品牌建设是一项系统工程。因为区域公用的特殊性，其战略管理更为重要，既要在综合考虑当地实际情况的基础上，在内部实行统一协调管理，对资源进行统筹规划、合理配置，还需要在外部推广中注重长效性和持续性。任何一个品牌的战略规划都需要经过大量的调查和论证，不能因为领导班子更换而改变，更不能缺乏方向性。另外，在品牌战略管理中可借助外来的专业智慧和力量，用更广阔的视野制定茶叶区域公用品牌的战略规划。

（四）现象之四：品牌识别系统初现，规划管理大有可为

本次参评品牌都有了基本的品牌识别，商标及其包装体系基本完善。但是，整体的品牌识别体系的系统化规划管理还需要进一步加强。

本次调查显示，各个品牌在形象管理方面存在以下误区：其一，部分茶叶区域公用品牌缺乏统一的、系统化的识别系统及形象传播体系；其二，部分茶叶区域公用品牌的符号化识别体系标准不一，难免造成消费者认知混乱；其三，品牌识别体系及其形象传播与区域形象的整合程度不高，还需进一步挖掘，体现该区域的文化、历史内涵。

品牌需要通过识别系统的建构和传播在消费者心中建立"消费者心像"。因此，统一识别系统、通过传播建立期待的消费者心像是品牌建设的重要内容和目标。如浙江省新昌县有着1500多年的产茶历史。1998年，新昌县统一创立了"大佛龙井"茶叶区域公用品牌，由政府牵头对农家茶园的茶产品进行统一管理、统一收购、统一加工，并以"大佛龙井"品牌形象统一对外推广传播。如今，在"大佛龙井"品牌的带动下，原本由千家万户分散经营的小产业已成长为一个强势产业，其品牌形象具有一致性特征。在参评品牌中，这样的品牌已不在少数。但是，也有一些品牌至今没有完整、统一的品牌识别系统，在传播时缺乏一致性。一个具有一定知名度和影响力的公用品牌，不仅代表着该区域的茶产业和茶叶产品的竞争力，也在一定程度上代表着一个区域的形象。因此，在品牌形象管理中，需要考虑区域地理特征、历史典故、文脉基础等综合要素。例如，"安吉白茶"高起点导入VI形象设计，走出了成功的关键一步，其统一的品牌形象、包装风格不仅展现了品牌特性，还充分考虑了品牌形象与区域形象的整合，使消费者对于安吉这一区域的认知与"安吉白茶"品牌的认知相结合，为区域产品的终端销售提供了强大助力。

（五）现象之五：注重"走出去"，更须着眼传播路径创新

在品牌"走出去"和如何"走出去"的问题上，各品牌都非常热衷于参加各种名目的茶叶博览会、茶叶展销会等活动，有的品牌甚至将类似活动当作品牌推广传播的唯一途径，不放过任何一个去参加全国各地的茶博会进行宣传的机会。茶博会的确是一个很好的向外推介品牌的专业窗口，很多茶叶新品牌新产品也正是通过茶博会向消费者推介、引起消费关注的。但各种茶博会也有一些共同的问题，即对普通大众的吸引力、消费者到达率和双向沟通等均有所欠缺。品牌传播在本质上是一种双向行为，传播者给受众或消费者提供品牌信息，而受众也向传播者反馈其信息。受众的反馈是传播活动是否有效的重要衡量标准。而受众接受某种信息是要经过选择性注意、选择性理解、选择性记忆的过程，他们往往只会记住那些感兴趣的或喜欢的或对其有利的信息，而剔除与其认知不相吻合的信息。据不完全统计，仅2010年，我国就有大大小小近百个茶博会、茶叶展销会等。这些专项博览会分布在年内

10个月的全国27个省区市。其中,仅广东一省就有41个之多。在数量如此惊人的纷繁茶博会面前,消费者能从中获得的有关茶叶品牌的精准信息到底有多少呢?这需要一个科学化的效果评估机制,更需要加强传播创新。即通过传播创新,建立、开拓其他的茶叶品牌传播平台与传播通路,如广告、网络传播、体验营销传播等,才能使茶品牌更顺利地走进消费者心里。从某种意义上说,由于以往在传播上的单一化、模式化,在茶叶品牌领域,传播创新大有可为。而以传播创新获得更高的品牌价值的机会虽在眼前,更需要大胆突破和创新选择。

(六)现象之六:注重茶品类特征,更须强调传播诉求差异化

差异有有形、无形之分,是指自身在同类中有独树一帜的某些特质。本次研究中的94个样本的传播诉求,大多注重茶品类特征,但各品牌的差异化传播、差异化特质建设明显不足。从各品牌的简介来看,多数品牌的简介表现为模式化的阶段论:品牌历史回顾,且多数从《茶经》等典籍说起;品牌利益点表达,多数陷入"汤亮、香高、味醇、耐泡"等相似描述;品牌发展前景,多数是从种植规模、价格等来表征,体现了模式化的品牌介绍内容。从各种茶事节庆活动来看,各地举办"茶叶开采节",大多组织"万人品茶"、"茶王拍卖"、炒茶比赛等相似活动。而"开采节"受茶叶上市季节影响,基本扎堆在每年的三四月份,不少相邻县市在相近时间各自举办节庆活动,如2011年3月21日"2011杭州千岛玉叶茶体验节"和2011年3月25日"西湖龙井开茶节"、2011年4月16日"第五届都匀毛尖茶文化节"和2011年4月18日"中国贵州遵义茶文化节"等。相近的时间、类似的内容、熟悉的手段,长此以往,可能会造成消费者的审美疲劳,削弱传播者声音,分散消费者注意力,致使传播效果减弱。作为感性产品,茶的共性特征相对明显,因此,单纯从茶的品类特征、口味特征入手,差异化的可能性相对较小。但是,各个茶叶区域公用品牌的区域特征、资源特征、环境因素、文脉体系、品牌故事、品牌理念、品牌文化的差异化建设可以提供无限可能。品牌得以产生和存在的理由,就是在同类产品中寻找、体现、创造其差异化特征,使其从同类中跳脱出来,从这一意义上说,差异化诉求是品牌得以存在和发展的根本价值所在。

(七)现象之七:评价系统相对单一,须实现双轨并行

调查发现,各级地方政府和协会的领导都相当重视茶叶区域公用品牌建设,愿意为品牌建设工作提供支持、贡献力量,这令人欣喜和振奋。但同时,我们也看到,在品牌建设过程中,有的建设者过于看重领导认可、专家认可而忽视了多数消费者的认同。这种现象从品牌经营的战略目标、传播口径、传播重点等方面都得到验证。有的品牌在参加各种展会、举办各种节庆活动时,更多地从产品的自我角度出发,较少站在消费者立场来考虑"他"需要怎样的品牌、"他"对品牌的印象是什么、"他"的消费期待是什么等问题。

消费者是品牌产品最终是否能够实现价值的主体。所以说,消费者才具有品牌标准,品牌的本质就是消费者认同。历史上,工业品牌在传播上基本经历了从生产者导向向消费者导向过渡的漫长过程。农产品品牌虽不同于工业品牌,但品牌管理的核心在于消费者的品牌认知。明确品牌的消费者,了解他们的本质需求、偏好,喜欢接触什么媒介,在什么样的情况下购茶、喝茶,有针对性地发现传播诉求、制订传播推广计划,在传播效果上必然会有很大

的提升。目前,各品牌需要做的是,站在以消费者为核心的立场,充分检验品牌状况和所做的工作,发现问题,提出问题,科学而有的放矢地解决问题。

三、未来之景:品牌价值创新之路

中国是世界上最早发现茶树并生产茶叶的国家,当前的茶叶种植面积和茶叶产量均居世界第一(据 2010 年《茶叶蓝皮书》),但中国却还称不上茶叶品牌做得最好的国家。作为适合当前中国茶产业发展阶段、状态和管理模式的品牌建设方法,茶叶区域公用品牌的建设给中国的茶叶品牌崛起带来了希望。而当务之急,是要创造性地运用品牌运作经验和知识,提升品牌价值。

(一)精准定位,合理延伸

1.定位

通俗地说,定位就是使品牌在消费者心目中占据一个与品牌相匹配的独特位置,使消费者在做消费决策时,能够轻而易举地选择出与某个心理位置相联系的品牌。因此,定位使消费决策具有相对明确的指向性,有利于保持品牌的消费者忠诚度。

由于茶叶区域公用品牌包含的产品价格范围相当宽泛,从几十元到几千元甚至几万元不等,所以品牌建设主体常常忽略、漠视了品牌的定位,致使品牌淹没在品类之中。

定位是一系列科学论证和调研的结果,在本质上是品牌的差异化经营。它涉及茶叶区域公用品牌所选择的市场范围、消费人群、价格策略、利益诉求等各种因素。云南普洱茶从 2005 年定位为茶叶古董时的热炒弊病到 2009 年回归大众时尚健康饮品时的理性成长,既说明了定位的艰巨,也印证了其重要性。同样道理,祁门红茶在国际上的知名度很高,是中国茶叶出口的中坚力量,但是其国内市场需求却不大,价格也较低。以中国红茶为原料、定位为"午后红茶"的品牌取得成功,或许也能够给中国茶叶区域公用品牌的定位以启迪。

2.延伸

成功的品牌运作总有品牌延伸的内驱力,以获取更大的品牌收益。茶叶区域公用品牌也不例外。拓展和开发品牌的全产业链价值,合理有效地进行品牌延伸,是快速实现品牌价值增值的重要方式。对于一些增量建设已临近极限的成功品牌来说,合理而科学的品牌延伸尤其重要。

品牌的延伸与产业链的拓展大致可以分为两类:一类是纵向延伸,如以茶叶为原料提炼茶多酚、制作茶点和茶餐或者生产茶饮料等;另一类是横向拓展,如将品牌的建设与当地的休闲、旅游和文化产业相结合,通过与区域形象共同发展来提升品牌价值。

如同咖啡通过咖啡馆里的环境消费获得更高的价值一样,西湖龙井产区的村落通过茶馆(铺)建设成功地开发了茶叶的空间价值。霄坑绿茶作为一个村落的区域公用品牌或许可以通过与传统农耕文明和生活方式相结合而获得更大的提升空间。需要注意的是,品牌延伸和产业链拓展虽然能够带来更大的品牌收益,但它们都是有界限并且有风险的。因此,如何科学地实现品牌延伸成为茶叶区域公用品牌未来发展的重要课题。

（二）激活文化因子

茶叶品牌具有丰富的文脉资源,有效激活文化因子是关键。

1.用现代方式演绎传统文化

中国是一个拥有悠久茶文化历史的国度,许多茶叶区域公用品牌都拥有深厚的传统文化积淀,为品牌今日的发展奠定了文脉基础。一方面,茶叶区域公用品牌的建设主体应进一步深入挖掘并充分利用这些传统文化资源来丰富品牌的文化内涵;另一方面,又不能囿于传统的言语和思维方式,而必须以现代人熟悉的沟通与传播方式传达出来。

文化的最佳载体是故事,品牌传播的最高境界是讲故事。古今中外,人们记住的是故事内容,而不会去在意这个故事是虚构的神话还是现实的翻版。云南普洱茶的"马帮进京"诉说的是普洱茶生产、加工、运输、交易和进贡的历史故事;安化黑茶则希望通过电视剧《菊花醉》收获《大宅门》之于同仁堂的故事效果。

茶叶区域公用品牌也可采用当代消费者所喜闻乐见的方式去演绎其传统文化。显然,融入现代时尚流行元素的《采茶舞曲》和《采茶歌》要比僵硬地拷贝古代的晦涩符号更具有沟通力。

2.融入创意文化元素

茶叶区域公用品牌的文化内涵还可以用充满创意的方式来演绎。一个茶饼,可能仅仅只是一个茶饼,除非碰巧这个茶饼上印有龙凤呈祥的图案;一个茶楼,可能也只是一个喝茶的三维空间,除非碰巧这个茶楼是复古的宋式建筑,里面还坐着几个身穿汉服的茶艺表演者。

创意无极限。茶叶区域公用品牌可以与广泛的文化元素相结合,从最古老的到最流行的,从最乡土的到最高雅的。恩施玉露将它的品牌与土家族情人节这一古老民俗活动"结缘";蒲江雀舌则通过举办婚纱摄影大赛为品牌注入时尚气质和艺术活力。

尽管创意意味着与众不同,但与众不同不代表创意,品牌建设主体应避免将哗众取宠的低俗炒作当作创意。近日河南信阳招聘"口唇茶"采茶女的行为就是一场披着文化外衣的炒作。

（三）资源整合创新

1.跨区域

茶叶区域公用品牌建设并不专指在某个特定的行政区域内的建设活动,突破品牌所在区域,在更广阔的地域范围内整合优势资源,有利于形成规模经济,扩大品牌的影响力。跨行政区域的品牌运作需要突破原有区域视野,在本区域与其他区域的相互联系和比较优势中审视品牌的地位和特色。蒲江通过将自己定位为成都的"后花园",成功地把蒲江雀舌品牌与成都经济圈的旅游观光业捆绑在一起,既为成都的休闲定位添彩,也从中获益。

在价值评估过程中,课题组发现许多茶叶区域公用品牌都热衷于在本区域内建设规模浩大的茶叶市场。建设茶市以促进区域内茶叶流通和贸易的初衷值得赞赏,但茶市的影响力和贸易额有一定的辐射半径,相邻产茶区域的重复建设可能会造成茶市的供血不足,内耗严重,浪费资源。这其实是一个协调和规划的问题。同类的再如节庆资源的跨区域整合,同样也能实现有限品牌资源的高效利用。2010年起,陕西省政府决定在汉中、安康、商洛三个相邻的产茶市轮流举办茶叶节活动,整合三地的优势资源,扩大影响力,以促进汉中仙毫等茶叶品牌的发展。

2.跨行业

茶叶区域公用品牌建设也可以通过与本区域内或相邻区域内的优势产业联姻或资源置换来获得品牌价值提升。浮梁茶通过茶与茶具的天然纽带将品牌与景德镇瓷器联系起来,这种跨行业比附和推广能够产生双赢的效果。浙江安吉有"中国第一竹乡"之称,产于此地的安吉白茶与竹产品在农事节庆、观光旅游、品牌传播等方面有许多相得益彰之处。

(四)以经验为鉴,创独特品牌

1.借鉴工业品与服务业品牌建设经验

不可否认,与工业品和服务业品牌相比,农业和农产品品牌建设的经验相对落后,茶叶区域公用品牌自然也在此列。因此,学习和借鉴工业品和服务业品牌的运作经验和模式就成为茶叶区域公用品牌的建设者们的必修课。

当前,工业品和服务业品牌已形成了一套比较成熟的品牌运作体系,在品牌的符号化设计、定位、消费者研究、诉求方式、营销渠道、危机处理、国际化等方面对茶叶区域公用品牌的建设有诸多启示。举例来说,许多茶叶区域公用品牌缺少鲜明的、标准化的对外传播符号体系。世界茶叶市场上,70%的消费量是红茶,但中国出口的大多数红茶是以初级农产品而不是以品牌形式输出,成为外国工业品和服务业品牌的原材料,处在价值链的最底端,这不得不让人深思。

2.借鉴其他农产品品牌

因为共有的农产品属性,茶叶区域公用品牌在产品的质量监控与检测、认证体系、商标保护、基地建设等方面向其他农产品品牌的成功做法借鉴的空间也很大。

借鉴不是简单的重复与模仿,还要看是否与品牌"水土相符"。浙江余杭塘栖枇杷节与选美大赛的组合方式已为一些茶叶区域公用品牌所化用;福建安溪有关部门正着手借鉴法国葡萄酒的庄园生产模式和流通管理办法,提升茶农的组织化程度,打造安溪茶叶品牌梯队。

结 语

今天,茶叶还只是整个中国农产品中一个相对较小的品类,但在品牌创建、品牌价值创造等方面却走在了农产品品牌的前端。这让人充满希望和期待。

我们看到,在164个茶叶区域公用品牌中,许多品牌都希望做大、做强。实际上,市场既需要有大品牌,也需要有特色、有个性的小品牌,各种各样的品牌结合在一起的多样性品牌聚合成长才能最终形成足以代表中国茶叶品牌的力量。

我们看到,中国茶叶区域公用品牌需要同中国茶叶企业及其各产品品牌同步发展。164个茶叶区域公用品牌与成千上万的茶企产品品牌将互为策应,在多样化、多层次的品牌格局中最终优化成中国茶叶的品牌方阵。而如何配置茶产业有限的资源、协调各方面的利益关系,也将是茶叶区域品牌发展中长期面临的挑战。

我们看到,中国茶叶区域公用品牌的成长可能性将来自更全面的品牌体验。而品牌体验将通过以茶叶区域品牌为核心资源的跨产业联动与创新最终得以实现。未来,茶叶区域公用品牌将不仅仅体现为一包茶叶、一杯茶,它最终将化身为消费者的综合体验、区域的形象表征、具有独特品牌价值的自主品牌方阵。在这条路上,消费者的综合体验将给区域品牌带来强大的声誉、更多的收益、更高的价值。

附表:2011 年中国茶叶区域公用品牌价值评估结果

序号	品牌名称	品牌价值(亿元)	序号	品牌名称	品牌价值(亿元)
1	西湖龙井	50.33	24	开化龙顶	9.57
2	安溪铁观音	50.28	25	蒲江雀舌	9.12
3	信阳毛尖	45.71	26	武阳春雨	9.06
4	普洱茶	44.19	27	湄潭翠芽	9.03
5	福鼎白茶	24.45	28	六堡茶	8.30
6	大佛龙井	21.03	29	英德红茶	8.28
7	安吉白茶	20.67	30	安化黑茶	8.27
8	武夷山大红袍	20.31	31	龙谷丽人茶	8.16
9	祁门红茶	19.14	32	马边绿茶	7.91
10	福州茉莉花茶	18.27	33	长兴紫笋茶	7.76
11	坦洋工夫	17.69	34	金坛雀舌	7.66
12	白芽奇兰	16.28	35	宁红工夫茶	7.14
13	横县茉莉花茶	15.09	36	桃源大叶茶	7.12
14	越乡龙井	14.32	37	霍山黄芽	6.99
15	正山小种红茶	14.19	38	永春佛手茶	6.84
16	松阳银猴	12.78	39	修水双井绿	6.72
17	蒙顶山茶	10.84	40	金山翠芽	6.62
18	都匀毛尖	10.51	41	婺源绿茶	6.37
19	径山茶	10.42	42	犍为茉莉花茶	5.89
20	汉中仙毫	10.35	43	茅山青锋	5.87
21	紫阳富硒茶	10.25	44	凌云白毫茶	5.71
22	庐山云雾茶	10.23	45	余姚瀑布仙茗	5.59
23	千岛玉叶	10.01	45	七佛贡茶	5.59

续表

序号	品牌名称	品牌价值（亿元）	序号	品牌名称	品牌价值（亿元）
47	岳西翠兰	5.58	71	石阡苔茶	3.4
48	千岛银珍	5.33	72	宜都天然富锌茶	3.39
49	石门银峰	5.32	73	莒南绿茶	3.38
50	磐安生态龙井	5.22	74	舒城小兰花	3.25
51	英山云雾茶	5.20	75	桂平西山茶	3.16
52	天台山云雾茶	5.19	76	余庆小叶苦丁茶	3.16
53	阳羡雪芽茶	5.11	77	仙都笋峰	3.08
54	景宁金奖惠明茶	5.08	78	安化千两茶	3.03
55	安溪黄金桂	5.06	79	磐安云峰	2.87
56	岳阳银针	4.98	80	平武绿茶	2.75
57	梵净山翠峰茶	4.68	81	江山绿牡丹	2.74
58	雅安藏茶	4.55	82	福鼎白琳工夫	2.73
59	屏山炒青	4.38	83	沿溪山白毛茶	2.42
60	凤冈锌硒茶	4.32	84	平阳早香茶	2.24
61	南江大叶茶	4.30	85	筠连红茶	2.21
62	泰顺三杯香	4.17	86	临湘黑茶	1.76
63	天山绿茶	4.10	87	贵定云雾贡茶	1.64
64	漳平水仙茶	4.09	88	筠连苦丁茶	1.54
65	恩施玉露	4.06	89	南山白毛茶	1.35
66	安化茶	4.03	90	恩施富硒茶	1.22
67	荣成绿茶	4.00	91	正安白茶	1.03
68	茅岩莓茶	3.90	92	国胜茶	0.89
69	浮梁茶	3.89	93	保靖黄金茶	0.51
70	凤凰单丛茶	3.46	94	霄坑绿茶	0.17

声明：本研究中所估算之品牌价值，均基于品牌建设单位提供的相关数据及其他公开可得信息，且是运用浙江大学CARD农业品牌研究中心茶叶区域公用品牌专用评估方法对采集的数据处理的结果。

2012：中国茶叶区域公用品牌价值评估报告（数据跨度：2009—2011）*

在中国茶业品牌化的实践过程中，区域公用品牌作为特定区域内生产主体共享的品牌，在茶业增效、茶农增收、茶产业转型升级以及竞争力提升中发挥着不可替代的作用。这正是我们一直关注、研究这个领域的重要因素之一。

2010年始，浙江大学CARD中国农业品牌研究中心和《中国茶叶》杂志、中国农科院茶叶研究所中国茶叶网联合组建课题组，采用"浙大CARD农产品品牌价值评估模型"，在全国范围内连续开展茶叶区域公用品牌的价值评估工作。2011年年底，在前两轮研究的基础上，课题组继续开展相关研究。在近200个中国茶叶区域公用品牌中，筛选了在业界影响较大的178个品牌进行综合研究。课题组历时三个月，通过茶叶主体调查、消费者综合评价调研、专家调查、媒介调查等多种方式，收集了105个品牌的资料，去除材料相对不够完整的品牌，最终完成了对93个茶叶区域公用品牌的价值评估，并于2012年4月11日发布了"2012中国茶叶区域公用品牌价值"评估结果。

三年来，茶叶区域公用品牌价值的重要性已得到了品牌建设主体与消费者的共同认可。与以往单纯以面积、产量、产值等要素衡量产业发展实力不同，品牌价值综合考量了品牌的成长性、累积性和稳定性等多方面因素，并通过品牌收益、品牌强度乘数和品牌忠诚度因子等品牌指标得以实现品牌价值的量化。随着茶业产业化、品牌化的不断推进，各方对品牌价值的认识不断加深，以品牌价值衡量茶产业的综合实力及健康程度已成为毋庸置疑的重要标准。

一、数据：成长性、累积性、稳定性，彰显品牌价值

品牌成长性、累积性、稳定性与品牌收益、品牌强度乘数和品牌忠诚度因子这三个主要指标密切关联。"品牌收益"体现的是品牌无形资产带来的收益，"品牌忠诚度因子"反映的是消费者对品牌的认可与忠诚程度，"品牌强度乘数"则关注品牌持续发展的重要因素问题。三年来，茶叶区域公用品牌平均价值从8.18亿元上升到8.28亿元，再跃升到2012年的9.90亿元。

本节试图通过综合盘点2010—2012年度三轮评估所得数据，从品牌成长性、累积性和稳定性切入，对品牌价值作深入解读。

---

* 本报告发表于《中国茶叶》2012年第5期。

(一)品牌成长性数据

1. 规模扩张区域间差异显著,东部明显放缓

规模的扩张在一定程度上显示了茶产业的整体发展速度。国家统计局数据显示,从2006年到2010年,全国茶叶种植总面积从2146万亩持续上升到2955万亩(见图4),但我们也注意到,茶叶种植面积的年度增长速度在逐渐放缓(见图5)。

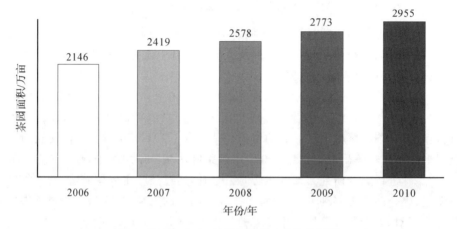

图4　2006—2010年度全国茶叶种植总面积

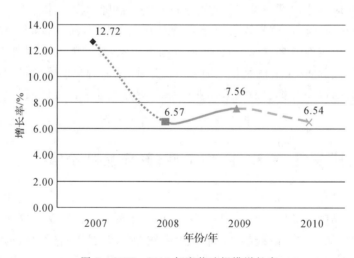

图5　2007—2010年度茶叶规模增长率

从全国整体发展的情况看,我国茶产业从2006年起一直处于规模扩张阶段,但年度增长率在逐步减小。从参加评估的品牌来看,也体现了相同的态势,并且东部地区与中西部地区间的差异较为显著。

从三轮评估所得的2007—2011年的5年数据来看,东部地区和中西部地区茶叶区域公用品牌虽然平均种植面积都在上升,但前者的种植规模明显小于后者。到2011年,东部地区各品牌平均拥有茶园面积约为10.12万亩,每年的平均增长率控制在5.30%左右;中西部

地区各品牌的平均拥有面积约为 34.11 万亩(见图 6),每年的平均增长率保持在 10.26% 左右,后者的增长速度明显快于前者(见图 7)。

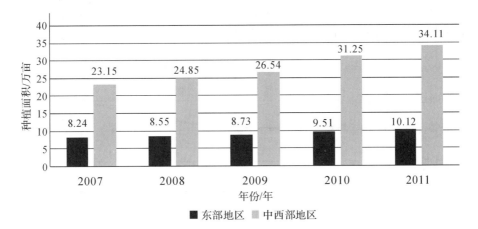

图 6　东部与中西部地区品牌平均种植面积比较

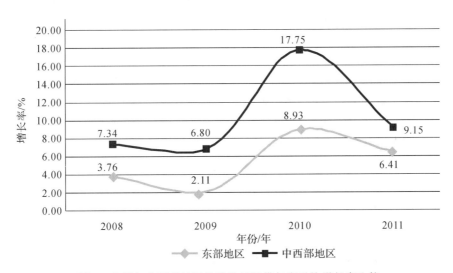

图 7　东部与中西部地区品牌种植规模年度平均增长率比较

2.品质整体提升,逐年优化

品质是品牌的基础,拥有好的品质是品牌提升的必要条件。茶叶品质的优劣,通过其本身特有的嫩度、条索、整碎、色泽、净度、香气、汤色、滋味和叶底这九大要素来体现,而如无公害、绿色、有机等认证体系是品质好茶的基础保障。

从评估品牌的情况来看,茶叶区域公用品牌的认证体系在持续健全、完善之中。以无公害、绿色、有机认证体系为例,三年间,各评估品牌的平均得分分别是 6.13、6.36 和 7.28。与此同时,越来越多的品牌申请并通过欧盟上市认证、出口卫生认证,德国 BCS、日本 JAS 和美国 NOP 认证等,通过这些国际认证,进一步推动茶叶品质的不断提升与优化。

3.品牌直接收益增长放缓,品牌价值提升加快

我们看到,2010—2011 年,评估品牌的平均品牌收益从 5488.24 万元上升到了 7557 万

元,涨幅达到 37.69%。2012 年,评估品牌的平均品牌收益上升为 7826.63 万元,涨幅为3.57%。从平均品牌价值比较可见,2010—2011 年,评估品牌的平均品牌价值涨幅只有1.22%,而 2012 年比 2011 年上涨了 19.57%(见图 8)。可见,虽然评估品牌的平均品牌收益涨幅在趋缓,但平均品牌价值的上升幅度较大。

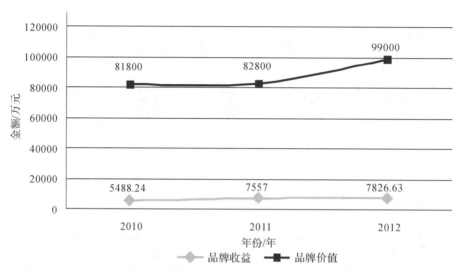

图 8 2010—2012 年度三轮评估中各评估品牌的平均品牌收益与平均品牌价值

三轮评估中出现的品牌价值十强,2010 年的平均品牌收益为 19248.66 万元,2011 年为31384.69 万元,2012 年有所回落,为 26121.85 万元。但平均品牌价值连续增长,尤其是在品牌收益有所回落的情况下,仍然上涨了 8.59%(见图 9)。

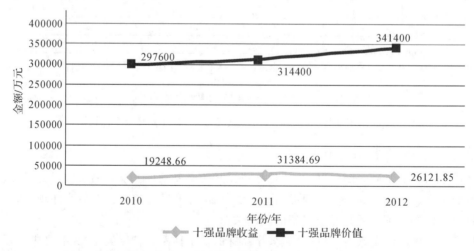

图 9 2010—2012 年度三次评估十强品牌的平均品牌收益与品牌价值

从这两组数据可知,虽然只有 5 年的数据变化,却已经可以看到品牌收益曲线在趋向于水平,而品牌价值仍然稳中有升。这表明由品牌收益体现的品牌成长方式进入了调整期。另外,也应看到,品牌价值的最终形成,不仅取决于品牌收益,还需要综合考量品牌的累积程度与稳定程度。

(二)品牌累积性数据

1.品牌投入增加明显

对品牌的投入在一定程度上反映了一个地区对该品牌的重视程度,而对品牌的持续性投入对品牌价值的增长有着明显的累积性作用。盘点从 2007 年到 2011 年各评估品牌的平均投入,可见如图 10 所示的结论,品牌投入费用持续快速增长,从 697.54 万元快速提升到 1552.08 万元,平均年增长率达到 22.55%。

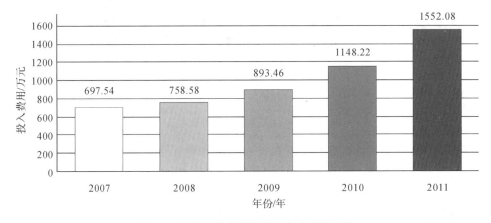

图 10　整体评估品牌的平均投入费用比较

同时,通过比对东部与中西部地区品牌的平均投入数据,我们发现,两者均持续不断地投入,但东部地区品牌的投入费用远高于中西部地区(见图 11)。这表明前者的品牌化进程高于后者,其累积性作用也相应比后者更为明显。如图 12 所示,东部地区评估品牌的平均品牌价值在三次评估中均高于中西部地区的评估品牌。

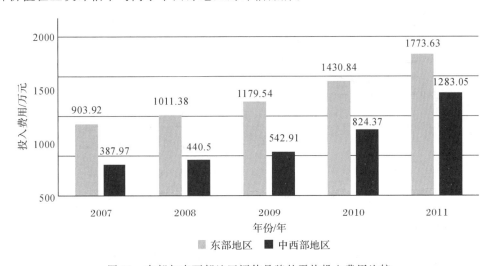

图 11　东部与中西部地区评估品牌的平均投入费用比较

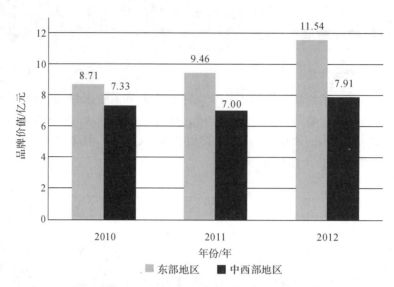

图 12 东部与中西部地区评估品牌的平均品牌价值比较

由图 13 可见,中西部地区评估品牌在投入费用的绝对值上虽然低于东部,但其每年的品牌投入增长速度非常快,几乎是后者的两倍。尤其是 2009—2010 年间,其投入费用增长率从 23.25% 快速上升到 51.84%。东部地区评估品牌的投入增长速度虽每年都有提升,但相对于中西部地区,其上升幅度并不大。可见,中西部地区对品牌的建设也越来越重视,将品牌视为长期投资的战略投入,着眼于未来而持续累积。

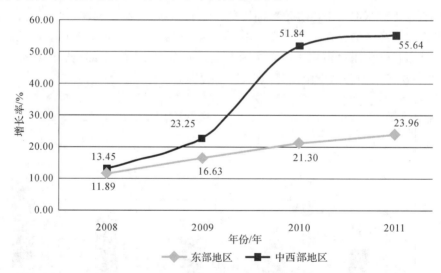

图 13 东部与中西部地区评估品牌的平均投入增长率比较

2.品牌影响力累积效应显著

随着对品牌的持续投入以及时间积累,品牌自身的影响力也得到相应的累积。通过对评估品牌三年来的跟踪式网誉调查发现,2010 年,每个评估品牌的平均检索信息量为 704563.24 条,到 2011 年,已上升为 1641626.02 条,2012 年,则为 2839162.15 条(见图 14)。每年的平均网络检索量几乎呈直线式上升,表明相关品牌在持续的宣传投入、广泛的新闻信息传播后,影响力显著提高。

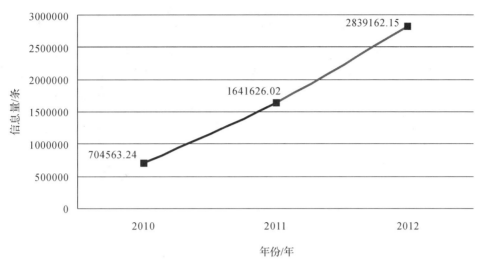

图14 评估品牌的年度网络检索平均量比较

与此相对应的数据,还有品牌平均知名度的提升。如图15所示,2010年,评估品牌的平均知名度得分仅为39.24(满分100分),2011年69.02分,2012年则上升为82.09分。仅3年时间,茶叶区域公用品牌的知名度从不合格上升到了优秀,进步非常明显。同时,从这条进步曲线可见,2011年到2012年的上升速度略低于上一年度,随着品牌的发展,提升的难度系数越高。但仅知名度而言,只要保持现有的投入量与报道量,只会继续累积而不会下滑。

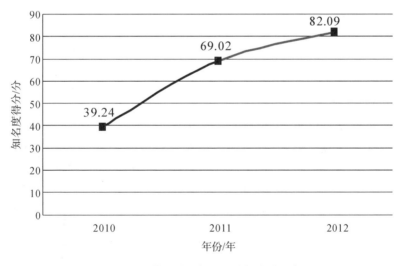

图15 评估品牌的年度平均知名度比较

3.消费者认知累积加深

品牌累积性的体现除自身投入增加和影响力提升之外,还有更重要的一项,即消费者的认知积累,而消费者的认知积累也是品牌投入和影响力提升的作用结果之一。

茶叶区域公用品牌的消费者调查发现,三年来,消费者对茶叶区域公用品牌的平均认知度得到了提升。评估品牌的 2010 年平均认知度 57.35 分,2011 年上升了 14.38%,得分 65.59 分,2012 年继续上升了 22.96%,提高到 80.65 分(见图 16)。

此外,我们发现,评估品牌的平均好感度同样也呈现出明显的上升趋势,2011 年比 2010 年上升 5.02%,2012 年又在 2011 年的基础上提升了 16.02%,品牌平均好感度累积效应非常明显。品牌好感度的增加不仅表明了消费者对评估品牌认知的累积加深,同时也验证了茶叶品质的提升、品牌服务体系的完善,因为只有好的茶及服务才经得起消费者的考验。

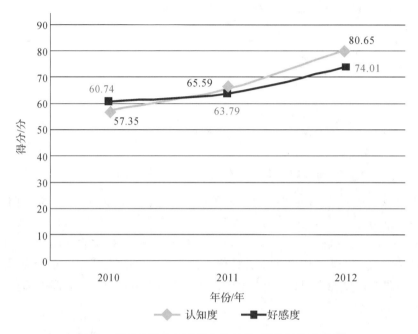

图 16 评估品牌的年度平均认知度、平均好感度比较

(三)品牌稳定性数据

1. 东部地区品牌的价格体系相对平稳

品牌是否具有稳定性最明显的一个外在特征就是该品牌的市场零售价是否相对稳定。具有相对稳定的价格体系的品牌对提高消费者忠诚度具有一定的积极作用。

调查显现,从 2007 年到 2011 年,东部地区评估品牌的价格体系相对平稳,中西部地区评估品牌的价格波动较为明显,尤其是 2009 年到 2011 年,如图 17 所示,中西部地区品牌的零售价从平均 278.83 元每千克上涨到了 657.05 元每千克,而 2011 年又回落到了 359.86 元每千克,上涨幅度和回落幅度分别达到了 135.65% 和 45.23%。这表明,中西部地区品牌在谋求品牌价值上升的过程中,存在着短期的不稳定性,即可能对短期内的品牌稳定性造成一定的影响。但从长期发展来看,这种波动是品牌成长中的必然过程,并将为品牌提升带来相应的空间与机会。相对而言,东部地区评估品牌的价格体系较为平稳,且较中西部处于高位,对保持品牌稳定性起到了积极作用。

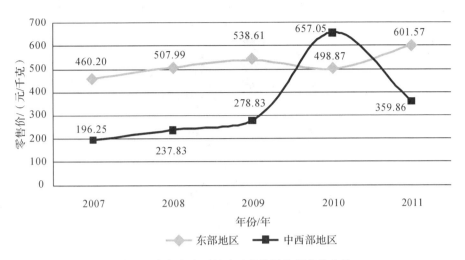

图 17　东部和中西部地区品牌平均零售价比较

2.品牌保护意识与力度增强

品牌保护是形成品牌稳定性的重要举措。品牌保护的形式多样,而茶叶区域公用品牌的保护主要有专利申请保护、地理标志保护和非物质文化遗产保护等。

综观 3 年数据,我们看到,茶叶区域公用品牌的专利申请总量在逐年增加,尤其是 2012 年,平均每个评估品牌拥有专利数达到 3.72 个,增长量较大(见图 18)。

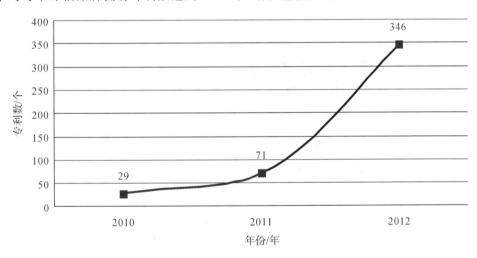

图 18　三度评估显示的品牌专利申请总量

地理标志保护的申请分国家工商总局的地理标志证明(集体)商标、农业部的农产品地理标志、国家质检总局的地理标志保护产品三类。以 2012 年的评估数据为例,如图 19 所示,在总共 93 个评估品牌中,拥有 1 类地理标志者占到 56%,拥有 2 类地理标志者占 38%,拥有 3 类地理标志者占 2%,其中,还有 4 个评估品牌没有获得地理标志,但从不同的层面保障了品牌的区域公用性。评估品牌中拥有的地理标志证明(集体)商标达 63 件、农产品地理标志 25 件、地理标志保护产品 40 件。

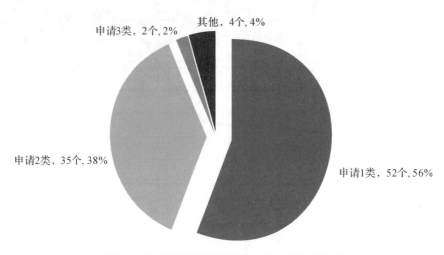

图 19　2012 年评估品牌申请地理标志数量比例

　　非物质文化遗产的保护是对茶叶工艺、人文、历史、文化等要素的综合性保护,这不仅对品牌的稳定性具有保障作用,也强化了品牌的差异性,同时也对品牌传承起到了很好的促进作用。评估品牌的非物质文化遗产保护申请与专利申请量一样也是逐年增加。2010 年,获得了非遗保护的评估品牌仅占 4 例,到 2012 年,获得非遗保护的评估品牌总量达到了 35 例,其中世界级保护 1 例(余庆小叶苦丁茶传统工艺茶艺)、国家级保护 16 例、省级保护 11 例,其他市县级保护 7 例(见图 20)。

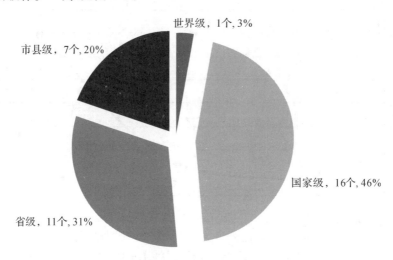

图 20　2012 年非物质文化遗产保护级别比例

二、现象:合则双赢,品牌发展新主题

(一)资源整合

1.跨区域资源整合

早在 20 世纪末,东茶西移就已展开。东部地区茶产业发展起步较早,无论在名优茶种的开发还是茶业发展方式的探索上都先于中西部地区。但东部地区土地资源有限,在茶叶规模的提升上有较大限制,远不能满足市场的需求。中西部地区相对人少地多,可用于开发茶叶种植的土地资源丰富,上述各原因也导致了茶叶发展的跨区迁移。经过 10 年发展,中西部的茶叶种植规模已远超东部,并且还在继续扩张之中。

相对具有先进的茶产业经营经验的东部地区在输出名优茶种的同时,也在输出茶品牌发展与经营模式、生产加工技术以及资本金等。东茶西移已初步实现了东部地区与中西部地区茶产业的跨区域资源整合。如贵州地区,近年主动学习、借鉴江浙名优茶发展经验,以原生态高原茶区为特色,快速发展茶业规模。茶园面积从 2006 年的 102 万亩发展到 2010年的 283 万亩,同时逐步改变"散、小、乱、差"的现象,引导茶产业向集群化发展,在快速发展的过程中兼顾生态保护,实现了可持续发展。

2.跨品类资源整合

历史上,红茶主要用于出口,国内消费则主要集中在东北、西北以及珠三角地区,但整体消费市场空间较小。近年来,随着倡导健康、富有活力的红茶消费方式的流行,红茶在国内的消费市场也在逐步打开。

调查印证,传统红茶如祁门红茶、滇红工夫、宁红工夫和坦洋工夫等红茶品牌得到了前所未有的发展。比较红茶与茶产业整体的年度平均销售额增长率可见,红茶的增长率远远高于茶产业整体增长水平,其 2010 年度的增长率甚至达到了 147.35%,而当年茶产业整体增长率仅为 4.66%(见图 21)。

除传统红茶外,红茶市场的复兴同时催生了大批新兴的红茶产品,创造了如信阳红、武夷红茶等新的红茶品牌。其中,发展最迅猛的是"信阳红"。自 2010 年面世以来,"信阳红"风暴席卷大江南北,以黑马之势领跑红茶领域。至 2011 年,其销量和销售额均翻了三番。从评估品牌整体来看,无论是传统红茶还是新兴红茶,均呈现出欣欣向荣的景象。

(二)技术整合

1.现代信息技术整合

新兴的信息技术与茶产业的结合,在推动茶叶品牌创造新价值、降低成本方面发挥了突出作用。如物联网,其概念早在 1999 年就已提出,但应用于农业领域则是最近几年的事。针对茶叶区域公用品牌的生产,物联网技术在精准茶园环境监测系统下具有非常高的实用性,尤其适用于各地倡导的"统防统治",由茶叶协会或相关指导部门进行统一除虫、统一用肥等工作。

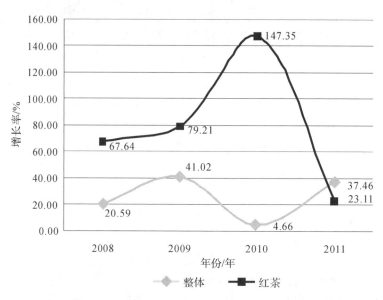

图 21 红茶与茶产业整体的年度平均销售额增长率比较

目前,部分区域的茶叶生产已投建并应用物联网技术,实现"管、控、营"一体化,在增加科技含量的同时,大大减少了人力投入,对茶业的快速、健康发展形成了较大的推进作用。如安徽黄山、重庆南岸、江苏宜兴等地都试点使用物联网技术进行茶园实时监测,对病虫害的监测较成功。茶农只需通过一部手机就能实时看到茶园情况并及时除虫。试点成功后,各地都将逐步扩大物联网的监控范围,进一步实现茶产业的高科技化。

2.精深加工技术整合

传统茶叶加工以炒制、发酵等工艺为主,产品形式通常为浸泡茶或袋泡茶,虽然独特,但已不能够满足消费者对产品优质化、品种多样化、体验多角化的需求。

近年来,随着茶叶物理加工、化学和生物化学加工、综合技术加工等深加工技术的开发与推广,茶叶产品也向卫生、保健、方便等更丰富的商品形态发展。各类速溶茶、茶饮料、茶色素、茶多酚、茶粉等产品生产进一步增加,茶叶也不仅仅只是被作为饮料饮用,同时也作为原料应用于食品生产、日用品生产、保健品生产等广泛的领域。

茶叶深加工对茶业增效具有明显优势,能够实现茶叶资源充分利用,可显著提高效益。这方面尚存在着较大的挖掘空间。据统计,2010 年,中国茶叶总产量 145 万吨,年总产值 900 亿元人民币,其中,茶叶深加工采用了不到总产量 5% 的中低档茶叶,创造了 300 亿元人民币的产值。

(三)资本整合

农业是基础性产业,同时也是目前发展潜力最为深广的产业之一。随着各界对农业的持续关注,金融资本也开始转向农业,而茶产业作为农业领域品牌创建的标杆产业之一,首先受到了资本青睐。

目前,茶产业的资本整合主要表现为两种形式:一种是区域内产业资本与政策扶持资金的结合,如贵州地区从 2006 年起开展财政支农资金整合试点工作,凤冈、石阡、湄潭等产茶县整合区域内部门资金,集中投入,增大产出,培育和壮大茶产业。福建武夷山大红袍以企业为先导,整合资本投入,将具备独特地质和土壤特性的茶园及千年传承的焙制工艺进行产业链式整合,探索茶业整体发展方向。

另一种是引入整合外来资本,即借助外力推动当地茶产业的发展。针对茶叶区域公用品牌及其背书范围内的优秀企业品牌,外来资本在对全产业链的投资中已崭露头角。如民生银行在2011年专门成立茶业金融中心,筛选相对比较成熟与有发展潜力的区域性茶产业进行投资,从种植、加工、销售等各个环节,按照相应比例投入。也有通过整合资本重组集团发展茶产业的例子,如江西宁红集团,2010年与北京更香集团联姻,以两品牌合作输入资本的方式做大、做强"宁红工夫"品牌。

(四)产业融合

1.茶文化旅游热潮

传统茶产业以生产茶叶为主,产业链从茶农种植、初加工炒制到市场销售,始终围绕单一的茶叶本身。随着各茶产地对茶业产业化的深入思考与积极探索,"接二连三,以三促一"的茶业产业链条出现。各地依据自身特色,挖掘茶业资源,开发茶文化旅游。

茶文化旅游依托的资源主要有茶史古迹、自然景观和生态农业三类。

依托茶史古迹的茶文化旅游,开发当地的茶史古迹、发展当地旅游业是最"名正言顺"的。云南以茶马古道作为核心旅游资源,开发茶文化旅游;各类佛茶以佛之名开发旅游,如九华山与九华佛茶、新昌大佛寺与大佛龙井、普陀山与普陀佛茶等;安溪以传统的闽南"斗茶"习俗、"茶王赛茶歌茶舞"等吸引茶文化游客。

依托自然景观的茶文化旅游将当地风景名胜与茶文化结合,互相促进、开发旅游。黄山拥有"太平猴魁""黄山毛峰"等多个历史名茶,并依托黄山风景区,设计开发了富有茶文化特色的旅游专线;福鼎太姥山是福鼎白茶的主要生产地,同时也是当地的一大自然景观,二者结合形成茶文化旅游资源。

依托生态农业的茶文化旅游,迎合了目前热门的生态农业观光热潮,采用茶产业结合当地生态农业的模式开发茶文化旅游。安吉白茶近年以"将园区变景区、将产品变礼品、将农民变股民"为口号,发展茶园生态观光产业;四川省蒲江县是成都市的"后花园",近年在生态农业观光方面获得了较好的评价,当地"蒲江雀舌"生态茶园基地结合其他生态农业资源发展的茶乡旅游功不可没。

2.茶文化休闲娱乐

"柴米油盐酱醋茶"中的"茶"是传统意义上的、以满足喝茶这一日常物质需求为目的的茶;"琴棋书画诗酒茶"中的"茶"则已上升到了休闲娱乐的精神层面并获得了产品的文化意义。随着茶叶"符号消费"的深入,茶文化休闲娱乐业也逐步兴起。早先的茶楼、茶馆主要是满足"喝茶"的物质需求,杭州在2009年以"清雅、养生、艺文、时尚"为基本理念,推出西湖茶宴雅集,转变茶的消费方式,满足茶爱好者精神上的需求。西湖茶宴雅集,在茶楼、茶博馆甚至在国际交流时,都将茶与餐饮、音乐、书画等传统国学文化进行有机结合,发展并形成以"茶"为中心的文人雅士的聚会,满足了"喝茶"的同时,更弘扬了我国的传统文化,满足了茶消费者精神层面的追求。

(五)渠道融合

1.茶市辐射带动

茶产业发展与茶市场需求增长共同催生了茶市经济。各地纷纷抢滩"茶市""茶城""茶都",打造以茶市为中心的茶业辐射圈,以期带动本土茶业发展。

盘点我国主要茶产区和消费市场,基本上每个区域都有一个或多个专业茶市。如华东地区有浙江新昌"中国茶市"、松阳"浙南茶叶市场";华北地区有北京"马连道茶城"、河南"信阳国际茶城";西南地区有贵州湄潭"中国茶城"、广西横县"西南茶城"、四川蒲江的"西部茶都";华南地区有福建安溪"中国茶都",等等。除此之外,还有更多在建或规划建设中的茶市,这些茶市的建成与使用将大大提高茶叶市场的流通空间。同时,这些大型专业茶市有别于以往以单纯销售为主的传统市场,是集文化、休闲、旅游、购物等于一体的茶业综合体,融合了茶叶终端渠道,方便了消费者集中采购、消费等,除了带动当地茶产业的发展,一并带动了以茶市场为中心的辐射圈内的产茶县市的发展,在一定程度上推动了我国茶产业的产业链条延伸与茶业整体发展。

2.电子商务爆发式成长

相对实体茶市,在信息技术高速发展的时代,网络上的虚拟茶市也异军突起。虽然各品牌的电子商务发展水平参差不齐,但已展现出爆发式的区域性增长趋势。

目前,活跃在市场上的茶叶电子商务类型主要有三种。

第一种是如天猫、京东等综合型电子商务平台。这类平台除了有茶叶等农产品,还有更多其他领域的产品,面向的消费群体范围广、流量大,而消费者在网购时需先进入相应的频道或栏目进行挑选。

第二种是专营茶叶的专业型茶类电子商务平台,如买买茶、茶多网等。这类平台是专门为茶叶打造的网上销售平台,面向的消费群体具有一定的指向性。进入该平台的消费者均有直接购买目的,相对天猫、京东等综合型电子商务平台,这一类型的人流量较少但消费目标明确。

第三种是茶市(或茶企、茶农)自建的电子商务平台。这种类型是实体茶市或茶店在网络上的延伸市场,如北京马连道茶城的"马连道茶城茶叶网",新昌"中国茶市"的"中国茶市商城"等。相对而言,这类电子商务起步较晚,在平台规划和虚拟茶市建设上还比较薄弱。但这类电子商务的出现与存在,说明茶企、茶农等已认识到了电子商务的价值,并正在尝试进入这一领域。

除此之外,相关协会或相关指导部门自建展销网络平台,集聚茶叶区域公用品牌旗下的产品,进行统一的电子商务运营。但因为品牌主体具有公益性质,这种类型的电子商务平台运营成本收取还存在一定的问题,目前尚无成熟案例。

三、对策:内涵式增长推进转型升级

(一)立足本体,找准方向

前述数据分析和现象盘点可见,中国茶产业的发展存在着区域差异。东部地区和中西部地区的发展进程不一,最明显的特征就是规模扩张的差异。东部地区的茶产地规模基本已达上限,而中西部地区目前仍以高速扩大规模。这种规模扩张速度和范围上的东西差异,是茶产业从单纯的规模扩张到溢价能力提升、从资源经济到品牌经济转型间的差异表现。在谋求茶产业转型升级之时,东部和中西部地区需要立足于自身实际情况,找准发展方向。

起步较早的东部地区,要想再以扩张规模的方式提升茶产业的经济发展已基本没有空间。相关区域政府及相关主导部门也已认识到这一点,其工作重心也逐渐从原先的规模经济导向改变为以品牌经济导向,增加了对技术、人才、文化等软实力的投入。在这个转变过程中,区域公用品牌的指导部门应当认清品牌特征,了解品牌成长规律,引导企业在统一标准的前提基础上进行个性发挥。

中西部地区因为发展相对较晚,所以,在规模开发上还存有较大的提升空间。但中西部地区在发展时需借鉴东部地区的经验与教训,在适当进行规模开发同时须注重品牌溢价能力的提升。转型升级的含义是要找到内涵式增长的方向,在对茶产业投入时,除了基地建设、品质提升、渠道拓展等方面,还需要对品牌符号系统建设、消费者沟通等后端建设持续投入。

(二)适应变革,构建多功能平台

1.建立沟通主战场,把握茶叶e时代

随着信息时代的推进,消费者尤其是年轻一代消费者的消费习惯也在随之改变,其中最显著的就是网络沟通与消费的增加。

茶叶区域公用品牌相关指导部门必须转被动为主动,充分利用网络营销和电子商务,搭建有效的沟通平台,主动对接以80、90后为主的年轻消费群体。在具体做法上,可建设区域公用品牌官方信息平台,引导企业加入电子商务大军,做好茶叶e时代可能面临的问题防范与管理,积极主动与消费者沟通,充分利用好电子商务,因为这不仅仅只是一个销售平台,更是与消费者直接进行沟通的有效窗口。在这过程中,了解年轻消费群的特征,设计创新、时尚、健康的产品,在社交网络、微博等平台上运用网络广告、信息发布、病毒营销、微博营销等多种方式展开具有针对性的网络营销。

茶叶e时代已经到来,而80、90后年轻消费者是未来社会的领导者、消费主力军,能否占领年轻一代的市场,是茶产业未来发展的关键。

2.搭建合作大舞台,引导资本对接

区域公用品牌面对着资本的强烈关注和介入期待,政府及相关部门须引导产业做好基

础性准备工作,如茶叶基地的建设完善、加工技术的提升、相关人才的培养等等,搭建合作大舞台,引导优势资本对接。在整合区域内部资本时,把握全产业链关键环节,做好区域产业资本的分配工作,对产业链上的每一个环节依据实际情况分配投入资金,做到抓大放小,逐个击破。在外来资本选择与被选择的过程中,充分发挥平台作用,引导相应企业积极争取资本,借助资本力量发展壮大,并带动整体茶产业发展。

(三)注重品牌发展,创造符号经济力量

时代已要求我们,在进行产业规划与发展的进程中,要将产业发展的方向从资源经济转型为符号经济,从实体经济转型为关系经济,从价格经济提升为价值经济,而本质上,品牌经济是符号经济、关系经济和价值经济的集中表现。相关政府及主导部门要充分意识到,品牌是一项长久的投资过程,要有打"持久战"的意识与决心,才能做好品牌文章,创造符号经济力量,发展出前所未有的茶业品牌经济。

就目前而言,须首先将茶叶区域公用品牌作为一个整体的符号系统、价值体系、关系形态来理解。可运用相关品牌构建模型对当地的茶叶区域公用品牌进行诊断,找出品牌的核心价值、现有短板,并对之进行针对性的品牌要素补充与建设。

结　语

今天,中国茶叶区域公用品牌的价值已经有了较为显著的提升,但对于如何发展创造高成长、高效益的品牌经济,如何切实转变观念,推动茶产业的转型升级,各方的认知和理解还远未到充分的地步。

以数量增长、规模扩大、空间拓展的模式推进茶产业快速发展,在短期内有一定效果,但长远看则难以持续。发展可持续的高效益的茶产业须以发展品牌经济为中心,转变资源经济为符号经济,转变实体经济为关系经济,转变价格经济为价值经济。

同时,全面健康发展的茶产业,需要全盘考虑一、二、三产,发展以"茶"为核心的全产业链。还需处理好产业融合与延伸过程中的各种新的矛盾,充分预估二、三产推进中可能对一产造成的负面影响,如茶叶资源的充分利用与保障茶叶品质之间的关系,日益增加的游客量与环境、生态保护之间的矛盾关系,品牌的创新、年轻化与品牌传统形象之间的关系,等等。处理好各种辩证关系,才能确保品牌相对顺利地发展成长。

今天,品牌竞争的战场从往日的田间茶园转移到了市场和消费者心理。谁能更好地洞悉市场变化,把握消费者心理,构建与消费者的品牌关系,进入消费者心智,谁就能获得竞争的最终胜利。期待我国的茶叶品牌能够得到更广大的消费者拥护,获得更高的品牌价值。

附表:2012 年中国茶叶区域公用品牌价值评估结果

序号	品牌名称	品牌价值(亿元)	序号	品牌名称	品牌价值(亿元)
1	西湖龙井	52.66	32	英德红茶	8.51
2	安溪铁观音	52.04	33	安化黑茶	8.37
3	普洱茶	47.14	34	雨花茶	7.9
4	信阳毛尖	46.06	35	婺源绿茶	7.89
5	洞庭山碧螺春	30.94	36	永春佛手	7.88
6	福鼎白茶	25.34	37	长兴紫笋茶	7.82
7	大佛龙井	22.91	38	金坛雀舌	7.78
8	安吉白茶	22.66	39	金山翠芽	7.38
9	武夷山大红袍	21.19	40	桃源大叶茶	7.33
10	祁门红茶	20.42	41	霍山黄芽	7.33
11	福州茉莉花茶	19.89	42	马边绿茶	7.28
12	坦洋工夫	19.5	43	宁红工夫	7.24
13	白芽奇兰	16.57	44	景宁金奖惠明茶	7.13
14	越乡龙井	14.92	45	浮梁茶	6.94
15	正山小种	14.87	46	日照绿茶	6.89
16	松阳银猴	13.09	47	修水双井绿	6.84
17	汉中仙毫	13.08	48	桐庐雪水云绿	6.78
18	武当道茶	12.74	49	岳西翠兰	6.76
19	蒙顶山茶	12.72	50	崂山茶	6.74
20	太平猴魁	12.54	51	安溪黄金桂	6.74
21	径山茶	12	52	岳阳银针	6.58
22	都匀毛尖	11.39	53	泰顺三杯香	6.56
23	紫阳富硒茶	11.18	54	茅山青锋	6.39
24	蒲江雀舌	10.52	55	余姚瀑布仙茗	6.3
25	嵊州珠茶	10.33	56	犍为茉莉花茶	5.93
26	湄潭翠芽	10.3	57	天山绿茶	5.92
27	开化龙顶	10.24	58	千岛银珍	5.86
28	千岛玉叶	10.21	59	茅山长青	5.75
29	武阳春雨	9.92	60	七佛贡茶	5.65
30	信阳红	9.44	61	天台山云雾茶	5.21
31	六堡茶	8.79	62	磐安云峰	5.17

续表

序号	品牌名称	品牌价值(亿元)	序号	品牌名称	品牌价值(亿元)
63	梵净山翠峰茶	5.03	79	缙云仙都笋峰	3.52
64	恩施玉露	5	80	桂平西山茶	3.49
65	漳平水仙茶	4.99	81	筠连红茶	3.41
66	莒南绿茶	4.9	82	余庆苦丁茶	3.17
67	福鼎白琳工夫	4.78	83	贵定云雾贡茶	3.02
68	雅安藏茶	4.64	84	江山绿牡丹茶	3.02
69	凤冈锌硒茶	4.57	85	平阳早香茶	2.91
70	南江大叶茶	4.53	86	平武绿茶	2.56
71	安化茶	4.47	87	筠连苦丁茶	2.15
72	恩施富硒茶	4.45	88	临湘黑茶	1.81
73	屏山炒青	4.14	89	大新苦丁茶	1.16
74	石门银峰	4.08	90	正安白茶	1.06
75	万源富硒茶	3.96	91	霍山黄大茶	0.76
76	安化千两茶	3.91	92	保靖黄金茶	0.4
77	舒城小兰花	3.72	93	霄坑绿茶	0.2
78	仪征绿杨春茶	3.62			

声明:本研究中所估算的品牌价值,均基于品牌建设单位提供的相关数据及其他公开可得信息,是运用浙江大学CARD中国农业品牌研究中心茶叶区域公用品牌专用评估方法对采集数据处理的结果。

2013：2009—2013 年中国茶叶区域公用品牌价值发展报告（数据跨度：2006—2012）*

前　言

中国茶叶影响深远，产品丰富，种类繁多，产区分布广泛，品牌传承悠久，是评估研究的重要基础。2012 年，中国茶叶总面积已超过 3500 万亩，产量达到 176.1 万吨，生产规模连续多年居全球前列，出口量居全球第二。中国茶产业更是涉及 8000 多万茶农、7 万多家茶叶企业、20 多个产茶省区市的重要产业。

中国茶产业发展具有浓厚的地域特征。这一特征不仅使茶叶产品具有了明显的自然风物特征，也使茶叶品牌更多地与区域条件紧密相连，形成其特定的产品种植、生产范畴、历史文脉、品牌基础，也因此成就了众多的茶叶区域公用品牌。

这里所指的茶叶区域公用品牌，指的是特定区域内相关机构、企业、农户等所共有的，在茶叶生产地域范围、品种品质管理、品牌使用许可、品牌行销与传播等方面具有共同诉求与行动，以联合提高区域内外消费者的评价，使茶叶产品与区域形象共同发展的品牌。

另一方面，我们也看到，我国大大小小的茶叶企业品牌大多以茶叶区域公用品牌为背书，以公用品牌的优势和特征与消费者沟通，即形成了以区域公用品牌为背书，企业自有品牌为主力的母子品牌模式，共同驱动市场。

因此，茶叶区域公用品牌的塑造与价值提升，对中国茶叶品牌的整体崛起具有重要的集体背书的价值。探索总结区域公用品牌的成长经验与得失、探求未来发展的路径与规律，对中国茶产业的持续、健康发展，中国茶品牌的强大等都具有重要的现实意义。

自 2009 年起①，中国茶叶区域公用品牌的价值评估已历经五轮。其中，2010—2013 年为专项评估，专设课题组，实施专项调研，形成价值评估成果。2009—2013 年，参与评估的茶叶品牌样本基数分别为 75 个、113 个、164 个、178 个、203 个。共计有 127 个品牌获得最终评估结果，其中 2009 年 44 个，2010 年 83 个，2011 年 93 个，2012 年 93 个，2013 年 99 个。本报告通过对五轮价值评估的数据分析研究，梳理出我们对中国茶叶区域公用品牌发展的分析与思考。

---

* 本报告发表于《中国茶叶》2013 年第 5 期。

① 2009 年的评估是中国农产品区域公用品牌的全品类评估，其中包括茶叶区域公用品牌。

一、数据呈现

根据浙江大学"CARD农产品品牌价值评估模型",品牌价值＝品牌收益×忠诚度因子×品牌强度乘数。在这一节,我们通过对2009—2013年数据的纵向盘点和品类间的横向比较,全面呈现中国茶叶区域公用品牌的发展脉络。

(一)纵向盘点

纵观5轮评估过程,总结5年来中国茶叶区域公用品牌的发展,分析五轮价值评估数据可见,中国茶叶区域公用品牌的总体成长性良好,品牌价值、品牌收益总体均呈持续增长态势,品牌强度、品牌忠诚度表现较为稳定。

1.品牌价值

在五轮评估中,参评品牌的平均品牌价值呈现持续上升的态势,从2009年的平均5.85亿元,上升到2013年平均10.69亿元,实现连年稳定增长,整体涨幅达到82.74％,如图22所示。

从各年度的增长幅度来看,2009年到2010年增长迅速,达37.26％,2010年到2013年间,增长幅度维持在10％左右,整体增幅放慢,从快速增长向稳定增长转变,见图23。

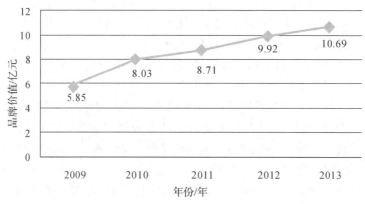

图22　2009—2013年各轮评估平均品牌价值

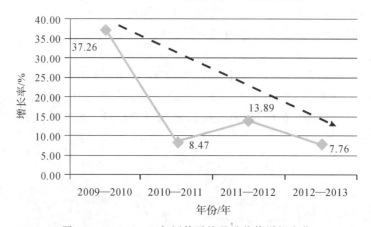

图23　2009—2013年评估平均品牌价值增幅变化

由 2010—2013 年对参评品牌进行的专项评估可见,连续跟踪评估研究的 50 个品牌(以下简称连续跟踪 50 个品牌)的品牌价值均有不同程度的增长,平均增长率达到了 18.52%。其中"梵净山翠峰茶"在 2010 年品牌价值为 1.44 亿元,到 2013 年为 6.75 亿元,平均增长幅度高达 89%。增长幅度相对低的"修水双井绿"2010 年品牌价值 6.59 亿元,2013 年品牌价值 6.89 亿元,增幅为 1.51%,见图 24。

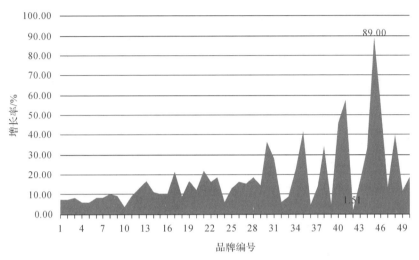

图 24　2010—2013 年连续跟踪 50 个品牌的价值总体增长幅度

2. 品牌收益

将五次评估获得的平均品牌价值与品牌收益进行比较,2009 年,参评品牌的平均品牌收益为 6230.98 万元,至 2012 年达到最高峰为 7825.22 万元,2013 年下降至 7378.89 万元,但整体仍然上升了 18.42%。与此同时,平均品牌价值连年上升,在 2012—2013 年品牌收益略有下降的情况下,品牌价值依然上升了 7.76%,见图 25。

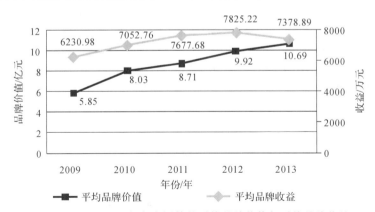

图 25　2009—2013 年各次评估的平均品牌价值与平均品牌收益

如图 26,从变化幅度看,平均品牌收益增幅从 13.19% 逐渐下降,到 2012—2013 年,增幅为 -5.70%,总体表现为品牌收益增幅逐步放缓。

比较连续跟踪的 50 个品牌数据可见,2010 年平均品牌收益为 8540.49 万元,2011 年达到最高为 10839.46 万元,2013 年下降至 10103.27 万元,但总体上较 2010 年仍上升 18.30%,

而平均品牌价值呈现连年上升趋势，见图27。

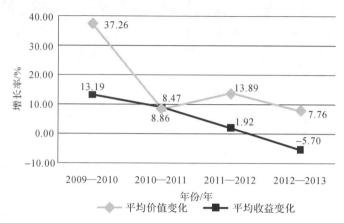

图26 2009—2013年各次评估的平均品牌价值与平均品牌收益增长幅度变化

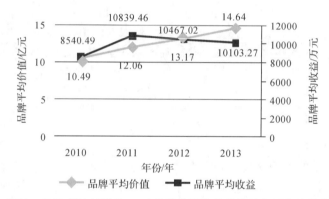

图27 2010—2013年连续跟踪50个品牌的平均品牌收益与平均品牌价值比较

3.品牌忠诚度因子

品牌忠诚度因子反映品牌在市场价格波动的情况下，对消费者购买茶叶意愿的影响程度，过度涨或跌，都将导致品牌忠诚度的剧烈浮动，进而影响品牌价值的稳定性。基于以上，我们用品牌忠诚度因子来衡量品牌忠诚度的稳定性程度。

如图28，从2009—2013年所有参评品牌来看，品牌忠诚度因子在2010年达到最高值为

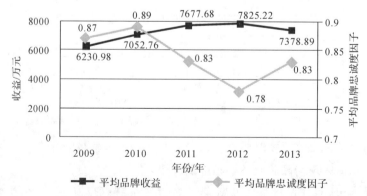

图28 2009—2013年参评品牌的平均品牌收益与平均品牌忠诚度因子

0.89,表现出当年评估品牌的近三年(2007—2009 年)零售价格相对稳定,在这期间,平均品牌收益也是明显提升。而到了 2011 年和 2012 年,品牌忠诚度因子连续下降,达到最低0.78,表现出参评品牌在 2008 年至 2011 年间的平均价格波动明显。但品牌收益虽中途有略微下降,整体依然呈现上升趋势。

从连续跟踪的 50 个品牌来看,2010—2013 年,平均品牌忠诚度因子介于 0.76~0.89 之间(如图 29),变化幅度稳定在 -10%~10% 之间(见图 30),处于相对稳定的状态。

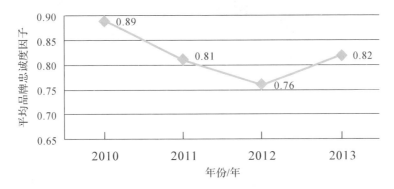

图 29　2010—2013 年连续跟踪 50 个品牌的平均品牌忠诚度因子

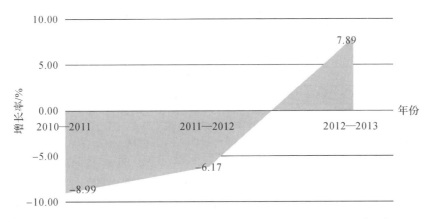

图 30　2010—2013 年连续跟踪 50 个品牌的品牌忠诚度因子变动幅度

4.品牌强度乘数

品牌强度通过品牌强度乘数这一指标体现,是品牌的未来收益能力持续性的综合体现,由品牌带动力、品牌资源力、品牌经营力、品牌传播力和品牌发展力构成。如图 31,在 5 次评估中,2009 年的品牌强度乘数普遍较低,高于 15 分的仅有 1 个品牌,占总评比 2.27%;2010年有 15 个品牌,占总评比 17.86%;2011 年 46 个,占总评比 52.87%;2012 年 84 个,占总评比 90.32%;2013 年 97 个,占总评比 97.98%。

如图 32,从平均品牌强度乘数来看,2009 年到 2013 年间,平均品牌强度乘数持续上升,从 10.89 逐步上升到 16.80。

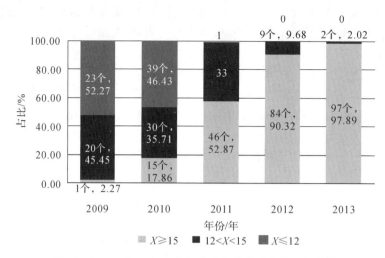

图 31　2009—2013 年各轮评估的品牌强度乘数区间分布

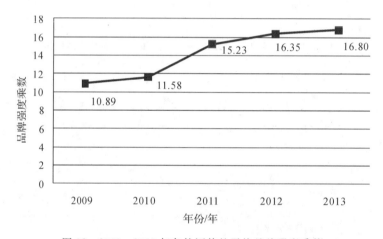

图 32　2009—2013 年各轮评估的平均品牌强度乘数

从连续跟踪研究的 50 个品牌来看，在平均品牌强度乘数持续上升的同时，平均品牌价值也连年递增，如图 33 所示。但平均品牌强度乘数的增幅显著放缓，如图 34 所示。

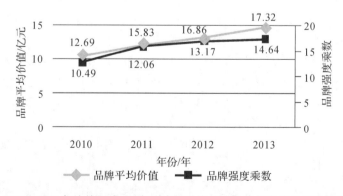

图 33　2010—2013 年连续跟踪 50 个品牌的平均品牌价值与平均品牌强度乘数比较

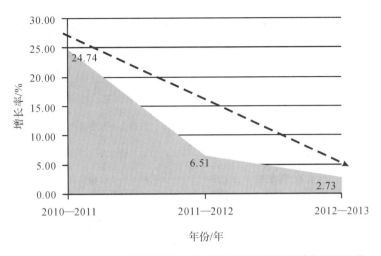

图 34 2010—2013 年连续跟踪 50 个品牌平均品牌强度乘数增幅变化

(二)横向比较

中国茶叶从传统工艺上划分为六大茶类,即绿茶、红茶、乌龙茶、白茶、黄茶和黑茶。在我们的评估中,除了六大茶类外,还有花茶、苦丁茶以及涵盖多种茶类的综合性茶品牌,因此根据数量将参评茶叶品牌分为绿茶、红茶、乌龙茶、白茶、黄茶、黑茶、花茶和其他共计八类。

在 2009—2013 年评估中,共计有 127 个品牌参与。如图 35 所示,绿茶共有 86 个品牌参与,占总品牌数的 68%,其次是红茶和乌龙茶,均为 10 个,黑茶占 6 个。在 2010—2013 年四轮茶叶区域公用品牌价值专项评估中,排在前 10 的品牌如图 36 所示,除 2011 年外,其余年份绿茶品牌均以半数占据十强榜单,而红茶、乌龙茶、白茶、黑茶、花茶品牌分享剩余席位。

从这两组数据看,绿茶品牌在量上以绝对优势占据了中国茶叶区域公用品牌中的半壁江山。

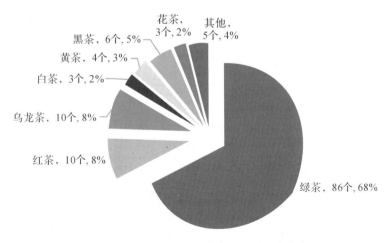

图 35 2009—2013 年所有参评品牌品类分布

2010年茶叶区域公用品牌价值前十强			
排名	品牌名称	类别	品牌价值（亿元）
1	西湖龙井	绿茶	44.17
2	安溪铁观音	乌龙茶	44.01
3	信阳毛尖	绿茶	41.39
4	普洱茶	黑茶	38.84
5	洞庭山碧螺春	绿茶	29.65
6	福鼎白茶	白茶	22.56
7	大佛龙井	绿茶	20.38
8	安吉白茶	绿茶	20.36
9	武夷山大红袍	乌龙茶	19.32
10	祁门红茶	红茶	17.00

2012年茶叶区域公用品牌价值前十强			
排名	品牌名称	类别	品牌价值（亿元）
1	西湖龙井	绿茶	52.66
2	安溪铁观音	乌龙茶	52.04
3	普洱茶	黑茶	47.14
4	信阳毛尖	绿茶	46.06
5	洞庭山碧螺春	绿茶	30.94
6	福鼎白茶	白茶	25.34
7	大佛龙井	绿茶	22.91
8	安吉白茶	绿茶	22.66
9	武夷山大红袍	乌龙茶	21.19
10	祁门红茶	红茶	20.42

2011年茶叶区域公用品牌价值前十强			
排名	品牌名称	类别	品牌价值（亿元）
1	西湖龙井	绿茶	50.33
2	安溪铁观音	乌龙茶	50.28
3	信阳毛尖	绿茶	45.71
4	普洱茶	黑茶	44.19
5	福鼎白茶	白茶	24.45
6	大佛龙井	绿茶	21.03
7	安吉白茶	绿茶	20.67
8	武夷山大红袍	乌龙茶	20.31
9	祁门红茶	红茶	19.14
10	福州茉莉花茶	花茶	18.27

2013年茶叶区域公用品牌价值前十强			
排名	品牌名称	类别	品牌价值（亿元）
1	西湖龙井	绿茶	54.56
2	安溪铁观音	乌龙茶	54.34
3	普洱茶	黑茶	49.41
4	信阳毛尖	绿茶	49.10
5	洞庭山碧螺春	绿茶	32.02
6	福鼎白茶	白茶	26.93
7	大佛龙井	绿茶	25.82
8	安吉白茶	绿茶	25.65
9	祁门红茶	红茶	22.71
10	福州茉莉花茶	花茶	21.91

图36 2010—2013年各次评估品牌价值十强

1.品牌价值

因为在连续参与4轮专项评估的品牌中，69%是绿茶，而白茶、花茶等品类均只有一个品牌，不具有比较意义，这里选择连续参与2012年和2013年评估品牌进行比较。

如图37，在连续参与2012—2013年评估的品牌中，平均品牌价值最高的是乌龙茶，2012年18.18亿元，到了2013年为19.49亿元，而平均品牌价值最低的是以苦丁茶为主的其他品类，2012年和2013年平均品牌价值分别为4.81亿元和5.46亿元，其次为黄茶品牌，分别为4.89亿元和6.00亿元。

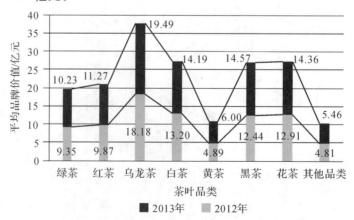

图37 连续参与2012—2013年评估各品类平均品牌价值

　　比较 2012—2013 年各品类的平均品牌价值增长幅度,黄茶品牌以 22.70% 居于最高,其次是黑茶和红茶,而平均品牌价值最高的乌龙茶以 7.21% 成为增长速度最低的品类,数量最多的绿茶以 9.41% 的增长速率排在倒数第三位,详见图 38。

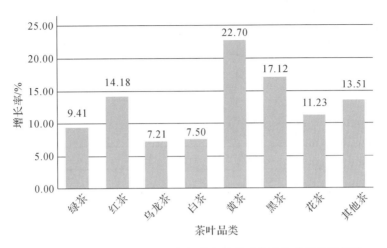

图 38　连续参与 2012—2013 年评估各品类平均品牌价值增长幅度

2. 品牌收益

　　在连续参与 2012—2013 年评估的品牌中,各品类平均品牌收益见图 39,平均品牌收益增长见图 40。从图 39、图 40 可知,花茶、黄茶、绿茶以及其他茶类品牌在平均品牌收益上呈现增长趋势,而白茶、黑茶、红茶和乌龙茶均有不同程度的下降。平均品牌收益增幅最大的是黄茶,从 2012 年的 3272.46 万元上升到 2013 年的 4779.93 万元,增幅达 46.07%;而乌龙茶 2012 年平均品牌收益为 17436.35 万元,到了 2013 年降为 12577.75 万元,下降了 27.86%。

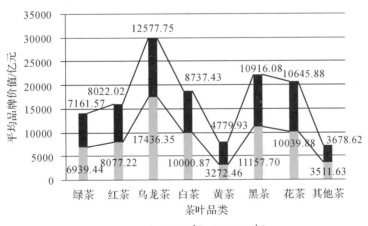

图 39　连续参与 2012—2013 年评估各品类平均品牌收益

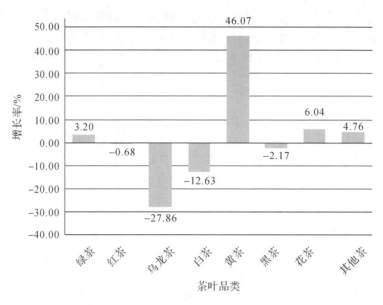

图 40　连续参与 2012—2013 年评估各品类平均品牌收益变化幅度

将品牌收益除以近三年平均种植规模,得出单位品牌收益。2013 年各品类平均单位品牌收益比较,红茶以 1315.54 元名列第一,其次是绿茶为 1093.37 元,乌龙茶为 1034.67 元;单位品牌收益最低的是黄茶,仅 339.22 元,详见图 41。

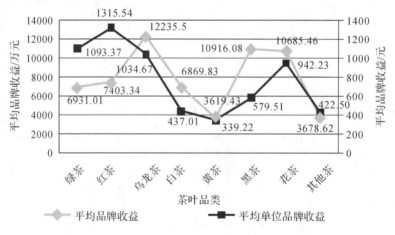

图 41　2013 年各品类平均品牌收益与单位品牌收益比较

3.品牌忠诚度因子

如图 42 所示,在 2013 年评估中,品牌忠诚度因子在 0.80 以上的品牌达 71 个,处在 0.60 和 0.80 之间的品牌有 26 个,而低于 0.60 的是 2 个品牌,整体平均达到了 0.83。其中最低的是安化黑茶,其品牌忠诚度因子仅有 0.43。出现这种情况的原因是 2010 年至 2011 年,资本的介入,导致价格猛增,在一定程度上脱离了价格规律,从而导致消费者的忠诚度降低,虽然 2012 年的增长幅度明显下降,但品牌忠诚度因子仍然受到了一定的影响。

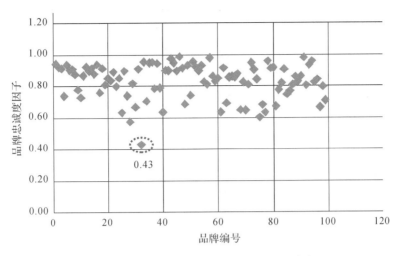

图 42　2013 年评估品牌忠诚度因子区间分布

从连续参与 2012—2013 年评估的各品类品牌的平均品牌忠诚度因子比较来看,含霍山黄芽等在内的黄茶类品牌平均品牌忠诚度因子从 2012 年的 0.85,下降到 2013 年的 0.71,成为所有品类里最低的一类,详见图 43。

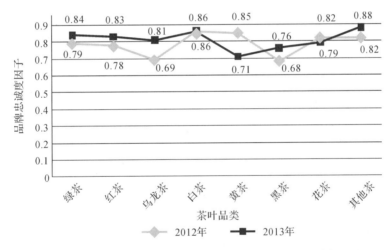

图 43　连续参与 2012—2013 年评估各品类平均品牌忠诚度因子

在图 44 中,我们将品牌忠诚度因子与品牌收益的变化幅度进行交叉比较,忠诚度因子降低的品类往往表现出平均品牌收益的增加,反之亦然。从整体看,品牌忠诚度因子与品牌收益呈现出了一定的负相关。

而根据品牌价值公式可知,在品牌强度乘数不变的情况下,品牌价值随忠诚度因子和品牌收益的乘积的变化而正向变化。比如安化黑茶,在 2012 年评估中,忠诚度因子较平均水平不高,为 0.59,到 2013 年,其忠诚度因子又下降了 27.12%,但 2012 年安化黑茶品牌收益为 7995.17 万元,而 2013 年上升到了 13757.35 万元,涨幅高达 72.07%。忠诚度因子和品牌收益两者相抵,再乘上品牌强度乘数 18.20 作用,安化黑茶 2013 年的品牌价值为 10.78 亿元,比上一年度高出了 28.79%。

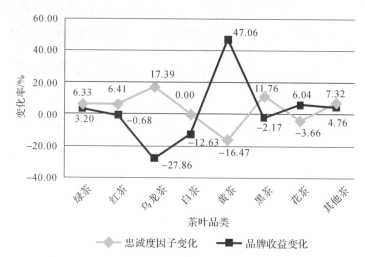

图 44　连续参与 2012—2013 年评估各品类平均品牌忠诚度因子与品牌收益变化

4. 品牌强度乘数

在连续参与 2012—2013 年评估的各类品牌中,乌龙茶的品牌强度乘数要高于其他几类品牌,而以苦丁茶为主的其他茶类平均品牌强度乘数较低,2012 年为 14.94,2013 年略有增长为 15.59,见图 45。

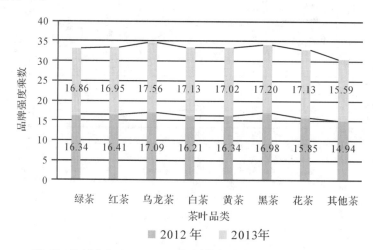

图 45　连续参与 2012—2013 年评估各品类平均品牌强度乘数

图 46 中,品牌强度乘数增长最快的是花茶,花茶在茶叶中属于小类,参与评估的数量较少,但其做出的努力不容小觑。如福州茉莉花茶,其所在的原产地福州市在 2011 年被国际茶叶委员会授予"世界茉莉花茶发源地"称号,2012 年又被授予"世界名茶"称号,成为唯一拥有两个世界级称号的茶叶品牌。这表示福州茉莉花茶在未来的品牌收益能力大大提升,从评估情况来看,2012 年福州茉莉花茶品牌强度乘数为 18.19,比 2011 年增长 8.99%,2013 年品牌强度乘数为 18.54,又上涨了 1.92%。

平均品牌强度乘数变化率较低的是黑茶类品牌,仅为 1.30%,黑茶类品牌虽然在近年的努力下,成为异军突起品牌中重要的一员,品牌收益快速上升,但其品牌强度乘数也就是未来品牌收益能力相对来说提升不大。

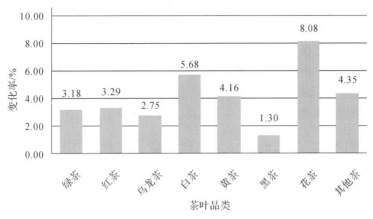

图 46　连续参与 2012—2013 年评估各类平均品牌强度乘数变化

二、趋势发展

上一节已基本呈现了 2009—2013 年茶叶区域公用品牌的发展现状,而从数据分析中可以看出如下三个显著的发展趋势特征。

(一)中国茶叶区域公用品牌的价值增长逐渐放缓,产区差异显著

品牌收益是在剔除生产过程中由劳动力、生产资源、资本等因素后纯粹由品牌所带来的收益部分。品牌收益是品牌价值评估中的重要参数,品牌收益增长幅度放缓,也在一定程度上成为品牌价值增长放缓的主要动因。

早些年,中国茶产业还处在规模集中扩张阶段,近几年出现了"东茶西移"现象,无论是集中扩张还是"东茶西移",其价值增长性都主要体现在量的增长上。在 2013 年参评的品牌中,华南产区以安溪铁观音为代表,共计 20 个品牌;江北产区以信阳毛尖为代表,共有 11 个品牌;江南产区以西湖龙井为代表,共计 48 个品牌;西南产区以普洱茶为代表,共计 20 个品牌。图 47 显示了中国四大茶产区在 2013 年平均品牌价值相较于上一年度的变化幅度,可

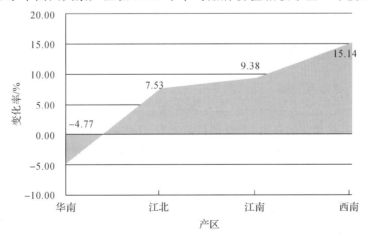

图 47　2013 年评估结果中四大产区品牌的平均品牌价值增幅变化

见以云贵川为主的西南茶产区品牌的平均品牌价值增长高达 15.14％,远高于其他三个产区,呈现出西南茶区品牌群体强劲的发展势头。

但在今天,尤其是在规模上基本已达上限的东部地区,价值的增长又该如何实现突破?这就要求各产茶地区,在业已完成了规模化、标准化的基础上,进一步提升品牌含金量,从品牌创新的角度来推进当地茶产业的转型升级。这就意味着,中国茶产业的发展将从以规模产量竞争为主的传统发展模式进入到一个以品牌创新竞争为主的新时代。

(二)以黑茶、红茶、黄茶为代表的小品类茶异军突起,品类间竞争逐渐明显

绿茶历来都是中国茶叶中的大类,无论是从整体评估数量绿茶占 68％ 的比重,还是在历年十强品牌中绿茶类占半壁江山来看,绿茶都是中国茶产业中的"巨无霸"。但随着近年黑茶、红茶等健康茶饮的广泛传播,以及新红茶品牌的集体上市,小品类茶异军突起,绿茶的主导地位有被逐渐削弱的趋势。

从评估数据中看,虽然黄茶类品牌的品牌价值、品牌收益等数据在绝对值上还处在相对较低的水平,但其增长速度是最快的,分别达到了 22.70％ 和 46.07％,可以看出黄茶品牌正在迅速追赶其他所有茶品牌。而与黄茶一样在品牌价值上有较大提升的黑茶和红茶,在品牌收益上虽略有下降,但其忠诚度因子分别提升了 11.76％ 和 6.47％。近年来,由于资本的介入,黑茶、红茶几乎成了茶界主角,市场价格的大增直接导致了品牌收益的猛增,但随之也带来了忠诚度因子降低的事实。在经过一段时间的沉淀与冷却后,黑茶、红茶价格相对回归理性,虽然在品牌收益上表现出略微的下降,但其忠诚度因子的大幅提升仍然促成了品牌价值的提升,成为继黄茶之后两个价值增长最快的品类。

在小品类茶叶品牌快速成长的同时,我们也看到了绿茶品牌发展相对平稳。虽然在品牌价值与品牌收益上,绿茶分别有 9.41％ 和 3.20％ 的发展,但这很大程度上是得益于西部绿茶的快速增长。从 2013 年的忠诚度因子上也可以看出一些端倪,绿茶品牌的平均忠诚度因子为 0.84,在八个品类中居于第三位,这表明了在市场中消费者对绿茶的忠诚度处于较高水平,同时也反映了长期以来绿茶类品牌发展较为平稳的态势。这是一个好的现象,品牌发展到一定阶段,在其他量的增长上有局限,但一定是在消费者的心目中得到了较高的认可。在小品类集体突围的情况下,绿茶类区域品牌也需要考虑间接竞争所带来的长远影响,在中国的茶叶市场这块蛋糕上,正进行从品类内的竞争到品类间竞争的切分过程。

(三)历史名茶在一定阶段内依然占据中国茶产业中的重要位置

眼下中国茶产业基本形成了以西湖龙井、普洱茶等为代表的历史名茶与以大佛龙井、蒲江雀舌为代表的后起新秀并存的时代,而这两者从发展潜力上来讲,后者上升空间明显,但从发展优势上来讲,前者依然坚挺,并且从目前来看,历史名茶的后劲依然十足。

从 2013 年的品牌强度乘数及其"五力"数据中可见,历史名茶依然呈现出强劲的内蕴力量。如西湖龙井茶,虽然产区规模小,但其品牌强度乘数、品牌资源力、品牌经营力均占据第一位;武夷山大红袍,其品牌强度乘数与西湖龙井只差微小距离,品牌传播力则占据第一位;安溪铁观音在品牌带动力方面独占鳌头;普洱茶在品牌发展力上位居第一;福州茉莉花茶的品牌强度乘数、品牌传播力均处于前四位。在 2013 年评估中,品牌收益、品牌强度乘数、带

动力、资源力、经营力、传播力和发展力前 10 位品牌详见表 10—表 16。

表 10 2013 年品牌收益前 10 位品牌

序号	品牌名称	品牌收益(万元)
1	信阳毛尖	35623.34
2	安溪铁观音	31913.73
3	西湖龙井	30472.12
4	普洱茶	29333.07
5	洞庭山碧螺春	18403.63
6	福鼎白茶	16386.20
7	祁门红茶	16244.38
8	福州茉莉花茶	16208.05
9	安吉白茶	16048.90
10	大佛龙井	15830.31

表 11 2013 年品牌强度乘数前 10 位品牌

序号	品牌名称	品牌强度乘数
1	西湖龙井	19.01
2	武夷山大红袍	19.01
3	信阳毛尖	18.61
4	福州茉莉花茶	18.54
5	洞庭山碧螺春	18.51
6	安溪铁观音	18.45
7	普洱茶	18.42
8	太平猴魁	18.36
9	安吉白茶	18.21
10	安化黑茶	18.20

表 12 2013 年品牌带动力前 10 位品牌

序号	品牌名称	品牌带动力
1	安溪铁观音	98.16
2	普洱茶	98.00
3	祁门红茶	96.52
4	安吉白茶	94.32
5	大佛龙井	92.88
6	西湖龙井	92.80
7	武夷山大红袍	92.64
8	福鼎白茶	92.12
9	信阳毛尖	90.84
10	都匀毛尖	90.00

表 13 2013 年品牌资源力前 10 位品牌

序号	品牌名称	品牌资源力
1	西湖龙井	96.30
2	长兴紫笋茶	93.85
3	武夷山大红袍	92.10
4	霍山黄芽	92.10
5	洞庭山碧螺春	92.10
6	福州茉莉花茶	90.50
7	安化黑茶	89.65
8	安化千两茶	89.65
9	信阳毛尖	89.50
10	径山茶	87.90

表 14　2013 年品牌经营力前 10 位品牌

序号	品牌名称	品牌经营力
1	西湖龙井	89.02
2	武夷山大红袍	87.90
3	太平猴魁	86.78
4	安溪铁观音	86.11
5	洞庭山碧螺春	85.44
6	湄潭翠芽	84.77
7	普洱茶	84.72
8	福鼎白茶	84.54
9	福州茉莉花茶	83.42
10	信阳毛尖	82.98

表 15　2013 年品牌传播力前 10 位品牌

序号	品牌名称	品牌传播力
1	武夷山大红袍	95.20
2	安吉白茶	93.70
3	信阳毛尖	92.30
4	福州茉莉花茶	91.60
5	安溪铁观音	91.30
6	西湖龙井	90.70
7	正山小种	90.40
8	大佛龙井	90.10
9	祁门红茶	89.60
10	福鼎白茶	88.70

表 16　2013 年品牌发展力前 10 位品牌

序号	品牌名称	品牌发展力
1	普洱茶	86.45
2	正安白茶	86.35
3	安化黑茶	85.60
4	石门银峰	85.05
5	正山小种	83.54
6	武夷山大红袍	82.59
7	梵净山翠峰茶	82.50
8	湄潭翠芽	82.25
9	漳平水仙茶	81.70
10	太平猴魁	81.30

　　历史名茶在后起新秀的强力追赶之下，如何还能继续保有自身的优势，这是中国茶产业整体面临的挑战。历史名茶相比后起新秀更有优势，在产业复兴的基础上，通过进一步的品牌创新，从名茶转变为名牌，才能继续立于中国茶产业的顶端。有幸的是，在我们的评估中看到如西湖龙井、安溪铁观音、普洱茶、信阳毛尖等历史名茶依然是领导者。但品牌的创建除了区域公用品牌的领先地位外，还要有企业品牌的强力支撑，进一步做好区域与企业两者之间的母子品牌关系将会是历史名茶可持续发展的首要路径。

附表:2013 年中国茶叶区域公用品牌价值评估结果

序号	品牌名称	品牌价值(亿元)	序号	品牌名称	品牌价值(亿元)
1	西湖龙井	54.56	32	安化黑茶	10.78
2	安溪铁观音	54.34	33	婺源绿茶	9.58
3	普洱茶	49.41	34	永春佛手	9.28
4	信阳毛尖	49.1	35	云南红茶	9.01
5	洞庭山碧螺春	32.02	36	金坛雀舌	8.99
6	福鼎白茶	26.93	37	霍山黄芽	8.94
7	大佛龙井	25.82	38	政和工夫	8.86
8	安吉白茶	25.65	39	安溪黄金桂	8.61
9	祁门红茶	22.71	40	景宁金奖惠明茶	8.47
10	福州茉莉花茶	21.91	41	长兴紫笋茶	8.37
11	武夷山大红袍	21.62	42	马边绿茶	8.05
12	越乡龙井	18.05	43	金山翠芽	7.94
13	白芽奇兰	17.94	44	松溪绿茶	7.85
14	正山小种	15.86	45	龙谷丽人茶	7.79
15	横县茉莉花茶	15.29	46	日照绿茶	7.77
16	松阳银猴	14.99	47	崂山茶	7.76
17	汉中仙毫	14.65	48	岳阳银针	7.73
18	武当道茶	14.57	49	宁红工夫	7.7
19	蒙顶山茶	13.49	50	岳西翠兰	7.63
20	都匀毛尖	12.93	51	茅山青锋	7.36
21	太平猴魁	12.86	52	桃源大叶茶	7.34
22	径山茶	12.82	53	泰顺三杯香	7.16
23	蒲江雀舌	12.77	54	磐安云峰	7.1
24	紫阳富硒茶	12.36	55	浮梁茶	7.09
25	湄潭翠芽	12.27	56	桐庐雪水云绿	6.95
26	嵊州珠茶	12.24	57	修水双井绿	6.89
27	开化龙顶	12.08	58	余姚瀑布仙茗	6.86
28	六堡茶	11.99	59	安化千两茶	6.83
29	武阳春雨	10.93	60	犍为茉莉花茶	6.81
30	英德红茶	10.88	61	恩施玉露	6.81
31	千岛玉叶	10.88	62	茅山长青	6.77

续表

序号	品牌名称	品牌价值(亿元)	序号	品牌名称	品牌价值(亿元)
63	梵净山翠峰茶	6.75	82	桃源野茶王	4.59
64	千岛银珍	6.74	83	缙云仙都笋峰	4.46
65	福鼎白琳工夫	6.66	84	舒城小兰花	4.36
66	荣成绿茶	6.44	85	万源富硒茶	4.21
67	七佛贡茶	6.36	86	昭平银杉	4.18
68	天山绿茶	6.21	87	筠连红茶	3.81
69	石门银峰	6.08	88	桂平西山茶	3.57
70	恩施富硒茶	6.01	89	余庆苦丁茶	3.34
71	天台山云雾茶	5.57	90	平阳早香茶	3.17
72	莒南绿茶	5.44	91	临湘黑茶	2.99
73	贵定云雾贡茶	5.41	92	平武绿茶	2.83
74	雅安藏茶	5.4	93	筠连苦丁茶	2.55
75	安化茶	5.13	94	苍南翠龙茶	2.15
76	漳平水仙茶	5.13	95	正安白茶	1.44
77	凤冈锌硒茶	4.93	96	大新苦丁茶	1.38
78	江山绿牡丹茶	4.92	97	霍山黄大茶	1.34
79	仪征绿杨春茶	4.87	98	霄坑绿茶	0.76
80	政和白茶	4.81	99	缙云黄茶	0.15
81	屏山炒青	4.7			

声明：本研究中所估算的品牌价值，均基于品牌建设单位提供的相关数据及其他公开可得信息，是运用浙江大学CARD中国农业品牌研究中心茶叶区域公用品牌专用评估方法对采集数据处理的结果。

2014:中国茶叶区域公用品牌价值评估报告
(数据跨度:2011—2013)[*]

<h2 style="text-align:center">前　言</h2>

茶乃中国国饮。历史上,自被神农发现之日起,茶叶一直扮演着不可或缺的角色。从汉代"武阳买茶,杨氏担荷",到唐代朝廷贡茶院的建立,"顾渚紫笋茶""宜兴阳羡茶"官焙贡茶以及"径山茶""婺州东白"等一批以产地命名的名茶涌现,形成了相当的市场影响力。这些朝廷贡茶以及历史名茶,奠定了现今以产地为特征的茶叶区域公用品牌的基础,初步形成了众多具有相当知名度、美誉度、市场影响力和品牌体验的区域产品品牌雏形。时至今日,以三类地理标志[①]为主要保护手段的茶叶区域公用品牌已达 200 余个,成为茶产业发展道路上的重要部分。

从 2010 年起,浙江大学 CARD 中国农业品牌研究中心和《中国茶叶》杂志、中国农业茶叶科学院茶叶研究所中国茶叶网联合组建课题组,致力于"中国茶叶区域公用品牌价值评估"专项研究。5 年来,我们不仅见证了中国茶叶区域公用品牌价值的整体上升发展,看到了中国茶叶区域公用品牌快速发展的成长历程,更体察到了茶叶区域品牌的年度细微变化与趋势。

在 2014 年的评估中,课题组历时四个月,通过对品牌持有单位、消费者、网誉、专家等对象进行的多方调查研究,从全国 203 个茶叶区域公用品牌中,根据材料的真实性、完整性等标准,征集、筛选了 109 个品牌的资料,最终完成了 95 个品牌的价值评估。

依据浙江大学"CARD 农产品品牌价值评估模型",品牌价值＝品牌收益×忠诚度因子×品牌强度乘数,本节就评估过程中的数据展开探索。

一、把数据之脉

(一)品牌成长:前途光明,道路曲折

2013 年底的中央农村工作会议强调"要大力培育食品品牌,用品牌保证人们对产品质量的信心";2014 年"两会"上,来自农业部的朱保成代表进一步提出"把品牌培育作为现代农业发展的重大战略"。农产品品牌战略地位的进一步凸显,对于像茶叶这样品牌化程度相

---

*　本报告发表于《中国茶叶》2014 年第 6 期。

①　指国家工商行政管理总局集体商标或地理标志证明商标、国家质量监督检验检疫总局地理标志保护产品、农业部农产品地理标志。

对较高的产业,正面提振效应尤甚。2012 年底实施节俭新政起,全国范围内名优茶在价格和销量上受到了不同程度的影响,也让各地茶产业经历了一番波折,并在阵痛中重新审视自己、审视市场。矛盾是事物发展的源泉和动力,在茶叶品牌的发展中同样如此,且在评估数据中得到了印证。

1. 价值与收益:波动中上升

纵观五轮专项评估①,参评品牌平均品牌价值连年上升,从最初的 8.18 亿元上升到了12.15 亿元。在 2013 年评估中参评品牌平均品牌收益为 7378.89 万元,低于 2012 年的7825.22 万元,到了 2014 年,平均品牌收益又上升至 7861.75 万元,表现出了品牌收益上下波动的现状,具体如图 48 所示。

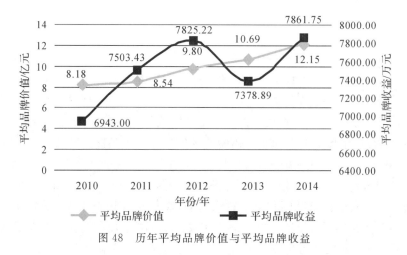

图 48　历年平均品牌价值与平均品牌收益

如图 49 所示,比较平均品牌价值和品牌收益的年度变化可见,平均品牌价值最低时上升4.40%,最高时则达到14.75%,2010—2014年间的平均涨幅为11.39%,整体呈现上升

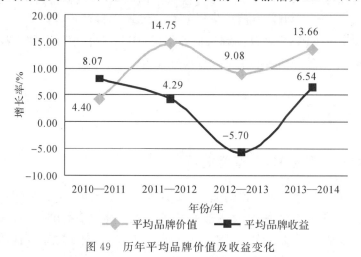

图 49　历年平均品牌价值及收益变化

---

①　特指 2010 年到 2014 年茶叶区域公用品牌价值专项评估,2009 年茶叶区域公用品牌未进行单独专项评估,且样本容量相对较少,此处不做比较。

趋势。从平均品牌收益的变化可见,2010—2014 年间整体平均涨幅只有 2.38%,相较平均品牌价值变化幅度而言,变化不大,但其有升有降,表现较为曲折,其中,2013 年度下降了5.70%,2014 年则上扬了 6.54%。

2.品牌强度:程度不同的提升

品牌强度由一组表征品牌收益稳定性和持续性的因子加权综合得出,衡量的是品牌未来持续收益能力、抗风险能力、竞争能力的强弱。其中,品牌的带动力、资源力、经营力、传播力和发展力是支撑品牌强度的 5 项一级指标,直观体现品牌强度表现。

表 17 所列是本次评估中品牌强度得分最高的 10 个品牌。其中,西湖龙井以 92.76 的高分占据榜首,其次是武夷山大红袍,也达到 90 分以上。表 18 所列是最具"五力"的品牌,其中凤冈锌硒茶的整体品牌强度得分为 77.64 分,但品牌发展力得分居所有参评品牌之首,达到 89.85 分,表现出强劲的发展势头。

表 17　2014 年品牌强度得分前 10 位品牌

序号	省份	品牌名称	品牌强度得分
1	浙江	西湖龙井	92.76
2	福建	武夷山大红袍	90.97
3	江苏	洞庭山碧螺春	89.23
4	福建	安溪铁观音	89.14
5	云南	普洱茶	88.56
6	安徽	太平猴魁	87.52
7	河南	信阳毛尖	86.90
8	浙江	安吉白茶	86.62
9	四川	蒙顶山茶	86.57
10	安徽	霍山黄芽	86.21

比较 2013 年和 2014 年评估数据发现,2013 年,参评品牌的平均品牌强度得分为 73.64 分,2014 年则上升至 76.49 分。具体对照"五力"来看,除品牌带动力之外,其他"四力"均有不同程度的提升。其中,品牌资源力上升幅度最大,比 2013 年上升了 9.56%,具体数据见图 50、图 51。

表 18　最具"五力"的品牌及其得分

五力	品牌名称	得分
品牌带动力	普洱茶	98.00
品牌资源力	洞庭山碧螺春	98.23
品牌经营力	西湖龙井	92.38
品牌传播力	武夷山大红袍	93.25
品牌发展力	凤冈锌硒茶	89.85

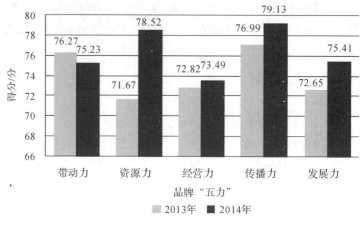

图 50 品牌"五力"得分比较

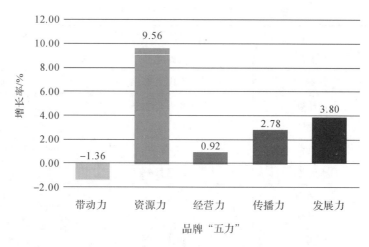

图 51 2014 年参评品牌的"五力"变化

(二)品牌基石:一方水土一方人,成就一方好茶

一方水土一方人,成就一方好茶。一方水土指地理、环境等客观因素,一方人指思想、观念等主观因素,不同的客观、主观因素,作用于当地的茶产业,也令其产业发展与品牌建设有所不同。从 95 个参评品牌来看,产区和品类间有着显著不同,由此表现出品牌发展特征也具有较大的差异性。

1.产区差异

中国茶叶生产主要有四大产区,以福建、广东等为主的华南产区,以皖北、苏北等为主的江北产区,以浙江、湖北等为主的江南产区,以及以云南、贵州等为主的西南产区。在 95 个参评品牌中,来自传统优势茶产区的江南产区,数量高达 52 个,占据了 55%的份额,而江北产区最少,仅有 6 个品牌参与评估,如图 52 所示。

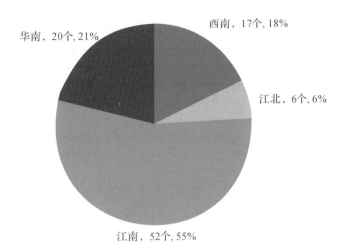

图 52　参评品牌产区分布

　　从种植规模上比较,西南产区茶叶区域公用品牌的平均规模达到 67.44 万亩,其次是江北产区,平均规模达到 63.08 万亩,均达到了华南、江南产区的 5 倍之多,且西南和江北产区的规模分别以 21.96%、18.32% 的速度在扩增,也远远高于华南、江南产区。具体数据见图 53。

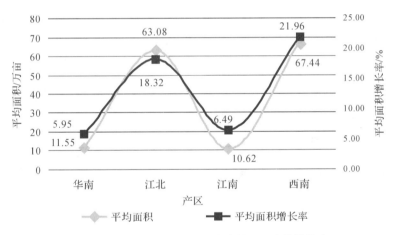

图 53　四大产区茶叶品牌平均种植面积及其增长率

　　由图 54 可见,从茶叶产量上比较,西南产区的茶叶品牌平均产量最高,为 16404.51 吨,且比上一年度增产 41.78%,华南产区虽然平均面积不大,但其产量也达到万吨以上,而江南产区则规模小,产量也少,产量增长也不大。

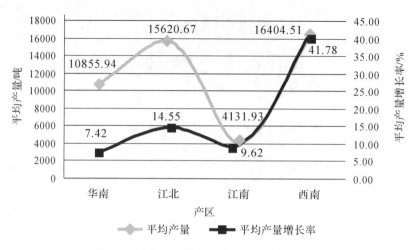

图 54　四大产区茶叶品牌平均产量及其增长率

　　根据图 55 所示,比较分析四大产区在 2014 年评估中的平均品牌价值可见,以信阳毛尖为首的江北产区平均品牌价值为 18.56 亿元,高于其他三大产区,而参评品牌最多的江南产区平均品牌价值为 10.81 亿元,仅高于西南产区。可见,虽然江南产区拥有譬如西湖龙井、洞庭山碧螺春等品牌价值十强品牌,但总体表现出其茶叶品牌多而"小"的特征。比较平均品牌价值的增长率可见,江南产区的参评品牌平均增长了 20.34%,其次是西南产区,平均增长了 18.04%,而江北产区仅为 8.13%,增长幅度在四大产区中最小。

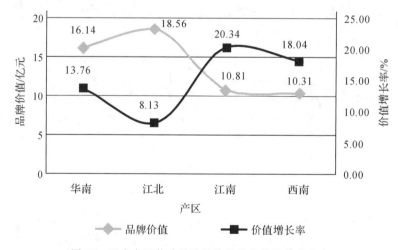

图 55　四大产区茶叶品牌平均品牌价值及其增长率

　　从以上几组数据可以看出,产区间存在着较为明显的区域差异,江南产区品牌虽多而"小",但其推进品牌化的力度相对其他几个产区较为领先,虽规模因江南土地受限无法扩张,但较早进入到品牌化阶段;西南产区仍在规模上升期,虽规模的扩增在一定程度上对品牌价值的增长产生了正面作用,但规模毕竟有限,不能无止境地开发,要在长远发展中进行提升还是需要依靠品牌化的推进。同时,比较华南产区和江南产区可见,同样的小规模,但产品的出产量相差甚远,这与茶叶品类的不同选择有着较大关系。江南产区以名优绿茶为主,主要生产春茶,而华南产区以乌龙茶、红茶为主,对于季节的要求相对较弱,出产量相对较大。

2.品类差异

中国地大物博,仅茶叶产品就有白茶、黑茶、红茶、黄茶、绿茶和乌龙茶(青茶)六大类。品类的不同来源于品种、制作工艺的不同,而不同的品类在品牌发展上的表现也不同。评估中,根据制作工艺的特殊性,将花茶类品牌单列,成为第七大类茶。

首先,如图 56 从产量及其增长率进行比较,同样,黑茶的平均产量最高,达到了50533.88 吨,比上一年增产 52.90%。黄茶产量最少,平均仅 1375.75 吨。花茶平均产量为22666.67 吨,仅次于黑茶。

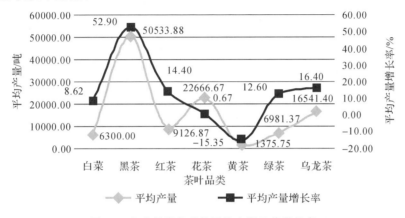

图 56　七大品类茶品牌平均产量及其增长率

对七大品类的平均品牌价值进行比较,如图 57 所示,平均品牌价值最高的白茶达 28.32亿元,其次是乌龙茶 22.98 亿元,黑茶为 21.68 亿元,最低的黄茶为 5.18 亿元。从品牌价值增长情况来看,黑茶以 48.80% 的增长率居于榜首,远高于排位第二的乌龙茶(17.91%),增长较为缓慢的是白茶和花茶,增长率分别为 5.16%、7.23%。

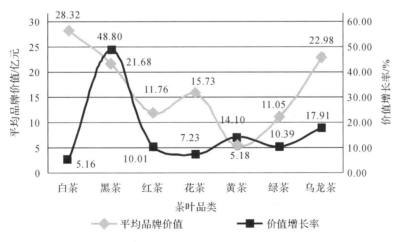

图 57　七大品类茶品牌的平均品牌价值及其增长率比较

分析比较七大品类茶品牌的"五力"变化,具体可见图 58 所示,黑茶品牌的"五力"增长在所有品类中是最快的。其品牌的带动力、资源力、经营力、传播力和发展力分别比上一年增长了 8.76%、16.16%、12.02%、11.55% 和 9.46%。花茶类表现相对弱势,其品牌的带动力、经营力和传播力均出现了回落。其中,回落幅度最大的品牌带动力达到-6.76%。绿茶在品牌带动力和品牌经营力上也有略微下降。比较"五力"之间的变化可见,七大品类茶品牌表现在品牌发展力上的变化相对其他"四力"较为平稳,而黑茶的品牌发展力增长幅度最大为9.46%,白茶变化幅度最小,只增长了2.97%。

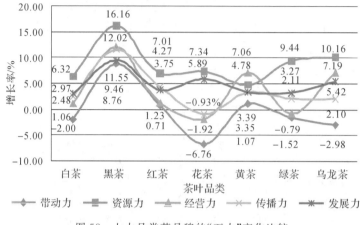

图58　七大品类茶品牌的"五力"变化比较

从上述产量、品牌价值增长速度、品牌"五力"增长率等几组数据来看,黑茶在规模化和品牌化建设上均表现出强劲的势头,是名副其实的茶中"黑马",其次是乌龙茶,其他几个茶类则属稳中求进。

(三)品牌运营:投我以桃,报之以李

有舍方有得,没有投入就不会有产出,辩证法则在客观世界无处不在,茶叶区域公用品牌建设亦是如此。

参评品牌在连续三年里的销售价格、产品销量及传播投入的情况,如图59所示,三组数据均呈现持续增长态势,平均增长率分别为24.40%、14.81%、9.99%。

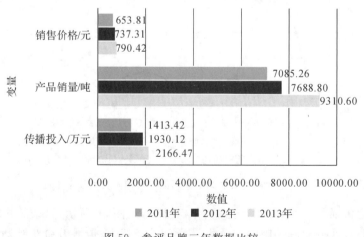

图59　参评品牌三年数据比较

　　取四大产区茶品牌在传播投入和产品销量上的变化幅度进行比较,从图60可直观感知两条变化曲线整体上呈现的关联性。江北产区在2013年度的品牌传播资金投入较2012年度提高了47.53%,其产品销量也增长了54.90%,在四大产区中增长幅度最高。江南产区2013年度的传播投入比2012年减少了12.74%,销量增长相对其他产区也显得较为平缓。

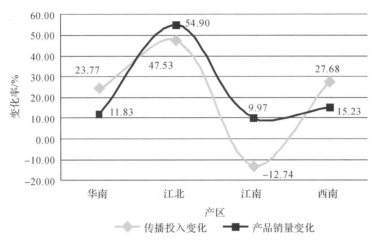

图60　四大产区茶品牌的传播投入和产品销量变化比较

　　如图61所示,比较不同品类茶品牌在传播投入、产品销量之间的变化关系可见,七大品类茶品牌的两条变化曲线中,黄茶、花茶在传播投入上分别比上年减少了72.28%和40.00%。同时,其产品销量也减少了36.50%和3.16%。红茶、白茶、黑茶、乌龙茶等四大品类的茶品牌则加大了传播投入力度,其产品销量也相应增加。虽然投入的变量与销量之间的变化没有明确的函数关系,但大体能够看出,传播投入的增减会引起产品销量的增减。

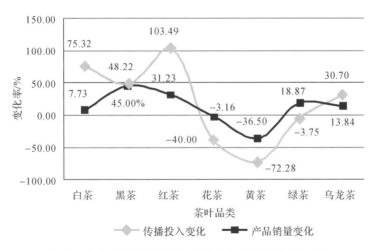

图61　七大品类茶品牌的传播投入和产品销量变化比较

　　不考虑总体产量的情况下,将产品销量除以传播投入进行比较,理论上可知每万元传播投入所带来的产品销量状况。如图62所示,2013年,江北产区的茶品牌,平均每增加1万元传播投入可增售 6.62 吨,而 2012 年时,该数据为 4.28 吨/万元,可见传播效果明显提高。

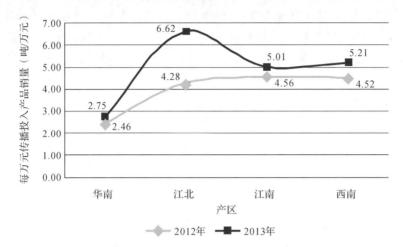

图 62　2012—2013 年度四大产区茶品牌的每万元传播投入与产品销量比较

如图 63 所示,通过品类比较可见,2013 年,花茶每 1 万元传播投入可销售产品 24.52 吨,而其他六类茶品牌则均在 10 吨以下。可见,花茶的传播成本明显低于其他品类。

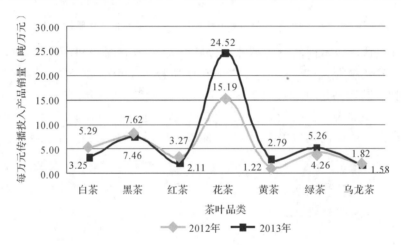

图 63　2012—2013 年度七大品类茶品牌的每万元传播投入带来的销量比较

二、看品牌万象

2013 年对于茶产业来说是不平凡的一年。从年初的"节俭风"降温到年底纪录片《茶》的狂热,人们对茶、茶礼、茶文化的认识被重新定义。星巴克卖茶开启了茶叶世界跨界经营的新局面,也催发国人思考:为何这扇世界大门要借由他人之手去打开? 在这一曲线发展的过程中,以下几个突出的方面值得人们去关注与思考。

(一)茶叶区域公用品牌的数字舞台

电子商务,对于茶产业来说,已经不是一个陌生的名词。从 2004 年的 QQ 卖茶发展到今天,茶叶电子商务已然可谓如火如荼。2013 年的"双 11"当天,茶叶类目销售额达到 9249.1056 万元,与 2012 年"双 11"的 3264.6307 万元销售额比较,增幅高达 283%。这也意味着茶叶的数字化生存与数字品牌建设正在高速发展。电子商务对于传统的茶叶品牌而言,既是挑战更是机遇。

茶叶区域公用品牌作为茶叶"母子品牌"发展模式中的母品牌,对于各地的茶产业品牌化发展具有重要的引导作用。在茶叶企业争相进入电子商务平台的今天,茶叶区域公用品牌也在携手企业品牌一起进入数字化舞台。如图 64 所示,在本次 95 个参评品牌中,接近半数品牌已建有统一的电商平台。其中,37 个品牌已经拥有统一的电子商务平台,2 个在建。这些以区域公用品牌之名建成的电子商务平台,不仅是官方信息的输出口,也是一个集聚优秀企业产品的大卖场。

虽然参评品牌中仍有 59%未建统一电商平台,但从调查数据来看,在网络上做广告以及通过网络销售的品牌比例已分别达到 87.37%和 81.05%。这表明,有更多的茶叶区域公用品牌正在探索进入网络这个大舞台。

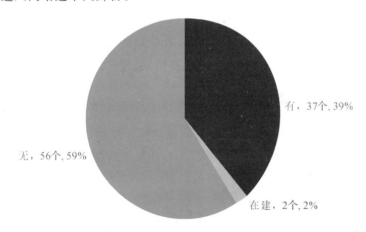

图 64　拥有统一电子商务平台的区域公用品牌数量占比

(二)茶叶区域公用品牌的公共管理

十八届三中全会提出,要使市场在资源配置中起决定性作用,政府的"有形之手"和市场"无形之手"的关系再一次被摆在了案台之上。而政府强调市场经济并不是完全放弃计划经济,尤其是对于农业而言,正确的引导是一个农业产业健康发展的必要条件。

农产品区域公用品牌属于一定区域内的相关机构、企业和农户的共同拥有或使用的品牌,政府及其职能部门只是其中一部分主体,而并不是品牌的所有者,不能直接经营品牌,一般需要通过相关协会或委托企业进行统筹管理。同时,在中国茶产业发展还相对薄弱的情况下,茶叶区域公用品牌的建设与发展依然离不开政府角色的引导。

根据 95 个参评品牌报送信息单位的性质来看,41 个参评品牌的信息由农业局、茶叶局、茶办等相关行政职能部门提供,52 个品牌信息来自茶叶协会,还有 2 个品牌信息由国资茶企提供。分产区统计可见,华南产区和西南产区的多数品牌由政府相关职能部门直接提供信息,具体可见图 65。

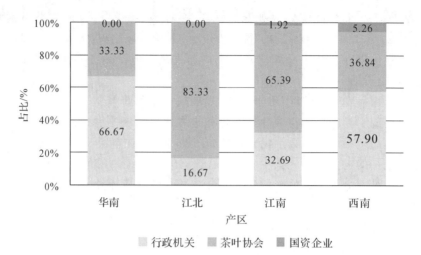

图 65　四大产区茶品牌的信息来源单位统计

另外,调查统计可见,在 95 个参评品牌中,86 个品牌拥有品牌建设专项资金,93 个品牌有专人管理,92 个品牌有专门的品牌管理制度,还有 88 个品牌有品牌培训机制。可见,我国的茶叶区域公用品牌的建设与管理系统正在逐步形成,并已在各个参数中趋于完善。

(三)有关茶叶区域公用品牌的三个误读

茶叶区域公用品牌价值专项评估已进行到第五轮。在多年的调查研究过程中,我们看到了中国茶叶区域公用品牌的发展,也看到了一些相关的误读。

误读 1:"三品一标"成为品牌建设的终极目标

许多品牌管理单位负责人认为,获得"三品一标"①或者已注册地理标志证明(集体)商标,就是品牌建设工作的完成,或一个品牌已达到了一个"好"品牌的标准,因此,不清楚下一步品牌的发展该往何处走。

众所周知,获取"三品一标"是茶叶区域公用品牌建设的基础。其中,"三品"是对茶产品品质的保障,"一标"则是对其品牌的保护。除此之外,还可通过注册地理标志证明(集体)商标、申请地理标志保护产品等方式实行保护。品牌建设需要从产品、渠道、符号以及消费者关系等多个维度深入,而"三品一标"却只是主要围绕"产品品质"层面。仅仅拥有好产品不意味着一定能成就好品牌,还需要在渠道、符号尤其是消费者关系的构建与维护上做大量工作。

误读 2:规模大、产量高,一定出大品牌

规模大、产量高是产业大的一个直接表现。但产业大并不意味着品牌一定"大"或强。品牌是无形资产,是在规模、产量等有形资产的基础之上构建起来的无形价值。产业规模大小能够对品牌的影响力造成一定的影响,但这并非充分条件。如,贵州的茶叶种植规模已达 500 多万亩,投产面积 300 多万亩,产量近 20 万吨,形成了一个庞大的"黔茶"产业,但贵州发展起来的如"都匀毛尖""湄潭翠芽""梵净山茶"等区域公用品牌,与年产量只有三四百吨的"西湖龙井""洞庭山碧螺春"相比,还有较大的差距。前者有规模优势,而后者有品牌优势。

---

① 特指有机食品、绿色食品、无公害农产品和农产品地理标志。

比如"西湖龙井",虽然每年的产量少,但其带动了休闲度假、观光旅游、创意农业等多方面,其品牌的体验价值远远超出了茶叶产品本身所带来的价值。

误读3:产品价格上升其品牌价值一定上升

产品价格上升对农户、企业而言是利好之事。但这不代表品牌价值一定会随之上升。很简单,卖方喜闻乐见的事情在买方看来是需要衡量是否值得为其多投入的问题。这体现在品牌价值形成的一个重要指标上,即品牌忠诚度因子。

品牌忠诚度因子,侧重于品牌能否在长时间内维持稳定的销售,而产品价格的波动幅度成为决定品牌忠诚度因子大小的关键因素。具有相对稳定的价格体系的品牌,能维持较高的消费者忠诚度。当一个品牌的产品价格上升过快,消费者可能因此而选择其他同类品牌产品,会表现出对该品牌的忠诚度下降,比如近年发生的"姜你军""蒜你狠""豆你玩"等,在茶叶中也是如此。2007年的普洱茶炒作事件给其品牌带来较大的负面影响,近年其价格则趋于回归理性,虽然2013年底普洱茶市场又出现了投资客炒作,但茶叶协会、企业仍有理性把控。盲目的涨价或降价对于品牌而言都是一种忠诚度的损害,只有认清这一点,品牌主一方在进行价格调控时才更显理性。

三、探前行道路

五年的持续跟踪调查,让我们对我国茶叶区域公用品牌的发展脉络有了较为清晰的认识。如果说2013年以前的中国茶叶品牌一味追求"高大上",那么,2013年就是转型的一年。这一年,茶叶品牌正在逐渐找到适当的位置,稳定而有序地向上发展。而要找到这个适当的位置,还需要从认清市场、认识品牌开始。

(一)市场细分,选择合适道路

茶叶的传统消费往往追求色、香、味、形,也相应催生了一大批定位高端、包装精美、价格昂贵的名优茶产品,使茶叶成为一种身份的象征。然而这种被"神话化"了的茶叶,其消费市场规模又有几何?

物,自然是以稀为贵,但中国不乏名优茶,且并不是所有的茶都适合走名优茶路线。历史上传承下来的名优茶,具有众多可挖掘的品牌故事,打文化牌无可厚非。但一些缺乏历史积淀,产品本身也无明显优势的茶叶产品,如果再想挤进名优茶行列,其难度可想而知。根据产区资源、品类优势,剖析自己、摆正方向、寻找合适定位,这对于区域公用品牌来讲尤为重要。因为母品牌对子品牌的引导准确与否,直接关系到各地整个茶产业经济能否健康、有序、适应市场地发展。

中国不乏好茶叶,缺的是如何将产品优势转化为品牌优势。随着消费习惯的变化,中国的茶叶消费市场也在发生改变。以80后、90后为主的年轻一代,讲究时尚、追求方便,正在成为消费主力。如何从咖啡、可乐等替代品中抢占这批消费者的心智,是所有茶品牌包括区域公用品牌和企业产品品牌均需要重点考虑的问题。一旦认清自己的消费者所在,也就清楚自己的道路在哪里了。

(二)品牌认知,打一场持久战

品牌建设是一项系统工程,须从产品、渠道、符号、消费者关系等四大板块构建品牌整体。一个强势品牌必定是上述四种力量的结合体,仅有好产品,而没有很好的接触消费者的渠道,没有能够让人记忆深刻的符号,没有与消费者之间良好的沟通,是不可能成为一个强势品牌的。茶叶区域公用品牌如何进行系统性建设,首先要有一个清晰的、专业的品牌战略规划,在规划的指引下,打破局限,整合资源,传达同一个声音。

品牌建设是一项百年工程,要求有战略性的眼光与打持久战的决心。这对于包括茶叶在内的所有农产品区域公用品牌建设而言,是最为重要的认识。一个区域的农业产业发展与否,直接关系到农民、企业的民生与发展。区域政府引导区域公用品牌发展,任重而道远。品牌效益的体现不在一朝一夕,没有战略性的眼光,追求短期利益,最终会阻碍整个产业的健康发展。品牌是需要积累的,朝令夕改会令消费者认知产生障碍,也会令品牌建设产生更大的成本。

同时,更要正确认识茶叶区域公用品牌的建设特殊性,培养或引进专业人才,充分尊重专业力量,才能让自己拥有或使用的品牌更具竞争力,更有科学的发展动力。

附表:2014年中国茶叶区域公用品牌价值评估结果

序号	品牌名称	品牌价值(亿元)	序号	品牌名称	品牌价值(亿元)
1	西湖龙井	56.53	19	蒙顶山茶	15.34
2	安溪铁观音	56.16	20	径山茶	15.27
3	信阳毛尖	52.15	21	太平猴魁	15.08
4	普洱茶	52.10	22	开化龙顶	14.49
5	洞庭山碧螺春	34.23	23	蒲江雀舌	14.23
6	福鼎白茶	28.32	24	都匀毛尖	13.78
7	大佛龙井	27.91	25	嵊州珠茶	13.75
8	安吉白茶	27.76	26	湄潭翠芽	13.71
9	福州茉莉花茶	23.26	27	安化黑茶	13.58
10	祁门红茶	23.08	28	紫阳富硒茶	13.52
11	武夷山大红袍	23.04	29	六堡茶	12.39
12	越乡龙井	18.89	30	武阳春雨	12.06
13	白芽奇兰	18.82	31	千岛玉叶	12.05
14	横县茉莉花茶	16.59	32	英德红茶	11.96
15	正山小种	16.27	33	滇红工夫茶	11.61
16	松阳银猴	15.94	34	婺源绿茶	11.42
17	武当道茶	15.45	35	永春佛手	11.08
18	汉中仙毫	15.40	36	梵净山茶	10.94

序号	品牌名称	品牌价值（亿元）	序号	品牌名称	品牌价值（亿元）
37	霍山黄芽	9.87	67	七佛贡茶	7.15
38	安溪黄金桂	9.83	68	千岛银珍	7.02
39	金奖惠明茶	9.81	69	漳平水仙茶	7.02
40	金坛雀舌	9.77	70	恩施富硒茶	7.01
41	长兴紫笋茶	9.76	71	凤冈锌硒茶	6.83
42	政和工夫	9.65	72	安化茶	6.55
43	马边绿茶	9.37	73	屏山炒青	6.21
44	磐安云峰	9.30	74	石门银峰	6.17
45	浮梁茶	9.28	75	沂蒙绿茶	5.98
46	龙谷丽人茶	9.26	76	桃源野茶王	5.97
47	岳西翠兰	9.18	77	天台山云雾茶	5.92
48	孝感龙剑茶	9.16	78	舒城小兰花	5.80
49	泰顺三杯香	9.00	79	仪征绿杨春茶	5.76
50	桃源大叶茶	8.92	80	江山绿牡丹茶	5.46
51	日照绿茶	8.85	81	万源富硒茶	5.32
52	安化千两茶	8.65	82	桂平西山茶	4.93
53	天山绿茶	8.63	83	筠连红茶	4.88
54	岳阳银针	8.57	84	缙云仙都笋峰	4.69
55	宁红工夫茶	8.39	85	上犹绿茶	3.54
56	福鼎白琳工夫	8.21	86	余庆苦丁茶	3.45
57	金山翠芽	8.19	87	平武绿茶	3.44
58	南江大叶茶	8.18	88	平阳早香茶	3.30
59	松溪绿茶	8.13	89	筠连苦丁茶	2.71
60	茅山长青	8.01	90	正安白茶	2.03
61	桐庐雪水云绿茶	7.89	91	资溪白茶	1.94
62	恩施玉露	7.86	92	霍山黄大茶	1.84
63	茅山青锋	7.79	93	霄坑绿茶	1.59
64	梵净山翠峰茶	7.68	94	太湖翠竹茶	1.27
65	犍为茉莉花茶	7.32	95	缙云黄茶	0.43
66	修水双井绿	7.16			

声明：本研究中所估算之品牌价值，均基于品牌建设单位提供的相关数据及其他公开可得信息，且是运用浙江大学CARD中国农业品牌研究中心茶叶区域公用品牌专用评估方法对采集的数据处理的结果。

2015：中国茶叶区域公用品牌价值评估报告
（数据跨度：2012—2014）*

前　言

从"十二五"初期国家号召产业转型升级，到"十二五"末提出的"推动中国产品向中国品牌转变"，品牌化已经成为各行各业发展的重要方向，"实施品牌战略，发展现代农业"已成为业内共识。而作为农业产业中品牌化起步相对较早的茶产业来说，更是肩负着率先打造与提升中国品牌农业的责任，真正让"一片叶子富了一方百姓"。

由浙江大学CARD中国农业品牌研究中心、《中国茶叶》杂志社、中茶所中国茶叶网联合组建的课题组，已连续六年开展了"中国茶叶区域公用品牌价值评估"专项研究。六年来，我们持续观察中国茶叶品牌的发展现状，也不断为茶行业提供茶叶品牌建设研究成果。每一年发布的"中国茶叶区域公用品牌价值评估"结果，已经成为中国茶业发展的风向标。

在本年度评估中，课题组自2014年11月起，通过对品牌持有单位、消费者、专家等众多对象的调查研究，根据材料的真实性、完整性要求，从全国203个茶叶区域公用品牌中，收集筛选了106个品牌的相关资料，最终完成了94个品牌的价值评估。

一、品牌成长新常态

在过去的2014年，"品牌"已成为农业领域的热门词汇，成为新常态下农业转型升级的重要战略。从中国茶叶区域公用品牌价值专项评估数据来看，其品牌价值的增长也呈现出了新常态。依据浙江大学"中国农产品区域公用品牌价值评估模型"（简称CARD模型），品牌价值＝品牌收益×品牌强度乘数×忠诚度因子，本节就2015年度茶叶区域公用品牌价值评估中有关数据展开分析。

（一）品牌价值仍存较大发展空间

2015年度完成评估的94个茶叶区域公用品牌，覆盖了全国四大茶产区共计15个省（区）。品牌的总价值超过了1268亿元，相较2014年增长了114亿元，其中品牌价值最高的是安溪铁观音58.27亿元，最低的是缙云黄茶0.71亿元。2015年的平均品牌价值为13.50

---

* 本报告发表于《中国茶叶》2015年第6期。

亿元,相比 2014 年的 12.15 亿元,增加了 1.35 亿元,平均品牌价值的增长幅度为 11.11%,同比回落了 18.67 个百分点。可见,本次评估品牌的平均品牌价值增长趋于平缓。

参评品牌的价值区间分布如图 66 所示,品牌价值超过 50 亿元的品牌有 4 个,占总体品牌的 4%;处于 20 亿元到 50 亿元的品牌占总体的 10%;占比最多的是处于 10 亿元到 20 亿元之间的品牌,共有 40 个品牌;其次是处于 5 亿元到 10 亿元的品牌,共有 31 个品牌,分别占到了总数的 43%和 33%;处于 1 亿元到 5 亿元的品牌数是 8 个,少于 1 亿元的品牌有 2 个。这表明,茶叶区域公用品牌的品牌价值在 5 亿元到 20 亿元区间的品牌是主体,大多数品牌仍处于相对弱小状态,在未来仍有较大的提升空间。

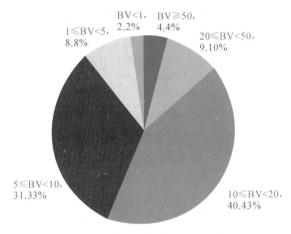

图 66　2015 年中国茶叶区域公用品牌价值区间分布

注:BV 为品牌价值,单位为亿元。下同。

(二)品牌收益有待提高

根据 CARD 模型,农产品区域公用品牌的品牌收益＝年销量×(品牌零售均价－原料收购价)×(1－产品经营费率),品牌收益是在剔除生产环节的劳动收益,结合市场交换完成的最终零售价格,并在充分考虑农产品再生产环节中的诸多不可控因素后,以连续三年的数据最终统计得出由品牌本身带来的收益部分。

2015 年被评品牌平均品牌收益为 8454.24 万元,相比 2014 年的 7861.7 万元高出了近 600 万元。比较品牌收益分布区间,如图 67 所示,处在 5000 万元到 10000 万元之间的品牌最多,有 43 个,占到了总量的 46%;其次是处于 1000 万元到 5000 万元的品牌,共有 26 个;低于 1000 万元的品牌仅 2 个;处在 10000 万元到 20000 万元以及高于 20000 万元的品牌数量分别有 18 个和 5 个。品牌收益的分布相对比较集中,也反映了大部分茶叶区域公用品牌在品牌收益上还有待提高。

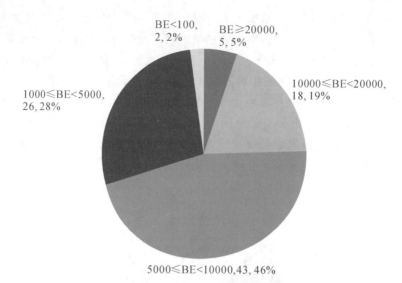

图 67　2015 年中国茶叶区域公用品牌收益区间分布

注:BE 为品牌收益,单位为万元。下同。

(三)品牌强度全面提升

品牌强度是指品牌所带来的未来持续收益的能力,是一组因子的加权综合,由品牌带动力、品牌资源力、品牌经营力、品牌传播力和品牌发展力 5 个指标构成。品牌强度乘数越大,表明品牌的持续收益能力、品牌抗风险能力以及品牌竞争力越强,在行业中的地位也相对越高。

2015 年被评的 94 个品牌,平均品牌强度得分为 81.77,比 2014 年的平均得分 76.49 高出了近 7 个百分点,其中最高得分为 94.61,最低的是 68.94。品牌强度得分排在前十位的品牌中,平均得分达到了 90.75,具体可见表 19。比较品牌强度的"五力"指标,如图 68 所示,2015 年被评品牌平均"五力"除品牌发展力为 79.13 外,其余"四力"均超过了 80,且与 2014 年相比都有不同程度的提升。其中品牌经营力上涨幅度最高,达到了 10.04%,其次是品牌资源力上涨了 7.99%,相对上涨不太明显的是品牌传播力,仅为 2.11%。这表明,中国茶叶区域公用品牌在品牌强度上得到了全面提升,但目前在品牌投入上,更多的是对品牌资源的保护与提炼以及对组织经营层面的关注与投入,在品牌传播上的工作相对较少。

表 19　2015 年被评品牌强度得分前 10 位

序号	品牌名称	品牌强度得分
1	普洱茶	94.61
2	安溪铁观音	92.43
3	武夷山大红袍	92.32
4	西湖龙井	92.29
5	福州茉莉花茶	91.42

续表

序号	品牌名称	品牌强度得分
6	狗牯脑茶	89.24
7	正山小种	89.16
8	都匀毛尖	88.88
9	太平猴魁	88.70
10	开化龙顶	88.49

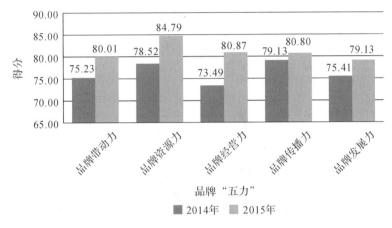

图68　2014、2015年被评品牌平均品牌"五力"比较

(四)品牌忠诚度折射市场价格相对稳定

品牌忠诚度因子测度的是消费者的品牌忠诚度,侧重于品牌能否在长时间内维持稳定的销售及价格。在公式表达中,品牌忠诚度因子＝(过去三年平均售价－销售价格标准差)÷过去三年平均售价。

根据概念及公式可知,品牌忠诚度因子受市场销售价格的波动而变化,波动越小,消费者的品牌忠诚度表现就越高。2015年被评品牌平均品牌忠诚度因子为0.89,整体处在一个忠诚度较高的水平,与2014年的0.88也大致相当。其中忠诚度因子在0.80及以上的品牌有82个,占到了全体被评品牌的87.23%,忠诚度因子低于0.50的仅有一个品牌,即霍山黄大茶,仅为0.48。

这表现为中国茶叶区域公用品牌在过去的一年里,虽有小部分品牌在价格上存在较大的波动,但整体价格波动不大。中国茶叶区域公用品牌在市场价格表现上正处于一个相对平稳、有序的环境中。

二、品牌现象万花筒

在经历了2012年礼品市场遇冷、2013年的平稳过渡和2014年市场回春之后,中国的茶叶品牌化发展逐渐步入了正轨。茶乃国饮,茶产业的发展对当地茶农以及消费者均有不同程度的影响。在 2014 年初国家提倡品牌化发展之后,一系列有利于品牌农业的政策及指导文件出炉,位于杭州的中国茶叶博物馆也于 2015 年"五一"期间推出了"茶业品牌馆"。此外,品牌也正在成为消费者进行茶叶消费的重要选择因素。回顾近年茶品牌的发展,结合六年来评估过程中所遇到的问题,我们发现了几个较为突出的现象。

(一)品牌价值增长与规模扩张无明显关系

在"2014 年茶叶区域公用品牌价值评估报告"中,我们曾对"规模大、产量高,一定出大品牌"的误读进行了简要的纠正。在此,我们继续从数据出发,进行探究与验证。

比较历年被评品牌的平均规模与平均品牌价值变化,如图 69 所示,在 2010—2011 年间,平均品牌价值在规模减小 11.25% 的情况下增长了 4.40%,而之后的四轮评估,虽规模和价值均有不同程度的增长,但仅从该两组数据无法得出规模增长与价值增长之间明显的关系。同样比较中国四大茶产区之间该组数据的变化,从图 70 可见,以"安溪铁观音""福鼎

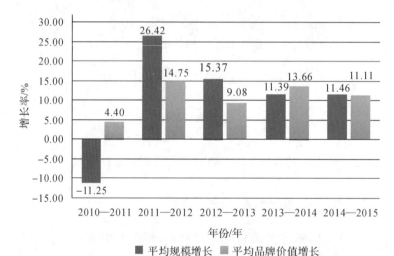

图 69 历年被评品牌平均规模与平均品牌价值变化比较

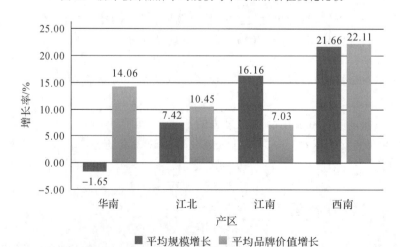

图 70 四大产区 2015 年被评品牌平均规模与平均品牌价值变化比较

白茶"等为代表的华南产区,2015年的平均规模较2014年下降了1.65%,而平均品牌价值增长幅度达到了14.06%;以"普洱茶""都匀毛尖"等为代表的西南产区在平均规模和平均品牌价值上均有20%以上的增长;以"信阳毛尖""汉中仙毫"等为代表的江北产区,在2015年评估中,其平均规模和平均品牌价值分别增长了7.42%和10.45%;以"西湖龙井""安吉白茶"等为代表的江南产区在平均规模增长16.16%的情况下,平均品牌价值仅增长了7.03%。从以上四大产区平均规模与平均品牌价值增长情况比较来看,两者之间不存在明显的正相关或负相关关系。品牌价值的大小不取决于规模的大小,甚至存在着在规模下降的情况下依然保持增长态势的情况。

品牌价值的高低与生产规模大小没有直接的、明显的关联,最典型的案例就是西湖龙井。西湖龙井(证明商标)仅在杭州西湖周边168平方公里核心茶产区内按照龙井茶标准进行种植、生产,它仅凭每年五六百吨的产量,创造出了逾50亿元的品牌价值,其背后的因素我们在2014年的评估报告中有做分析。西湖龙井168平方公里的限定,确实限制了其生产规模的扩张,但也正因如此,在地理范围上保证了西湖龙井的品质,使之有别于其他龙井茶(证明商标)。①

目前,类似于西湖龙井"小规模、大价值"的发展是个例,很多地方政府在引导茶产业发展上依然需要走规模化道路,而地域的限制,在一定程度上影响了其规模化发展,尤其是对部分属于同根同源的茶产品而言,地域性的限制就如同一把枷锁。在近几年的茶产业发展中,个别地方为了打开这把枷锁,将属于同一座山脉或地理区位的所有符合标准的茶产品进行整合,通过统一打造一个大区域公用品牌来寻求发展之路,比如梵净山翠峰茶、都匀毛尖、蒙顶山茶等。

梵净山位于贵州省铜仁市,处在江口、印江、松桃三县交界处,位于梵净山西麓的印江县,在2005年获得"梵净山翠峰茶"地理标志保护产品,2012年又以县茶业管理局为主体申请注册了地理标志证明商标,占据了"梵净山"的天时地利。2013年年底,商标主体变更为铜仁市茶叶行业协会,将原有授权许可范围扩大到了整个铜仁市,"梵净山翠峰茶"从一个县级茶叶区域公用品牌迈向地级市公用品牌。同属贵州省的都匀毛尖,在2014年也启动了茶产业整合扩张行动,将该品牌使用范围从都匀市放宽到了整个黔南州地区,由黔南州政府进行统一管理,生产规模从近30万亩变成了100万亩(投产面积逾40万亩),体量增加巨大。

对于地方政府大力发展茶产业而言,整合区域内一切可以整合的资源,确实可以在一定程度上壮大产业,并为当地的茶农和茶企创造更多、更高的机会和平台,但从品牌的长久发展来看,这种仅仅依靠规模的扩张来达到产业提升的模式还是需要时间的验证。

(二)品牌溢价各有不同

品牌溢价即品牌的附加值,品牌溢价能力的大小是同类产品不同品牌之间存在差异的最显著特征。农产品品牌尤其是区域公用品牌与一般工业产品品牌最大的区别是产地的差异,"橘生淮南则为橘,橘生淮北则为枳",说的是不同产地生产出来的农产品品质不一,而产

---

① 《龙井茶证明商标使用管理实施细则》第二章第五条:使用龙井茶证明商标的产品的种植地域范围为以下县(市、区):杭州市西湖区(西湖风景名胜区)、萧山区、滨江区、余杭区、富阳市、临安市、桐庐县、建德市、淳安县、柯桥区、新昌县、嵊州市、诸暨市、上虞区、越城区、磐安县、东阳市、天台县。

444

地的差异不仅体现在产品本身,在品牌溢价上也存在着不同。

我们依据品牌收益除以近三年平均销量得出单位销售量的品牌收益,也就是每销售 1 千克茶叶所获得的品牌收益,将不同产区的茶叶品牌溢价能力进行比较。如图 71 所示,比较 2015 年四大茶产区的平均品牌溢价可见,江南产区茶叶平均品牌溢价能力明显高于其他三大产区,达到了 28.16 元/千克,其次是华南产区为 20.94 元/千克、江北产区为 13.49 元/千克,而西南产区茶叶平均品牌溢价较低,销售 1 千克茶叶仅获得 6.27 元品牌收益。

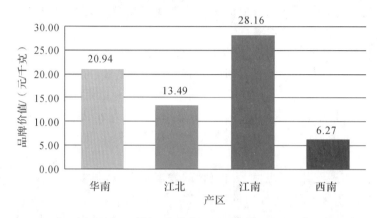

图 71　2015 年四大茶产区平均品牌溢价比较

一方水土一方茶,不同产区不同茶,品牌溢价能力也不尽相同。同样,不同的茶类之间也存在明显的差异。如图 72 所示,在 2015 年的 94 个被评品牌中,绿茶有 65 个,占到了被评总数的 69%,其次是红茶、黄茶,白茶类仅有"福鼎白茶"一个品牌,除传统的六大茶类以外,还有茉莉花茶、茶叶替代品(如苦丁茶)以及兼做绿茶、红茶等的综合类茶(如"武当道茶")。比较这几类茶品牌的溢价能力,可以看出不同的茶类其品牌溢价能力的表现也不同。

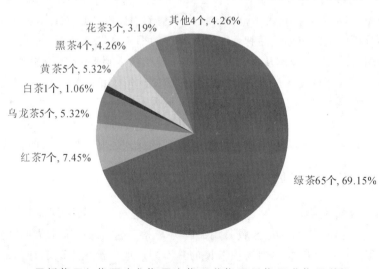

图 72　2015 年被评品牌品类分布

如图 73 所示,在传统六大茶类当中,黄茶的品牌溢价能力较为突出,每千克茶叶收获 36.74 元品牌收益,其次是白茶为 35.03 元/千克,但由于白茶样本仅为 1 个品牌,相对可比性不强。被评数量最多的绿茶类品牌以 22.00 元/千克的溢价能力居于黄茶、乌龙茶之后,黑茶类品牌溢价能力相对其他茶类品牌表现较弱,仅为 5.00 元/千克。

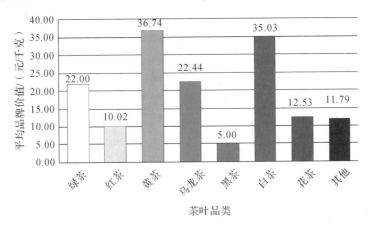

图 73　2015 年被评品牌各品类平均品牌溢价比较

(三)品牌管理与保护正在强化

农产品区域公用品牌是特定区域内相关机构、企业、农户等所共有的,在生产地域范围、品种品质管理、品牌使用许可、品牌行销与传播等方面具有共同诉求与行动,以联合提高区域内外消费者评价,使区域产品与区域形象共同发展的农产品品牌。因此,农产品区域公用品牌天然存在着"地域性、共有性、区域代表性"的三大特征,对其进行有效的品牌管理和保护也就更显价值。在此概念上,一般至少须获得地理标志证明商标(或集体商标)、农产品地理标志、地理标志保护产品的其中一项,且该标志的使用具有一定共享性,才可认定为农产品区域公用品牌。

而三种"地标"形式的保护各有千秋,农产品地理标志标示农产品来源于特定地域,产品品质和相关特征主要取决于自然生态环境和历史人文因素,并以地域名称冠名的特有农产品标志;地理标志保护产品,指产自特定地域,所具有的质量、声誉或其他特性取决于该产地的自然因素和人文因素,经审核批准以地理名称进行命名的产品;地理标志证明商标是标示某商品来源于某地区,并且该商品的特定质量、信誉或其他特征主要由该地区的自然因素或人文因素所决定的标志,是属于知识产权的范畴,受《商标法》保护,是三种"地标"形式保护中相对更有法律约束力的一种保护形式。

在中国茶叶区域公用品牌的建设与发展中,越来越多的品牌已经认识到仅获得地理标志的保护是不够的,还需要组拳出击、正本溯源。中国是产茶大国,仅茶叶区域公用品牌就有 200 多个,企业产品品牌更是不计其数,还有更多以散茶形式销售的茶产品。在如此庞大的茶叶市场里,难免存在着仿冒、贴牌的情况,如西湖龙井、安溪铁观音等知名度较大的品牌,时常曝出"售假"新闻,随之而来的打假维权也是从未间断。

以近年全国打假引起轩然大波的西湖龙井为例,其在 2001 年获得原产地域产品保护(地理标志保护产品的前身),以《西湖龙井茶统一产地标识管理》作为自我保护的唯一手段,虽然有据可依,但保护力度小,导致遍地都是"西湖龙井"。直到 2011 年 6 月,西湖龙井成功注册了地理标志证明商标,并于次年被认定为中国驰名商标,西湖龙井才有了更为有力的维权法宝。经过两年的过渡期,在强化内部管理的同时,西湖龙井于 2013 年开始启动全国打假行动,委托律师事务所开展维权,走上了一条为"西湖龙井"正名之路。时至今日,西湖龙井的维权行动还在进行,而市场上对这次大规模的打假行为众说纷纭。部分地方媒体站在保护当地经销商的角度,认为西湖龙井打假行为过于严厉,损害了经销商的利益,也将导致部分市场对西湖龙井的抵制;而另一种声音认为,西湖龙井的打假切实保护了消费者权益,是为茶叶市场从无序竞争走向有序竞争创造环境;第三种声音则是从西湖龙井茶农、茶企出发,认为正本溯源是西湖龙井品牌能够长久的唯一出路,保证消费者好感度,才是品牌价值与利益的所在。

在 2015 年的评估中,西湖龙井以 58.20 亿元居于安溪铁观音(58.27 亿元)之后,这是西湖龙井首次从品牌价值榜首跌落。究其原因,在各项评估指标中,我们发现西湖龙井的好感度出现了一定的下降。较之知名度、认知度,好感度得分变化更能反映消费者对该品牌的信任与喜好程度的变化。2014 年西湖龙井好感度得分达到了 92.50,而在 2015 年评估中仅为88.92,同期比较安溪铁观音从原 85.25 分上升到了 87.63 分。继续挖掘西湖龙井好感度下降的原因,我们发现最主要的因素是其 2014 年在广东市场的打假行为,受到了当地媒体的质疑,并存在较大的转发量,这在一定程度上削弱了消费者对西湖龙井的信心,由此造成好感度出现了一定程度的下跌,最终影响了整体品牌价值的提升。

虽然从短期来看,西湖龙井的打假维权对自身造成了一定的负面影响,但从长远来看,肃清市场、以持续性打假保护消费者利益,是重塑消费者信心的必经之路。这也为国内其他茶叶品牌的自我保护提供了一次经典示范。

从 2015 年的评估数据来看,在 94 个被评品牌中,有 67 个品牌向国家工商总局注册了地理标志证明商标,6 个品牌注册集体商标,以商标形式对品牌进行了法律保护;33 个品牌获得农业部颁发的农产品地理标志,57 个品牌获得了国家质检总局认可的地理标志保护产品,同时拥有三项保护的品牌有 10 个,未申请任何地标保护的品牌有 2 个(仅以地方习惯性茶叶名称作为公用品牌打造,未进行任何形式的地理标志保护)。

从专利申请来看,共计有 49 个品牌申请了不同数量的专利保护,其中申请数量不足 10 件的品牌占到了 27 个,数量超过 100 件的品牌仅 2 个,具体数量分布如图 74 所示。从版权登记情况来看,在 94 个品牌中仅有 11 个品牌进行了相关版权登记。

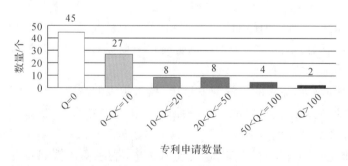

图 74　2015 年被评品牌专利申请数量分布

从这几组数据可得知,地方上对于茶叶区域公用品牌的保护已有一定意识,已经有77.66％的品牌在商标上对品牌进行了保护,超过半数的品牌申请不同数量的专利保护,但也还存在着部分品牌仅获得农产品地理标志或地理标志保护产品的保护,缺乏强有力的法律保障,这在一定程度上增加了品牌维权的难度。

(四)品牌价值连年增长并趋向稳定

品牌价值是一个品牌重要的成长表征。从 2010 年起,茶叶区域公用品牌价值专项评估已经连续进行六轮,比较六轮评估中被评品牌的平均品牌价值发现,我国茶叶区域公用品牌价值在逐年增长。如图 75 所示,2010 年平均品牌价值为 8.18 亿元,到 2013 年首次突破了 10 亿元大关,而到了 2015 年,平均品牌价值已达 13.50 亿元。

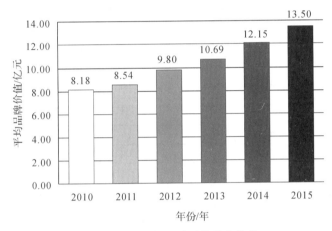

图 75　历年被评品牌平均品牌价值

如图 76 所示,比较历年被评品牌平均品牌价值变化,2011 年评估比 2010 年仅上涨了 4.40%,而 2012 年同期上涨了 14.75%,上涨幅度为历年最高。在随后的三轮评估中,虽均有不同程度的上升,但总体徘徊在 10% 左右,相对 2010—2011 年和 2011—2012 年的上涨幅度,趋向于平稳。从这组数据可知,我国茶叶区域公用品牌价值呈现出了稳定增长的态势。

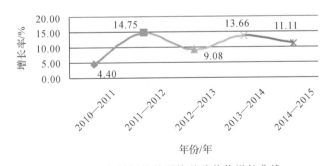

图 76　历年被评品牌平均品牌价值增长曲线

(五)品牌未来收益能力持续提升

图 77 是历年被评品牌平均品牌强度得分的比较。2010 年共计有 83 个品牌,平均品牌强度得分 53.83,到了 2015 年,94 个被评品牌平均品牌强度得分为 81.77,整体而言,茶叶区域公用品牌的品牌强度在逐年上升。图 78 是历年被评品牌平均品牌强度得分的变化曲线,从该图

可见,品牌强度得分的增长幅度在变小,2011 年比 2010 年上升了 18.30%,增长幅度最低的是 2013—2014 年,仅为 3.87%,而 2015 年的增长幅度略有回升,达到了 6.90%。

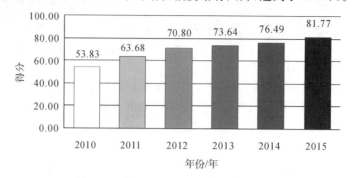

图 77　历年被评品牌平均品牌强度得分

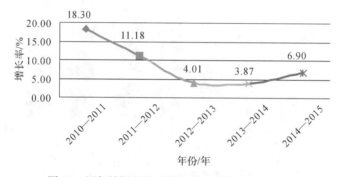

图 78　历年被评品牌平均品牌强度得分增长曲线

从品牌"五力"分别来比较品牌强度的提升,如图 79 所示,从 2010 年到 2015 年,六轮评估间,中国茶叶区域公用品牌"五力"在不断外延。2010 年品牌"五力"分别为带动力 60.45、资源力 51.32、经营力 55.36、传播力 52.97、发展力 51.84,到 2015 年,品牌"五力"分别达到了传播力 80.01、经营力 84.79、资源力 80.87、劳动力 80.80 和发展力 79.13。品牌强度得分以及品牌"五力"的提升表明中国茶叶区域公用品牌在未来的持续收益能力、抗风险能力和竞争力在逐渐增强,而增长幅度的变小也表明中国茶叶区域公用品牌的发展正在进入一个相对平稳的时代。

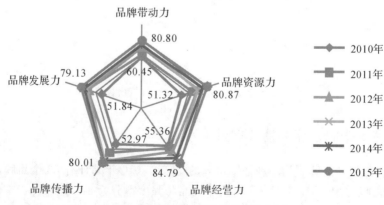

图 79　历年被评品牌平均品牌"五力"

(六)几经波折,理性消费正回归

2012 年,国家提倡节俭风,对各种"吃拿卡要"进行了整顿,使得农产品销售在很大程度上受到了影响,其中当然也包括茶叶。一个非常明显的现象是,高价礼品茶成了市场的弃儿,各地天价茶无人问津。同时受到"牵连"的还有普通茶叶的消费,导致当年茶农整体收益水平遭受不良影响。

经过两年的降温,除原先的"天价茶""高端茶"遇冷外,普通百姓间的礼品茶消费已逐渐趋向理性。以明前茶为例,明前茶因其稀缺性及消费者的"尝鲜"心理,在价格上往往被炒至高位,如 2012 年的明前西湖龙井拍出了 18 万元/斤的价格,比当时黄金价格还要高。随着"国八条"的落实,2013 年起,西湖龙井明前茶价格基本维持在每斤 7000～8000 元,连续三年处在相对稳定且亲民的一个价位。2015 年明前茶市场上已基本难觅万元茶,如洞庭山碧螺春在京销售每斤 5000 元上下,其他云南、四川、贵州等产区的明前茶价格处在每斤 60 元至 300 元不等。

茶叶价格回归理性已成事实,除此之外,简朴包装风格重回市场。印有厂名、产地等标识的牛皮纸包装茶叶重新获得了消费者的喜爱。厂家摒弃了原先的过度包装,以茶叶品质本身来获取价值,从原先"卖包装"回归到"卖品质",这也体现了消费者从"重面子"回归到"重里子"的理性消费。

茶叶消费的回归理性也体现在了评估数据上。比较历年茶叶区域公用品牌的平均忠诚度因子,如图 80 所示,从 2010 年到 2012 年,被评品牌的平均忠诚度因子持续下降,从原 0.89 下降为 0.78,直到 2013 年有所回升,与 2011 年持平,而 2014 年和 2015 年该数据相对较平稳,表明从 2013 年起,茶叶市场价格的波动幅度在逐渐变小,并趋于稳定状态。

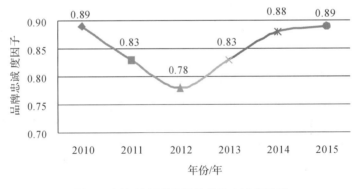

图 80　历年被评品牌平均品牌忠诚度因子

三、未来品牌生态系统

茶叶区域公用品牌价值专项评估已经伴随中国茶叶品牌发展走过了六个年头,而中国茶叶从"茶马古道"一路走来,到了今天的"一带一路",挑战与机遇并存。在这个农业品牌大潮已起的时代背景下,茶产业发展的方向一直没有变,就是沿着品牌化一路走下去,而如何在品牌浪潮中选择适合自己的发展道路,在茶叶品牌生态、品牌群落中谋得自己的一席发展空间,是各品牌需要衡量的重要因素。在前几年的研究报告中我们已指出,认清市场、认识品牌,在这里,根据品牌发展走向,我们提出了三个不同的发展战略方向。

(一)大而全与小而美

传统茶产业发展总是离不开强调"规模化""标准化",成片的茶园展现茶乡的魅力。据国家统计局统计,我国茶产业规模在连年递增,并且中西部产区如异军突起,高歌猛进,尤其是从 2005 年到 2010 年的 6 年时间里,全国茶园面积从 2028 万亩扩增为 2955 万亩。其中西南产区茶园面积扩张最快,从原 683.97 万亩扩大为 1179.09 万亩,幅度高达 72.37%,扩张速度惊人,一跃成为全国四大茶产区中规模最大的产区,具体可见图 81。

图 81 四大产区主要年份茶园规模比较

这势如破竹的"东茶西进",除了受茶产业良好效益的驱动外,还有更多的是源于地方政府对茶产业"大而全"的追求。世界上将茶产业"大而全"做到极致的是印度,工厂化的生产方式是目前国内茶叶生产所望尘莫及的。而如前文所述,品牌价值的提升并不与规模的扩张有明显的关联,且中国的茶产业多为一家一户的生产,一味追求"大而全"发展是我国茶产业发展国情所不允许的。

随着消费群体的年轻化,消费者对于茶叶的消费需求也更加多样化,已经不满足于传统茶品牌千篇一律的"王者风范",转而寻找"小清新""个性化"的消费感受,这也就催生了一批"小而美"的茶品牌的诞生。典型的有"乡土乡亲""祥源茶"以及"初印茶社"等各类定制茶。

无论是"大而全"还是"小而美",实质上是茶产业在规模化、标准化与个性化、多元化发展之间的区别。以大宗消费为主的茶叶可以用规模化、标准化来保障茶叶的高产以及品质的统一,如用于制作深加工的茶叶以及群体消费的中低档茶叶。而以个体消费为主的茶叶,要满足不同人群的消费需求,则更需要有个性化、多元化的发展。

龙生九子各有不同,茶叶区域公用品牌作为母品牌,在引导子品牌发展之时不可一味强调做大做强,允许子品牌有个性化的追求与发展,最终百花齐放,丰富母品牌的产品线及品牌内涵。在这一方向下,茶叶区域公用品牌要有战略性的眼光,根据自身条件,在发展规模化、标准化茶园的同时,也要鼓励部分小产区、特色茶的大胆创新。正是因为有不同的存在,才会有更系统、更健康的茶叶消费市场。

(二)名茶与民茶

各界对于做"名茶"还是"民茶"已经争辩了多年,一说"琴棋书画诗酒茶"是所谓的"名茶"享受,而"柴米油盐酱醋茶"是"民茶"的待遇。事实上,无论哪一种茶都可以是物质与精神的双重体验,它们的区别只是"茶"本身的定位不同而已。而饮茶是消费者自己同自己的对话,具体满足物质还是精神取决于消费者的心境。因此对于走"名茶"还是"民茶"之路,仅仅是选择的不同,不存在孰优孰劣的问题。

从茶业发展史上看,从吃茶到喝茶,茶叶都是稀罕物,早期只有贵族才能享有,当时的官焙贡茶及其他名茶发展至今,基本都作为"名茶"出现在消费者面前。而随着茶叶规模的增加以及理性消费的回归,更多的"名茶"从高高在上的圣坛走下来,走进大众,与民狂欢。这是否意味着"名茶"在没落?实则不然。在未来的发展中,真正具有稀缺性的茶品牌将依然占据金字塔的顶尖。比如规模小但历来属于名茶系列的洞庭山碧螺春、西湖龙井等,如果能够在市场大潮中,保证其中生产条件最好、历史最悠久的几座山头只产顶级茶的态度屹立不倒,就是最好的"名茶"自我见证。对于普洱茶、安溪铁观音等这类体量庞大的茶叶品牌,选取其中最具代表性的产区或古茶树,以生产"名茶"为主,而其余茶叶依然走大众化消费路径,形成一个产品梯队,既保留了"名茶"的稀缺性,又能够完成量的消耗。另外,对于缺乏历史资源支撑的后起之秀,作为茶叶品牌新生代,将更多地选择避开"名茶"这座独木桥,改走相对接地气的"民茶"之路。从现有茶叶市场来看,同属龙井茶范畴的大佛龙井、越乡龙井等品牌处在中间层次,其余小产区内生产的龙井茶则形成了大众化消费的"民茶"产品,与西湖龙井共同构建了龙井茶金字塔;来自贵州、四川等地的茶大多也是属于"民茶"范畴。

虽然中国的茶叶市场需要有"名茶"与"民茶"的共同存在,但"名茶"已历经多年的发展,在未来的时间里,可能会涌现更多的知名的"民茶",来填补中国茶叶市场的空缺。而届时,中国茶品牌金字塔内的产品体系也将更为丰富。

(三)传承与创新

茶在中国由来已久,无论是生产方式还是消费习惯,都是中国历史舞台上不可或缺的角色。而随着科技的进步以及现代人生活方式的改变,茶,也在做相应的改变。茶,作为品饮,在现代市场下,不仅存在着内部竞争,更面临着来自咖啡、可乐的挑战,这也就迫使茶品牌在继承传统的同时寻找现代化的创新发展。

对于传统的继承与发扬是中国茶界的共识,如对历史文脉的挖掘、各地各类"贡茶"的诞生、传统茶宴的回归以及近年市场上对老茶的追捧,都是对茶历史、茶文化不同层面的传承。而说到"茶叶现代化",往往总是与生产挂钩,但我们认为茶叶现代化发展不仅仅是指生产方式的现代化,更是理念的创新,是品牌时代下的茶叶现代化、时尚化发展。

放眼全球,国际上对茶叶的现代化与创新思考极为深入。立顿是国人接触较多的国际茶叶品牌,在其100多年历史里,已经成功将自己打造成了仅次于可口可乐的全球第二大软饮料品牌。美国人在20余年前创建了 The Republic of Tea(茶叶共和国),以体贴、巧思和独特的理念,主推健康、针对血型特征个性化的产品,采用创意、现代和有设计感的包装方式,又相继延伸至创新茶商、茶礼与茶乐,展开了一场以"茶"为名的市场革命。还有法国"以茶酿酒"的 TANG,用了4年时间实现了从茶叶到烈酒,用中国绿茶酿制的 TANG 专为中国客户量身定制。离我们较近的案例如日本的伊藤园茶饮料,1979年从中国进口乌龙茶并生产世界上第一个罐装乌龙茶产品,进军软性饮料市场,以前卫的"茶"理念,将"茶"作为一个现代产业来运作。发展至今,其生产的绿茶、麦茶等健康新品茶饮料在日本销量第一,同时也以"茶"为核心,开发了众多延伸产品。

从国内看,中国的现代化茶叶品牌也有不少。如中国的茶饮料市场自 1993 年起步,2001 年开始进入了快速发展期,涌现了如康师傅、统一等大批的茶饮料品牌。而 2011 年农夫山泉推出的"东方树叶",以其"0 卡路里"的亮点及富有历史感的品牌故事和时尚的包装风格席卷市场,成为众多茶饮料中的"黑马"。此外,在现代化创新理念下发展起来的典型品牌有忆江南、艺福堂等。忆江南被誉为"中国的立顿",借助以商超为主的多种渠道,以现代、时尚的包装符号,瞄准年轻消费者特别是白领女性,在众多传统的茶叶品牌中脱颖而出。在市场定位上与忆江南有相似之处的艺福堂,不同于传统茶企的被迫"涉电",它从一开始就将渠道瞄准了电子商务,是一个依托于电商平台发展起来的年轻品牌。随着人们对消费体验的多元化需求的推进,对产品的现代感、时尚感也将有更高要求,而茶叶品牌在发展过程中,也将适应时代的发展,涌现出更多现代化、时尚化的"美"的品牌。

中国的茶产业品牌化发展,必须要考虑构建一个对应不同消费需求的茶品牌生态系统,既要有适当的"大而全",也要有"小而美"的发展,要有"名茶",更要有大众消费得起的"民茶",还要满足现代人的审美观,创造出现代化、时尚化的茶叶潮牌。

附表:2015 年中国茶叶区域公用品牌价值评估结果

序号	品牌名称	品牌价值(亿元)	序号	品牌名称	品牌价值(亿元)
1	安溪铁观音	58.27	18	松阳银猴	17.39
2	西湖龙井	58.2	19	汉中仙毫	17.35
3	信阳毛尖	55.73	20	径山茶	16.85
4	普洱茶	55.66	21	正山小种	16.83
5	福鼎白茶	31.41	22	庐山云雾茶	16.62
6	大佛龙井	29.2	23	开化龙顶	16.58
7	安吉白茶	29.1	24	蒲江雀舌	16.54
8	福州茉莉花茶	26.77	25	安化黑茶	16.26
9	武夷山大红袍	24.61	26	紫阳富硒茶	15.03
10	祁门红茶	24.26	27	武阳春雨	14.79
11	白芽奇兰	21.6	28	湄潭翠芽	14.36
12	越乡龙井	21.47	29	嵊州珠茶	14.1
13	都匀毛尖	20.71	30	永春佛手	13.85
14	横县茉莉花茶	17.99	31	六堡茶	13.82
15	太平猴魁	17.95	32	千岛玉叶	13.63
16	武当道茶	17.93	33	滇红工夫茶	13.41
17	蒙顶山茶	17.44	34	安溪黄金桂	13.03

序号	品牌名称	品牌价值(亿元)	序号	品牌名称	品牌价值(亿元)
35	霍山黄芽	12.93	65	金山翠芽	8.51
36	英德红茶	12.77	66	松溪绿茶	8.25
37	宜宾早茶	12.75	67	茅山长青	8.2
38	婺源绿茶	12.65	68	茅山青锋	8.02
39	岳西翠兰	12.39	69	岳阳黄茶	7.84
40	浮梁茶	12.14	70	犍为茉莉花茶	7.43
41	孝感龙剑茶	11.81	71	千岛银珍	7.27
42	金奖惠明茶	11.6	72	修水双井绿	7.21
43	狗牯脑茶	11.55	73	屏山炒青	7.14
44	磐安云峰	10.94	74	万源富硒茶	7.11
45	安化千两茶	10.92	75	石门银峰	6.77
46	恩施玉露	10.82	76	沂蒙绿茶	6.68
47	长兴紫笋茶	10.76	77	筠连红茶	6.61
48	福鼎白琳工夫	10.42	78	桃源野茶王	6.49
49	马边绿茶	10.34	79	仪征绿杨春茶	6.2
50	日照绿茶	10.29	80	桂平西山茶	6.14
51	天山绿茶	10.11	81	天台山云雾茶	6.06
52	龙谷丽人茶	10.02	82	舒城小兰花	6.01
53	泰顺三杯香	10.01	83	江山绿牡丹茶	5.57
54	金坛雀舌	9.81	84	仙都笋峰茶	5.55
55	宁红工夫茶	9.7	85	余庆苦丁茶	4.03
56	凤冈锌硒茶	9.63	86	上犹绿茶	3.96
57	岳阳银针	9.52	87	正安白茶	3.48
58	恩施富硒茶	9.43	88	平阳早香茶	3.4
59	桃源大叶茶	8.97	89	筠连苦丁茶	2.71
60	南江大叶茶	8.68	90	霍山黄大茶	2.69
61	漳平水仙茶	8.66	91	资溪白茶	2.06
62	安化茶	8.63	92	霄坑绿茶	1.96
63	七佛贡茶	8.61	93	斗山太湖翠竹	0.92
64	桐庐雪水云绿茶	8.54	94	缙云黄茶	0.71

2016:中国茶叶区域公用品牌价值评估报告
(数据跨度:2013—2015)[*]

前　言

2016年初,中央一号文件再次锁定"三农",提出"创建优质农产品和食品品牌",体现了国家对农产品从质量到品牌、从品牌到优质品牌不断深化的发展要求,强调了品牌建设在现代农业发展和社会经济转型中的重要作用。由此,农业部对全国茶叶品牌建设情况展开了深入调研,在农业供给侧结构性改革背景下,提出"加快打造国际知名的茶叶强势品牌"。依托现阶段区域公用品牌的建设基础,借助国家"一带一路"倡议的东风,中国茶产业的品牌化迎来了新的春天。

在过去的六年里,浙江大学 CARD 中国农业品牌研究中心联合中国茶叶研究所《中国茶叶》杂志、中茶所中国茶叶网等权威机构,连续开展公益性课题——"中国茶叶区域公用品牌价值评估"专项研究。每年的茶叶品牌价值评估活动及结果,已经成为各地检阅品牌建设成效的重要参考,也已成为中国茶业发展的风向标。

本年度,中心依然联合中国茶叶研究所《中国茶叶》杂志、中茶所中国茶叶网,以及浙江大学茶叶研究所等权威机构,携手进入了 2016 中国茶叶区域公用品牌价值评估程序。自2015年12月起,课题组采用科学、系统、量化的方法,对品牌持有单位、消费者、专家等众多对象进行了多方调查研究,并根据材料的真实性、完整性等标准,从中国大陆的茶叶区域公用品牌中征集、筛选了 108 个品牌,通过文献研究、品牌主体调查、专家调查、消费者调查等多重调查,对获取数据进行科学分析,最终完成了对 92 个区域公用品牌的价值评估。

一、解析品牌成长

依据浙江大学"中国农产品区域公用品牌价值评估模型"(简称 CARD 模型),品牌价值＝品牌收益×品牌强度乘数×品牌忠诚度因子。本节对本次品牌价值评估中有关数据展开分析,并结合 2014—2016 年的数据变化,更为全面地呈现中国茶叶区域公用品牌的成长脉络。

---

* 本报告发表于《中国茶叶》2016 年第 5 期。

(一)品牌价值出现群体性提升

本次评估的数据显示,92 个有效评估品牌的总价值已超过 1338 亿元,相较于 2015 年增长了 50 亿元。其中品牌价值最高的是安溪铁观音,为 60.04 亿元;最低的是三清山白茶,为 0.59 亿元。比较近三年评估的平均品牌价值,2014 年有效评估品牌的平均品牌价值为 12.15 亿元,2015 年平均品牌价值为 13.50 亿元,到 2016 年,该平均值已上升到了 14.54 亿元,整体涨幅高达 19.67%。如图 82 所示,2014 年到 2016 年三年间,平均品牌价值在持续增长,但增长幅度有所放缓,表现为我国茶叶区域公用品牌的平均品牌价值增长渐趋稳健。

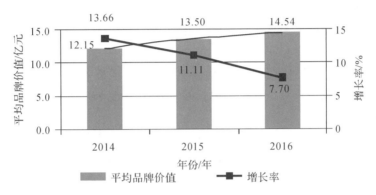

图 82 2014—2016 年 3 年间有效评估品牌的平均品牌价值比较

本次有效评估品牌的价值区间分布如图 83 所示。品牌价值超过 50 亿元的品牌有 3 个,占整体有效评估品牌数量的 3.26%;品牌价值在 20 亿元~50 亿元之间的品牌数量占总体的 14.13%;占比最多的是处于 10 亿元~20 亿元的品牌,共 42 个,其次是处于 5 亿元~10 亿元的品牌,共 24 个,分别占到了总数的 45.65% 和 26.09%;处于 1 亿元~5 亿元的品牌有 9 个;少于 1 亿元的品牌为 1 个。

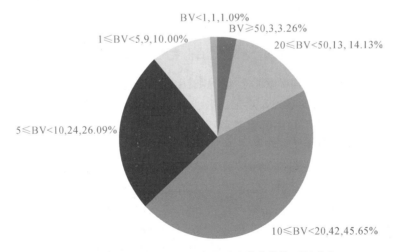

图 83 2016 年中国茶叶区域公用品牌的价值区间分布

注:BV 为品牌价值,单位为亿元。

数据可见,品牌价值在 5 亿元～20 亿元之间的品牌仍是我国茶叶区域公用品牌的主体,多数品牌相对弱小,但也说明,在未来可能还有较大的提升空间;品牌价值处在 10 亿元～50 亿元之间的品牌,相较于 2015 年,占总体比例的增幅超过了 5 个百分点,中、高价值水平的品牌数量增多,意味着被评茶叶区域公用品牌的价值发展出现了群体性提升的态势。

(二)品牌收益增长速度放缓

根据 CARD 模型,农产品区域公用品牌的品牌收益＝年销量×(品牌零售均价－原料收购价)×(1－产品经营费率),品牌收益是在剔除生产环节的劳动收益后,结合市场交换完成的最终零售价格,并充分考虑农产品再生产环节中的诸多不可控因素后,以连续三年的数据统计得出由品牌本身带来的收益部分。

本次有效评估品牌的平均品牌收益为 8639.37 万元,相比 2014 年的 7861.75 万元高出了 777.62 万元,整体增长率为 9.89％。如图 84 所示,2014—2016 年,品牌收益的增长速度在波动中呈放缓趋势,且品牌收益增长率远低于品牌价值增长率。这表明,中国大陆茶叶区域公用品牌的品牌收益增长对品牌价值增长的贡献需要进一步增强,品牌收益有待进一步提升。

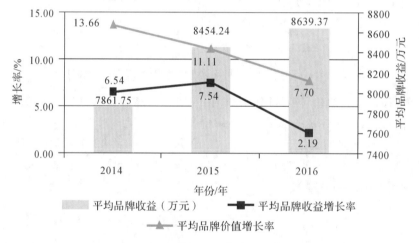

图 84　2014—2016 年 3 年间有效评估品牌的平均品牌收益、平均品牌价值变化比较

中国茶叶四大产区的平均品牌收益情况如图 85 所示。华南产区茶叶区域公用品牌的平均品牌收益最高,达到 12043.87 万元;其次为江北和西南产区,分别为 10724.37 万元、8909.85 万元;江南产区的平均品牌收益最低,为 7183.40 万元。

比较单位销量的品牌收益和单位面积的品牌收益,如图 86 所示,江南产区茶叶区域公用品牌单位销量的品牌收益最高,为 87.10 元/千克(即每销售 1 公斤茶叶,其品牌收益为 87.10 元),其次分别为江北、华南、西南产区,其单位销量品牌收益分别为 26.49 元/千克、24.89 元/千克和 17.33 元/千克;华南产区茶叶区域公用品牌单位面积的品牌收益最高,为 1193.17 元/亩(即每亩茶叶产品,其品牌收益为 1193.17 元),其次分别为江南、江北、西南产区,其单位面积品牌收益分别为 869.28 元/亩、334.13 元/亩和 270.30 元/亩。

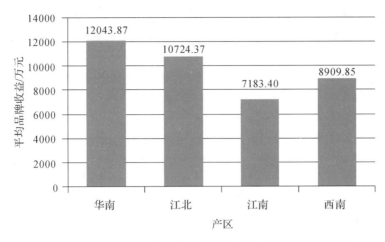

图 85 2016 年有效评估品牌四大茶产区的平均品牌收益比较

由此可见,江南产区茶产业虽然规模和产量不大,且大多只采摘春茶,但每公斤茶叶的品牌溢价能力居于四大茶产区之首,其中品牌溢价能力最高的缙云黄茶,其单位销量品牌收益高达 1649.47 元/千克;而华南产区则因为亩产量高,其单位面积品牌收益位列四大茶产区之首。

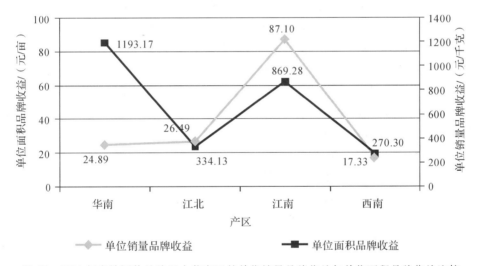

图 86 2016 年有效评估品牌四大茶产区的单位销量品牌收益与单位面积品牌收益比较

(三)未来收益能力将持续提升

品牌强度是指品牌所带来的未来持续收益的能力,而品牌强度乘数则与品牌收益的持续性和稳定性成正比。在"CARD 模型"中,品牌强度乘数的最大值为 20,该数值的设置主要考量了产品生命周期的合理年限,基于农产品以及农产品区域公用品牌的特性,其品牌合理寿命远不止 20 年。本次评估中,品牌强度乘数的数据表现,首度打破了 20 年的限制。

本次有效评估品牌的平均品牌强度得分为 84.23 分,其中,普洱茶的品牌强度得分高达 99.00 分,最低的三清山白茶则为 69.22 分。如图 87 所示,2014—2016 年,平均品牌强度乘数在持续增长,2014 年有效评估品牌的平均品牌强度乘数为 17.29,2015 年该平均值为

17.95,比上一年度上升了 3.82％;到 2016 年,该平均数首次突破 18,达到了 18.24,比 2015 年上升了 1.62％,这预示着,被评品牌的未来收益能力将持续提升。

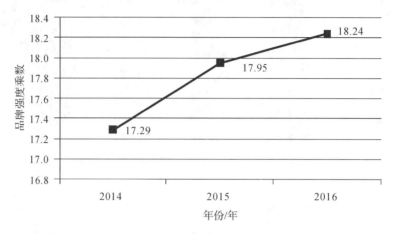

图 87　2014—2016 年三年间有效评估品牌的平均品牌强度乘数比较

　　下面,将具体从品牌带动力、品牌资源力、品牌经营力、品牌传播力、品牌发展力五项指标,比较 2014—2016 年有效评估品牌的品牌强度提升情况,具体可见图 88。2014 年有效评估品牌的平均品牌"五力"分别为:品牌带动力 75.23 分、品牌资源力 78.52 分、品牌经营力 73.49 分、品牌传播力 79.13 分、品牌发展力 75.41 分。发展到 2016 年,有效评估品牌的平均品牌"五力"分别达到了 78.71 分、88.76 分、84.30 分、81.69 分、81.07 分。除品牌带动力外,其余"四力"均呈现出连年增长的态势。其中,品牌资源力和品牌经营力的增长幅度较大,较 2014 年增长超过 10 分;品牌传播力和品牌发展力的增长相对微小,尤其是品牌传播力,2014 年有效评估品牌的平均品牌传播力为 79.13,到了 2016 年,该平均值为 81.69,仅提升了 2.56,远低于其他"四力"的增长值。

　　数据表明,中国茶叶区域公用品牌在区域带动、文脉传承、产业经营、品牌传播、发展趋势等多方面的能力不断攀升;但对区域带动的重视程度,在品牌保护及生产与营销方面的建设,尤其是对品牌传播的投入力度需要进一步加强。

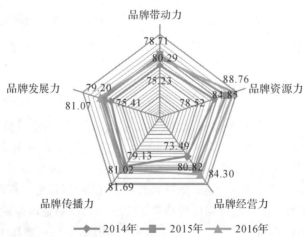

图 88　2014—2016 年三年间有效评估品牌的平均品牌"五力"得分比较

(四)品牌忠诚度稳定增长

品牌忠诚度因子测度的是消费者的品牌忠诚度,侧重于品牌能否在长时间内维持稳定的销售及价格。在公式表达中,品牌忠诚度因子=(过去三年平均售价-销售价格标准差)÷过去三年平均售价。

根据"CARD模型",品牌忠诚度因子的大小与近三年市场零售价稳定与否有直接关系,市场价格表现越平稳,其品牌忠诚度因子就越高。如图89所示,2014年有效评估品牌的平均品牌忠诚度因子为0.88,到了2015年,该平均值为0.89,2016年有效评估品牌的平均忠诚度因子为0.91,首度突破了0.90,出现了连续七年评估以来的最高水平。由此可见,2014—2016年,中国茶叶区域公用品牌市场价格的波动幅度逐渐减小,不同品牌之间的忠诚度差异也有所减小,数据佐证了我国茶叶销售价格与消费的理性回归。

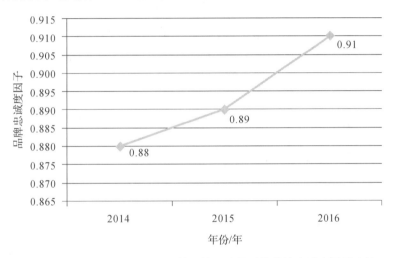

图89　2014—2016年三年间有效评估品牌的平均品牌忠诚度因子比较

二、洞察品牌万象

(一)母强子弱,区域公用品牌强而企业品牌弱

整合区域资源,打造公用品牌,已成为近年来各地茶产业崛起与发展的战略选择。以安吉白茶、大佛龙井等为代表的区域公用品牌的成功,进一步激发了各地创建茶叶区域公用品牌的热情和动力。然而,大多数茶叶区域公用品牌在发展过程中,以区域公用品牌为背书、以企业自有品牌为主力的"母子"品牌模式的优势并未得到充分发挥。区域公用品牌的价值和影响力较高,但茶叶企业的影响力相对较弱,成为了现阶段各地茶产业的一个普遍而显著的特征。

以本次评估的品牌价值前十的区域公用品牌为例,如表20所示,安溪铁观音在母子品牌合力发展方面表现较好。其母品牌以60.04亿元的品牌价值位居第一,在108家授权使用"安溪铁观音"区域公用品牌的企业中,有9家是国家级龙头企业,25家为省级龙头企业,

40 家为市级龙头企业,各级龙头企业总量占总体企业数量的 68.52%,相较于其他几个品牌,表现出了"母强子也强"的特点。品牌价值排在第三位的普洱茶,拥有大益等 10 家国家级龙头企业,以及 197 家省、市级龙头企业,龙头企业的绝对数量在有效评估品牌中最高。此外,除了信阳毛尖、福州茉莉花茶和武夷山大红袍三个区域公用品牌,其余 5 个品牌均没有国家级龙头企业,与授权使用企业总数相比,龙头企业数量偏少。

本次有效评估品牌的整体情况比较可见,92 个茶叶区域公用品牌拥有近 25000 家茶叶企业,国家、省、市级龙头企业共计也有 2511 家,但仅占到总数的一成。其中,只有 33 个茶叶区域公用品牌有国家级龙头企业,拥有省级龙头企业的茶叶区域公用品牌有 79 个。

这表明,我国茶产业在品牌化发展过程中,区域公用品牌与企业产品品牌之间存在不平衡发展的状况。大多数茶叶区域公用品牌的价值相对较高,而企业品牌数量多但实力弱。企业品牌作为"母子"品牌模式中的发展主力,应当依托母品牌,充分有效利用母品牌大平台,提升自身实力,才能为区域公用品牌的持续发展提供强有力的支撑。

表20　2016 年有效评估品牌的品牌价值前 10 位的龙头企业数量汇总

区域公用品牌	企业总数	国家级龙头企业	省级龙头企业	市级龙头企业
安溪铁观音	108	9	25	40
信阳毛尖	1300	1	13	71
普洱茶	1000	10	56	141
福鼎白茶	146	0	6	66
大佛龙井	613	0	3	5
安吉白茶	391	0	1	5
福州茉莉花茶	59	2	9	18
祁门红茶	50	0	3	5
武夷山大红袍	1895	1	5	15
坦洋工夫	106	0	6	40

(二)六大茶类优势各异

白茶、黑茶、红茶、黄茶、绿茶和乌龙茶作为中国传统的六大茶类,不仅在产品特性方面各不相同,在品牌发展方面也存在差异。本次有效评估的 92 个品牌中,白茶类品牌 2 个,黑茶类品牌 5 个,红茶类品牌 9 个,黄茶类品牌 3 个,绿茶类品牌 62 个,乌龙茶类品牌 5 个。为方便分析,将花茶、苦丁茶、多类别茶等归为"其他"类。

1.乌龙茶、黑茶类品牌的品牌价值较高

比较六大茶类的平均品牌价值,如图 90 所示,乌龙茶类的平均品牌价值最高,为 27.72 亿元,其次是黑茶为 24.81 亿元,白茶为 20.34 亿元,黄茶的平均品牌价值最低,仅为 9.69 亿元,是六大茶类中唯一一个平均品牌价值低于 10 亿元的品类。其中,白茶、黑茶、红茶、黄茶、绿茶和乌龙茶类的品牌价值最高的品牌,分别为福鼎白茶 33.80 亿元、普洱茶 57.09 亿元、祁门红茶 26.55 亿元、霍山黄芽 15.45 亿元、信阳毛尖 57.33 亿元和安溪铁观音 60.04 亿元。

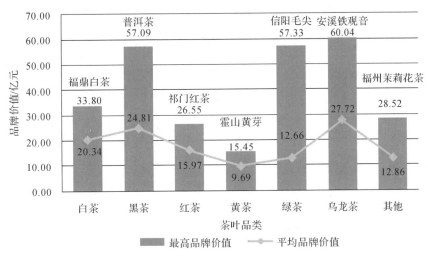

图90　六大茶类的平均品牌价值比较

2.黑茶类品牌的品牌强度表现出色

比较六大茶类中有效评估品牌的平均品牌强度及品牌"五力",如图91所示,以普洱茶为首的黑茶类品牌,其平均品牌强度乘数最高,为19.29;其余品类的品牌强度乘数均低于19.00。其中,绿茶类品牌的平均品牌强度乘数最低,为18.06。进一步分析六大茶类品牌的品牌"五力",黑茶类品牌在品牌带动力为89.35分,比白茶类品牌低了0.275分,而在其余"四力"上均有不俗表现。其中,品牌资源力97.93分、品牌经营力92.43分、品牌传播力92.28分、品牌发展力87.29分,相较于其他五大茶类,具有明显的优势。

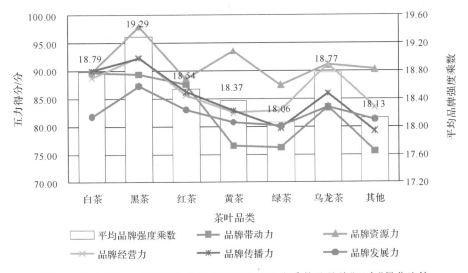

图91　六大茶类中有效评估品牌的平均品牌强度乘数及品牌"五力"得分比较

3.白茶、绿茶类品牌的消费者忠诚度较高

比较六大茶类中有效评估品牌的平均品牌忠诚度因子,如图92所示,白茶类品牌的平均品牌忠诚度因子最高,为0.97,比2015年同比增长了19.75%;其次是红茶和绿茶均为

0.92,红茶类平均品牌忠诚度因子同比 2015 年增长了 1.09％,绿茶类与 2015 年持平;黄茶、黑茶则相对较低,分别为 0.82 和 0.83,同比增长 10.81％和 13.70％。

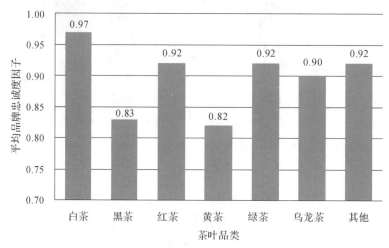

图 92 六大茶类中有效评估品牌的平均品牌忠诚度因子比较

品牌忠诚度因子的高低,受市场价格波动幅度大小的影响。评估数据表明,在过去的三年间,白茶和绿茶类品牌的市场价格相对稳定,而黄茶、黑茶类品牌的市场价格波动相对减小,但依然较为明显。品牌忠诚度因子能反映消费者对品牌的认可和忠诚程度,影响其消费选择。因此,黄茶、黑茶类品牌的忠诚度因子虽有较大提升,但仍须注意价格波动的控制问题。

4.绿茶类品牌的溢价能力较高

比较六大茶类中有效评估品牌的平均品牌收益、单位销量品牌收益,如图 93 所示。平均品牌收益最高的是乌龙茶类品牌,为 16898.57 万元;其次是黑茶类品牌,为 15730.71 万元;白茶类品牌以 10939.31 万元的平均品牌收益排位第三,其余几类茶叶品牌的平均品牌

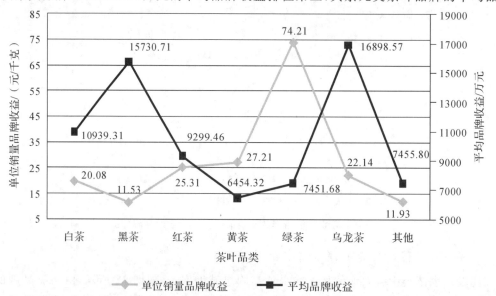

图 93 六大茶类中有效评估品牌的平均品牌收益及单位销量品牌收益比较

收益均在亿元以下。其中,黄茶类、绿茶类品牌较低,分别为6454.32万元和7451.68万元。虽然绿茶类品牌的平均品牌收益不高,但其单位销量品牌收益达74.21元/千克,远超其他几类品牌;排在第二位的黄茶类品牌,平均单位销量品牌收益为27.21元/千克。平均品牌收益最高的乌龙茶类品牌,其单位销量品牌收益为22.14元/千克,排在第四位,黑茶类品牌的平均单位销量品牌收益最低,为11.53元/千克。

可见,在剔除规模、销售量等因素后,绿茶类品牌的溢价能力较强。尤其是缙云黄茶(黄化品种,实为绿茶),其单位销量品牌收益高达1649.47元/千克,是本次有效评估品牌中溢价能力最高的品牌。

5.同品类品牌群雄逐鹿,雌雄未分

上文分别从品牌价值、品牌收益、品牌强度乘数、品牌忠诚度、单位销量品牌收益等五个方面,对六大茶类的有效评估品牌进行了数据比较,结果如表21所示。福鼎白茶在各项指标中均列第一,但由于白茶类有效评估品牌只有2个,品牌数量受限的影响较大。除白茶之外,黑茶、红茶、黄茶、绿茶和乌龙茶类中,均未出现同一品牌占据该品类所有品牌指标第一位的情况。以绿茶为例,品牌价值和品牌收益最高的品牌为信阳毛尖;品牌强度乘数最高的是蒙顶山茶,在区域带动、文脉传承、产业经营、品牌传播、发展趋势等多方面均有较强的表现;品牌忠诚度因子最高的是天山绿茶,体现极为稳定的市场价格体系;而品牌溢价能力最强的则是缙云黄茶。

由此可见,同一茶类中,品牌之间的竞争虽然激烈,但尚未形成一家独大的垄断性局面。

表21　六大茶类有效评估品牌的各项指标位列第一的品牌

品类	品牌价值 (亿元)	品牌收益 (万元)	品牌强度乘数	品牌忠诚度因子 (≤1)	单位销量品牌收益 (元/千克)
白茶	福鼎白茶 33.80	福鼎白茶 18030.00	福鼎白茶 19.10	福鼎白茶 0.98	福鼎白茶 28.13
黑茶	普洱茶 57.09	普洱茶 36476.91	普洱茶 19.90	雅安藏茶 0.91	六堡茶 24.64
红茶	祁门红茶 26.55	祁门红茶 14404.64	正山小种 19.19	祁门红茶 0.98	正山小种 77.95
黄茶	霍山黄芽 15.45	霍山黄芽 10723.25	霍山黄芽 18.99	岳阳黄茶 0.92	霍山黄芽 39.10
绿茶	信阳毛尖 57.33	信阳毛尖 30365.85	蒙顶山茶 19.46	天山绿茶 1.00	缙云黄茶 1649.47
乌龙茶	安溪铁观音 60.04	安溪铁观音 39753.83	武夷山大红袍 19.48	武夷山大红袍 0.99	安溪黄金桂 30.52

(三)品牌建设力度加大,质量追溯渐成趋势

实施品牌战略,已经成为地方推动农业发展转方式、调结构,加快推进农业现代化的一项紧迫任务。作为较早运用区域公用品牌理念、走品牌化发展之路的茶产业,对品牌建设的重视程度和投入力度在不断加大,并在产品质量和品牌塑造、传播、管理等方面进行了深度探索。

质量安全是农产品培育品牌的基础工程。近年来,随着使用禁药、农残超标等茶叶"质量门"问题成为媒体报道的热点,大众对茶叶质量安全的质疑迭起,茶叶企业不得不重视起产品的质量监管。本次有效评估品牌中,有76个茶叶区域公用品牌拥有质量追溯体系,含正在建设中的3个,占整体有效评估品牌数量的82.61%,相较于2015年,提升了13.22%。可见,质量追溯在茶叶区域公用品牌建设中已渐成趋势,通过产品质量的追溯、品牌信誉的培育,有助于提升消费者对茶叶产品质量的信心。

品牌塑造方面,茶叶区域公用品牌的形象进一步规范,如图94所示。本次有效评估品牌中,89个品牌拥有统一的品牌标识,81个品牌拥有统一的包装应用,分别占整体被评估品牌的96.74%和88.04%,相较于2014年的93.68%和81.05%,茶叶区域公用品牌在包装应用的统一和规范方面有较大的提升。

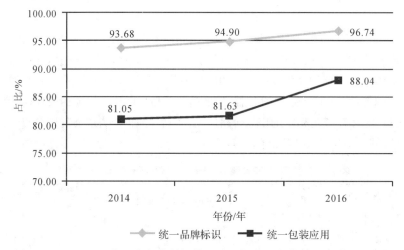

图94　2014—2016年三年间有效评估品牌的标识和包装应用的统一性比较

品牌传播方面,茶叶区域公用品牌的宣传投入力度加大,宣传方式也日益多元。如图95所示,本次有效评估品牌中,2015年度平均宣传推广投入为4185.89万元,相较于2013年的

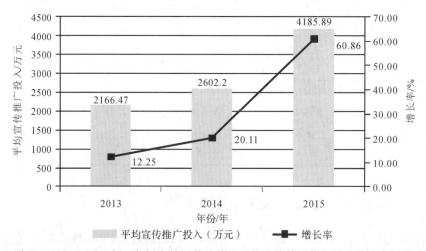

图95　2014—2016年三年间有效评估品牌的平均品牌传播推广投入及变化比较

2166.47万元,几乎翻了一番。宣传方式上,借助品牌网站、电商网站、微信公众号等新媒体的网络广告受到重视。

品牌管理方面,茶叶区域公用品牌的管理机制逐步完善,品牌保护进一步加强,如图96所示。本次有效评估品牌中,89个品牌设立了品牌建设专项资金,92个品牌均设有专人管理品牌、制定专门的品牌管理制度以及品牌培训机制(含1个正在形成品牌培训机制的品牌),相较2014年、2015年的评估数据,有较大幅度的提升。茶叶区域公用品牌是地方茶产业的共有资源,保护区域公用品牌就是保障集体利益。如英山云雾茶,历经十年的商标保卫战,终于于2016年2月成功夺回商标权益,这也再次显示了品牌保护的重要性。

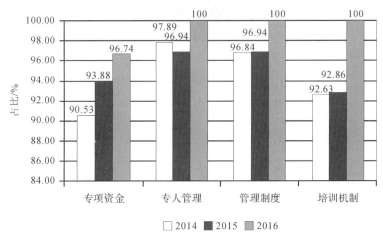

图96　2014—2016年有效评估品牌的管理情况比较

(四)品牌数字化营销的潜力有待挖掘

阿里研究院《2015茶叶电商微报告》显示:2015年,阿里零售平台的茶叶销售额达88亿元,同比增长27.5%,相比2013年,增长超过一倍;天猫平台上,纯电商品牌的茶叶商家占比由2012年的80%下降到2015年的50%。传统茶叶品牌纷纷触网,电子商务已成为茶叶品牌数字化生存的重要渠道之一。

本次评估数据显示,在92个有效评估品牌中,53个品牌已经开拓了电商渠道,其中34个品牌拥有统一的电子商务平台,另有2个在建,占整体有效评估品牌的59.78%,相较于2014年的43.16%,提升了16个百分点,具体可见图97。但我们也看到,在传统行业纷纷加快互联网化转型升级的大环境下,仍有40.22%的茶叶区域公用品牌尚未建立网络销售渠道,品牌数字化发展的进程相对较慢。

虽然茶叶区域公用品牌近三年来品牌数字化的发展速度相对缓和,但品牌在网络声誉方面具有一定优势。由浙江大学CARD中国农业品牌研究中心、CARD中国农村电商研究中心、阿里研究院联合发布的《2015中国农产品品牌网络声誉研究》显示,茶叶类区域公用品牌网络声誉得分最高,为86.33分,茶叶类品牌在平均知名度、认知度、好感度等方面的得分均高于其他品类品牌,具有较好的品牌传播表现,具体可见图98、图99。

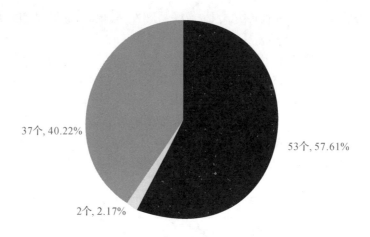

37个,40.22%

2个,2.17%

53个,57.61%

■ 有　■ 在建　■ 无

图 97　2016 年有效评估品牌拥有电商平台的占比

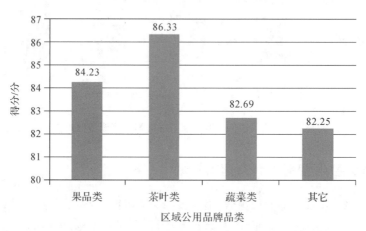

图 98　2015 年农产品区域公用品牌平均品牌声誉得分比较

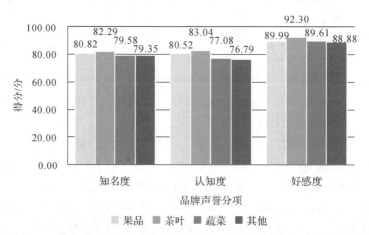

图 99　2015 年农产品区域公用品牌的平均知名度、认知度、好感度得分比较

2016年春茶季,本应是茶行业最繁忙的时节,却不断曝出各地茶叶市场迎来关店潮的新闻。在互联网和物流业的冲击下,茶叶行业和企业必须重新审视传统的产品形态、流通模式和盈利模式,思考如何在已有的网络声誉优势基础上,进一步实现"茶品牌＋互联网"的升级与突破。

品牌数字化绝不是单纯的渠道电商化,需要战略性、系统化地形成互联网思维,把握用户需求、突显用户价值,真正做到站在消费者的立场去思考品牌的创建,借助消费者的力量塑造品牌的调性与品位。目前,不少茶叶区域公用品牌在品牌创建过程中存在着一个通病,品牌持有者大多站在产品的立场进行品牌宣传,向消费者介绍茶的历史、资源、产品等。在茶叶消费者更趋年轻化,中青年消费者在茶叶网络消费群体中占比超过六成的结构下,每一个茶叶区域公用品牌都应该去思考:在去中心化的个性消费趋势中,你的忠实消费者是谁? 他们为什么购买你的茶叶,你的茶叶能够满足他们哪些需求? 而他们又能够为你的品牌做些什么?

三、把握品牌未来

七年来,茶叶区域公用品牌价值专项评估见证了中国大陆茶产业品牌化的转型与发展,从各企业品牌的孤军奋战,到区域公用品牌的整合传播,茶产业在品牌化的道路上不断探索前行。星巴克旗下茶品牌 Teavana 进驻中国,昭示着国际竞争已经从外围来到了自家门口,中国茶叶品牌如何从"内忧外患"中扭转乾坤,成为当下以及未来很长一段时间内的重要命题。而这,也已经上升到了国家品牌战略层面。目前,我国正在探索集政府、企业、专家等各方的智慧与力量,形成和落实"中国茶"国家品牌的顶层设计之路。

在"中国茶"国家品牌及品牌生态体系之下,茶叶区域公用品牌需根据自身发展的特征与现状,进一步调整品牌发展战略,确保品牌的系统规划与科学运行。在这里,结合目前品牌发展新象与未来产业发展动向,我们试图提出我国茶叶区域公用品牌发展模式的三大探索方向。

(一)茶旅产业转型升级

2016年4月份,新成立的世界茶旅联盟,将四川峨眉山、福建武夷山、西湖风景区等优秀景区和知名茶品牌联结在一起,围绕"以农促旅、以旅强农"的发展思路,茶产业凭借与旅游业极强的关联性,积极推进"茶旅融合",让茶产业赋予旅游业新内涵,借旅游业助推茶产业转型升级,实现茶业资源和旅游资源的融合发展。

浙江淳安拥有优良的产茶环境、悠久的产茶历史,当地的"鸠坑种"是龙井茶鼻祖。为了更好地依托千岛湖的好山好水,自2015年下半年起,由当地政府主导对其"千岛玉叶"茶叶区域公用品牌进行升级,并于2016年春茶上市前推出了"千岛湖茶"区域公用品牌,形成了以千岛湖龙井为主、多品类共同发展的产业格局。"茶旅融合"作为淳安县茶叶品牌再造的一大突破口,每年千万人次的游客量将对"千岛湖茶"区域公用品牌的传播起到了重要作用。

当"旅游＋茶"遇上"互联网＋",年轻化的消费力量、个性化的消费需求、互动化的消费体验和多平台的消费路径,为产业转型升级注入了更多活力因子。面对新常态、新机遇,茶叶区域公用品牌在进一步挖掘自身品牌资源的同时,也要注重融合域内旅游资源,加快培育茶旅产业新业态,促进茶旅产业转型升级,提升茶叶品牌在消费者中的知名度、认知度和好感度。

(二)企业联盟与政企联动

茶叶区域公用品牌的创建,旨在通过联合各路资源,提高区域内外消费者的品牌评价,实现茶叶品牌与区域形象的共同发展。然而,一些茶叶产区在整合资源、挖掘优势时,往往会遇到域内茶叶品类多、品牌小、整合难度大、品牌效应弱等困境;还有些产区在建立区域公用品牌之后,由于域内企业品牌实力弱、影响力小,缺乏推进品牌系统规划的主导力量,导致区域公用品牌核心价值不明确,品牌传播缺乏针对性。

针对以上发展问题,四川"天府龙芽"和安吉白茶"极白"、英山云雾茶的"大别茶访"的突破性探索,也许可以为我们提供一些启示。在产业发展速度与品牌建设不相协调之际,四川省内多家茶叶企业联合组成企业联盟——川茶集团,并以川茶集团为主力,推动建立省级区域公用品牌"天府龙芽",打造统一的川茶名片。安吉白茶则通过国有控股企业收购当地龙头企业和互联网品牌,联合创建安吉白茶第一品牌"极白"氨基酸安吉白茶;英山县则集聚八家企业,组建"大别茶访"企业品牌,以期带动英山云雾茶区域公用品牌的整体突破。这种政企联动的模式,由政府推动实现企业化运作,并利用金融工具整合生产主体,能在较短的时间内提高行业集中度,壮大龙头企业,打响领衔品牌。

无论是企业联盟模式,还是政企联动模式,川茶、安吉白茶、英山云雾茶的品牌建设探索都实现了从单兵出击、群雄竞争到抱团发展、合作共赢的转变。当然,在这过程中,需要重视公共资源的公平性原则,要以切实保护茶农利益和茶产业健康发展为前提。未来茶叶区域公用品牌的发展,无疑需要强有力的核心力量,整合产业优势资源、推进品牌战略规划、应对行业转型变革。

(三)"子母品牌"突出重围

虽然"母子品牌"模式在过去的发展中得到了各茶产区的实践肯定,但在现实中,"母子品牌"存在着"亚健康"的隐患。现阶段,我国茶叶品牌呈现出较为明显的"母强子弱"态势,消费者往往记住了西湖龙井,却不知还有"狮、龙、云、虎、梅"的存在,这在一定程度上抑制了当地茶产业品牌的良性循环发展。

在区域公用品牌发展到一定程度,已经可放手让企业去竞争、搏杀市场的形势下,各地茶产业的品牌化发展可逐步实现由"母子品牌"向"子母品牌"的模式转变,真正形成"母品牌驱动、子品牌支撑"的良性品牌生态。为此,茶叶企业品牌要在"子母品牌"体系下做到继承与突破,继承母品牌的区域文脉,改变"品牌即包装"的片面观念,从品牌的定位、价值、符号、文化等多方面进行系统整合与科学规划,从而实现子品牌的突破性成长。强势企业品牌,有能力也有必要打响子品牌的突围之战。如安溪铁观音中的华祥苑、八马,普洱茶中的大益、龙生等,是当地茶叶企业品牌的领头羊,更肩负着带领同区域公用品牌下的其他更多企业品牌冲向国际市场的重任。未来,中国茶产业的品牌化发展,依然需要政府、协会、企业、农户、第三方服务组织等多方合力,共同建设"中国茶"国家品牌的生态体系,把握互联网环境下的消费新趋势,探索茶叶区域公用品牌的发展新模式,才能培育出真正具有国际影响力的茶叶强势品牌。

附表:2016年中国茶叶区域公用品牌价值评估结果

序号	品牌名称	品牌价值(亿元)	序号	品牌名称	品牌价值(亿元)
1	安溪铁观音	60.04	29	武阳春雨	15.54
2	信阳毛尖	57.33	30	霍山黄芽	15.45
3	普洱茶	57.09	31	永春佛手	14.84
4	福鼎白茶	33.8	32	安溪黄金桂	14.63
5	大佛龙井	31.77	33	英山云雾茶	14.62
6	安吉白茶	31.74	34	浮梁茶	14.56
7	福州茉莉花茶	28.52	35	英德红茶	14.54
8	祁门红茶	26.55	36	婺源绿茶	14.45
9	武夷山大红袍	25.75	37	嵊州珠茶	14.35
10	坦洋工夫	24.38	38	千岛湖茶	13.82
11	蒙顶山茶	23.68	39	岳西翠兰	13.76
12	都匀毛尖	23.54	40	政和工夫	13.7
13	白芽奇兰	23.34	41	梵净山茶	13.57
14	越乡龙井	23.33	42	狗牯脑茶	13.44
15	太平猴魁	21.74	43	恩施玉露	13.28
16	武当道茶	20.07	44	宜宾早茶	13.21
17	松阳银猴	19.52	45	长兴紫笋茶	13.14
18	勐海茶	19.25	46	磐安云峰	12.93
19	安化黑茶	19.13	47	雅安藏茶	12.81
20	汉中仙毫	18.99	48	马边绿茶	12.1
21	开化龙顶	18.95	49	金奖惠明茶	12.09
22	正山小种	18.75	50	日照绿茶	11.87
23	庐山云雾茶	17.86	51	凤冈锌硒茶	11.86
24	径山茶	17.31	52	福鼎白琳工夫	11.39
25	紫阳富硒茶	16.75	53	恩施富硒茶	11.32
26	湄潭翠芽	16.38	54	宁红工夫茶	11.18
27	滇红工夫茶	15.91	55	天山绿茶	11.17
28	六堡茶	15.79	56	泰顺三杯香	10.94

续表

序号	品牌名称	品牌价值（亿元）	序号	品牌名称	品牌价值（亿元）
57	龙谷丽人茶	10.93	75	修水双井绿	7.47
58	南江大叶茶	10.28	76	仙都笋峰茶	7.43
59	岳阳黄茶	9.91	77	筠连红茶	7.29
60	桃源大叶茶	9.46	78	桃源野茶王	7.03
61	七佛贡茶	9.38	79	政和白茶	6.88
62	梵净山翠峰茶	9.13	80	天台山云雾茶	6.81
63	金山翠芽	9.05	81	舒城小兰花	6.02
64	桐庐雪水云绿茶	9	82	江山绿牡丹茶	5.82
65	石阡苔茶	8.98	83	余庆苦丁茶	4.12
66	茅山长青	8.94	84	霍山黄大茶	3.72
67	松溪绿茶	8.51	85	平阳早香茶	3.53
68	犍为茉莉花茶	8.42	86	苍南翠龙茶	3.31
69	万源富硒茶	8.29	87	筠连苦丁茶	2.82
70	余姚瀑布仙茗	8.07	88	资溪白茶	2.81
71	望海茶	7.91	89	霄坑绿茶	2.47
72	仪征绿杨春茶	7.89	90	烟台绿茶	1.42
73	沂蒙绿茶	7.81	91	缙云黄茶	1.02
74	石门银峰	7.79	92	三清山白茶	0.59

声明：本研究中所估算之品牌价值，均基于茶叶品牌持有单位提供的相关数据及其他公开可得信息，且是运用浙江大学CARD中国农业品牌研究中心茶叶区域公用品牌专用评估方法对采集的数据处理的结果。本评估所涉的品牌只包括在中国大陆注册的茶叶区域公用品牌。

2017:中国茶叶区域公用品牌价值评估报告
（数据跨度:2014—2016）[*]

前　言

新年伊始,国务院下发"一号文件"。文中强调,要培育国产优质品牌,推进区域农产品公用品牌建设,支持地方以优势企业和行业协会为依托打造区域特色品牌,引入现代要素改造提升传统名优品牌,强化品牌保护,聚集品牌推广。农业部继而将 2017 年确定为"农业品牌推进年",召开了"全国农产品加工业发展和农业品牌创建推进工作会",并开展系列相关活动,推进各地的农业品牌建设。我们欣喜地看到,神州大地上,上至中央、国务院、农业部,下至乡村,各级政府、企业、农户,对农业品牌化的重视程度日益增加,上下联动,积极探寻以品牌化为引领、推动农业产业供需结构改革与升级的科学路径。

茶产业,作为我国重要的农业产业,在利用产业建设、品牌运作推动地方农业经济发展、农业增效和农民增收等方面,发挥着重大作用。为了给各地的茶叶区域公用品牌建设提供科学、客观、中立的专业参考依据,从 2010 年起,浙江大学 CARD 中国农业品牌研究中心联合中国茶叶研究所《中国茶叶》杂志等权威机构,持续开展公益性课题——"中国茶叶区域公用品牌价值评估"专项研究。评估依据"中国农产品区域公用品牌价值评估模型"(简称 CARD 模型),经过对品牌持有单位调查、消费者评价调查、专家意见咨询、海量数据分析,最后形成相关评估结果。

2016 年 12 月,浙江大学 CARD 中国农业品牌研究中心、中国茶叶研究所《中国茶叶》杂志、浙江大学茶叶研究所联合组成课题组,开展"2017 中国茶叶区域公用品牌价值评估"活动(邀请评估对象不包括我国港澳台地区)。参与本次评估的我国茶叶区域公用品牌总数为109 个。经对参评品牌相关数据的多方审核,课题组最终完成了对 92 个茶叶区域公用品牌的有效评估。

一、品牌成长新数据

本次茶叶区域公用品牌价值的评估,依据 CARD 模型"品牌价值＝品牌收益×品牌强度乘数×品牌忠诚度因子",基于海量的数据收集与分析计算得出。下面,就本次价值评估中的有关数据展开分析。

---

　　* 本报告发表于《中国茶叶》2017 年第 5 期。

本次评估数据显示,在 92 个有效评估的品牌中,来自浙江、江西等江南产区的茶叶区域公用品牌共计 50 个,占整体有效评估品牌数量的 54.35%。其余依次为贵州、云南等西南产区(18 个),福建、广西等华南产区(15 个)和河南、山东等江北产区(9 个),具体数据可见图 100。

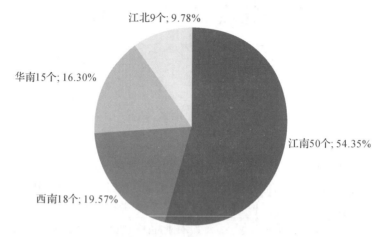

图 100　2017 年有效评估的茶叶区域公用品牌所在产区分布

如果按照茶类划分,如图 101 所示,本次有效评估的 92 个品牌中,绿茶类共计 65 个品牌,占据了本次有效评估品牌数量的七成;其次是红茶,共计 9 个品牌;青茶和黑茶各为 4 个品牌;黄茶、花茶各占 3 个品牌;白茶以及苦丁茶等其他茶类品牌各有 2 个品牌。

从参评品牌的茶类差别可见,绿茶类品牌占据了大半壁江山,其他茶类占比较少。这符合中国茶类品牌的发展现状,即绿茶占据主导地位。

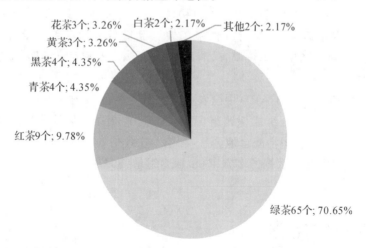

图 101　2017 年有效评估的茶叶区域公用品牌品类分布

(一)品牌价值:不同品牌差距悬殊,普洱茶位列第一

如图 102 所示,本次评估中,92 个有效评估品牌总价值为 1368.05 亿元,相较于 2016 年的评估结果,增加了 29.93 亿元;92 个品牌的平均品牌价值为 14.87 亿元,与 2016 年的

14.54 亿元相比,增加了 0.33 亿元。品牌价值最高的普洱茶,达到了 60.00 亿元,品牌价值最低的,仅为 0.63 亿元。可见,品牌总价值、平均品牌价值在提升,但同为茶叶区域公用品牌,不同品牌的品牌价值差距显著。

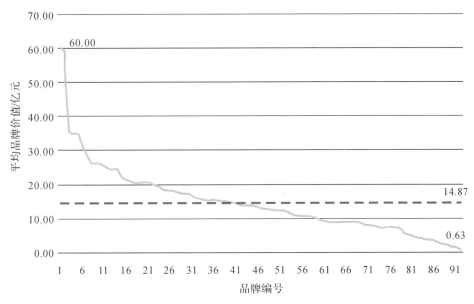

图 102　2017 年有效评估的茶叶区域公用品牌价值比较

本次有效评估品牌的品牌价值区间分布状况如图 103 所示。品牌价值超过 50 亿元的品牌有 2 个。品牌价值位于 20 亿元和 50 亿元之间的品牌共计 19 个,占整体有效评估品牌数量的 20.65%。品牌价值居于 10 亿至 20 亿元的品牌数量最多,为 38 个,占有效评估品牌整体的 41.30%。品牌价值在 1 亿元到 10 亿元的品牌数量为 31 个,占有效评估品牌整体的 33.70%。品牌价值低于 1 亿元的品牌也有 2 个。

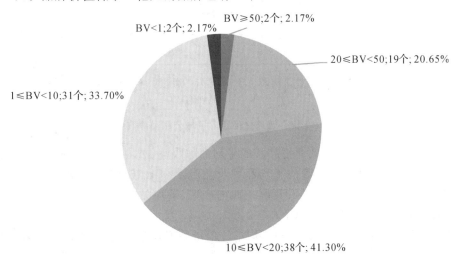

图 103　2017 年有效评估的茶叶区域公用品牌价值区间分布

注:BV 为品牌价值,单位为亿元。

以上数据显示,本次有效评估的品牌,其品牌价值位于 10 亿元量级的品牌数量占了整体的四成,超过 10 亿元的品牌占整体有效评估品牌数量的 64.13%。由此可见,本次有效评估的茶叶区域公用品牌的品牌价值大多处于 10 亿元以上。但两个品牌的品牌价值低于 1 亿元,品牌价值水平相差悬殊。

(二)品牌溢价:不同产区水平不一,华南产区平均品牌收益过亿

根据 CARD 模型,茶叶区域公用品牌的品牌收益＝年销量×(品牌零售均价－原料收购价)×(1－产品经营费率)。品牌收益是在剔除生产环节的劳动收益,结合市场交换完成的最终零售价格,并充分考虑茶叶产品在再生产环节中的诸多不可控因素后,以连续三年的数据统计得出由品牌本身带来的收益部分。每公斤茶叶的品牌收益大小是品牌溢价能力大小的直观体现。

如图 104 所示,本次评估中,92 个品牌的平均品牌收益为 8697.82 万元,比较 2016 年的 8639.37 万元,提高了 58.45 万元。其中,普洱茶的品牌收益最高,达到了 34454.88 万元,近 4 倍于有效评估品牌的平均品牌收益。

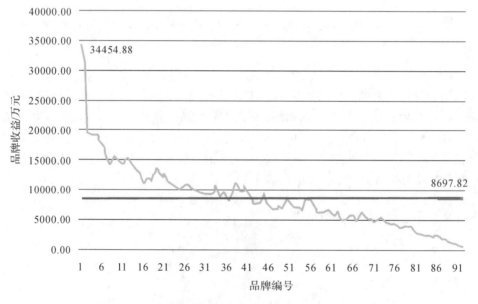

图 104　2017 年有效评估的茶叶区域公用品牌收益比较

图 105 是不同茶产区的有效评估品牌的平均品牌收益、平均单位销量品牌收益的比较。数据显示,华南产区有效评估品牌的平均品牌收益为 11051.46 万元,是四大茶产区中唯一一个平均品牌收益超过亿元的产区;其次是西南产区,平均品牌收益为 9684.12 万元,江南产区的平均品牌收益相对低于前两个产区,为 7508.10 万元。

图 105 显示,比较有效评估品牌的平均单位销量品牌收益可见,江南产区有效评估品牌以每千克茶叶 91.58 元的平均品牌收益,位列四大茶产区之首,远超其他三个产区。在单位销量品牌收益前 10 位的品牌中,有 8 个品牌来自江南产区。其中,缙云黄茶以每千克茶叶 1326.45 元的品牌收益高居榜首,武阳春雨、镇江金山翠芽两个品牌分别以 798.33 元/千克和 457.37 元/千克位列第二、三,具体数据可见表 22。

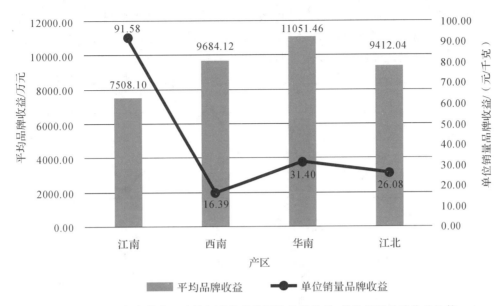

图 105　2017 年各茶产区有效评估品牌的平均品牌收益、单位销量品牌收益比较

表 22　单位销量品牌收益前 10 位品牌

序号	产区	品牌名称	单位销量品牌收益(元/千克)
1	江南	缙云黄茶	1326.45
2	江南	武阳春雨	798.33
3	江南	镇江金山翠芽	457.37
4	江南	三清山白茶	229.32
5	江南	资溪白茶	156.00
6	江南	太平猴魁	124.97
7	华南	桂平西山茶	117.69
8	江南	径山茶	113.98
9	江南	安吉白茶	110.16
10	江北	崂山茶	107.96

　　不同产区的有效评估品牌的平均种植面积与平均单位面积品牌收益比较,如图 106 所示。相较而言,江南产区和华南产区的平均种植面积小,分别为 12.02 万亩和 12.29 万亩;但平均单位面积的品牌收益高,江南产区平均每亩茶叶的品牌收益为 897.75 元,华南产区平均每亩茶叶品牌收益最高,达到了 1246.89 元。来自西南产区的茶叶区域公用品牌,平均种植面积达到了 115.06 万亩,近 10 倍于江南产区的平均种植规模,但其每亩茶叶的平均品牌收益仅为 228.93 元,与其他三大茶产区的平均水平有较大的差距。图 106 所示的平均种植面积、平均单位面积品牌收益的曲线显示,有效评估的不同产区的茶叶区域公用品牌的平

均种植规模与平均单位面积品牌收益之间,呈现巨大反差。平均种植规模大的产区,平均单位面积品牌收益低,平均种植面积小的产区,平均单位面积品牌收益高。平均种植面积与平均单位面积品牌收益之间的巨大反差说明,规模与品牌效益并不成正比。

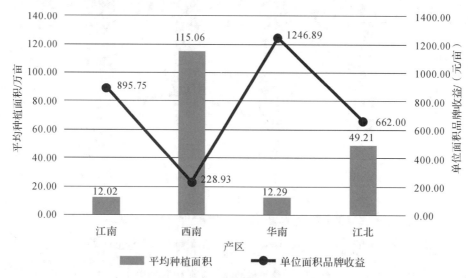

图 106　2017年有效评估的各产区的茶叶区域公用品牌的平均种植面积、
单位面积品牌收益比较

如表 23 所示,比较有效评估的前 10 位品牌的数据可见,"镇江金山翠芽"品牌的每亩茶叶的品牌收益是 6325.59 元,其次是正山小种和崂山茶。在上述 10 个品牌中,江南产区的茶叶区域公用品牌占据了 5 个席位,华南产区占得 4 个席位,还有 1 个来自江北产区。

表 23　单位面积品牌收益前 10 位的品牌(元/亩)

序号	产区	品牌名称	单位面积品牌收益
1	江南	镇江金山翠芽	6325.59
2	华南	正山小种	3614.93
3	江北	崂山茶	3572.96
4	江南	霄坑绿茶	3163.24
5	华南	永春佛手	2310.30
6	江南	径山茶	1935.60
7	江南	太平猴魁	1848.64
8	华南	横县茉莉花茶	1764.50
9	华南	桂平西山茶	1703.02
10	江南	大佛龙井	1609.70

当规模和产量达到一定程度之后,品牌收益的提升就需要从品牌溢价能力上进行突破,提升品牌溢价能力是品牌建设的关键目标。数据说明,江南产区的茶产业,在品牌溢价能力上具有明显优势,说明茶品牌建设的成效更为显著。反之,西南产区的茶产业规模大,但无论是单位销量品牌收益还是单位面积品牌收益,都与其他三大茶产区存在着明显的差距。数据反映出一个重要问题:在"东茶西进"的进程中,西部不仅要引进品种、技术,更要引进品牌管理的先进经验,注重规模的同时,更要注重效益,提升品牌溢价。

(三)品牌强度:茶中黑马异军突起,黑茶类脱颖而出

品牌强度乘数,是指品牌所带来的未来持续收益的能力,是一组因子的加权综合,由品牌带动力、品牌资源力、品牌经营力、品牌传播力和品牌发展力等5个二级指标构成。

本次评估中,92个品牌的平均品牌强度乘数为18.37。其中,最高的是普洱茶,为20.10,是唯一一个品牌强度乘数超过20的品牌。并且,以普洱茶为代表的黑茶类品牌,平均品牌强度乘数达到了19.51,远高于其他茶类。平均品牌强度乘数排在第二位的是白茶类品牌,其平均品牌强度乘数为18.79。青茶类品牌以18.70的平均值,位列第三。具体数据可见图107。

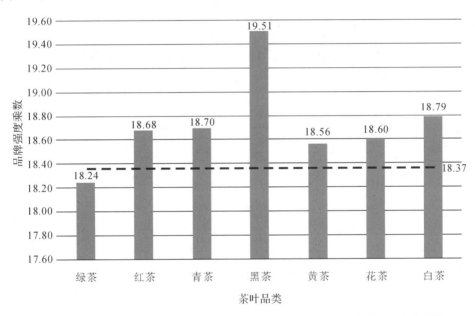

图107 2017年有效评估的不同茶类茶叶区域公用品牌的平均品牌强度乘数比较

具体比较各茶类茶叶区域公用品牌在品牌强度"五力"方面的表现,如图108所示:黑茶类品牌的平均品牌带动力、平均品牌资源力、平均品牌经营力、平均品牌传播力和平均品牌发展力分别为92.93、100.36、95.51、91.55和89.50。相比本次所有有效评估的其他茶类品牌的平均水平,均高出了10分左右。可见,与其他茶类相比,本次有效评估的黑茶类品牌的品牌强度"五力"均高于其他茶类品牌。其中,黑茶类是品牌资源力得分唯一突破100分的品类,具体可见表24。

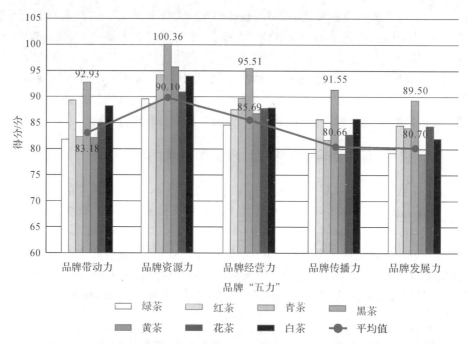

图 108　2017 年有效评估的不同茶类茶叶区域公用品牌的平均"五力"得分比较

表 24　2017 年有效评估的不同茶类茶叶区域公用品牌的平均品牌"五力"得分

品类	品牌带动力	品牌资源力	品牌经营力	品牌传播力	品牌发展力
绿茶	81.78	89.49	84.69	79.24	79.29
红茶	89.41	88.91	87.77	85.69	84.65
青茶	82.39	94.43	89.61	82.01	84.20
黑茶	92.93	100.36	95.51	91.55	89.50
黄茶	82.36	95.57	86.88	79.02	79.11
花茶	85.35	90.88	87.72	82.65	84.45
白茶	88.20	93.97	87.81	85.82	82.17

　　分别将品牌"五力"得分前 10 位品牌进行比较，如表 25 所示，普洱茶是唯一一个品牌"五力"得分均处在前 10 位的品牌。同时，除品牌发展力之外，普洱茶的其他品牌"四力"得分均位列第一。

表 25　2017 年有效评估茶叶区域公用品牌的"五力"得分表

品牌带动力		品牌资源力		品牌经营力		品牌传播力		品牌发展力	
普洱茶	102.89	普洱茶	104.58	普洱茶	100.40	普洱茶	101.03	蒙顶山茶	93.92
祁门红茶	95.68	雅安藏茶	102.78	雅安藏茶	98.38	安吉白茶	95.39	雅安藏茶	93.24
福鼎白茶	94.85	赤壁青砖茶	102.23	武夷山大红袍	95.81	正山小种	92.69	安化黑茶	91.17
武夷山大红袍	94.42	赤壁米砖茶	102.23	蒙顶山茶	95.51	滇红工夫茶	92.56	凤冈锌硒茶	91.17
滇红工夫茶	94.35	蒙顶山茶	102.18	狗牯脑茶	95.33	蒙顶山茶	92.36	双井绿	90.90

续表

品牌带动力		品牌资源力		品牌经营力		品牌传播力		品牌发展力	
安化黑茶	93.77	霍山黄芽	102.12	正山小种	95.29	福鼎白茶	91.12	滇红工夫茶	90.39
大佛龙井	93.50	紫阳富硒茶	102.01	都匀毛尖	94.33	英德红茶	90.69	武夷山大红袍	90.14
正山小种	93.50	庐山云雾茶	102.01	横县茉莉花茶	93.33	都匀毛尖	90.65	普洱茶	90.00
安吉白茶	93.21	武当道茶	101.02	恩施玉露	92.84	武夷山大红袍	90.59	正山小种	89.71
蒙顶山茶	92.63	福州茉莉花茶	100.93	信阳毛尖	92.78	安化黑茶	89.80	婺源绿茶	88.86

以上数据表明，以普洱茶为代表的黑茶类品牌在区域带动、文脉传承、产业经营、品牌传播、发展趋势等多方面均有不俗的表现。尤其是在历史资源、文化资源、环境资源上，黑茶类品牌有较大的优势，在品牌的未来持续性收益上，有较强的品牌资源力保障。

数据同时显示，蒙顶山茶，这一个集绿茶、黄茶等茶类于一身的全品类茶品牌，其品牌发展力厚积薄发，令人瞩目。富有特色的雅安藏茶、安化黑茶、凤冈锌硒茶，其独特性产品价值为其发展力提供了更大的可能。

(四)品牌忠诚度：价格体系大局稳定

品牌忠诚度因子主要测度消费者的品牌忠诚度，侧重于品牌能否在长时间内维持稳定的销售及价格。在CARD模型中，品牌忠诚度因子＝(过去三年平均售价－销售价格标准差)÷过去三年平均售价，品牌忠诚度因子的大小与近三年市场零售价稳定与否有直接关系，市场价格表现越平稳，其品牌忠诚度因子就越高。

如图109所示，根据对历年评估中平均品牌忠诚度因子的比较可见，2010—2017年，我国茶叶区域公用品牌的品牌忠诚度因子数值发生了漏斗型变化。2010—2014年，走了一个回环。2013年至今，平均品牌忠诚度因子五连升，从2012年的最低值0.78，一路上升至0.92。可见，我国的茶叶市场价格体系的相对稳定性不断加强，消费者的茶叶品牌忠诚度也随之不断攀升。

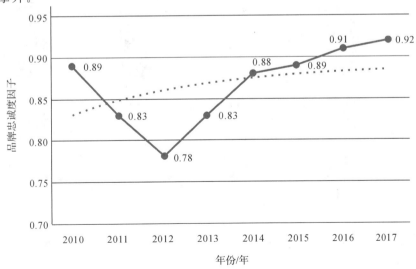

图109　历年有效评估的茶叶区域公用品牌的平均品牌忠诚度因子比较

本次有效评估品牌的平均品牌忠诚度因子大小区间分布比较,如图110所示。品牌忠诚度因子在0.98以上的有效评估品牌占21个,数值处于0.95到0.98之间的有效评估品牌共计27个,两者合计48个,占据了整体有效评估品牌数量的半壁江山。同时也可以看到,9个有效评估品牌的品牌忠诚度因子不足0.80。这表明,部分有效评估的茶叶区域公用品牌的市场价格变动幅度较大。

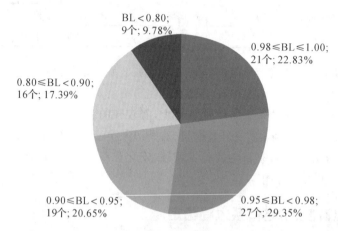

图110 2017年有效评估的茶叶区域公用品牌的平均品牌忠诚度因子大小区间分布

比较本次有效评估的不同产区茶叶区域公用品牌的平均品牌忠诚度因子大小可见,来自江北产区品牌的平均品牌忠诚度因子达到0.97,表现出较为稳定的市场价格反应;其次是江南产区,为0.94;华南产区品牌的平均品牌忠诚度因子与整体平均水平持平;西南产区相对较低,为0.85,具体数值参见图111。

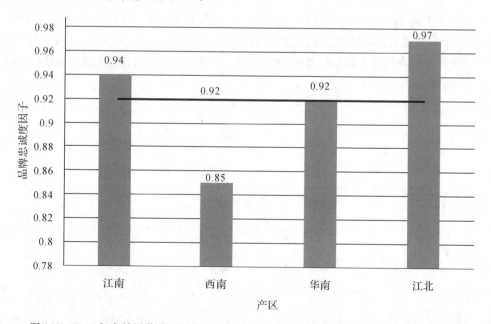

图111 2017年有效评估的不同产区的茶叶区域公用品牌的平均品牌忠诚度因子比较

图 112 是不同茶类的茶叶区域公用品牌的平均品牌忠诚度因子大小比较。由图可知,本次有效评估的绿茶、白茶类品牌,其平均品牌忠诚度因子较高,均达到了 0.94,而红茶、青茶、黑茶、黄茶、花茶等五大茶类品牌,其平均品牌忠诚度因子均位于整体平均水平线之下。尤其是花茶类品牌,其品牌忠诚度因子的平均值仅为 0.84,是 7 个茶类中平均品牌忠诚度因子最低的茶类。

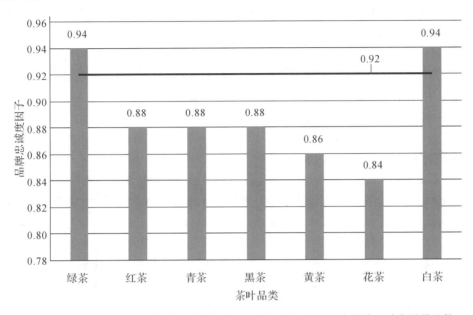

图 112　2017 年有效评估的不同茶类的茶叶区域公用品牌的平均品牌忠诚度因子比较

以上数据表明,近年来,我国茶叶在市场上的价格表现相对稳定,未出现如 2012 年市场价格急剧波动的情况,整体的品牌忠诚度因子都在有序提升。同时,我们也看到,个别茶叶区域公用品牌的市场价格正处于波动期,品牌忠诚度因子偏低,在一定程度上影响了品牌价值的增长。

二、品牌建设新机遇

品牌的发展,除了自身的科学规划与系统运作之外,与政策环境、市场环境等存在着重大关联。作为重要的经济作物,茶叶对地方农业经济的发展作用巨大,它的产业发展状况也备受重视。随着产业扶贫的不断深化,各级政府对农业品牌战略的重要意义认识不断加强,利用品牌扶贫、创造区域品牌经济,成为推动地方农业供给侧结构性改革,实现绿水青山向金山银山转换的重要方向。

(一)利好政策出台,茶产业"三产融合"新气象

2016 年 10 月,农业部出台《关于抓住机遇做强茶产业的意见》。文中强调,要创响一批有全球竞争力的茶叶品牌,要求打造区域公用品牌,壮大茶业企业品牌,强力推介茶叶品牌。该《意见》将茶产业的品牌化问题提升到了国家战略层面,并高度概括了茶产业的品牌化发

展是以"区域公用品牌＋茶叶企业（产品）品牌"的双品牌协同发展模式，同时也强调了品牌
传播的重要性和必要性。

2017年2月，国务院下发《关于深入推进农业供给侧结构性改革　加快培育农业农村发
展新动能的若干意见》。该《意见》强调要做大做强茶叶等优势特色产业，推进区域农产品公
用品牌建设，支持地方以优势企业和行业协会为依托打造区域特色品牌，引入现代要素改造
提升传统名优品牌。该《意见》明确了要以品牌化为引领，推动地方名特优茶产业的发展，突
破唯规模化，提质增效，创造强势茶叶品牌的战略路径。

"一号文件"指出，要创造良好的国际贸易环境，鼓励扩大优势农产品出口，加大海外推
介力度，加强农业对外合作，推动农业走出去。我国是茶叶的发源地，是世界第一大产茶国，
茶文化是中华文明的重要组成部分。"一带一路"的建设，为中国茶叶打通了一条通往世界
品牌之林的康庄大道。本次茶叶区域公用品牌价值评估的调研数据显示，92个有效评估品
牌中，有71个品牌的茶叶产品少量出口至欧美、东南亚、俄罗斯、日本、韩国等国家和地区，
另有祁门红茶等3个品牌茶叶以出口为主。

"一号文件"强调，要大力发展乡村休闲旅游产业，培育宜居宜业特色村镇。茶叶的生长
地多有青山绿水，好的生长环境方可培育上乘的茶叶品质。李白曾写道："常闻玉泉山，山洞
多乳窟。仙鼠如白鸦，倒悬清溪月。茗生此中石，玉泉流不歇。根柯洒芳津，采服润肌骨。"
正因如此，茶产业可自然与"旅游＋""生态＋"相结合。同时，基于茶叶的文化属性，吃茶、赏
茶、玩茶均不误。正如陈宗懋院士所言："可'六茶共舞三业并举'"。比较2017年有效评估
的茶叶区域公用品牌近三年来第三产业平均产值可见，2014年，评估品牌的第三产业平均
产值为7.01亿元；2015年，该平均产值为7.62亿元；2016年，该平均产值已上升至11.17
亿元，综合涨幅达到了59.34%（见图113）。

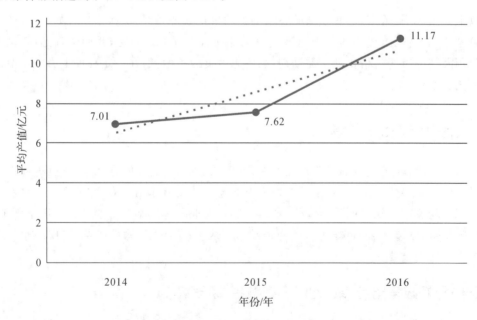

图113　2017年有效评估的茶叶区域公用品牌近三年来第三产业平均产值比较

在茶旅融合的发展进程中,茶产业的庄园模式突显。2016年8月,安溪县出台《安溪县现代茶叶庄园建设扶持补助办法》,鼓励企业兴建茶叶庄园;2017年初,浙江省政府下发《关于促进茶产业传承发展的指导意见》,意见指出,将引导建设一批茶庄园,到2020年,全省将建成20个左右茶业特色强镇。

"一号文件"还提出,要扎实推进脱贫攻坚。习近平总书记曾点评安吉白茶"一片叶子成就了一个产业,富裕了一方百姓"。事实上,近年来,茶叶成为各区域脱贫攻坚的重要利器。蒙顶山茶品牌相关数据显示,2012年,名山区农民人均可支配收入7896元,2015年全区农民人均可支配收入11002元,同比增长39.3%;2015年上半年,全区农民人均可支配收入5226元,2016年上半年5764元,同比增长10.3%。以中峰乡牛碾坪所在的海棠村为例,2015年上半年,海棠村农民人均可支配收入4910元,2016年上半年人均可支配收入6255元,同比增长27.4%。其中,2016年茶叶采摘体验、餐饮住宿、茶产品销售等人均经营性收入占增收额的59.9%。2016年,雅安市仅茶叶一项就带动农民增收6000元以上。

在产业扶贫、品牌扶贫的背景下,茶叶品牌的发展可以得到更多的政策支持。在"2017中国·贵州国际茶文化节"中召开的"大扶贫·大数据与贵州茶产业高峰论坛",分享了多个茶叶致富脱贫的实例:瓮安县建中镇果水村从一类贫困村到茶旅一体富裕村;云南勐海县班章村依靠茶产业,全村人均年收入50万元,成为了中国最富裕村。如图114所示,在2016年中国茶叶区域公用品牌价值评估中,以贵州、四川、云南三省为主的西南产区,其茶叶品牌平均品牌收益为8909.85万元,在2017年评估中,该平均值为9684.12万元,较去年提升了8.69个百分点,品牌收益获得了明显提升。

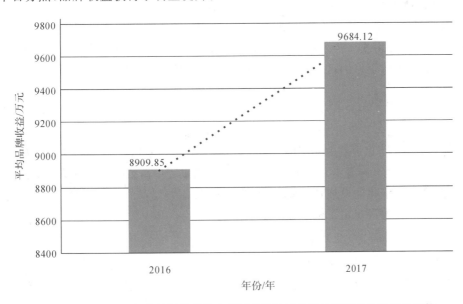

图114　2016、2017年有效评估的西南产区茶叶区域公用品牌平均品牌收益比较

(二)市场开拓机遇不断,茶业发展新路拓宽

2016年以来,茶产业发展与茶品牌建设不仅有相关政策的大力支持,在市场开拓上也是机遇不断。

1.茶叶出口增加，国际市场开阔

随着"一带一路"倡议的深入，中国茶叶的国际竞争市场日益开阔。2016年9月，西湖龙井、九曲红梅、缙云黄茶等一批中国茶闪耀G20峰会，《采茶舞曲》更是通过歌舞向世界传递了中国茶文化。2016年11月，备受瞩目的"天宫二号"太空生活中，中国人首次在太空饮茶，在提升中国国际影响力的同时，也增加了中国茶的曝光率。2017年4月，外交部举行的安徽全球推介活动中，外交部部长王毅点赞祁门红茶，盛誉其为"镶着金边的女王"。以上种种，都是一次次国家级的中国茶全球营销事件，一步步在促进着中国茶走向国际市场，展示独特的魅力。

据中国海关统计，2014年，我国茶叶的出口总量为30.1万吨，出口金额约为12.7亿美元；2015年，我国茶叶的出口总量为32.5万吨，创汇金额约13.8亿美元；2016年，我国茶叶的出口总量为32.9万吨，创汇金额达到了14.8亿美元，出口量和创汇金额均获得了不同程度的增长。[①]

随着"一带一路"倡议的纵深发展，中国的国际影响力增强，中国茶叶走向世界舞台的机遇已然到来。

2.茶叶标准更新，行业规范加强

2016年3月，国家标准委发布陈香型铁观音标准，并于4月26日开始实施。陈香型铁观音国家标准是继清香型、浓香型之后的产品标准，陈香型铁观音成为第三类具有国家标准的铁观音产品。陈香型铁观音标准发布有利于规范茶叶市场，为铁观音品牌化建设奠定基础。

2017年4月，浙江省龙井茶证明商标管理和保护委员会办公室宣布，截至2月底，已有48家茶叶企业被取消龙井茶证明商标的使用权，并将加强对授权企业的监管和责任追究力度，建立退出机制。授权企业一旦违反商标使用管理规定，或者产品质量不合格、使用违禁农药、加工中违规使用或掺杂添加剂，以及转让、出售、转借、赠与商标给他人使用的，将取消继续使用证明商标的资格。这一规定加强了龙井茶产品品质的保障，从品质基础上维护了龙井茶区域公用品牌。

2017年4月14日，中国国家卫生和计划生育委员会发布《食品安全国家标准食品中污染物限量》，规定不再为包含茶叶在内的植物性食品设置稀土限量标准。稀土限量标准的取消，一方面，向消费者传递了可以放心购买国内合格茶叶产品的信息，不用再为"稀土超标"这一伪命题而惶恐；另一方面，也意味着消除了中国茶叶外销壁垒，助力中国茶叶国际贸易的发展。

中国茶叶的标准化建设加强，国家标准修订以及各类规章的制定，加强了行业规范，为我国茶叶的品牌化建设奠定了标准化品质管理基础。

3.茶叶产品创新，产业结构优化

受中国茶传统的消费习惯的局限，茶叶消费群体相对较为集中，年龄偏大。随着各式茶叶产品的创新，中国茶叶也越来越受到年轻消费者的追捧，产业结构得到了进一步的延伸与优化。

2016年，以新会大红柑、云南普洱茶为原料制作而成的"柑普茶"异军突起，以其独特的产品形态及口感，成为"茶界新宠"，掀起了年轻人的消费浪潮。"柑普茶"的爆红，也带动了新会陈皮、普洱茶这两大区域公用品牌的传播与销售。

---

① 数据来源：海关统计资讯网。

"小罐茶,大师作",因其打破了传统茶叶品牌营销模式,广告大胆创新,一经面世,便受到了各方关注,赞美与质疑同期而至。而小罐茶在争议声中迅速提升了知名度,也因其新颖的产品形式,受到更多都市白领的青睐。

同样掀起年轻人消费浪潮的还有新式茶饮——喜茶。2016年,喜茶获IDG资本等1亿元融资,从广东到上海再到北京,一路北上扩张。以喜茶等为代表的新式茶饮成为茶界一股新力量,为传统茶饮的转型升级打开了一条新路。

4.产业金融化增速,助推茶品牌收益

2016年,小罐茶、因味茶、茶帮通等均获得了亿元以上的资本投资。这成为中国茶界资本运作的热议话题,也推动了茶叶品牌的扩张式发展。

近年,黑茶类品牌的迅猛发展,正是源于资本对其金融属性的发掘。而资本的介入,又倒逼黑茶提炼功能属性、深化历史文化属性、强化品牌经营主体建设、加强品牌整合传播的投入,从而促进了黑茶类品牌在未来的持续收益能力。

2015年,武汉陆羽茶交所成立,成为中国首家"茶要素市场+标准+金融+渠道"平台。2015年6月13日,茶马古城——中国蒙顶山国际茶叶交易市场新闻发布会召开。2015年11月15日下午,以"网罗普洱·融汇未来"为主题的大圆普洱交易中心上线发布会在南京隆重举行。会议内容显示,在挖掘了茶叶的饮用功能、文化属性之后,进一步挖掘了茶的金融功能。随着茶叶金融的出现与交易深入,茶产业的金融化将助推茶品牌收益的增长。

三、品牌发展新挑战

数据显示,茶叶区域公用品牌依然存在几个共性问题,需要突破,才能获得更大的品牌收益、更高的品牌影响力、更强的品牌阵营。

(一)母强子弱,产业主体亟待强大

2016年的评估报告中,我们曾对中国茶叶区域公用品牌和茶叶企业产品品牌之间的关系进行了比较分析,发现多数茶叶区域公用品牌与其区域范畴内经营的企业(产品)品牌之间,存在着"母强子弱"的状况。茶叶区域公用品牌的品牌影响力、品牌强度、品牌收益都处于高位,并享有"中国驰名商标""国际驰名""全国闻名"等美誉,但其品牌下辖区域内的企业(产品)品牌却产业规模小、市场竞争力弱。本次评估中,92个获得有效评估的茶叶区域公用品牌,共计授权许可19807家企业、合作社,获得市级龙头企业以上的企业品牌数量为2603家,占13.14%,其中国家级龙头企业为64家。另有17204家、占86.86%的茶叶企业、合作社规模较小,具体数据可见图115。统计可见,92个获得有效评估的茶叶区域公用品牌,有国家级龙头企业授权的品牌只有28个,其中,19个品牌仅授权1家国家级龙头企业,多数茶叶区域公用品牌授权的企业生产主体多,但规模小。

母子品牌协同发展模式,应当是实现茶叶产业发展与转型升级的有效路径。"母子品牌"模式强调以区域公用品牌为背书,为区域内的相关企业(产品)品牌做好有效的区域品牌形象背书,区域资源联动与整合背书,企业(产品)品牌为主体进入市场获得品牌收益。但数据显示,以区域公用品牌为背书,以企业(产品)品牌为主体的"母子"品牌模式的优势并未得

到充分发挥。茶产业的"母强子弱"现象严重，而母子品牌之间发展不均衡、互动性弱，给中国茶品牌的自我突破、成就强势品牌等目标带来了巨大的挑战。

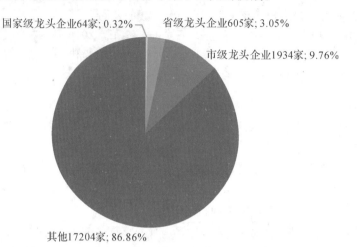

图 115　2017年有效评估的茶叶区域公用品牌的授权企业类型分布

（二）渠道传统，与新型消费习惯错位

随着时代的更迭，80后、90后已经成为今天的消费主力军。这批伴随着互联网共同成长的年轻群体，他们的消费习惯也与60后、70后大不相同。根据中国互联网络信息中心第39次《中国互联网络发展状况统计报告》统计，如图116所示，我国网民以10—39岁群体为主，截至2016年，该年龄段网民占整体网民数量的73.70%，其中20—29岁年龄群体占比最大，达到了30.30%。这说明，80后、90后的网络活跃度高，是中国网民的中坚力量。截至2016年12月，我国网络购物用户达到46670万人，占网民比例的63.80%，其中，手机网络购物用户达到了44093万人，占手机网民的63.4%，比上年增长29.80%，具体数据可参见图117。数据表明，网络购物已经成为消费习惯。

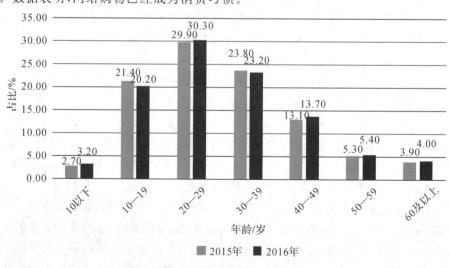

图 116　中国网民年龄结构

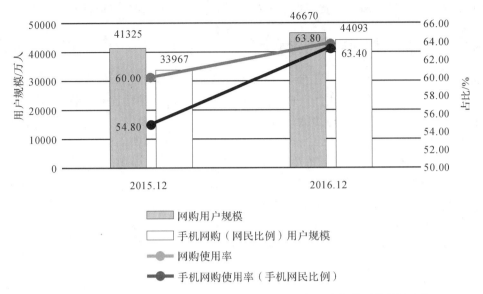

图 117　2015.12—2016.12 网络购物/手机网络购物用户规模及使用率比较

但数据显示,目前,中国茶叶区域公用品牌的销售依然以传统的渠道为主。传统的茶叶销售渠道主要有批发市场、超市、加盟连锁店、专卖店等,基本都为线下渠道。这些线下渠道的共同特征,依然以品牌的市场选择为主体,消费者需要花费更多时间、更多精力选择与购买。本次评估的调查数据如图118所示,茶叶区域公用品牌旗下的企业(产品)品牌,其茶叶的主要销售渠道为品牌专卖店,其次是批发市场、品牌特许加盟店。网络销售排在第四位,且网络销售量与其他渠道销售量之间差距悬殊。

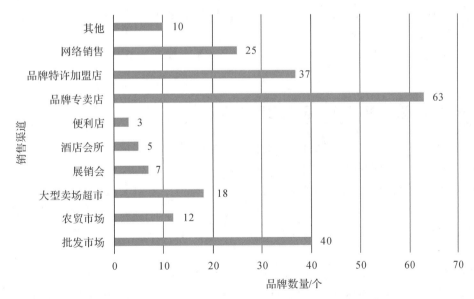

图 118　2017 年有效评估的茶叶区域公用品牌的主要销售渠道

比较上述两组数据可见,目前,茶叶的主要销售渠道与新生消费人群的购买习惯产生了严重的错位。茶产业的未来,在于是否适应了新生消费者的心智与消费习惯。因此,化解茶品牌的主要销售渠道和新型消费习惯之间的矛盾,是茶叶品牌建设面临的挑战。

(三)认知不一,阻碍消费者品牌接触

数据显示,茶叶区域公用品牌在产地的区域性特征方面,已经得到了各级各类消费者的基本认知。但是,多数区域公用品牌的建设,更多的只停留在种植面积规模化、产品生产与工艺标准化、历史文化的挖掘与传播等方面,并没有在品牌形象的一致性传播与认知统一、品牌包装的区域特征与企业(产品)品牌的个性协同优化、品牌产品的品质特征传播与消费认知把控等方面下大力气。这种传统而单一的品牌建设模式,使得我国的茶叶品牌普遍存在着三大问题:基本品牌形象模糊、茶产品品质诉求不清、区域公用品牌中的企业品牌信息缺乏。而这三大问题,直接导致了消费者因辨别不清一个品牌的基本形象而缺乏品牌亲近感,因品质诉求不清而缺乏消费可信度,因缺乏品牌主体信息而无法产生购买行为。从这个意义上看,产品是物质的存在,而品牌是认知的产物。目前,我国茶叶区域公用品牌的品牌建设,在品牌与消费者的认知关系方面下的功夫太少。

四、品牌应对新策略

中国的茶产业,从"神农尝百草"以来,几经风霜,终于走进了农业品牌推进年。中国茶产业要走品牌化发展道路,已然成为共识。

品牌价值评估,是我们发现和记录中国茶业品牌发展轨迹的重要工具。在历年的中国茶叶区域公用品牌价值评估报告中,我们针对当年评估所发现的问题提出建议与思考,并形成相应的策略,也引起了茶界人士的广泛关注与探讨。然而,仍有众多的茶叶区域公用品牌的建设者,对究竟如何打造品牌、为什么要打造品牌等诸多问题,在理论上缺乏知识,在实践中缺乏科学的品牌运营策略。

结合本次评估的数据现象,本报告对中国茶产业如何应对品牌消费市场、提升品牌价值、提高品牌溢价提出如下建议。

(一)真正实施品牌战略,强化品牌顶层设计

目前,我国茶产业的基本特征是:茶文化历史悠久、茶产业规模巨大、茶产品的标准化程度正在逐步提升。与此同时,茶产业的品牌化程度不高,茶产品的溢价水平不一,茶品牌的价值差距悬殊。数据显示,多数茶叶区域公用品牌尽管有行业协会,也有相关的品牌管控的基本标准规范、制度设计,但并未真正进入品牌建设阶段,依然徘徊在规模扩张产品种植、商品制造阶段,尚未针对品牌消费、品牌经济的时代特征,实施系统的品牌战略,强化品牌顶层设计。

在没有品牌战略的基本前提下,有的区域公用品牌管理机构在征集广告语、品牌标志。

但品牌战略并不是简单地设计一个口号、一套符号,而是一项系统工程。这要求品牌运营者站在战略高度,以品牌为核心,实现标准化、规模化、组织化、信息化、精致化、产业化、资本化、科技化、市场化、跨界化和良种化的互动联合与同步发展。

面对品牌消费时代,应当真正实施品牌战略,强化品牌顶层设计,并依据品牌战略规划,

有计划、有步骤地实施品牌战略,才能够系统形成一个品牌的持续发展的生命力、个性化形象,构建品牌独特的价值体系,才能成就百年品牌。

(二)立足消费者立场,实现品牌角色转型

信息时代,茶叶区域公用品牌的建设,应当站在消费者立场,使买方与卖方处在一个平等互利的平台中,共同创造价值、分享价值,形成价值共创、共生、共享的格局。

要立足消费者立场,充分考虑茶叶消费者多元化、个性化的需求,考虑消费者的消费习惯与消费变化,从消费者的角度反观产品利益与品牌价值支撑体系,在承继传统茶文化、茶产品特征的同时,突破传统的茶叶销售方式,线上线下互补,依托大数据,开展茶叶新零售,充分满足消费者的方便性、现代性、时尚化、品质感需求。这样,才能真正创造茶叶品牌的价值与价值感,才能真正获得品牌溢价的巨大空间。

(三)高度重视品牌传播,突破品牌认知局限

茶叶区域公用品牌建设,必须从单纯的重视产业规模、产量提升向提高产品品质、提升消费者关系的方向转变。要高度重视品牌传播,进行有效的品牌传播。2015—2016年,安化黑茶拍摄视频广告并在央视播放,实施了品牌传播,对提升安化黑茶的品牌影响力起到了一定的作用;2015年间,浙江淳安县委、县政府决策,集中资源推"千岛湖茶"区域公用品牌,锁定品牌的核心消费人群为"千岛湖游客",并将品牌定位为"千岛湖的导游""游客的引导者"。其品牌口号"千岛湖茶,一叶知千岛",为茶品牌的消费者认知提供了重要的品牌指向。2017年,武当道茶完成了品牌规划,其品牌核心价值的挖掘,超越了茶产业纯粹基于物质层面的"色香味形"诉求,从宗教、文化、价值观切入,提出了"武当道茶,朴守方圆,循心而行"的品牌理念,期待用这一诉求,应对当前的消费市场的价值观,获得消费者的认同。

从品牌认知的角度来看,不传播,不存在。如果不坚持"一个形象""一种声音"的持久传播,一个品牌无法建立与消费者之间友好、持久的关系。因此,要在注重产品品质提升、产品独特品质制造的同时,通过品牌传播,突破茶叶区域公用品牌的认知局限,增加品牌与消费者的接触机会,形成消费者的品牌价值感,才能增加、延伸一个品牌的关系链,才能产生市场机会,拥有品牌忠诚度。

(四)努力托举子品牌,缔造市场竞争利器

茶叶区域公用品牌要站在战略高度与市场角度,努力借助各种机会,托举旗下子品牌,壮大子品牌,将旗下子品牌推向市场前沿,缔造市场竞争的利器。区域公用品牌的经营管理者,应当在提升区域公用品牌自身的品牌形象、提高自身品牌影响力的同时,充分协同茶叶企业(产品)品牌,有效利用公共资源,为企业品牌服务,真正实现以区域公用品牌背书,以企业品牌为市场主体的"母子品牌"双品牌模式,建立区域公用品牌与企业(产品)品牌的良性循环发展关系,真正构建中国茶产业"母贵子荣""子强母贵"的品牌格局。

(五)借助"一带一路",奋力向全球市场进发

随着"一带一路"的深入推进,中国茶叶对外贸易市场被不断打开,不合理标准陆续撤销,中国茶走出国门、世界茶走进中国都将成为常态。我国的茶产业已然置身于全球竞争的格局当中。我们已经面临与TWG、Teavana、川宁等洋品牌同台竞技的全球化竞争。

品牌及其品牌战略,是全球化共通的竞争话语。中国茶的区域公用品牌建设者,必须了解并把握品牌战略语言,了解并掌握全球品牌竞争现状,努力提高中国特色,熟悉国际竞争规则,深入洞察国际消费者的多元需求,把握全球竞争的品牌话语主动权,才能真正向全球市场进发,让品牌屹立于国际市场。

调查显示,目前,我国茶产业的区域公用品牌建设普遍存在着继承传统与面向世界的困惑。这一点,在众多茶事节庆中可见一斑。

挖掘中国传统茶文化的特色与价值,并努力与国际话语、现代元素进行体系化对接,才能真正形成既有差异化,又具现代性的茶叶品牌文化,才能创造基于独特价值的品牌文化与品牌经济。

附表:2017年中国茶叶区域公用品牌价值评估结果

序号	品牌名称	品牌价值(亿元)	序号	品牌名称	品牌价值(亿元)
1	普洱茶	60	20	赤壁青砖茶	20.65
2	信阳毛尖	59.91	21	开化龙顶	20.46
3	福鼎白茶	35.53	22	庐山云雾茶	19.91
4	大佛龙井	34.94	23	正山小种	19.8
5	安吉白茶	34.87	24	径山茶	18.74
6	福州茉莉花茶	30.36	25	滇红工夫茶	18.21
7	祁门红茶	27.35	26	湄潭翠芽	18.05
8	武夷山大红袍	26.94	27	英德红茶	17.66
9	蒙顶山茶	26.66	28	武阳春雨	17.37
10	坦洋工夫	26.39	29	六堡茶	17.31
11	都匀毛尖	25.67	30	浮梁茶	17.11
12	越乡龙井	24.98	31	紫阳富硒茶	17.05
13	平和白芽奇兰	24.86	32	英山云雾茶	16.22
14	太平猴魁	23.81	33	霍山黄芽	15.89
15	武当道茶	22.34	34	婺源绿茶	15.86
16	安化黑茶	21.77	35	梵净山茶	15.48
17	汉中仙毫	20.77	36	狗牯脑茶	15.42
18	松阳银猴	20.75	37	恩施玉露	15.27
18	横县茉莉花茶	20.75	38	永春佛手	15.12

续表

序号	品牌名称	品牌价值(亿元)	序号	品牌名称	品牌价值(亿元)
39	千岛湖茶	14.84	66	沂蒙绿茶	8.95
40	雅安藏茶	14.81	67	松溪绿茶	8.71
41	政和工夫	14.4	68	万源富硒茶	8.54
42	岳西翠兰	14.17	69	余姚瀑布仙茗	8.34
43	紫笋茶	14.08	70	桂平西山茶	8.24
44	磐安云峰	14.01	71	望海茶	8.02
45	凤冈锌硒茶	13.53	72	仙都笋峰茶	8.01
46	天山绿茶	13.4	73	筠连红茶	7.66
47	恩施富硒茶	12.92	74	桃源野茶王	7.55
48	马边绿茶	12.81	75	双井绿	7.49
49	日照绿茶	12.54	76	政和白茶	7.45
50	修水宁红茶	12.49	77	天台山云雾茶	7
51	金奖惠明茶	12.41	78	舒城小兰花	6.72
52	岳阳黄茶	12.28	79	江山绿牡丹茶	5.84
53	梵净山翠峰茶	11.71	80	霍山黄大茶	4.82
54	三杯香	11.39	80	上犹绿茶	4.82
55	南江大叶茶	11.11	82	余庆苦丁茶	4.26
56	龙谷丽人	11.03	83	平阳早香茶	3.75
57	镇江金山翠芽	10.9	84	苍南翠龙茶	3.69
58	七佛贡茶	10.23	85	五峰绿茶	3.59
59	屏山炒青	10.01	86	筠连苦丁茶	3.17
60	崂山茶	9.71	87	资溪白茶	2.91
61	茅山长青	9.46	88	霄坑绿茶	2.87
62	犍为茉莉花茶	9.13	89	烟台绿茶	1.76
62	仪征绿杨春茶	9.13	90	缙云黄茶	1.6
64	桐庐雪水云绿茶	9.09	91	三清山白茶	0.85
65	赤壁米砖茶	8.97	92	烟台桑叶茶	0.63

声明:本研究中所估算之品牌价值,均基于茶叶区域公用品牌持有单位提供的相关数据及其他公开可得信息,且是运用浙江大学CARD中国农业品牌研究中心茶叶区域公用品牌专用评估方法对采集的数据处理的结果。本评估所涉的品牌,只包括在中国大陆注册的茶叶区域公用品牌。

2018：中国茶叶区域公用品牌价值评估报告（数据跨度：2015—2017）[*]

前　言

2018 年，是贯彻党的十九大精神的开局之年，是改革开放 40 周年，是决胜全面建成小康社会、实施"十三五"规划承上启下的关键年。2017 年，我国茶园面积已达 4400 余万亩，茶叶产量 255 万吨，茶叶种植遍布我国 20 个省（区、市）。茶叶是我国最重要的经济作物之一，茶叶品牌化，是推动茶业兴旺，实现脱贫攻坚和乡村振兴的重要抓手。

为了促进各地茶产业的品牌化发展，为各地的品牌建设提供科学、客观的专业研究建议，自 2010 年起，浙江大学 CARD 中国农业品牌研究中心联合中国茶叶研究所《中国茶叶》杂志等权威机构，持续开展公益性课题——"中国茶叶区域公用品牌价值评估"专项研究。评估依据"中国农产品区域公用品牌价值评估模型"（简称 CARD 模型），经过对品牌持有单位调查、消费者评价调查、专家意见咨询、海量数据整理和分析，最后形成相关评估结果。

2017 年 12 月，浙江大学 CARD 中国农业品牌研究中心、中国茶叶研究所《中国茶叶》杂志、浙江大学茶叶研究所继续联合组建课题组，开展"2018 年中国茶叶区域公用品牌价值评估"（评估对象邀请不包含我国港澳台地区）。参与本次评估的我国茶叶区域公用品牌总数为 105 个，经过对参评品牌相关数据的多方审核，课题组最终完成了对 98 个品牌的有效评估。

一、中国茶叶区域公用品牌的价值数据

（一）本次有效评估品牌的基础数据

本次评估中，有效评估品牌共有 98 个。其中，江南产区的茶叶区域公用品牌共计 56 个，占本次有效评估品牌总数量近六成。其余依次为以贵州省为代表的西南产区品牌 21 个，以福建省为代表的华南产区品牌 15 个，以山东省为代表的江北产区品牌 7 个，具体数据见图 119。按照省份划分，参评品牌数量最多的为浙江省，共计 21 个，其次是福建省和四川省，各有 11 个品牌。

---

* 本报告发表于《中国茶叶》2018 年第 5 期。

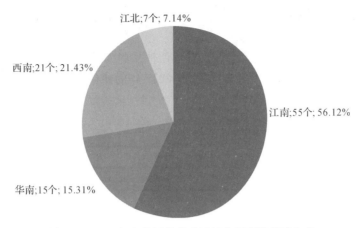

图119　2018年有效评估茶叶区域公用品牌产区分布

按照茶类划分,如图120所示,本次有效评估的绿茶类品牌共计70个,占本次评估品牌总量的71.43%;红茶类品牌共计10个,位于本次评估数量第二位;黑茶类品牌、乌龙茶类品牌数量均为4个;黄茶和花茶类品牌数量均为3个,其他茶类和白茶类品牌均有2个。从以上数据可见,绿茶类品牌数量在本次评估中独占鳌头,其余品类的品牌数量则与之相差甚远。该数据也体现了绿茶在规模体量、品牌数量等方面依然占据中国茶产业的大半壁江山。

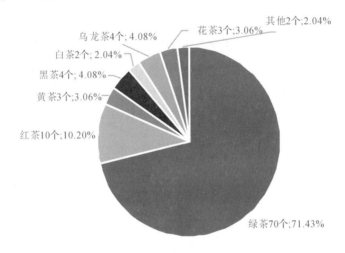

■ 绿茶 ■ 红茶 ■ 黄茶 ■ 黑茶 ■ 白茶 ■ 乌龙茶 ■ 花茶 ■ 其他

图120　2018年有效评估茶叶区域公用品牌品类分布

(二)品牌价值:同比增长率突飞猛进

如图121所示,本次有效评估的98个品牌的品牌总价值为1598.53亿元,相比2017年有效评估的92个品牌的品牌总价值(1368.05亿元)增加了230.48亿元,增长了16.85个百分点;本次98个有效评估品牌的平均品牌价值为16.31亿元,相比2017年的平均品牌价值增加了1.44亿元,增长幅度为9.68%。2017年评估结果显示,品牌总价值和平均品牌价值相比于2016年分别增长29.93亿元和0.33亿元,增长幅度分别为2.24%和2.27%。2018

年评估数据显示,有效评估品牌的品牌总价值和平均品牌价值的涨幅分别约为 2017 年的
7.52 倍和 4.26 倍。

　　从上述数据可见,2018 年,无论参评及有效评估品牌的数量、有效评估品牌的品牌总价
值、有效评估品牌的平均品牌价值等数据,均比 2017 年的评估数据有所提高,且呈现了同比
增长率大幅提高的现象。

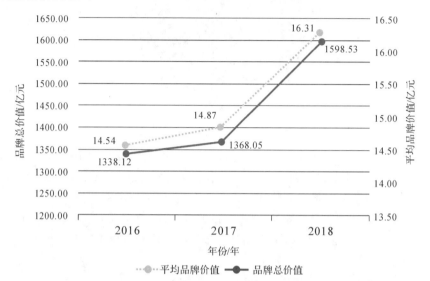

图 121　2016—2018 年评估结果显示的品牌总价值及平均品牌价值比较

　　本次评估结果显示,共有两个品牌的品牌价值超过了 60 亿元。其中,普洱茶以 64.10
亿元的成绩蝉联品牌价值首位,相比 2017 年增长 4.10 亿元;其次为信阳毛尖,品牌价值为
63.52 亿元,比 2017 年增加了 3.61 亿元。共计有 44 个品牌的品牌价值位于平均水平线以
上,占整体评估品牌数量的 44.90%,详见图 122。

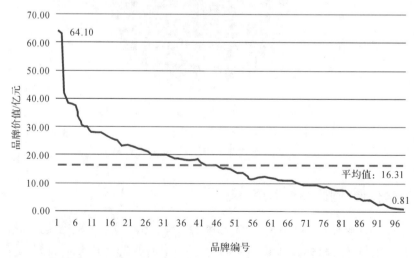

图 122　2018 年有效评估茶叶区域公用品牌的品牌价值比较

　　品牌价值作为描述品牌的直观数据,决定了品牌未来营收能力的高低。比较 2017 年、
2018 年两年度有效评估茶叶区域公用品牌的品牌价值区间分布,如图 123 所示。2018 年,

品牌价值超过 50 亿元的品牌、品牌价值处于 10 亿元至 20 亿元的品牌数量均没有变化,分别为 2 个和 38 个,但所占当年度整体评估品牌数量的比例有所下降;品牌价值处于 20 亿元至 50 亿元之间的品牌增加了 9 个,占比达到了 28.57%;品牌价值在 1 亿元以上、10 亿元以下的品牌减少了 4 个;低于亿元的品牌多了 1 个。比较 2017、2018 两年度有效评估品牌的品牌价值区间分布可见,我国茶叶区域公用品牌价值正在由低价值向高价值靠拢。

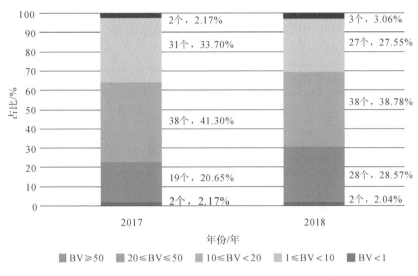

图 123　2017 年和 2018 年有效评估的茶叶区域公用品牌价值区间比例

(三)品牌收益:江南产区和绿茶类品牌的品牌溢价能力突出

品牌收益是指剔除生产、劳动等环节产生的收益,是完全由该品牌所带来的收益部分。因此,品牌收益在一定程度上体现了品牌建设是否具有成效。在 CARD 模型中,茶叶区域公用品牌的品牌收益＝年销量×(品牌零售均价－原料收购价)×(1－产品经营费率),是三

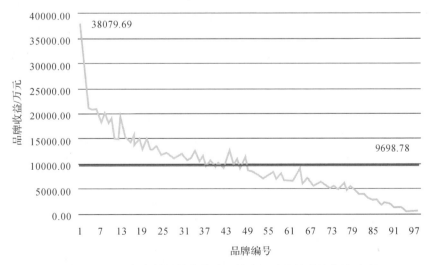

图 124　2018 年有效评估的茶叶区域公用品牌的品牌收益对比

年数据综合得出的结果,平均单位销量品牌收益则直观体现品牌溢价能力大小。

本次有效评估品牌的平均品牌收益为9698.78万元,相较2017年的8697.82万元,提高了1000.96万元。从单个品牌而言,本次评估数据显示,品牌收益最高的为普洱茶,达到了38079.69万元,约为整体有效评估品牌平均值的4倍(见图124)。

如图125所示,本次评估中,我国四大产区茶叶区域公用品牌的平均品牌收益均有所提升。其中,华南产区有效评估品牌的平均品牌收益较其他三大产区的平均值高,达到了11859.65万元,江南产区的平均品牌收益相对低于其他产区,为8932.02万元。

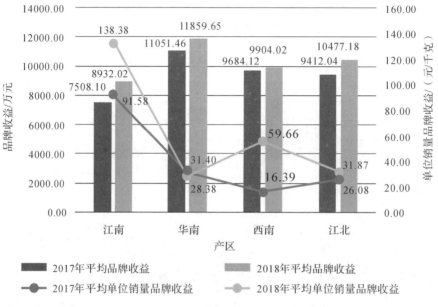

图125　2017年和2018年两年度评估中,各产区有效评估品牌的
平均品牌收益、单位销量品牌收益比较

进一步比较四大产区的平均单位销量品牌收益可见,江南产区和西南产区的平均单位销量品牌收益较2017年有较大幅度的增长。其中,江南产区的平均单位销量品牌收益从91.58元/千克增长到了138.38元/千克,远高于其他三个产区。从单个品牌来看,江南产区的洞庭山碧螺春、缙云黄茶和武阳春雨等三个品牌分别以2496.00元/千克、1289.62元/千克和846.23元/千克的单位销量品牌收益,位列本次有效评估品牌的前三位;来自西南产区的参评品牌,因为新增了"南川大树茶"(其平均单位销量品牌收益为710元/千克)等个别品牌,拉高了平均单位销量品牌收益,以平均55.46元/千克的单位销量品牌收益跃居第二;江北产区参评品牌平均单位销量品牌收益较上一年度略有增加,为31.87元/千克;华南产区参评品牌的平均单位销量品牌收益略有下降,从2017年的31.40元/千克下降至28.38元/千克。

上述数据显示,尽管来自江南产区的参评品牌在平均品牌收益上较其他三大产区低,但在平均单位销量品牌收益上有明显的优势,品牌溢价能力高。

如图126所示,比较不同茶类的平均品牌收益可见,黑茶类区域公用品牌的平均品牌收益最高,达到了20246.27万元;其次是乌龙茶类,平均值为13686.64万元;花茶、白茶和红茶的平均品牌收益均达到了10000万元以上。

比较不同茶类的平均单位销量品牌收益可见，绿茶类区域公用品牌的平均单位销量品牌收益最高，为125.66元/千克；其次是花茶类，平均值为59.80元/千克；黄茶和红茶类区域公用品牌的平均单位销量品牌收益分别为24.33元/千克、21.39元/千克；白茶、乌龙茶和黑茶类的平均单位销量品牌收益分别为18.75元/千克、15.23元/千克和13.28元/千克。

可见，不同茶类的区域公用品牌，在平均品牌收益和平均单位销量品牌收益上有着明显差异。黑茶类参评品牌的平均品牌收益最高，但单位销量品牌收益较低；绿茶类参评品牌的平均品牌收益较低，但其单位销量品牌收益稳居第一。

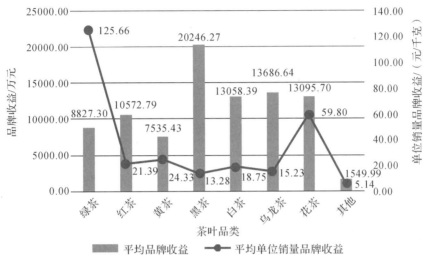

图126　2018年有效评估的各品类茶叶区域公用品牌的
平均品牌收益、单位销量品牌收益比较

（四）品牌强度：黑茶类品牌领跑未来持续收益能力

品牌强度及其乘数由品牌带动力、品牌资源力、品牌经营力、品牌传播力和品牌发展力等五个能够表现品牌稳定性和持续性的因子加权得出，是体现品牌未来持续收益能力、抗风险能力和竞争能力大小的指标，是对品牌强度高低的量化呈现。

本次有效评估的98个品牌，如图127所示，平均品牌强度乘数为18.41，比2017年的平均值18.37略有提高。按茶类分，黑茶类品牌的平均品牌强度依然远高于整体评估品牌的平均值，以19.50位于首位，其中，普洱茶的品牌强度乘数为19.95，相比去年的20.10稍有下降。平均品牌强度乘数位于第二位的是白茶类品牌，平均品牌强度乘数为19.03；乌龙茶类品牌以18.79位于第三位；绿茶类和其他类品牌的平均品牌强度乘数低于平均值，分别为18.28和17.96。总体而言，今年参评品牌的品牌强度乘数超过19.00的共有24个品牌，比去年增加了5个。

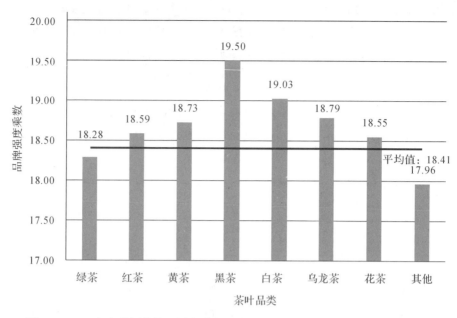

图 127 2018 年有效评估的不同类别茶叶区域公用品牌的平均品牌强度乘数比较

　　进一步比较各茶类区域公用品牌的平均"品牌强度五力"表现,如图 128 所示,98 个品牌的平均品牌带动力、品牌资源力、品牌经营力、品牌传播力、品牌发展力分别为 82.50、89.85、87.18、80.84 和 80.70。从数据可见,品牌资源力表现相对突出,而品牌传播力和品牌发展力还有待进一步提升;黑茶类区域公用品牌的平均"品牌强度五力"比其他品类有明显的优势,分别达到了 91.84、99.27、96.12、91.86 和 89.73,品牌资源力同样是"五力"中的佼佼者。具体数据可见表 26。

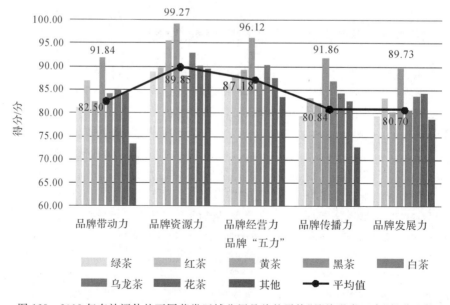

图 128 2018 年有效评估的不同茶类区域公用品牌的平均"品牌强度五力"得分比较

表 26　2018 年有效评估的不同茶类区域公用品牌的平均"品牌强度五力"得分表

品类	品牌带动力	品牌资源力	品牌经营力	品牌传播力	品牌发展力
绿茶	81.11	88.81	86.22	79.48	79.45
红茶	86.98	89.64	88.26	83.39	83.33
黄茶	82.38	95.61	89.26	82.28	80.27
黑茶	91.84	99.27	96.12	91.86	89.73
白茶	91.44	93.74	90.72	89.72	84.65
乌龙茶	84.92	92.92	90.41	84.32	83.80
花茶	84.32	90.10	87.61	82.73	84.27
其他	73.48	89.47	83.46	72.84	78.71

　　分别将"品牌强度五力"的前 10 位品牌进行比较,具体数据如表 27 所示,普洱茶是唯一一个"品牌强度五力"排名均在前 10 位的品牌,其中品牌带动力、品牌资源力和品牌经营力均位列第一。由表 26、表 27 数据可见,以普洱茶为代表的黑茶类区域公用品牌,在区域联动、文脉资源、经营管理等方面均有独特的优势,可保障品牌未来持续收益能力。

　　此外,同为黑茶的雅安藏茶,在近年的评估中一直有着不俗的表现。雅安藏茶最早出现于唐朝,是近 600 万藏族同胞的主要生活饮品,又称为藏族同胞的民生之茶。该茶拥有较高的品牌资源力,同时,在经营管理、品牌保护、市场拓展等方面也有突出表现。蒙顶山茶、安化黑茶、庐山云雾茶等品牌均有较强的品牌发展力,以促进品牌提速发展。

表 27　2018 年有效评估茶叶区域品牌的"品牌强度五力"得分表

品牌带动力		品牌资源力		品牌经营力		品牌传播力		品牌发展力	
普洱茶	100.63	普洱茶	104.57	普洱茶	99.84	英德红茶	97.66	雅安藏茶	94.63
福鼎白茶	98.66	庐山云雾茶	103.75	雅安藏茶	98.60	信阳毛尖	96.81	蒙顶山茶	93.97
信阳毛尖	96.67	雅安藏茶	102.78	狗牯脑茶	96.87	安吉白茶	96.61	安化黑茶	93.68
武夷山大红袍	95.42	赤壁青砖茶	102.28	蒙顶山茶	96.72	普洱茶	96.56	庐山云雾茶	92.83
坦洋工夫	95.03	赤壁米砖茶	102.28	都匀毛尖	96.65	福鼎白茶	95.87	凤冈锌硒茶	92.14
蒙顶山茶	94.82	霍山黄芽	102.12	福鼎白茶	95.64	祁门红茶	95.02	正山小种	91.16
大佛龙井	94.60	洞庭山碧螺春	102.02	武夷山大红袍	95.50	都匀毛尖	93.84	武夷山大红袍	90.88
安吉白茶	94.46	蒙顶山茶	101.30	正山小种	94.91	安化黑茶	93.81	婺源绿茶	89.38
滇红工夫茶	94.25	武当道茶	101.02	信阳毛尖	94.77	正山小种	93.61	普洱茶	88.41
正山小种	94.20	浮梁茶	101.02	恩施玉露	94.57	武夷山大红袍	93.25	梵净山茶	87.83

(五)品牌忠诚度因子:整体稳定但西南茶区趋低

品牌忠诚度因子主要体现品牌发展的稳定性,反映的是消费者对品牌的认可以及忠诚程度,该因子侧重于测算能否在长时间内维持稳定的价格及销售。在 CARD 模型中,品牌忠诚度因子＝(近三年的平均销售价－销售价格标准差)÷近三年平均销售价格,近三年内产品售价越稳定,品牌忠诚度因子越高,最高可为 1。

比较本次有效评估的茶叶区域公用品牌的品牌忠诚度因子大小区间分布,如图 129 所示,品牌忠诚度因子在 0.80 以上的品牌共计 86 个,其中大于等于 0.95 的参评品牌共有 36 个品牌,占整体评估品牌数量的 36.73%;另有 12 个品牌的品牌忠诚度因子不足 0.80,其中,2 个品牌的忠诚度因子小于 0.70。可见,大多茶叶区域公用品牌近三年的市场价格体系较为稳定,但也存在极个别品牌价格波动较大,主要表现为价格呈现跳跃式上升,导致品牌忠诚度因子降低甚至过小。

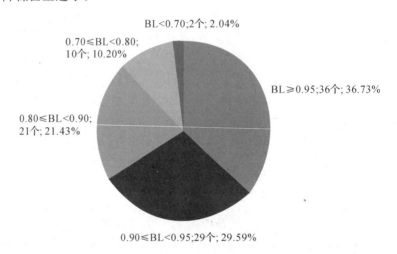

图 129 2018 年有效评估茶叶区域公用品牌的品牌忠诚度因子区间分布

注:BL 为品牌忠诚度因子。

本次有效评估的 98 个品牌的平均品牌忠诚度因子为 0.91,相比去年的 0.92 有所下降。比较不同产区茶叶区域公用品牌的平均品牌忠诚度因子大小可见,这三年茶叶品牌市场价格最为稳定的是江北产区,平均品牌忠诚度因子达到了 0.96;江南产区平均品牌忠诚度因子大小与整体平均水平一致;价格稳定性最低的为西南产区,品牌忠诚度因子为 0.86,具体数据可见图 130。

通过上述数据可以看出,我国不同产区茶叶在市场上的价格稳定性有较大差异。这与当年茶叶种植规模、产量、品牌影响力等的大小波动都有密不可分的联系。我国江北地区因气候和环境等原因,没有得天独厚种植茶叶的条件,因此茶叶产量普遍偏低,可供消费者选择的茶叶种类相对较少,茶叶价格在市场上相对保持稳定。西南产区的茶叶品类丰富,投产茶园规模在不断加大,产量连年提升,品牌影响力近年快速扩大,茶叶价格稳定性相对较弱,品牌忠诚度因子相对较低。

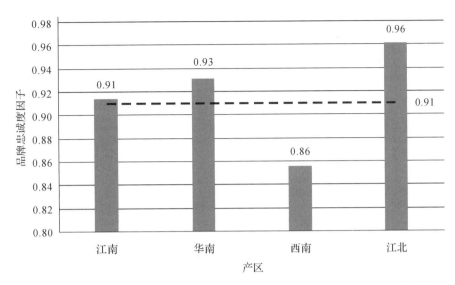

图 130 2018 年有效评估不同产区茶叶区域公用品牌平均品牌忠诚度因子比较

二、十强品牌的价值成长

在本次评估中,普洱茶、信阳毛尖、洞庭山碧螺春、福鼎白茶、大佛龙井、安吉白茶、福州茉莉花茶、蒙顶山茶、都匀毛尖和祁门红茶等 10 个茶叶区域公用品牌的品牌价值位列前 10。这 10 个茶叶区域公用品牌中,除了洞庭山碧螺春前后仅参与了 5 次"中国茶叶区域公用品牌价值评估研究"专项研究之外,其余 9 个品牌均连续参与了历年的品牌价值评估。历年具体品牌价值评估结果详见表 28。

本节将分别对以上 10 个茶叶区域公用品牌展开品牌价值评估数据分析,希望通过数据解读其生命成长轨迹,并从数据中发现其成长的特色所在。

表 28 2018 年品牌价值十强品牌的历年品牌价值(亿元)

品牌名称	2018 年	2017 年	2016 年	2015 年	2014 年	2013 年	2012 年	2011 年	2010 年
普洱茶	64.10	60.00	57.09	55.66	52.10	49.41	47.14	44.19	38.84
信阳毛尖	63.52	59.91	57.33	55.73	52.15	49.10	46.06	45.71	41.39
洞庭山碧螺春	42.06	—	—	—	34.23	32.02	30.94	—	29.65
福鼎白茶	38.26	35.53	33.80	31.41	28.32	26.93	25.34	24.45	22.56
大佛龙井	38.23	34.94	31.77	29.20	27.91	25.82	22.91	21.03	20.38
安吉白茶	37.76	34.87	31.74	29.10	27.76	25.65	22.66	20.67	20.36
福州茉莉花茶	31.75	30.36	28.52	26.77	23.26	21.91	19.89	18.27	16.85
蒙顶山茶	30.72	26.66	23.68	17.44	15.34	13.49	12.72	10.84	9.90
都匀毛尖	29.90	25.67	23.54	20.71	13.78	12.93	11.39	10.51	9.63
祁门红茶	28.59	27.35	26.55	24.26	23.08	22.71	20.42	19.14	17.00

(一)普洱茶

普洱茶的历史悠久,因产地属云南普洱府得名。2009 年,由云南省普洱茶协会注册为地理标志证明商标;2012 年获得中国驰名商标,保护范围涉及云南省 11 个州市所辖 75 个县市区 639 个乡镇;2017 年,种植面积 620 万亩,是我国茶叶区域公用品牌中种植规模最大、地理范围最广的区域公用品牌。

比较普洱茶在历年评估中的品牌价值和品牌收益可见,普洱茶的品牌价值稳定增长,一路从 38.84 亿元上升至 64.10 亿元,整体增长幅度达到了 65.04％;其品牌收益在 2012 年达到了历史最高值,为 40286.29 万元,2013 年回落至 29333.07 万元,在 2013—2016 年,呈现出连年上升的态势,2018 年品牌收益为 38079.69 万元,具体数据可见图 131。

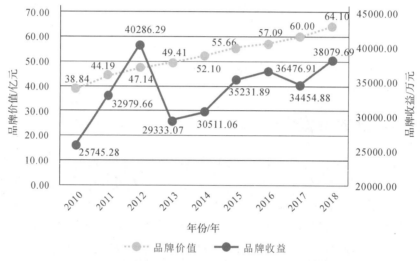

图 131　普洱茶历年评估品牌价值和品牌收益比较

从品牌忠诚度因子进行比较,2010—2012 年的评估数据显示,普洱茶的品牌忠诚度因子持续下降,从 0.90 下降至 0.62;2013 年,其品牌忠诚度因子回升到了 0.91,达到了历史最高值,2015 年重新下降至 0.81,2016 年进一步下降到 0.79。2017 年的评估数据显示有所回升,但仍不及 2013、2014 两年度评估数据显示的品牌忠诚度因子大。2018 年,其品牌忠诚度因子为 0.84,具体数据可见图 132。以上数据可见,普洱茶在 2007—2011 年产品市场价格变化较大。从现状来看,普洱茶素来受到资本的青睐,2007 年,普洱茶经历了一场不分品牌、品质的疯狂炒作,对其品牌形象产生较大的持续性负面影响;2012—2014 年,普洱茶又经历了针对品牌、古纯的炒作,掀起了小波震动,随着市场冷却,普洱茶价格明显下跌,导致了品牌忠诚度因子下降。

比较普洱茶历年评估的"品牌强度五力",如图 133 所示,2010 年,普洱茶的"品牌强度五力"分别为 80.00、63.26、79.56、82.46 和 58.96,品牌资源力和品牌发展力表现弱势,经过 8 年的发展,普洱茶"品牌强度五力"均有提升,分别为 100.63、104.57、99.84、96.56 和 88.41,分别增长了 25.79％、65.30％、25.49％、17.10％和 49.95％。以上数据表明,2010—2018 年普洱茶品牌在不断弥补短板,表现出强劲的未来持续收益能力,尤其在品牌带动力、品牌资源力等方面均突破了 100,表现出众。

146

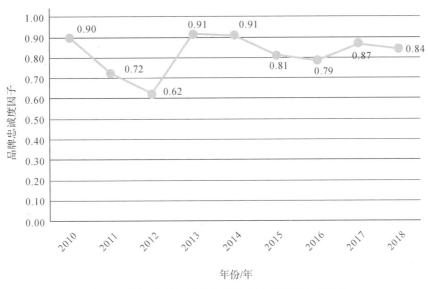

图 132 普洱茶历年评估的品牌忠诚度因子大小比较

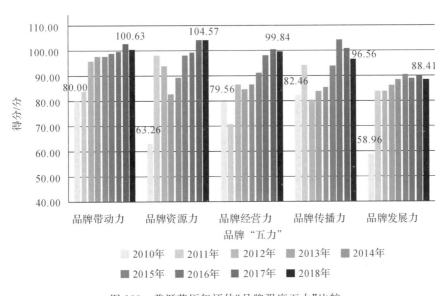

图 133 普洱茶历年评估"品牌强度五力"比较

比较普洱茶的品牌知名度、认知度和好感度,如图 134,2010 年的评估数据显示,普洱茶的品牌知名度、认知度、好感度分别为 100.00、69.00 和 79.39,表现为高知名度、低认知度和中低好感度。到 2016 年,该组指标分别达到了 112.00、104.00 和 98.50,知名度和认知度均有所提升且超过 100。但近两年,普洱茶的好感度有所下降,到 2018 年,仅为 84.98,仍有较大的提升空间。

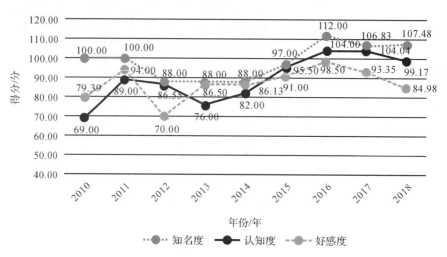

图 134 普洱茶历年评估中的品牌知名度、认知度、好感度数值比较

(二)信阳毛尖

信阳毛尖,创制于清代光绪末年,2003 年注册为地理标志证明商标,注册人为信阳市茶叶协会,2017 年种植面积 210 万亩,是江北茶区规模最大的茶叶区域公用品牌。

比较信阳毛尖历年的品牌价值和品牌收益,如图 135 所示,尽管信阳毛尖的品牌收益存在较为明显的波动,尤其是 2013—2016 年,其品牌收益在持续下降,但品牌价值连年增加,一路从 2010 年的 41.39 亿元上升至 2018 年的 63.52 亿元,整体上涨了 22.13 亿元,整体涨幅达到了 53.47%。

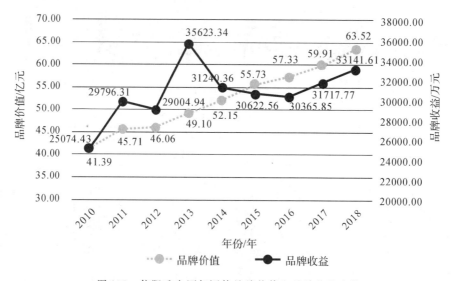

图 135 信阳毛尖历年评估品牌价值和品牌收益比较

从历年的品牌忠诚度因子大小比较,如图 136 所示,2013 年信阳毛尖品牌忠诚度因子达到了历史最低值,为 0.74,随后 4 年该因子数值一直呈现上升趋势,到 2017 年时,评估数值达到了 0.99,2018 年与 2017 年的评估数值持平。尽管 2013 年的评估数值显示其品牌忠诚

度因子历史最低,但到 2017 年时已恢复至 0.99,表现出从 2007 至 2017 年 10 年间,信阳毛尖的市场价格虽有阶段性波动,但已逐渐达到了一个极为稳定的局面。

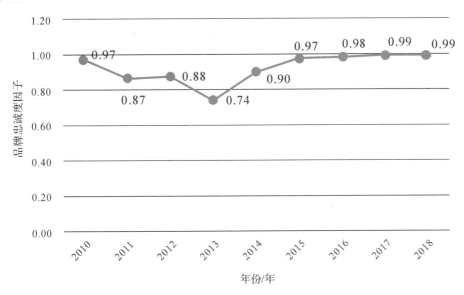

图 136　信阳毛尖历年评估品牌忠诚度因子大小比较

比较信阳毛尖历年的"品牌强度五力"评估数据可见,相对而言,信阳毛尖的品牌带动力、品牌资源力、品牌经营力和品牌传播力较为突出,品牌发展力稍显薄弱,但也有明显提升,从 2010 年的 61.05 逐渐提升至 2018 年的 84.77,整体提升了 38.85%,具体数据可见图 137。

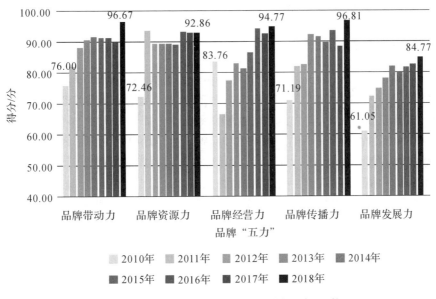

图 137　信阳毛尖历年评估"品牌强度五力"比较

进一步比较信阳毛尖的品牌知名度、认知度和好感度,如图 138 所示,整体而言,信阳毛尖的知名度有较为明显的波动,在认知度和好感度上表现相对平稳。2013—2016 年的 4 次

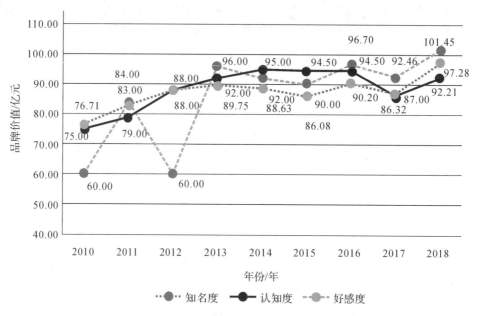

图138 信阳毛尖历年评估中的品牌知名度、认知度、好感度数值比较

评估数据显示,信阳毛尖在知名度和认知度上的表现优于好感度,但2017年的评估数据显示,信阳毛尖的品牌认知度仅为86.32,低于品牌知名度和好感度,表现为在大量的茶叶报道中,真正能让消费者了解信阳毛尖的文章并没得到有效阅读。在信息爆炸、信息超载时代,能被消费者有效接收的信息是有限的,要做好有效传播,就需要做好媒介接触点的管理,达到精准投放。而2018年的评估数据显示,信阳毛尖的知名度、认知度和好感度均得到了大幅度的提升,可见,品牌传播有了显著成效。

(三)洞庭山碧螺春

洞庭山碧螺春是历史名茶,曾获1915年巴拿马万国博览会金奖。1997年即注册为地理标志证明商标,2009年"洞庭山碧螺春"被国家工商总局认定为中国驰名商标。

洞庭山碧螺春五度参与了"中国茶叶区域公用品牌价值评估研究"专项研究课题评估活动。比较洞庭山碧螺春五次评估的品牌价值和品牌收益,如图139所示。2010评估数据显示,洞庭山碧螺春的品牌收益为21070.37万元;2013、2014年的评估数据显示,其品牌收益有所下降;而2018年的评估数据显示,其品牌收益回升到了25923.85万元,比2010年的评估数值增加了23.03%;品牌价值从2010年的29.65亿元上升至42.06亿元,整体涨幅达到了41.85%。

从历年评估数值中可见,2010年,洞庭山碧螺春的品牌忠诚度因子为0.86,2012年的评估数值显示,该因子大小下降至0.79。随后两年,则连续保持在0.94,2018年,该因子数值又回落至0.84,具体可见图140。评估数据表明,在2009—2017年,洞庭山碧螺春市场价格存在较为明显的波动。

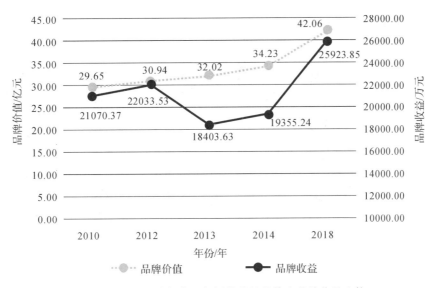

图 139 洞庭山碧螺春历年评估品牌价值和品牌收益比较

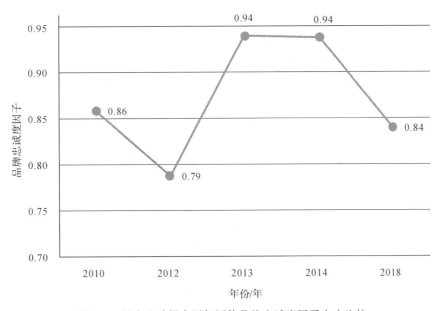

图 140 洞庭山碧螺春历年评估品牌忠诚度因子大小比较

图 141 是洞庭山碧螺春在五次评估中的"品牌强度五力"表现。2010 年的评估数值显示,洞庭山碧螺春的"品牌强度五力"分别为 76.00、63.26、79.28、73.39 和 54.16,到 2018 年,该组数值分别达到了 89.49、102.02、93.33、86.06 和 86.12。由图可直观感知,洞庭山碧螺春的品牌资源力得到了快速、明显的提升,从相对弱势一跃成为品牌的优势所在,成为"品牌强度五力"中最有表现力的一个指标。同时,洞庭山碧螺春在品牌带动力、品牌经营力、品牌传播力和品牌发展力等四方面也有不同程度的提升,可见,其品牌强度各项指标正在协同成长。

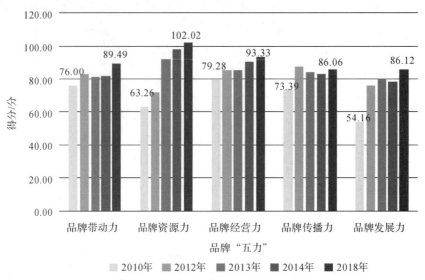

图141　洞庭山碧螺春历年评估"品牌强度五力"比较

进一步比较洞庭山碧螺春的品牌知名度、认知度和好感度,如图142所示。比较2010、2018两年度的评估数据可见,10年间,洞庭山碧螺春的知名度和好感度均有较大程度的提升,分别从60.00和75.11上升至81.20和92.44,认知度相对稳定,历年评估的结果较接近。值得关注的是,除2012年外,在其余四次评估中,洞庭山碧螺春的认知度和好感度均高于知名度。

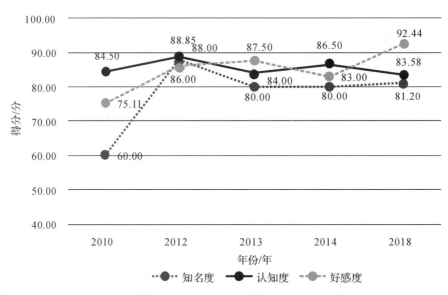

图142　洞庭山碧螺春历年评估品牌知名度、认知度、好感度比较

(四)福鼎白茶

福鼎白茶,原产于福鼎太姥山,具有上千年的历史。2008年,福鼎白茶由福鼎市茶业协会注册为地理标志证明商标,2010年被认定为中国驰名商标,曾作为中国白茶的典型代表入选"中国世博十大名茶"。2017年,福鼎白茶的种植规模达到了21.7万亩。

　　比较福鼎白茶在历年评估中的品牌价值和品牌收益,如图143所示,福鼎白茶的品牌收益虽有波动,但呈现出上升趋势,2010年其品牌收益为18789.83万元,到2015年,其品牌收益首次突破2亿元,达到了20778.63万元,2016年的评估数值有所回落,到2018年则回归至20774.09万元。相比而言,福鼎白茶的品牌价值呈现出稳定的上涨趋势,从2010年的22.56亿元上升至2018年的38.26亿元,整体提升了6.96个百分点。

图143　福鼎白茶历年评估品牌价值和品牌收益比较

　　比较福鼎白茶在历年评估中的品牌忠诚度因子大小,如图144所示,2010年福鼎白茶的品牌忠诚度因子为0.83,但2011、2012年该因子低于0.80,2013年福鼎白茶品牌忠诚度因子首度突破了0.90。在随后几度评估中,除2015年之外,其余年份均高于0.90。尤其是近

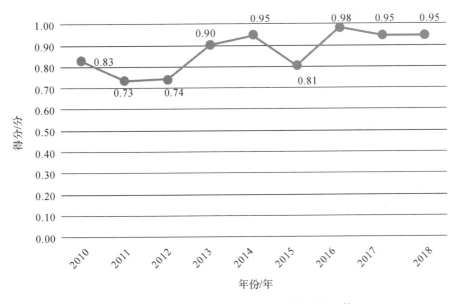

图144　福鼎白茶历年评估品牌忠诚度因子比较

三年以来,福鼎白茶的品牌忠诚度因子均维持在 0.95 以上。数据表明,福鼎白茶在 2007—2014 年产品的市场价格波动较为明显,而 2013—2017 这五年来,福鼎白茶在市场上的平均价格逐渐处于稳定状态,未出现大幅度的涨跌情况。

图 145 是福鼎白茶在历年评估中的"品牌强度五力"比较,由图可见,2010 年福鼎白茶的品牌经营力相对表现突出,达到了 79.56,而品牌资源力比较低,仅为 39.94,两者各自成为福鼎白茶品牌强度的长短板;分析 2018 年的评估数值可见,福鼎白茶的"品牌强度五力"均有了大幅增长,分别达到了 98.66、94.41、95.64、95.87 和 87.22,除品牌发展力外,其余 4 个指标均达到了 90 以上,其中,品牌资源力更是比 2010 年提升了 1 倍多,弥补了短板劣势。

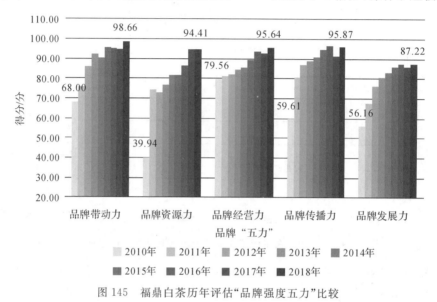

图 145　福鼎白茶历年评估"品牌强度五力"比较

进一步比较福鼎白茶的品牌知名度、认知度和好感度,如图 146 所示,除 2010 年的评估数值以外,福鼎白茶在 2011—2018 年的 8 次评估中,其知名度、认知度和好感度均较接近,3 条曲

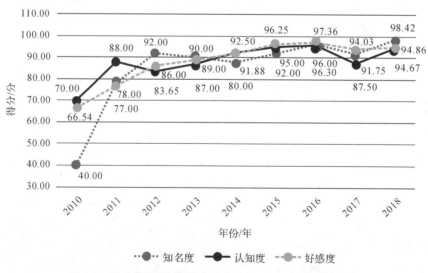

图 146　福鼎白茶历年评估品牌知名度、认知度、好感度比较

线重合度高。同时,福鼎白茶 2011 年的评估数值显示,其品牌知名度、认知度和好感度有较为明显的提升,后续保持相对稳定,提升幅度不大。可见,历年来,福鼎白茶在品牌传播上较注重传播广度与深度的协同,系统维护品牌声誉,使得品牌传播力持续维持在高位稳定状态。

(五)大佛龙井

大佛龙井产自浙江新昌,是龙井茶越州产区的杰出代表,2002 年注册"大佛"地理标志证明商标。虽然注册时间不长,但当地产茶、制茶历史可追溯至东晋。2017 年,大佛龙井的种植面积 12 万亩。

比较大佛龙井历年评估数值中的品牌价值和品牌收益,如图 147 可见,2010 年,大佛龙井的品牌收益为 15908.75 万元,2011 年,该数值猛增至 21947.25 万元,随后两年,回落至 15830.31 万元,从 2013—2018 年 6 年的评估数据可见,大佛龙井的品牌收益曲线呈现持续稳定上升趋势。在品牌价值的表现上,每年均有不同程度的增加,从 2010 年的 20.38 亿元增长至 2018 年的 38.23 亿元,整体增长了近一倍。

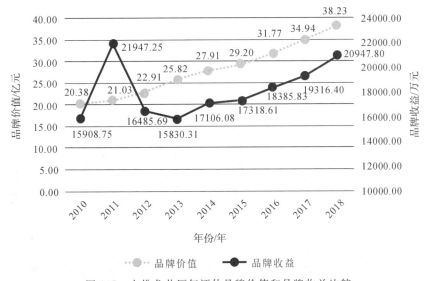

图 147　大佛龙井历年评估品牌价值和品牌收益比较

大佛龙井历年的品牌忠诚度因子比较如图 148 所示,大佛龙井的品牌忠诚度因子曲线呈现出明显的"√"型。2010 年,该因子为 0.93,2011 年跌至历史最低值,仅 0.61,2012 年虽有回升,但仍不足 0.80,随后自 2013—2016 年 4 年间的评估数值显示,大佛龙井的品牌忠诚度因子一直徘徊在 0.90 左右,到 2017 年,该因子达到了 0.95。结合品牌收益可见,大佛龙井在 2010 年出现了一次大幅提价,导致 2011 年评估数值中,品牌忠诚度因子明显下滑,而品牌收益却有较大程度的提升。从 2011 年至今,大佛龙井的市场价格稳定性逐步增强,品牌忠诚度因子保持在较高水平。

比较大佛龙井历年评估中的"品牌强度五力",如图 149 所示,大佛龙井品牌带动力表现相对稳定,2010 年,品牌带动力达到 80.00,是当年度评估"品牌强度五力"中分值最高的一项;2018 年,大佛龙井的品牌带动力上升为 94.60,仅次于品牌资源力。大佛龙井的品牌资源力是其"品牌强度五力"中进步最为显著的一项,评估数值从 2010 年的 47.18 上升为 2018

年的 96.60,整体提升了 104.75％。此外,品牌经营力、品牌传播力和品牌发展力等分别获得了 49.95％、61.96％、41.90％的增长。

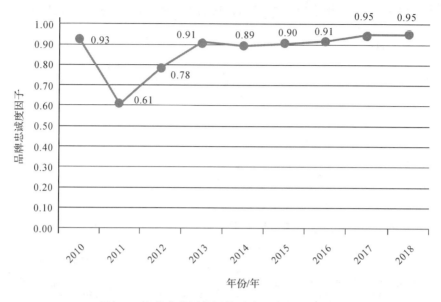

图 148　大佛龙井历年评估品牌忠诚度因子比较

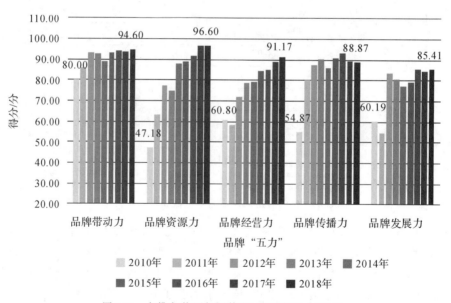

图 149　大佛龙井历年评估"品牌强度五力"比较

图 150 是大佛龙井在历年评估中的品牌知名度、认知度和好感度比较。由图可见,大佛龙井与福鼎白茶类似,除 2010 年该三个指标得分有较大差别外,在 2011—2018 年其品牌知名度、认知度和好感度的曲线呈现较大程度的重合。2018 年,其品牌知名度、认知度和好感度分别为 87.47、87.52 和 91.30,三项数值比较而言,大佛龙井的品牌好感度略高于品牌知名度和认知度。可见,大佛龙井有很好的好感评价,但未来需要进一步提升知名度与认知度。

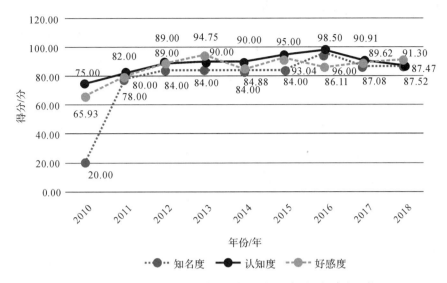

图 150 大佛龙井历年评估品牌知名度、认知度、好感度比较

(六)安吉白茶

安吉白茶是典型的后起之秀,从发现白茶祖至今仅 40 年时间。安吉白茶不同于福鼎白茶,它属于绿茶,因其叶片白化变异而得名。2001 年,由安吉县农业局茶叶站注册为地理标志证明商标,2008 年,被认定为中国驰名商标,2017 年的种植面积为 17 万亩。

比较安吉白茶历年的品牌价值和品牌收益可见,2010 年安吉白茶的品牌收益为 14595.45 万元,品牌价值为 20.36 亿元;尽管 2011 年的品牌收益比上一年度有所下降,但品牌价值仍提升了 0.31 亿元;2018 年的评估数值显示,安吉白茶的品牌收益创历史新高,达到了 20916.00 万元,品牌价值更是达到了 37.76 亿元,比 2010 年提升了 85.46 个百分点,具体数据可见图 151。可见,安吉白茶在 2007—2017 年这 10 年间,品牌价值一路攀升。

图 151 安吉白茶历年评估品牌价值和品牌收益比较

157

从安吉白茶历年评估品牌忠诚度因子比较可见,如图152所示,虽然2013年其品牌忠诚度因子有所下降,为0.88,但2014年评估数值便已回归至0.94,品牌忠诚度因子围绕0.90上下徘徊。数据表明,2007—2017年10年间,安吉白茶的市场价格保持在一个相对稳定的状态,未出现大幅度的跳水或提升。稳健的品牌忠诚度因子是其获得持续性品牌价值增长的重要因素。

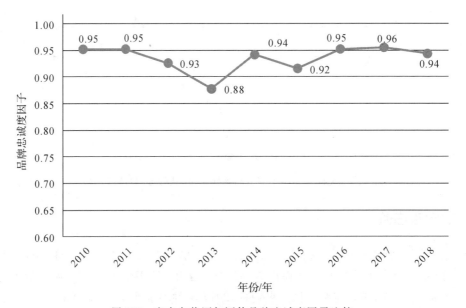

图152 安吉白茶历年评估品牌忠诚度因子比较

比较安吉白茶历年评估的"品牌强度五力"可见,2010年,安吉白茶的品牌带动力、品牌资源力、品牌经营力、品牌传播力和品牌发展力等分别为78.00、44.22、70.88、64.89和54.94,其中,品牌带动力具备相对优势,品牌资源力和品牌发展力略显不足;到2018年,安吉白茶的"品牌强度五力"分别达到了94.46、87.20、93.83、96.61和85.38,其中,品牌带动力、品牌经营力和品牌传播力均达到了90以上,尤其是品牌传播力,成为安吉白茶在品牌强度指标上最具优势的一项,可见其在品牌传播上的工作成效较为显著,具体数据可见图153。评估数据显示,安吉白茶在品牌资源力和品牌发展力上稍显薄弱,品牌成立时间不长,历史文化积淀相对薄弱。同时,因为安吉县控制茶叶规模扩张,在生产种植趋势上并无优势,未来可以从市场拓展等营销方面做功课,提升品牌发展力。

进一步比较安吉白茶的品牌知名度、认知度和好感度,由图154可见,2007—2009年三年间,安吉白茶的知名度、认知度和好感度均不高,其评估数值分别为60.00、65.50和68.11。2014年的评估数值显示,安吉白茶的该三项指标获得提升,并彼此拉开了距离,分别为86.00、92.00和96.25,品牌认知度和好感度明显高于知名度。2018年的评估数值可见,安吉白茶知名度达到历史最高值,为97.19,认知度和好感度分别为97.08和95.66,三项指标的表现均突出。可见,2011—2017年,安吉白茶的知名度、认知度、好感度得到了快速增长。

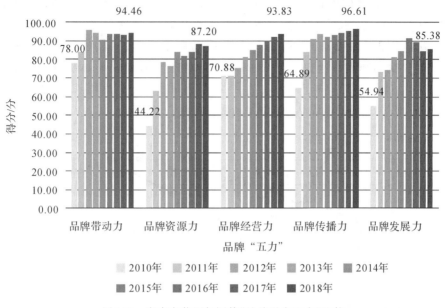

图 153　安吉白茶历年评估"品牌强度五力"比较

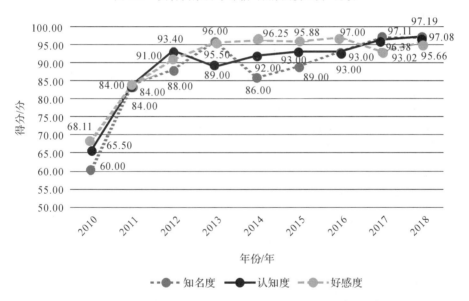

图 154　安吉白茶历年评估品牌知名度、认知度、好感度比较

(七)福州茉莉花茶

　　福州茉莉花茶属于再加工茶。不同于中国传统的六大茶类,早在宋代,便有茶农用茉莉花焙茶,花茶兼具茶香和茉莉花香。2008 年,福州茉莉花茶由福州市园艺学会注册为地理标志证明商标;2011 年,福州市被国际茶叶委员会授予"世界茉莉花茶发源地"称号;2013年,福州茉莉花茶被国际茶叶委员会授予"世界名茶"称号;2014 年,福州茉莉花茶窨制工艺被列为国家级非物质文化遗产,同年,"福州茉莉花与茶文化系统"被列为全球重要农业文化遗产保护项目。

比较福州茉莉花茶历年的品牌价值和品牌收益的评估数值,如图155所示。2010年,福州茉莉花茶的品牌收益为13573.33万元,2011年比2010年增加了近5000万元,到2014年,福州茉莉花茶品牌收益回落至13115.97万元,随后4年,其品牌收益又逐渐提升,到2018年,该品牌的品牌收益达到了17690.26万元,相比2010年,整体提升了30.33%。福州茉莉花茶的品牌价值则不同于品牌收益,持续以相对稳定的速度增长,2010年,其品牌价值为16.85亿元;2018年,其品牌价值翻了一番,达到了31.75亿元。

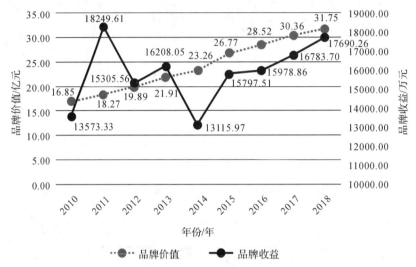

图155 福州茉莉花茶历年评估品牌价值和品牌收益比较

比较福州茉莉花茶历年评估的品牌忠诚度因子评估数值,如图156所示,2010年至2014年,福州茉莉花茶的品牌忠诚度因子变化较大,从0.84下跌至0.60,再逐渐提升到0.96,在随后的四年内,福州茉莉花茶品牌忠诚度因子趋于稳定。可见,2007—2011年,福州茉莉花茶的市场价格较为动荡,2012年至今,福州茉莉花茶的市场价格体系趋向稳定。

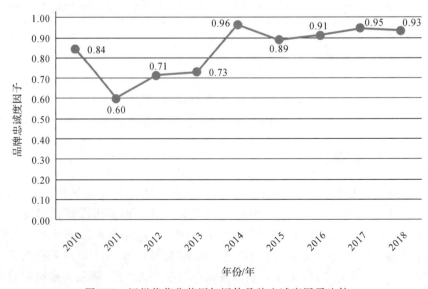

图156 福州茉莉花茶历年评估品牌忠诚度因子比较

图 157 是福州茉莉花茶在历年评估中的"品牌强度五力"比较。由图可知,福州茉莉花茶的品牌资源力具有明显的优势,且得到了不断的挖掘与提升,2010 年,其品牌资源力为 73.62,居于当年度"品牌强度五力"之首,到 2018 年,福州茉莉花茶品牌资源力提升至 100.95,远高于其他品牌强度"四力",表现出福州茉莉花茶在历史资源、文化资源、环境资源等方面有极强的优势。同时,福州茉莉花茶的品牌经营力得到了较为显著的提升,从 51.84 上升为 91.50,涨幅达到了 76.50%。此外,近年来,福州茉莉花茶的品牌带动力、品牌传播力和品牌发展力表现比较平稳。

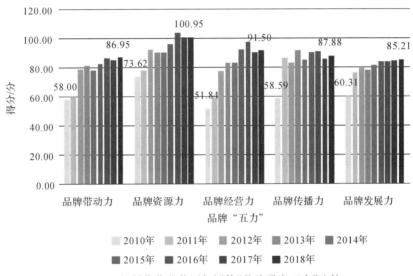

图 157　福州茉莉花茶历年评估"品牌强度五力"比较

进一步比较福州茉莉花茶的品牌知名度、认知度和好感度,如图 158 所示,2011—2018 年,福州茉莉花茶在品牌知名度、认知度、好感度上存在规律性的起伏,且三者几乎同进退,而整体呈现出相对平稳的结果,2011 年,三者分别为 82.00、89.00 和 88.00,到 2018 年,该三项指标分别为 86.40、83.98 和 92.79,虽有提升但提升幅度不大,均处于中上水平。

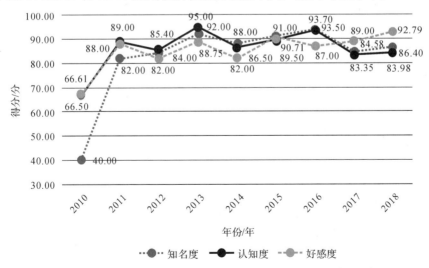

图 158　福州茉莉花茶历年评估品牌知名度、认知度、好感度比较

（八）蒙顶山茶

蒙顶山茶历史久远，在多部典藏书籍中有所记载。2004 年，由雅安市名山区茶叶协会注册为地理标志证明商标，2012 年获授中国驰名商标。2014 年，雅安市政府下发《关于加快雅茶产业发展建设茶叶强市的意见》，将蒙顶山茶授权使用范围扩大至全市，2017 年，种植面积达到了 100 万亩。

比较蒙顶山茶历年的品牌价值和品牌收益的评估数值，由图 159 可见，两条曲线基本呈现出了正相关关系，品牌收益除在 2013 年、2014 年有略微下降外，其余呈现连年上升之势，品牌价值也同样一路增长，从 9.90 亿元到 30.72 亿元，增加了两倍。尤其是 2016 年，蒙顶山茶的品牌收益和品牌价值分别较上一年度提升了 31.72％和 35.78％。这与蒙顶山茶区域公用品牌授权使用范围的扩张有直接关系。

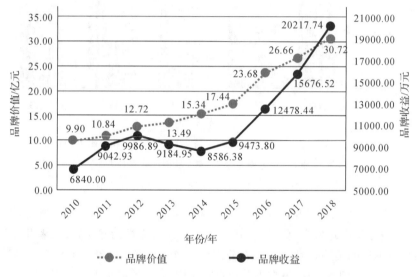

图 159　蒙顶山茶历年评估品牌价值和品牌收益比较

比较蒙顶山茶的品牌忠诚度因子评估数值可见，九年评估，蒙顶山茶的品牌忠诚度因子曲线呈现出 S 型。2012 年，品牌忠诚度因子历史最低，为 0.71；到 2015 年、2016 年评估时，该因子达到了历史最高值，为 0.98；2018 年回落至 0.77，具体可见图 160。表现出蒙顶山茶的市场价格体系在小范围内呈现出了有规律的、S 型的波动状态。

从蒙顶山茶的"品牌强度五力"评估数值的整体表现来看，蒙顶山茶在品牌资源力上的表现较佳，2017 年，其品牌资源力达到了 102.18，2018 年，品牌资源力为 101.30，远高于其他"四力"，表现出蒙顶山茶在品牌文脉资源的挖掘与传承上相对突出。品牌带动力和品牌传播力大体相当，2017 年得分分别为 92.63 和 92.36，2018 年品牌带动力达到 94.82，品牌传播力则略为下降至 90.44；品牌经营力有较大程度的提升，从 53.24 提升至 96.72，整体涨幅达到了 81.67％；品牌发展力上，该品牌从 59.34 逐渐提升至 93.97，中间虽有波动，但整体呈现出上升的态势，具体数据可见图 161。

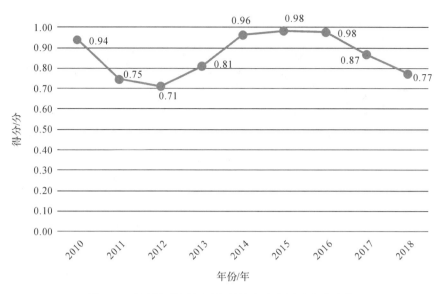

图160　蒙顶山茶历年评估品牌忠诚度因子大小比较

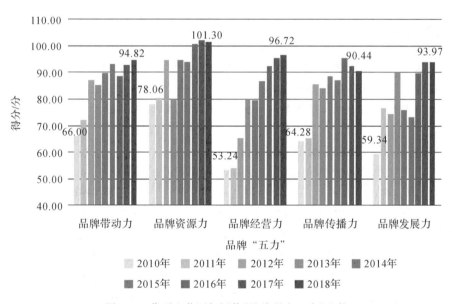

图161　蒙顶山茶历年评估"品牌强度五力"比较

进一步比较蒙顶山茶的品牌知名度、认知度和好感度的评估数值,如图162所示,蒙顶山茶呈现出波动式上升的趋势,2010年其知名度仅为40.00,2011年提升到了74.00,到2016年,该数值已达96.00;品牌认知度相对平稳,2010年,品牌认知度为77.50,到2016年达到了101.00,2017年、2018年略有回落;品牌好感度上,该品牌在2011年时评估数值较低,仅为55.00,到2017年,其品牌好感度已经提升到了92.54,与知名度、认知度大体相当。

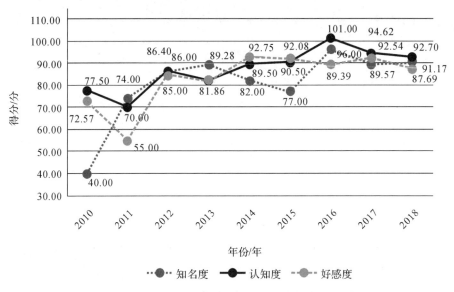

图 162　蒙顶山茶历年评估品牌知名度、认知度、好感度比较

(九)都匀毛尖

都匀毛尖是贵州三大名茶之一。2005 年,由贵州都匀毛尖茶集团有限公司注册为地理标志证明商标。2013 年,黔南州州委、州政府下发《关于进一步加快推进茶产业发展的意见》,提出统一全州茶叶品牌,打造都匀毛尖。2016 年,都匀毛尖证明商标转让给黔南州茶叶产业化发展管理办公室,由其进行统一管理,授权使用范围扩大至黔南州境内 13 个县(市、区),2017 年,种植面积达到了 181 万亩。

比较都匀毛尖的品牌价值和品牌收益的评估数值可见,2010 年,都匀毛尖的品牌价值为 9.63 亿元,品牌收益为 8097.74 万元,随后平稳上升;至 2014 年,品牌价值和品牌收益分别为 13.78 亿元和 8258.72 万元;到 2015 年,都匀毛尖的品牌价值和品牌收益有了较大幅度的飞跃,分别达到了 20.71 亿元和 13706.98 万元,较上一年度分别提升了 50.29% 和 65.97%;随后,2015—2017 年都匀毛尖品牌价值和品牌收益的变化幅度有所减少,到 2018 年,其品牌价值已达 29.90 亿元,品牌收益为 18283.50 万元,具体数据可见图 163。同蒙顶山茶情况类似,都匀毛尖的发展也是缘于品牌使用范围的扩张,从都匀市扩大至黔南州,规模体量的剧增带动了品牌价值、品牌收益的大幅度提升。

比较都匀毛尖的品牌忠诚度因子评估数值,如图 164 所示,2010 年,该因子为 0.85;2014 年,已上升到了 0.92;到 2015 年,回落至 0.80;2016 年和 2017 年,该品牌的品牌忠诚度因子重新得到提升,达到 0.94,2018 年,该因子回落至 0.85。数据表明,2014 年和 2017 年,都匀毛尖的市场价格存在明显的变化,导致品牌忠诚度因子较上一年度有所回落。

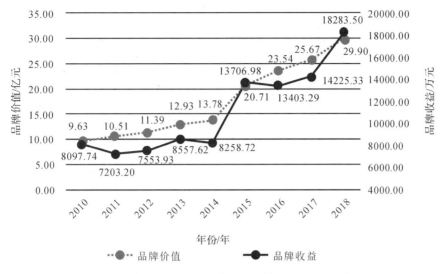

图 163　都匀毛尖历年评估品牌价值和品牌收益比较

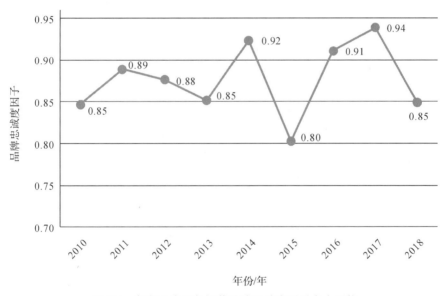

图 164　都匀毛尖历年评估品牌忠诚度因子大小比较

　　比较历年都匀毛尖"品牌强度五力"的评估数值,如图 165 所示,2010 年,都匀毛尖的品牌带动力、品牌资源力、品牌经营力、品牌传播力和品牌发展力分别为 70.00、55.02、54.36、68.11 和 47.08,"品牌强度五力"之间存在较大的差距;到 2018 年,都匀毛尖"品牌强度五力"已分别发展至 91.21、91.50、96.65、93.84 和 83.63,分别上涨了 30.30%、66.30%、77.80%、37.78%和 77.63%。可见,2007—2017 十年间,都匀毛尖在品牌带动力、品牌资源力、品牌经营力、品牌传播力和品牌发展力上均有长足发展,且不断克服短板,整体提升了品牌强度。

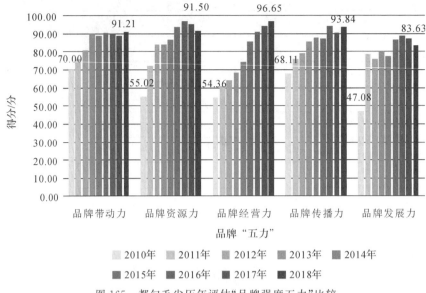

图 165　都匀毛尖历年评估"品牌强度五力"比较

从品牌知名度、认知度和好感度的评估数值进行比较，如图 166 所示，2010 年，都匀毛尖的三项指标得分分别为 60.00、81.00 和 64.54，知名度不高，好感度得分低；2016 年，都匀毛尖品牌知名度和认知度达到了历史最高，分别为 98.70 和 101.00，而好感度仍仅有 84.38；2018 年，都匀毛尖的品牌知名度、认知度和好感度分别为 90.82、95.09 和 95.16，相较于 2016 年，在品牌知名度、品牌认知度上有较大的回落，但品牌好感度得到了明显的提升。整体而言，2007—2017 年，都匀毛尖的品牌传播力有了大幅提升。

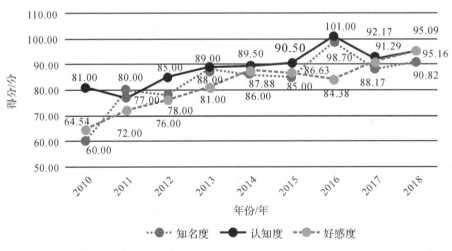

图 166　都匀毛尖历年评估品牌知名度、认知度、好感度比较

（十）祁门红茶

祁门红茶诞生于清光绪元年，被列为世界三大高香茶之一，曾获巴拿马万国博览会金奖。2008 年，祁门红茶由祁门县红茶协会注册为地理标志证明商标（2018 年初，该商标因

地理范畴争议,已被撤销),同年,祁门红茶的制作技艺被列入国家级非物质文化遗产项目。

比较祁门红茶历年评估的品牌价值和品牌收益的评估数值,如图167所示,祁门红茶的品牌收益呈现为一个反向"S"型,2010年至2013年呈上升态势,2013年至2015年出现回落,2015年至今又重新回升并达到历史最高值,品牌收益为19214.16万元,比2010年的品牌收益整整高出了8540.11万元,整体提升了80.08个百分点。品牌价值则表现为平稳向上,从2010年的17.00亿元逐渐上升至28.59亿元,整体涨幅达到68.18%。

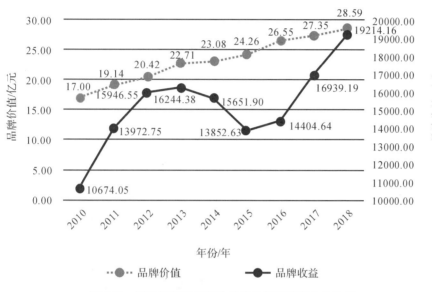

图167 祁门红茶历年评估品牌价值和品牌收益比较

比较祁门红茶在历年评估中的品牌忠诚度因子评估数值,如图168所示,祁门红茶的品牌忠诚度因子曲线与其品牌收益曲线正好相反,构成了"S"型。2010—2012年的评估数值显示,祁门红茶品牌忠诚度因子持续下降,从0.96下降至0.73;2012—2016年的评估数值显示,祁门红茶品牌忠诚度因子逐渐提升,达到0.98;2016年至2018年的评估中,该因子又回落至0.79。以上数据可见,10年内,祁门红茶的市场价格出现了两轮较为明显的波动,第一轮为2010年至2013年,第二轮则发生在2016年至2017年。

如图169所示,比较祁门红茶历年评估的"品牌强度五力"评估数值,整体而言,祁门红茶的品牌带动力稳定性较强,优势明显;其次是品牌传播力,2018年,该指标得分达到了95.02,甚至超过了品牌带动力。此外,祁门红茶的品牌发展力表现不足,2010年该指标得分为65.36,到2018年,该指标得分为81.35,虽有提升,但仍是"品牌强度五力"中表现较弱的一项。这要求祁门红茶需要在品牌保护、市场拓展等方面加大力度,在后续的品牌建设中有效提升品牌发展力。

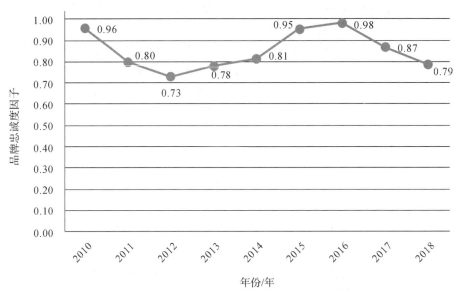

图 168　祁门红茶历年评估品牌忠诚度因子比较

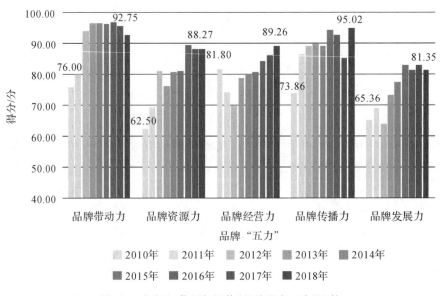

图 169　祁门红茶历年评估"品牌强度五力"比较

　　进一步比较祁门红茶在品牌知名度、认知度和好感度上的评估数值变化,由图 170 可见,2010 年,祁门红茶的知名度为 60.00,认知度达到了 84.50,好感度 76.29,认知度和好感度均高于知名度;到 2018 年,祁门红茶的知名度、认知度、好感度分别达到了 99.67、90.33 和 95.58,相比 2010 年有不同程度的提升,其中品牌知名度提升了 66.12 个百分点,反超其认知度和好感度,达到历史最高值。可见,经过 10 年的努力,祁门红茶的品牌知名度获得了大幅度提升,好感度、认知度也持续处于高位。

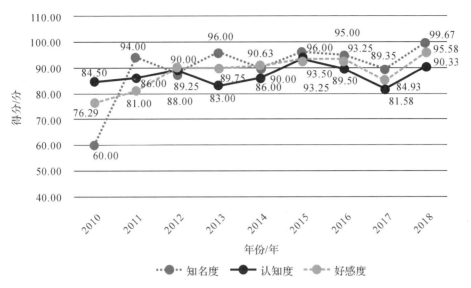

图 170　祁门红茶历年评估品牌知名度、认知度、好感度比较

中国地大物博,有特色的茶叶品牌众多,存在大量具有代表性的茶叶区域公用品牌,诸如浙江的西湖龙井、福建的安溪铁观音、江西的庐山云雾茶、湖北的武当道茶、广西的梧州六堡茶、重庆的永川秀芽等,均在区域内有较高的影响力,是中国茶叶品牌生态系统中的重要组成部分。随着"一带一路"倡议的不断推进,茶叶市场的国际竞争愈发激烈,中国茶品牌的全球化战略即将进入全面部署与实施阶段,主角就是众多具有地方特色的、优秀的茶叶区域公用品牌与企业品牌。

从上述 10 个茶叶区域公用品牌的发展可了解,过去的 10 年间,中国茶产业在规模扩张、产业提质增效、产品品质提升、文化价值转化等方面做出了重大努力,也获得了很好的成绩。但同时我们也可从评估数值中了解到,目前中国茶产业的关键问题,是要提高品牌强度乘数、提升品牌忠诚度、提高品牌发展力,如此,才能真正解决阻碍中国茶品牌的价值提升、产品溢价的问题,才能真正提高品牌效益、提升品牌的国内外市场影响力。

三、中国茶叶品牌未来之路

2017 年对于中国茶业而言,是不平凡的一年。农业部首次参与组织主办中国国际茶叶博览会,并评选出中国十大茶叶区域公用品牌,向全国各地的茶叶品牌建设单位释放信号:国家对茶业品牌化工作的关注和重视,已经提到了前所未有的高度。国家主席习近平致信表达了对弘扬中国茶文化、将茶博会打造成中国与世界交流合作重要平台、推进世界茶业发展的美好愿景。此外,2017 年度还有诸多会议与组织机构成立,共同指明了中国茶叶品牌化工作的持续推进方向。

根据 2018 年中国茶叶区域公用品牌评估活动及其数据结果,我们认为,未来中国茶叶品牌之路,需要重视以下四个方面的问题。

（一）严格界定生产范畴，保障公用品牌权益

2018年初，接连发生两起商标撤销案，这让我们重新审视茶叶区域公用品牌的区域属性问题。这两个商标，一个是"祁门红茶"，一个是"六堡茶"。

祁门县祁门红茶协会于2004年9月申请注册了"祁门红茶"地理标志证明商标，地域范围为现祁门县行政区划范围。该商标于2018年初被宣告无效，理由是商标使用地理范围不应仅限于祁门县内，历史上祁门红茶产区应包括石台、东至、贵池等地。

这起商标撤销案也许远远没有尘埃落定，因为此案实际上是对地理范围是否需要扩大的争议。从品牌的角度分析，商标是品牌保护的一种形式。随着各地茶产业的不断发展，出现了多处茶产区在原有地理标志证明商标的前提下，扩大使用范围的案例，如蒙顶山茶、都匀毛尖等，将品牌使用范围从县域扩大至地级市（州），种植环境相似、生产标准统一，带动原核心产区周边地区共同发展。这使得品牌的规模基础产生了跨越式发展，有助于茶叶产业化发展与提升。但扩大商标使用的区域范畴，是否会带来品牌保护的问题？是否会稀释品牌核心价值？是否会出现"公用地灾难"？一系列的问题由此而生。而如何保护核心产区的价值，如何形成新产区前提下的品牌规划，值得更好地研究。

"祁门红茶"商标案发生的同时，广西梧州市茶产业的"六堡茶"商标争议有了一个确切的答案。2011年3月，六堡茶获得国家地理标志产品保护，保护范围为广西梧州市行政区域范围内。2014年，一家位于四川省的茶叶企业申请注册了"六堡茶"普通商标，致使广西梧州市当地茶叶企业均无法在产品包装上标注"六堡茶"字样。经过多年申诉，2018年3月，该商标被认定为商品通用名称，原有第30类"六堡茶"商标在"茶"商品上的注册被撤销。

与"六堡茶"类似，早在2016年，就已经有"英山云雾茶"商标回归的先例。这实际上是对私有品牌还是公有资源的界定。"六堡茶"和"英山云雾茶"带有地理属性，一个起源于梧州市苍梧县六堡镇，一个以英山县命名。被企业抢注商标，根源在于地方政府、行业协会品牌保护意识的薄弱。这也是给各地主管品牌的机构或部门一次警醒，仅有农产品地理标志或地理标志保护产品还不足以保护区域公用品牌，要以商标法为基础，利用法律手段保护品牌权益。

（二）重视品牌传播，维护品牌声誉

传播是把双刃剑。2014年，"西湖龙井"大规模打假维权，引发经销商以及部分媒体的连锁反应，对"西湖龙井"的品牌好感度带来负面影响。2017年，"普洱茶"遇到了相似的情况。2017年6月，方舟子发文质疑普洱茶有致癌嫌疑，引发了公众的极大反响。普洱茶致癌话题一度引起茶界内外全民大讨论，也引起了普通公众和媒体的恐慌。"方舟子事件"一时间将普洱茶推到了舆论的风口浪尖，普洱茶的新闻曝光度相比去年有明显增加，在新浪微博的搜索量比去年同期增长了一倍，新闻搜索量更是出现了约500倍的增长。该事件给"普洱茶"的品牌传播带来了明显的变化。

比较2017年和2018年两次评估数据中普洱茶的品牌知名度、认知度和好感度，如图171所示，2018年，普洱茶的知名度为107.48，比2017年略有增长，而认知度从2017年的104.04

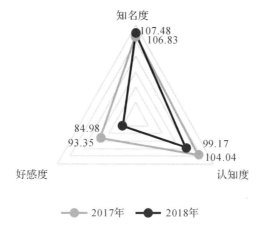

图 171 2017 年和 2018 年普洱茶品牌知名度、认知度、好感度比较

下降至 99.17,好感度更是从 93.35 跌至 84.98,下降了 8.97 个百分点。可见,此次事件尽管给普洱茶带来了高曝光度,提升了知名度,但普通公众对普洱茶的认知更不清晰了,因此认知度大幅降低了。同时,尽管有专家以数据论证,保存妥当的普洱茶并不会生成致癌物质,但该事件仍然让普通公众对普洱茶失去部分信任,造成好感度的明显下降。

无论普洱茶致癌与否,此次事件给各茶叶区域公用品牌带来的教训是明显的。品质是品牌的信任基础,在品牌快速发展的同时,一定要做好品质保障,同时,必须积极开展舆情监控,一旦出现危机,及时寻找问题根源,做好危机公关,把握舆论动向,避免事件扩大化,重视品牌传播,维护品牌声誉。

(三)遵守行业标准,奠定品牌大业

2017 年年底,由国家标准委、质检总局、民政部联合制定的《团体标准管理规定(试行)》正式印发;2018 年 3 月底,中国茶叶流通协会茶叶团体标准工作委员会成立,标志着茶叶行业的团体标准化工作将逐步深入与完善。实际上,在此之前,已有多项涉茶类团体标准出炉,探索团体标准实施路径。

2017 年 1 月,中国茶叶行业首个团体标准《茶文化旅游示范区评定规范》正式发布,进一步推动茶产业实现三产融合发展。此后,各地积极探索,以市场为引导,制定相应团体标准。如《金闽红团体标准》《日照红茶团体标准》《遵义红袋泡原料茶团体标准》等。2018 年 3 月,浙江省首个茶叶类团体标准——《狮峰龙井茶团体标准》发布,在龙井茶、西湖龙井既有界定之上,杭州西湖龙井茶核心产区商会牵头首批 15 家茶叶企业共同推出"狮峰龙井茶",规范西湖街道茶叶生产,提振老字号品牌。

团体标准是对国家标准、行业标准、地方标准、企业标准的有效补充,既解决了企业制标人才缺乏、成本高昂的问题,又能成为行业加强管理和自律的手段。随着市场对茶叶标准化建设要求的不断深入,此类涉茶团体标准的制定也将更为完善。标准化是品牌化的基础,品牌经营者须遵守各项标准,在共同标准之内,谋求品牌的个性化发展。

(四)把握产业机遇,崛起国家品牌

在首届中国国际茶叶博览会上,一部《中国茶 世界香》专题形象片亮相,讲述中国茶从唐朝开始,便沿着茶马古道、古代丝绸之路、草原茶叶之路、海上丝绸之路,走出国门,成为世界贸易的重要商品。6月10日,由中美合作的中国茶纪录片《中国茶:东方的万能药》斩获第69届美国电视大奖艾美奖最佳专题纪录片奖等6项大奖,在全球范围内引发了一场"中国茶"热潮。

不可否认,中国茶已经成为国家形象的代表,是中国文化不可或缺的部分,是中国与世界交流的重要载体。2017年9月厦门金砖会议,中国作为东道主,为其他四国客人准备了茶礼,分别为武夷山大红袍、正山小种、福鼎白茶、安溪铁观音和福州茉莉花茶;11月底,中国共产党与世界政党高层对话会在北京举行,以"茶"为媒,刊发系列"共饮一泓水"和"美美与共和而不同"创意海报(见图172);12月2日,第三届"全球外交官中国文化之夜"在北京启幕,150多个国家和地区的外交官参会,非物质文化遗产项目武夷岩茶制作技艺传承人现场介绍非遗制茶技艺;诸如此类,不胜枚举。

图172　世界政党高层对话会海报

随着"一带一路"倡议的深入实施,中国茶叶对外贸易市场不断拓宽,国际消费市场对中国茶叶的青睐与日俱增。我们要把握机遇,在国际市场打开中国品牌茶叶局面,实现中国茶叶原料输出向品牌输出转变,实现中国茶叶国家品牌的强势崛起。

附表:2018 年中国茶叶区域公用品牌价值评估结果

序号	品牌名称	品牌价值(亿元)	序号	品牌名称	品牌价值(亿元)
1	普洱茶	64.10	32	狗牯脑茶	19.63
2	信阳毛尖	63.52	33	碣滩茶	18.96
3	洞庭山碧螺春	42.06	34	永川秀芽	18.65
4	福鼎白茶	38.26	35	霍山黄芽	18.63
5	大佛龙井	38.23	36	雅安藏茶	18.45
6	安吉白茶	37.76	37	岳西翠兰	18.21
7	福州茉莉花茶	31.75	38	英山云雾茶	18.20
8	蒙顶山茶	30.72	39	恩施玉露	18.07
9	都匀毛尖	29.90	40	武阳春雨	18.04
10	祁门红茶	28.59	41	婺源绿茶	17.34
11	坦洋工夫	28.03	42	天山绿茶	16.73
12	武夷山大红袍	27.89	43	紫笋茶	16.60
13	安化黑茶	27.74	44	凤冈锌硒茶	16.49
14	平和白芽奇兰	26.99	45	永春佛手茶	16.20
15	太平猴魁茶	26.44	46	千岛湖茶	16.12
16	越乡龙井	25.28	47	岳阳黄茶	15.52
17	武当道茶	25.03	48	磐安云峰	15.46
18	赤壁青砖茶	25.00	49	恩施富硒茶	15.18
19	庐山云雾茶	23.15	50	政和工夫	15.06
20	横县茉莉花茶	23.07	51	修水宁红茶	14.04
21	松阳银猴	22.70	52	马边绿茶	13.42
22	汉中仙毫	22.57	53	金奖惠明茶	13.20
23	开化龙顶	22.44	54	三杯香	12.89
24	湄潭翠芽	21.93	55	七佛贡茶	12.15
25	浮梁茶	21.36	56	南江大叶茶	12.03
26	滇红工夫茶	21.02	57	镇江金山翠芽	12.01
27	英德红茶	20.78	58	龙谷丽人茶	11.85
28	径山茶	20.21	59	赤壁米砖茶	11.75
29	六堡茶	20.17	60	石门银峰	11.55
30	正山小种	20.16	61	崂山茶	11.21
31	梵净山茶	19.86	62	茅山长青	11.21

续表

序号	品牌名称	品牌价值(亿元)	序号	品牌名称	品牌价值(亿元)
63	桃源大叶茶	10.98	81	天台山云雾茶	7.13
64	万源富硒茶	10.70	82	舒城小兰花	7.05
65	米仓山茶	10.48	83	江山绿牡丹茶	6.05
65	望海茶	10.48	84	霍山黄大茶	5.20
67	沂蒙绿茶	10.22	85	余庆苦丁茶	4.65
68	仪征绿杨春茶	10.02	86	霄坑绿茶	4.64
69	桐庐雪水云绿茶	9.61	87	五峰绿茶	3.88
70	犍为茉莉花茶	9.54	88	平阳早香茶	3.75
71	桃源野茶王	9.39	89	平武绿茶	3.52
72	政和白茶	9.36	90	资溪白茶	2.90
73	松溪绿茶	9.10	91	保靖黄金茶	2.11
74	余姚瀑布仙茗	8.82	91	缙云黄茶	2.11
75	桂平西山茶	8.69	93	烟台绿茶	1.99
76	宜都宜红茶	8.45	94	南川大树茶	1.60
77	仙都笋峰茶	8.29	95	三清山白茶	1.07
78	筠连红茶	7.79	96	北川茶叶	0.97
79	双井绿	7.52	97	南川金佛玉翠茶	0.92
80	天目湖白茶	7.19	98	烟台桑叶茶	0.81

声明:本研究中所估算之品牌价值,均基于茶叶区域公用品牌持有单位提供的相关数据及其他公开可得信息,且是运用浙江大学CARD中国农业品牌研究中心茶叶区域公用品牌专用评估方法对采集的数据处理的结果。本评估所涉的品牌,只包括在中国大陆注册的茶叶区域公用品牌。

2019：中国茶叶区域公用品牌价值评估研究报告（数据跨度：2016—2018）[*]

前　言

2019年是新中国成立70周年，是决胜全面建成小康社会第一个百年奋斗目标的关键之年。2019年的中央一号文件，将"聚力精准施策，决战决胜脱贫攻坚"放在了首要位置。文件同时提出，要鼓励发展果、菜、茶等特色产业，强化农产品地理标志和商标保护，创响一批"土字号""乡字号"特色产品品牌。作为产业扶贫中的重要一项，以茶产业的品牌化实现品牌扶贫在脱贫攻坚战中的作用，显得尤为重要。

十年如一日，为了给全国各地的茶叶区域公用品牌建设提供科学、客观、中立的行业参考依据，推动茶产业进入品牌发展快车道，浙江大学CARD中国农业品牌研究中心联合中国茶叶研究所《中国茶叶》杂志等权威机构，连续10年开展公益性课题——"中国茶叶区域公用品牌价值评估"专项研究。评估依据"中国农产品区域公用品牌价值评估模型"（简称CARD模型），采用科学、系统、量化的方法，经过对品牌持有单位调查、消费者评价调查、专家意见征询、海量数据分析，最终形成相关评估结果。

一、品牌成长新数据

本次茶叶区域公用品牌价值评估，依据浙江大学"中国农产品区域公用品牌价值评估模型"（简称CARD模型）：品牌价值＝品牌收益×品牌忠诚度因子×品牌强度乘数，并基于参评品牌持有单位调查、消费者评价调查、专家意见咨询、海量数据分析与计算后形成。

本次评估从2018年12月开始，参加评估的茶叶区域公用品牌数量创历史新高，达到112个，有效参评品牌达到107个，较去年参评品牌数量增加9个。其中，以浙江省为代表的江南产区的参评品牌数量为最多，共计58个，占有效评估品牌总数的半数以上。其余产区按参评品牌数量排序从高到低依次为：以四川省为代表的西南产区（23个），以福建省为代表的华南产区（14个），和以山东省为代表的江北产区（12个）。

按照茶叶品类划分，本次有效评估的绿茶类茶叶区域公用品牌共计70个，占本次评估品牌总量的65.42%；红茶类品牌数量位列第二，共计12个；黑茶类品牌、综合茶类（品牌下

---

* 本报告发表于《中国茶叶》2019年第6期。

有多种品类茶叶)品牌数量均为 7 个;乌龙茶类品牌数量为 4 个;其他茶类品牌数量为 3 个;白茶类、黄茶类品牌数量均为 2 个。该数据符合中国茶产业的发展现状,绿茶持续占据主导地位。

因有效评估的乌龙茶、白茶和黄茶类区域公用品牌的数量均不足 5 个,下面进行品牌价值评估各项指标的数据分析时,主要以产区划分进行。

(一)品牌价值不断提升,20 亿元及以上的茶叶区域公用品牌日益增多

本次评估数据显示,107 个中国茶叶区域公用品牌的品牌总价值为 1899.28 亿元,相较 2018 年增长了 300.75 亿元;平均品牌价值为 17.75 亿元,相较 2018 年增长了 1.44 亿元,上涨了 8.83%。

比较近三年茶叶区域公用品牌价值评估数据(见表 29),2017 年,有效评估品牌数量为 92 个,2018 年有效评估品牌数量提高至 98 个,2019 年该数值为 107 个。表 29 显示,品牌价值(BV)在 20 亿元及以上的品牌数量占比在不断扩大。2017 年,品牌价值超过 20 亿元的品牌数量占当年度评估品牌总数的 22.82%;到 2018 年,该比例提高至 30.61%;到 2019 年该比例值再次提升,达到了 37.38%。反之,品牌价值在 20 亿元及以下的品牌数量比例越来越小,尤其是品牌价值居于 10 亿~20 亿元之间的品牌数量占比在不断萎缩。

数据可见,更多的茶叶区域公用品牌正积极参与到品牌价值评估中来,茶叶区域公用品牌的建设正引起更广泛的关注,越来越多的茶叶区域公用品牌的品牌价值跨入了 20 亿元的门槛。

表 29　近三年有效评估茶叶区域公用品牌的价值(BV/亿元)区间

年份	BV<1		1≤BV<10		10≤BV<20		20≤BV<50		BV≥50	
	数量/个	比例/%	数量/个	比例/%	数量/个	比例/%	数量/个	比例/%	数量/个	比例/%
2017	2	2.17	31	33.70	38	41.38	19	20.65	2	2.17
2018	3	3.06	27	27.55	38	38.78	28	28.57	2	2.04
2019	2	1.87	32	29.91	33	30.84	37	34.58	3	2.80

从产区来看,如图 173 所示,2019 年江南产区有效评估品牌的平均品牌价值为 17.27 亿元,相较 2018 年增长 15.54%;华南产区有效评估品牌的平均品牌价值为 22.64 亿元,相较 2018 年增长 8.74%;西南产区有效评估品牌的平均品牌价值为 16.55 亿元,相较 2018 年增长 5.68%;江北产区有效评估品牌的平均品牌价值为 16.64 亿元,相较 2018 年下降了 13.96%。而将江北产区同时参与上一年度与本年度评估的 7 个品牌的平均品牌价值进行比较,今年的平均品牌价值为 20.75 亿元,较去年上升了 7%。(江北产区 2019 年有效参评品牌 12 个,较之去年的 7 个,增加了包括紫阳富硒茶、日照绿茶、泾阳茯砖茶、桐柏红、桐柏玉叶等 5 个品牌,除紫阳富硒茶外,其余 4 个新参评品牌的价值均低,拉低了整个江北产区的平均品牌价值。)可见,除江北产区有效参评品牌的平均品牌价值较去年低之外,其他三大产区 2019 年有效评估品牌的平均品牌价值均有不同程度的提升,其中江南产区的平均品牌价值提升最为明显。

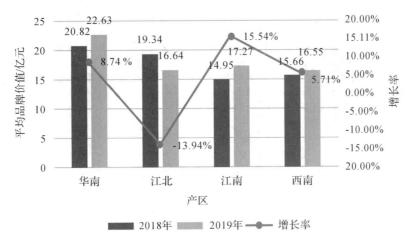

图 173　2018、2019 年各产区有效评估茶叶区域公用品牌的平均品牌价值及其增长率比较

(二)品牌收益:江南产区品牌溢价能力突出

在 CARD 模型中,品牌收益=茶叶年销量×(品牌零售均价-原料收购价)×(1-产品经营费率)。品牌收益是在剔除生产环节的劳动收益、结合市场交换完成的最终零售价格,并充分考虑茶叶产品在再生产环节中的诸多不可控因素后,以连续 3 年的数据统计得出的由品牌本身带来的收益部分,体现品牌的综合溢价水平。平均单位销量品牌收益体现每销售 1 千克茶叶所获得的品牌收益,体现品牌的单位溢价能力。

在本次评估中,107 个参评品牌的平均品牌收益为 10577.73 万元,相较 2018 年提高了878.95 万元。其中,普洱茶以 39849.14 万元蝉联品牌收益榜首,增幅为 4.64%,但相较于2018 年 10.52%的增幅,有所回落。如图 174 所示,在本次评估中,除江北产区外,其他各产区茶叶区域公用品牌的平均品牌收益均有所提升。华南产区平均品牌收益位列第一,达13226.09 万元;西南产区以 10637.47 万元的平均品牌收益位列第二;江南产区平均品牌收益为 10079.95 万元,较 2018 年增长了 12.85%,是 4 个产区中平均品牌收益增长率最高的产区;江北产区的平均品牌收益为 9779.44 万元,因本年度有 5 个尚处发展初期的品牌参评,故较 2018 年有所下降。而比较江北产区同时参与 2018 与 2019 年评估的 7 个区域公用品牌的平均品牌收益可见,今年的平均品牌收益为 12075.28 万元,较去年的 10477.18 万元上升 15%。

进一步比较各产区有效评估品牌的平均单位销量品牌收益可见,江南产区品牌以140.17 元/千克的平均单位销量品牌收益,位列四大茶产区之首;西南产区品牌的平均单位销量品牌收益为 61.40 元/千克,位列第二;江北产区的平均品牌收益最低,但其平均单位销量品牌收益达到了 47.92 元/千克,较 2018 年增幅显著,高达 50.36%;华南产区的平均品牌收益最高,但其平均单位销量品牌收益仅 23.16 元/千克,且较 2018 年下降了 18.39%。从单个品牌来看,来自江南产区的洞庭山碧螺春、缙云黄茶和来自西南产区的南川大树茶品牌分别以 2528.00 元/千克、1002.57 元/千克和 989.70 元/千克位列单位销量品牌收益前三。

由数据可见,江南产区的平均单位销量品牌收益稳定上升、优势显著,品牌溢价能力在各产区中比较突出,平均单位销量品牌收益位列四大茶产区之首,但由于江南产区 58 个参

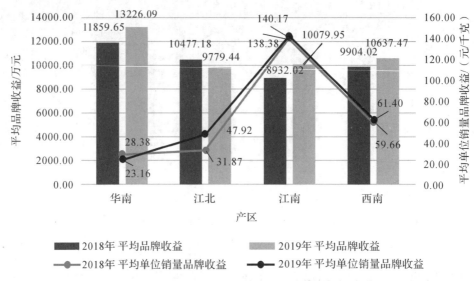

图174 2018年和2019年评估中各产区有效评估品牌的平均品牌收益、平均单位销量品牌收益比较

评品牌的平均销量以8386.32千克居于四大茶产区的末位，故其平均品牌收益仅处于第三位。江北产区尽管有效评估品牌的平均综合品牌溢价有所下降，但其平均单位溢价能力有较大提升，区域内如汉中仙毫、崂山茶等品牌的单位销量品牌收益显著增加，增幅均超过70%，有效带动了产区内茶产品的品牌平均单位溢价能力提升。

（三）品牌忠诚度因子：江南产区略有提升，其余三大产区均走低

品牌忠诚度因子（BL）主要测度消费者的品牌忠诚度，侧重于品牌能否在长时间内维持稳定的销售及价格。在CARD模型中，品牌忠诚度因子＝（过去三年平均售价－销售价格标准差）÷过去三年平均售价。产品售价越稳定，品牌忠诚度因子越高。

比较本次有效评估品牌的品牌忠诚度因子大小区间分布，如图175所示，品牌忠诚度因子在0.80以上的品牌共计96个，其中，大于等于0.95的品牌共有28个，占整体评估品牌数量的26.17%；另有11个品牌的品牌忠诚度因子不足0.80，占整体评估品牌数量的10.28%，其中7个品牌来自西南产区。

回顾2017至2019三年评估数据，如表30所示，品牌忠诚度因子在0.90～0.95之间的品牌数量占比显著升高，从2017年的20.65%，上升至2018年的29.59%，到2019年，该比例已达到了39.25%。同样，品牌忠诚度因子处于0.80～0.90的品牌数量占比也在升高，从2017年的17.39%升至2019年的24.30%，整体提升了6.91个百分点。同时可见，品牌忠诚度因子高于0.95的品牌数量占比在缩小，尤其是品牌忠诚度因子高于0.98的品牌数量比例显著缩小，从2017年的22.83%，缩小至2019年的5.61%，整体缩减了17.22个百分点。可见，近几年，我国茶叶区域公用品牌的整体市场价格波动增大。

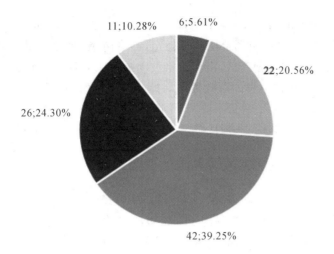

■ 0.98≤BL≤1.00 ■ 0.95≤BL<0.98 ■ 0.90≤BL<0.95 ■ 0.80≤BL<0.90 ■ BL<0.80

图 175　2019 年有效评估的茶叶区域公用品牌的品牌忠诚度因子区间分布

注:BL 为品牌忠诚度因子。

表 30　2017 至 2019 年有效评估茶叶区域公用品牌的品牌忠诚度因子(BL)区间分布变化比较

年份	0.98≤BL≤1.00		0.95≤BL<0.98		0.90≤BL<0.95		0.80≤BL<0.90		BL<0.80	
	数量/个	比例/%	数量/个	比例/%	数量/个	比例/%	数量/个	比例/%	数量/个	比例/%
2017	21	22.83	27	29.35	19	20.65	16	17.39	9	9.78
2018	15	15.31	21	21.43	29	29.59	21	21.43	12	12.24
2019	6	5.61	22	20.56	42	39.25	26	24.30	11	10.28

比较 2018 年和 2019 年评估的各产区茶叶区域公用品牌的平均品牌忠诚度因子,如图 176 所示。2019 年,除江南产区略有提升外,其他三大产区有效评估品牌的平均品牌忠诚度因子均低于上一年度结果,其中,江北产区的平均品牌忠诚度因子下降幅度最大,平均值从 0.964 降为 0.904;其次是华南产区,平均值从 0.931 降为 0.906;西南产区的平均品牌忠诚

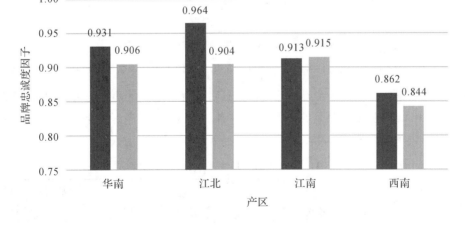

■ 2018年　■ 2019年

图 176　2018、2019 年各产区有效评估品牌的平均品牌忠诚度因子比较

度因子是四大产区中最低的,且 2019 年的平均值为 0.844,低于上一年度。由数据可见,近年来,江南产区有效评估品牌的市场价格趋于稳定,而华南、江北、西南产区的有效评估品牌的市场价格波动变大,尤其是西南产区,市场价格波动最为明显且还在加剧。究其原因,一方面,这与因自然条件、人为操作引发的茶叶种植规模、产量变化的因素有关联,如 2018 年信阳毛尖遭遇了先旱后连雨的恶劣天气,供不应求,导致价格波动;另一方面,也与市场需求变动密不可分,如普洱茶,因其收藏属性与非理性需求,市场价格波动不止,2018 年又出现一波上涨。

(四)品牌强度:品牌经营力表现亮眼

品牌强度及其乘数由品牌带动力、品牌资源力、品牌经营力、品牌传播力和品牌发展力等五个能够表现品牌稳定性和持续性的因子加权得出,是体现品牌未来持续收益能力、抗风险能力和竞争能力大小的指标,是对品牌强度高低的量化呈现。

本次评估中,107 个茶叶区域公用品牌的平均品牌强度乘数为 18.52,相较于 2018 年的 18.41,略有提升。其中,普洱茶以 20.20 的品牌强度乘数蝉联第一,展现了领先的持续收益能力。如图 177 所示,各产区的平均品牌强度乘数均有所上升,说明各地茶叶区域公用品牌建设颇有成效,品牌保持健康成长态势。华南产区的平均品牌强度乘数为 18.91,居四大产区之首。数据同时显示,江北产区的平均品牌强度乘数增加最为显著,具有发展潜力。

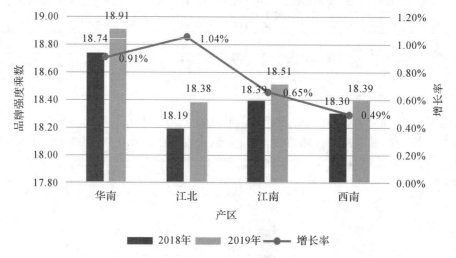

图 177　2018、2019 年有效评估各产区茶叶区域公用品牌的平均品牌强度乘数及其增长率比较

在品牌强度乘数排名前十的品牌中(见表 31),来自华南产区的品牌占据四席,分别是福鼎白茶、武夷山大红袍、福州茉莉花茶和正山小种。可见,华南产区的茶叶区域公用品牌具有强大的未来持续收益能力。

表 31　2019 年品牌强度乘数前 10 位品牌

序号	品牌名称	产区	品牌强度乘数
1	普洱茶	西南	20.20
2	西湖龙井	江南	20.03
3	蒙顶山茶	西南	19.74

续表

序号	品牌名称	产区	品牌强度乘数
4	福鼎白茶	华南	19.72
5	武夷山大红袍	华南	19.53
6	雅安藏茶	西南	19.52
7	安化黑茶	江南	19.49
8	福州茉莉花茶	华南	19.48
9	霍山黄芽	江南	19.41
10	正山小种	华南	19.38

具体比较分析本次有效评估品牌的平均"品牌强度五力",如图 178 所示,本次有效评估的 107 个茶叶区域公用品牌的平均品牌带动力为 83.18,平均品牌资源力为 89.12,平均品牌经营力为 89.82,平均品牌传播力为 81.74,平均品牌发展力为 81.81。相对而言,平均品牌经营力和平均品牌资源力处于优势地位,可见我国茶叶区域公用品牌在标准建设、质量保障、组织执行以及品牌历史、文脉资源等方面的工作初见成效;而平均品牌传播力、平均品牌发展力和平均品牌带动力则相对较弱,表现出我国茶叶区域公用品牌整体在品牌传播、市场拓展、品牌保护以及区域联动等方面还有较大的提升空间。

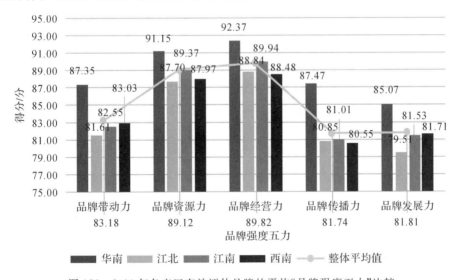

图 178　2019 年各产区有效评估品牌的平均"品牌强度五力"比较

进一步比较各产区茶叶区域公用品牌的平均"品牌强度五力"表现可以发现,在"品牌强度五力"的各个方面,华南产区都是名列第一,且优势显著,尤其是品牌资源力和品牌经营力方面,平均值均超过 90;其他三大产区在各个"品牌强度五力"上的表现旗鼓相当,差距不大。相对而言,江北产区的平均品牌发展力较为薄弱,为 79.51,是四大产区各"品牌强度五力"平均值中唯一不足 80 的一个指数。

品牌建设是品牌主体端与品牌消费者端之间双向互动的过程。品牌传播力由知名度、认知度、好感度等指标构成,是品牌投入后的传播效果在消费者端的验证。图 179 数据显示,华南产区有效评估品牌的平均品牌传播力为 87.47,显著高于其他三个产区的平均值。

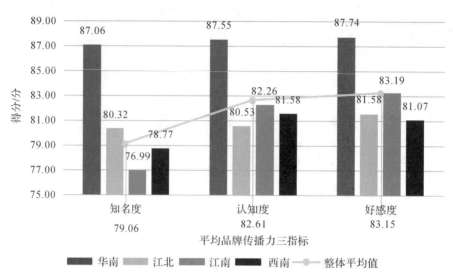

图 179　2019 年各产区有效评估品牌的品牌传播力各构成指标平均值比较

其中,江南产区有效评估品牌的平均品牌传播力为 81.01,江北产区和西南产区有效评估品牌的平均品牌传播力分别为 80.85 和 80.55。进一步比较有效评估品牌的平均知名度、认知度和好感度,107 个品牌的平均知名度为 79.06,平均认知度为 82.61,平均好感度为 83.15。相对而言,平均知名度低于其他 2 个指标。根据产区划分比较,来自江南产区和西南产区的有效评估品牌平均知名度表现弱,分别为 76.99 和 78.77,低于整体平均水平;认知度指标方面,江北产区有效评估品牌的平均认知度低于其他三大产区;好感度指标方面,西南产区有效评估品牌的平均好感度相对较低;而华南产区有效评估品牌以平均知名度 87.06、平均认知度 87.55 和平均好感度 87.74 分列 3 项第一,说明品牌传播效果较好。

品牌传播力的大小,一方面取决于传播经费的投入,更取决于传播的有效性。比较各产区有效评估品牌在 2018 年用于品牌宣传与推广的平均传播投入,如图 180 所示,平均品牌传播力最高的是华南产区,其有效评估品牌平均传播投入为 3148.21 万元,仅高于江北产

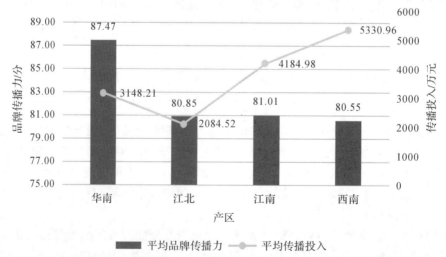

图 180　2019 年各产区有效评估品牌的品牌传播力与平均传播投入比较

区;西南产区有效评估品牌的平均传播投入最大,为5330.96万元,但其平均品牌传播力在四大产区中处于弱势,收效甚微。数据显示,平均品牌传播力与平均传播投入并非完全正相关,这也提醒品牌建设主体,要精细化策划传播方案,精准把握传播策略,占领消费者心智,将每一分钱投入都发挥至效果最大化。

中国有着漫长的茶种植和茶文化史,地大物博、人杰地灵的土地上孕育着各具特色、价值独具的茶叶品种,这也是丰富的茶叶区域公用品牌得以形成的基础。由前述数据可知,在过去的品牌建设中,各个品牌已在历史、文化、环境等方面进行了深刻的价值挖掘与探索,以丰富品牌内涵,塑造品牌个性;各个品牌建设主体也已在组织执行等方面做出了更多努力,为品牌建设保驾护航。数据同时显示,头部品牌应当进一步发挥自己的协同带动作用,在区域联动方面全方位向前推进,将区域整体的持续收益能力推向新的高度。

二、十年品牌成长:数据体现发展脉搏

自浙江大学CARD中国农业品牌研究中心自主研发了"中国农产品区域公用品牌价值评估模型",并于2010年开展茶叶区域公用品牌价值专项评估至今,这一公益课题已持续10年。10年来,中国茶叶区域公用品牌的建设效益获得了越来越多的关注,品牌建设卓有成效,诸多品牌由弱至强,由小至大,品牌价值增长显著。

数据显示,华南产区福鼎白茶、福州茉莉花茶等8个茶叶区域公用品牌同时参与了2010年和2019年的价值评估;江北产区信阳毛尖、汉中仙毫等5个品牌同时参与了这两年的价值评估;江南产区西湖龙井、洞庭山碧螺春等36个品牌同时参与了这两年的价值评估;西南产区普洱茶、蒙顶山茶等9个品牌同时参与了这两年的价值评估。本节将选取这58个茶叶区域公用品牌,对其展开数据分析,以期从数据中把握中国茶叶区域公用品牌10年发展的脉搏,洞察10年发展的路径(见表32)。

表32 58个有效评估品牌的2010年与2019年价值评估结果比较(亿元)

品牌名称	2010年	2019年	品牌名称	2010年	2019年
西湖龙井	44.17	67.40	越乡龙井	13.93	26.40
信阳毛尖	41.39	65.31	庐山云雾茶	10.99	27.70
普洱茶	38.84	66.49	松阳银猴	10.49	22.96
洞庭山碧螺春	29.65	44.49	蒙顶山茶	9.90	33.65
福鼎白茶	22.56	44.96	都匀毛尖	9.63	32.90
大佛龙井	20.38	43.04	径山茶	9.62	23.56
安吉白茶	20.36	40.92	紫阳富硒茶	9.60	22.20
武夷山大红袍	19.32	31.34	太平猴魁	9.50	29.00
祁门红茶	17.00	31.01	汉中仙毫	9.29	25.69
福州茉莉花茶	16.85	32.32	千岛湖茶	9.13	16.61
六安瓜片	14.45	33.25	开化龙顶	8.63	25.16

续表

品牌名称	2010 年	2019 年	品牌名称	2010 年	2019 年
湄潭翠芽	7.69	25.22	崂山茶	4.20	12.21
安化黑茶	7.58	32.99	景宁惠明茶	4.08	13.65
龙谷丽人	7.38	12.07	天台山云雾茶	4.07	7.43
长兴紫笋茶	7.07	16.81	安溪黄金桂	3.41	22.34
武阳春雨	7.05	18.80	南江大叶茶	3.38	12.73
修水宁红茶	6.74	15.30	日照绿茶	3.30	17.06
六堡茶	6.73	23.40	雅安藏茶	3.29	18.61
英德红茶	6.62	23.63	松溪绿茶	3.09	9.23
双井绿	6.59	8.01	桐庐雪水云绿茶	2.96	9.67
马边绿茶	6.41	13.76	恩施玉露	2.90	20.54
婺源绿茶	6.12	20.63	磐安云峰	2.40	16.14
永春佛手	6.07	16.41	仙都笋峰茶	2.37	8.51
霍山黄芽	6.03	22.33	舒城小兰花	2.22	7.17
望海茶	5.63	11.18	浮梁茶	2.03	23.76
岳西翠兰	5.16	19.19	江山绿牡丹茶	1.77	6.13
七佛贡茶	4.49	12.90	筠连红茶	1.11	8.03
镇江金山翠芽	4.43	12.08	保靖黄金茶	0.35	2.65
余姚瀑布仙茗	4.34	8.87	恩施富硒茶	0.21	16.44

（一）品牌价值：十年翻倍增长

数据显示，同时参评 2010 年和 2019 年价值评估的 58 个茶叶区域公用品牌的品牌总价值由 554.95 亿元上升到了 1332.20 亿元，平均品牌价值由 9.57 亿元上升到了 22.97 亿元，增长率高达 140.02%。

按照产区划分，来自江南产区的有效评估品牌数量大，品牌总价值及总价值增加量都居于榜首。比较四大产区有效评估品牌的平均品牌价值，如图 181 所示，西南产区的平均品牌价值增长最大，由 2010 年的 9.42 亿元上升到了 2019 年的 24.92 亿元，增长幅度高达 164.54%；华南产区平均品牌价值增加 14.87 亿元，增长率 140.55%；江北产区平均品牌价值增加 14.94 亿元，提升了 110.26%；江南产区平均品牌价值增加 12.33 亿元，涨幅为 139.64%。

从单个品牌来看，从 2010 年到 2019 年，品牌价值增长值最高的前 5 个品牌分别为普洱茶、安化黑茶、信阳毛尖、蒙顶山茶和都匀毛尖，增长值分别为 27.65 亿元、25.41 亿元、23.92 亿元、23.75 亿元和 23.27 亿元。其中，西南产区强势占据了 3 席。从 2010 年到 2019 年，品牌价值增长率最高的前 5 个品牌分别为恩施富硒茶、浮梁茶、保靖黄金茶、筠连红茶和恩施

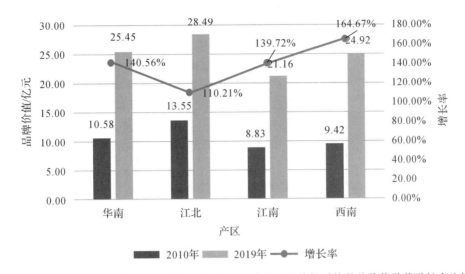

图181 2010年和2019年有效评估各产区茶叶区域公用品牌的平均品牌价值及其增长率比较

玉露,增长率分别为7728.57%、1070.44%、657.14%、623.42%和608.28%。其中,江南产区表现突出,占据了4席,且有2个品牌来自湖北恩施。

由数据可见,10年来,我国茶叶区域公用品牌建设成效显著,品牌价值提升明显,四大产区品牌总价值、平均品牌价值均呈翻倍增长。西南产区品牌建设表现亮眼,势头猛进,普洱茶等品牌扩大优势,逐渐打造强势品牌。另外,在品牌兴鄂的全省战略下,在相关政策的直接支持下,恩施富硒茶、恩施玉露成为品牌的后起之秀,具有很大的发展潜力。

(二)品牌收益:西南产区表现突出

数据显示,同时参评2010和2019价值评估的58个有效评估品牌的品牌总收益由445430.32万元上升到了775580.43万元,平均品牌收益由7679.83万元上升到了13372.08万元,增长率为74.12%。

比较2010年和2019年各产区有效评估品牌的平均品牌收益及其增长率可见(见图182),四大产区的平均品牌收益均有不同程度的增长,其中西南产区有效评估品牌的平均品牌收益翻了近1番,从2010年的8028.45万元提升至2019年的15430.69万元,涨幅高达92.20%,是四大产区中增长幅度最高的产区;江南产区的平均品牌收益虽然在四大产区中表现较弱,但其增长率达到了74.11%,增长幅度高于华南产区和江北产区;华南产区和江北产区的平均品牌收益增长率分别达到了65.61%和60.68%,其中江北产区的平均品牌收益尽管增长幅度略低,但其平均品牌收益在四大产区中最高。数据可见,2010—2019年,是西南产区有效评估品牌迅速成长的10年,平均综合品牌溢价获得了较大提升。

从单个品牌来看,从2010—2019年,平均品牌收益增长率最高的前5个品牌分别为江南产区的恩施富硒茶、恩施玉露、浮梁茶,华南产区的安溪黄金桂和西南产区的雅安藏茶,增长率分别为3851.82%、538.72%、529.50%、430.49%和360.35%。其中,前3位被江南产区包揽。在品牌价值增长率这一指标上同样表现出众的恩施富硒茶和恩施玉露分列平均品牌收益增长率第一、二位。

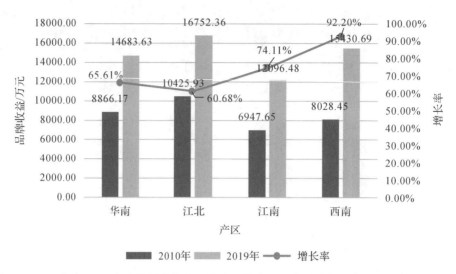

图 182 2010 年与 2019 年有效评估各产区茶叶区域公用品牌的平均品牌收益及其增长率比较

(三)品牌忠诚度因子:西南产区市场价格波动加剧

数据显示,同时参评 2010 年和 2019 年价值评估的 58 个有效评估品牌的平均品牌忠诚度因子由 0.890 上升到了 0.908,增长率为 2.02%,表现出该 58 个有效评估品牌的市场价格体系较 10 年前稳定。

按产区进行比较(见图 183),来自华南产区和江南产区的茶叶区域公用品牌,平均品牌忠诚度因子获得了提升,2019 年,分别为 0.907 和 0.928,增长幅度分别为 2.83% 和 3.46%,表现出该两个产区的茶叶区域公用品牌近三年的平均市场价格比 10 年前同期水平稳定。江北产区茶叶区域公用品牌的平均品牌忠诚度因子由 0.924 下降至 0.893,下降幅度为 3.35%。2010 年和 2019 年西南产区茶叶区域公用品牌的平均品牌忠诚度因子均不高,且由 0.852 下降至 0.839,表明来自西南产区的有效评估品牌市场价格波动较之 10 年前更为显著。

从单个品牌看,平均品牌忠诚度因子增长率最高的 5 个品牌分别是仙都笋峰茶、岳西翠兰、浮梁茶、长兴紫笋茶和筠连红茶,其 2019 年有效评估的品牌忠诚度因子分别为 0.972、0.934、0.918、0.908 和 0.908,均在 0.90 以上。与 2010 年相比,分别增长了 32.41%、27.01%、22.45%、16.41% 和 15.94%。其中,前 4 个品牌均来自江南产区。

(四)品牌强度:品牌资源获得释放,品牌传播力和品牌发展力更待提高

数据显示,58 个同时参评 2010 年、2019 年品牌价值评估的茶叶区域公用品牌的平均品牌强度乘数由 12.56 上升到了 18.79,增长率达到了 49.60%,也就是说,10 年来茶叶区域公用品牌未来持续收益能力、抗风险能力和市场竞争力得到了大幅提升。

具体分析"品牌强度五力"各指标(见图 184),2010 到 2019 年,58 个茶叶区域公用品牌的平均"品牌强度五力"均有不同程度的提高。其中,平均品牌资源力由 54.34 上升到 90.82,提升了 67.13%,增长幅度最大;平均品牌带动力由 63.72 上升到 86.77,增长率为

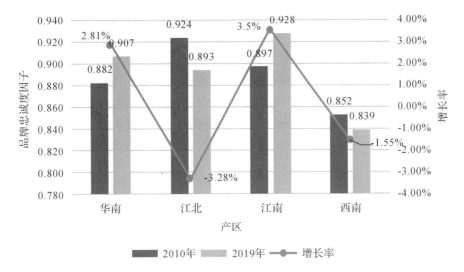

图183　2010年和2019年有效评估各产区茶叶区域公用品牌的平均品牌忠诚度因子及其增长率比较

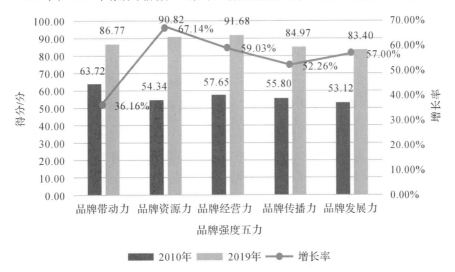

图184　2010年和2019年有效评估茶叶区域公用品牌的平均品牌强度五力及其增长率比较

36.17%;平均品牌经营力由57.65上升至91.68,增长率为59.03%;品牌的平均品牌传播力由55.80上升到84.97,增长率为52.28%;品牌的平均品牌发展力由53.12上升到83.40,增长率为57.00%。

　　数据显示,10年来,这58个茶叶区域公用品牌在品牌历史资源、文化资源和环境资源的开发与保护方面付出了较大的努力,也取得了较大成效,品牌资源力得到大幅提升。在品牌带动力方面,这58个茶叶区域公用品牌在其所在区域内的辐射影响力、对资源配置的吸引力上仍具一定优势,但2019年,平均品牌经营力和平均品牌资源力的得分已反超,其得分均在平均品牌带动力之上。

　　同时,我们看到,尽管平均品牌传播力和平均品牌发展力分别得到了52.28%和57.00%的增长,但在"品牌强度五力"中处于相对弱势。品牌传播力由3个指标构成,分别为品牌知名度、品牌认知度和品牌好感度。品牌知名度反映了品牌被公众所知晓的程度;品牌认知度衡量了消费者对品牌的深层次认知关系;品牌好感度衡量了消费者与品牌之间的关系及偏好程度,这是消费者对品牌产生忠诚消费的前提。

具体分析 2010 年和 2019 年的该三项指标的平均值(见图 185),2010 年,该 58 个茶叶区域公用品牌的平均知名度仅为 39.66,远低于平均认知度和平均好感度;到 2019 年,平均知名度增长至 83.09,比 2010 年翻了 1 番,但仍略低于平均认知度和平均好感度。可见,要提升品牌传播力,最基本的是扩大传播面,提升知名度,同时也注重传播内容的深度,让消费者了解品牌、喜爱品牌。

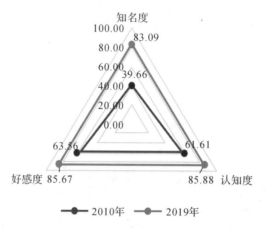

图 185　2010 年和 2019 年有效评估茶叶区域公用品牌的平均品牌传播力各指标比较

由本次评估可见,这 58 个茶叶区域公用品牌的平均品牌传播经费为 5938.19 万元,是 10 年前的 7 倍。比较 2010 年和 2019 年各产区茶叶区域公用品牌的平均传播经费与平均品牌传播力(见图 186),2010 年,华南产区茶叶区域公用品牌平均品牌传播力 59.74,高于其他三大产区的平均品牌传播力,而其平均投入品牌传播经费为 1076.31 万元,略低于西南产区的平均值;江北产区茶叶区域公用品牌的平均品牌传播经费在四大产区中最少,仅 535.60 万元,其平均品牌传播力 54.46,高于西南产区;江南产区平均投入品牌传播经费 773.87 万元,平均品牌传播力 56.12;平均品牌传播经费投入最大的西南产区,其平均品牌传播力在四大产区中最小。至 2019 年,四大产区均大幅度加大了品牌传播经费的投入,且品牌传播力也获得了大幅提升。由图 187 可见,西南产区茶叶区域公用品牌 2019 年平均品牌传播经费投入仍为四大产区之首,达到了 9218.78 万元,平均品牌传播力达到了 85.58,高于江南产区平均值;江南产区茶叶区域公用品牌的平均品牌传播经费仅次于西南产区平均值,为 5904.31 万元,而其平均品牌传播力仅 83.74,低于其他三大产区;华南产区和江北产区的平均品牌传播经费分别为 3756.88 万元和 3767.20 万元,平均品牌传播力分别达到了 88.76 和 86.65。

数据显示,增加品牌传播经费可以提升品牌传播力,但并非投入经费越多,品牌传播成效越大。

进一步比较四大产区的品牌传播经费增长率与品牌传播力三项指标增长率之间的关系,如图 187 所示,四大产区的平均品牌传播经费投入增长率与其平均知名度增长率呈现正相关,即品牌传播经费增加越多,其知名度增长越快;但品牌的认知度和好感度两个指标增长比率并未与品牌传播经费增长幅度呈现明显的正相关。数据表明,在品牌传播中投入更多经费,会使得品牌被更大范围的消费者所知晓,但消费者是否可以理解品牌传递的价值内

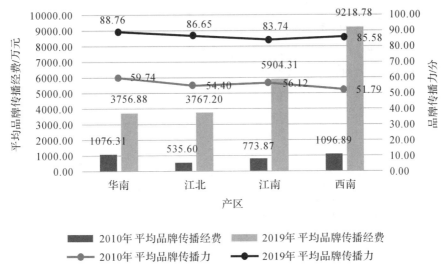

图 186　2010 年和 2019 年有效评估各产区茶叶区域公用品牌的平均品牌传播经费与品牌传播力比较

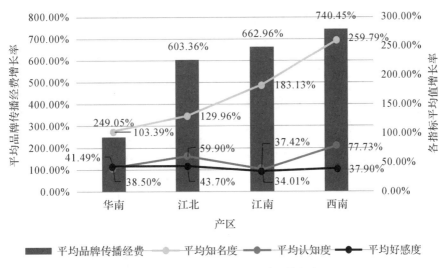

图 187　2010 年和 2019 年有效评估各产区
茶叶区域公用品牌的平均品牌传播经费及品牌传播力各指标增长率比较

容、是否会对品牌价值产生共鸣与好感，与资本投入并无完全对应的正向关联。从某种程度上看，品牌建设是从产品端到消费者端的价值传递，这要求品牌主体在进行品牌传播时，要考虑品牌传播内容的有效性，根据消费者特性，开展具有针对性的传播，提高品牌传播效果。

　　品牌发展力由品牌保护、市场覆盖、生产趋势和营销趋势等 4 项指标构成，分别考量一个品牌在知识产权保护、渠道建设、生产规模、市场销售等方面所取得的成效。纵观同时参加 2010 年和 2019 年品牌价值评估的 58 个茶叶区域公用品牌可以发现，10 年间，除镇江金山翠芽、永春佛手和武阳春雨等 3 个品牌之外，其他茶叶区域公用品牌均扩大了种植面积。这其中有扩种的，也有部分品牌扩大了品牌使用范围，如蒙顶山茶、都匀毛尖、庐山云雾茶等，均从 1 个县（区）使用范围扩大到了全地市使用，茶叶种植面积和生产产量翻倍增加。地方政府对区域内的茶产业资源进行整合，有利于提升茶叶区域公用品牌的竞争力，以规模化发展的合力姿态走出"小市场"，开拓"大市场"。

对 58 个茶叶区域公用品牌的平均种植面积和平均品牌价值的比较（见图 188），10 年间，四大产区的平均种植面积和平均品牌价值均发生了较大变化。西南产区茶叶区域公用品牌的平均种植面积仍为各产区最大，达到了 85054.32 公顷，比 2010 年扩大了 164.03%，而平均品牌价值为 24.92 亿元，仅位列第三；华南产区茶叶区域公用品牌平均种植面积最小，为 7788.78 公顷，平均品牌价值位列第二，为 25.45 亿元；江北产区茶叶区域公用品牌的平均种植面积 50711.56 公顷，约为西南产区平均种植面积的 1/2，而平均品牌价值 28.49 亿元，在四大产区中居于首位；江南产区茶叶区域公用品牌的平均种植面积略高于华南产区，但其平均品牌价值比华南产区小，为 21.16 亿元。

可见，扩大种植面积，提高销售量与销售额，可以在一定程度上提高品牌价值，但并非面积越大其品牌价值越高。如 2019 年品牌价值前 10 位品牌中的西湖龙井和洞庭山碧螺春，种植面积分别仅 1733.33 公顷和 2273.33 公顷，两品牌以小博大，品牌价值分别达到了 67.40 亿元和 44.49 亿元。而品牌发展力的提升，更多地需要从品牌保护、渠道拓展和发展市场销售力等方面着手。

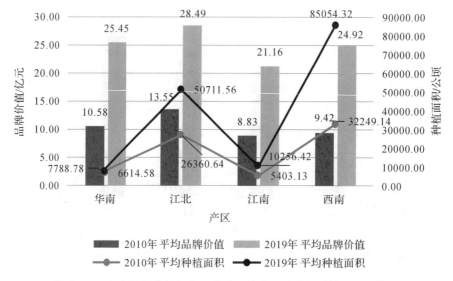

图 188　2010 年和 2019 年有效评估的各产区茶叶区域公用品牌的平均品牌价值和种植面积比较

三、品牌加持，产业扶贫升级

实施乡村振兴战略，是党的十九大作出的重大战略部署，也是决胜 2020 年全面建成小康社会、全面建设社会主义现代化国家的重大历史使命，是新时期"三农"工作的总抓手。乡村振兴战略提出"产业兴旺、生态宜居、乡风文明、治理有效、生活富裕"的 20 字总要求，其中，产业兴旺是乡村振兴的源头根本和基本前提。物质基础决定上层建筑，生产力决定生产关系，如果没有产业的持续发展，就没有农民收入增长的源泉，更没有新农村面貌的提升与展现。产业扶贫是脱贫攻坚战的关键之举和治本之策，也是乡村振兴战略大背景下推动乡村发展、提高乡村生产力发展水平、构筑乡村造血机能的核心步骤。产业扶贫贵在精准化，产业特色要精准，因地制宜，发展特色才是产业发展的出路。

在国家实施乡村振兴的大战略中，茶业占据了非常重要的位置，也迎来了难得的历史新机遇。2019年政府工作报告指出了与茶业发展息息相关的方针政策，2019年将打好精准脱贫攻坚战，大力推动绿色发展，实施地理标志农产品保护工程，推进农业全程机械化，推动一二三产业融合发展。"一片叶子成就了一个产业，富裕了一方百姓"，在打赢精准脱贫的攻坚战中，茶业已经成为许多地方现代农业的突破口、富民兴市的支柱产业、脱贫攻坚的重要抓手。

在《中国农村扶贫纲要（2011—2020）》划定的14个集中连片特困地区中，地形以崎岖山地为主，交通闭塞，经济落后。其中大别山区、武陵山区等7个贫困区贫困人口密集，占全国总贫困人口的60%以上。而这些区域也是我国传统的茶叶产区，茶业是山区农民脱贫致富的重要途径之一。据中国茶叶流通协会统计，全国已有100多个县开展了2045个茶叶扶贫项目，投入专项扶贫资金12.6亿元，脱贫人口77万人，并建立535个村级茶叶扶贫示范点。

茶产业将经济效益、生态效益和文化效益完美结合，对于亟待脱贫地区来说具有重大的意义。第一，茶叶作为一种农产品，产区特征明显，是区域经济的名片和区域历史文化的载体。第二，茶叶特殊的生长习性决定了山区、丘陵种植的特点，在不损耗粮食作物耕地的前提下有效补充了当地的农业结构，提高了农业产值和综合效益。第三，茶文化是中华文化瑰宝中灿烂一脉，结合区域特色，因地制宜打造茶文化特色小镇，发展茶旅融合产业，可形成独具一格的区域文化名片。

在过去的20年间，中国茶产业实现了井喷式发展，种植面积、涉茶人口、饮茶人数都迎来了前所未有的规模。目前，我国茶叶产业的基本特征是：茶文化历史悠久、茶产业规模巨大、茶产品的标准化程度正在逐步提升。但是，高速发展的背后隐藏了我国茶叶产业正在面临的诸多问题和挑战，茶产业的品牌化程度不高，茶产品的溢价水平高低不一，不同茶叶品牌价值差距悬殊。对于以茶业为脱贫带动产业的地区来说，原来以持续扩大种植面积换取更高产值的传统粗放型增长方式已经不能满足地区发展的需要。因此，从传统的重视产业规模、产量提升的产业扶贫思路转向提升产品品质、提高产品溢价能力的品牌扶贫新思路，成为不可逆转的趋势。

今年是开启"中国茶叶区域公用品牌价值评估"专题研究的第10个年头，从10年数据中，我们欣喜地看到，有越来越多的贫困茶叶产区正在转变观念，在区域公用品牌＋企业产品品牌的母子品牌协同发展模式下，实现了区域内产业资源高度整合、区域内产业群策群力、区域内人口造血自足的品牌扶贫发展新模式。

总体来看，同时参与2010年、2019年2个年度品牌价值评估的茶叶品牌的平均品牌价值从9.57亿元上升至22.97亿元，累计实现增长140.02%，年均复合增长率为10.22%；平均品牌收益从7679.83万元上升到13372.08万元，累计增长74.12%，年均复合增长率为6.36%；平均品牌带动力从63.72上升至86.77，实现增长36.17%。可以想象，这一连串数字增长的背后，是茶农收入的不断增长，是农村环境的日益美化，是茶叶品牌的日益壮大。可以说，一片小小的叶子撑起了农民增收、农村富裕、乡村振兴的一方天地。

为了更加直观地显现茶叶品牌扶贫对于经济落后地区的带动作用，在中国茶叶四大产区中，我们分别从江北、江南、华南三大产区各选出1个最具有扶贫示范意义的茶叶区域公用品牌，考虑到西南产区是我国精准扶贫工作的主战场，我们选择了2个代表性的品牌，并以10年为时间跨度，对这5个茶叶区域公用品牌进行数据分析。它们分别是江北产区的信阳毛尖，江南产区的恩施玉露，华南产区的福鼎白茶，西南产区的湄潭翠芽和普洱茶。

从近10年来5个茶叶区域公用品牌带动当地就业数据的变化来看（见图189），就业带动力从高到低依次是普洱茶、信阳毛尖、福鼎白茶、湄潭翠芽和恩施玉露，它们分别带动了就业人口1050.0万、132.0万、42.1万、35.1万和12.0万。可见，不同品牌带动就业的效益差异巨大，且个别品牌10年间增长迅猛。在带动就业人口的规模上，超过百万级别的有普洱茶和信阳毛尖，其中，普洱茶2018年带动就业人口数量更是突破了千万级大关，也是五大茶叶品牌中唯一带动就业过千万人口的品牌，在就业带动力上具有绝对优势。信阳毛尖2018年带动了132万人就业，而福鼎白茶、湄潭翠芽和恩施玉露带动就业人口规模在50万人以下。在带动就业人口的增长速度方面，从高到低依次是普洱茶、恩施玉露、湄潭翠芽、信阳毛尖和福鼎白茶。其中恩施玉露、湄潭翠芽虽增长率很高，但考虑到绝对值规模有限，完全参考增长率意义不大。普洱茶10年间增长率为650%，年均复合增长率23.72%，平均每年新增91万人。信阳毛尖和福鼎白茶10年间增长率相对较小，分别为20.00%、5.25%。

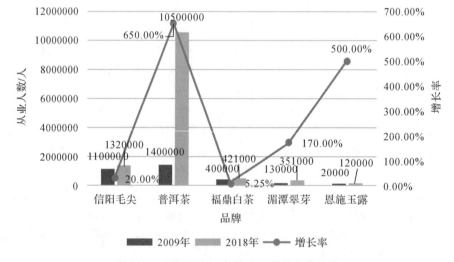

图189　五品牌近10年从业人数的变化比较

比较5个品牌近10年的种植面积变化情况（见图190），种植面积从大到小依次为普洱茶、信阳毛尖、湄潭翠芽、恩施玉露和福鼎白茶，且每个茶叶品牌10年间种植面积都呈现扩大趋势。其中，普洱茶的种植面积超过了其他类型茶叶种植面积的总和，在种植规模上处于绝对优势，2009年，普洱茶的种植面积就已达20万公顷，且迅速发展至2018年的42万公顷，种植面积翻了1番。信阳毛尖的种植面积也达10万公顷以上，2009年共计93333.33公顷，2018年种植面积已达141666.67公顷，增加了近1倍。湄潭翠芽、恩施玉露和福鼎白茶，2018年种植面积分别为40000公顷、17333.33公顷以及14533.33公顷。就种植面积增长绝对值而言，普洱茶种植面积增长最大，10年间扩增了22万公顷；信阳毛尖10年间种植面积增长也达到了近5万公顷，湄潭翠芽和恩施玉露10年间种植面积分别扩大了3.6万公顷和1.6万公顷；福鼎白茶的种植面积10年间基本持平，2019年种植面积相较于2010年仅增加1200公顷。

比较5个茶叶区域公用品牌近10年的产品销售额变化（见图191），2009年，5个品牌的产品销售额从大到小依次为信阳毛尖、福鼎白茶、普洱茶、湄潭翠芽和恩施玉露，经过10年

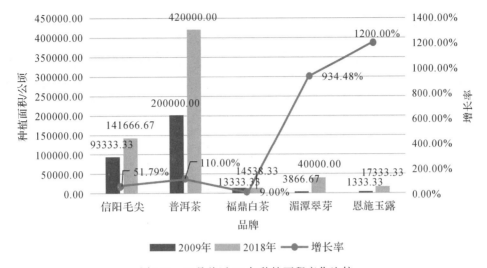

图 190　五品牌近 10 年种植面积变化比较

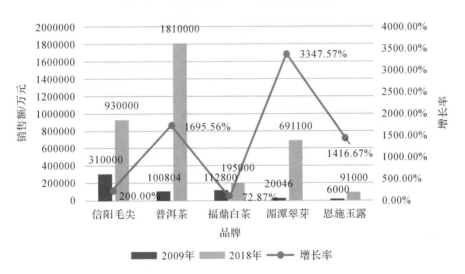

图 191　五品牌近 10 年产品销售额变化情况

的发展,这5个茶叶品牌的销售额均实现了大幅度提升,2018 年各品牌的销售额从大到小依次为普洱茶、信阳毛尖、湄潭翠芽、福鼎白茶和恩施玉露。从绝对规模上看,普洱茶年销售额一骑绝尘,2018 年销售额高达 181 亿元,是唯一一个销售额突破百亿元的茶叶区域公用品牌;信阳毛尖 2018 年销售额为 93 亿元;湄潭翠芽的销售额 10 年间增长最为快速,2018 年销售额达到 69.11 亿元,比 10 年前的销售额整整提高了 33 倍;福鼎白茶 2018 年销售额为19.5亿元;恩施玉露 2018 年销售额为 9.1 亿元,与其余 4 个品牌相比,恩施玉露的销售额并不大。从销售额的增长率比较,增长最大的品牌是湄潭翠芽,其次是普洱茶和恩施玉露,增长均在 10 倍以上。

下面,本文将分别对该 5 个茶叶区域公用品牌的品牌价值评估指标及品牌所在地进行分析,探究 10 年间茶叶区域公用品牌对当地产业、经济、脱贫工作的作用。

（一）信阳毛尖

信阳毛尖的原产地河南信阳市,是传统的革命老区、农业大市,也是大别山连片贫困地区的主要片区,全市有四分之三的面积为山地丘陵。信阳毛尖,具有 2300 多年的种植历史,是信阳市农业主导产业之一,也是当地重要的扶贫特色产业之一。自 2010 年开展中国茶叶区域公用品牌价值专项评估至今,信阳毛尖品牌价值已连续 10 年位列品牌价值十强。

比较信阳毛尖近 10 年的品牌价值变化情况(见图 192),10 年间,信阳毛尖的品牌价值逐年提升,从 2010 年的 41.39 亿元上升至 2019 年 65.31 亿元,整体上涨了 23.92 亿元,整体涨幅达到了 57.80%。2019 年信阳毛尖品牌价值远远高于其他江北产区茶叶区域公用品牌的平均品牌价值,高出 48.67 亿元。

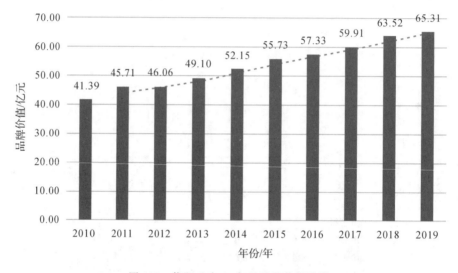

图 192　信阳毛尖 10 年品牌价值提升线

不同于品牌价值的直线上升,信阳毛尖 10 年间的品牌收益则在波动中上升。如图 193 所示,在 2013—2016 年间,信阳毛尖品牌收益呈现持续小幅度下降,从 2017 年开始,品牌收益开始回升,到 2019 年,品牌收益达到历史新高,为 36465.37 万元。总体来看,信阳毛尖品牌收益从 2010 年的 25074.43 万元上升到 2019 年的 36465.37 万元,整体上涨 11390.94 万元,整体涨幅为 45.43%。

比较信阳毛尖 10 年间的品牌忠诚度因子数据可见(见图 194),在 2010—2013 年的评估结果中,信阳毛尖品牌忠诚度因子基本呈现下降趋势,其中,2013 年的品牌忠诚度因子数据仅有 0.740。可见,信阳毛尖在 2010—2012 年间的市场价格体系存在较大的波动,影响了消费者的品牌忠诚;2014 年评估结果显示,信阳毛尖的品牌忠诚度因子回升至 0.898,并在 2017 年达到历史最高值 0.993。可见,信阳毛尖在 2013—2016 年间的市场价格体系的稳定程度在不断加强;2019 年的评估数据则显示,信阳毛尖的品牌忠诚度因子略有回落,为 0.939,但仍高于江北产区有效评估品牌的品牌忠诚度因子平均值。

比较信阳毛尖的品牌强度乘数和"品牌强度五力"可见(见图 195),信阳毛尖品牌强度乘数在波动中提升,2010 年为 17.04;到 2018 年达到历史最高,为 19.36;2019 年略有回落,为

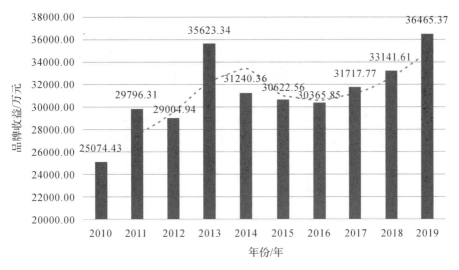

图 193 信阳毛尖 10 年品牌收益比较

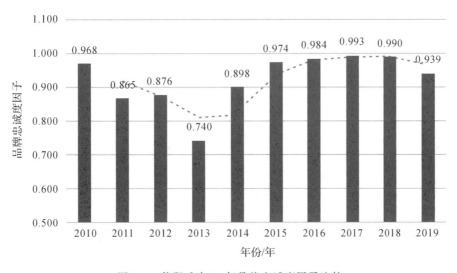

图 194 信阳毛尖 10 年品牌忠诚度因子比较

19.08。总体而言,信阳毛尖的未来持续收益能力、抗风险能力和市场竞争力获得了强化。另从图 196 可见,2010 年和 2011 年的评估数据中,信阳毛尖的"品牌强度五力"之间存在较大的差异,发展较不均衡,2012 年后,该情况逐渐得到改善。2019 年,信阳毛尖的品牌带动力、品牌资源力、品牌经营力、品牌传播力和品牌发展力分别为 93.34、90.19、93.56、91.56 和 84.52,相对而言,在品牌发展力上稍有欠缺。目前,信阳市已专门出台了"茶叶品牌建设和市场开拓奖励办法",在一定程度上激励了信阳毛尖在渠道建设、市场营销等方面的发展,未来,还需加强品牌保护力度,全方位提高品牌发展力。

品牌带动力从品牌与区域的联动程度、在当地的经济地位和文化地位这三方面进行评测。其中,区域联动体现了茶业带动了就业、茶农投入生产经营,经济地位则体现了茶业在区域经济中的贡献比重,这 2 个指数的变动与区域经济的发展息息相关,在产业扶贫中,能够直观反映茶业扶贫成效。信阳毛尖在品牌带动力上表现良好,从 2010 年的 76.00 提升至

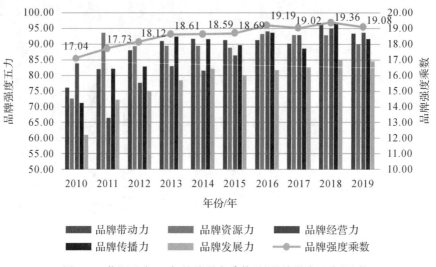

图 195　信阳毛尖 10 年品牌强度乘数及"品牌强度五力"比较

2019 年的 93.34，上涨 22.8％，对区域经济带动效益明显。截至 2018 年底，信阳市茶叶种植面积达 14.17 万公顷，茶叶产量 6.6 万吨，总产值 112 亿元，带动 10 万人实现脱贫或巩固脱贫成果，扶贫效益显著。

（二）普洱茶

云南省共有 16 个州市，普洱茶地理标志产品的保护范围就涉及其中昆明市、楚雄州、玉溪市、红河州、文山州、普洱市、西双版纳州、大理州、保山市、德宏州、临沧市等 11 个州市。2018 年，云南省全省茶叶种植面积 42 万公顷，以普洱茶为主导的云茶产业是云南省传统的特色产业、优势产业、重点产业，对推进云南省农业农村现代化、实施乡村振兴战略、促进产业扶贫及茶农增收等方面起到积极的重要的作用。

通过比较普洱茶 10 年间的品牌价值可见，普洱茶的品牌价值一路稳中有升，从 2010 年的 38.83 亿元上升至 2019 年的 66.49 亿元，整体增幅 71.21％（见图 196）。从 2019 年的评估数据可见，普洱茶品牌价值相较于西南产区有效评估品牌整体的平均品牌价值，高出 49.94 亿元。

在品牌收益方面，如图 197 所示，普洱茶的品牌收益评估数据波动并呈现周期性变化，大体形成 3 个周期，分别为：2010—2012 年、2013—2016 年、2017—2019 年，每个周期持续 3～4 年时间。2019 年，普洱茶品牌收益为 39849.14 万元，略低于 2012 年产生的历史最高值，但总体而言，10 年来，普洱茶的品牌收益得到提升，相较于 2010 年，品牌收益上升 14103.86 万元，增幅 54.78％，比西南产区有效评估品牌的整体平均品牌收益高出 29212 万元。

比较普洱茶的品牌忠诚度因子，10 年间，普洱茶的品牌忠诚度因子同样呈现出明显的周期性变化，并与品牌收益周期时间一致，但呈相反态势。如图 198 所示，2010—2012 年间的评估数据显示，普洱茶的品牌忠诚度因子呈现下降趋势，并降至历史最低点；2013 年则获得大幅回升，但在随后的 4 年内，又为一个下降周期；2017—2019 年呈现第三个下降周期。

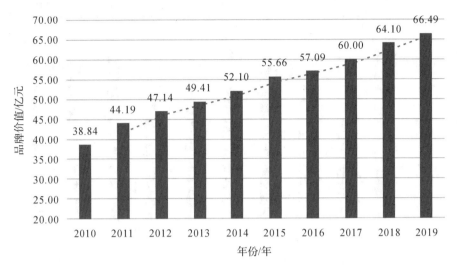

图196　普洱茶10年品牌价值比较

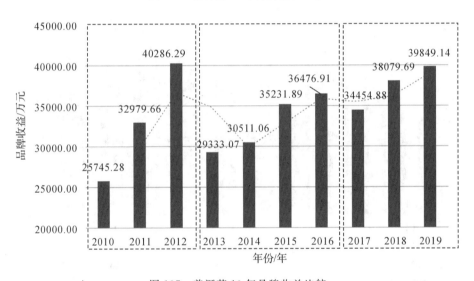

图197　普洱茶10年品牌收益比较

数据表明,普洱茶市场价格,每3~4年会出现一波较大幅度的波动,如2018年,普洱茶因"茶王"出现一波涨价高峰。

比较近10年来普洱茶的品牌强度乘数和"品牌强度五力"发现(见图198),整体而言,普洱茶的品牌强度乘数不断提升,从2010年的16.82升至2019年的20.20,显示其品牌未来持续收益能力、抗风险能力和市场竞争力的加强。同时,普洱茶在不断补齐短板,各项指标均得到了大幅提升。尤其是品牌资源力发展最为显著,经过10年的发展,从2010年的63.26上升至2019年的101.91,增幅高达61.10%。除品牌资源力突破100以外,普洱茶的品牌带动力、品牌经营力和品牌传播力也达到了100以上,分别为104.77、102.86和105.86,表现优异。相比之下,其品牌发展力为89.54,是"品牌强度五力"中较为薄弱的环节,但仍比2010年提升了51.86%。虽然近10年来普洱茶的品牌强度乘数不断增强,但不可忽视的是,品牌发展力正在成为其长远发展的掣肘。品牌保护是品牌发展力指标的重要

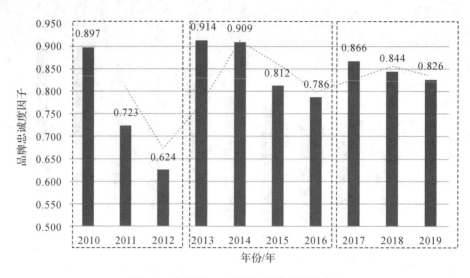

图198　普洱茶10年品牌忠诚度因子比较

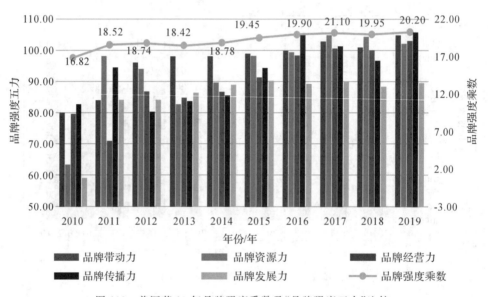

图199　普洱茶10年品牌强度乘数及"品牌强度五力"比较

参考维度,近年来,关于普洱茶的炒作报道时有发生,严重扰乱古茶叶市场秩序,影响普洱茶产业健康发展。这提醒当地政府和行业协会,在建设品牌、享受品牌发展的红利过程中必须未雨绸缪,避免千里之堤毁于蚁穴。

　　10年来,普洱茶的品牌价值一直保持在品牌价值前3位,通过普洱茶的品牌引领,持续推进了云南省茶业扶贫成效。到2018年,云南省茶叶种植面积42万公顷,总产量39.8万吨,综合产值达843亿元,茶农人均收入达3630元。在云南省集中连片贫困地区91个县区名单中,就有53个县区位于普洱茶地理标志产品保护范围内,目前,云南省累计48个县区实现了脱贫摘帽,其中有27个县区来自普洱茶产区。

(三)福鼎白茶

福鼎白茶,原产于福鼎太姥山,具有上千年的种植历史。2007年,福鼎市吹响了振兴白茶的号角,推出一系列政策措施,推动福鼎白茶产业发展。到2018年,福鼎白茶种植面积达到了1.45万公顷,从业人数42.1万人,是福鼎市促进乡村振兴和区域经济发展的重要产业,是福鼎茶农脱贫致富的绿色产业。

比较福鼎白茶10年来的品牌价值成长可见,福鼎白茶的品牌价值呈现一路稳中有进的上涨趋势,从2010年的22.56亿元上涨到2019年的44.96亿元,整体提升22.40亿元,翻了1番,具体可见图200。其中,2019年是福鼎白茶品牌价值提升最明显的一年,年增长率为17.51%,比本次有效评估的华南产区茶叶区域公用品牌的平均品牌价值高出了22.32亿元。

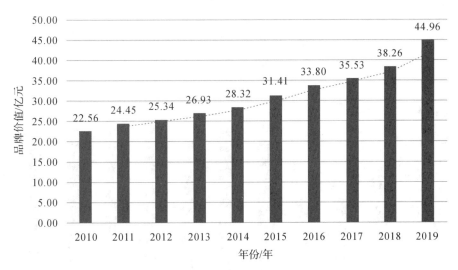

图200　福鼎白茶10年品牌价值比较

福鼎白茶品牌收益近10年内虽有小幅度波动,但整体呈现上升趋势(见图201)。2013年和2014年评估数据显示,福鼎白茶的品牌收益连续两年缩水,在2015年实现短暂回升后,2016年再一次回落,2016—2019年4年评估数据可见,该品牌的品牌收益持续提升,并在2019年达到历史最高,品牌收益突破25000万元大关,相比2010年提升6986万元,增幅37.18%,相较本次有效评估的华南产区茶叶区域公用品牌的平均品牌收益,高出12550.38万元。

比较福鼎白茶在10年间的品牌忠诚度因子(见图202),福鼎白茶2011年和2012年的评估数据显示,品牌忠诚度因子较低,分别为0.734和0.741;2013年获得回升,到2015年又出现短暂回落,2016年达到历史最高值0.981,到2019年又回落至0.884。可见,福鼎白茶的市场价格一直处在不断调整中,相对本次有效评估的华南产区茶叶区域公用品牌的平均水平,近三年福鼎白茶的价格波动略大,在种植面积没有大幅度增长的情况下,品牌收益取得了大幅度非对称增长,导致品牌忠诚度因子下降。

比较10年间的品牌强度乘数可见(见图203),福鼎白茶的品牌强度乘数提升较为显著,

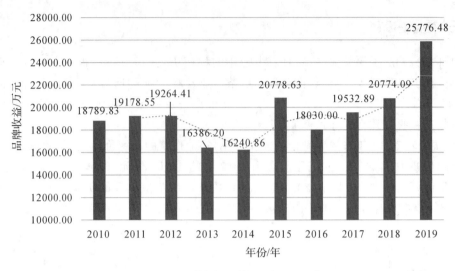

图 201 福鼎白茶 10 年品牌收益比较

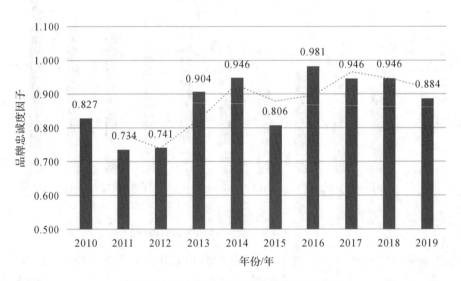

图 202 福鼎白茶 10 年品牌忠诚度因子比较

从 2010 年的 14.51 提升至 2019 年的 19.72,整体提高 35.91%。在"品牌强度五力"上,历年来,福鼎白茶的品牌带动力和品牌经营力表现较强,无论是 2010 年还是 2019 年的评估数据显示,该 2 个指标均领先于其他 3 个指标,尤其是 2019 年,分别达到了 100.11 和 100.35,均超过 100。同时,福鼎白茶的品牌资源力和品牌传播力发展迅猛,分别从 2010 年的 39.94 和 59.61 上升到 2019 年的 93.56 和 99.94,整体增长幅度分别高达 134.25% 和 67.66%。同时,福鼎白茶的品牌发展力也有长足发展,到 2019 年,达到了 90.92。从图中可见,福鼎白茶较为重视系统化发展,在"品牌强度五力"上发展均衡,未有明显的短板。

10 年来,福鼎白茶的品牌价值也同样持续 10 年保持在前 10 位,带动了福鼎 42 万人就业增收致富,其中 70% 为茶农,茶叶对茶农人均纯收入贡献率达到 55% 以上。

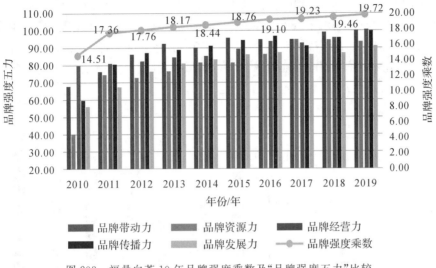

图 203　福鼎白茶 10 年品牌强度乘数及"品牌强度五力"比较

(四)湄潭翠芽

"湄潭翠芽"茶产于贵州高原东北部素有"云贵小江南"之美称的贵州省湄潭县,因产于湄江河畔而得名。与前面 3 个茶叶区域公用品牌悠久的历史相比,湄潭翠芽属于后起之秀,创制于 1943 年,仅仅 70 多年历史,湄潭县已发展成为贵州省最大的茶区。

比较湄潭翠芽 10 年间的品牌价值可见(见图 204),湄潭翠芽的品牌价值在 10 年间稳步提升,从 2010 年的 7.69 亿元上升到 2019 年的 25.22 亿元,涨幅高达 227.96%。2019 年是其品牌价值增长最快的一年,比 2018 年提升了 15%,相较于本次有效评估的西南产区整体品牌的平均品牌价值,高出了 8.67 亿元。

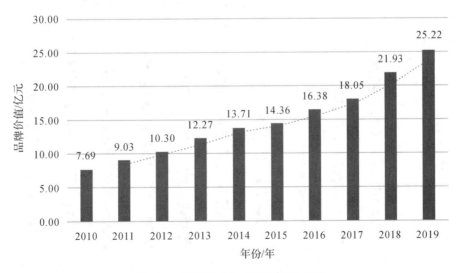

图 204　湄潭翠芽 10 年品牌价值比较

比较湄潭翠芽的品牌收益(见图 205),10 年间,湄潭翠芽的品牌收益大体呈现出两个波峰。第一个波峰是 2013 年,品牌收益达到 11134.51 万元,比 2010 年增加了 4939.83 万元,但随后在 2014 年品牌收益缩水 23.60%,下降至 8506.61 万元。第二个波峰是 2019 年,品牌收益为 16254.12 万元,比 2014 年整体提升了 7747.51 万元,翻了近 1 番,比 2010 年的品牌收益提升了 162.39%,比本次有效评估的西南产区茶叶区域公用品牌的平均品牌收益高出了 50%。

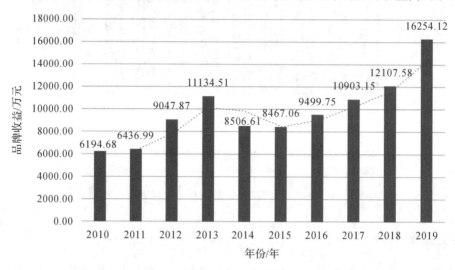

图 205　湄潭翠芽 10 年品牌收益比较

观察湄潭翠芽 10 年间的品牌忠诚度因子比较曲线(见图 206),2012 年和 2013 年的评价数据显示,湄潭翠芽的品牌忠诚度因子较低,分别为 0.650 和 0.634,2014 年回升并超过 0.90,一直到 2018 年,湄潭翠芽的品牌忠诚度因子均维持在 0.90 左右。而 2019 年的评价数据显示,湄潭翠芽的品牌忠诚度因子有所回落,为 0.829。可见,湄潭翠芽在市场上的价格除 2012 年前后有较大幅度的波动外,其余年份相对保持稳定;2019 年,湄潭翠芽的品牌忠诚度因子略低于本次有效评估的西南产区茶叶区域公用品牌的平均值,但仍比 2012 年和 2013 年评估时要高,可见,2018 年,湄潭翠芽在市场上出现了一波小幅度的价格上涨变化。

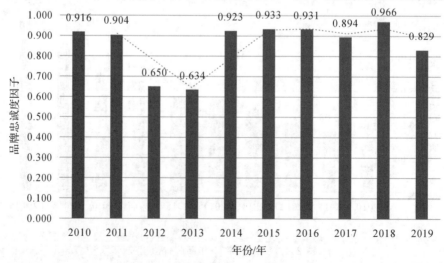

图 206　湄潭翠芽 10 年品牌忠诚度因子比较

　　比较湄潭翠芽的品牌强度乘数可见（见图207），2010—2012年是湄潭翠芽品牌强度乘数迅速获得提升的3年，从13.56提升至17.51，涨幅达到29.13%；2013—2019年，该品牌的品牌强度乘数相对保持稳定并有所增长。进一步比较湄潭翠芽的"品牌强度五力"可见，2010年其品牌带动力、品牌资源力、品牌经营力、品牌传播力和品牌发展力分别为64.00、55.42、59.68、48.74和56.42，相对而言，品牌带动力、品牌经营力略高一筹，而品牌传播力最为薄弱；到2019年，湄潭翠芽"品牌强度五力"分别提高到了91.95、85.81、91.47、86.41和83.91，总体增长率分别为43.67%、54.84%、53.27%、77.29%和48.72%。其中，品牌传播力增长最为显著，而品牌带动力和品牌经营力依然保持优势，可见湄潭翠芽对当地区域经济发展的带动作用较大。需要指出的是，近三年，湄潭翠芽的品牌发展力在持续走低，湄潭翠芽的种植面积从2016年至今，稳定在4万公顷，未再进行扩种，生产上已趋于稳定。需要引起有关部门关注的是，在规模达到上限后，需要从品牌保护、渠道建设和市场营销等方面加大投入，确保品牌发展力的提升。

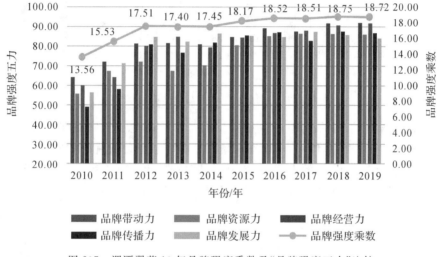

图207　湄潭翠芽10年品牌强度乘数及"品牌强度五力"比较

　　湄潭县在2011年就被列入武陵山片区区域发展与扶贫攻坚重点县，县里实施特色兴县、产业强县战略，发展壮大以茶叶为主的特色产业，提高县域经济发展水平。湄潭翠芽品牌被作为当地茶农脱贫致富的重要抓手。到2018年，湄潭翠芽种植面积稳定在4万公顷，产量6.16万吨，综合产值超60亿元，惠及8.8万户35.1万人。目前，湄潭县茶产业对5个贫困镇64个贫困村实现全覆盖，平均每公顷茶园可使22个贫困人口脱贫，茶叶受益贫困户5404户17800人，占全县贫困人口的40%。

（五）恩施玉露

　　恩施玉露的原产地湖北恩施州，是湖北省武陵山片区扶贫的主战场之一。近年来，恩施州委、州政府把恩施玉露作为全州"三张名片"中的唯一产业名片来打造，并把茶叶作为群众增收致富的重要载体，大力发展茶产业。

　　恩施玉露10年间的品牌价值一直处于高速上升状态（见图208），从2010年的2.90亿元上升至2019年的20.54亿元，整体上升17.64亿元，整体涨了6倍有余。恩施玉露的品牌价值历年增长率都超过 15%,最高达 40%以上,增长速度在参评品牌中名列前茅。2010 年评估数据显示,恩施玉露品牌价值远低于当年度江南产区茶叶区域公用品牌的平均值,到 2019 年,恩施玉露品牌价值已高出当年度江南产区有效评估品牌平均水平 3.27 亿元,可见,恩施玉露品牌的综合成效突飞猛进。

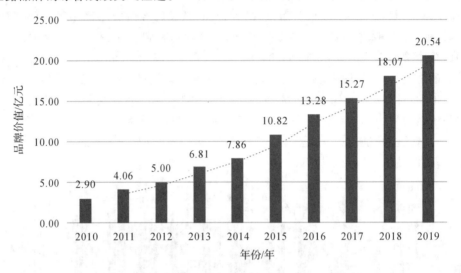

图 208 恩施玉露 10 年品牌价值比较

比较恩施玉露 10 年间的品牌收益(见图 209),2014 年,恩施玉露品牌收益略有回落,比上一年度下降了 6.17%。总体而言,恩施玉露的品牌收益呈现出跳跃式发展,从 2010 年的 1990.63 万元,上升至 2019 年的 12714.48 万元,整体提升 10723.86 万元,增长幅度超过 5 倍,相较于江南产区 2019 有效评估品牌整体的平均品牌收益,高出 2634.54 万元。

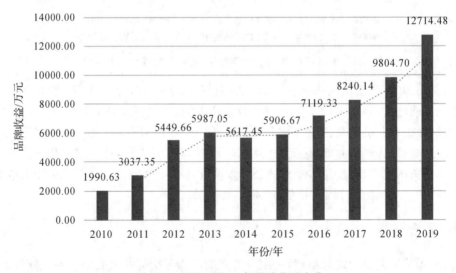

图 209 恩施玉露 10 年品牌收益变化

比较恩施玉露 10 年间品牌忠诚度因子(见图 210),2010 年至 2015 年间数据显示,恩施玉露的品牌忠诚度因子大体呈现 U 型曲线,2012 年降至历史最低水平,为 0.520,而 2015 年达到历史最高值,为 0.988。数据表明,2010 年至 2015 年,恩施玉露的市场价格从相对稳定到不稳定再回归稳定的状态。从 2015—2019 年,恩施玉露的品牌忠诚度因子呈现连续小幅度下降,到 2019 年,为 0.843,可见,2015 年以来,恩施玉露市场价格存在持续性的小幅调整。

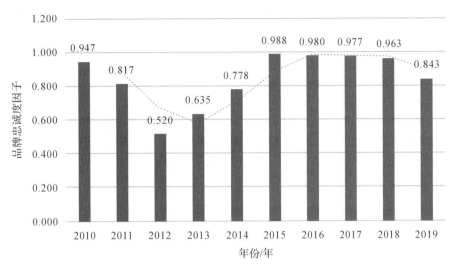

图 210　恩施玉露 10 年品牌忠诚度因子

比较恩施玉露 10 年间的品牌强度乘数和"品牌强度五力"(见图 211),恩施玉露品牌强度乘数从 2010 年的 15.37 提升至 2019 年的 19.17,整体涨幅达到 24.71%。2010 年,恩施玉露的"品牌强度五力"均不足 80,尤其是品牌经营力,仅 51.00。到 2019 年,恩施玉露的"品牌强度五力"分别达到了 89.71、92.63、95.35、90.06 和 86.33。品牌经营力化弱势为优势,成为"品牌强度五力"中最高的一个指标,可见,10 年来,恩施玉露在标准制定、质量检测、认证体系、组织执行等经营管理层面上取得了显著成效。除品牌经营力外,恩施玉露的品牌资源力和品牌传播力也均达到了 90 以上,而品牌带动力和品牌发展力相对薄弱,其中品牌带动力在 2010 年为 78.00,在恩施玉露当年度的"品牌强度五力"中占绝对优势,2019 年其品牌带动力为 89.71,仅提高了 15.01%,与其余 4 项指标相比,整体涨幅不高,但比起

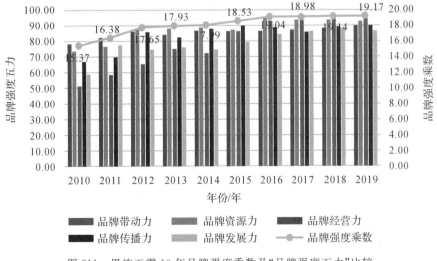

图 211　恩施玉露 10 年品牌强度乘数及"品牌强度五力"比较

本次评估的江南产区茶叶区域公用品牌的平均水平仍高出了7.16。

截至2018年,恩施现有茶园面积2.33万公顷,其中恩施玉露种植面积已达1.73万公顷,当年实现茶叶销售额9.1亿元,惠及恩施市12万涉茶人员。在扶贫带动方面,茶产业已成为恩施市农业农村经济第一支柱产业。

一连串的数据,勾勒的是中国产业扶贫从摸索到成熟的向上曲线,也是中国茶叶区域公用品牌从弱渐强的成长轨迹。

过去12年的第一手数据、10年的评估数据告诉我们,以品牌化思路赋能产业扶贫,因地制宜打造区域公用品牌,实施以品牌化为核心的生态化、电商化、标准化,能够最大限度培养一个区域的整合区域资源、创造产品溢价、构建区域内的自我造血能力。品牌扶贫离不开贫困地区政府的资源整合、专业团队的顶层设计规划、产业协会的有效管理以及当地企业与农户脚踏实地的品牌化经营,只有各方力量有效配置、协同作战,才能真正以品牌的方式,整合区域资源,引导科学发展,创造品牌溢价,助推农户脱贫。

附表:2019年中国茶叶区域公用品牌价值评估结果

排序	省份	品牌名称	品牌价值/亿元	排序	省份	品牌名称	品牌价值/亿元
1	浙江	西湖龙井	67.40	23	陕西	汉中仙毫	25.69
2	云南	普洱茶	66.49	24	贵州	湄潭翠芽	25.22
3	河南	信阳毛尖	65.31	25	浙江	开化龙顶	25.16
4	福建	福鼎白茶	44.96	26	云南	滇红工夫茶	24.96
5	江苏	洞庭山碧螺春	44.49	27	江西	浮梁茶	23.76
6	浙江	大佛龙井	43.04	28	广东	英德红茶	23.63
7	浙江	安吉白茶	40.92	29	浙江	径山茶	23.56
8	四川	蒙顶山茶	33.65	30	广西	六堡茶	23.40
9	安徽	六安瓜片	33.25	31	贵州	梵净山茶	23.40
10	湖南	安化黑茶	32.99	32	浙江	松阳银猴	22.96
11	贵州	都匀毛尖	32.90	33	福建	安溪黄金桂	22.34
12	福建	福州茉莉花茶	32.32	34	安徽	霍山黄芽	22.33
13	福建	武夷山大红袍	31.34	35	江西	狗牯脑茶	22.22
14	安徽	祁门红茶	31.01	36	陕西	紫阳富硒茶	22.20
15	四川	峨眉山茶	29.74	37	福建	正山小种	21.63
16	福建	坦洋工夫	29.25	38	江西	婺源绿茶	20.63
17	安徽	太平猴魁	29.00	39	湖北	恩施玉露	20.54
18	湖北	赤壁青砖茶	28.41	40	湖南	碣滩茶	20.03
19	江西	庐山云雾茶	27.70	41	湖北	英山云雾茶	19.90
20	湖北	武当道茶	27.54	42	贵州	凤冈锌硒茶	19.57
21	浙江	越乡龙井	26.40	43	重庆	永川秀芽	19.30
22	福建	平和白芽奇兰	25.84	44	安徽	岳西翠兰	19.19

续表

排序	省份	品牌名称	品牌价值/亿元	排序	省份	品牌名称	品牌价值/亿元
45	浙江	武阳春雨	18.80	77	江西	靖安白茶	8.98
46	四川	雅安藏茶	18.61	78	广西	昭平茶	8.92
47	山东	日照绿茶	17.06	79	浙江	余姚瀑布仙茗	8.87
48	浙江	长兴紫笋茶	16.81	80	贵州	遵义红	8.56
49	浙江	千岛湖茶	16.61	81	浙江	仙都笋峰茶	8.51
50	湖北	恩施富硒茶	16.44	82	四川	筠连红茶	8.03
51	福建	永春佛手	16.41	83	江西	双井绿	8.01
52	浙江	磐安云峰	16.14	84	安徽	霍山黄大茶	7.87
53	江西	修水宁红茶	15.30	85	河南	桐柏玉叶	7.79
54	福建	政和工夫	15.28	86	浙江	天台山云雾茶	7.43
55	湖南	石门银峰	14.07	87	安徽	舒城小兰花	7.17
56	江苏	茅山长青	13.82	88	浙江	江山绿牡丹茶	6.13
57	四川	马边绿茶	13.76	89	浙江	平水日铸	6.10
58	浙江	景宁惠明茶	13.65	90	四川	邛崃黑茶	5.64
59	湖北	鹤峰绿茶	13.59	91	贵州	余庆苦丁茶	4.87
60	浙江	泰顺三杯香茶	12.93	92	安徽	霄坑绿茶	4.71
61	四川	七佛贡茶	12.90	93	湖北	襄阳高香茶	4.40
62	湖北	赤壁米砖茶	12.79	94	陕西	泾阳茯砖茶	4.02
63	四川	南江大叶茶	12.73	95	重庆	开县龙珠茶	3.64
64	福建	政和白茶	12.43	96	河南	桐柏红	3.40
65	山东	崂山茶	12.21	97	江西	资溪白茶	2.93
66	四川	万源富硒茶	12.19	98	湖南	保靖黄金茶	2.65
67	江苏	镇江金山翠芽	12.08	99	浙江	缙云黄茶	2.30
68	浙江	龙谷丽人	12.07	100	山东	烟台绿茶	2.03
69	山东	沂蒙绿茶	11.49	101	湖南	江华苦茶	1.91
70	湖南	桃源大叶茶	11.26	102	四川	北川茶叶	1.67
71	浙江	望海茶	11.18	102	重庆	南川大树茶	1.67
72	湖南	古丈毛尖	10.53	104	江西	三清山白茶	1.15
73	江苏	仪征绿杨春茶	10.17	105	重庆	南川金佛玉翠茶	1.04
74	湖北	宜都宜红茶	9.98	106	山东	烟台桑叶茶	1.00
75	浙江	桐庐雪水云绿茶	9.67	107	重庆	涪陵白茶	0.18
76	福建	松溪绿茶	9.23				

声明：本研究中所估算之品牌价值，均基于茶叶区域公用品牌持有单位提供数据及其他公开可得的信息，且运用浙江大学CARD中国农业品牌研究中心茶叶区域公用品牌专用评估方法对采集数据处理的结果。本评估所涉及的品牌只包括在中国内地注册的茶叶区域公用品牌。

2020:中国茶叶区域公用品牌价值评估研究报告
(数据跨度:2017—2019)[*]

前　言

　　2020年,是中国全面建成小康社会目标实现之年,是全面打赢脱贫攻坚战的收官之年。但突如其来的新冠疫情,无法选择地将中国经济、世界经济推到了一个新的历史转折点上。就中国的茶产业而言,茶叶的生产加工、消费渠道、出口贸易、消费需求、消费理念、品牌传播方式等,都将面临新的市场环境和竞争格局。

　　2020年的中央一号文件《中共中央 国务院关于抓好"三农"领域重点工作确保如期实现全面小康的意见》提出,要支持各地立足资源优势打造各具特色的农业全产业链,建立健全农民分享产业链增值收益机制,形成有竞争力的产业集群,推动农村一二三产业融合发展;继续调整优化农业结构,加强绿色食品、有机农产品、地理标志农产品认证和管理,打造地方知名农产品品牌,增加优质绿色农产品供给。在许多优势茶产区,茶产业是乡村和城镇的重要产业,甚至成为多个省的重要经济支柱产业和特色农产品,对区域经济发展形成了强大的带动作用。2019年的《中国茶叶区域公用品牌价值评估报告》第三部分中,我们曾专门分析了10年评估期间我茶产业的江北产区信阳毛尖、江南产区恩施玉露、华南产区福鼎白茶、西南产区湄潭翠芽和普洱茶的系统数据,充分表明了,发展茶产业、打造茶品牌对打赢脱贫攻坚战有着重要的助推作用、协同作用。

　　然而,2019年底暴发的新冠疫情为我国的茶产业发展及茶品牌运营蒙上了一层阴影。开春以来,全国各地的茶叶主产区都不同程度地面临着采茶工人短缺、销售渠道遇阻、防疫物资匮乏、转战电商经验不足等多重困难。同时,疫情也极大地改变了人们的消费心理和消费方式:人们更加关注健康,注重绿色消费理念,而茶叶是健康饮品,甚至可以在一定程度上预防并消除炎症,已形成广泛的消费共识;人们宅家时间越来越多,而茶馆等场所的外部消费将减少,礼品茶、大集团消费茶、三产延伸消费茶将出现一定程度的下降,但家庭口粮茶消费将快速递增;人们转变了茶叶购买方式,更多地在网络上寻找好茶,过去盛行的产地体验消费、实体专卖店消费将下降,而网络消费将上升。问题的关键在于,中国的茶叶区域公用品牌能否及时地应对市场的变化和需求,以新的品牌价值观、品牌传播策略、品牌销售方式去适应新的消费环境、新的竞争格局,呼应机遇,转危为机,实现逆势增长。

---

　　* 本报告发表于《中国茶叶》2020年第5期。

延续 2010 年以来 10 年间的研究初衷与研究方向,为了提供专业的中国茶叶区域公用品牌发展调研成果,进而为促进全国茶产业的品牌化建设、提高全国茶产业的品牌溢价、提升中国茶产业的品牌影响力与竞争力做出专业贡献,2019 年 12 月,浙江大学 CARD 中国农业品牌研究中心联合中国农业科学院茶叶研究所《中国茶叶》杂志、浙江大学茶叶研究所、浙江永续农业品牌研究院等研究机构,第十一次开展了"2020 中国茶叶区域公用品牌价值评估"(港澳台地区除外)的专项研究。历时 3 个多月,评估依据浙江大学胡晓云领衔自主研发的"中国农产品区域公用品牌价值评估模型"(简称 CARD 模型),采用科学、系统、量化的方法,经过对品牌持有单位调查、消费者评价调查、专家意见咨询、海量数据分析,最后形成相关评估结果。

一、数据分析

本次参评的茶叶区域公用品牌数量达 111 个,获得有效评估的品牌共计 98 个,其中,91 个品牌连续参与了 2019 年和 2020 年两轮评估。由于疫情影响,有效评估品牌数量较 2019 年减少了 9 个。

根据茶产区分布统计,来自江南产区的有效评估品牌数量仍然占据第一位,共计 55 个;其他产区,按品牌数量从多到少依次为:西南产区 18 个,华南产区 16 个,江北产区 9 个。

从有效评估的茶叶区域公用品牌的品类来看,由多到少依次为:绿茶类品牌 70 个、红茶类品牌 10 个、黑茶类品牌 6 个、乌龙茶类品牌 4 个、黄茶类品牌 3 个、白茶类品牌 2 个、茉莉花茶等其他茶类 3 个。参评品牌的各茶类数量比例,基本反映了我国茶叶区域公用品牌在各茶类中的数量结构,绿茶类品牌最多,占本次有效评估品牌总量的 71.42%。

在 CARD 模型中,茶叶区域公用品牌价值＝品牌收益×品牌忠诚度因子×品牌强度乘数,本节将依据获得品牌价值的各项各级相关指标展开相关数据分析,通过数据展示中国茶叶区域公用品牌的发展现状。

(一)品牌价值:平均品牌价值首度超越 20 亿元,但头部品牌的价值提升面临瓶颈

根据本次评估数据所得,98 个有效评估的茶叶区域公用品牌的品牌总价值为 1970.62 亿元,较 2019 年有效评估的 107 个茶叶区域公用品牌的品牌总价值高出 71.34 亿元。本次有效评估品牌的平均品牌价值为 20.11 亿元,较 2019 年增加了 2.36 亿元,增长率为 13.29%,比去年的平均品牌价值增长率高出了 4 个百分点。平均品牌价值跨越了 20 亿元的门槛,这是本评估 11 年来的首次跨越,令人欣喜。

按品牌价值大小区间分布,如图 212 所示,在本次评估中,品牌价值位于 50 亿元以上的品牌有 3 个,分别是西湖龙井(70.76 亿元)、普洱茶(70.35 亿元)和信阳毛尖(68.86 亿元);品牌价值位于 20~50 亿元之间的品牌共计 39 个,占整体有效评估品牌数量的 39.80%;品牌价值在 20 亿元以上的品牌,占总体有效评估品牌的比率为 42.86%,比去年高出 5.48%。越来越多的品牌开始跨过 20 亿元的门槛,加入单个品牌实现高品牌价值的行列,如赤壁青砖茶,从 2017 年首次参评品牌价值 20.65 亿元提升到 2020 年的 30.29 亿元,整体增长幅度高达 46.68%。同时,本次有效评估的 98 个品牌均在 1 亿元以上。这说明,我国茶叶区域公

用品牌价值总体呈现提升状态,且突破了平均品牌价值 20 亿元的大关,即便是一些弱势的、小产茶区的区域公用品牌,也获得了令人欣喜的增长。

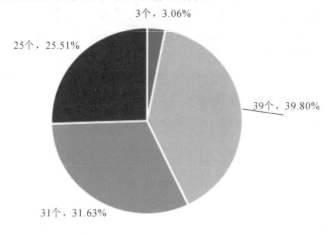

图 212 2020 年有效评估品牌的品牌价值区间分布
注:BV 为品牌价值,单位为亿元。

从产区来看,华南产区茶叶区域公用品牌的平均品牌价值最高,为 23.56 亿元;西南产区、江北产区的平均品牌价值分别为 20.55 亿元、20.34 亿元,均在整体平均值之上;来自江南产区的茶叶区域公用品牌的平均品牌价值为 18.92 亿元,尚未跨越 20 亿元。具体数据可见图 213。

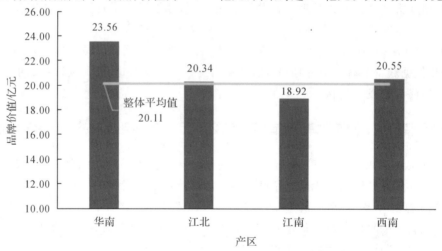

图 213 2020 年四大产区有效评估品牌的平均品牌价值比较

比较连续参与 2019、2020 两度有效评估品牌的平均品牌价值可见,2019 年,91 个茶叶区域公用品牌的平均品牌价值为 18.86 亿元,2020 年,该平均值为 20.65 亿元,增长幅度达到 9.49%。进一步比较四大产区中连续参与 2019、2020 两度有效评估品牌的平均品牌价值,如图 214 所示,江北产区、华南产区的平均品牌价值增长率达到 10%,西南产区的增长率为 9.60%,江南产区的平均品牌价值增长率为 9.01%。

以上两组数据表明,华南产区的平均品牌价值和增长率相对领先,江南产区茶叶区域公

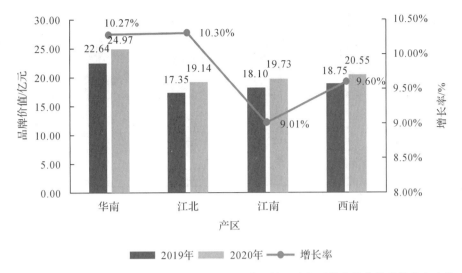

图 214 四大产区连续参评 2019—2020 两度有效评估品牌的平均品牌价值及增长率比较

用品牌的平均品牌价值增长幅度、增长速度均略低于其他产区。在品牌价值前 10 位的品牌中,我们看到,有 5 个品牌来自江南产区,即西湖龙井、大佛龙井、安吉白茶、安化黑茶和六安瓜片,该 5 个品牌的品牌价值增长率分别为 4.98%、4.92%、1.75%、12.53% 和 7.34%。除安化黑茶外,2020 年的数据可见,其余 4 个品牌的品牌价值增长率均低于平均水平。这在一定程度上说明,尽管江南产区存在较多高品牌价值的品牌,但江南产区品牌数量基数大,品牌强弱悬殊,故平均品牌价值不高。数据同时也从另一个角度揭示了,我国茶叶区域公用品牌的品牌价值位于头部的一些品牌,由于其产业发展与品牌建设起步早,目前已取得了相当的成绩,但在持续提升品牌价值的问题上,已经存在一定的瓶颈,有待适应茶叶品牌竞争的新环境、茶叶消费的新趋势,寻找突破口,才能进一步提高品牌价值。

(二)品牌收益:江南产区品牌溢价能力强,华南产区规模并举整体品牌收益高

品牌收益是指剔除生产、劳动等环节产生的收益,由品牌所带来的收益部分。在 CARD 模型中,茶叶区域公用品牌的品牌收益是年销量×(品牌零售均价－原料收购价)×(1－产品经营费率)三年数据综合得出的结果,平均单位销量品牌收益则直观体现品牌溢价能力大小。

本次评估中,98 个茶叶区域公用品牌的平均品牌收益为 11910.68 万元,比 2019 年增加了 1332.95 万元,增长了 12.60%。比较产区差异可见,除江南产区外,华南、江北和西南产区有效评估品牌的平均品牌收益均在整体平均值之上,其中,华南产区的平均品牌收益最高,达到了 13979.50 万元。由图 215 可见,江南产区的平均单位销量品牌收益突出,达到了 96.08 元/千克,其次是西南产区(54.31 元/千克),华南和江北产区则相对较低。数据可知,江南产区的茶叶区域公用品牌相对规模小,整体品牌收益不高,但在单位品牌溢价能力上表现突出。也就是说,相对而言,各个茶产区的品牌收益具体情况不同:有的茶产区,其各个茶叶区域公用品牌的规模效应与品牌效应并举,获得了规模优势前提下的整体品牌收益优势,但单位品牌优势却并不强;而有的茶产区,其茶叶区域公用品牌由于产业规模小,缺乏规模效应,但具有较强的品牌效应。因此,虽然整体品牌收益不高,但实际的品牌收益能力强,品

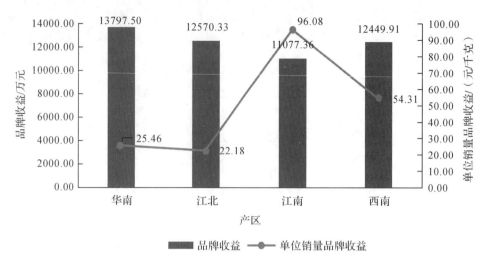

图215　2020年四大产区有效评估品牌的平均品牌收益和平均单位销量品牌收益比较

牌收益高。

　　图216是本次评估中品牌收益位于前10位品牌的品牌收益和单位销量品牌收益比较。由图可见，普洱茶的品牌收益最高，达到了40494.40万元，西湖龙井和信阳毛尖分别以38142.21万元、37259.55万元的品牌收益位于前三位。上述3个品牌的品牌收益明显高于其他7个品牌。从单位销量品牌收益比较可见，西湖龙井以高达911.80元/千克的单位销量品牌收益遥遥领先，位列第二位的安吉白茶单位销量品牌收益为126.96元/千克，其次是大佛龙井(49.39元/千克)、坦洋工夫(31.95元/千克)、汉中仙毫(26.56元/千克)。整体品牌收益最高的普洱茶，其单位销量品牌收益则仅为2.22元/千克。尽管普洱茶的部分古树茶、山头茶存在"天价"现象，但从整体来看，普洱茶在单位品牌溢价能力上表现不高。数据说明，上述相关品牌中，有的品牌虽然产业规模不大，但单位销量品牌收益高，生产与经营者可以获得相对高的品牌溢价；有的品牌虽然产业规模大，但单位销量品牌收益低，虽然以规模取胜，整体品牌收益不低，但单位销量的品牌溢价不高。

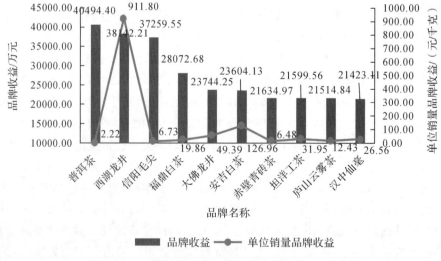

图216　2020年有效评估品牌的品牌收益前10位比较

进一步比较连续参与 2019、2020 两度有效评估品牌的平均品牌收益及增长率,如图 217 所示,四大产区茶叶区域公用品牌的平均品牌收益均获得了不同程度的提升。其中,江北产区本次有效评估品牌的平均品牌收益从 2019 年的 10344.20 万元提升至 2020 年的 11800.66 万元,增长幅度达 14.08%;华南产区和江南产区本次有效评估品牌的平均品牌收益增长率分别达到了 10.66% 和 9.88%;相对而言,西南产区本次有效评估品牌的平均品牌收益增长不明显,仅提升了 3.01%。可见,江北产区茶叶区域公用品牌的品牌收益增长较其他 3 个产区的茶叶区域公用品牌更为明显。

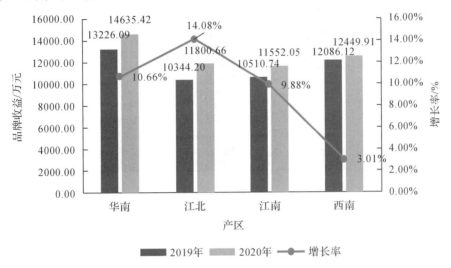

图 217　四大产区连续参评 2019—2020 两度有效评估品牌的平均品牌收益及增长率比较

本次评估可见,逾八成有效评估品牌拥有出口业务。其中,祁门红茶、婺源绿茶、政和白茶等 5 个茶叶区域公用品牌以出口为主;78 个品牌有少量出口,主要出口至欧美、俄罗斯、东南亚、日本、韩国、北非等国家和地区。由图 218 可见,华南产区的茶叶区域公用品牌平均出口至 28.69 个国家和地区,出口范围最广;相对而言,江北产区的茶叶区域公用品牌出口范

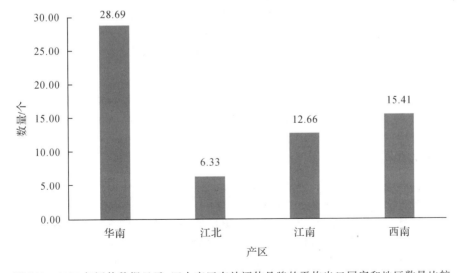

图 218　2020 年评估数据显示,四大产区有效评估品牌的平均出口国家和地区数量比较

围较窄,平均出口 6.33 个国家和地区。

比较出口品牌与不出口品牌的平均品牌收益和平均单位销量品牌收益,如图 219 所示,以出口为主的品牌,平均整体品牌收益高,但平均单位销量品牌收益低;而不出口品牌的平均整体品牌收益低,但平均单位销量品牌收益有的高达 175.62 元/千克。数据表明,本次有效评估的品牌中,出口品牌一般具有规模优势,而不出口品牌多为"小而美"品牌,茶产品供应量不大,但单位销量品牌收益高,品牌溢价能力强。

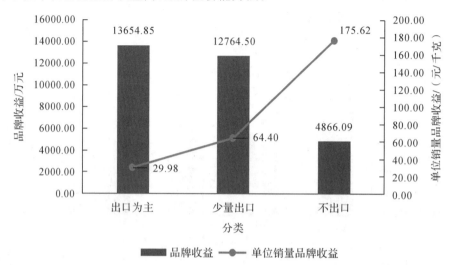

图 219　2020 年有效评估品牌中,出口品牌与不出口品牌的平均品牌收益和平均单位销量品牌收益比较

(三)品牌忠诚度因子:市场价格体系整体平稳,黑茶类价格波动相对较大

品牌忠诚度因子(BL)指的是消费者对品牌的认可及忠诚程度,该因子测算侧重于能否在长时间内维持稳定的价格及销售。在 CARD 模型中,品牌忠诚度因子＝(过去三年平均售价－销售价格标准差)÷过去三年平均售价。产品售价越稳定,品牌忠诚度因子越高。

据评估数据,本次有效评估品牌的平均品牌忠诚度因子为 0.898,基本与去年持平(去年该因子大小为 0.897)。本次评估可见,98 个有效评估品牌中,品牌忠诚度因子位于 0.90 以上的品牌数共计 58 个,占整体有效评估品牌数量的 59.18%。其中,品牌忠诚度因子位于 0.980 以上的品牌有 7 个,因子大小介于 0.95 和 0.98 之间的品牌共计 19 个,另有 32 个品牌的因子介于 0.90 至 0.95 之间。品牌忠诚度因子在 0.90 以下的品牌中,有 29 个品牌的品牌忠诚度因子高于 0.80,另有 11 个品牌的因子居于 0.80 以下,占整体有效评估品牌数量的 11.23%,具体可见图 220 所示。数据表明,本次有效评估的 98 个品牌中,近六成数量的品牌拥有较稳定的市场价格。

继续按四大产区比较可见,连续参与 2019、2020 两度有效评估的 91 个品牌,如图 221 所示,华南产区和西南产区的有效评估品牌,其平均品牌忠诚度因子获得了提升。其中,西南产区的平均值从 0.831 提至 0.871,增长较为明显,表明该地区的茶叶区域公用品牌的市场价格较之前更为稳定。江北产区和江南产区的平均品牌忠诚度因子均出现了下降,其中,江北产区的平均值从 0.876 降至 0.852,说明江北产区的茶叶区域公用品牌市场价格波动加剧。

进一步按六大茶类比较可见,连续参与 2019、2020 两度有效评估的 91 个品牌,如图 222

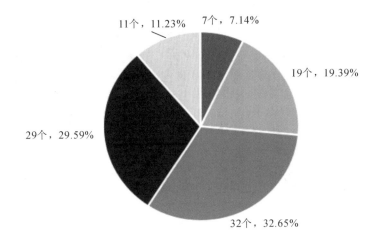

11个，11.23%　　7个，7.14%

19个，19.39%

29个，29.59%

32个，32.65%

■ 0.98＜BL≤1　■ 0.95＜BL≤0.98　■ 0.90＜BL≤0.95　■ 0.80＜BL≤0.90　▨ BL＜0.80

图 220　2020 年有效评估品牌的品牌忠诚度因子大小区间分布

注:BL 为品牌忠诚度因子。

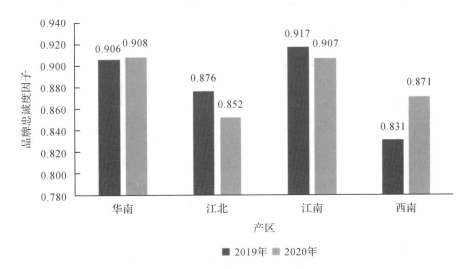

图 221　四大产区连续参评 2019—2020 两度有效评估品牌的平均品牌忠诚度因子比较

所示,白茶、红茶、绿茶类的茶叶区域公用品牌的平均品牌忠诚度因子有所下降。其中,红茶类的平均值从 0.900 降至 0.868,可见红茶类品牌的市场价格波动加剧明显;黑茶、黄茶、乌龙茶类的茶叶区域公用品牌的平均品牌忠诚度因子有不同程度的提升,其中,黑茶和乌龙茶的市场价格稳定性显著提升。整体而言,黑茶类的平均品牌忠诚度因子相对低于其他茶类。

根据 CARD 模型可知,市场价格的大幅波动会造成品牌忠诚度因子走低。本次评估可见,大部分品牌由于涨价所带来的影响导致了品牌忠诚度因子降低。数据显示,本次有效评估的品牌忠诚度因子低于 0.80 的 11 个品牌中,有 10 个品牌是因为价格的大幅上升而导致品牌忠诚度因子降低。在品牌的发展成长过程中,根据不同时段、不同的消费关系进行价格体系调整理所当然,但要注意的是,价格调整要科学判断并符合市场供需关系,不可盲目涨价或降价,以免损害消费者对品牌的忠诚度。

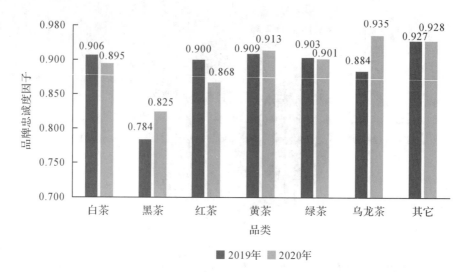

图 222　2019—2020 两度有效评估的六大茶类相关品牌的平均品牌忠诚度因子比较

(四)品牌强度:不同产区品牌强度差异大,品牌强度五力表现不均衡

品牌强度及其乘数由品牌带动力、品牌资源力、品牌经营力、品牌传播力和品牌发展力等五个能够表现品牌稳定性和持续性的因子加权得出,是体现品牌未来持续收益能力、抗风险能力和竞争能力大小的指标,是对品牌强度高低的量化呈现。

本次有效评估品牌的平均品牌强度乘数为 18.51,去年该平均值为 18.52,略有下降。如图 223 所示,本次有效评估品牌的平均品牌带动力、品牌资源力、品牌经营力、品牌传播力和品牌发展力分别为 83.20、89.62、89.12、81.59 和 81.97,比较可见,品牌资源力和品牌经营力具有相对优势。数据同时显示,华南产区有效评估品牌的平均"品牌五力"表现突出,其品牌带动力、品牌资源力、品牌传播力和品牌发展力等指标的平均值均高于其余三个产区的平均值;江南产区有效评估品牌在平均品牌经营力上具有一定的优势,但在品牌带动力、品

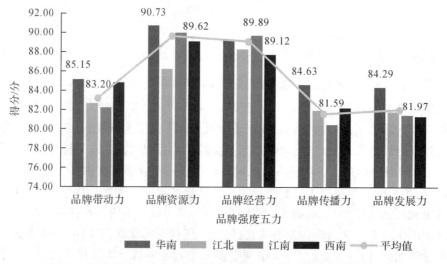

图 223　2020 年四大产区有效评估品牌的"品牌强度五力"平均值的比较

牌传播力的平均值上处在相对弱势;江北产区有效评估品牌的平均品牌资源力低于其余三个产区;西南产区有效评估品牌在平均品牌发展力上低于其他产区。

　　以上数据表明,整体而言,本次有效评估品牌在"品牌强度五力"上存在发展不均衡的状况,历史文脉资源占有与发掘、品牌的组织经营管理等方面的工作成效较好,但在区域联动、品牌传播与营销拓展等方面表现较弱。于产区而言,也同样存在着发展不均衡的状况,华南产区有效评估品牌的"品牌强度五力"较强,其余三个产区则存在不同层面的不足之处。

　　品牌的创建与发展、提升需要不断的投入,其中就包括经费的投入。据本次有效评估品牌的数据显示,98 个品牌的"平均年度品牌专项资金"达到了 2214.25 万元,有的品牌的品牌专项资金投入达到了 20000 万元,可见,各产茶区对茶品牌建设的重视程度已经越来越高。图 224 的数据,显示了本次有效评估品牌、本次品牌价值前 10 位品牌的平均年度品牌专项资金、平均品牌强度乘数得分的比较。由图可见:品牌价值前 10 位品牌在"平均年度品牌专项资金"投入达到了 3215.00 万元,比整体平均水平高出了 1000.75 万元;品牌价值前 10 位品牌的"平均品牌强度乘数"得分 95.37,也远高于本次有效评估品牌整体的平均值。可见,品牌专项资金的有效投入,能在一定程度上促进品牌强度相关指数的巩固与提升。

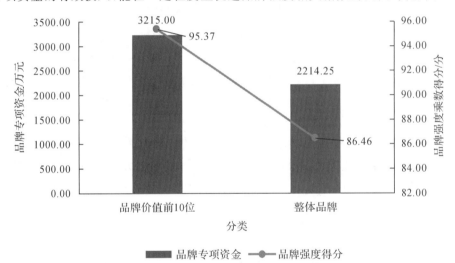

图 224　2020 年品牌价值前 10 位品牌与品牌整体的平均值
平均年度品牌专项资金和平均品牌强度乘数得分比较

　　进一步比较品牌价值前 10 位品牌与有效评估品牌整体的平均"品牌强度五力",如图 225 所示,品牌价值前 10 位品牌的平均"品牌强度五力"分别达到了 96.38、95.93、94.62、98.12 和 89.38,均比有效评估品牌整体的平均值要高。其中,平均品牌传播力、平均品牌带动力的优势明显,分别高出了 20.25% 和 15.84%。数据反映出,高品牌价值的品牌相对更注重品牌传播,也更能带动区域经济、区域产业的发展。如普洱茶,其"品牌强度五力"分别达到了 105.36、101.40、95.44、114.02 和 91.23,其中,品牌带动力、品牌资源力和品牌传播力均列本次有效评估品牌整体的榜首。该品牌带动了 1000 余万人口就业,是云南省支柱型农业产业,当地协会、茶农、政府、企业、媒体等多方联动,共同保障普洱茶区域公用品牌的可持续发展。安化黑茶的"品牌强度五力"在有效评估品牌整体中均排位前 10,特别是"品牌经营力",排名第一,表现其在标准体系、检测体系、认证体系和组织执行等方面的品牌经营能力与品牌经营效果显著。截至目前,安化黑茶已先后参与组织制订了 8 项国家标准、17 个地方标准,打造了安化黑茶种植、加工、生产、冲泡等涵盖一、二、三产业的标准规范。[①]

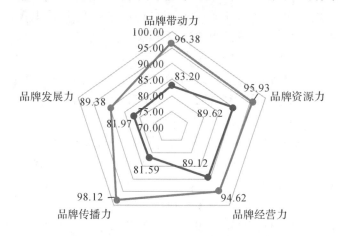

图 225　2020 年品牌价值前 10 位品牌与有效评估品牌整体的平均品牌强度五力比较

品牌传播力证明一个品牌与消费者沟通、交流、形成良好关系的投入程度与传播效果。该指数一直是品牌评估中重点关注的数值之一,由知名度、认知度、好感度等三级指标构成。如图 226 所示,本次评估中,98 个有效评估品牌的平均知名度为 80.11,平均认知度为82.27,平均好感度为 82.17;品牌价值前 10 位品牌的平均知名度、平均认知度和平均好感度分别为 108.54、100.01 和 87.65。由图可见,高品牌价值的品牌具备高品牌传播力。课题组相关调研同时显示,由于我国大部分茶叶区域公用品牌的传播方式雷同、传播内容固化等因素,难以实现品牌在消费者心中占据独特位置、形成独特好感与美誉的定位关系。

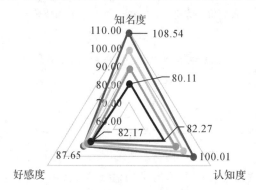

图 226　2020 年品牌价值前 10 位品牌与有效评估品牌整体的平均品牌传播力三项子指标比较

---

① 刘丽、彭超:"安化黑茶"新增 3 个省级地方标准将于 5 月 27 日正式实施。安化新闻网,http://www.ahxww.cn/Info.aspx? ModelId=1&Id=87500,2020-03-25。

单从 98 个茶叶区域公用品牌的双微（微信公众号、微博）及网站建设情况便可见一斑。

在互联网时代，新媒体运营与传播，是十分重要的消费者沟通渠道，多掌握一个新媒体平台就等于多获得了一份话语权，在品牌竞争、品牌形象塑造和消费者联结等方面就会取得更多主动权和机遇。但截至目前，仍然有 27 个有效评估品牌尚未申请相关平台账号，其余 71 个品牌的自媒体平台建设也尚不完善与专业。

图 227 显示，品牌价值前 10 强品牌的平均品牌发展力优势相对不明显。在 CARD 模型中，品牌发展力由品牌保护、市场覆盖、生产趋势和营销趋势等 4 项指标构成，分别考量一个品牌在知识产权保护、渠道建设、生产规模、市场销售等方面的投入与成效。在 2010—2020 年间连续 11 年的中国茶叶区域公用品牌价值评估研究中，我们发现，在品牌建设初期，中国茶叶区域公用品牌的品牌发展力提升主要得益于生产趋势提升，比如规模和产量的提升，而在品牌发展期，品牌发展力的提升主要依赖于市场覆盖和营销趋势的不断提升。

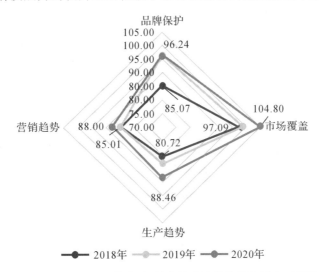

图 227　2018—2020 年三度评估中，福鼎白茶品牌的品牌发展力四项子指标比较

作为一个具有相对高品牌价值的茶叶区域公用品牌，近三年来福鼎白茶的评估数据可见，其品牌发展力在不断提升，从 2018 年的 87.22 提升至 2019 年 90.92，到 2020 年，其品牌发展力再次提升达到了 94.61。由图 227 可见，这主要得益于福鼎白茶品牌在市场覆盖与市场深化方面的不断突破。目前，福鼎白茶销往国内 31 个省（区、市），出口至 45 个国家和地区。

作为一个相对只具有区域性影响力的茶叶区域公用品牌——建德苞茶，在本次有效评估中，竟以 105.44 的品牌发展力得分占据第一位。可见，建德苞茶以"一个公用品牌、一套管理制度、一套标准体系、多个经营主体和产品"的发展思路实现品牌复兴，在短期内促进了生产和销售两方面的大幅度提升。数据同时显示，近三年，其产品的销售量由 2017 年的 90 吨增长至 2019 年的 600 吨，翻了近 7 倍。

在经济全球化的今天，国际市场的占有率对品牌的未来发展具有重要作用。由图 228 可知，以出口为主的茶叶区域公用品牌的平均品牌发展力明显高于不出口的茶叶区域公用品牌的平均值。进一步比较出口品牌、不出口品牌在品牌发展力四项子指标上的表现，如图 229 所示，以出口为主的品牌，在品牌保护、市场覆盖和营销趋势等三项指标上均高于不出

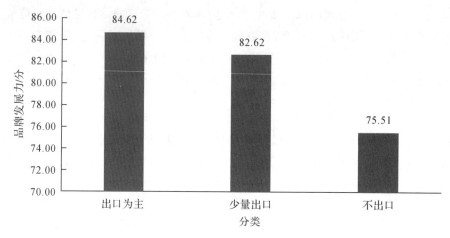

图 228　2020 年有效评估品牌中，出口品牌与不出口品牌的平均品牌发展力比较

口品牌，其中，市场覆盖平均得分达到 93.02，高出不出口品牌的 36.89%；不出口品牌在生产趋势上的平均得分较高，达到了 82.01，比出口为主品牌的平均值高 7.24%，其市场覆盖平均得分最低，仅为 67.95。数据表明，以出口为主的茶叶区域公用品牌在市场销售、渠道建设以及知识产权保护等方面优势显著，品牌发展力高；不出口品牌的品牌发展主要依靠生产规模的扩张，在其余方面存在较大欠缺。这在一定程度上反映了一个现象，即，我国茶叶区域公用品牌要具有较强的品牌发展力，需要在生产方面通过一定的规模化发展，并在市场覆盖、营销趋势上从小区域走向大区域，乃至走向更广阔的国际市场，并形成高的品牌保护能力，扩大国内以及国际市场的市场占有率。

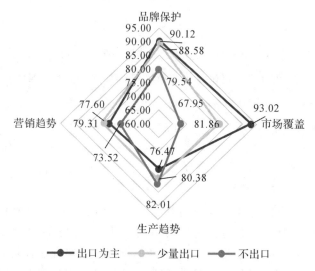

图 229　2020 年有效评估的出口品牌与不出口品牌的平均品牌发展力的四项子指标比较

二、现象与问题

(一)茶产业扶贫对于脱贫攻坚有着重要意义,头部品牌的价值提升需要 突破

如前述,2020 年是具有里程碑意义的一年。我国将全面建成小康社会,实现第一个百年奋斗目标。2020 年也是脱贫攻坚决战决胜之年。在"乡村振兴"的国家战略中,茶产业的良好发展是精准扶贫、全面小康的重要抓手,是促进农村经济发展和提高农民收入、推动城乡统筹发展、提高国家软实力的重要产业,也是促进"三产融合""三生平衡""五位一体""供给侧结构性改革"的重要组成部分。

第 74 届联合国大会通过决议,将每年 5 月 21 日定为"国际茶日"。此次通过的决议确认茶叶是最重要的经济作物之一,能够对发展中国家的农村发展、减贫和粮食安全发挥重要作用。决议提出,茶叶生产和加工是发展中国家数百万家庭的主要生计来源,也是若干最不发达国家数百万贫困家庭的主要谋生手段。国际茶日的根本目的是用茶产业、茶消费摆脱贫困。

对比连续三年有效评估的 79 个中国茶叶区域公用品牌的区域带动指标平均得分数据(见图 230),可以看出这些茶叶区域公用品牌对区域农村、农民的区域经济、区域产业支撑、就业等方面的带动作用。同时,数据也显示,产业规模发展到一定程度之后,这种基于产业规模、就业带动的作用会逐步放缓,从另外一个角度而言,中国茶叶区域公用品牌对区域的带动力,存在很大的上升空间。头部品牌的价值提升更需要突破瓶颈,努力挖潜,提高品牌的附加值与消费者黏性,腰部与底部品牌要提升产品品质,提高加工技艺,进一步创造品牌影响力,提升品牌溢价,提高品牌收益,才能进一步增加农民收入,增强茶产业、茶品牌对区域经济更高的带动作用。

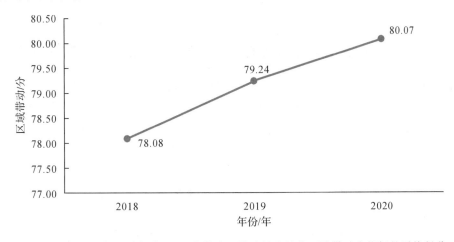

图 230 近三年连续有效评估的 79 个茶叶区域公用品牌的区域带动力指标的平均得分

(二)品牌传播力对单位销量品牌收益具有拉动作用,整体品牌收益受茶叶规模影响

品牌传播可以提升品牌的溢价能力,这对于种植规模不大、产量不大的茶叶区域公用品牌而言,尤为明显。单位销量品牌收益排名前三的分别是西湖龙井、武阳春雨、缙云黄茶,其品牌传播力与单位销量品牌收益呈现明显的正相关关系(见图231)。

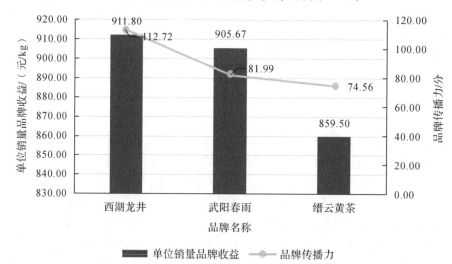

图231　2020年评估中,单位销量品牌收益前三的品牌与其品牌传播力的关系

数据同时告诉我们,对于产量大的茶叶区域公用品牌而言,品牌传播力对单位销量品牌收益的拉动作用不明显。例如,普洱茶的品牌传播力高,其得分为114.02,其产品的单位销量品牌收益仅为2.22元/千克。从这意义上分析,普洱茶中,少量的顶级价格茶与大量的低价格茶之间,已经形成了分裂的品牌形象与消费认知,而普洱茶的低价值、低价格、大通货消费定位也许正在形成。

(三)价值波动是好感度波动的重要诱因,好感度对忠诚度存在滞后影响

在茶叶产能充足、产品选择丰富的市场上,特别是网络消费透明度高的前提下,消费者对价格相对敏感,数据也说明,价格波动会导致消费者用脚投票,使品牌好感度发生波动。

图232所示,受普洱茶价格急剧攀升又逐渐回落再缓慢增长的波峰谷底影响,其品牌好感度一直在起起伏伏。本次有效评估的数据显示,普洱茶呈现出高知名度(152.74)、较高认知度(107.05)、低好感度(88.35)的品牌传播力特点。虽然综合起来,普洱茶的品牌强度乘数达到20.15,位于本次有效评估的98个品牌的榜首,但普洱茶的品牌忠诚度因子仅为0.862,虽然比2015年的0.812提高了0.05,但在98个有效评估品牌中仍处于中下水平。

对比图232和图233,我们发现品牌好感度与品牌忠诚度因子虽然存在一年时间滞后效应,但基本走向一致。2016年,普洱茶的品牌好感度为近六年来最高,达到98.50,然后降低至2018年的84.98,接着在2019年轻微上扬至90.38。相应地,其品牌忠诚度因子在2017年达到近六年来最高的0.87,然后一直下降,在2019年降至0.82,随后攀升至2020年的0.86。

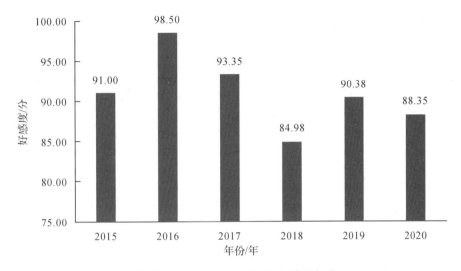

图 232　普洱茶近六年的品牌好感度得分

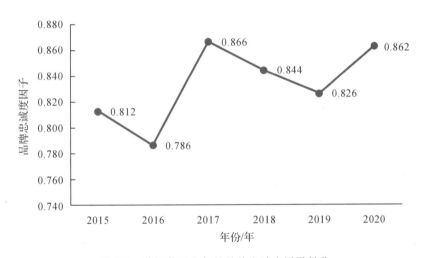

图 233　普洱茶近六年的品牌忠诚度因子得分

前述数据显示，黑茶类价格波动相对最大。各黑茶类的茶叶品牌，应当充分注意价格波动与品牌好感度之间、品牌好感度与品牌忠诚度因子之间的关系，科学预测供求关系，科学制定价格体系，才能产生久远的、基于消费者品牌好感度的品牌忠诚消费。

（四）品牌传播投入、品牌传播力与品牌价值三者之间呈现强相关

按品牌价值前 10、前 20、前 50 和所有有效参与评估的品牌进行分类，计算其平均品牌传播投入、平均品牌传播力，可以发现品牌传播投入、品牌传播力和品牌价值三者之间整体上呈现强相关关系，如图 234 所示。这说明，品牌传播投入能够塑造品牌影响力，提升品牌价值；另一方面，逆向的因果关系也可能存在，即越是品牌价值高的强势品牌，越具有历史造就和现实形成的强大品牌传播力，越有实力、有意识地进行品牌传播。因此，有关品牌的宣传与推广的经费投入、品牌传播力和品牌价值之间可以形成良性循环的发展体系。

必须指出的是，整体上的强相关关系并不意味着茶叶区域公用品牌一味地加大年度宣

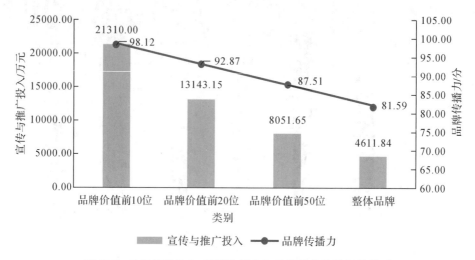

图 234　品牌传播投入、品牌传播力与品牌价值的强相关关系

传与推广的费用。在品牌传播中，既要有适合的品牌传播投入经费额度，更要有合理有效、科学高效的经费使用。为了达到低成本、高效益，要运用科学、专业的传播策略和传播活动，甚至是引发消费者的自发传播。

个案研究表明，在本次评估品牌价值前 10 的品牌中，年度宣传与推广投入最多的三个是安化黑茶（95000 万元）、六安瓜片（40000 万元）、蒙顶山茶（38000 万元），其品牌传播力分别为 99.69、84.63、96.62，在品牌价值前 10 中分别排在第三、第十、第六。这说明，年度宣传与推广投入与品牌传播力并不是简单的一一对应关系。

对应前述数据分析第四部分可见，品牌价值前 10 位品牌的品牌传播力虽然强，但平均知名度、平均认知度和平均好感度之比，存在巨大差距，品牌好感度远远低于品牌知名度、品牌认知度。根据品牌营销相关理论可见，品牌好感度是一个品牌未来取胜的关键因素。如果不提高品牌好感度，那么，头部品牌的价值提升，无法打破瓶颈出现突破性成长。因此，品牌传播绝不仅仅是投入巨资，扩大知名度，更重要的是，要建立与消费者之间良好的关系，形成好感互动。同时，品牌传播可以是品牌运营管理主体通过付费开展的一种行为，也可以是媒体、消费者或其他利益相关者自发的一种免费传播行为。在当前移动互联时代，如何利用创意和体验引发消费者自媒体的正面群体传播，是各茶叶区域公用品牌值得思考的课题。

（五）积极走向国际市场，探索中国茶的国际表达

2019 年，多个中国茶叶区域公用品牌积极开拓国际市场，开展品牌传播活动。在 2019 年 9 月 27 日举办的全球茶产业可持续发展大会上，武夷岩茶传习人黄锋被评选为中国茶叶十大杰出企业家。蒙顶山茶、蒙顶黄茶、雅安藏茶依托 2019 文旅部文化产业和旅游产业国际交流合作重点项目，利用雅安在莫斯科举办的文化旅游推介周，将龙行十八式茶技表演、互动和品尝体验带给莫斯科消费者。

另一方面，中国的媒体特别是茶叶相关媒体也在为中国茶品牌走向世界摇旗呐喊。2020 年伊始，《茶道》杂志就在多个国家的茶馆举办了第十届全球茶友迎春茶会，向全球推介中国茶文化。新华社则通过云上直播的形式开展了中文视频直播和海媒直播两场活动，

向全球消费者推介湄潭茶。媒体对中国茶品牌的国际报道和推介有利于促进全球消费者对中国茶文化的认知和茶品牌的消费，各茶叶区域公用品牌应善于利用各种媒体进行国际传播，扩大消费市场，提升品牌价值。

调研显示，各茶叶区域公用品牌已经在通过相关渠道进行品牌的国际传播，但传播的方式、路径依然相对传统，且一事一议，尚无整合品牌传播（IBC）的意识，也缺乏整合品牌传播的策略与方法，所以，也缺乏整体性与系统性的传播效果。

（六）品牌顶层设计与价值表达喜忧参半

98个有效评估的中国茶叶区域公用品牌中，有60个品牌进行了品牌战略规划设计，占有效评估总数的61.22％。这说明，中国茶叶区域公用品牌的运营者已经具有了品牌意识，拥有了一定的品牌战略思维、系统思维。但是，调研同时说明，在具体的品牌运营中，依然少有品牌战略的具体应用。比如，调查显示，一些品牌，虽然有了品牌战略规划，但具体运营时，依然按老习惯行事，甚至将规划锁进抽屉，品牌规划没有真正起到引领品牌，成为品牌行动纲领的作用。至今，虽有74个品牌已有了并在使用品牌口号或广告语进行传播，但还有24个品牌还没有自己的品牌口号，从这一点便可见，适应品牌消费时代的基本的品牌传播方式，一些品牌的运营者尚未使用或掌握。众所周知，品牌口号是一个品牌的核心价值表达；广告语可以用有说服力的诉求，刺激消费需求，促进购买。一个品牌缺少品牌口号或广告语，会使品牌传播效果大打折扣。在拥有品牌口号、广告语的茶叶区域公用品牌中，仍有相当一部分的品牌口号缺少差异性，没有凸显自己独有的优势，甚至有些品牌使用《广告法》明令禁止的"第一"等类似的极端表达。

三、未来发展趋势

（一）数字化与品牌化双轮驱动、双化互动局面将快速形成

2019年有效评估的107个品牌中，36个品牌尚未建立品牌的微博或微信账号，比例达33.64％；2020年有效评估的98个品牌中，27个品牌没有自己的微博或微信账号，比例达27.55％，较去年有所下降，说明越来越多的品牌运营者意识到了新媒体传播的重要性。

使用新媒体传播这一举措，贴合当下茶叶消费市场的年轻化、电商化消费特征。淘宝2019年4月2日发布了《春茶消费数据》，报告的内容围绕春茶这一消费热点而展开，包括春茶茶类的热搜指数、消费增长情况、消费人群画像，以及全国春茶消费区域分布等各种解析，引发行业热议。淘宝发布的《春茶消费数据》表明，年轻人消费占比提升，大多数年轻人不仅希望喝茶简单而时尚，也希望买茶简单而便捷。

由于疫情的影响，2020年茶季，许多茶品牌将销售渠道和品牌传播放在了互联网、移动手机终端上，不少茶品牌开启了线上茶事活动以及直播带货活动。如2020年4月1日，湄潭县茶产业发展中心开展了名为"云游中国茶海"的直播，围绕湄潭翠芽的茶叶优势、生产加工、生态收益、促农增收等方面的内容，通过新华社系列平台、今日头条、百度、推特、Facebook、YouTube等各大平台，向国内外的观众全面系统地介绍了湄潭茶产业情况。据

不完全统计,当天观看中文直播的人数超过 500 万。

同样在 4 月,新昌县的大佛龙井茶借品牌重塑和价值再造之机,开展了一场别开生面的"云节庆",通过提前预热和精心设计的七朵祥云——云直播、云游览、云互动、云发布、云观点、云连线、云消费等环节,借助互联网实现高效精准传播,当天的直播曝光量便达到 1800 多万人次。

新媒体的运用,顺应了互联网时代消费者的生活方式及其转型,扩大了品牌的知名度、认知度,并通过专业团队的把关,呈现符合品牌个性与品牌核心价值的"镜像表达",形成虚拟世界的品牌场景与品牌吸引力。未来,新媒体传播不仅会得到各中国茶叶区域公用品牌的重视,更将体现超越传统传播方式的革命性转型价值。

上述数据与个案说明,顺应互联网时代与 3B(品牌消费、品牌竞争、品牌经济)时代的数字化、品牌化双轮驱动、双化互动的趋势正在形成。

(二)茶叶出口步伐加快,国际品牌传播将成为重要阵地

中国茶叶的内销量额持续缓增,均价出现回调,反映出供大于求的压力不断增大。如何拓展茶消费,将成为发展重点。据中国海关统计,2019 年 1—12 月,中国茶叶出口数量36.65 万吨,同比上升 0.52%;金额 20.20 亿美元,同比上升 13.61%;出口均价 5.51 美元/千克,同比上升 13.14%。2019 年,中国茶叶在传统市场(如摩洛哥、美国)面临严峻挑战,制约出口在局部市场出现下降的两大因素是技术壁垒和关税壁垒。但在新兴市场方面,中国茶叶对东盟及"一带一路"共建国家和地区的贸易成为新亮点。

2019 年有效评估品牌中,不出口的品牌占比 17.76%,国际销售覆盖国家和地区在 10 个以内的品牌占比 38.32%、出口 10～30 个国家和地区的品牌占比 28.97%、出口 30 个及以上国家和地区的品牌占比 14.95%,出口国家与地区最多的茶叶品牌为婺源绿茶,出口至 93 个国家和地区。2020 年有效评估品牌中,不出口的品牌占比下降至 15.31%,出口 10 个以下国家和地区的品牌占比下降至 36.73%,而出口 10 个以上国家和地区的品牌占比提升,具体见图 235。比较可见,不出口的品牌比例减少了,体现中国茶叶品牌加快了"走出去"的进程。

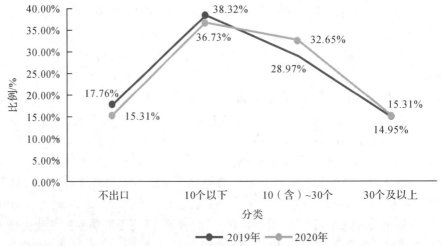

图 235　近两年有效评估的中国茶叶区域公用品牌出口国家和地区数量变化

由于近期各国疫情引起的贸易封锁和停滞,茶叶外贸的新常态由此形成。中国茶品牌走出去,既要看出口国家数量,也要看出口质量,学会中国茶的世界表达。2020 年 1 月 11 日,中国《茶道》杂志在国内 30 多个城市以及海外多个国家的茶馆主办第十届全球茶友迎春茶会——"茗读会",致力于让更多人认识中国茶文化及其与时俱进的哲学内涵,旨在使中国茶文化的海外推广之路更加顺畅、有效。如何掌握国际品牌竞争的通用话语体系,熟悉国际竞争的话术,并在国际竞争中研究出一套既符合中国茶文化特色,又能够融入国际消费环境的中国茶文化的世界表达体系,是未来的重要问题。

(三)茶产业用工问题成为焦点问题

数据显示,2017—2019 年间,有效评估品牌的产区总人口呈下降趋势,而从业人数却呈逐年上涨趋势。疫情防控期间,采茶工的来源与到位成为各产茶区的焦点问题。2020 年,各产茶区出现了茶叶产量下降的情况,主要原因是采茶工缺乏导致茶叶采摘不到位。茶品牌未来发展,已经存在着用工供给的巨大矛盾,未来人力资源需求将对品牌建设构成严峻的挑战。除了加快"人改机器"之外,需要各品牌尽早做好用工预案。

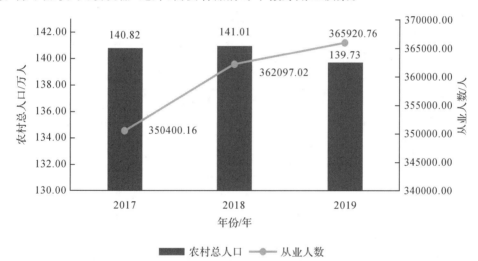

图 236　2020 年有效评估品牌 2017—2019 年平均农村总人口与平均从业人数比较

2020 年,以一种意想不到的形式揭幕,并演变成始料未及、动荡不安的世界新格局和消费新形态。对于中国茶叶区域公用品牌而言,危与机并存。茶叶是我国许多区域重要的经济支柱产业之一,每一个茶叶区域公用品牌都有民生责任在肩,发展稍有不慎,影响面甚广,迫切需要地方主管部门提早谋划、尽早行动。而能够尽快适应消费者需求迭代、外界市场环境变化、外贸游戏规则、电商营销特征、品牌传播新策略的品牌,更可能在经济下滑、需求内敛和外贸萎缩的形势下将损失降到最低,并迎来新一轮的发展。

附表:2020年中国茶叶区域公用品牌价值评估结果

排序	省份	品牌名称	品牌价值/亿元	排序	省份	品牌名称	品牌价值/亿元
1	浙江	西湖龙井	70.76	34	浙江	松阳银猴	24.70
2	云南	普洱茶	70.35	35	福建	正山小种	24.00
3	河南	信阳毛尖	68.86	36	湖南	碣滩茶	23.73
4	福建	福鼎白茶	49.74	37	江西	婺源绿茶	23.45
5	浙江	大佛龙井	45.15	38	湖北	恩施玉露	23.07
6	浙江	安吉白茶	41.64	39	贵州	凤冈锌硒茶	22.96
7	四川	蒙顶山茶	37.14	40	湖北	英山云雾茶	21.99
8	湖南	安化黑茶	37.13	41	重庆	永川秀芽	21.98
9	安徽	六安瓜片	35.69	42	浙江	武阳春雨	20.40
10	贵州	都匀毛尖	35.28	43	四川	雅安藏茶	19.90
11	安徽	祁门红茶	34.32	44	安徽	岳西翠兰	19.63
12	福建	福州茉莉花茶	33.10	45	山东	日照绿茶	19.36
13	福建	武夷山大红袍	33.06	46	福建	天山绿茶	19.19
14	安徽	太平猴魁	32.70	47	湖南	岳阳黄茶	18.78
15	福建	坦洋工夫	32.53	48	浙江	千岛湖茶	18.54
16	四川	峨眉山茶	32.44	49	湖北	恩施富硒茶	18.48
17	江西	庐山云雾茶	30.33	50	浙江	磐安云峰	18.01
18	湖北	赤壁青砖茶	30.29	51	福建	永春佛手	16.94
19	云南	滇红工夫茶	30.15	52	江西	修水宁红茶	16.82
20	陕西	安康富硒茶	29.94	53	福建	政和白茶	16.17
21	湖北	武当道茶	29.69	54	福建	政和工夫	15.92
22	浙江	越乡龙井	29.45	55	湖南	石门银峰	15.89
23	陕西	汉中仙毫	29.37	56	浙江	景宁惠明茶	15.80
24	福建	平和白芽奇兰	27.97	57	江苏	茅山长青	15.53
25	广东	英德红茶	27.88	58	浙江	泰顺三杯香茶	14.68
26	浙江	开化龙顶	27.16	59	四川	马边绿茶	14.54
27	江西	浮梁茶	26.54	60	四川	万源富硒茶	14.26
28	广西	六堡茶	26.40	61	湖北	赤壁米砖茶	13.70
29	贵州	梵净山茶	26.20	62	四川	七佛贡茶	13.62
30	福建	安溪黄金桂	25.74	63	山东	崂山茶	12.89
31	江西	狗牯脑茶	25.37	64	浙江	龙谷丽人	12.83
32	浙江	径山茶	25.17	65	湖北	鹤峰茶	12.78
33	安徽	霍山黄芽	24.99	66	四川	南江大叶茶	12.75

续表

排序	省份	品牌名称	品牌价值/亿元	排序	省份	品牌名称	品牌价值/亿元
67	山东	沂蒙绿茶	12.51	83	浙江	建德苞茶	5.97
68	江苏	镇江金山翠芽	12.38	84	陕西	泾阳茯茶	5.79
69	浙江	望海茶	11.92	85	湖北	襄阳高香茶	5.26
70	湖南	古丈毛尖	11.86	86	江西	上犹绿茶	5.23
71	湖南	桃源大叶茶	11.45	87	安徽	霄坑绿茶	5.01
72	江苏	仪征绿杨春茶	10.69	88	贵州	余庆苦丁茶	4.89
73	广西	昭平茶	10.48	89	湖北	五峰绿茶	4.37
74	福建	松溪绿茶	9.57	90	江西	资溪白茶	3.05
75	安徽	霍山黄大茶	9.39	91	浙江	缙云黄茶	3.04
76	安徽	舒城小兰花	9.16	92	山东	烟台绿茶	2.59
77	浙江	余姚瀑布仙茗	9.10	93	四川	北川茶叶	2.21
78	江西	双井绿	9.05	94	湖南	江华苦茶	2.18
79	浙江	仙都笋峰茶	8.74	95	山东	烟台桑叶茶	1.73
80	四川	筠连红茶	8.45	96	重庆	南川大树茶	1.68
81	广西	桂平西山茶	8.20	97	江西	三清山白茶	1.50
82	浙江	江山绿牡丹茶	6.27	98	重庆	南川金佛玉翠茶	1.10

　　声明：本研究中所估算之品牌价值，均基于茶叶区域公用品牌持有单位提供数据及其他公开可得的信息，且运用中国茶叶区域公用品牌专用评估方法对采集数据处理的结果。本评估所涉及的品牌只包括在中国内地注册的茶叶区域公用品牌。

2021:中国茶叶区域公用品牌价值评估研究报告
(数据跨度:2018—2020)[*]

前　言

茶,不仅是全球 160 多个国家 30 多亿人口的饮品,也是许多国家和地区重要的经济作物,是当地农民收入的主要来源,关系到区域经济发展、社会安定和文化延续。因此,基于区域产业集群意义上的茶产业发展、茶叶区域公用品牌建设,就不单单是某个区域、某个品牌的事,而是国家议题,乃至世界议题。

在世界层面的参照坐标系中,回顾近年来我国在茶产业发展中的国家行动、国家意志就显得意义非凡。2020 年,我们如期兑现了脱贫攻坚、全面建成小康社会的承诺,进入到巩固脱贫攻坚成果、全面推进乡村振兴战略的新阶段。茶产业、茶品牌在一如既往地发挥着带动区域经济发展、助推农民增收致富、联动乡村三产融合重要作用的同时,也面临着新的环境、新的态势、新的问题。

当前,日新月异的科学技术正在为我国茶叶区域公用品牌建设提供多种赋能方式,覆盖了育种、种植、采摘、加工、销售等各个环节。2021 年"中央一号文件"提出,加强农业种质资源保护开发利用,深入实施农作物良种联合攻关。茶科技不仅在良种繁育和推广中大有作为,在传统良种、特色品种的保护和改良中也大有可为。茶叶主产区特有的传统良种、特色品种塑造了茶叶产品的品种、品质、文化差异,有利于构建茶叶区域公用品牌的差异化价值。新近大热的物联网、大数据、虚拟现实和区块链等技术,更在茶叶的质量监管、市场信息研判、消费需求洞察、消费体验升级等方面展现出了令人激动的应用前景。产销全程数字化的智慧茶园已经出现,移动终端的云上节庆和虚拟体验也屡见不鲜,茶科技日益成为品牌发展的新动能。

依照专项课题评估的安排,2020 年 12 月,浙江大学 CARD 中国农业品牌研究中心、中国农业科学院茶叶研究所《中国茶叶》杂志、浙江大学茶叶研究所、中国国际茶文化研究会茶业品牌建设专业委员会和浙江永续农业品牌研究院等机构联合组建课题组,开展"2021 中国茶叶区域公用品牌价值评估"(评估对象邀请不包含我国港澳台地区)。

---

* 本报告发表于《中国茶叶》2021 年第 5 期。

一、数据分析

参与本次评估的我国茶叶区域公用品牌总数为123个,经过对参评品牌相关数据的多方审核,课题组最终完成了对108个品牌的有效评估。相较2020年,本次有效评估的品牌数量增加了10个。

从茶产区来看,以浙江省为代表的江南产区的有效评估品牌数蝉联榜首,共计55个,占有效评估品牌数的50.93%;以四川省为代表的西南产区排名第二,共24个,占22.22%;以福建省为代表的华南产区和以山东省为代表的江北产区有效评估的品牌数量分别为17个和12个,占比均低于20%。

从茶品类来看,有效评估的绿茶类品牌共60个,比2020年减少了10个;综合茶类(品牌下有多种品类茶叶)品牌数量为14个;红茶类品牌数量位列第三,共计13个;黑茶、乌龙茶、黄茶、白茶、再加工茶类有效评估品牌分别为7个、6个、3个、2个、1个,其中,再加工茶是来自华南产区的福州茉莉花茶;另有烟台桑叶茶、余庆苦丁茶等2个其他类型的茶叶区域公用品牌获评。

上述茶产区、茶品类相关数据,基本反映了我国茶叶区域公用品牌的产业、品类格局。绿茶类品牌最多,占整体有效评估品牌数量的55.56%,但比2020年(71.42%)和2019年(65.42%)均有所下降。此外,本次评估中综合茶类的品牌数量比2020年有显著提高,超越了绿茶类之外的其他茶类品牌数量。数据表明,我国茶叶区域公用品牌品类日趋丰富,各茶类的数量结构在逐渐发生变化,绿茶之外的其他茶类品牌逐渐增多。

因为有效评估的黄茶、白茶类区域公用品牌的数量均不足5个,且综合茶类品牌数量较多,下文在对评估的各项指标进行分析时,主要以产区作为对比分析标准。

(一)品牌价值:头部5个品牌价值均超50亿元,江南产区增长率显著高于其他产区

本次茶叶区域公用品牌价值评估依据浙江大学"中国农产品区域公用品牌价值评估模型"(简称CARD模型):品牌价值=品牌收益×品牌忠诚度因子×品牌强度乘数,并基于参评品牌持有单位调查、消费者评价调查、专家意见咨询、海量数据分析与计算后形成。

总价值为2395.62亿元,平均品牌价值约22.18亿元。平均品牌价值较2020年增加了2.09亿元,增长10.39%,但涨幅有所回落(2020年增长率13.29%)。

品牌价值位于50亿元以上的我国茶叶区域公用品牌共有5个,比上年度增加了2个,分别是西湖龙井(74.03亿元)、普洱茶(73.5亿元)、信阳毛尖(71.08亿元)、潇湘茶(67.83亿元)和福鼎白茶(52.15亿元)。

本次评估中,品牌价值20亿元以上的品牌数量占整体有效评估品牌数的49.07%,接近半数。对比2019年(22.82%)和2020年(37.38%)数据可以看到,越来越多的品牌其价值突破了20亿元大关,且增幅显著。品牌价值位于20亿~50亿元之间的品牌共计48个,占总体有效评估品牌数量的44.44%,比2020年提高了4.64个百分点;品牌价值在20亿元以下的品牌数量比例越来越小,品牌价值在10亿~20亿元的品牌共计28个,占总体有效评估

品牌的 25.93％,低于 10 亿元的品牌为 27 个(见表 33)。

表 33　近五年有效评估茶叶区域公用品牌的价值(BV)区间及比例

年份	BV<1		1≤BV<10		10≤BV<20		20≤BV<50		50≤BV	
	数量/个	比例/%	数量/个	比例/%	数量/个	比例/%	数量/个	比例/%	数量/个	比例/%
2017	2	2.17	31	33.7	38	41.38	19	20.65	2	2.17
2018	3	3.06	27	27.55	38	38.78	28	28.57	2	2.04
2019	2	1.87	32	29.91	33	30.84	37	34.58	3	2.80
2020	0	/	25	25.51	31	31.63	39	39.80	3	3.06
2021	0	/	27	25.00	28	25.93	48	44.44	5	4.63

注:BV 单位为亿元。

从近五年有效评估茶叶区域公用品牌的价值(BV)区间及比例(见表 33)可见,我国茶叶区域公用品牌的价值不断提升,且高价值品牌所占的比例逐渐提高。这一趋势从侧面反映了我国茶叶区域公用品牌建设的成效。但是,虽然头部品牌价值有所突破,但所占比例仍然不大。期待未来我国有更多的茶叶区域公用品牌突破 50 亿元门槛。

从产区比较来看(见图 237),按照平均品牌价值从高到低的顺序依次为华南产区(25.38 亿元)、江南产区(22.40 亿元)、西南产区(21.06 亿元)、江北产区(18.89 亿元)。其中,华南、江南地区高于均值(22.18 亿元),西南和江北地区低于均值,且江北地区的茶叶区域公用品牌的平均价值尚未达到 20 亿元。

比较四大产区 2020、2021 年有效评估品牌的平均品牌价值及增长率(见图 237),华南产区的平均品牌价值较 2020 年增加 1.82 亿元,增幅为 7.72％;西南产区的平均品牌价值比上年增加 0.51 亿元,增长 2.48％;江北产区的平均品牌价值呈现负增长,相比 2020 年下降了 7.13％;江南产区的平均品牌价值增长了 3.48 亿元,增长 18.39％,增长率显著高于其他 3 个产区,实现了年度赶超,从 2020 年的第四名跃居第二名。

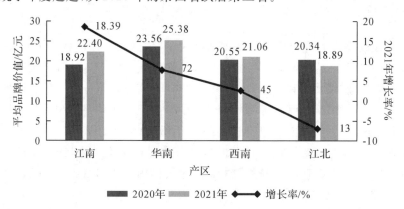

图 237　四大产区 2020、2021 年有效评估品牌的平均品牌价值及增长率比较

对数据进一步分析后发现,江北产区本次有效评估的品牌共有 12 个,较 2020 年增加了桐柏玉叶茶(11.97 亿元)、桐柏红(8.18 亿元)、长清茶(4.72 亿元)等 3 个品牌,这 3 个品牌的品牌价值相对不高,拉低了江北产区的平均品牌价值。

(二)品牌收益：华南产区平均品牌收益最高，江南产区平均单位销量品牌收益最高

品牌收益指的是在剔除生产环节的劳动收益，结合市场交换完成的最终零售价格，并充分考虑茶叶产品在再生产环节中的诸多不可控因素后，以连续3年的数据统计得出的由品牌本身带来的收益，平均单位品牌收益是品牌溢价的直观体现，其计算公式为：品牌收益＝年销量×（品牌零售均价－原料收购价）×（1－产品经营费率）。

本次评估中，108个茶叶区域公用品牌的平均品牌收益为13271.93万元，比2020年增加了1361.25万元，增长了11.42％，但对比2020年的平均品牌收益增长率，增幅有所回落，下降了1.18个百分点。

从产区来看（见图238），华南产区的平均品牌收益最高，达15343.80万元，较2020年增长了9.76％。其他3个产区的平均品牌收益均低于整体均值。其中，江北产区的平均品牌收益最低（12174.38万元），较2020年下降3.15％；江南产区的平均品牌收益为13228.45万元，较2020年增长了2151.09万元，增幅十分显著，高达19.42％；西南产区的平均品牌收益为12452.75万元，与去年基本持平。从数据来看，华南产区的平均品牌收益处于相对高位，收益显著；江南产区的平均品牌收益增幅大，势头强劲。

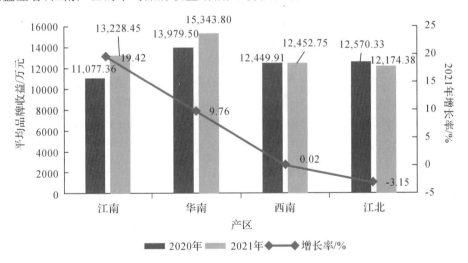

图238　四大产区2020、2021年有效评估品牌的平均品牌收益及增长率比较

本次评估中，108个茶叶区域公用品牌的平均单位销量品牌收益为86.53元/千克，较2020年每千克增加了16.44元，增长幅度达到了23.45％。其中，单位销量品牌收益最高的品牌，达到了2275.67元/千克。

进一步比较分析四大产区的平均单位销量品牌收益发现（见图239），江南产区的平均单位销量品牌收益高达134.20元/千克，远超其他3个产区的平均值；华南产区的平均单位销量品牌收益最低，仅为20.09元/千克；西南产区和江北产区分别为46.77元/千克、41.70元/千克。与2020年相比，江北产区的平均单位销量品牌收益涨幅最大，达到了88.01％，江南产区也获得了39.68％的增长率，而华南产区与西南产区均出现了不同程度的下滑。

由此可见，尽管华南产区在平均品牌价值、平均品牌收益上表现较为不错，但其在单位

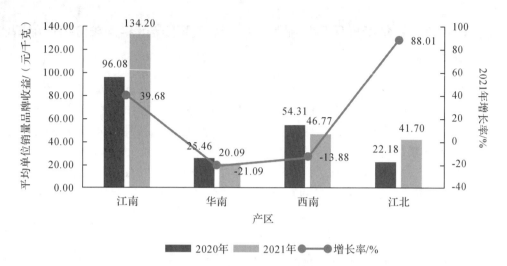

图 239　四大产区 2020、2021 年有效评估品牌的平均单位销量品牌收益及增长率比较

销量品牌溢价能力表现上仍有较大的提升空间；江南产区则无论是在品牌相对规模效益，还是品牌价值、品牌收益上表现都较为不错，尤其在单位销量品牌溢价方面，表现十分亮眼。

从具体的品牌来看（见表 34），本次评估中，品牌收益位于前 20 位的茶叶区域公用品牌中，来自江南产区的有 10 个，占据半壁江山；西南产区的有 4 个，占比 1/5；华南产区和江北产区各占 3 个。其中，整体品牌收益排名最高的为西湖龙井，高达 41076.88 万元，单位销量品牌收益也较高，达 924.53 元/千克；普洱茶位列第二，整体品牌收益为 40057.96 万元，但单位销量品牌收益仅为 2.53 元/千克；排名第三的信阳毛尖，整体品牌收益为 38531.79 万元，单位销量品牌收益为 6.60 元/千克，稍高于普洱茶；潇湘茶和福鼎白茶的整体品牌收益分别为 37866.35 万元、32777.36 万元。这也是本次有效评估品牌中品牌收益超过 30000 万元的 5 个品牌。

表 34　品牌收益前 20 位茶叶区域公用品牌

产区	品牌名称	品牌收益（万元）	单位销量品牌收益（元/千克）
江南	西湖龙井	41076.88	924.53
西南	普洱茶	40057.96	2.53
江北	信阳毛尖	38531.79	6.60
江南	潇湘茶	37866.35	8.30
华南	福鼎白茶	32777.36	19.49
江北	汉中仙毫	29042.66	32.69
江南	洞庭山碧螺春	26971.02	2275.67
江南	大佛龙井	26800.88	52.69
江南	安吉白茶	26372.90	139.42
西南	峨眉山茶	24269.72	5.04
华南	坦洋工夫	24000.00	35.30

续表

产区	品牌名称	品牌收益(万元)	单位销量品牌收益(元/千克)
华南	福州茉莉花茶	22499.04	26.62
西南	都匀毛尖	22368.57	5.14
江南	安化黑茶	22104.19	2.39
西南	蒙顶山茶	21871.89	9.67
江南	太平猴魁	21726.13	161.57
江南	六安瓜片	21691.49	40.25
江南	庐山云雾茶	21391.35	9.95
江北	安康富硒茶	21132.25	6.90
江南	祁门红茶	20883.81	38.70

比较单位销量品牌收益前20位品牌可见(见表35),江南产区有效评估的茶叶区域公用品牌的品牌溢价能力强劲,在前20位品牌中,来自江南产区的共计有14个品牌,占比70%。其中,洞庭山碧螺春以高达2275.6元/千克的单位销量品牌收益位居榜首,远远超过其他品牌,品牌溢价能力十分强;武阳春雨和西湖龙井分别以989.23元/千克和924.53元/千克的单位销量品牌收益位列第二和第三;数据可见,前三甲品牌均来自江南产区。

表35同时可见,单位销量品牌收益前20名的茶叶区域公用品牌中,除洞庭山碧螺春、西湖龙井、太平猴魁和安吉白茶等4个品牌之外,其余品牌的品牌收益均不足2亿元,并存在11个品牌的品牌收益不到1亿元的情况。数据表明,尽管部分茶叶区域公用品牌的整体品牌溢价不高,但其单位销量品牌溢价能力不容小觑,它们创建占地少、不以规模取胜的"小而美"的茶叶区域公用品牌,达到了一定程度的高质量发展。

表35　单位销量品牌收益前20名茶叶区域公用品牌

产区	品牌名称	单位销量品牌收益(元/千克)	品牌收益(万元)
江南	洞庭山碧螺春	2275.67	26971.02
江南	武阳春雨	989.23	13455.84
江南	西湖龙井	924.53	41076.88
江南	缙云黄茶	803.95	2891.70
西南	南川大树茶	622.22	1219.84
江南	三清山白茶	382.33	1338.17
西南	正安白茶	250.11	6544.73
江南	钱江源开门红	170.05	5163.18
江南	太平猴魁	161.57	21726.13
江南	资溪白茶	146.02	2533.21
江南	安吉白茶	139.42	26372.90
江北	长清茶	136.52	2921.08

续表

产区	品牌名称	单位销量品牌收益（元/千克）	品牌收益（万元）
江北	桐柏红	133.33	5091.20
江南	霄坑绿茶	103.72	3817.84
江南	仪征绿杨春茶	95.13	7796.39
江南	茅山长青	89.47	10246.18
江南	余姚瀑布仙茗	88.73	7552.69
江南	恩施玉露	82.32	14713.38
江北	崂山茶	79.90	10227.02
华南	正山小种	76.34	14356.10

（三）品牌忠诚度：总体高于 2020 年水平，不同品牌之间差距悬殊

品牌忠诚度因子指的是消费者对品牌的认可及忠诚程度，该因子侧重于测算价格波动对消费者品牌忠诚的影响。在 CARD 模型中，品牌忠诚度因子＝（过去三年平均售价－销售价格标准差）÷过去三年平均售价。

根据统计结果，本次有效评估的茶叶区域公用品牌的平均品牌忠诚度因子最高者达到了 0.995，最低仅 0.611，平均为 0.902，略高于 2020 年的平均水平（0.898）。

本次评估品牌忠诚度因子，位于 0.90 以上的有效评估品牌共有 63 个，占整体有效评估品牌数量的 58.33％，其中品牌忠诚度因子在 0.90～0.95 之间的品牌共计 28 个，在 0.95～0.98 之间的品牌有 29 个，高于 0.98 的品牌有 6 个。在品牌忠诚度低于 0.90 的 45 个有效评估品牌中，介于 0.80～0.90 之间的品牌有 37 个，占整体有效评估品牌数量的 34.26％；另有 8 个品牌的品牌忠诚度因子不足 0.80，占整体有效评估品牌数量的 7.41％（见表 36）。

表 36　近五年有效评估的茶叶区域公用品牌的品牌忠诚度因子区间分布变化比较

年份	BL＜0.80		0.80≤BL＜0.90		0.90≤BL＜0.95		0.95≤BL＜0.98		0.98≤BL＜1.00	
	数量/个	比例/%	数量/个	比例/%	数量/个	比例/%	数量/个	比例/%	数量/个	比例/%
2017	9	9.78	16	17.39	19	20.65	27	29.35	21	22.83
2018	12	12.24	21	21.43	29	29.59	21	21.43	15	15.31
2019	11	10.28	26	24.30	42	39.25	22	20.56	6	5.61
2020	11	11.23	29	29.59	32	32.65	19	19.39	7	7.14
2021	8	7.41	37	34.26	28	25.93	29	26.85	6	5.55

回顾近五年的数据（见表 36）可以发现，品牌忠诚度因子在 0.98 及以上的品牌数量占比整体呈下降趋势，品牌忠诚度因子低于 0.80 的品牌数量基本在 10 个左右。相对而言，2021 年，品牌忠诚度因子低于 0.80 区间的比重值低于前 4 年；位于 0.80～0.90 之间的品牌数量不断增加，所占比重也不断提高；在 0.90～0.95 区间的品牌数量呈现先增后降的特点；而在 0.95～0.98 区间的品牌数量则未有明显规律。

　　数据表明,我国茶叶区域公用品牌中高品牌忠诚度因子和低品牌忠诚度因子的品牌数量在减少。这也从侧面印证了,我国茶叶整体市场的价格体系处于相对健康、有序的调整变动中,我国茶叶区域公用品牌的价格稳定性在增强,消费者对于茶叶的品牌忠诚度在提升。

　　从产区来看,本次评估中,江南产区(0.906)、华南产区(0.903)、西南产区(0.904)三大产区的平均品牌忠诚度因子相差不大,江北产区的平均品牌忠诚度因子为0.879,比其他产区低。纵向来看,与2019年和2020年相比,江南产区和华南产区的平均品牌忠诚度因子均有所降低,分别从0.917降至0.906、从0.906降至0.903。这表明,这两个产区的市场价格有所波动;而西南产区和江北产区的平均品牌忠诚度因子均有所提高,尤其是西南产区,平均品牌忠诚度因子从2019年的0.831升至2021年的0.904,两年间,增长了8.78%;江北产区的平均品牌忠诚度因子则呈现V形变化,2021年虽较2019年有所增长,但涨幅甚微(见图240)。这也表明,西南产区和江北产区的茶叶区域公用品牌的市场价格整体较之前趋于稳定。

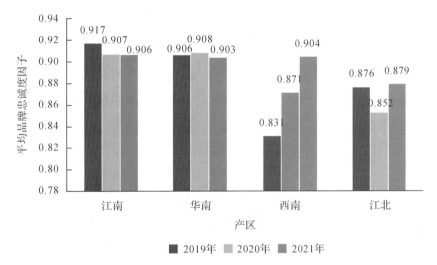

图240　近三年四大产区有效评估品牌的平均品牌忠诚度因子比较

　　从茶类来看,平均品牌忠诚度因子排名靠前的分别是黑茶(0.929)、红茶(0.926)、乌龙茶(0.918),排名靠后的是绿茶(0.893)、黄茶(0.879)、白茶(0.852)、再加工茶(0.840)。这表明,黑茶类市场价格的稳定性显著提升,平均品牌忠诚度因子最高,且从2020年的0.825提升至0.929。平均品牌忠诚度因子同样提高的还有红茶,从2020年的0.868提升至2021年的0.926。而白茶、黄茶、绿茶、乌龙茶、其他茶类等均有不同程度的降低。这反映了黑茶类和红茶类茶叶区域公用品牌的消费者品牌忠诚度较高,而绿茶等其他茶类的竞争激烈而充分,价格波动对消费者的品牌忠诚度的影响较为敏感。

(四)品牌强度:总体处于中等水平,品牌传播力是最大短板

　　品牌强度及其乘数由品牌带动力、品牌资源力、品牌经营力、品牌传播力和品牌发展力等5个能够表现品牌稳定性和持续性的因子加权得出,是体现品牌未来持续收益能力、抗风险能力和竞争能力大小的指标,是对品牌强度高低的量化呈现。

　　本次有效评估的108个茶叶区域公用品牌的平均品牌强度乘数为18.13,较2020年的

18.51略有下降。其中,普洱茶以20.10的品牌强度乘数蝉联第一。具体分析"品牌强度五力"可见,本次有效评估的108个品牌,其平均品牌带动力为84.07、平均品牌资源力为85.62、平均品牌经营力为83.63、平均品牌传播力79.73、平均品牌发展力为81.93,没有一个指标达到90,只在79.73～85.62之间徘徊。各二级指标横向比较可见,平均品牌资源力最高,具有相对优势;平均品牌传播力则不足80。

数据表明,品牌传播是我国多数茶叶区域公用品牌的短板。这从侧面反映了我国茶叶区域公用品牌的品牌传播不足:品牌传播投入少、品牌传播方式雷同、传播手段较为单一,传播内容同质化等,导致消费者难以通过品牌传播形成对品牌更独特的认知与喜爱,没有能够形成高品牌传播力。调研显示,本次有效评估的品牌中有13个茶叶区域公用品牌至今尚无相关微信、微博等新媒体账号,即便是拥有公众号的品牌,其公众号内容多为资讯,信息单一,且部分账号已名存实亡,信息严重滞后。

交叉分析品牌价值区间(见图241),品牌价值位于前50位的品牌,其"平均品牌强度指数"的五力二级指标数据分别为89.52、89.34、87.62、86.61和84.22。数据显示,平均"五力"均未达到90。品牌价值位于前10位的品牌,其"平均品牌强度指数"的五力二级指标数据为94.30、92.71、90.82、96.64和85.71,可见其平均品牌带动力、资源力、经营力、传播力均超过90,相对而言,平均品牌发展力则较低。数据表明,与全国大部分茶叶区域公用品牌的品牌传播力普遍不高的情况相反,高品牌价值的茶叶区域公用品牌在品牌传播力上的优势更为显著。

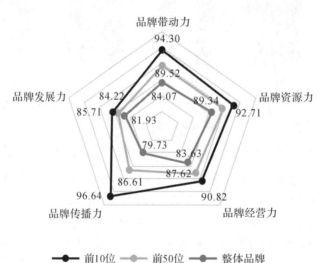

图241 2021有效评估品牌中不同品牌价值区间品牌的平均品牌强度五力比较

进一步比较不同品牌价值区间的品牌在品牌知名度、认知度和好感度上的差异(见图242),品牌价值前10位品牌的平均品牌知名度、认知度和好感度均较高,分别为107.93、96.59和87.29;品牌价值前50位品牌的相关指标平均值分别为89.30、86.48和84.48;整体品牌的平均值分别为78.78、79.39和80.82。

数据表明,处于不同品牌价值区间的茶叶区域公用品牌的各个指标数值有所不同。高品牌价值的品牌拥有极高的品牌知名度和品牌认知度,但未来需着重加强对品牌好感度的维护;目前品牌价值尚不属于头部品牌的中流品牌,需要同步提升品牌知名度、认知度、好感

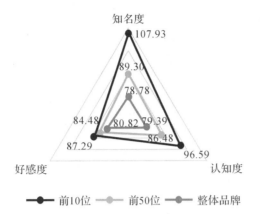

图 242　2021 年有效评估品牌中不同品牌价值区间品牌的平均"品牌传播力"二级指标比较

度。除品牌传播力以外，品牌发展力不足也是我国茶叶区域公用品牌的共性问题。如图 243 所示，四大产区中，除江北产区外，其余三大产区的平均品牌发展力均仅高于平均品牌传播力，是我国茶叶区域公用品牌发展的次短板。

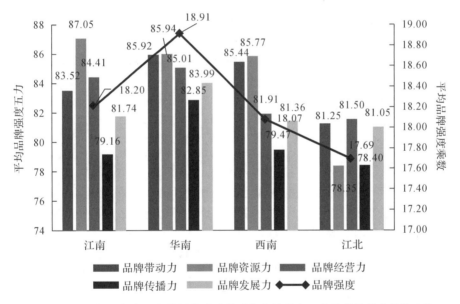

图 243　2021 年四大产区有效评估品牌的平均品牌强度五力及品牌强度乘数比较

品牌发展力主要由品牌保护、市场覆盖、生产趋势和营销趋势等 4 项三级指标构成，分别考量一个品牌在上述四个方面的投入与成效。本次有效评估的 108 个品牌，其平均品牌保护得分为 86.12，平均市场覆盖得分为 79.67，平均生产趋势为 80.81，平均营销趋势为 80.96，整体而言，四个指标均相对较低，徘徊于 87~79 之间。其中，市场覆盖平均值则更低。与品牌价值处于前 10 位、前 50 位的品牌的相关指标的平均值比较发现（见图 244），高品牌价值的茶叶区域公用品牌在品牌保护、市场覆盖方面具有显著优势，而在生产趋势和营销趋势上表现不足。出现如此数据，也反映了高品牌价值在茶叶种植规模、年生产量、年销售量等规模化指标方面已经到达了"天花板"；而品牌价值相对位于中位的茶叶区域公用品牌，大多还处于产业发展初期，得益于近年来的规模化发展，其生产趋势和营销趋势形成了相对优势。

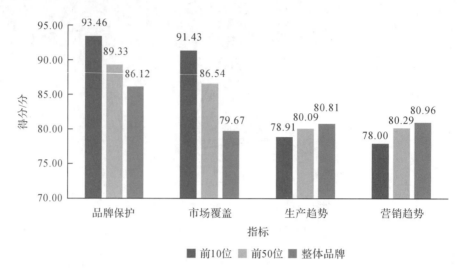

图 244　2021 年有效评估品牌中不同品牌价值区间品牌的平均品牌发展力二级指标比较

这表明,我国茶叶区域公用品牌的后续发展,需要正视规模上限的问题,在无法盲目扩张的前提下,需要进一步着重加强品牌保护,也可从品牌建设投入、渠道建设、市场拓展等方面入手,提高市场占有率和品牌竞争力,从区域性品牌走向全国性乃至世界性品牌,从而维持品牌发展后劲。这也是解决前文图 244 所反映出来的平均品牌发展力不高的关键。

二、现象与趋势

(一)茶文化

我国是茶的故乡,也是茶文化的发源地。经过上千年历史的沉淀,已经形成了包括茶道、茶艺、茶具、茶诗等多方面系统构成的深厚悠远的茶文化。文化与茶,两者相辅相成、互为表里,共同促进了我国茶的发展。

我国已是茶叶生产大国,据国际茶叶委员会数据统计,2019 年我国茶叶种植面积达306.6 万公顷,约占全球茶叶种植面积的 61.4%;茶叶产量达 279.9 万吨,约占全球茶叶总产量的 45.51%。据国家统计局数据,2020 年全国茶叶产量达到了 297 万吨。但与此同时,茶产业产销失衡、茶业整体效益较低等问题日益凸显,亟待解决;市场方面,品牌消费、个性化消费已成定势,消费者在注重产品品质的同时,也更加在意消费茶叶时其在内心和精神层面的感知与满足。在此背景下,茶文化这一元素更加受到各方重视,由中国茶叶流通协会组织编写的《中国茶产业“十四五”发展规划建议》中就明确指出,要“普及传承、丰富业态,构建现代茶文化产业体系”。可见,运用茶文化赋能茶品牌、提升品牌溢价、促进产品销售,乃至推动茶产业供给侧结构性改革是未来的一大趋势。

(1)茶文化资源丰富,但欠缺挖掘利用

本评估模型的指标体系中,品牌强度指标体系下的品牌资源力是由品牌历史资源、品牌文化资源、品牌环境资源这 3 个三级指标共同构成(其中品牌历史资源和品牌文化资源权重占比达 63%),可以反映一个品牌历史文化资源的综合情况。前文中的图 243 可见,108 个茶叶区域公用品牌的平均品牌资源力为85.62,位列品牌强度五力平均值的第一位。这在一定程度上反映了我国茶叶区域公用品牌在整体上拥有较为丰富的历史文化资源,并且这一优势相对较为突出。

而通过对比近三年连续获得有效评估的87个茶叶区域公用品牌的平均品牌资源力可以发现(见图245),2019年,这87个茶叶区域公用品牌的平均品牌资源力为89.43;2020年略有提升,达89.95;但在2021年的评估中,却出现了一定程度的下降,为86.54。由此可见,虽然我国茶叶区域公用品牌拥有较为丰富的历史文化资源,但是在对这些历史文化资源的深度挖掘与保护利用上,我国众多的茶叶区域公用品牌还存在着较大的提升空间。

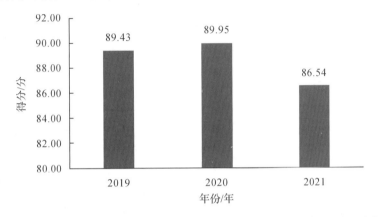

图245　2019—2021年间,连续获得有效评估的87个茶叶区域公用品牌的平均品牌资源力比较

茶产业非物质文化遗产以及农业文化遗产是茶种植、茶消费的历史文化的结晶,是极具品牌运作价值的文化资源。本次获得有效评估的108个茶叶区域公用品牌中,有58个茶叶区域公用品牌已经在不同年份成功申请了非物质文化遗产保护,占整体有效评估品牌数量的53.70%。其中,成功申请了国家级非物质文化遗产的品牌有28个,省级非物质文化遗产的品牌有19个、市县级非物质文化遗产的品牌有11个。

总计有14个有效评估的茶叶区域公用品牌被成功列为农业文化遗产。其中,获中国重要农业文化遗产保护品牌有11个、获全球重要农业文化遗产保护品牌有3个,还有6个品牌已经入选"全球重要农业文化遗产"预备名单。

我国历史文化名茶繁若星辰,单从55个少数民族的多元民族文化角度去看,便足见民族茶产品、茶文化、茶饮方式的异彩纷呈。如维吾尔族的香茶、回族的刮碗子茶、侗族和瑶族的打油茶、客家族的擂茶、白族的三道茶、傣族的竹筒香茶、拉祜族的烤茶、哈尼族的土锅茶、布朗族的青竹茶等,不一而足。可见,上述已经成功申请非物质文化遗产或农业文化遗产的茶叶区域公用品牌,仅仅是冰山一角。未来,仍有大量的茶文化遗产待我们去挖掘、开发与保护。而得到保护后的品牌,如何通过保护实现非遗文化的经济价值转化,则是需要未来重点研究的课题。

(2)茶叶加工制作技艺传承有序开展

茶叶加工制作技艺,是茶文化传承保护与创新发展的前提。正是茶叶加工制作技艺的独特性,赋予了不同名茶的唯一性。因此,实施我国传统茶叶加工制作技艺的传承与保护至关重要。本次有效评估的108个茶叶区域公用品牌中,与17个茶叶区域公用品牌相对应的国家级非遗传承人共计 19 位（见表 37）。

表 37　2021 年获得有效评估的茶叶区域公用品牌的国家级非遗传承人名单

茶叶品牌	非遗传承人	茶叶品牌	非遗传承人
西湖龙井	杨继昌	福州茉莉花茶	陈成忠
信阳毛尖	周祖宏	滇红工夫茶	张成仁
福鼎白茶	梅相靖	梧州六堡茶	韦洁群
洞庭山碧螺春	施跃文	安溪黄金桂	魏月德、王文礼
安化黑茶	李胜夫	婺源绿茶	方根民
六安瓜片	储昭伟	恩施玉露	杨胜伟
都匀毛尖	张子全	雅安藏茶	甘玉祥
武夷山大红袍	叶启桐、陈德华	祁门红茶	王昶
太平猴魁	方继凡		

　　另一数据显示，为了保护传承我国传统茶叶加工制作技艺，推动代表性制茶工艺的传习推广与科学创新，弘扬工匠精神，自 2017 年开始，中国茶叶流通协会在全国范围内开展了中国制茶大师的调查推选工作，至今已公布了 5 批中国制茶大师名单。本次获得有效评估的 108 个茶叶区域公用品牌中，拥有"中国制茶大师"的茶叶区域公用品牌共计 28 个（见表 38），占整体有效评估品牌数量的 25.9%。

表 38　2021 年有效评估的茶叶区域公用品牌的中国制茶大师名单

茶叶品牌	人数	茶叶品牌	人数
西湖龙井	3	滇红工夫茶	1
普洱茶	7	赤壁青砖茶	1
信阳毛尖	5	英德红茶	1
福鼎白茶	8	梧州六堡茶	2
洞庭山碧螺春	3	湄潭翠芽	2
安化黑茶	5	开化龙顶	1
蒙顶山茶	1	安溪黄金桂	17
六安瓜片	1	浮梁茶	1
都匀毛尖	1	正山小种	1
武夷山大红袍	5	武阳春雨	2
峨眉山茶	2	日照绿茶	1
坦洋工夫	1	修水宁红茶	1
祁门红茶	5	石门银峰	1
福州茉莉花茶	6	泾阳茯茶	1

　　近年来，中国茶产业中已经出现了"茶二代"现象，涌现了一批传承了非遗技艺，又具有国际化视野、时尚化生活方式的年轻人。

资源的价值在于利用。未来,各茶叶区域公用品牌应充分利用"非遗传承人""中国制茶大师"技艺及文化传承价值,以及年轻"茶二代"的创新思维与技艺传承,使其在茶文化推广乃至茶叶品牌年轻化和品牌建设中成为生动的媒介载体,链接起茶文化与茶品牌、茶品牌与消费者之间的关系,进而挖掘、释放传统制茶技艺在品牌消费、个性化消费时代下的全新价值与活力。

(3)茶相关节庆活动有待推陈出新

要实现茶文化的有效保护与传承,除了茶产业自身的努力,更需要全社会的共同推动。因此,让大众认识到茶文化的存在意义,乃至愿意主动去了解茶文化,构建消费关系至关重要。茶相关节庆活动,可以将茶文化具象为各类体验项目,给予大众沉浸式的文化体验,不失为一种向全社会传播茶文化的有效途径。同时,茶节庆活动可以有效整合茶产业,成为发展茶旅融合的绝佳载体。

根据对网络公开资料以及相关媒体新闻报道的检索统计研究,本次有效评估的我国茶叶区域公用品牌中,有 62 个品牌拥有自有茶节庆活动,约占有效评估品牌总数的 57.41%。四大茶区比较可见(见图 246),西南茶区有效评估品牌的总数为 24 个,其中有自有茶节庆活动的品牌有 13 个,占西南茶区有效评估品牌总数的 54.17%;江南茶区有效评估品牌总数为 55 个,其中有自有茶节庆活动的品牌有 33 个,占江南茶区有效评估品牌总数的 60.00%;江北茶区有效评估品牌总数为 12 个,其中有自有茶节庆活动的品牌有 6 个,占江北茶区有效评估品牌总数的 50.00%;华南茶区有效评估品牌总数为 17 个,其中有自有茶节庆活动的品牌有 10 个,占华南茶区有效评估品牌总数的 58.82%。

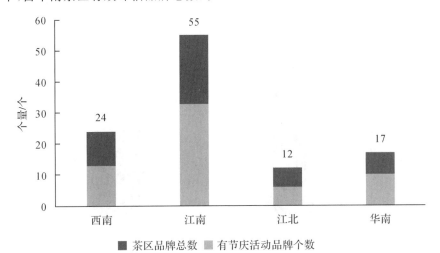

图 246 2021 年有效评估的四大茶区的茶叶区域公用品牌的茶节庆活动情况

开展包含茶节庆活动在内的一系列品牌营销传播活动,能够很好地促进品牌传播力的提升。通过对比有、无茶节庆活动的茶叶区域公用品牌的平均品牌传播力可以发现(见图 247),有茶节庆活动的茶叶区域公用品牌的平均品牌传播力为 82.15;无茶节庆活动的茶叶区域公用品牌的平均品牌传播力仅为 76.45,较前者低 6.94%,且低于获得本次有效评估的整体品牌的平均品牌传播力。

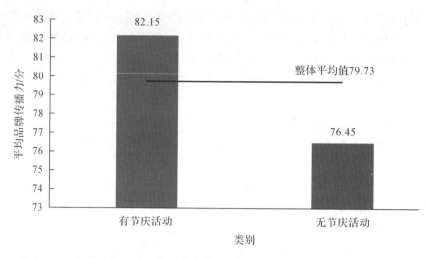

图 247　有节庆活动与无节庆活动的茶叶区域公用品牌的平均品牌传播力比较

　　进一步比较有、无茶节庆活动的茶叶区域公用品牌的平均品牌价值发现(见图 248),有节庆活动的茶叶区域公用品牌的平均品牌价值达 27.33 亿元;无节庆活动的茶叶区域公用品牌的平均品牌价值仅为 15.24 亿元,较有节庆活动的低了 12.09 亿元,且比获得本次有效评估整体品牌的平均品牌价值低了 6.94 亿元。由此可见,开展包括茶节庆活动在内的一系列品牌营销传播活动,举办茶相关节庆活动,在一定程度上能提升品牌的知名度、认知度与美誉度,从而提高茶品牌价值。同时,高品牌价值又能反哺茶节庆活动,进而助推茶文化的保护传承、创新发展。

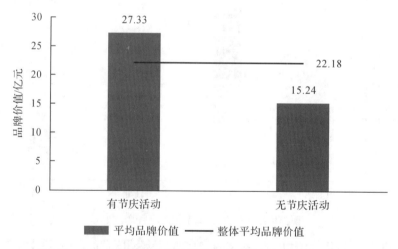

图 248　2021 年有效评估品牌的茶节庆活动与平均品牌价值现状

　　分析举办茶节庆活动的最早时间(见图 249),本次有效评估的茶叶区域公用品牌中,首次举办时间在 1990—1999 年间的有 4 个、在 2000—2005 年间的有 13 个、在 2006—2010 年间的有 10 个、在 2011—2015 年间的有 18 个、在 2016—2021 年间的有 17 个。数据显示,近 10 年来,首次举办茶节庆活动的茶叶区域公用品牌约占有节庆活动品牌总数的 56.45%,可见,茶节庆活动日渐受到各地茶叶区域公用品牌的高度重视,获陆续举办并得以持续举办。

　　传播茶文化,营造良好的饮茶与茶文化氛围,并非一朝一夕便能实现,需要让广大公众、

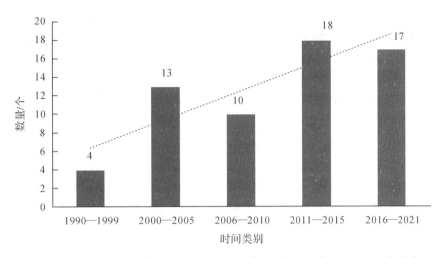

图 249　2021 年有效评估的茶叶区域公用品牌首次举办茶节庆活动的时间分布

消费者不间断地去接触、了解茶文化,进而对其产生潜移默化的影响。但是,根据网络公开资料以及相关媒体新闻报道可以发现,某些地区在举办茶相关节庆活动时存在着流于形式、囿于传统、缺乏创新等问题,从而导致许多茶节庆活动往往成为一时之热与惯性行为,并不能有效、持续地延续下去,并无法产生真正的彰显品牌价值、提高品牌吸引力、增进茶文化了解等作用。

如何在坚守传统的同时推陈出新,这是茶节庆活动的共同课题。缺乏创新的茶节庆活动无法吸引大众关注、了解、参与,而不能坚守品牌本质的活动,也不能坚守并持续其独特的品牌文化。因此,近年来,各地茶叶区域公用品牌都在想方设法实现茶节庆活动在形式、内容等方面的突破。2020 年,新冠疫情促进了各地在茶节庆活动方面的变革,体现了品牌化引领、数字化落地的效果。例如,"2020 中国茶叶大会暨第十四届新昌大佛龙井茶文化节",以"云上节庆"形式,打造了"线下茶节庆—线上云直播—H5 互动"的全链条品牌营销传播模式,探索出了品牌化与数字化"双轮驱动"的新型茶文化节庆活动模式,推出"居深山,心自在"的品牌核心价值诉求,通过包括云直播、云游览、云互动、云发布、云观点、云连线、云消费在内的"七朵云",用互联网思维和品牌思维进行颠覆改造,开启"云节庆"新模式,燃起了"全民狂欢",活动全程曝光 3400 万次,获得公众与消费者的高关注度与品牌体验。可见,未来各地在推动茶相关节庆繁荣举办的同时,也应注重节庆活动中茶文化的创新开发与运用,进而不断维持、提升大众对茶节庆活动的新鲜感与参与度。

(4)茶文化 IP 形象塑造日渐受到关注

近年来,IP 形象以其可赋予内涵空间广阔、运用自由度高、成本相对低等特点,得到了越来越多品牌的重视。茶叶品牌背后所蕴藏的茶文化,恰好可以为茶品牌 IP 形象的塑造提供不竭源泉。因此,有的茶叶区域公用品牌已经闻风而起。本次有效评估的 108 个茶叶区域公用品牌中,有 4 个品牌打造了茶品牌的 IP 形象,分别为福鼎白茶的"白茶仙子"、太平猴魁的"六小妹"和"猴小魁"、径山茶的"茶圣陆羽"和"茶小僧"、泾阳茯茶的"茯茶小妹"等。

以径山的茶旅 IP 形象为例,作为"日本茶道之源"以及茶圣陆羽著经之地的大径山,因径山寺而闻名,在"禅茶一味"的文化浸润下,径山茶由此而兴。为提升径山茶的知名度、促进大径山的茶旅融合发展,余杭旅游集团从"茶景一脉·禅茶一味"内核入手,着力深挖大径山文化底蕴,于 2019 年第十八届中国茶圣节推出"陆羽与茶小僧"径山茶文化旅游 IP,并基此延伸出了一条径山茶文化和旅游融合的产业链。例如,首家径山茶特色茶铺"陆羽泡的茶""径山宋式点茶课程"和"陆羽唐代煮茶课程""陆羽带你游大径山"景区直通车等。

此外,"茶圣陆羽与茶小僧"这一对径山茶旅 IP 形象还与国礼大师李加林、江南制糕品牌塘栖"法根糕点"、G20 供应商"百丈双枪竹筷"等联名,推出了联名款丝巾、茶小酥、福箸等系列文创产品。"2021 第二十届中国茶圣节"上,更是推出了将 IP 形象、水杯、矿泉水、抹茶、牛奶等进行组合的全新农文旅融合文创产品——"浙抹牛"抹茶牛乳摇摇杯创意 DIY。

可爱、亲和而又独具径山茶文化特色的 IP 形象,无疑抓住了游客的眼球,在有效传播径山茶文化的同时,也极大地带动了径山茶产业以及旅游业的协同发展。

据调查,当前,我国的茶文化创新利用还出现了其他可借鉴案例。如福建省十分注重茶文化旅游的开发,将茶文化、茶产品有机融入各项旅游活动中,精心策划了中华武夷茶博园、"印象大红袍"山水实景演出等具有区域竞争力、唯一性和独特性的茶旅体验项目,并推出茶园生态游、茶乡体验游、茶保健旅游、茶事修学游等多条茶文化旅游线路。

再如,茶具是茶文化的组成元素之一,而茶具中又以瓷器为最,因此"茶瓷文化"成为近年来茶文化发展的一个全新切入点。2020 年举办的"'一带一路'浮梁茶瓷文化节",便将江西景德镇的浮梁茶与瓷器很好地融合,正所谓"水为茶之母,器为茶之父",茶瓷文化的兴起,在促进大众更加深入了解体会茶文化的同时,也能带动茶相关产业的蓬勃发展。

综上可见,挖掘、传承、保护、创新与发展茶文化的意义,已不仅仅只停留于茶文化层面,在深层次上,其对于整个茶产业乃至茶相关产业的融合发展,均具有深远的意义。

(二)茶产业

(1)茶产业区域大整合,初现端倪

众所周知,在过去的 20 年间,中国的茶叶种植面积持续增长,茶叶产量逐年递增。来自国家统计局最新公布的数据显示,2020 年,中国茶叶年产量已达 297 万吨,是 2001 年的 4.2 倍。来自中国茶叶流通协会的报告显示,2019 年,全国未开采茶园面积超过 900 多万亩,因此,未来中国,茶叶的年产量还会迅速增加。

另一方面,国内茶叶消费的增长乏力,受国际大环境影响,茶叶国际市场出口也不容乐观。中国海关的统计数据显示,2020 年,中国出口茶叶 34.88 万吨,同比下降 4.8%;2021 年 1—3 月,中国茶叶出口量为 7.60 万吨,出口额为 27.18 亿元人民币,比去年同期分别增长 5.3%和 4.4%。考虑到前一年受疫情影响所造成的参照基数较低、2019 年全年 36.66 万吨的年出口量、当前错综复杂的国际关系对国际市场的影响等,2021 年的茶叶出口依然面临巨大压力。与我国茶叶产量快速增长相比,国际市场潜力的发掘还需要时日,可以预见的是,未来茶叶的供需失衡会进一步加剧。

产能相对过剩的背景下,茶叶主产区比以往任何时候都更需要品牌建设,特别是品牌营销、品牌传播、产品创新和渠道拓展,对于新近发展起来的茶叶产区尤为重要。茶叶种植面积增长迅速的云南、贵州、四川、湖北等省份,均提出或出台了促进茶叶区域公用品牌发展的目标和相关政策。

在国内外茶品牌竞争与茶消费背景下,我国茶叶区域公用品牌呈现出在更大区域范围、更高品牌架构层面的整合现象。其深层原因有二。

首先，我国多数茶叶区域公用品牌(特别是传统名茶和历史名茶)的形成大多基于历史上约定俗成的特定产区与产品声誉，而后依托农产品地理标志、地理标志证明商标等知识产权所有与使用，开展品牌运营管理。由于农产品地理标志、地理标志证明商标等严格限定了品牌产品来源的地域范围，导致新近增加的茶产区无法成为原有茶叶区域公用品牌的产品，因此，各新茶区均面临着不得不重新塑造品牌或成为其他品牌的原料供应基地的困境。

其次，随着茶叶区域公用品牌竞争的加剧，原来基于县域或县域以下区域范畴的农产品地理标志、地理标志证明商标而建设的茶叶区域公用品牌，在更广阔的市场竞争中常常处于劣势。比如，能够集聚的传播、资金等资源较少；面临着同一茶叶主产区内部的其他品牌的竞争；难以获得更高层级和更广泛区域的信用背书等。

从更好地集聚资源，扩大规模力量参与市场竞争，更充分地基于各种优势资源塑造区域形象和品牌影响力的视角着眼，跨区域整合打造大品牌的情况出现，下文分析的几个典型案例可见一斑。

近年来，湖南省委、省政府大力扶持湘茶区域公用品牌建设，提出打造千亿湘茶产业，重点打响潇湘绿茶、湖南红茶等区域公用品牌的战略。2015年，根据湖南省委、省政府主要领导指示，湖南省发改委会同湖南省农委根据"统一产业布局、统一品牌标志、统一准入机制、统一质量标准、统一市场形象"等"五统一"要求，开始实施大湘西茶区域公用品牌建设，并在政府引导下成立"湖南省大湘西茶产业发展促进会"。2016年4月，湖南省大湘西茶产业发展促进会与湖南潇湘茶业有限公司签署"潇湘"商标转让协议，正式接手品牌运营管理重任。

当前，"潇湘"茶叶区域公用品牌的区域覆盖范围涵盖了湘西州、张家界、怀化、邵阳、娄底、岳阳、长沙、株洲、郴州等9市(州)所辖的55个县市区，茶类涵盖了绿茶(花茶)、红茶、黑茶、白茶、黄茶等区域内的多个品类。全省37个茶叶主产县有21个已纳入"潇湘"茶叶区域公用品牌的覆盖范围。

五年多来，湖南省发改委安排专项资金应用于品牌产品的标准体系建设、品牌营销传播、质量监管、电商市场开发等领域，"潇湘"茶叶区域公用品牌整合区域资源，带动了一批区域内的茶叶企业品牌、产品品牌的共同成长与市场拓展，并联动了50个茶旅融合发展示范项目，实施茶旅融合产业探索。当前，"潇湘"茶叶区域公用品牌的授权企业中，年销售超过5000万的企业品牌已从17家增加至30多家。2019年，大湘西地区茶园面积160万亩，实现茶叶综合产值425亿元，带动230万茶农增收致富，茶农年人均收入超万元。

类似的跨越行政小区域整合大区域的茶产业例子还有贵州绿茶、安康富硒茶以及刚刚注册的"杭州龙井"等茶叶区域公用品牌。2021年3月7日，由杭州市茶叶产业协会申请的"杭州龙井"地理标志证明商标核准公告发布，意味着杭州市龙井茶产业的发展，除"西湖龙井"地理标志证明商标对西湖风景名胜区和西湖区周边168平方公里品牌覆盖范围以外，将有"杭州龙井"这一涵盖更大区域范畴的茶叶区域公用品牌，来集聚整个杭州市各区县的茶产业，实现"杭州龙井"的品牌化发展。

"贵州绿茶"目前尚未完成商标注册，但依托2017年获得的原农业部批准的农产品地理标志登记保护，近年来也在积极致力于全省范围的绿茶区域公用品牌整合。2020年7月，"贵州绿茶"入选中国和欧盟第二批中欧地理标志协定保护名单，为走向国际市场赢得了先机。

安康富硒茶于 2018 年 6 月获得地理标志证明商标,当前正在积极实施品牌重塑工程,彰显了安康市委、市政府做大做强该品牌的决心。安康富硒茶产品生产地域范围覆盖了安康市的 9 个县区,其中紫阳、平利、岚皋、汉阴等六县区为茶叶主产区。因此,安康富硒茶也是对各县区茶叶区域公用品牌如紫阳富硒茶、平利女娲茶、平利绞股蓝等茶叶区域公用品牌的升维整合,形成安康全域的区域公用品牌、企业品牌、产品品牌的多重母子品牌生态结构。

种种跨区域整合茶产业、构建更大区域范围(有的也涵盖更多品类)的茶叶区域公用品牌的建设迹象表明,未来,这种趋势还将持续并深入。2021 年 5 月 1 日起实施的《湖北省促进茶产业发展条例》中就明确提出,"省和茶叶主产区人民政府应当培育品质优良稳定、特色鲜明的茶叶区域公用品牌,引导地理分布相邻、工艺品质相近、人文历史相通的区域公用品牌整合壮大"。

无论从资源整合、市场竞争的需要,还是从地方政府部门的民生职责,抑或从消费者品牌认知的角度看,基于跨区域茶产业整合的茶叶区域公用品牌建设,有其品牌经济开拓与发展的合理性和探索价值,也会引发一系列连锁反应和理念挑战、消费反馈,值得持续关注。

(2)新式茶、跨界茶,拓展茶产业新赛道

根据本次有效评估品牌的 3 次产业产值比重比较(见图 250),近三年来,108 个茶叶区域公用品牌的一产产值比重逐年下降,二产和三产的产值比重均高于一产,且三产产值比重逐年提升。可见,我国茶产业的发展在逐渐延伸,拓展新赛道。

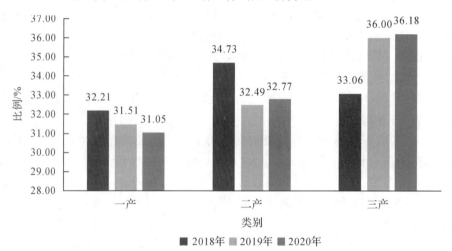

图 250　2021 年有效评估的茶叶区域公用品牌近三年的三次产业产值比重比较

当前,茶叶消费已逐渐呈现出年轻化、多样化的消费趋势。如新茶饮兴起,茶道与花道融合,茶叶与瓷器有机结合等,拓展了茶叶的新兴消费市场,提升了更多的消费空间,为茶产业带来庞大的产业效益。

新茶饮以年轻消费群体为主,具有食材丰富、饮品多样、颜值时尚、体验感佳、场景化消费、科技化应用等特点,是一种以茶为基础,结合鲜果、芝士、咖啡、木薯、牛奶等食材制作而成的新式创意茶饮品。2020 年末,在中国连锁经营协会(CCFA)主办的"2020 中国全零售大会"上,CCFA 新茶饮委员会筹备工作组成立。值得注意的是,本次大会对新茶饮提出两大标准:"新茶饮,必须使用天然原材料打造好的产品,必须致力于塑造并传递某种品牌文化。"①当前,新式茶已成为年轻人接触茶叶消费的新窗口,这与近年来各茶叶品牌探索年轻群体这一庞大潜在市场的需求不谋而合。据《2020新式茶饮白皮书》报告显示,预计2021年,新式茶饮市场规模会突破1100亿元。从消费客群来看,2017年中国新式茶饮消费者规模为1.52亿人,而2020年我国新式茶饮消费者已突破3.4亿人,预计2021年,这一规模将增长至3.65亿人。另据消费者画像方面的数据统计,新茶饮的消费群体中90后和00后的比例为70%,女性占比约60%。②

在湖南、重庆、福建等茶叶主产区,通过新茶饮品牌带动茶消费,为各茶叶区域公用品牌提供了一条可联动的产业与品牌延伸发展道路。如长沙的茶颜悦色、重庆的嫩绿茶和天福茗茶旗下的"放牛斑"奶茶,这三个新式茶品牌均属于典型的立足本土地标茶产品与茶文化的茶饮品牌。尤其是长沙的"茶颜悦色",作为长沙兴起的饮品,已经融进了长沙这张城市名片之中,吸引四面八方的游客打卡留念。上述新茶饮企业品牌,已经成为区域市场的佼佼者,为所在的茶叶主产区市场带来茶饮新生态,从场景营造、创意产品研发、年轻消费群体触达、营销传播等多方面为茶叶区域公用品牌提供了联动可能。因此,茶叶区域公用品牌与新式爆品茶饮的联合营销值得双方共同探索。

但从茶叶消费的市场总量来看,新茶饮占比依然很低。据《2020新式茶饮白皮书》数据统计,2020年6月底,中国现制茶饮门店数量大致在48万家左右。人气极旺的"茶颜悦色",门店数量只有310余家;新茶饮市场代表者"喜茶"与"奈雪の茶",门店数量也只有690余家和440余家。与整个制茶业的门店数量相比,这些品牌的门店规模还有待于进一步提升。随着茶叶消费群体的代际更迭,新世代必将成为茶叶消费的主要群体。但当前,我国茶叶区域公用品牌在整体上对新世代消费群体的市场需求反应相对滞后。因此,如何借助新茶饮实现品牌年轻化,是值得各茶叶区域公用品牌思考的紧迫课题。

(3)茶叶出口,开启丝路新篇章

我国不仅是世界第一大茶叶种植国、第一大产茶国,还是全球茶叶出口的主要国家之一。中国海关相关数据显示,近五年,我国茶叶出口稳定在30万吨以上。其中,2019年达到了366552吨;2020年受疫情影响,茶叶出口量有所回落,出口共计348815吨。尽管如此,我国茶叶出口销售总额在逐年提升,从2016年的979196万元,增长至2020年的1416376万元(见图251)。

比较本次有效评估的茶叶区域公用品牌近三年来的出口额占比(茶叶出口销售额/茶叶实际销售总额)和出口量占比(茶叶出口销售量/茶叶实际销售总量)可见(见图252),2018年茶叶出口额占比为5.05%,2019年为5.21%,2020年为4.98%;同时可见,近三年,我国茶叶出口销售量占比高于出口销售额占比。这表明,我国茶叶出口的价格普遍低于内销价格。

据中国海关茶叶出口额和出口量的数据折算比较,近五年来,我国茶叶出口单价尽管从2106年的29.79元/千克逐年提升,但到2020年,该价格仍仅为40.61元/千克。可见,有效评估的茶叶区域公用品牌茶叶主要以原料茶的形式出口,品牌溢价无法得到有效体现。

---

① 周琦:"喜茶在'2020中国全零售大会'提出'新茶饮'两大标准",《钱江晚报》,2020年11月22日。
② 周洪:"《2020新式茶饮白皮书》发布新式茶饮市场规模突破1000亿元",央广网,2020年12月3日。

图251 近五年中国茶叶出口量和出口销售额比较

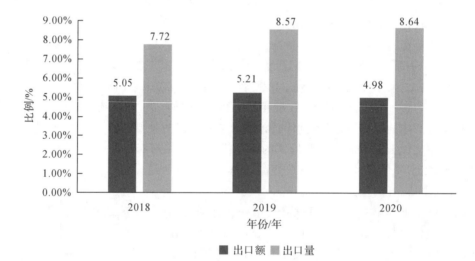

图252 2021年有效评估品牌近三年的出口额和出口量占比比较

2021年3月1日起，《中欧地理标志协定》生效。协定条款显示，我国28个茶叶地理标志保护产品入选首批互认保护清单；4年后，协定范围将扩大，会涵盖双方另外的各175个地理标志保护产品，其中含31个茶叶地理标志保护产品。连同2011年即进入中欧地标互认名单的"龙井茶"，我国共计有60个茶叶地理标志已经进入欧盟认可保护名单。《协定》将为双方的地理标志产品提供高水平的保护，能够有效阻止假冒伪劣产品入市，为中国茶叶产品进入欧盟市场提供有力的法律保障，有利于提升其在国际市场的销售力。

根据协定条款，入选互认保护清单的中国茶叶区域公用品牌有权使用欧盟的官方认证标志，有利于获得欧盟消费者的认可，可进一步推动中国茶叶的对欧出口。但是，这也给中国茶叶整体的品牌建设带来新的挑战，即中国茶叶在对外贸易中如何进行国际化表达，如何实施适合国际消费者的营销策略，塑造国际化的品牌形象，从而提升中国茶叶品牌国际竞争力和品牌溢价力。

在国内市场,各茶叶区域公用品牌要进行差异化错位竞争,才能凸显自身独特价值,提升品牌在国内市场的竞争力,但在全球市场上,它们还承担着集聚力量,构建中国茶整体化、国际化品牌形象,传达中国茶文化的使命。在第二个"国际茶日"到来之际,相关系列的预热活动已经开启,2021"国际茶日·大使品茶"活动于元宵佳节在京进行。由农业农村部农业贸易促进中心联合浙江省农业农村厅举办,参加活动的嘉宾有中国常驻联合国粮农机构代表广德福,阿根廷、立陶宛、荷兰等9国驻华大使、使节。活动中,大家欢聚一堂,全方位感受中国茶和文化之美,共同开启2021"国际茶日"欢庆序幕。主办方希望通过本次活动,向更多的国家推荐中国茶,从而推动中国品牌走向更广阔的国际舞台。活动预示着,集聚区域力量,整合中国茶品牌形象的国际品牌传播战略已经在新的竞争格局中展开。

由此,中国茶的国际跨文化品牌传播正式拉开序幕。在中国元素的国际表达中,选取何种传播元素,采用何种传播策略,实施何种传播方式等,亟待开展专题研究。

(三)茶科技

(1)品种迭代,满足多元消费

数十年来,龙井43、白叶1号、乌牛早等茶叶品种为中国茶产业的良种推广、规模化发展提供了前所未有的贡献。但是,随着品种引种规模的不断扩大,也带来了各地茶品种同质化的问题。在消费者追求个性化、多元化的美好生活进程中,茶产品需要不断自我突破,满足多元消费。其中,品种的迭代是关键。

中国农业科学院茶叶研究所,已育成和储备了一批茶树新品种、新材料,以满足市场多元化和消费者"新奇特"的消费需要。先后育成了中黄1号、中黄2号、中黄3号、中白1号等一批特异茶树新品种,每公顷平均效益超过30万元,是常规品种的3～5倍;创制了不含咖啡碱的野生资源——红芽茶,同时富含苦茶碱和甲基儿茶素的野生资源——白芽茶,富含花青素的中紫1号、中紫2号等一批特异茶树资源;选育了适制地方名茶专用品种,助推传统历史名茶品质提升。[①]

同时,各地也在中国农业科学院茶叶研究所指导、协同下自行研究茶树良种,形成茶叶区域公用品牌从品种开始的独特的核心价值。如安康富硒茶的"陕茶1号"、英德红茶的"英红9号"、福鼎白茶的福鼎大白茶(华茶1号)、福鼎大毫茶(华茶2号)等,为各区域公用品牌的独特性提供了独特价值。未来,为了应对消费者多元化、个性化的茶饮需求,需要更多地进行良种优化、特殊品种开发。

(2)数字化应用,助力品牌价值提升

目前,科技创新的应用已经贯穿在茶叶区域公用品牌的生产、加工、售后等各个环节。为了通过科技赋能带给消费者更好的消费体验,近年来,数字化应用成为一大热点。

茶叶利润空间大,且辨别真假难度大——很难一眼识别。因此,有不法商贩大肆制造假冒、仿造茶,打着所处区域的茶叶区域公用品牌的幌子,欺骗消费者。如果能实现茶叶生产、加工、销售全程可追溯,一则可以保护茶叶区域公用品牌的形象,二则保护了消费者的利益。

---

① 黄慧仙:"新品种、新产品……原来茶叶所有这么多与茶相关的'宝贝'",《浙江日报》,2020年5月22日。

在当前数字农业的时代背景下，一些茶叶区域公用品牌正在积极探索通过数字技术为茶叶区域品牌保驾护航，保护品牌利益。

2021年3月10日起，福鼎市茶青采摘、交易及茶叶生产、销售过程全面纳入福鼎白茶大数据溯源平台系统。通过该平台系统，可全程高效监管福鼎白茶，实现产区溯源、品牌溯源，既维护福鼎市原产地茶农、茶企的利益，又保障消费者的合法权益，更好地推进福鼎白茶产业创新和高质量发展。

在浙江杭州，通过数字赋能，统一标识，闭环监管，杭州市农委为西湖龙井茶的品牌保护做出了卓有成效的探索与实践。之前，虽然杭州市一直重视西湖龙井茶品牌的保护和发展工作，在生产、包装、销售、市场等环节加大监管力度，但在西湖龙井茶的实际产量与市场需求严重不足的环境之下，依然有大量的仿冒产品，且"做真太难，做假太易"，出现劣币驱逐良币的问题。为加强品牌保护，杭州以数字化管理为突破口，于2020年构建"西湖龙井茶数字化管理系统"平台，采用"生产过程数据化、管理过程自动化、决策系统智慧化"的总体取向，运用杭州大数据、物联网、区块链等数字化优势对西湖龙井茶的生产、加工、销售及市场运营进行数字化一站式管理，涵盖了西湖龙井茶基础数据库、防伪溯源查询、"西湖龙井"地理证明商标授权许可、龙井茶（西湖产区）地理标志保护产品专用标志使用注册登记、产地证明标识申领发放和流向管控、市场监管、奖惩等诸多功能。2020年，虽然西湖龙井受到倒春寒、疫情人工不足等因素的影响，导致产量减少，但依然实现了价格和产值的大幅度逆势增长。

2021年，为提高西湖龙井茶品质，杭州积极推进西湖龙井茶数字化管理系统二期项目实施，增设平台功能，为茶农、茶企提供更便捷、更智慧的服务。在数字化管理系统的监督下，有效遏制了实物茶标买卖现象。

数字技术的运用，不单单止于追源溯流、去伪存真，通过数字可视化建设以及网络平台搭建，能够破解当前各茶叶公用品牌"用工荒"这一难题。尤其今年年初，疫情的再次来袭，使采茶工的雇用与到位成为各产茶区的焦点问题。

"开化龙顶"区域公用品牌所在地浙江省衢州市开化县，通过绘制可调剂采茶工分布情况的"三色图"，有效解决了用工荒这一难题。在这张图上，县里重点茶企的联系方式、茶企用工人数需求都标注得十分清楚。通过这张三色图，当地政府能够清晰地了解哪些茶企要招人，当前用工缺口的数量等问题，从而合理调剂富余采茶劳动力，保障茶叶的及时采摘。

建设以"武阳春雨"为茶叶区域公用品牌的浙江省金华市武义县，其智慧茶园实现了产销全流程数字化。当地政府邀请省农业农村厅研究员作为指导专家，开发建设智能化云平台及智慧茶园手机APP，开展物联网数据采集，实现大数据的集成、分析和利用，有效地服务于茶叶生产。智慧茶园通过机械化建设，将鲜叶摊青、杀青、烘干、制作、包装各流程纳入智能生产线。这条生产线机械化水平达到95%以上，实现了"机器换人"。流水作业从以前一天三班倒的用工40人左右，降低至整个车间用工人数在5～6人，降低了人工成本，解决了用工荒难题。

借助数字化应用，以品牌化为引领，以数字化为技术，助力品牌管理，提升品牌价值，这样的工作，在本次有效评估的多个头部品牌以及中坚品牌中，均得以开展，并收到很好的效果。这表明，在互联网时代，借助数字化技术，为茶叶区域公用品牌开创新高度、拓展新市场、发展新生力量，不仅成为一种可能，更可以大力应用。

三、结语

在"后疫情时代"的大背景下，消费者愈加偏向理性消费，愈加关注健康安全。作为21世纪公认的健康饮品，茶能够为更多人带来健康已成为基本共识。在"国潮"品牌崛起、追求模古生活的消费趋势下，针对新世代消费者而言，我国的茶叶区域公用品牌还处于相对弱势的消费认知状态。面对新一轮的挑战与机遇，各茶叶区域公用品牌更需要进一步塑造中国茶以及各品牌自身的国内外消费市场，特别是新世代市场的正面影响力。未来，有三个方面，值得引起高度重视。

首先，更深入地融入区域乡村振兴与城乡融合发展的国家战略。脱贫攻坚战已顺利收官，但"一片茶叶富了一方百姓"的故事必须继续。在全面推进乡村振兴战略的背景下，我国茶叶区域公用品牌应当更好地融入所属区域的乡村振兴战略，进一步成为富民产业与富民品牌，以茶为原点，深入挖掘区域独特的地理生态、文化价值，融合多种经营业态，更多地将茶产业延伸至第二、三及文创产业，更快地对接年轻化的消费群体，促进品牌年轻化，提供多样化的消费体验，整合大产区，塑造大品牌，坚守品牌独特价值，提供品牌独特消费意义，从而为区域经济发展、区域民生幸福，多元消费满足、美好生活追求等发挥更立体、多元、有效的带动与联动作用。

其次，更广泛地传播中国文化和中国形象。如今，我国茶产业已从"茶为国饮"上升为"茶为国礼"的新时代。茶，作为中国优秀传统文化的载体频繁出现在国际外交场合，这是中国对世界最友好、诚挚的表达。茶，不仅仅存于其物质的形态，还应该是带有文化内涵、民族精神的存在。中国茶是代表中国形象的国家品牌，各茶叶区域公用品牌是中国茶国家品牌不可或缺的重要组成部分。因此，各茶叶区域公用品牌要思考并探索如何更好地整合区域资源，以茶为媒，讲述好中国故事，提高中国茶及其各茶叶区域公用品牌的品牌传播力，用中国故事、中国文化及其各地域文化提升中国茶的内涵，提高中国茶的文脉品牌化价值。

再次，更快速地应用数字化等科技创新。当代科技化浪潮一日千里，新的科技层出不穷。近年来大热的区块链、虚拟现实、大数据、云计算等技术已经展现出与区域公用品牌结合的巨大潜力，茶叶区域公用品牌也不例外。部分案例的品牌化、数字化双轮驱动战略已经初见成效。这些技术在保障产品质量安全、打击假冒伪劣产品、消费趋势洞察、增强消费体验、营造新的消费场景等方面呈现出广泛的应用前景，进一步提高了品牌发展力，提升了品牌的溢价空间。未来，拥抱新科技已经不是一个选项，而是一种必然。

附表：2021年中国茶叶区域公用品牌价值评估结果

排序	地区	品牌名称	品牌价值/亿元	排序	省份	品牌名称	品牌价值/亿元
1	浙江	西湖龙井	74.03	34	福建	安溪黄金桂	29.02
2	云南	普洱茶	73.52	35	江西	浮梁茶	28.23
3	河南	信阳毛尖	71.08	36	福建	正山小种	27.22
4	湖南	潇湘茶	67.83	37	湖南	碣滩茶	26.93
5	福建	福鼎白茶	52.15	38	浙江	径山茶	26.27
6	江苏	洞庭山碧螺春	48.72	39	贵州	凤冈锌硒茶	26.00
7	浙江	大佛龙井	47.74	40	浙江	松阳银猴	25.93
8	浙江	安吉白茶	45.17	41	江西	婺源绿茶	25.62
9	湖南	安化黑茶	41.32	42	湖北	恩施玉露	25.21
10	四川	蒙顶山茶	40.99	43	重庆	永川秀芽	24.91
11	安徽	六安瓜片	40.64	44	湖北	英山云雾茶	24.64
12	贵州	都匀毛尖	40.20	45	贵州	遵义红	22.36
13	福建	武夷山大红袍	38.44	46	福建	天山绿茶	21.89
14	四川	峨眉山茶	38.14	47	浙江	武阳春雨	21.37
15	安徽	太平猴魁	37.83	48	浙江	千岛湖茶	21.35
16	福建	坦洋工夫	37.67	48	湖北	恩施富硒茶	21.35
17	安徽	祁门红茶	37.66	50	山东	日照绿茶	21.06
18	江西	庐山云雾茶	36.80	51	湖南	岳阳黄茶	20.76
19	福建	福州茉莉花茶	35.63	52	四川	雅安藏茶	20.71
20	陕西	安康富硒茶	35.16	53	江西	修水宁红茶	20.24
21	云南	滇红工夫茶	35.15	54	安徽	岳西翠兰	19.65
22	湖北	赤壁青砖茶	33.65	55	福建	政和白茶	19.50
23	陕西	汉中仙毫	32.94	56	浙江	磐安云峰	19.22
24	广东	英德红茶	32.64	58	湖南	石门银峰	18.01
25	广西	梧州六堡茶	32.34	59	四川	马边绿茶	17.42
26	湖北	武当道茶	32.02	60	福建	永春佛手	17.10
27	浙江	越乡龙井	31.90	61	四川	万源富硒茶	16.86
28	贵州	湄潭翠芽	31.79	62	浙江	泰顺三杯香茶	16.16
29	贵州	梵净山茶	31.16	63	福建	政和工夫	16.05
30	安徽	霍山黄芽	29.65	57	江苏	茅山长青	16.04
31	福建	平和白芽奇兰	29.63	64	湖北	赤壁米砖茶	15.31
32	江西	狗牯脑茶	29.18	65	山东	沂蒙绿茶	14.97
33	浙江	开化龙顶	29.04	66	四川	邛崃黑茶	14.26

排序	省份	品牌名称	品牌价值/亿元	排序	省份	品牌名称	品牌价值/亿元
67	四川	七佛贡茶	14.26	88	河南	桐柏红	8.18
68	浙江	遂昌龙谷茶	13.82	89	浙江	钱江源开门红	7.51
69	浙江	望海茶	13.73	90	陕西	泾阳茯茶	7.36
69	山东	崂山茶	13.73	91	湖北	襄阳高香茶	7.27
71	湖北	鹤峰茶	13.53	92	福建	华安铁观音	6.49
72	四川	南江大叶茶	13.26	93	浙江	江山绿牡丹茶	6.44
73	安徽	舒城小兰花	12.62	94	江西	上犹绿茶	5.88
74	江苏	仪征绿杨春茶	12.07	95	湖北	五峰绿茶	5.78
75	广西	凌云白毫	12.02	96	安徽	霄坑绿茶	5.34
76	河南	桐柏玉叶茶	11.97	97	贵州	余庆苦丁茶	4.95
77	福建	松溪绿茶	11.95	98	山东	长清茶	4.72
78	福建	诏安八仙茶	11.76	99	浙江	缙云黄茶	4.67
79	湖北	宜都宜红茶	10.66	100	江西	资溪白茶	4.10
80	江西	双井绿	10.21	101	重庆	开县龙珠茶	3.80
81	贵州	正安白茶	10.04	102	山东	烟台绿茶	3.17
82	贵州	石阡苔茶	9.84	103	湖南	江华苦茶	3.06
83	浙江	余姚瀑布仙茗	9.76	104	四川	北川茶叶	2.45
84	安徽	霍山黄大茶	9.74	105	山东	烟台桑叶茶	2.44
85	浙江	天台山云雾茶	9.16	106	重庆	南川金佛玉翠茶	2.43
86	四川	筠连红茶	9.13	107	江西	三清山白茶	1.88
87	浙江	仙都笋峰茶	9.11	108	重庆	南川大树茶	1.84

声明:本研究中所估算之品牌价值,均基于本次有效评估的茶叶区域公用品牌持有单位提供的数据及其他公开可得的信息,并以"CARD模型"为理论工具与计算方法,协同数字化技术应用,对采集数据进行处理的结果。本评估所涉及的品牌只包括在中国内地注册、登记的茶叶区域公用品牌。

2022：中国茶叶区域公用品牌价值评估研究报告（数据跨度：2019—2021）[*]

前 言

自 2010 年起，浙江大学 CARD 中国农业品牌研究中心联合中国农业科学院茶叶研究所《中国茶叶》杂志等权威机构开展"中国茶叶区域公用品牌价值专项评估"公益课题，希望通过系统性研究，发现中国茶叶区域公用品牌的建设现状与发展趋势，并给出品牌价值升维的对策与建设性意见，以推动中国茶叶区域公用品牌建设朝着科学的方向发展。

2021 年 12 月，浙江大学 CARD 中国农业品牌研究中心、中国农业科学院茶叶研究所《中国茶叶》杂志、浙江大学茶叶研究所、中国国际茶文化研究会茶业品牌建设专业委员会和浙江永续农业品牌研究院等机构联合组建课题组，持续开展"2022 中国茶叶区域公用品牌价值评估"（评估对象邀请不包含我国港澳台地区）。

一、数据分析

参与本次评估的中国茶叶区域公用品牌总数为 128 个。课题组依据"中国农产品区域公用品牌价值评估模型"（简称 CARD 模型），采用科学、系统、量化的方法，经过对品牌持有单位调查、消费者评价调查、专家意见咨询、海量数据分析，最终完成了对 126 个品牌的有效评估。有效评估品牌数量比 2021 年增加了 18 个。

本次获得有效评估的 126 个茶叶区域公用品牌，地域范围覆盖全国四大茶区 16 个省（市、自治区）。其中 69 个品牌来自江南产区，其次是西南产区 26 个品牌，华南产区 18 个，江北产区 13 个。浙江、福建和安徽 3 省的茶叶区域公用品牌数量位列前三，分别为 20 个、16 个和 13 个，占 15.87%、12.70% 和 10.32%。有效评估品牌数量在 10 个以上的省份还有湖北、四川和湖南 3 省；广东、广西分别仅有 1 个区域公用品牌获得有效评估。

按照品类进行比较，获得有效评估的 126 个茶叶区域公用品牌中，产品涵盖多种茶类的品牌有 46 个，其中 37 个以绿茶为主，3 个形成了一绿一红的产品格局；产品仅单一茶类的，绿茶 44 个，红茶 14 个，乌龙茶 6 个，黑茶 8 个，黄茶 3 个，白茶 2 个；另外还有 3 个茉莉花茶、苦丁茶等其他品类的茶叶区域公用品牌。

---

* 本报告发表于《中国茶叶》2022 年第 5 期。

　　数据可见,本次有效评估品牌中,产品涵盖多种茶类的品牌数量及比重创历史新高,其中由绿茶延伸出其他茶类的品牌居多,反映出我国茶产业普遍存在着绿改红、绿改白、单一品类改综合品类等产品结构调整变化;单一绿茶类品牌的比重虽依然超过其他茶类,占比达34.92%,但比较2021年(55.56%)和2020年(71.42%)均有所下降。可见,综合生产、加工多种茶类的发展模式在悄然形成。

　　根据CARD模型,品牌价值=品牌收益×品牌忠诚度因子×品牌强度乘数。本文将根据CARD模型中各项指标,对本次获得有效评估的126个茶叶区域公用品牌进行数据分析。

(一)品牌价值:近三年整体发展态势良好,增速放缓

　　品牌价值是品牌建设成效的综合体现。此次获得有效评估的126个茶叶区域公用品牌的品牌总价值2916.93亿元,平均品牌价值为23.15亿元,品牌最高值为79.05亿元。

　　比较近三年评估数据,2020年平均品牌价值与增长率分别为20.09亿元和13.29%,2021年分别为22.18亿元和10.39%,2022年分别为23.15亿元和4.37%。可见,近三年来,有效评估品牌的平均品牌价值在持续增长,但增长幅度逐年下降,表明近三年我国茶叶区域公用品牌的平均品牌价值升维速度在减慢。

　　按照品牌价值大小区间分布可见,此次评估中,品牌价值高于50亿元的品牌为7个(较2021年增加了2个),占比5.56%,其中品牌价值最高的依然是西湖龙井,为79.05亿元(2021年为74.03亿元),其余分别是普洱茶(78.06亿元)、信阳毛尖(75.72亿元)、潇湘茶(68.42亿元)、福鼎白茶(52.22亿元)、洞庭山碧螺春(50.99亿元)和大佛龙井(50.04亿元)。品牌价值处于20亿~50亿元的品牌数量最多,达到了56个,占44.44%;品牌价值处在10亿~20亿元之间的茶叶区域公用品牌占26.19%;品牌价值在10亿元以下的有30个品牌,其中,有1个品牌的品牌价值不足1亿元(见表39)。

表39　近三年有效评估茶叶区域公用品牌的价值(BV)区间及比例

年份	BV<1		1≤BV<10		10≤BV<20		20≤BV<50		BV≥50	
	数量/个	比例/%	数量/个	比例/%	数量/个	比例/%	数量/个	比例/%	数量/个	比例/%
2020	0	0	25	25.51	28	31.63	39	39.80	3	3.06
2021	0	0	27	25.00	31	25.93	48	44.44	5	4.63
2022	1	0.79	29	23.02	33	26.19	56	44.44	7	5.56

注:BV单位为亿元。

　　由表39可见,与2020、2021年相比,2022年有效评估品牌的品牌价值在20亿元以上的数量和比重在提升,1亿~20亿元的品牌数量虽有增加,但比重呈下降趋势。数据表明,中国茶叶区域公用品牌整体的价值在升维,在向头部品牌靠拢,区域公用品牌的品牌集群体现出越来越整齐、向上的发展风貌。

　　由于广西壮族自治区与广东两地均仅有1个品牌,平均品牌价值和品牌总价值相等,不具比较性。因此,比较本次有效评估品牌所属省份(见表40)可见,浙江、福建、安徽等3省的品牌总价值位列前三,分别为476.80亿元、404.16亿元和306.77亿元,但由于有效评估的品牌数量多,且品牌价值高低较为悬殊,因此,其平均品牌价值则分别23.84亿元、25.26亿元和23.60亿元。从平均品牌价值来看,云南、河南、陕西等3省分别以51.65亿元、33.97

亿元和 29.51 亿元位列前三。相对而言,山东省、重庆市的茶叶区域公用品牌的平均品牌价值较弱,分别为 10.35 亿元和 11.43 亿元。

表 40　各省份有效评估品牌的平均品牌价值和品牌总价值比较

省份	有效评估品牌数/个	品牌总价值/亿元	平均品牌价值/亿元
浙江	20	476.80	23.84
福建	16	404.16	25.26
安徽	13	306.77	23.60
湖北	12	222.26	18.52
四川	12	256.42	21.37
湖南	10	236.74	23.67
江西	9	181.62	20.18
贵州	8	198.89	24.86
山东	7	72.47	10.35
江苏	5	106.33	21.27
河南	3	101.90	33.97
陕西	3	88.52	29.51
云南	3	154.95	51.65
重庆	3	34.28	11.43
广东	1	37.18	37.18
广西	1	37.64	37.64

以上各项数据可见,近三年,尽管受到新冠疫情的影响,品牌价值增长速度有所放缓,但我国茶叶区域公用品牌仍然整体向好,品牌价值依然在逐步提升,且多数茶叶主产省份的茶叶区域公用品牌的平均品牌价值达 20 亿元以上。这表明,我国的茶叶区域公用品牌建设成效良好,扛住了疫情影响,并获得了一定的增长率和可见的成长性。

(二)品牌收益:江浙地区有效评估品牌溢价能力强

品牌收益指的是在剔除生产环节的劳动收益,结合市场交换完成的最终零售价格,并充分考虑茶叶产品在再生产环节中的诸多不可控因素后,以连续 3 年的数据统计得出的由品牌本身带来的收益,其计算公式为:品牌收益＝年销量×(品牌零售均价－原料收购价)×(1－产品经营费率)。

本次获得有效评估的 126 个茶叶区域公用品牌,其平均品牌收益为 14585.13 万元,品牌收益最高值达到了 67417.30 万元。与 2021 年度相比,平均品牌收益增加 1313.20 万元,提升了 9.89%,但对比 2021 年的平均品牌收益增长率,增幅下降了 1.53 个百分点。据图 253 可见,近三年,获得有效评估的茶叶区域公用品牌的平均品牌收益逐年递增,但增长率逐年下降,与平均品牌价值及其增长趋势相吻合。

单位销量品牌收益是每千克茶叶品牌溢价能力的直观体现。本次评估中,平均单位销量品牌收益为 88.54 元/千克,较 2021 年度仅增加了 2.01 元/千克,涨幅 2.32%,增幅下降

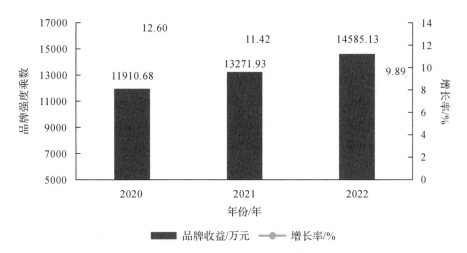

图 253　近三年有效评估品牌的平均品牌收益及增长率

9.10 个百分点。可见,单位品牌收益在上升,但增幅在下降。

　　按省份比较(见表 41),云南、广西、广东和河南等 4 省有效评估品牌的平均品牌收益位于前列,均达 2 亿元以上;山东省和重庆市有效评估品牌的平均品牌收益分别为 7106.85 万元和 6959.04 万元,是有效评估的 16 个产茶省份中平均品牌收益最低的 2 个区域。从平均单位销量品牌收益来看,江苏省以平均 796.05 元/千克的单位销量品牌收益高居榜首,表现出强劲的品牌溢价能力;其次是浙江,平均单位销量品牌收益为 179.31 元/千克。除江苏、浙江2省以外,其余产茶省份的平均单位销量品牌收益均在百元以下。其中,云南省有效评

表 41　各省有效评估品牌的平均品牌收益及平均单位销量品牌收益比较

省份	平均品牌收益/万元	平均单位销量品牌收益/(元/千克)
云南	29608.09	2.47
广西	27002.40	12.24
广东	20705.43	16.97
河南	20489.03	41.93
陕西	19325.19	21.41
福建	17680.33	22.70
贵州	16797.60	41.25
浙江	14625.07	179.31
安徽	14214.73	53.46
湖南	13949.77	22.03
四川	13390.40	34.65
江苏	13015.41	796.05
江西	12310.23	64.71
湖北	11709.63	21.64
山东	7106.85	43.34
重庆	6959.04	64.25

估品牌的平均单位销量品牌收益仅 2.47 元/千克,广西和广东分别为 12.24 元/千克和 16.97 元/千克,与其较高的平均品牌收益形成明显反差。可见,这 3 个省的有效评估品牌更多的是以"薄利多销"形式,成就整体品牌收益,但单位品牌溢价不高。

表 42 是本次 126 个有效评估品牌中品牌收益排在前 10 位的品牌。其中来自浙江的品牌占 3 个,福建、河南、云南、湖南、江苏、陕西和贵州等 7 省的品牌各占 1 个。福鼎白茶、西湖龙井和信阳毛尖 3 个品牌分列品牌收益前三,其余 7 个茶叶区域公用品牌的品牌收益也均在 2 亿元以上。但比较这 10 个茶叶区域公用品牌的单位销量品牌收益,品牌溢价能力各不相同,最高为洞庭山碧螺春(2326.45 元/千克),最低为普洱茶(2.58 元/千克),跨度巨大。

表 42　品牌收益前 10 位品牌

省份	品牌名称	品牌收益/万元
福建	福鼎白茶	67417.30
浙江	西湖龙井	51522.87
河南	信阳毛尖	42800.74
云南	普洱茶	42783.63
湖南	潇湘茶	38329.67
浙江	大佛龙井	30949.19
江苏	洞庭山碧螺春	29300.28
浙江	安吉白茶	28571.84
陕西	汉中仙毫	28567.22
贵州	都匀毛尖	27719.37

按照单位销量品牌收益排序,10 个茶叶区域公用品牌中,仅浙江、江苏两省的茶叶区域公用品牌便占据了 7 席,另有 2 个品牌来自江西省,1 个品牌来自贵州省。洞庭山碧螺春、镇江金山翠芽、西湖龙井分别以 2326.45 元/千克、1220.23 元/千克和 1075.00 元/千克分列前三;其余 7 个品牌的单位销量品牌收益从 167.45 元/千克到 999.17 元/千克不等(见表 43)。同时,该 10 个茶叶区域公用品牌的品牌收益最高的达 51522.87 万元,最低为 1344.62 万元,跨度同样很大。

表 43　单位销量品牌收益前 10 位品牌

省份	品牌名称	单位销量品牌收益/(元/千克)
江苏	洞庭山碧螺春	2326.45
江苏	镇江金山翠芽	1220.23
浙江	西湖龙井	1075.00
浙江	武阳春雨	999.17
浙江	缙云黄茶	704.01
江西	三清山白茶	299.82

续表

省份	品牌名称	单位销量品牌收益/(元/千克)
贵州	正安白茶	259.77
江西	资溪白茶	192.15
江苏	仪征绿杨春茶	182.67
江苏	金坛雀舌	167.45

以上数据可见,江苏、浙江两省的茶叶区域公用品牌在品牌溢价能力上显著高于其他省份的品牌。数据同时表明,如西湖龙井、洞庭山碧螺春这样的品牌收益与单位销量品牌收益同时表现强势的品牌,凤毛麟角。

(三)品牌忠诚度因子:部分品牌市场价格不稳定现象加剧

品牌忠诚度因子是指消费者对品牌的认可及忠诚程度。该因子侧重于测算价格波动对消费者品牌忠诚的影响。在CARD模型中,品牌忠诚度因子=(过去三年平均售价−销售价格标准差)/过去三年平均售价。

本次有效评估的126个茶叶区域公用品牌,平均品牌忠诚度因子为0.876,创下近三年评估平均品牌忠诚度因子最低水平(2021年平均值为0.902,2020年平均值为0.898)。可见,2021年,我国茶叶平均市场零售价格体系存在着较为明显的波动现象。

根据品牌忠诚度因子大小进行划分,如表44所示,2022年,品牌忠诚度因子在0.95以上的品牌共计21个,占16.66%,品牌数量和比重均低于2020年(26个,26.53%)和2021年水平(35个,32.40%);品牌忠诚度因子在0.90~0.95之间的品牌数量为44个,占有效评估品牌数量的34.92%,较2021年评估结果增加了8.99个百分点;品牌忠诚度因子在0.80~0.90之间的品牌共计43个,占比34.13%,与上一年度基本持平;品牌忠诚度因子在0.80以下的品牌共计18个,占14.29%,较2021年翻了近1番。

表44　近三年有效评估的茶叶区域公用品牌的品牌忠诚度因子区间分布变化比较

年份	BV<1		1≤BV<10		10≤BV<20		20≤BV<50		BV≥50	
	数量/个	比例/%	数量/个	比例/%	数量/个	比例/%	数量/个	比例/%	数量/个	比例/%
2020	11	11.23	29	29.59	32	32.65	19	19.39	7	7.14
2021	8	7.41	37	34.26	28	25.93	29	26.85	6	5.55
2022	18	14.29	43	34.13	44	34.92	17	13.49	4	3.17

2022年平均品牌忠诚度因子较往年低的原因主要在于,高品牌忠诚度因子品牌减少、低品牌忠诚度因子品牌增加。近三年市场零售价格体系具有高稳定性的品牌在减少,而价格体系存在波动、呈现不稳定性的品牌数量在增加。

比较不同品类茶叶区域公用品牌的平均品牌忠诚度因子(见图254),白茶类和黄茶类有效评估品牌的平均品牌忠诚度因子分别为0.623和0.730,在所有品类中表现较低;黑茶、红茶、绿茶、乌龙茶类,以及含多种茶类产品的品牌和其他类品牌的平均品牌忠诚度因子均在0.87至0.89之间,表现较为均衡。

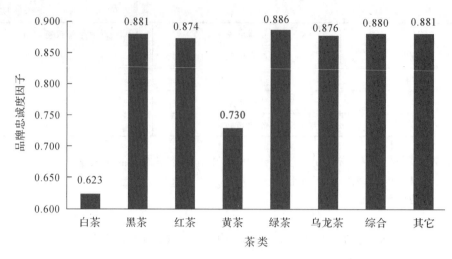

图 254　各品类有效评估品牌的平均品牌忠诚度因子比较

　　可见,白茶类和黄茶类有效评估品牌近三年的市场价格体系存在较为显著的不稳定性。其中,品牌忠诚度因子最低的是福鼎白茶,仅为 0.403。

　　市场价格的大涨或大跌,可能会导致品牌忠诚度因子下降。福鼎白茶品牌忠诚度因子不高的原因,主要是近年来福鼎白茶的价格在不断走高,资本市场对福鼎白茶也出现了热衷与追捧。产品价格的大幅提升一般意味着品牌收益的提升,但同时也会导致品牌忠诚度因子的下降。比较福鼎白茶近三年的品牌收益和品牌忠诚度因子(见图 255),2020 年,福鼎白茶品牌收益 28072.68 万元,品牌忠诚度因子 0.909;2021 年,福鼎白茶的品牌收益和品牌忠诚度因子分别为 32777.36 万元和 0.828,品牌收益增长而品牌忠诚度因子下降;到 2022 年,福鼎白茶品牌收益翻了 1 番,达到了 67417.30 万元,而品牌忠诚度因子跌到 0.403。尽管品牌收益翻番,但由于品牌忠诚度因子的下降,福鼎白茶的品牌价值较上一年度基本持平,仅增加了 0.13%。

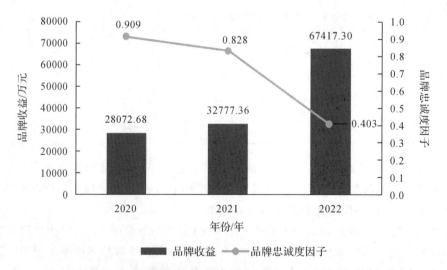

图 255　近三年福鼎白茶品牌的品牌收益与品牌忠诚度因子

数据表明,通过短期内大幅提价,能一定程度提高品牌溢价,获得高收益。但需警惕由此所带来的品牌忠诚度问题,可能会增加茶农未来收益的不确定性。未来是否能够继续保持在一个较高水平的价格体系,是品牌能否获得持续收益的关键之一。这需要以一套科学的、系统的品牌发展战略引领,并处理好品牌收益与品牌忠诚度因子之间的关系平衡,以期持续稳步发展,不影响品牌价值的有效升维。

(四)品牌强度:品牌发展后劲与品牌传播问题仍有待破解

品牌强度及其乘数是由一组能够表现品牌稳定性和持续性的因子所构成。茶叶区域公用品牌的品牌强度具体考察品牌带动力、品牌资源力、品牌经营力、品牌传播力和品牌发展力等5个二级指标,是对品牌强度高低的量化呈现,体现品牌未来持续收益能力、抗风险能力和竞争能力的大小。

根据数据统计,本次有效评估品牌的平均品牌强度乘数为18.14,较2021年略有提升(2021年平均值为18.13)。其中,品牌强度乘数最高的依然是普洱茶,为20.00,但与2021年度(20.10)相比,略有下降。具体分析品牌强度"五力"(见图256),126个品牌的平均品牌带动力、品牌资源力、品牌经营力、品牌传播力和品牌发展力分别为84.08、85.83、83.84、80.55和79.92,相对而言,我国茶叶区域公用品牌的品牌强度都没有达到高水平,且品牌发展力、品牌传播力表现较为薄弱。

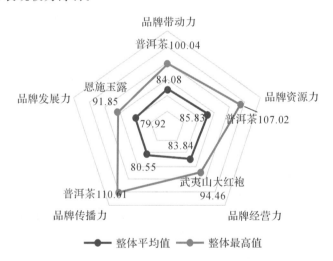

图256　品牌强度"五力"的平均值、最高值

在126个茶叶区域公用品牌中,品牌带动力、品牌资源力、品牌经营力、品牌传播力和品牌发展力最高值分别为100.04(普洱茶)、107.02(普洱茶)、94.96(武夷山大红袍)、110.61(普洱茶)和91.85(恩施玉露)。

横向比较,品牌传播力平均值与最高值之间的差距最大,跨度高达30.06;其次是品牌资源力,跨度为21.19。可见我国茶叶区域公用品牌,在品牌知名度、认知度和好感度上存在较大差异,不同品牌之间的资源禀赋差异也较为明显。

比较四大产区的茶叶区域公用品牌平均品牌强度"五力"。如图257所示,江南产区六大茶叶省份,安徽、湖北、湖南、江苏、江西和浙江的茶叶区域公用品牌平均品牌强度分别为

85.26、83.33、83.68、81.80、83.74 和 83.09，各省间平均品牌强度较为接近。同时，值得注意的是，江南产区六大省份有效评估品牌的品牌"五力"中平均品牌资源力均为本省最佳，其中平均值最高的是安徽（89.30），其余依次是江苏（87.79）、江西（86.97）、湖南（86.89）、浙江（86.22）和湖北（85.68）；除湖北外，其余 5 省的平均品牌发展力均为本省平均品牌强度"五力"最低。在江南 6 省中，平均品牌带动力、品牌经营力、品牌传播力和品牌发展力表现最佳的分别为安徽、湖北、安徽、安徽。安徽省除平均品牌经营力略低于湖北省以外，其余"四力"均为江南 6 省中第一，而江苏省有效评估品牌除平均品牌资源力之外，其余"四力"均排在江南 6 省的末位。

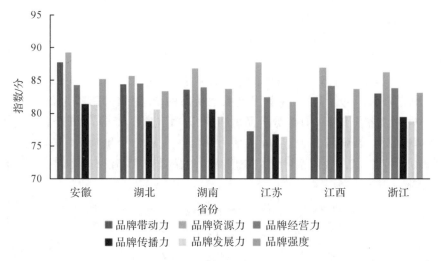

图 257　江南产区各省品牌强度"五力"平均值

可见，在江南 6 省中，安徽省茶叶区域公用品牌在品牌强度上具有相对优势，江苏省茶叶区域公用品牌虽然具有较为深厚的资源禀赋和文化内涵，但在区域带动、经营管理、传播推广和持续性发展等方面的表现不显著。

比较江北产区的河南、山东、陕西等 3 省的茶叶区域公用品牌数据（见图 258），3 省平均品牌强度得分分别为 81.37、75.98 和 86.23，差距较为明显。河南省有效评估品牌的平均品牌强度"五力"相对较为均衡，其中平均品牌资源力 82.15，略高于其余"四力"；山东省有效评估品牌的平均品牌经营力为 79.81，是其最具优势的一项，而平均品牌资源力仅 71.08；陕西省有效评估品牌的平均品牌强度"五力"整体高于河南和山东两省，其中，表现最优的是品牌带动力方面，平均值达到了 88.20。

数据可见，江北 3 省的有效评估品牌具有较大的差异。陕西省有效评估品牌的未来持续收益能力、抗风险能力等均较强；山东省作为"南茶北引"的主要阵地，其环境资源以及在茶文化、茶历史资源方面相对欠缺，品牌资源力处于相对弱势，同时，在品牌带动力、品牌传播力和品牌发展力等方面也有待加强。

比较西南产区贵州、四川、云南和重庆 4 省（市），云南省有效评估品牌的平均品牌强度为 92.34，远高于其余 3 省（市）；贵州和四川两省有效评估品牌的平均品牌强度较为接近，分别为 83.96 和 83.00；重庆市有效评估品牌的平均品牌强度仅为 76.63，在西南 4 省（市）中表现最弱。进一步比较平均品牌强度"五力"，如图 259 可见，贵州省有效评估品牌的平均品

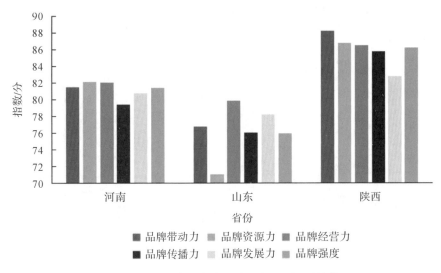

图 258　江北产区各省品牌强度"五力"平均值

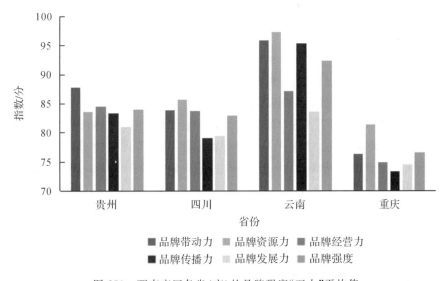

图 259　西南产区各省(市)的品牌强度"五力"平均值

牌带动力较强,为 87.76,平均品牌发展力相对较低,为 81.04,但较四川、重庆有效评估品牌的平均品牌发展力高。四川省有效评估品牌的平均品牌资源力相对较高,为 85.77,表现相对较弱的是平均品牌传播力,仅 79.10;云南省有效评估品牌的资源禀赋深厚,平均品牌资源力高达 97.28。相对而言,云南省可在品牌持续性发展上再行突破,目前平均品牌发展力为83.65。重庆市有效评估品牌在平均品牌强度"五力"上均较其余 3 省低,除平均品牌资源力达到 81.39 外,其余"四力"均不足 80,其中,平均品牌传播力仅 73.35,可见其品牌传播工作成效欠佳。

　　处于华南产区的福建、广东和广西 3 地,由于广东、广西两地均仅有 1 个品牌获得有效评估,因此,平均品牌强度及平均品牌强度"五力"数据可比性小,重点比较福建省相关数据。如图 260 所示,福建省有效评估品牌的平均品牌强度 84.54,平均品牌强度"五力"相对较为均衡,均在 80 以上,其中较高的是平均品牌资源力(87.18),较低的是平均品牌发展力(80.56)。

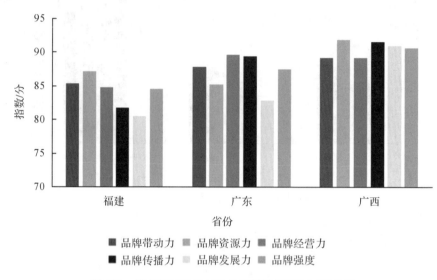

图 260　华南产区各省(区)的品牌强度"五力"平均值

通过分析各省(市、区)的平均品牌强度及平均品牌强度"五力"可见,多数省(市、自治区)有效评估品牌在品牌传播力和品牌发展力上优势不足。

品牌传播力由品牌知名度、认知度和好感度所构成,这与品牌的传播推广工作成效有直接关系。经统计,126 个茶叶区域公用品牌中,61 个品牌曾在央视投放广告(多为 5s 标版,短期投放),54 个品牌在高铁投放广告,83 个品牌曾上央视节目传播,开展一类及以上的央视/高铁广告或央视节目的品牌合计 97 个,占总品牌数量的 76.98%。另据数据统计,126 个茶叶区域公用品牌 2020—2022 年的平均品牌宣传与推广投入经费依次为 3555.56 万元、3947.38 万元和 4990.72 万元,呈现逐年上升态势。可见,我国茶叶区域公用品牌对品牌传播工作的重视程度在不断增加,品牌传播投入力度也在加强。

比较各省(市、区)茶叶区域公用品牌近三年的平均品牌宣传与推广投入经费(见表 45),四川省有效评估品牌近三年的平均投入为 9702.39 万元,在 16 个省的有效评估品牌中经费投入最大;其次是陕西(8920.00 万元)和云南(8049.00 万元);重庆、山东和浙江 3 地的有效评估品牌近三年的平均传播宣传与推广投入经费相对不高,分别为 1251.11 万元、1463.95 万元和 1474.77 万元。理论上,品牌传播与推广投入的高低与品牌传播力呈现正相关关系。平均品牌传播与推广投入经费大的省份,其平均品牌传播力并不高。如四川省,平均投入经费最大,但平均品牌传播力不到 80,远低于云南省有效评估品牌的平均水平。数据说明,重视品牌传播,除了要保障经费投入以外,更要注重对品牌传播成效的把控,制定相应科学的、精准的品牌传播策略,打出系统传播组合拳,才能有效提高品牌传播力。

品牌发展力由品牌保护、市场覆盖、生产趋势和营销趋势 4 项内容所构成。地理标志、商标等知识产权保护是品牌保护的基础,品种、技术研发等从科技赋能角度为品牌持续性发展保驾护航。生产趋势主要考察规模发展趋势,市场覆盖和营销趋势则从渠道拓展、销售提升、营销创新等方面考察品牌未来发展空间。

表45　各省有效评估品牌的平均品牌传播力及平均品牌宣传与推广投入金额

省份	平均品牌宣传与推广投入/万元	平均品牌传播力
四川	9702.39	79.10
陕西	8920.00	85.74
云南	8049.00	95.33
广东	6383.33	89.43
安徽	5581.79	81.46
广西	5436.67	91.58
江西	4448.07	80.77
贵州	4327.08	83.32
河南	3900.00	79.42
福建	2802.15	81.74
湖北	2732.92	78.79
江苏	2586.80	76.75
湖南	2086.30	80.56
浙江	1474.77	79.51
山东	1463.95	76.06
重庆	1251.11	73.35

　　本次评估数据显示,我国茶叶区域公用品牌的品牌发展力普遍不高,其主要原因是生产趋势与市场覆盖、营销趋势之间的博弈。如恩施玉露,品牌发展力91.85,是本次评估品牌中品牌发展力最高的品牌,但其在品牌保护、市场覆盖和营销趋势上的得分分别为89.67、83.56和84.89,仅仅略高于整体品牌的平均水平,与最高值相比存在不同程度的差距;而恩施玉露的生产趋势得分高达112.44,位列本次评估品牌榜首(见图261)。主要原因在于,2021年,恩施玉露的茶叶生产范围从恩施市(县级市)调整扩大到了恩施州,导致生产规模获得了快速增长,从而在生产趋势上有较大提高,获得了较高的品牌发展力数值反映。但是,虽然借助规模扩张获得了较高品牌发展力,如果今后不能够补足品牌保护、市场覆盖、营销趋势等板块,恩施玉露品牌的未来发展力也是难以高位持续的。

　　一般而言,处在产业发展初期的品牌,在生产趋势上具有相对优势,其优势会在品牌发展力上得到一定的反映。如浙江的建德苞茶,其生产趋势得分93.86;而对于规模已达上限的品牌,生产趋势得分相对较低,如西湖龙井的生产趋势得分仅71.45。

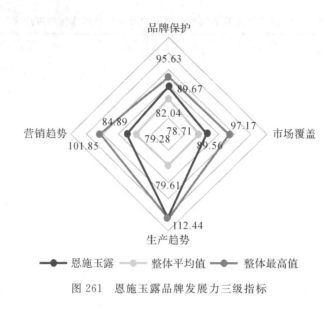

图 261　恩施玉露品牌发展力三级指标

二、现象与趋势

(一)品牌保护升级,保障品牌发展

根据前述数据分析中对品牌强度"五力"的比较可见,品牌发展力略显弱势。现实中,各地对品牌能否获得持续性发展的重视程度在不断提高。品牌保护是品牌持续性发展的基本保障。福建、湖北曾相继出台促进茶产业发展的保护条例,从立法层面保护当地茶产业有序发展。去年,杭州市出台了《杭州市西湖龙井茶保护管理条例》,并于 2022 年 3 月 1 日正式施行。该《条例》从种质资源保护、品质提升、市场监督管理、文化传承、法律责任等方面,作出了明确规定,使得对于西湖龙井这一茶叶区域公用品牌的保护提升到了法律层面。为了提高西湖龙井茶的司法保护效能,在《条例》基础上,杭州市还成立了"西湖龙井茶保护特设共享法庭",品牌保护手段不断升级。

除此以外,我国的茶叶区域公用品牌在基地建设与改造、品种研发等方面也加大了投入,保障品牌持续发展。据统计,本次有效评估的 126 个茶叶区域公用品牌,2019 年,平均在基地建设、改造上的经费投入为 7299.36 万元,平均品种、技术研发投入为 1745.66 万元,分别占当年茶叶销售额的 2.63% 和 0.63%;2020 年,平均基建、改造投入和平均品种、技术研发投入分别为 8697.30 万元和 2101.16 万元,占当年销售额的比重分别提升至 2.76% 和 0.67%;2021 年,平均基地建设、改造投入达到了 10807.54 万元,平均品种、技术研发投入达 3118.49 万元,分别占比 2.82% 和 0.81%(见图 262)。数据清晰可见,126 个茶叶区域公用品牌,在基地建设、改造与品种、技术研发方面的投入,无论是具体金额还是与当年度销售额的比重,均有不同程度的提升。

由此可见,茶叶区域公用品牌在茶树品种研发及茶叶基地建设上的重视程度逐年增强,此举有利于提高茶叶生产质量与产品独特性,促进茶叶品牌由"以量取胜"向"以质取胜"转化,推动了"品种、品质、品牌、标准化生产"的新"三品一标"的应用进程,也为未来的品牌发展提供了新生的产业潜力。

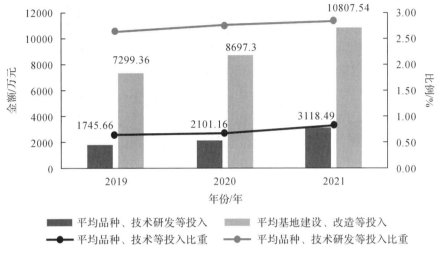

图 262　有效评估品牌近三年的平均基地建设、改造,品种、技术研发投入及占比

(二)数字化支撑,持续赋能品牌

随着科技的进步与发展,数字化与科技化也逐渐深入到茶叶生产、流通的各个环节。数字化不仅体现在茶园里,也在流通、销售环节提供便利。数字科技赋能,带来茶产业的标准化与科学化,让茶产业迸发新的生机。

本次评估中,共计有 38 个有效评估品牌已建或正在建设品牌数字化管理系统,占总体有效评估品牌数量的 30.16%。如西湖龙井,于 2020 年开始创建数字化管理系统,以数字化手段,对茶企、茶农实现茶叶产销的在线管理。今春伊始,杭州市又启动西湖龙井茶全生命周期数字化应用项目的建设,全面改造西湖龙井茶产业链,用数字化贯穿西湖龙井全生命周期的管理运营,链接生产端与消费端,赋能西湖龙井生产、加工、储运、销售等环节。福鼎白茶区域公用品牌,实施了品牌数字化管理,在其"福鼎白茶交易大数据"数字平台上,茶产量、茶交易、茶价格、地理标志防伪追溯等,从田间地头到销售的整体一条链,极大地方便了协会的管理。

(三)逆势突围,出口量价齐增

新冠疫情暴发给国际贸易带来了相当程度的负面影响。据中国海关相关数据统计(见图 263),2017 年,我国茶叶出口总量 35.53 万吨,出口总额 109.02 亿元;疫情暴发后,2020年,我国茶叶出口总量受到影响,下降至 34.88 万吨,但出口总额不降反升为 141.64 亿元;2021 年,我国茶叶出口总量 36.94 万吨,出口量水平恢复到了疫情暴发之前并略有提升,出口总额达到了 148.53 亿元。

数据可见,2020 年和 2021 年的出口额增长幅度较此前同比下降,但与 2017 年相比,2021 年,我国茶叶出口量和出口额分别增长了 3.97% 和 36.24%,达到了量价齐增。

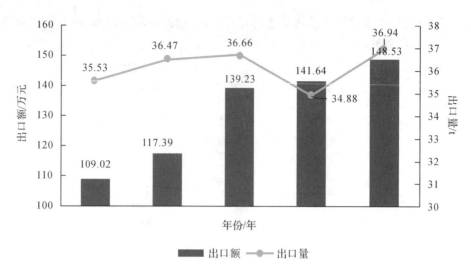

图 263　近五年全国茶叶出口额和出口量

比较本次有效评估的 126 个茶叶区域公用品牌,有 86 个品牌涉及茶叶出口,占整体有效评估品牌数量的 68.25%。该 86 个茶叶区域公用品牌近三年的平均出口量、出口额如图 264 所示,2019 年,平均出口量 2480.53 吨,出口额 22287.37 万元;2020 年,受疫情影响,平均出口量下降至 2223.93 吨,平均出口额为 24187.84 万元;2021 年,平均出口量升至 2778.15 吨,平均出口额达到了 27645.22 万元,与中国海关数据趋势基本吻合。

可见,尽管这两年来受到新冠疫情的冲击,我国茶叶生产难度加大、成本提高、茶叶出口增长速度有所减缓,但我国茶叶出口的势头仍稳中有升,并达到了量价齐增。

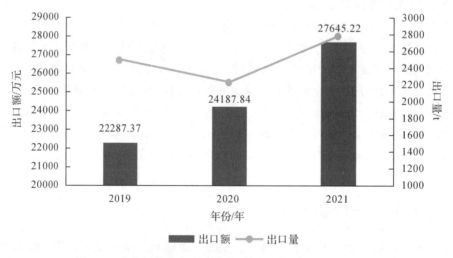

图 264　有效评估的出口品牌近三年的平均出口额和出口量

(四)国际销售,品牌溢价待提升

根据本次评估数据统计,2019 年,86 个出口品牌的平均出口额占当年平均销售总额的 8.03%,而平均出口量比重为 13.84%;2020 年,平均出口额和平均出口量比重分别下降至

7.69%和11.07%;2021年,平均出口量比重回升至12.29%,但平均出口额比重下降到了7.22%。数据说明,同样的销售量,在国际市场上的销售回报并未同比增长,甚至有所下降。

进一步比较出口品牌与不出口品牌的平均品牌收益和平均单位销量品牌收益,出口品牌的平均品牌收益为16617.67万元,是不出口品牌平均值(10215.16万元)的1.63倍;而出口品牌平均单位销量品牌收益68.01元/千克,仅为不出口品牌平均值(132.66元/千克)的一半左右。

综合以上数据可见,涉及国际贸易的茶叶区域公用品牌多为规模较大的品牌,但出口业务更多的是解决茶叶销量的问题,其品牌溢价较低。尽管国际市场的茶叶需求总量并未大幅减少,但对于我国茶叶品牌而言,众多因素阻挡了进军国际市场的脚步。2022年1月,"中国茶叶进出口供求信息采集平台"上线,建立茶叶出口供应信息常态化沟通机制,链接国际市场,助力茶叶出口。未来,需更多关注中国茶叶品牌出口的各种障碍及沟通命题,以进一步提升中国茶在海外市场销售的市场占比与品牌溢价。

(五)电商销售,开辟营销新局面

茶叶电子商务已不是新鲜事,从传统电商到直播电商,都不乏茶叶的身影。据《2022抖音电商茶行业洞察报告》统计,2021年,抖音电商茶行业交易规模在3月至12月的同比增幅达到了891%。可见,茶叶电子商务发展势头迅猛。

本次有效评估的126个茶叶区域公用品牌,有118个品牌已涉及电子商务,占93.65%。2019年,有效评估品牌的平均国内电商销售额47650.40万元,平均国内电商销售量2757.97吨;2020年,平均国内电商销售额和销售量分别提高至62080.57万元和3147.09吨,涨幅达30.28%和14.11%;2021年,平均国内电商销售额和销售量分别达到了83438.26万元和3745.26吨,涨幅分别为34.40%和19.01%。

比较近三年我国茶叶区域公用品牌的平均国内电商销售额、销售量比重,2019年,平均国内电商销售额比重为17.17%,平均国内电商销售量比重15.39%;2020年,平均国内电商销售额比重19.73%,较上年度提升了2.56个百分点,而平均国内电商销售量比重15.67%,仅较上年度提升了0.28个百分点;到2021年,平均国内电商销售额比重提升至21.79%,较上年度增加了2.06个百分点,平均国内电商销售量比重16.57%,较上年度增加0.90个百分点。

以上数据表明,我国茶叶区域公用品牌通过国内电子商务交易呈现了"量价齐升"的新局面。

本次评估的126个茶叶区域公用品牌中,国内电商销售量占比20%以上的品牌共计41个,占总体品牌数量的32.53%。以电商销量占比20%为标准,比较平均品牌收益和平均单位销量品牌收益,电商销量占比20%以上的品牌,平均品牌收益为16733.43万元,平均单位销量品牌收益为144.59元/千克;电商销量占比20%以下的品牌,平均品牌收益为13548.88万元,平均单位销量品牌收益61.50元/千克。

数据反映,将电商平台作为重要销售渠道之一的品牌,其品牌综合溢价高,品牌溢价能力强。数据也从侧面反映,疫情之下,电商平台能为品牌创造更多价值,同时也为塑造品牌形象、提升品牌声誉提供了重要平台。

(六)茶产业发展,带动共同富裕

作为我国重要的特色农业产业,茶产业在脱贫攻坚、乡村振兴、共同富裕中具有非常重要的价值。本次评估的 126 个茶叶区域公用品牌,2019 年,平均从业人数 297377.60 人,2020 年平均带动 301719.92 人就业,2021 年平均从业人数达到了 310199.24 人。三年间,平均从业人数增幅达 4.31%。茶产业的振兴发展极大地带动了当地就业,为更多人提供了就业岗位,在乡村振兴、共同富裕中发挥着重要的作用。

比较自 2010 年至今评估中统计的 15 年毛茶收购价(见图 265),2007 年,我国茶叶区域公用品牌的平均毛茶收购价格为 187.39 元/千克;2021 年,平均毛茶收购价上升至 391.95 元/千克,较 14 年前的平均收购价增长了 109.16%,价格曲线整体呈现上升趋势。毛茶收购价,为茶叶加工企业从茶农手中收购毛茶的价格。毛茶收购价的增长,可从侧面反映出茶农收入的增长趋势,使产业兴旺达到共同富裕具有了更大的可能性。数据反映,茶产业的蓬勃发展,使茶农的收入逐年增加,其生活质量有了更可靠的保障,茶叶区域公用品牌带动茶农增收的效果显著。

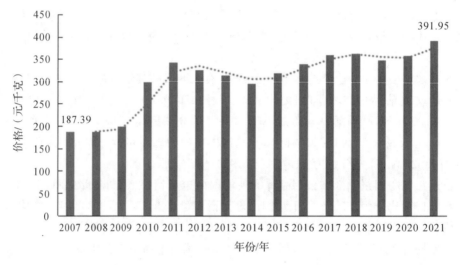

图 265 15 年来有效评估品牌的平均毛茶收购价格

本次评价中茶叶区域公用品牌的品牌收益位于第一的福鼎白茶,将茶产业作为乡村振兴和精准脱贫的战略性产业。目前,福鼎白茶种植面积达 2 万公顷,产量达 2.6 万吨,综合产值达 137.26 亿元,提供茶叶岗位 10 万余个,有效带动 38 万涉茶人员增收致富。在福鼎白茶交易大数据平台,每隔 1 小时更新茶青交易量和交易额统计。据 13 轮品牌价值评估数据统计,2007 年,福鼎白茶平均毛茶收购价仅 22 元/千克;2021 年,平均收购达到了 230 元/千克,增长了近 10 倍。可见,通过 15 年的品牌管理经营,福鼎白茶区域公用品牌成为名副其实的富民产业品牌,为区域经济发展、区域百姓共同富裕作出了巨大贡献,表现了一个区域公用品牌的共建、共享、共富价值。

三、结语

通过 13 年的中国茶叶区域公用品牌价值评估研究，课题组见证了我国茶叶区域公用品牌的建设与发展，提出了多项针对性建议，部分建议依然适用于当下产业现状。一个品牌从创建到成长，每一个环节都面临诸多挑战，环环相扣，品牌价值就在这漫长的过程中获得逐步累积、成长壮大。针对本次评估的数据呈现及发现的突出问题，我们重点提出以下四点建议。

(一)立足"三茶统筹"，探索"三化互动"，打通从产业数字化到品牌数字化的链条

众所周知，"三茶统筹"指的是茶产业、茶科技、茶文化的统筹发展。而课题组提出的"三化互动"，是指"品牌化引领、数字化赋能、组织化创新"，强调在茶产业发展、茶科技赋能、茶文化体现附加价值的同时，以品牌为纲、品牌强茶，实现品牌化引领，融合茶文化、茶产品、茶产业、茶科技的力量，并应对数字化时代，实现数字化支撑，实现组织化创新，以"三化互动"，助推"三茶统筹"，实现共同富裕。

"品牌化引领"，以品牌强茶，壮大中国茶产业的品牌影响力，提升其市场好感度，提高其品牌溢价，这一建议已经得到了普遍认同。"数字化赋能"，要求茶叶区域公用品牌正确认识"数字化"，利用数字化手段，实现茶产品的高质量生产管理，茶品牌的高效管理，要呈现以品牌为核心的赋能体系。

目前，从物联网化发展到产业数字化，未来，应当探索从产业数字化走向品牌数字化，从而形成以品牌为核心的数字化闭环，更好地为品牌提供赋能价值。"组织化创新"是品牌化与数字化的主体保障。基于区域公用品牌的特殊性，大多数品牌的建设主体与责任重担仍压在政府一方，协会的力量未得到释放与有效发挥。随着现代化品牌竞争格局的加剧，仅依靠政府机构远远不够，探索构建"政府引导、协会主导、茶企主营、茶商协同、茶村联动、茶农共享、咨询/传播/媒介/服务等第三方专业社会机构参与"的创新型组织结构，让"三化"能够有效互动。

(二)持续、系统打造品牌，加强品牌保护，应对市场格局的新变化

中国茶叶区域公用品牌的发展与演变，大多遵循以行政区划为范围，以地理标志或历史名优茶为依托，形成"一县一业一品"的总体格局，如安吉白茶、洞庭山碧螺春等。随着品牌竞争越来越激烈，市场对品牌适度规模、品牌形象一致性等需求的发展，政府职能部门对规模化发展的理解等缘由，部分茶叶区域公用品牌的覆盖区域出现由小变大的情况。如蒙顶山茶、庐山云雾茶等，从原先的一个县（市、区）的地理标志证明商标生产范畴，扩大成为地市（州）范围内的生产范畴，实施市级层面的品牌管理；也有地市（州）直接整合各县（市、区）茶叶品牌形成一个全新的地市（州）茶叶区域公用品牌，如安康富硒茶、恩施硒茶等；龙井茶的打造模式，是将省内生产相同单一类型的茶叶整合成一个浙江省内跨区域的大品牌，形成含"西湖龙井""大佛龙井""越乡龙井"等子区域公用品牌在内的"龙井茶"品牌集群，以满足全国大市场的不同需求，形成不同区域的特色龙井茶。除以上三种主要方式之外，近年还出现

了潇湘茶、天府龙芽等，通过整合资源，以省级协会在省一级层面整合授权相关茶叶企业，形成跨区域、多茶类的茶叶区域公用品牌，并以此代表该省茶产业，应对大市场的竞争。

从品牌战略是竞争战略而言，探索任何一种品牌打造模式都有其特定的因由、不同的价值，因此，以上无论哪种方式，都有其合理性。第一种，随着产业规模变化，形成更大范畴的品牌覆盖；第二种，在更高层面上，建立更大规模的品牌；第三种，基于资源匹配和市场互动关系，探索省域资源及母品牌、企业子品牌之间联动竞争，形成茶叶航母品牌。但是，这三种模式中，第一种品牌，需要以完善商标的法律保护与消费者权益保护为前提。否则，实际的品牌管理、授权适用范畴与商标保护范畴不一致，将导致法律风险与消费权益受损。第二种品牌，需要更强的品牌管理能力匹配，并保护好旗下子品牌（包括旗下区域公用子品牌、企业品牌等）的个性化发展，形成个性发展与共性互动的平衡关系。第三种，需要理顺省域新品牌与原有州、市、县、区的茶叶区域公用品牌之间的互动关系，双方形成自律模式与有效互动模式，形成产业基础利用、产业发展责任、品牌责权利关系、授权企业品牌的多方协同新关系，才能让品牌、产业、区域、企业、茶农、消费者的诸种权益得到科学、合理的保障，才能让品牌真正体现航母的功能。无论何种方式，均需要科学实现资源整合，有效应对各方、各层级市场，构建并优化自身内在品牌生态结构，打造品牌个性，创造品牌价值。

（三）根据品牌不同的生命周期，探索不同的发展重心

每一个茶叶区域公用品牌，都处于自己独特的品牌生命周期。不同的品牌生命周期，其品牌管理、品牌发展的重心不同。品牌刚刚诞生初期，其基地建设、品种培育、品质管控、适度规模、标准建立等是重心。但品牌处于成长阶段，除了前面的工作之外，还要保持高水平的发展力，在生产趋势基本定型的前提下，要通过完善的品牌保护机制、更大力度的市场建设和营销传播推广等，将发展重心从生产端转移到市场端，通过不断提升市场覆盖和营销趋势，提高品牌发展力。

（四）重视品牌声誉，确保制胜未来

品牌声誉，是消费者对一个品牌相对应的产品质量感知、好感评价，是品牌未来制胜的法宝。品牌价值评估是预测品牌未来的经济收益。基于茶在中国传统文化、生活方式中的特殊性，茶叶区域公用品牌的价值不仅仅是经济价值，同时承载着社会价值、文化价值，更承载着"以茶为媒，茶和天下"价值使命。因此，茶叶区域公用品牌在重视提升品牌价值的基础之上，更需要注重对品牌声誉的维护与提升。

根据《2021中国地理标志产品品牌声誉评估报告"》[①]，在1471个获得农业农村部（原农业部）、国家知识产权局（原工商局商标局、原质检总局）两个及以上部门登记（或注册商标）保护的地理标志农产品品牌中，茶叶类品牌在品牌声誉各方面的表现整体较为突出，反映了我国茶叶类地标品牌较其他农业产业更重视品牌声誉的维护与提升。

由于品牌声誉体现并决定着一个茶叶区域公用品牌未来的市场走向与消费者关系，每一个品牌都应当高度重视品牌声誉管理，提升品牌好感度，形成消费者口碑，扩大消费者自

---

① 胡晓云、魏春丽："中国地理标志农产品品牌声誉评价报告"，《农产品市场》，2022年第5期。

动传播的可能性。

品牌声誉与品牌传播力有关联但并非同一个概念。品牌传播力是指品牌传播能力的大小,而品牌声誉是从消费市场的角度衡量一个品牌的感知力和感召力。多年以来的评估数据显示,我国因为长期以来推行名优茶生产,多数品牌具有相当的品牌知名度、品牌好感度。但是,也有一些品牌,知名度很高,好感度不足,品牌声誉受到负面影响,对品牌价值提升、品牌市场开拓产生了一定程度的障碍。重视品牌声誉,才能确保制胜未来。加强品牌主动传播,加大正面信息引导力度,提高品牌声誉,是未来各个茶叶区域公用品牌必做的功课。

(五)打造"中国茶"品牌,从国内走向国际市场

中国是世界第一产茶大国,17—20世纪,中国茶远销海外,曾经蜚声海外,但由于战乱、列强欺凌以及中西方文化差异,中国茶在19世纪中叶曾一度被削弱了国际话语权。虽然,2021年,我国的茶叶出口量价齐增,但依然让我们看到以原料茶出口的低价回报。

中国茶的复兴,要谋求国内、国际两大市场的复兴,需要各茶叶区域公用品牌、企业品牌联合,形成"品牌集团军"的"茶业品牌集群"格局,在"中国茶"的国家品牌旗帜下,以品牌的方式,走向国际市场,走进国际茶业竞争话语圈,让国际消费者因为中国的茶品种、茶品质、茶文化、茶品牌而产生茶消费,赢得新时代、新环境、新消费背景下的新声誉、新消费人群,进而促进中国茶的繁荣复兴。

附表:2022年中国茶叶区域公用品牌价值评估结果

排序	省份	品牌名称	品牌价值/亿元	排序	省份	品牌名称	品牌价值/亿元
1	浙江	西湖龙井	79.05	18	安徽	太平猴魁	40.00
2	云南	普洱茶	78.06	19	安徽	祁门红茶	39.89
3	河南	信阳毛尖	75.72	20	陕西	安康富硒茶	39.60
4	湖南	潇湘茶	68.42	21	云南	滇红工夫茶	39.17
5	福建	福鼎白茶	52.22	22	陕西	汉中仙毫	38.71
6	江苏	洞庭山碧螺春	50.99	23	福建	福州茉莉花茶	38.70
7	浙江	大佛龙井	50.04	24	湖北	赤壁青砖茶	38.16
8	浙江	安吉白茶	48.45	25	云南	勐海茶	37.73
9	福建	武夷山大红袍	45.67	26	广西	梧州六堡茶	37.64
10	四川	蒙顶山茶	43.99	27	四川	天府龙芽	37.28
11	湖南	安化黑茶	43.85	28	广东	英德红茶	37.18
12	贵州	都匀毛尖	43.74	29	贵州	湄潭翠芽	35.29
13	安徽	六安瓜片	43.32	30	贵州	梵净山茶	35.20
14	四川	峨眉山茶	41.76	31	浙江	越乡龙井	34.47
15	江西	庐山云雾茶	41.02	32	湖北	武当道茶	33.59
16	福建	坦洋工夫	40.98	33	江西	狗牯脑茶	33.34
17	安徽	黄山毛峰	40.72	34	福建	平和白芽奇兰	32.24

续表

排序	省份	品牌名称	品牌价值/亿元	排序	省份	品牌名称	品牌价值/亿元
35	安徽	霍山黄芽	32.06	68	福建	永春佛手	17.13
36	湖南	碣滩茶	31.90	69	山东	沂蒙绿茶	16.41
37	浙江	开化龙顶	31.71	70	江苏	茅山长青	16.24
38	福建	安溪黄金桂	31.59	71	湖北	鹤峰茶	16.14
39	福建	正山小种	31.21	72	江苏	金坛雀舌	16.07
40	江西	浮梁茶	31.18	73	四川	米仓山茶	15.35
41	贵州	凤冈锌硒茶	29.35	74	安徽	舒城小兰花	15.33
42	江西	婺源绿茶	29.13	75	四川	七佛贡茶	15.00
43	重庆	永川秀芽	28.84	76	浙江	遂昌龙谷茶	14.79
44	浙江	松阳银猴	28.13	77	四川	邛崃黑茶	14.75
45	浙江	径山茶	27.34	78	山东	崂山茶	14.64
46	湖北	英山云雾茶	27.07	79	湖南	古丈毛尖	14.64
46	湖北	恩施玉露	27.07	80	河南	桐柏玉叶茶	14.30
48	湖北	宜昌宜红	25.41	81	贵州	正安白茶	14.21
49	浙江	千岛湖茶	24.80	82	四川	南江大叶茶	14.16
50	福建	天山绿茶	24.07	83	福建	北苑贡茶	13.53
51	山东	日照绿茶	23.82	84	福建	松溪绿茶	13.02
52	贵州	遵义红	23.44	85	安徽	泾县兰香茶	12.88
53	安徽	岳西翠兰	23.10	86	江苏	仪征绿杨春茶	12.76
54	湖北	恩施硒茶	23.00	87	贵州	石阡苔茶	12.60
55	江西	修水宁红茶	22.93	88	湖南	保靖黄金茶	12.35
56	浙江	武阳春雨	22.92	89	福建	诏安八仙茶	12.06
57	湖南	岳阳黄茶	22.84	90	河南	桐柏红	11.88
58	安徽	松萝茶	22.26	91	湖南	桃源大叶茶	11.86
59	四川	马边绿茶	22.10	92	安徽	霍山黄大茶	10.93
60	四川	雅安藏茶	22.04	93	湖北	宜都宜红茶	10.78
61	湖南	石门银峰	21.67	94	江西	双井绿	10.28
62	福建	政和白茶	21.43	95	江苏	镇江金山翠芽	10.27
63	浙江	磐安云峰	20.78	96	陕西	泾阳茯茶	10.21
64	浙江	长兴紫笋茶	19.78	97	安徽	歙县大方茶	9.98
65	浙江	泰顺三杯香茶	19.14	98	浙江	余姚瀑布仙茗	9.96
66	四川	万源富硒茶	17.26	99	四川	筠连红茶	9.91
67	福建	政和工夫	17.25	100	安徽	石台富硒茶	9.80

续表

排序	省份	品牌名称	品牌价值/亿元	排序	省份	品牌名称	品牌价值/亿元
101	浙江	仙都笋峰茶	9.61	114	湖北	利川红	5.61
102	浙江	天台山云雾茶	9.56	115	山东	诸城绿茶	5.59
103	湖北	襄阳高香茶	8.68	116	浙江	缙云黄茶	5.39
104	浙江	钱江源开门红	7.62	117	贵州	余庆苦丁茶	5.05
105	福建	周宁高山云雾茶	7.39	118	山东	长清茶	4.84
106	浙江	建德苞茶	6.77	119	山东	烟台绿茶	4.12
107	湖北	五峰绿茶	6.52	120	重庆	南川金佛玉翠茶	3.52
108	安徽	霄坑绿茶	6.51	121	湖南	江华苦茶	3.44
109	浙江	江山绿牡丹茶	6.50	122	山东	烟台桑叶茶	3.05
110	江西	上犹绿茶	6.03	123	四川	北川茶叶	2.83
111	江西	资溪白茶	5.77	124	江西	三清山白茶	1.92
111	湖南	桃源红茶	5.77	125	重庆	南川大树茶	1.91
113	福建	华安铁观音	5.67	126	湖北	梁湖碧玉茶	0.23

声明:本研究中所估算之品牌价值,均基于本次有效评估的茶叶区域公用品牌持有单位提供的数据及其他公开可得的信息,并以"CARD模型"为理论工具与计算方法,协同数字化技术应用,对采集数据进行处理的结果。本评估所涉及的品牌只包括在中国内地注册、登记的茶叶区域公用品牌。

2023：中国茶叶区域公用品牌价值评估研究报告（数据跨度：2020—2022）[*]

前　言

2022年底，随着"中国传统制茶技艺及其相关习俗"成功列入联合国教科文组织人类非物质文化遗产（非遗）代表作名录，中国茶的全球关注度被提到了一个全新的高度。中国茶，不仅仅是中国的茶，更是世界的茶。中国茶品牌，更是中国茶融入世界竞争格局的重要抓手。

2022年12月，浙江大学CARD中国农业品牌研究中心、中国农业科学院茶叶研究所《中国茶叶》杂志社、浙江大学茶叶研究所、中国国际茶文化研究会茶叶品牌建设专业委员会和浙江永续农业品牌研究院等机构联合组建课题组，继续开展第十四次"中国茶叶区域公用品牌价值评估"公益课题研究（评估对象邀请不包含我国港澳台地区）。

一、数据分析

参与本次评估的中国茶叶区域公用品牌总数为133个。课题组依据"中国农产品区域公用品牌价值评估模型"（简称CARD模型），采用科学、系统、量化的方法，经过对品牌持有单位调查、消费者评价调查、专家意见咨询、海量数据分析，最终获得评估的茶叶区域公用品牌共计118个。

本次获得评估的118个中国茶叶区域公用品牌，其品牌所在的地域范围覆盖全国四大茶区16个省（市、自治区）。以浙江省为代表的江南产区品牌数量最多，共计66个，占获评品牌数的55.93%；其次，是以四川省为代表的西南产区，有21个，占17.80%；再次，是以福建省为代表的华南产区，共18个，占15.25%；以山东省为代表的江北产区，共13个，占11.02%。数据可见，除江南产区外，其余各茶区获得本次评估的品牌总数占比均低于20%。从省域来看，浙江省是全国范围内参评品牌数量最多的省份，共参评20个，而后依次是福建省、安徽省和湖北省，分别为16个、13个、11个，其余各省参评数量均在10个以内。

根据茶类统计，绿茶类品牌有76个，红茶类品牌共18个，乌龙茶类品牌有7个，黑茶、黄茶、白茶类品牌分别为6个、3个与2个，再加工茶与其他类型茶叶区域公用品牌各有1个。另外，本次获评的品牌中，绿茶与红茶比例各占一半的品牌共计4个，本次统计将这4

---

[*]　本报告发表于《中国茶叶》2023年第6期。

个品牌与再加工茶品牌一同归入其他茶类品牌。根据本次获评品牌不同茶品类的区域分布来看，绿茶类品牌数量最多的是浙江省，共计 10 个；红茶类品牌数最多的是福建省和湖北省，均为 3 个；乌龙茶类和白茶类品牌数最多的均为福建省，分别为 7 个和 2 个；黄茶类品牌数最多的是安徽省，为 2 个。

根据 CARD 模型，品牌价值＝品牌收益×品牌忠诚度因子×品牌强度乘数。本文依据 CARD 模型中各项指标，对本次获得评估的 118 个中国茶叶区域公用品牌进行针对性的数据分析。

（一）品牌价值：整体呈现上涨趋势，高于 50 亿元的品牌数量创新高

品牌价值是品牌建设成效的综合体现。本次获得评估的 118 个茶叶区域公用品牌，其品牌总价值为 3116.98 亿元，单个品牌最高值为 82.64 亿元。与 2022 年评估结果相比，单个品牌最高值提升了 3.59 亿元。进一步比较近三年来获评品牌的平均品牌价值与增长率可见，2021 年为 22.18 亿元和 10.39%，2022 年为 23.15 亿元与 4.37%，2023 年为 26.41 亿元与 14.08%。数据说明，近年来获评品牌的平均品牌价值呈逐年递增趋势。

根据品牌价值大小区间分布可见（见表 46），本次评估中品牌价值超过 50 亿元的品牌有 9 个，占 7.62%，分别为西湖龙井（82.64 亿元）、普洱茶（82.21 亿元）、信阳毛尖（79.84 亿元）、潇湘茶（69.10 亿元）、福鼎白茶（60.70 亿元）、洞庭山碧螺春（53.05 亿元）、大佛龙井（52.33 亿元）、安吉白茶（52.06 亿元）、武夷山大红袍（51.81 亿元）。浙江省的安吉白茶与福建省的武夷山大红袍两个品牌的品牌价值首次突破 50 亿元。品牌价值处于 20 亿～50 亿元的品牌数量最多，为 57 个，占 48.31%；品牌价值处在 10 亿～20 亿元之间的品牌为 28 个，占 23.73%；品牌价值在 10 亿元以下的品牌有 24 个，占 20.34%。

表 46　近三年来获评的中国茶叶区域公用品牌的品牌价值（BV）区间及比例

年份	BV≥50		20≤BV<50		10≤BV<20		1≤BV<10		BV<1	
	数量/个	比例%	数量/个	比例%	数量/个	比例%	数量/个	比例%	数量/个	比例%
2021	5	4.63	48	44.44	28	25.93	27	25.00	/	/
2022	7	5.56	56	44.44	33	26.19	29	23.02	1	0.79
2023	9	7.62	57	48.31	28	23.73	24	20.34	/	/

注：BV 单位为亿元。

数据表明，本次评估中，品牌价值≥50 亿元的品牌数量及所占比重较往年有所增长，尤其在品牌数量上有了明显突破。获评品牌的平均品牌价值及增长率也再创历史新高。所有获评品牌的品牌价值均高于 1 亿元。这说明，我国茶叶区域公用品牌的整体建设在不断进步，并取得了较为显著的发展成效。

（二）品牌收益：个别品牌收益增长较快，两种发展模式各有千秋

品牌收益，指的是剔除生产环节的劳动收益，结合市场交换完成的最终零售价格，并充分考虑茶叶产品在再生产环节中的诸多不可控因素，以连续 3 年的数据统计得出的由品牌本身带来的收益，其计算公式为：品牌收益＝年销量×（品牌零售均价－原料收购价）×

(1-产品经营费率)。

如图266所示,近三年来,获评品牌的平均品牌收益呈现"高—低—高"的曲线递增趋势,2023年较2022年的增长率有所回升。本次获得评估的118个品牌,其平均品牌收益为16362.75万元,比2022年增加了1777.62万元,增长率为12.19%。其中,品牌收益最高的是福鼎白茶,达到了55419.00万元。

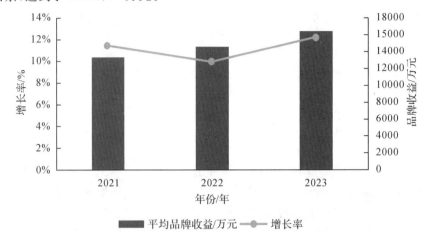

图266 近三年获评品牌的平均品牌收益及增长率

从省域比较来看,云南、广西、广东、河南和贵州等5省(自治区)获评品牌的平均品牌收益均达到了2亿元以上。山东省与重庆市获评品牌的平均品牌收益相对较低,均不足亿元,分别为7916.99万元、6624.46万元(见表47)。

表47　各省份获评品牌的平均单位销量品牌收益与平均品牌收益比较

省份	平均单位销量品牌收益(元/千克)	平均品牌收益(万元)
江苏	674.29	11752.46
浙江	213.80	15454.31
安徽	55.49	16452.06
贵州	54.68	21048.70
江西	50.23	14961.77
山东	47.42	7916.99
重庆	45.36	6624.46
四川	31.21	17682.36
河南	24.69	24403.93
陕西	23.97	16902.17
福建	22.51	18422.94
广东	21.10	28037.51
湖北	18.44	14387.70
湖南	13.08	16540.20
广西	10.41	28231.03
云南	2.57	36195.40

　　单位销量品牌收益,是每千克茶叶的品牌溢价能力的直观体现。本次有效获评的 118 个品牌的平均单位销量品牌收益为 96.76 元/千克,较 2022 年获评品牌平均单位销量品牌收益增加了 8.22 元/千克,增幅为 9.28%。

　　从省域比较数据来看,江苏省蝉联榜首。获评品牌的平均单位销量品牌收益为 674.29 元/千克。排名第二、第三位的分别是浙江省和安徽省,分别为 213.80 元/千克和 55.49 元/千克。数据显示,江苏省、浙江省获评品牌的单位溢价能力相对较强。其中,来自江苏省的洞庭山碧螺春、镇江金山翠芽分别以 2333.00 元/千克与 1208.89 元/千克单位销量品牌收益带动了江苏省整体平均水平;浙江省以武阳春雨(999.35 元/千克)、西湖龙井(967.66 元/千克)、径山茶(890.77 元/千克)和缙云黄茶(624.22 元/千克)等品牌提升了浙江省获评品牌的平均单位销量品牌收益。其余各省域获评品牌的单位销量品牌收益相对不高,低于 60 元/千克,其中,云南省获评品牌的平均单位销量品牌收益最低,仅为 2.57 元/千克。

　　从表 48 可见,本次获评品牌的品牌收益位于前 10 的品牌中,浙江省的品牌数量最多,共有 3 个;其次是福建省,共 2 个;河南、云南、湖南、贵州和江苏各 1 个。本次评估结果显示,贵州省的湄潭翠芽茶叶区域公用品牌首次进入了品牌收益前 10 位,为 29987.86 万元,较 2022 年(25446.45 万元)增加了 4541.41 万元,增长率为 17.85%,该品牌的单位销量品牌收益也从 2022 年的 48.38 元/千克增加至 56.83 元/千克。

表 48　本次获评品牌中品牌收益位于前 10 的品牌

省份	品牌名称	品类	品牌收益(万元)	单位销量品牌收益/(元/千克)
福建	福鼎白茶	白茶	55419.00	23.68
河南	信阳毛尖	绿茶	52898.35	8.06
浙江	西湖龙井	绿茶	49860.25	967.66
云南	普洱茶	黑茶	46742.41	2.84
湖南	潇湘茶	绿茶为主	37951.22	7.91
浙江	大佛龙井	绿茶	33070.43	61.06
浙江	安吉白茶	绿茶	30424.64	150.33
福建	武夷山大红袍	乌龙茶	30078.31	22.17
贵州	湄潭翠芽	绿茶	29987.86	56.83
江苏	洞庭山碧螺春	绿茶	29373.04	2333.00

　　具体分析本次获评品牌的品牌收益位于前 10 的品牌可见,2023 年,福鼎白茶的品牌收益排名第一,达 55419.00 万元;洞庭山碧螺春的品牌收益为 29373.04 万元,排名虽位列第十,但其单位销量品牌收益高达 2333.00 元/千克,可见其单位溢价能力极强。与之形成对比的是潇湘茶、普洱茶和信阳毛尖,该 3 个品牌的品牌收益均在 35000 万元以上,但品牌单位销量收益不足 10.00 元/千克。数据说明,这 3 个品牌主要采取规模化经营、"薄利多销"的营销策略,以此提高整体品牌收益,但单位销量价格较低;而洞庭山碧螺春等品牌则以高单位溢价能力取胜。

　　从单位销量品牌收益(见表 49)可见,洞庭山碧螺春单位销量品牌效益最高;镇江金山翠芽的单位销量品牌收益排名第二,达到了 1208.89 元/千克,第三为武阳春雨,单位销量品牌收益 999.35 元/千克;从省域进行比较可见,单位销量品牌收益位于前 10 的品牌中,来自浙江省的品牌数量最多,共有 4 个;其次是江苏省,共 3 个;贵州省、江西省、山东省各 1 个。从生产的茶类比较可见,单位销量品牌收益位于前 10 的品牌,均只生产绿茶或以绿茶为主,其中,长清茶区域公用品牌以绿茶和红茶平分秋色。

表 49   本次获评品牌的单位销量品牌收益位于前 10 的品牌

省份	品牌名称	品类	单位销量品牌收益/(元/千克)	品牌收益/万元
江苏	洞庭山碧螺春	绿茶	2333.00	29373.04
江苏	镇江金山翠芽	绿茶	1208.89	8186.01
浙江	武阳春雨	绿茶为主	999.35	15125.61
浙江	西湖龙井	绿茶	967.66	49860.25
浙江	径山茶	绿茶为主	890.77	18328.46
浙江	缙云黄茶	绿茶	624.22	3638.04
贵州	正安白茶	绿茶为主	305.16	11436.27
江西	三清山白茶	绿茶	304.54	2087.29
山东	长清茶	绿茶+红茶	173.98	3986.34
江苏	仪征绿杨春茶	绿茶为主	167.00	8516.35

综合考量品牌收益、单位销量品牌收益的数据表现可见,目前,中国茶叶区域公用品牌基本呈现两种特征。一是以规模取胜,通常以扩大茶园面积、提高茶叶产量、提升茶叶销量,从而增加品牌收益;二是以溢价取胜,通常在茶叶种植面积与产量等方面缺少"量"的优势,便深耕独特的品种、品质、文化与体验等,以此提高茶叶品牌的单位销量品牌收益,实现品牌高位溢价。两种模式,各有千秋。但两者如果均能够找到更适当的规模、溢价空间,均可以进一步提高品牌溢价能力。

(三)品牌忠诚度:品牌市场价格整体平稳,个别品牌波动较大

品牌忠诚度因子是指消费者对品牌的认可及忠诚程度。该因子侧重于测算价格波动对消费者品牌忠诚的影响。在 CARD 模型中,品牌忠诚度因子=(过去三年平均售价-销售价格标准差)/过去三年平均售价。产品售价越稳定,品牌忠诚度因子越高。

在本次获评的 118 个茶叶区域公用品牌中,平均品牌忠诚度因子为 0.885,与 2022 年(0.876)相比,品牌忠诚度因子虽有所上升,但上升幅度较小,仅提升了 0.009。这说明,茶叶平均市场售价较之前或有朝着相对稳定方向发展的迹象。

比较不同茶类的品牌忠诚度因子(见图 267)可见,我国绿茶类区域公用品牌的平均品牌忠诚度因子最高,为 0.898,较 2022 年(0.886)增加了 0.012。尽管绿茶区域公用品牌之间的竞争如往年一般激烈,但其总体价格波动变小,品牌忠诚度因子得以上升。主要原因在于品牌市场价格具有高稳定性的绿茶类品牌在增加,而市场价格呈现不稳定性的绿茶类品牌数量在减少。白茶类区域公用品牌的平均品牌忠诚度因子相对最低,仅为 0.706,但与 2022

年相比,提升了 0.083。主要是因为连续 2 年获评的 2 个白茶类品牌,其品牌忠诚度因子都有所增加。黄茶类区域公用品牌的平均品牌忠诚度因子从 2022 年的 0.730 上升到了0.798,增加了 0.068,黄茶类品牌连续 2 年获评的品牌数量为 3 个,其中 1 个品牌的品牌忠诚度因子在 2023 年有所下降,但下降幅度小,另外 2 个品牌的品牌忠诚度因子都在上升,整体带动了 2023 年黄茶类品牌的品牌忠诚度因子提升。黑茶、红茶、乌龙茶与其他茶类区域公用品牌的平均品牌忠诚度因子均在 0.870 以上,其中,乌龙茶与红茶区域公用品牌的平均品牌忠诚度因子较 2022 年(0.876、0.874)都有小幅度增长,分别增长 0.005 与 0.002;黑茶区域公用品牌较 2022 年(0.881)下跌了 0.015。

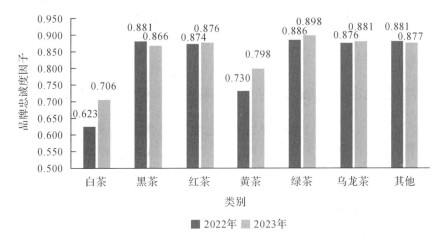

图 267　各品类获评品牌的平均品牌忠诚度因子

比较近三年获评品牌的品牌忠诚度因子大小区间分布(见表 50)可见,品牌忠诚度因子在 0.98 及以上的品牌共 6 个,占获评品牌数量的 5.08%,较 2022 年增加了 1.91 个百分点;品牌忠诚度因子在 0.95 到 0.98 之间的品牌数为 17 个,占 14.41%,与 2022 年数量一致,占比低 0.92 个百分点;品牌忠诚度因子在 0.90 到 0.95 之间的品牌为 38 个,占比 32.20%;品牌忠诚度因子在 0.80 到 0.90 之间的品牌个数为 41 个,占比 34.74%,比重基本与 2022 年(34.13%)持平;品牌忠诚度因子小于 0.80 的品牌数共计 16 个,占 13.56%,较 2022 年(14.29%)下降 0.73 个百分点。由表 50 可见,与 2022 年相比,2023 年获评品牌总体的品牌忠诚度因子得到提升;但与 2021 年相比,本次获评品牌的品牌忠诚度因子位于尾部的品牌数量与比重仍较大。这说明,获评品牌的整体价格波动虽有所减弱,但尚未恢复到 2 年前的水准。

表 50　近三年获评的茶叶区域公用品牌的品牌忠诚度因子(BL)区间分布变化比较

年份	BL<0.80		0.80≤BL<0.90		0.90≤BL<0.95		0.95≤BL<0.98		BL≥0.98	
	数量/个	比例%	数量/个	比例%	数量/个	比例%	数量/个	比例%	数量/个	比例%
2021	8	7.41	37	34.26	28	25.93	29	26.85	6	5.55
2022	18	14.29	43	34.13	44	34.92	17	13.49	4	3.17
2023	16	13.56	41	34.74	38	32.20	17	14.41	6	5.08

同时,数据显示,本次获评的个别品牌,其品牌忠诚度因子达到了 1。这意味着,该品牌

的市场零售价在过去三年中几乎未发生任何变化,价格相当稳定。该数据同时反映出,该品牌与不断变化的外部环境(如成本、季节、物价、波动的市场走势等)之间存在着某种程度的脱节。也就是说,虽然生产、营销等成本在增加,但产品的品牌溢价却没有进一步产生。另一方面,数据同时显示,2023年品牌忠诚度因子最低的品牌是福鼎白茶,为0.564,主要原因是近三年福鼎白茶市场零售价格大幅上涨,对品牌忠诚度的稳定性造成了一定的冲击;相较于2022年(0.403),福鼎白茶的品牌忠诚度因子已有所回升,说明价格上升正在相对进入稳定向前时期。

品牌建设是一项旷日持久的工作,品牌忠诚度是一个品牌获得持久生命力的重要指标。品牌在发展过程中需要顾及消费者感受,保持相对平稳上升的价格趋势,是品牌建构起消费者心中良好形象、获得消费者信任的重要条件。唯有稳步前行、有效掌握定价权,才能使一个品牌走得稳当,走得长远。

(四)品牌强度:品牌发展力有所下降,高品牌价值的品牌需提升好感度

品牌强度及其乘数是一组能够体现品牌稳定性和持续性的因子,由品牌带动力、品牌资源力、品牌经营力、品牌传播力和品牌发展力(统称"品牌强度五力")等5个二级指标构成,这是对品牌强度高低的量化呈现,同时体现出品牌未来持续收益能力、抗风险能力和竞争能力的大小。

根据统计结果,本次获评品牌的平均品牌强度乘数为18.19,比2022年(18.14)略有提升。品牌强度乘数最高的品牌仍是普洱茶,为19.94,但比2022年(20.00)略有下降。本次评估中,普洱茶区域公用品牌的品牌带动力101.07、品牌资源力102.75、品牌经营力89.58、品牌传播力114.94和品牌发展力85.78;其中,普洱茶的品牌带动力与品牌传播力是本次获评品牌的最高值。可见,普洱茶的高品牌强度主要得益于其广泛的区域规模产业资源及其普遍的知名度。

如图268可见,本次获评品牌的"品牌强度五力"平均值分别为品牌带动力84.13、品牌资源力86.19、品牌经营力84.27、品牌传播力81.29和品牌发展力79.43,与2022年相比,

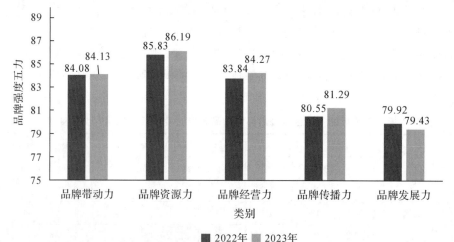

图268　2022年与2023年平均"品牌强度五力"比较

品牌带动力、品牌资源力、品牌经营力和品牌传播力分别增加了 0.05、0.36、0.43 和 0.74,但品牌发展力下降了 0.49。横向比较,118 个获评品牌的平均品牌资源力最高,而平均品牌发展力是唯一一个不足 80 的指标。

品牌发展力主要考察的是品牌保护、市场覆盖、生产趋势与营销趋势等 4 个方面的指标。茶叶基建、改造的投入,茶树品种、技术研发的投入力度,在一定程度上会对品牌的持续性发展起到积极的作用。

如图 269 所示,根据品牌价值大小划分,比较品牌价值前 10 位、前 50 位、前 100 位以及获评品牌整体的平均品牌发展力以及其近三年的平均基建、改造和平均品种、技术研发投入之间的关系可见,平均品牌发展力从左至右依次降低,即位次越靠前的品牌其品牌发展力越强。比较品牌价值位于前 10 位、前 50 位、前 100 位和整体品牌 4 个层级品牌的平均品牌发展力与基建、改造和品种、技术研发投入之间的基本关系可见,品牌价值前 10 位的获评品牌近三年的平均基建、改造和平均品种、技术研发投入均不高,分别仅为 7763.67 万元和 2776.67 万元。数据反映,品牌价值相对较高的品牌,其资金投入已经从基建和研发逐渐过渡到品牌营销、品牌保护、市场覆盖等方面。这说明,这些品牌在以往注重生产性投入的基础上,已经着眼于与消费市场的互动投入、品牌营销与品牌保护的投入。但整体而言,获评品牌在品牌保护、市场覆盖、营销趋势等方面的品牌发展性投入不高,因此,导致了平均品牌发展力不足 80 的情况。

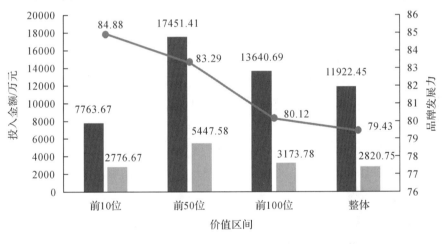

图 269　本次获评品牌的平均品牌发展力以及近三年基建、改造和品种、技术研发投入的比较

图 270 显示,除品牌发展力之外,本次获评品牌的平均品牌传播力也相对较弱。品牌传播力由品牌知名度、认知度和好感度构成,该项指标直接关联一个品牌与消费者之间的沟通互动、品牌的传播推广工作成效。比较品牌价值前 10 位、前 50 位、前 100 位和整体品牌的平均品牌传播力以及近三年来平均品牌宣传与推广投入,如图 270 所示,平均品牌传播力从左至右依次降低,分别为 96.33、87.85、82.42 和 81.29。可见,品牌价值前 10 位品牌的平均品牌传播力远高于后面 3 组的平均值。同时,近三年平均品牌宣传与推广投入从左至右也呈现依次下降的特征。数据表明,高品牌价值的品牌在品牌宣传与推广上的重视程度更高,投入金额也越大,品牌传播推广工作成效也更为显著。

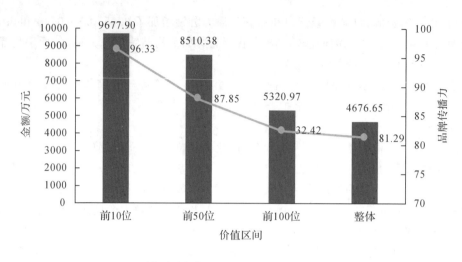

图 270 本次获评品牌的平均品牌传播力以及近三年品牌宣传与推广投入的比较

进一步对品牌传播力的二级指标进行比较，如图271所示，品牌价值位于前10的品牌的平均品牌知名度、认知度和好感度分别为114.20、93.63和83.99，品牌价值位于前50位的品牌的平均值分别为95.48、85.15和84.05，与品牌价值位于前100的品牌、整体品牌的平均值差异明显。尤其是平均品牌知名度，品牌价值前10位品牌较整体品牌的平均值高38.07%，高低差异明显。数据同时显示，平均品牌好感度与平均品牌知名度呈现不同趋势。品牌价值位于前10的品牌，其平均品牌好感度仅为83.99，低于品牌价值前50位品牌的平均水平，同时，4组品牌的平均品牌好感度均较为接近。值得注意的是，品牌传播力位列第一的普洱茶，其品牌知名度、认知度与好感度分别为156.51、113.33、81.81，知名度和认知度均为本次获评品牌的最高值，但品牌好感度却不及整体品牌的平均水平。品牌声誉评价数据同时显示，普洱茶过分依赖于其超高的品牌感知力（知名度、认知度）。

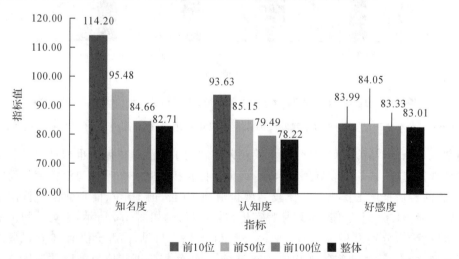

图 271 本次获评品牌中属不同品牌价值区间品牌的平均品牌传播力二级指标比较

数字化时代背景下,品牌好感度由媒体报道、消费者评价、电商平台用户反馈等因素综合而成。普洱茶等品牌的有关数据反映一个事实,虽然因其产业规模体量大、高品牌传播力等,使得其品牌价值处于较高水平,但因其以高知名度、认知度取胜,而品牌好感度相对不足。品牌好感度低会对品牌的未来产生隐患,需要引起高度重视。未来,应当加强自身品牌形象的维护,提高品牌的消费者好感度,持续提高品牌强度,为未来品牌忠诚度打下坚实的品牌声誉基础。

二、现象与趋势

(一)文化赋能,中国茶品牌迎来历史新机遇

2022 年 11 月 29 日,"中国传统制茶技艺及其相关习俗"正式列入联合国教科文组织人类非遗代表作名录。此项申报共包含中国 15 个省(市、区)的 44 个国家级非遗代表性项目,涵盖中国六大茶类及再加工茶等传统制茶技艺及相关习俗。中国茶制作技艺及风俗的成功申遗,奠定了中国茶文化在国际上的地位。这不仅对中华民族传统茶文化在世界范围内的保护传承起到重要推动作用,更是为中国茶产业、茶文化的复兴,重新出海,回归世界茶舞台的视野,奏响了主旋律。

本次获评的 118 个品牌中,共有 30 个品牌的相关制作技艺或习俗列入非遗名录。其中,27 个品牌拥有茶产品出口相关数据,比重高达九成。其他未被列入人类非遗名录的 88 个品牌,其中 59 个品牌设有出口业务,占 67.05%。从图 272 可知,近三年来,获人类非遗认证的区域公用品牌的茶叶平均出口量在逐年递增,从 2020 年的 6907.09 吨增长至 2022 年的 7584.82 吨,增长率为 9.81%,而与 2021 年相比,增长率仅为 0.31%。从平均出口额上看,列入人类非遗名录的中国茶叶区域公用品牌,近三年平均出口额从 25361.88 万元提升至 33478.56 万元。由图 272 同时可见,未被列入人类非遗的中国茶叶区域公用品牌,近三年的平均出口量和平均出口额也均得到了不同程度的提升,但均低于列入人类非遗名录的

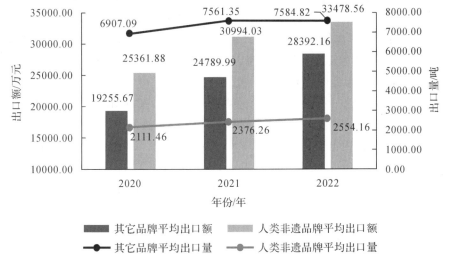

图 272　人类非遗品牌与其他品牌近三年茶叶平均出口额、出口量比较

茶叶区域公用品牌的平均值。总体而言,本次获评茶叶区域公用品牌,茶叶平均出口额与出口量都呈现一定的增长,说明这些品牌的茶叶产品在出口方面走势积极。

根据中国海关数据统计,2022 年中国茶叶出口总量 38.94 万吨,较上年增长 1.54%;出口总额 22.70 亿美元,较上年下降 10.25%;出口均价 5.83 美元/千克,同比上年下降 11.53%。可见,尽管本次评估数据显示,获评品牌的出口额和出口量均较 2021 年有所提升,但与海关"量增价跌总额减"的数据统计之间存有差异。数据说明,茶叶出口量增长,但茶叶出口溢价未能得到体现。此次"中国传统制茶技艺及其相关习俗"申遗成功,为中国茶国际贸易带来新的机遇,也为我国茶叶品牌的未来发展提供强大的价值支撑和文化品质保障。这同时也提升了我国茶叶区域公用品牌今后走向海外市场、亮相国际舞台的原产国底气。

(二)迎合数智化时代,全链路赋能新茶业

近年,我们已步入数智时代,通过数智化手段、数据库以及数据分析等,为茶产业赋能。赋能不仅体现在生产端,在市场端也同样得到充分体现。"算法""云计算"、数智链等能够通过数字孪生,营造更具匹配性的消费场景,从而提高消费体验,反向赋能品牌再优化。

数智化为茶叶品牌的生产、运营与消费提供了良性循环的可能,尤其有利于品牌在生产端与消费端之间的信息传输、信息反馈、信息分析。当前,品牌在生产端的数字管理已逐步成熟,茶叶主体可借助物联网技术,对茶叶生产、加工、运输环节进行数智化管理,从而实现茶叶供应链端到端可视化、高效化运营,提高品牌的生产质量与效率。比如安吉白茶等品牌,其数智化建设与服务已在生产端卓有成效。但目前,针对茶叶区域公用品牌的全生命周期的数智化管理平台,尚未有较成熟的案例。

使消费者通过数智化场景营销享受用户体验,这一切都依托于数字电商平台、数智化装备的迅速发展。像京东、天猫、淘宝等大型数字化平台早已将先进的科学数智技术融入平台,服务消费者与从业者。本次获评的 118 个茶叶区域公用品牌中,共计有 27 个品牌建有天猫或京东旗舰店。调查显示,建有统一的天猫旗舰店或京东旗舰店的获评品牌,其平均品牌收益为 21629.04 万元。而未建立天猫或京东旗舰店的获评品牌,其平均品牌收益为 14800.22 万元,前者明显高于后者。同时,建有天猫或京东旗舰店的获评品牌平均品牌传播力为 86.84,也比未建立天猫或京东旗舰店的获评品牌(79.81)更具优势。可见,充分有效运用大型数字平台能够为品牌带来更多的关注与收益。

分析本次获评品牌近三年的国内电商销售情况,如图 273 所示。2020 年,获评品牌平均国内电商销售量为 2632.80 吨,占当年度茶叶平均销售总量的 15.99%,贡献了 18.88% 的销售额;2021 年,平均国内电商销售量 5640.61 吨,占 31.98%,贡献 21.50% 的销售额;2022 年,平均国内电商销售量下降至 4 652.61 吨,仅占当年度平均销售总量的 23.47%,较 2021 年下降了 8.51 个百分点,但销售额比重不降反升,提高了 2.57 个百分点。这说明通过数字化营销,使得品牌溢价能力得到更进一步的释放。

(三)多元化探索,推动中国式茶业现代化建设

党的二十大报告中明确将"以中国式现代化全面推进中华民族伟大复兴"作为新时代新

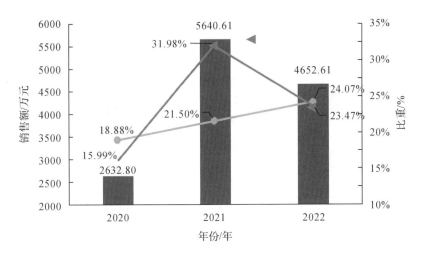

图 273　获评品牌近三年的平均国内电商销售情况比较

征程的中心任务,报告还提出了中国式现代化的国际共性与中国特色。当下,中国式现代化赋能茶业发展,茶业同时深入推动中国式现代化建设,践行"三茶统筹"理念,以"茶文化筑魂,茶产业助力,茶科技赋能"之势,努力提升中国茶叶区域公用品牌的高质量发展,助力乡村振兴。

结合课题组 14 年来的研究可见,我国茶叶区域公用品牌的打造,大致分为三种类型。第一种,是以西湖龙井、洞庭山碧螺春、福鼎白茶等品牌为代表的经典型茶叶区域公用品牌发展模式。这类品牌的历史渊源深厚,文脉悠长,以代代传承,书写茶叶发展篇章。这类茶叶区域公用品牌大多形成于历史名优茶,其茶叶种植范围受限于长期以来的地理生态区划,茶叶有悠久的历史文化赋能。第二种,是 20 世纪 80 年代特别是新世纪以来,采用"一县一品",发展全县域甚至以上地区的、具有地理标志产品特征或地理标志证明商标的区域公用品牌,如普洱茶、汉中仙毫、安康富硒茶等,有相当的产业规模与标准化生产基地,其茶叶种植范围与行政区划高度统一。第三种,则是近年来以天府龙芽、潇湘茶等品牌为代表的跨行政区划的整合型茶叶区域公用品牌模式。这类品牌以整合大区域资源为优势,打破原有的地缘疆界,汇聚多个小而散的区域子品牌,形成合力,共同面向市场。一般来说,这类模式的品牌覆盖范围较前两种广,不受制于县域甚至地市区划的局限,可囊括更大区域范围内的多类茶产品,建构起较为庞大的产品矩阵。

比如"潇湘茶",2015 年,经湖南省委省政府指导,开展以大湘西地区为地域范畴的茶叶公用品牌建设。2016 年,组建湖南省大湘西茶产业发展促进会,统一产业布局、统一品牌标志、统一准入机制、统一质量标准、统一市场形象,合力打造"潇湘茶"区域公用品牌。2021年,促进会更名为湖南省茶叶品牌建设促进会,"潇湘茶"区域公用品牌实施范围扩大到全省,覆盖 45 个县(市、区),品类涵盖了绿茶(花茶)、红茶、黑茶、白茶、黄茶以及代用茶(如莓茶、青钱柳、绞股蓝)等。数据显示,"潇湘茶"的整合效果较为显著。如图 274 所示,2020 年,潇湘茶相关从业人数达 235 万人,占品牌所在区域范围内农业相关从业人员的 13.98%;2022 年,潇湘茶从业人数达到 300 万人,占 15.65%。

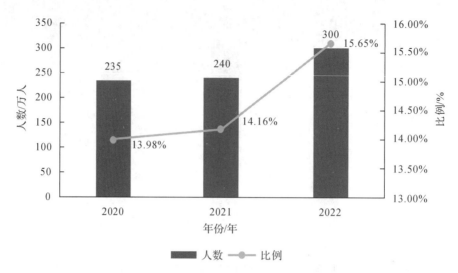

图 274　近三年潇湘茶从业人数及涉茶人口比例

天府龙芽是四川省级茶叶区域公用品牌。2014 年,四川省政府出台相关指导意见,成立四川省川茶品牌促进会,130 多家茶叶主体抱团启动品牌培育;2018 年获得农产品地理标志登记,保护范围覆盖四川省 11 个设区市 32 个县(市、区)。天府龙芽依托促进会和川茶集团,以多方合作、协同、聚力的方式共同实施品牌战略。数据显示,从已授权许可使用"天府龙芽"品牌的 2 批企业(50 家)看,有国家级农业产业化重点龙头企业 7 家、省级农业产业化重点龙头企业 21 家,地市级农业产业化重点龙头企业 22 家。

品牌的打造,没有一个标准答案,只要符合品牌发展规律,适应市场竞争逻辑,适合当地资源特征,能为当地带来品牌效益的,都值得探索。目前已长期形成或近年出现的三种模式,是实现中国式茶业现代化的三种探索路径。经典型模式,重地理、文化基础,注重地理生态及历史人文因素;产业型模式,按照"一县一品"的模式打造品牌,形成了以县域茶业为主的模式特征;整合型模式,着眼更大区域的茶业资源整合,重视品牌的营销传播,以统一形象面向市场,形成整合优势。三种模式,各有所长,也各有局限与需要解决的问题。经典型模式,重点需要解决如何利用品牌思维,结合现代消费群体的生活方式,开掘文脉资源,创新产业链,构建新的品牌溢价空间等问题;产业型模式,重点需要解决适度规模、产业集群、区域空间资源整合等问题;整合型模式,作为近年来出现的一种新型的品牌整合打造模式,正"摸着石头过河",试图通过更大规模的产业集聚,集中资源,做大做强,在品牌管理上存在着更新、更大的挑战,特别需要加强品牌运营队伍的能力建设,关注品牌旗下各县、区、市之间的关系处理,注重大规模生产的产品品控等内部管理与自律问题。

(四)拒绝茶叶过度包装,绿色文明表征价值观

产品包装是品牌符号体系建设中的重要内容,不仅是产品的外在保护与储运设施,更是体现品牌核心价值的载体,是品牌个性的表达工具。

国家市场监督管理总局于 2021 年发布国家标准《限制商品过度包装要求 食品和化妆品》(GB23350—2021),该标准将于 2023 年 9 月 1 日正式实施。2022 年,国务院办公厅印发《关于进一步加强商品过度包装治理的通知》,强调将茶叶等商品列为过度包装执法监督的

重点对象,《通知》还要求,到 2025 年,茶叶等商品存在的过度包装等违法行为需得以有效禁止,相关企业需做到快速"瘦身"。2023 年 4 月 3 日,中国茶叶流通协会、中国消费者协会联合发布《倡导茶叶适度包装,推动绿色文明消费》倡议书。

茶是践行"绿水青山就是金山银山"理念的重要产业,从产品到包装都应秉承绿色、环保、生态等理念。本次获评的 118 个茶叶区域公用品牌中,共有 105 个品牌具备统一的包装应用体系,占比近九成。统一包装大多由茶叶品牌相关协会组织专业设计并指导印制。中华茶奥会关于茶叶品牌包装设计大赛上的评审标准,从环保、醒目、理解、好感、便利、文化和创新等 7 个方面进行考量,其中,环保作为首条细则,以提倡作品"符合节能、低碳、绿色、可再生等适应于可持续发展的原则"作为重要的评分标准。在 2022 年的茶奥会赛事中,有多件获奖作品为协会选送的统一包装,如新昌县名茶协会选送的"大佛龙井"统一礼盒包装便是其中之一。

但是,因茶的文化属性和文化赋能的特殊性,茶叶过度包装问题长期以来较为严重。特别是在材质采用、空间比例等方面,豪华装较为普遍。未来,相关协会、联盟的自律体系建设尤为重要,应当加强绿色包装标准建设、包装物设计,执行国家有关标准,引导茶叶企业适度包装。

三、未来建议

(一)传承与创新结合,活化"中国茶技艺习俗"

中国传统制茶技艺及其相关习俗,是中国茶文化的重要组成部分,它们见证了中国茶产业的发展,是中国茶人生活方式的展示与延续。此次申遗成功,是中国茶文化在世界范围内获得保护、传承和发展的重要标志。同时,如何通过传承与创新结合,活化这一重大文化遗产,成为当下及未来的重要课题。

要传承,必须注重传承人才的培养,传承技艺与相关习俗。中国茶非遗传承人普遍拥有传统、高超的制茶技艺,但大多年事已高,因此保护传承人及其技艺,应当设置各层级的相关保护工程,在传承中保护,加大力度,培养年轻一代非遗接班人,加大对新生力量的培养系统工程设计、培养资金投入,充分发挥后辈接力作用,进一步弘扬中国茶技艺、茶习俗与茶文化。

中国茶产业、茶文化的可持续发展,需要与中国式现代化发展同频共振。要注重研究传统技艺的现代化创新,传统习俗与现代生活方式的有机结合。技艺方面,既需要秉持传统制茶技艺的传承精神,恪守传统手艺的精髓,也需要接纳现代化的生产技术,让传统制茶技艺与现代科技相结合进行持续改进和提升,以先进的科学技术手段创新中国茶制作方式,实现守正与创新并肩。相关习俗方面,既要有标准范式的传承,同时也要有创新突破。如径山茶宴的复原,让现代人看到了唐宋风雅;而潮州工夫茶,则深入了潮汕人的生活日常,自然延续了千年茶文化。让传统习俗不止于表演,而是真正融入现代人的生活,才能活化中国茶传统文化与相关习俗,焕发其新的生命力,使其不断焕新、延续与发展。

(二)跨次元梦幻联动,品牌乘势破圈突围

数智技术层出不穷的时代,令茶业年轻化、时尚化发展有了更大的想象空间。早在十余年前,新式茶饮便借助互联网、现代技术配合,吸引了年轻消费一族,将传统茶饮与现代生活相联,衍化出与中国传统饮茶方式不同,却比较接近于西式茶饮的新的茶空间、茶元素、茶产品、茶文化。如今,"国潮"消费来袭,新式茶饮纷纷主动回归茶的本质,推出以区域公用品牌传统中国茶为茶底的系列饮品,如"奈雪的茶"龙井系列、福鼎老白茶系列等,深受消费者追捧,在短时间内,以惊人的销量出圈,也打破了许多年轻消费者对传统中国茶的刻板印象,并达成反向"种草"的效果。《2022年新式茶饮高质量发展报告》调查显示,超七成的消费者表示在喝过新式茶饮之后,愿意尝试更多的传统原叶茶。

目前,我国尚有较多的茶叶区域公用品牌,生产于区域,消费在区域,尚未突破区域之疆界。而跨次元梦幻联动等方式,可以令茶叶区域公用品牌乘势破圈突围。其一,可积极探索与新式茶饮等新业态的跨界联动,打破次元壁,将饮茶融入年轻消费群的生活习惯,链接传统与流行。当茶叶区域公用品牌与其产生联动,则能够将品牌推向年轻、时尚的大众市场。

其二,发现与及时互动,实现不同产业的横向联动。如2022年冬季火爆的"围炉煮茶"到2023年春出现的"围炉冰茶",实现茶文旅的联动组合,又如"茶+酒""茶+咖"的重新结合,"茶+教育""茶+健康""茶+娱乐""茶+影视"等,不改变茶品牌本身的价值内涵,以"茶+"形式衍生多种玩法,都可以成为茶叶区域公用品牌出圈突围的有效路径。

(三)全链路数智管理,精确设计市场策略

数字化、数智化,一字之差,但其内涵不同。数字化技术及其应用,只是当今社会的基础设施。这个时代的制胜方法,绝不仅仅是建设数字化平台,更重要的是实现数智化管理与应用。

目前,各茶叶区域公用品牌的市场定位与消费者确定,更多地依赖经验。在数智化时代,应当尽快构建覆盖全生命周期的数智化管理平台,打通从茶叶生产、流通、市场、消费等各个环节的信息管理,实现智能化分析,这不仅可以实现茶叶生产与品质管控的精确性与高效率,更能链接生产与消费的链路,达到精准生产、精准保质、精准销售,协会可以借助管理平台以精准的消费画像指导企业展开品牌营销,从而更有效贴近与满足消费者多元化、个性化、健康化的内心需求。其次,茶品牌从业者要理解、掌握数智时代品牌传播的逻辑与规律,充分利用算法、云计算、人工智能等,找到茶品牌在市场上的消费群体,描绘精准的用户画像。

目前,大量的市场调研可以通过数智化分析,为茶叶区域公用品牌赋能。比如,根据凯度发布的《2023年十大消费者洞察趋势》,消费者的价值主张在回归理性,品牌需要减少对流量的依赖,转向满足消费者真实需求,其中最为突出的便是对全生命周期健康的追求。2023中国国际消费品博览会上发布的《女性消费力洞察报告》显示,女性消费主要集中于"深度悦己"和"注重家庭",表现为对"品牌+国货""绿色+健康""个性+定制"等6个方面的消费趋势。茶叶区域公用品牌建设主体,可以依据以上消费洞察数据,引导企业结合自身产品优势,制定茶与健康、茶与女性、茶与现代生活之间的品牌策略。为了实现数智化、全链路、精确性的茶叶区域公用品牌建设,各品牌主体需要调整协会成员、品牌运营者、企业员工

的知识结构,引进具有深度而精确的数据分析能力的人才。

(四)借助国际共识,推广中国茶品牌个性

国际化是中国茶业现代化的必然选择。近日,由安徽农业大学专家牵头,联合来自印度、英国等31位专家制定的国际标准《茶叶分类》(ISO 20715:2023)正式颁布,标志着我国六大茶类分类体系及分类标准已获得国际共识。此前,我国茶学专家已牵头制定并发布国际标准《乌龙茶——定义与基本要求》(ISO 20716:2022),国际标准《白茶——定义与基本要求》(ISO 20680)也已正式获批立项。可以看到,我国茶领域的专家、学者、研究者等在国际茶界越来越具有话语权,也越来越获得了国际共识。中国标准上升为国际标准,进一步奠定了中国茶在国际上的地位。人类非物质文化遗产的申报成功,让世界看到中国茶不可替代的文化价值与独特的民俗魅力。借此,中国茶可以向国际市场推出"仁雅义朴"的整合品牌个性,各区域公用品牌可以同时向国际市场推出自己的品牌个性,立足中国茶本身的差异化特质,表达中国茶以及各区域公用品牌的品牌个性。

三年疫情,曾阻挡了我国茶叶区域公用品牌走向市场、走向国际的步伐。而今,中国茶,当以各区域公用品牌为品牌集群基础,迈步从头越,开辟更广阔的市场,提供更具品质感、美感、情感、价值感的中国茶,从而获得中国茶的现代化复兴。

附表:2023 年中国茶叶区域公用品牌价值评估结果

排序	省份	品牌名称	品牌价值/亿元	排序	省份	品牌名称	品牌价值/亿元
1	浙江	西湖龙井	82.64	18	安徽	太平猴魁	44.14
2	云南	普洱茶	82.21	19	广西	梧州六堡茶	44.03
3	河南	信阳毛尖	79.84	20	陕西	安康富硒茶	43.80
4	湖南	潇湘茶	69.10	21	云南	滇红工夫茶	43.73
5	福建	福鼎白茶	60.70	22	湖北	赤壁青砖茶	43.64
6	江苏	洞庭山碧螺春	53.05	23	广东	英德红茶	43.29
7	浙江	大佛龙井	52.33	24	陕西	汉中仙毫	43.23
8	浙江	安吉白茶	52.06	25	四川	天府龙芽	43.21
9	福建	武夷山大红袍	51.81	26	安徽	祁门红茶	42.32
10	四川	蒙顶山茶	49.60	27	福建	福州茉莉花茶	42.20
11	湖南	安化黑茶	48.97	28	贵州	湄潭翠芽	40.34
12	贵州	都匀毛尖	48.93	29	贵州	梵净山茶	39.95
13	安徽	六安瓜片	47.51	30	浙江	越乡龙井	37.60
14	四川	峨眉山茶	46.44	31	湖北	武当山茶	36.88
15	安徽	黄山毛峰	46.06	32	江西	狗牯脑茶	36.82
16	江西	庐山云雾茶	44.47	33	福建	平和白芽奇兰	36.67
17	福建	坦洋工夫	44.40	34	安徽	霍山黄芽	36.52

续表

排序	省份	品牌名称	品牌价值/亿元	排序	省份	品牌名称	品牌价值/亿元
35	湖南	碣滩茶	35.31	68	福建	政和工夫	18.36
36	福建	安溪黄金桂	34.44	69	福建	永春佛手	18.04
37	浙江	开化龙顶	33.50	70	山东	沂蒙绿茶	17.93
38	江西	浮梁茶	33.07	71	福建	北苑贡茶	17.47
39	贵州	凤冈锌硒茶	33.01	72	浙江	遂昌龙谷茶	17.38
40	福建	正山小种	32.84	73	四川	七佛贡茶	17.01
41	湖北	恩施玉露	32.63	74	河南	桐柏玉叶	16.71
42	湖北	英山云雾茶	32.47	74	江苏	茅山长青	16.71
43	重庆	永川秀芽	32.16	76	安徽	舒城小兰花	16.48
44	江西	婺源绿茶	32.02	77	江苏	金坛雀舌	16.15
45	浙江	径山茶	31.65	78	山东	崂山茶	15.98
46	湖北	宜昌宜红	31.35	79	四川	南江大叶茶	15.32
47	浙江	松阳银猴	30.82	80	陕西	汉中红	14.49
48	四川	雅安藏茶	29.69	81	贵州	石阡苔茶	14.32
49	安徽	岳西翠兰	27.20	82	安徽	霍山黄大茶	13.72
50	浙江	千岛湖茶	27.01	83	江苏	仪征绿杨春茶	13.58
51	安徽	歙茶	26.55	84	福建	松溪绿茶	13.24
52	福建	天山绿茶	26.51	85	福建	诏安八仙茶	13.03
53	四川	马边绿茶	26.40	86	安徽	泾县兰香茶	13.01
54	贵州	遵义红	25.69	87	河南	桐柏红	12.24
55	山东	日照绿茶	25.68	88	湖南	桃源大叶茶	12.18
56	湖北	恩施硒茶	25.47	89	湖北	宜都宜红茶	10.80
57	福建	政和白茶	25.18	90	江苏	镇江金山翠芽	10.73
58	湖南	岳阳黄茶	25.08	91	浙江	天台山云雾茶	10.68
59	浙江	武阳春雨	25.06	92	陕西	泾阳茯茶	10.41
60	江西	修水宁红茶	24.93	93	江西	双井绿	10.28
61	安徽	休宁松萝	24.62	94	安徽	石台硒茶	10.07
62	湖南	石门银峰	24.45	95	浙江	仙都笋峰茶	9.84
63	浙江	泰顺三杯香茶	23.77	96	江苏	宜兴红	8.95
64	浙江	长兴紫笋茶	22.50	97	福建	周宁高山云雾茶	8.93
65	浙江	磐安云峰	21.77	98	安徽	霄坑绿茶	8.76
66	湖北	鹤峰茶	20.35	99	湖北	五峰绿茶	8.73
67	贵州	正安白茶	18.72	100	湖北	襄阳高香茶	8.72

排序	省份	品牌名称	品牌价值/亿元	排序	省份	品牌名称	品牌价值/亿元
101	浙江	钱江源开门红	8.24	110	重庆	秀山毛尖	5.26
102	湖北	利川红	7.49	111	山东	长清茶	4.99
103	浙江	江山绿牡丹茶	7.15	112	山东	烟台绿茶	4.75
104	浙江	平水日铸	7.13	113	重庆	南川金佛玉翠茶	4.19
105	浙江	建德苞茶	7.04	114	四川	北川茶叶	3.68
106	江西	上犹绿茶	6.41	115	湖南	江华苦茶	3.64
107	福建	华安铁观音	6.36	116	山东	烟台桑叶茶	3.53
108	湖南	桃源红茶	5.95	117	江西	三清山白茶	2.77
109	浙江	缙云黄茶	5.68	118	重庆	南川大树茶	2.07

　　声明:本研究中所估算之品牌价值,均基于本次有效评估的茶叶区域公用品牌持有单位提供的数据及其他公开可得的信息,并以"CARD模型"为理论工具与计算方法,协同数字化技术应用,对采集数据进行处理的结果。本评估所涉及的品牌只包括在中国内地注册、登记的茶叶区域公用品牌。

企业产品品牌篇（数据跨度：2008—2022）

2011：中国茶叶企业产品品牌价值评估报告（数据跨度：2008—2010）[*]

一、缘起

作为茶的故乡，长期以来，中国一直是世界上最大的茶叶生产国和消费国。

多年前新华社的一篇报道，"七万中国茶厂不敌一个'立顿'"，在茶业界掀起轩然大波，各方争议至今让人深思。尽管其中有着撰文者的理解偏差，但无论如何，这已让越来越多的中国茶叶企业意识到，企业要走向世界，如何从商品或原料供应商成功转型，创建影响深远的强势茶叶品牌，是茶企发展壮大的关键因素之一。

因此，以茶叶企业产品品牌的价值评估作为研究内容，洞察这些年来中国大陆茶叶企业产品品牌建设的发展态势，系统总结茶叶企业品牌建设的经验得失，从品牌发展成长的角度，分析探索茶叶品牌价值创造的方向，是课题组研究的基本点。

2010年11月，在中国茶叶企业产品品牌文献整理与前期相关调查的基础上，浙江大学CARD农业品牌研究中心和《中国茶叶》杂志、中茶所中国茶叶网联合组建课题组，开展"2011中国茶叶企业产品品牌价值评估"研究。

本次调查评估中，课题组采用茶叶企业调查、茶叶消费者消费综合评价调研、专家调查、媒介调查、行业调查等多种方式，以前期历时两个月整理汇集的986个茶叶企业产品品牌为基础，精心遴选其中200个茶叶品牌为研究对象，因部分品牌的调查数据缺失或存在瑕疵，最终对其中的151个有效研究样本作了品牌价值专项评估。调查评估涉及国内20个省（区、市），基本涵盖了全国的茶叶主要生产区域和消费区域。

二、评估方法说明

本次调查评估的对象是各茶业（叶）企业拥有所有权和使用权的自有产品品牌，不包含独家许可使用或部分许可使用的茶叶区域公用品牌。本次评估研究继续采用CARD农产品品牌价值评估模型，沿用"茶叶品牌价值＝茶叶品牌收益×茶叶品牌强度乘数×茶叶品牌忠诚度因子"的模型框架，同时考虑到茶叶企业产品品牌的特殊性，对评估的指标体系作了细微的针对性调整。

在品牌收益计算中，以企业的三年度平均销售额为基础，剔除各项投入成本、相关税费、资本收益等非品牌因素，最终得出企业因品牌而获得的实际收益。

茶叶品牌强度乘数是茶叶品牌强度所决定的决定品牌未来收益能力的一个乘数，而品

---

* 本报告发表于《中国茶叶》2011年第5期。

牌强度是该品牌所带来的未来持续收益的能力，是一组因子的加权综合。参照 Interbrand 的品牌价值计算方法，本课题有关品牌强度与品牌强度乘数之间的关系公式为 $250y=x^2$，$x\in[0,50]$；$(y-10)^2=2x-100$，$x\in(50,100]$（其中，x 为品牌强度得分，y 为品牌强度乘数，y 值在 $0\sim20$ 之间）。茶叶品牌强度指标综合设定了 5 项二级指标、15 项三级指标及 37 项四级指标，指标体系如表 51 所示。

表 51　品牌强度指标体系

品牌带动力		品牌资源力			品牌经营力				品牌传播力			品牌发展力		
行业地位	利税贡献	历史资源	文化资源	环境资源	标准体系	检测体系	认证体系	组织执行	知名度	认知度	好感度	营销趋势	市场覆盖	品牌保护

茶叶品牌忠诚度因子主要测量茶叶消费者的品牌忠诚度，侧重于品牌能否在长时间内维持稳定的销售。研究参照了日本经济产业省的 HIROSE 模型中关于忠诚度的计算方法，以期准确地反映消费者对茶叶品牌的忠诚程度，同时结合了品牌强度指标体系中相关指标对消费者因素的深入考量。

三、评估数据解读

（一）综合水平与发展态势

总体而言，中国茶叶企业产品品牌建设处于快速发展期，品牌价值创造方兴未艾。各个茶叶企业的品牌建设意识增强，品牌建设经验渐趋丰富，其品牌价值也越来越高。本次评估在如此短的时间里，得到了有一定影响力的 200 个茶叶企业的关注和支持，茶叶企业对品牌价值问题的重视可见一斑。

1. 品牌鏖战的春秋战国

调查发现，本次研究有效样本中，1980—1989 年注册商标的茶叶品牌占 12%，1990—1999 年注册商标的茶叶品牌占 23%，2000 年以后注册商标的品牌占 65%，进入 21 世纪的第一个 10 年里，中国茶叶企业的品牌创建与价值发展呈现快速上升态势（见图 275）。

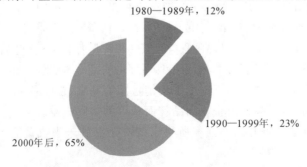

图 275　茶叶企业产品品牌商标注册情况

　　图 276、277、278 数据显示,中国大陆茶叶企业的产品品牌价值水平达到一定强度,但综合水平不高,且差距悬殊。本次完成价值评估的 151 个品牌,其品牌总价值达到 188.66 亿元人民币,平均价值 1.25 亿元人民币,价值最高值为 10.45 亿元,最低值为 162 万元;品牌强度得分最高值为 89.99 分,最低值为 50.86 分,平均得分为 70.19 分;品牌收益最高值 6316.10 万元,最低值 12.47 万元,平均品牌收益值 799.13 万元。上述数值表明,中国茶叶企业产品品牌总体处于快速发展的进程中,但综合水平较低,品牌之间的强弱差距较大,对其中多数品牌而言,品牌价值的创造之路才刚刚开始。

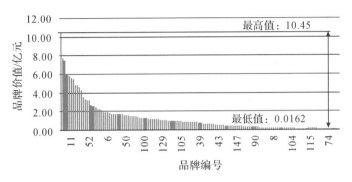

图 276　茶叶企业产品品牌价值

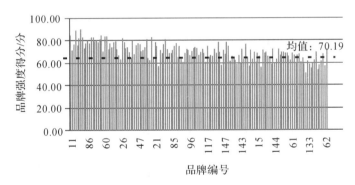

图 277　茶叶企业产品品牌强度得分

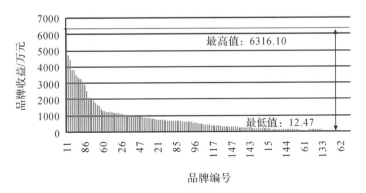

图 278　茶叶企业产品品牌收益

调查发现,基于消费惯性,消费者常有侧重消费某个茶叶区域公用品牌的习惯,如选择绿茶的往往偏好西湖龙井、信阳毛尖、黄山毛峰等,选择乌龙茶的钟情于安溪铁观音等,但总体上尚未形成对某个企业生产的茶叶品牌的忠诚度。就现状而言,省际间各个企业的茶叶品牌各有特色,各地多有称雄一方的强势品牌,但还很难找出一个享誉全国乃至全球、业界信服的领导品牌。

调查发现,这是一个茶叶品牌争相发展的黄金时期,各个茶叶企业借助不同的资源、优势、特长等,以不同的方式,"八仙过海,各显神通",创建茶叶品牌。

(1)品牌优势各不相同,各有所长。多数中国茶叶企业产品品牌因各个企业情况不同而拥有各自的独特优势(或以生产见长,或以营销见长,或以渠道建设见长),这些优势对品牌的发展起到了不同程度的促进作用。如杭州西湖龙井茶叶有限公司的"贡"牌、杭州狮峰茶叶有限公司的"狮"牌和杭州龙井茶业集团有限公司的"御"牌,都借助当地西湖龙井这一区域品牌资源发展出企业自身产品品牌;如北京更香茶叶有限责任公司的"更香"品牌、昆明七彩云南庆沣祥茶业股份有限公司的"庆沣祥"则以渠道建设见长;如安徽茶叶进出口有限公司的"吉祥鸟"和浙江华发茶业有限公司的"皇帝"品牌则以出口贸易见长。

(2)品牌特产化,与特定区域建立关联。茶叶作为一种区域性和文化性特征较强的农产品,往往易与所属区域产生联系。课题组发现,在茶叶企业产品品牌创建和推广中,一些企业会将自身品牌特产化,以便与特定区域建立关联,从而达到更好的销售和宣传。如云南高黎贡山生态茶业有限责任公司的"高黎贡山",借助高黎贡山国家级自然保护区的影响力而对自身品牌推广产生了正面作用。特产化这一现象是区域特征较为明显的茶叶企业在品牌创建之始大多采用的模式。

(3)品牌品类化,与特定品类建立关联。茶叶因外形、工艺等原因可以细化为诸多小品类,企业产品品牌若能和某一个特定品类建立关联,则能独占该品类在消费者心中的地位,从而获得自身优势。这种情况可以称之为品牌品类化。本次调查发现,部分企业已有意识地利用品类空缺,巧妙地为品牌占位。如广西梧州茂圣茶业有限公司的"茂圣"品牌,其品牌创建之始就有意识地将自身与"六堡茶"这一史上有名的小品类黑茶建立关联,通过推广宣传,将品牌和"六堡茶"结合,成为消费者心智中"六堡茶"的代表。

(4)品牌渠道化,与特定渠道绑定关系。茶叶作为一种商品,其渠道模式的设计与建构对其品牌建设也可产生很大影响。部分企业以渠道运营作为突破口,将自身品牌与特定渠道绑定关系,从而形成自身独特的渠道优势,即渠道媒体化、渠道平台化、渠道特色化优势。这一方面,较为突出的如杭州忆江南茶业有限公司的"忆江南"品牌。多年来,该企业跳出名优茶的范畴局限性,将茶与快消品结缘,将品牌定位为"油盐酱醋茶"中的重要因子而非"琴棋书画茶"的高端消费品,以全面广泛的商超渠道铺设,特别是进入沃尔玛等大型超市,形成品牌特点,建设品牌快速成长的渠道特色。

2.品质领先成为茶企共识

调查发现,茶叶企业普遍重视茶叶品质。这一结论可以通过标准体系、认证体系、检测体系等方面的数据得出。统计数据显示,本次有效评估的151个茶叶企业产品品牌全部都拥有标准体系。认证体系方面普及率也相对较高,以无公害、绿色、有机这三项认证为例,151个茶企的产品品牌中,147个品牌拥有一项或一项以上的认证(见表52)。检测体系也是保障产品品质的重要一环。调查可见,有效评估品牌的99%都拥有检测体系。其中,具有国家级及以上检测标准的有98个,占总体的61.6%。

表52　无公害、绿色、有机认证情况

认证类型	品牌数量	占样本总体比例
无公害认证	71	47%
绿色认证	65	43%
有机认证	105	67.5%
其中一项或一项以上的	147	97.4%

企业对茶叶品质的重视和严格要求,从品牌调研的系列访谈中也感受得到。被访的各个茶叶品牌的管理者对于品质普遍重视,品质是品牌基础这一观点得到了绝大部分企业的认同,锻造领先品质,已成共识。

3.传播投入呈现效益化

总体上,2010年151家中国茶企的品牌传播年投入总量达到48670万元,品牌传播年平均投入量达到335.66万元。其中,年传播投入的最大值为4500万元,最小值为1.8万元。

数据分析可见,各品牌的品牌价值与品牌传播投入之间基本呈现正相关关系。在品牌价值超过2亿元的品牌中,年传播投入超过100万元的比例为95.83%,而在品牌价值低于2亿元的品牌中,这一比重则降至39.7%。

各品牌的品牌传播投入分布数据可见(见图279),投入100万元以下的品牌占42.47%,投入200万元以下的占66.44%,投入500万元以下的占82.19%,平均线以下的占77.40%。茶叶品牌与工业品牌相比较,目前其规模都较小,从茶叶企业自身来看,品牌传播投入力度在逐年加大,但和工业品牌相比,大多数茶叶品牌的品牌传播投入在较低区间徘徊。

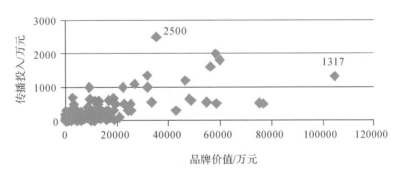

图279　茶叶企业产品品牌价值与传播投入分布

在与茶叶品牌经营者的具体沟通中课题组也发现,相当部分茶叶企业重视对产品品牌的传播投入,会在企业预算编制中特别预留传播费用。

上述数据说明,从观念上,品牌传播对于一个品牌的重要性、必要性问题已经解决;从实效上,传播投入与品牌价值呈现基本的正相关。

4.品牌延伸成为常态

调查显示,在品牌战略方面,较多茶叶企业选择单一品牌战略。151 家茶叶企业中,采用单一品牌战略的占总数的 52％,采用两个以上产品品牌的占总数的 48％(见图 280)。而在产品品类方面,有效评估的茶叶企业的 31％执着于一个品类,选择两个以上产品品类的企业达到了 69％(见图 281)。无论是单一品牌战略或多品牌战略,采用多个产品品类的企业占多数。

通过各个茶叶品牌的包装形式,可以反映出茶叶产品系列化的状态。151 家茶叶企业中,超过 82％的品牌选用了 3 种以上的包装形式,无论单一品牌还是多品牌,系列化已成为茶叶品牌的常态(见图 282)。

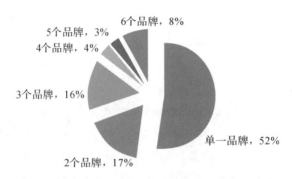

图 280　单一品牌与多品牌选择情况

图 281　茶叶企业产品品牌品类选择情况

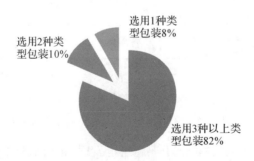

图 282　茶叶企业产品品牌产品系列化情况

5.标杆追求各有不同

调查表明,占有效评估样本的 26.04% 的茶叶企业把"立顿"品牌列为标杆,23.96%的品牌把"天福"列为标杆,10.42% 的把"竹叶青"列为标杆,以其他各个品牌为标杆的为39.58%(见图 283)。但从包装形态来看,多数品牌的产品指向的则是相对单一的市场。这是一个值得探讨的现象。多数茶叶企业在设定品牌标杆时,体现了多样性与差异化,分列为立顿模式、天福模式、竹叶青模式,但在自身品牌定位与市场选择方面,却呈现扎堆集中现象。这意味着,中国茶叶企业在支撑品牌成长的商业模式探索方面还有相当大的空间。

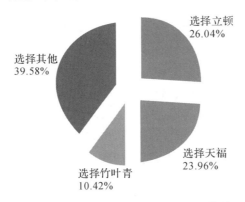

图 283　茶叶企业产品品牌标杆选择情况

(二)品牌建设的未来空间

1.研究品牌战略,提升全局思维

今天的中国市场是一个独特而复杂的多元结构市场,东、西区域差别较大,南、北市场大相径庭,城乡悬殊,消费者成熟度十分不同,茶叶企业所面临的经济、政治、人文与社会环境,以及品牌所依赖的消费人群,都发生了前所未有的变化。茶叶企业如果能够进一步从品牌战略高度检视品牌发展路径,可实现茶叶企业乃至整个行业的价值突破。

品牌战略思维是指研究品牌全局性、长远性和根本性认识规律的思维方式,是人们分析和解决前瞻性、宏观性、决策性等重大品牌战略问题的观点和方法。品牌的重大胜利往往首先是战略的胜利,对于茶叶企业而言,品牌战略思维是从哪个方面可以突破:高度,从品牌战略高度和更系统层次上思考品牌问题;深度,深入实际,把握茶叶产业发展过程中的核心规律,构筑企业的品牌战略布局、品牌发展方向和品牌成长的关键点等;广度,以全球化时代的跨界眼光,跳出茶业来看茶叶品牌创建,面向未来,认识问题,判断形势,做好品牌定位,增强预见性,善于抓住品牌运作过程中特定的关节点和转折点,抢占先机,加速成长。

2.加强品牌规划,区隔品牌个性

品牌与品牌之间的个性区分,是一个品牌赖以生存的关键所在。品牌建设贵在谋划差异,坚持差异,不断强化差异,直至固执地占有某一独有属性。而这独有属性并不等同于产品的品质特征。虽然由于地缘关系不同,茶叶产品的口味等因子具有差异性,但由于科技的应用发展以及生产工艺的进步,茶叶在品质上的差异已非常小。因此,个性化的品牌规划定位尤为重要。

品牌的个性化不仅来自产品本身,更来自名称、术语、象征、记号或者设计及其组合。因此,品牌名称是品牌个性化组成的最基础部分,品牌名称的区别也是品牌个性最基础的要素。调查发现,茶企的产品品牌的个性化不足,最显著的问题就是品牌名称的类似性,尤其是源于同一地区的品牌。此次评估的品牌中就有天醇、天峰与天毫,九华山与九龙山,龙生、龙润与龙珠等差异极小的品牌名称。品牌名称的相似会导致消费者对品牌认知的模糊,从而不利于消费者的培养,更不利于凸显品牌个性。

品牌传播口号是指能体现品牌理念、品牌核心利益和代表消费者对品牌感知、动机和态度的宣传用语。品牌传播口号一般是最能体现品牌的规划定位的传播内容。依据资料分析,被评估的茶叶品牌中打"健康牌"的比较多,诸如"坪春"茶叶的"引导健康饮茶","天醇"茶叶的"茶品天醇,健康长存","凯达"茶叶的"健康人生","云里江山"茶叶的"创造人类健康新生活","绿剑"茶叶的"好茶喝出健康来","龙润茶"的"每天喝茶健康一生",等等。而"平常心,竹叶青"是四川竹叶青茶业有限公司多年来倡导的茶文化内涵与品牌理念,意在传承中国千年人文底蕴,为茶文化不断注入新的活力,其传播已深入人心。而与之相似的则有"定心·巴渝银针"茶叶的"大决定,心定,定心","晓阳"品牌茶叶的"茶一杯,心自远",有定位模仿、表达模仿之嫌疑,其品牌个性也就相对模糊了。

3.构筑网络平台,达成有效沟通

品牌营销是指企业通过利用消费者的品牌需求,创造品牌价值,最终形成品牌效益的营销策略和过程。通过市场营销,运用各种营销策略,使目标客户形成对企业品牌和产品、服务的认知过程。而品牌传播是企业以品牌的核心价值为原则,在品牌识别的整体框架下,选择广告、公关、销售、人际等传播方式,将特定品牌推广出去,以建立品牌形象,促进市场销售的过程。品牌营销传播的平台有多种形式,而在这个电子商务越来越重要的信息化时代里,品牌的网络营销和传播的沟通平台建设显得尤为重要。

调查发现,占有效评估样本的91.08%的品牌拥有自己的企业网站,其中85.31%的自有网站可以正常打开,尚有14.69%的网站因各种原因无法打开。数据显示,绝大多数的品牌都已建立自己的企业网络沟通平台。应该说,这些品牌都在不同程度上意识到了网络传播品牌建设的重要性。进一步的调查发现,在能够打开的85.31%的网站中,基本显示两种情况:一种是网站沟通程序过于复杂。有些甚至是纯Flash格式的网页,影响打开速度,网页切换过于繁琐,不利于网民快捷、简单地进入网站点击浏览。另一种是网站沟通数据过于简单。网页几乎没有设计感,只有简单的文字介绍,且很少配有产品图片、说明等关键的内容信息。网民不仅无法获取更多的有效信息,更重要的是,无法勾起他们点击进入网站浏览的兴趣。相当一部分企业网站设计雷同,几乎都是用相类似的模板套板设计而成,尤其是在以Flash格式制作的企业网站中,类似模仿现象更为突出。

从网络渠道的覆盖情况来看,茶企及其产品品牌在网络渠道上的占有率还未受到应有的重视。课题组对各个品牌在淘宝网、腾讯拍拍网等相对较有影响力的C2C网站的网络渠道占有率做了细致统计,结果不尽如人意。各茶企的产品品牌在淘宝上开设店铺的情况略好,但拥有10家店铺以上的品牌仅占总体有效样本的25.95%,占总体有效样本31.01%的品牌无一家淘宝店铺,拍拍网上则占有效样本多达87.34%的品牌没有设立店铺。这充分说明,茶企的产品网络渠道覆盖不足。

从自有网站的建设情况、C2C 网络销售渠道建设现状来看,茶企的产品品牌在营销、传播沟通平台建设上尚有较大的发展空间。

四、品牌建设的战略博弈

(一)理性分享公用品牌,增强合作保护意识

在创建品牌过程中,中国茶叶企业不得不面对的一个事实是,茶叶区域公用品牌在消费者心目中发挥着不可替代的、重要的背书作用。背书原本是金融领域的专用术语,其实质是起到一种担保的作用。同样,茶叶企业在品牌推进中,为消费者提供诸多的品质、服务等方面的承诺,这些在实际中也起到一定程度的担保作用,但这些承诺对消费者而言力度还是有所欠缺的。为改善承诺效果,课题组可以把广为消费者熟知的且实际起担保作用的茶叶区域公用品牌背书到茶叶企业的产品品牌后面,从而形成了"茶叶区域公用品牌＋茶叶企业产品品牌"的联合品牌模式。一般把这种联合品牌模式定义为背书品牌模式。

不能简单地认为这种背书品牌模式是在"茶叶企业产品品牌"后仅仅多贴一个"茶叶区域公用品牌"标签,其实质是一种双重承诺,体现了茶叶生产整个区域与茶叶企业之间联合双赢的品牌推进机制。

茶叶区域公用品牌对于茶叶企业发展、茶农收入增加以及区域经济发展都有重大作用。如果茶叶区域公用品牌无法得到相应的维护,冒用、滥用区域公用品牌的行为不能够被有效制止,将最终导致"公用地悲剧"(Tragedy of the Commons)的发生,茶叶区域公用品牌会被弱化,乃至荒废。这就需要茶叶区域公用品牌范围内的所有茶叶企业认识到维护和发展茶叶区域公用品牌的公益性,从长远发展的角度来看待区域内其他茶叶企业的发展,共同努力,共同维护茶叶区域公用品牌,坚决制止、预防任何损害茶叶区域公用品牌发展的行为。当然,这也需要茶叶区域公用品牌管理机构有力的监督和管理。

(二)加强信息化管理,助力品牌成长

未来,品牌的信息化管理将成为茶叶品牌快速成长的关键点之一。品牌的信息化管理指品牌利用现代信息技术来支撑品牌管理的手段和过程。当前,随着计算机技术、网络技术和通信技术的发展和应用,茶叶企业的品牌信息化已成为品牌实现可持续化发展和提高市场竞争力的重要保障。茶叶企业应该采取积极的对策措施,推动品牌信息化的建设进程。

茶叶品牌信息化建设是通过茶叶品牌主干躯体成千上万的毛细血管式的网络信息通道支持品牌快速高效运转,以庞大的品牌管理、识别系统对应强大的信息化建设体系,同时应对茶叶品牌所关联的无数个消费者接触点,在品牌管理者、品牌消费人群、品牌关联体等之间,建立多维高速通道,为品牌管理决策提供全景式的准确信息。

（三）竞合发展，抱团出击

茶叶品牌经济已经发展到了一个新阶段，在新的品牌格局中并非是零和游戏规则，即并非这个茶叶品牌占据的份额多了，那个品牌占据的份额就少了。茶叶品牌建设需要倡导差异化生存，并非完全与众不同，而是既有相同的根也可以有不同的枝叶。通过巧妙的品牌合作，完全可以创造出更多新的市场，形成主动的品牌价值创造行为，并且避免产生"谷底竞争"（Race to the Bottom）效应。

在很大程度上，以茶叶区域公用品牌为基础，竞合发展、抱团成长是能帮助茶叶企业产品品牌形成竞争力的最有效手段之一，如在福建安溪形成铁观音品牌合作群、在浙江形成龙井茶品牌合作群、在云南形成普洱茶品牌合作群等。这样构建品牌抱团发展策略，先共同做大市场，然后通过构建差异，形成区隔，将是中国茶叶企业产品品牌发展的重要路径。

2011年初，在浙江余杭，佛神茶厂、径山茶场、绿神茶苑、云雾峰茶厂、水云涧茶厂和羽泉茶厂各以15%到20%的股本金入股一个名为杭州五峰茶业的新公司。合作各方一致认为必须放弃以前独立门户、独树牌子、小而散相互竞争的经营方式，必须抱团发展，走集约化、规模化、品牌化、精品化道路，利用各家现有的技术、资金、网络，充分发挥好径山茶核心区块优势。新公司将由此发挥径山茶核心区块优势，实现生产规模化、品牌知名化、技术标准化、管理规范化、产品精品化。从2011年开始新公司统一使用"古钟"商标，弃用了各自使用了多年的"绿神""佛指缘"等商标。

可以说，中国茶叶企业在创建产品品牌的过程中，以微弱的影响各自独占资源的模式将不再是主流，而是以竞合发展的方式合理地再分资源，从而在市场竞争中快速占据有利地位。

（四）洞察消费需求，培养新生代

今天，中国已成为世界第二大经济体，并且为全球提供了最大的消费增长机会。对于茶叶品牌而言，消费者研究还需要进一步深入和强化。必须认识到，不同时代的消费需求会有差异，不同场合的消费需求也会有差异，即消费者的需求是会随着场合与环境的变化而变化。例如，当某个人购买茶叶的时候，如果是为他的家人购买，驱动他的主要需求可能是健康和关爱，因此他会选择在品质等方面表现更优越的茶叶品牌。而同样是这个人，如果他为招待客人买茶，这时驱动他的主要需求就变成了受尊重的需要，在这种情况下他更有可能选择能够显示其身份的茶叶品牌。

因此，茶叶企业必须要很好地解决以下几个品牌建立与沟通方面的问题：如何定位我的茶叶品牌使其最完美地满足某一品类茶叶消费者的需求？如何与消费者进行沟通以确保我很好地满足了目标消费者的需求？消费者购买这一类茶叶的最主要的需求是什么？如何基于消费者自身对茶叶品牌的需求来进行消费者细分？茶叶品牌是怎样满足消费者在不同消费和购买场合的不同需求的？等等。

据麦肯锡对于中国当代消费者消费习惯的深入研究来看，中国新一代的消费者更趋向务实型消费。中国的消费者已经不仅仅满足于产品的基本功能，在一系列的食品安全问题后，消费者已更具健康意识；身份价值在购买行为中正在凸显；在产品的品牌与品类选择上，消费者更显理性和务实,消费量力而为,购物行为更明智。同时,中国消费者已经注意运用各种技术来帮助自己采购产品,尤其是年轻一代的消费者,网络成为越来越重要的工具。而且,对年轻消费者而言,口碑的作用显著增长。迄今为止,口碑已成为仅次于电视广告的、最受欢迎的信息来源。2010年,有64%的受访者表示,产品的口碑影响了他们的购买决定,而2008年这一比例为56%。口碑和上网研究在为电视广告提供补充信息方面也发挥了重要作用,它们帮助消费者分析不同产品的价值,并最终做出购买决定。[①]

对于中国茶叶企业而言,消费者需求的针对性研究,尤其是针对年轻一代的消费需求的研究将日益受到重视。

(五)避免连锁冒进,重在模式创新

随着这几年茶叶品牌的发展,市场竞争空前激烈,天福、吴裕泰等品牌以连锁经营方式快速崛起,成为众多中国茶叶品牌大力拓展市场的现实样板。

但是,在考虑连锁经营模式前,对多数茶叶品牌而言,尚需做好大量的准备工作,火候未到则不可勉强,否则难以应对市场的万千变化。比如基地管理、茶叶原料供给、茶叶加工及贮运等;茶叶生产中的相关质量认证、卫生许可证注册等;建立 HACCP 控制体系,实施 ISO9000 质量认证体系及 QS 质量安全认证等。加强品牌知识产权体系的构建、管理与保护,如商标注册、产品名称设计保护、产品或包装专利申请等。建立规范的现代连锁企业运营及管理体系,构建所有权、经营权的分制分立和清晰的责权利架构。进行清晰的品牌定位,保持规范、统一、稳定的品牌形象,加强社会协作、分销渠道、市场终端等途径的品牌展示;并通过广播电视、互联网、户外广告及茶博会和茶叶节等途径,有针对性地宣传推广茶叶品牌。

茶业行业的特殊性使得连锁终端管理比其他行业难度更大,专卖店不专卖、加盟商以次充好等现象比比皆是,而更为关键的是要发掘出适合自身品牌的系统的商业模式,否则,虽然构建起了庞大的自有渠道体系,但茶叶连锁店往往维系不了多久,给品牌带来不可估量的损伤。

从茶叶连锁品牌经营的专业角度来看,一方面,茶叶品牌连锁商业模式的成功与否,首先在于是否有成功的单店盈利模式,而这又取决于茶叶品牌定位、产品组合与服务组合、选址模型构建、运营策略选择等核心要素的组合与创新。另一方面,茶叶品牌连锁商业模式还需要完善可靠的连锁支持系统,如对于茶叶连锁店选址的评估支持,对于茶叶品牌形象统一管理与传播的支持,对于加盟店的培训辅导支持,以及系统的营销策划与推广支持等。

结　语

可以说,中国茶叶企业没有哪个时候像现在这样高度重视品牌创建与价值形成,品牌大军万马奔腾,交相辉映,蔚为壮观。

但是,各个茶叶企业要思考、要解决的问题还有很多。

[①]　麦肯锡:"中国新一代务实型消费者",《麦肯锡季刊》,2011年2月11日。

如何更好地将环境、品种、渠道等资源优势进一步转化为品牌优势问题;随着品牌的扩张和成长,特产化模式也会在某种程度上限制品牌的发展空间,需要适时提升,形成核心价值,摆脱特产化可能带来的低价低位问题;在工业品牌中,品牌品类化是一大忌,会丧失一个品牌在同类产品中的独特性和独占意义。茶叶品牌有所不同,如果能够独占一个品类的鳌头,率先形成一个品类的独特性,能够从品类中区分出品牌的个性,同时体现其独特性。但品牌品类化会导致个性差异缺失是不争的事实。因此,成为一个品类的领导者和先锋,是该类品牌建设的必由之路;品牌渠道化的基本依据是渠道的媒体化,当渠道媒体化时,则渠道会体现其立场和价值,而渠道的立场和特殊价值将给品牌带来渠道定位价值。也就是说,品牌渠道化必须有明确的品牌定位作为前提;一个品牌多个产品品类、多个品牌多个品类、一个品牌一个品类的系列化,等等,这种单一和多个的关系延伸,是品牌辐射和品牌延伸的结果。这种辐射和延伸,需基于两个前提:一个是品牌的强度和影响力,一个是消费者认知的可接受度。在这两个前提下的合理延伸和辐射,可使得一个品牌通过品牌影响扩大产品组合或延伸产品线,通过现有品牌不断推陈出新,获得更高的利润空间。但是,如果没有前两者作为基础,那么,过度的品类延伸和辐射会导致消费者认知模糊,失去其专业化、差异化的品牌特质。立顿、天福、竹叶青三大成功模式各有特点,但立顿模式是否适合中国茶叶企业?天福模式的基地问题如何解决?如果都来做竹叶青模式,那么,同质化产品如何有效突破?如何差异化选择目标消费人群,如何构建合乎自身发展体系的商业模式,如何以品牌的创新发展替代同质化发展,是需要茶叶品牌企业深入探索的关键命题。

综上,深刻的消费者洞察,清晰的品牌战略发展方向,持续稳定的商业模式,团结高效的专业团队,适宜发展的综合环境(如政策支持、资本、自然环境资源等),科学的决策方法技巧(如横向的合作、联营、并购、参股,纵向的产业链延长等)等等,借助这些力量,中国茶企的品牌空间将越来越大,成长指日可待。

附表:2011年中国茶叶企业产品品牌价值评估结果

序号	品牌名称	品牌价值(亿元)	序号	品牌名称	品牌价值(亿元)
1	吴裕泰	10.45	12	品品香	4.28
2	吉祥鸟(LUCKY BIRD)	7.67	13	论道	3.54
			14	绿剑	3.35
3	春伦	7.50	15	七彩云南	3.19
4	更香	5.99	16	汪满田	3.18
5	皇帝	5.84	17	新坦洋	2.68
6	采花	5.82	18	凤	2.56
7	竹叶青	5.62	19	君山	2.54
8	猴王	5.47	20	日泰	2.42
9	庆沣祥	4.87	21	天方	2.28
10	龙都香茗	4.79	22	雾里青	2.23
11	汉家刘氏	4.64			

序号	品牌名称	品牌价值（亿元）	序号	品牌名称	品牌价值（亿元）
23	迎客松（GREETING PINE）	2.11	46	洪通	1.14
			47	天峰	1.12
24	御	1.94	48	了翁	1.10
25	绿雪芽	1.89	49	龙润茶	1.09
26	午子	1.88	50	土林	1.06
27	大山坞	1.86	51	隽永	1.02
28	誉达	1.76	52	忆江南	1.00
29	天醇	1.71	53	黄花	0.96
29	宜	1.71	54	松鹤（图）	0.95
30	文新	1.69	55	浮瑶仙芝	0.94
30	白沙溪	1.69	56	岩中玉兔	0.93
31	花秋	1.67	56	高黎贡山	0.93
31	湘益	1.67	57	蜀涛	0.92
32	西竺	1.64	58	凯达	0.89
33	太姥绿叶	1.60	59	绿宝石	0.88
34	九华山	1.58	60	多奇（Duoqi）	0.87
35	蒙山	1.54	61	狮	0.86
36	绿昌茗	1.53	62	龙珠	0.84
37	嘉竹	1.51	62	大明山	0.84
38	龙生	1.47	63	川	0.82
39	九龙山	1.35	63	羊岩山	0.82
40	定心·巴渝银针	1.30	64	龙都皇芽	0.77
40	碧云天	1.30	65	裕荣香	0.73
41	下关沱茶	1.29	66	张元记	0.71
42	桂香山	1.25	67	仰天雪绿	0.68
43	三泉	1.24	68	龙都御芽	0.64
44	普秀	1.21	69	瑞达	0.61
45	咏萌	1.15	70	浮红	0.60
45	六大茶山	1.15	70	春江花月夜	0.60
46	巴南银针	1.14	70	无量山	0.60
46	舒绿园	1.14	71	福海堂	0.58

续表

序号	品牌名称	品牌价值（亿元）	序号	品牌名称	品牌价值（亿元）
72	西湖	0.57	89	晓阳春	0.28
73	云丽江山	0.54	89	翠雪凝香	0.28
74	贡	0.53	90	卢正浩	0.27
75	天毫	0.51	91	春辉	0.26
76	香妃翠玉	0.49	92	福百祥	0.25
77	春独早	0.46	93	三万昌	0.24
77	凤凰山	0.46	93	妙道春	0.24
77	飘雪	0.46	94	王者之香	0.23
78	宋茗	0.44	95	宏伟	0.22
79	八角亭	0.43	95	浪伏	0.22
80	乡雨茶	0.42	95	斗山	0.22
80	飘	0.42	96	千道湾	0.21
81	兰草	0.40	97	坪春	0.20
82	闽津	0.39	98	六山	0.19
83	石乳	0.37	99	光州	0.18
83	福茗芳	0.37	99	二泉映月	0.18
84	俊昌号	0.35	99	宝焰	0.18
85	味独珍	0.33	99	陈升号	0.18
86	茂圣	0.32	100	王子冠	0.17
87	西岩山（Xi Yan Shan）	0.31	100	鑫品	0.17
88	崇顶湖	0.30	100	晓阳	0.17

声明：本研究中所估算之品牌价值，均基于茶叶品牌持有单位提供的相关数据及其他公开可得信息，且是运用浙江大学 CARD 农业品牌研究中心茶叶企业产品品牌专用评估方法对采集的数据处理的结果。

2012:中国茶叶企业产品品牌价值评估报告
(数据跨度:2009—2011)*

品牌价值是茶叶企业品牌管理中最为核心的部分,也是区别于同类竞争品牌的重要标志。2011年,浙江大学CARD中国农业品牌研究中心和《中国茶叶》杂志、中茶所中国茶叶网联合组建课题组,首次针对我国内地的茶叶企业产品品牌开展专项品牌评估研究,获得了行业内较为广泛的关注。2012年,课题组继续深入研究茶企产品品牌发展现状与趋势,开展了第二轮茶企产品品牌价值评估研究。

本次评估自2011年年底开始,以全国主要产茶区的上千个茶叶企业产品品牌为基础,选用其中200个品牌为研究对象,历时四个月,通过茶叶主体调查、消费者综合评价调研、专家调查、媒介调查等多种方式,完成了181个品牌样本的信息资料汇集,去除材料相对不够完整的样本,最终完成了169个品牌的价值评估结果。评估继续沿用CARD农产品品牌价值评估模型,模型表述为品牌价值=品牌收益×品牌强度乘数×品牌忠诚度因子,具体说明参照2011年《中国茶叶》第5期。

在课题组看来,茶叶企业产品品牌的价值评估研究并非只是一个静态的数据总结,而是对我国茶叶品牌整体发展趋势的动态观察。本次评估一方面通过数据解析中国茶叶企业产品品牌建设过程中的现象,总结经验、发现问题;另一方面,也旨在以品牌价值为突破口,探究茶企产品品牌的成长规律和发展方向,引导茶企创建、发展充满活力的高效品牌。

一、数据表现

(一)整体结果

从整体结果来看,此次评估茶企产品品牌的价值成长表现稳健。数据显示,本次有效评估的169个茶企产品品牌的总价值超过223.70亿元,其中品牌价值最高达到11.01亿元,最低为0.01亿元(见图284)。

与2011年比较,169个评估品牌的平均品牌价值从去年的1.244亿元提高到了1.316亿元,品牌价值得到稳步提高。评估结果同时显示,品牌价值在亿元以下的茶企产品品牌共有97个,占有效评估品牌总数的57.40%;5亿元以下的品牌比例共计占93.49%(见图285)。这两个数据表明,虽然中国茶叶企业产品品牌处于不断成长发展的进程中,但整体仍处于单个品牌小、力量单薄、品牌价值低的状况,多数品牌的品牌价值创造之路才刚刚开始。

＊　本报告发表于《中国茶叶》2012年第5期。

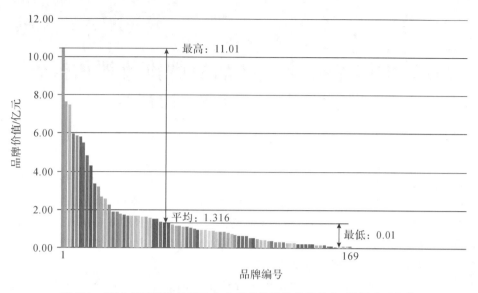

图 284　2012 年被评估的茶叶企业产品品牌的价值最高、最低及平均值

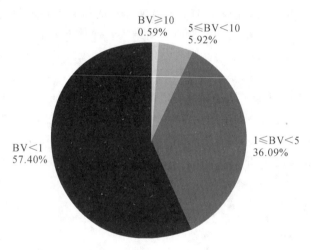

图 285　2012 年茶叶企业产品品牌价值区间分布

(二)指标数据

从指标数据来看,本次评估的三个一级指标是品牌收益、品牌强度乘数和品牌忠诚度因子,这三项指标数据变化具体如下。

1.品牌收益持续增长

数据统计显示,品牌收益平均值从 2011 年的 795.46 万元上升到 895.49 万元,增长幅度达 12.58%(见图 286)。品牌收益指的是消费者为该品牌产品所支付的高于同类一般产品的以货币形式表现的超额利润。品牌收益平均值的提高,表明消费者群体规模、消费量及为品牌产品支付溢价的意愿有了进一步的发展和成长。消费者对茶叶品牌的认知有所加强,茶叶企业前期品牌创建投入的成效在逐步显现。

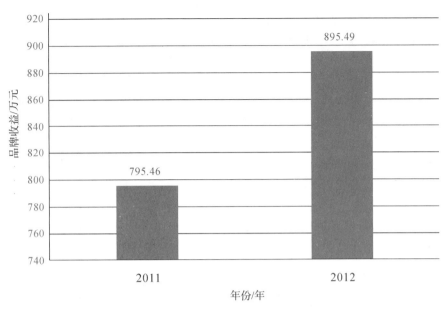

图 286　2011—2012 年评估品牌的平均品牌收益比较

2.品牌强度乘数小幅提高

数据统计显示,2011 年,评估品牌的品牌强度乘数平均值为 16.22,而 2012 年有效评估品牌的平均值提升到 16.35(见图 287)。这意味着,在过去的一年里,大多数茶企产品品牌在品牌经营管理、品牌传播推广、品牌资源积累以及品牌发展潜力等方面获得了进一步的提升。

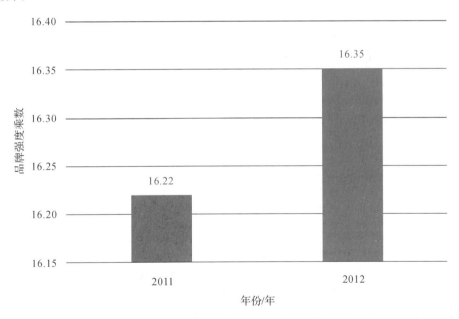

图 287　2011—2012 年评估品牌的平均品牌强度乘数比较

3.品牌忠诚度因子略有下滑

数据统计显示,2011年,评估品牌的品牌忠诚度平均得分为0.913,而2012年平均得分则降到了0.865(见图288)。这一数据的背后,有三种情况:一是部分茶叶企业基于战略调整,在产品线布局上重新分配资源,由中低端产品向中高端产品靠拢;二是一部分企业出于成本压力,重新进行渠道体系、定价体系调整;三是部分茶类的企业,由于资本的介入,阶段性推高了产品的价格区间。以上变化,可能与原有消费者的消费习惯相违,也超出了消费者既有的心理预期和支付能力,在短期内分化了原有的消费群体,影响到品牌忠诚度和消费者持续消费意愿。因此,由于原有的消费生态体系发生变动,而新的消费生态体系还在建设当中,最终导致并表现为品牌忠诚度因子总体得分受损。虽然从长远来看,品牌忠诚度因子在短期内上下轻微波动,是茶叶品牌发展中正常的现象,但茶企应当在战略与战术调整中,慎重对待改变既有消费者关系的种种因素,避免因价格、渠道等因素的大幅度变动影响到品牌未来预期收益能力,并对品牌价值形成冲击。

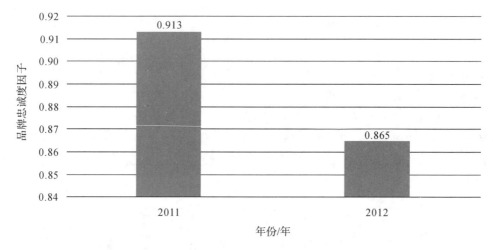

图288　2011—2012年评估品牌的平均品牌忠诚度因子比较

二、数据解读

(一)茶品牌传播效益凸显

过去,在茶叶企业和消费者的交易中,企业总是可以凭信息优势获得商品价值以外的利润,利用信息不对称的存在为自身谋取利益。但是,随着互联网与大众生活相关度的日益加深,卖方的这个信息不对称优势正在逐渐丧失。信息的畅通和日趋对称可使消费者相对容易地了解到茶叶产品的品质及真实利润空间等关键信息,甚至可以反馈意见并影响品牌成长。这也就意味着,茶品牌必须直面信息对称现状。一方面,消费者选择多类型化、茶叶品质多层次化、茶叶分销多元化;另一方面,新媒体涌现,信息传播成本较前有所降低,茶叶产品取得消费者认可的难度也在降低,茶叶品牌的效益日益凸显。

从本次统计数据来看,2012年169个品牌的年传播投入总量达到67811.22万元,品牌的年传播平均投入量为 401.25 万元,较之去年的 335.66 万元增长了近 20%。这也表明,茶叶企业逐渐意识到了信息不对称优势减弱的问题,从而加大了对品牌传播的重视。品牌价值高于亿元的评估品牌中,年传播投入超过 100 万元的比例为 79.17%,而这一比例在品牌价值低于亿元的品牌中仅为 37.37%。从各品牌的传播投入分布数据可见,年投入 100 万元以上的占 55.62%,甚至有 10% 的企业年投入达到 1000 万元以上。随着茶叶品牌传播投入力度逐年增加,如何在资金有限的情况下进行有效传播、凸显品牌传播效益已成为茶叶企业关注的重点问题。

(二)茶品牌发展步入"微时代"

综合观察发现,茶叶企业产品品牌发展已逐步走向"微时代",主要体现为"四微"。

1. 微利润

随着产业的扩张发展和市场竞争的加剧,茶企品牌的高利润时代已远去,茶叶企业显现出从平均利润向微利润下移的趋势。评估品牌的 2010 年平均利润率为 12.12%,2011 年下降到 12.07%。最值得注意的数据是,2011 年利润率低于 10% 的品牌超过总数的 54%,利润率低于 5% 的品牌则达到 15.98%。利润率低下的原因,大致有三方面:首先,由于生产资料、劳动力成本、物流运输等各个环节成本持续上扬,不断蚕食茶企的利润空间;其次,部分区域茶园面积扩张、茶叶产量不断增加,造成部分茶类市场供应增加,形成结构性的供需失衡;第三,茶企品牌之间同质化竞争趋于严重,一些茶叶企业看到其他茶叶品牌发展快速,为了谋取利润而争相模仿,品牌创新乏善可陈。这些因素共同导致企业的利润率下行,也进一步表明企业亟须通过品牌创新提升产品附加值,以差异化发展拉动企业利润增长。

2. 微创新

中国茶叶企业已初步在品牌制度化管理、品牌形象规范、渠道整合管理、营销传播等方面建立起自己的体系,在此基础上进行的微创新也已成为新趋势,即从小处着眼,贴近消费者需求心理,实现单点突破。如渠道方面的微创新,针对不同区域的市场店铺模式略有不同,令门店的层次划分更加清晰;包装方面的微创新,部分品牌引入更加人性化包装,或针对年轻消费者开发更具时尚感的包装等;推广方面的微创新,如利用新媒体微博进行品牌推广或采用体验式营销等,于细微处见真功夫,积少成多,积小成大,各个方面的微小创新形成累积效应成就了茶叶企业的大进步。

3. 微转型

中国茶叶企业无论在产品类型、运转模式方面,还是消费群体沟通方面,都体现了转型内容与方向的多样性,从高速发展到小步快走,各品牌从多种角度、多个层次寻找转型"密码",进行着多方面的主动求新求变的尝试。贵州的栗香品牌为应对市场多元化趋势,首先对自身产品进行了市场细分式"转型升级",针对办公饮茶一族专门开发了栗香办公茶,不仅从外包装形式、袋泡茶容量等外在方面进行改进,在技术上也进行了新尝试——在沸水冲泡品饮的同时还具有可冷水冲泡的特点,推出后即在区域市场上占据一席之地。企业的转型升级不仅仅限于产品结构,调查中发现,部分企业在渠道、营销、推广模式等方面都进行了微改进、微升级。

4.微传播

随着微博等新传播媒介及移动互联网等新传播平台的兴起,微传播的力量开始显现。这对于茶叶企业而言有利有弊,一方面,企业可以利用微传播更有效地宣传品牌和获知消费者反馈的信息;另一方面,一旦茶叶企业的产品或服务有不足之处,则更容易形成负面信息,对品牌造成损害。但这并不意味着微传播时代茶企就无可作为,与传统大众传媒的大传播大投入大产出相比,微传播的核心特征是个人对信息集聚的影响力,是由众多个体力量进行的信息传播,是以往口碑传播的扩大化,其优点在于消费者互动性高、性价比高、精准性强,可以以其较高的亲和力焕发出前所未有的聚合力和引爆力。不少茶叶企业开始意识到微传播的力量,如湖南的怡清源和浙江的忆江南等品牌,均利用新媒体进行了一系列的品牌推广。

(三)商业模式的全方位探索

研究发现,为应对市场环境及行业发展的变化,2011—2012 年,我国茶叶企业在商业模式上进行了各种有效探索,主要集中表现在五个方面。

1.加强相关多元化探索

从品牌主营业务占企业总收入比重来看,2009 年数据为 62.5%,2010 年数据为 57.1%,2011 年则降到了 49.02%,纵向比较看主营品牌业务比重逐年缓慢下降,半数以上的企业采用多品牌战略;从企业经营的产品品类来看,71%的企业经营两个及两个以上的产品品类;从品牌的包装形式来看,超过 82.47%的品牌采用三种及三种以上的包装形式。这些都意味着各品牌企业在相关领域不断寻求着突破,多品类、多元化发展成为多数茶叶企业发展的选择。

2.新技术的充分应用

从全价利用到以技术满足需求、创新需求,从技术增产到以技术高效利用资源、降低综合成本,新技术在茶叶发展中得到了充分的应用。如茶园智能化技术的应用、物联网的初步应用等。新技术提升品牌价值主要通过提高效率、降低成本,提高品质、彰显价值两个方面进行。如广西的茂圣品牌,通过与高校合作,设计制造出 20 吨全自动黑茶发酵罐,不但能更好地保持茶叶香气,而且产品的质量和卫生状况达到了出口欧盟的标准,极大提高了企业的生产能力和产品质量。新技术的不断运用推动着企业生产能力的进步,也进一步推动着品牌的发展。如湖南省茶业有限公司研制的速溶保健茶,在传统黑茶基础上成功开发出降脂减肥功效显著的黑茶固体饮料冲剂和胶囊两种产品,在新闻发布当天即获得总额约 5 亿元人民币的销售订单,在推动传统茶向即溶功能型茶产品转型升级的同时,为企业创造了丰厚的收益。

3.文化牌的综合运用

中国是茶的发源地,茶文化博大精深,茶叶企业可以深入挖掘茶文化内涵为其品牌服务。在本次调查沟通中,我们看到,有的企业借助动漫艺术,通过动画等富有故事性的形式弘扬传统茶艺、茶道,为茶文化找到群众喜闻乐见且容易接受的载体;有的借助区域传统文化,将地域传统文化融入品牌当中,以提升品牌的文化感知;有的借助文化沙龙活动,如大益等通过嘉年华等形式加大消费者对品牌文化的消费度和忠诚度,甚至形成自己的品牌文化圈子,从而形成稳定的消费群。在调查中,我们惊喜地发现,茶叶企业对茶文化牌的利用有多种不同形式,或综合使用或单独使用,虽然还未形成体系,但相信在未来会逐渐发挥它的影响力。

4.联谊资本推动升级

当前,一线茶企已经拥有相对完善的商业经营模式,建立了企业品牌持续发展的内在驱动机制。随着整体市场环境的变化和市场竞争的加剧,资金瓶颈成为制约茶企转型升级和快速发展的突出原因,越来越多的企业开始寻求与资本联姻。2011年始,资本投入方面的数据显示,各茶企的资本投入明显加大。2011年,各评估品牌的平均投入金额为1124.94万元,大大超过了2010年的840.53万元,同比增长33.84%。同时,不少茶叶企业也在积极引入战略投资或为谋求上市作充分准备,资本力度不断加强。

5.积极开通线上交易

茶叶企业对电子商务的热情持续高涨,线上交易持续拓展是当前茶叶企业品牌发展的亮点。以评估品牌的网店商铺总数量为例,2010年仅1967个,2011年迅速蹿升到了3177个,增长率高达61.51%。调研统计数据显示,越来越多的茶叶企业融合线上线下交易,62.72%的评估品牌已经拥有线上店铺。

三、趋势观察

将中国茶叶企业产品品牌放到更广阔的背景中,不难发现,涉及中国茶业的各种力量也显现出积极变化。

(一)新消费趋势日盛

1.茶的功能消费趋势加强

今天的中国茶叶产品消费者,尤其是年轻一代,较以前更为敏锐和灵活,对健康、便捷、格调等元素更加关注。并且由于提高生活质量的消费观念深入人心,不同茶类的功能特征逐渐成为消费者尤其是年轻消费者饮茶的关键因素。在调查中我们发现,大部分普通消费者,尤其是新生代消费者对于传统茶类的区分界限并不明晰,但功能消费购买行为往往更为突出,具有一定的代表性。

2.网络购买成为渠道新锐

在电子商务时代,茶叶交易具有毛利高、物流成本较低、重复购买率较高、线下购买不方便等非常适合电子商务的特点。茶叶与电子商务的结合,反过来也进一步影响着消费者的购买习惯。如今,熟悉并愿意在网络上购买茶叶产品的消费者占比越来越高,而利用互联网销售也成为茶企重要的销售增长点。淘宝网数据显示,2011年,茶叶在淘宝的销售额高达20多亿元,茶叶类产品在2011年淘宝商城的营业额净增长高达260%,初步显示了网络购买作为一种新的消费形式的巨大潜力。

(二)资本力量全方位介入

继电子、通信、信息等行业有资本介入之后,作为农产品的茶叶也开始受到资本的关注。优势资本已把目光转向现代农业,不少投资单位已捷足先登,注资茶企,为茶业的发展注入了崭新的活力。资本的注入在经营理念、科学管理、人才培养、科技创新、商业模式等方面展示了全新境界,尤其在茶叶企业发展的高效化、规模化、品牌化、渠道化建设方面表现出了不凡的业绩,为企业发展壮大提供了新的机遇和选择。一年来,茶行业资本运作动作频繁,山东华夏茶联茶业有限公司获得了深创投、鲁信创投等4家投资机构的联合投资近亿元;杭州山地茶业获得浙江天堂硅谷首期1500万元注资;民生银行则计划投入500亿元布局茶产业,旨在未来几年强力涉足茶行业。资本的流入一方面为企业的发展注入了新的活力,为中国茶叶企业的转型升级提供了直接动力,但另一方面也对企业的经营和运作提出了新的挑战。

(三)茶"叶"向茶"业"突进

传统的茶叶企业大多专注于生产、销售茶叶,始终脱离不了茶"叶"本身。随着市场竞争的加剧和消费需求的改变,茶企开始不断向关联产业扩张延伸,茶具、茶宠、茶点等关联产业风生水起,茶楼、茶庄、茶园观光等休闲服务业盛行,以茶叶为圆心的茶业经济日益显示力量。如吴裕泰品牌早先推出的抹茶冰淇淋、茶月饼等产品,受到了消费者尤其是年轻消费者追捧。这些产品是吴裕泰为年轻人量身研制的产品,其想通过这样的方式让更多年轻的消费者接触到品牌,扩大品牌在新消费人群中的接触面,从而建立更多消费者与品牌的联系。

从茶"叶"向茶"业"的扩张,除了基于消费者拓展角度,更多的品牌是基于价值提升和产业链控制的角度。拓展和开发品牌的全产业链价值,合理有效地进行品牌延伸,是实现品牌价值增值的重要方式。云南的大益品牌,以"茶""水""器""道"四个字概括其产业集群,茶,即为茶叶本身,其余"水""器""道",分别表示冲泡茶之水、喝茶的茶器茶具和茶道文化,分别有其子品牌,如茶器部分的宜工坊、茶道部分的大益茶道院和大益嘉年华等。以大益茶为核心,配合着各个子品牌,形成相生共进的格局,通过整合全产业链的资源获得品牌的延伸和扩展,从而使品牌价值得到最大提升。又如杭州艺福堂等茶叶电商纷纷将其触角向产业链上游延伸,寻产区、建基地、抓生产,这部分企业更多的是出于对产品品质控制的考虑。"一叶"变"一业",在不同的企业有不同的需要和内容,目的不同策略不同,但基于自身的特性进行有效延伸,是茶叶品牌的未来发展趋势。

(四)企业之间的资源共享

对比其他传统产业企业,中国茶企近年来虽有一定的发展,但速度缓慢。总体而言,目前状况仍是资源多、整合少,企业多、规模小,且单个企业的力量有限。针对现状,多个茶叶企业寻求合作和联盟,积极探索资源共享的新路径新方法。

调查可见,茶企之间的资源共享与合作,既有跨品类的结盟,也有跨区域的战略协作。如2011年年初,著名大红袍品牌企业"武夷星"与福鼎白茶品牌企业"品品香"结盟,二者在生产加工、品牌运作、渠道建设等方面各具优势,结盟实现了优势互补、资源共享,最大限度地取长补短。又如2011年7月,福建八马茶业和河南五云茶业集团、文新茶业集团就茶产业战略合作达成一致意见并签署合作协议,双方将开展全方位、多层次的合作,其主要内容为渠道共享,在区域合作上互为渠道补充。因茶叶种植的分散性、不同地区消费习惯的差异性等因素影响,各茶叶企业大多为区域性强势企业,在区域外取得成功难度较高,因此,若需突破区域走向更广阔的市场,强强合作,达成战略联盟、实现资源共享,是彼此实现竞合发展的有效路径。借助茶行业内各种要素与资源,实现高效合理配置,将取得事半功倍的共赢效果,这也是一个行业成熟与否的重要标志。

(五)营销工具的变革

2011年,茶企的营销手段丰富起来,从春天"处女茶"到秋季"熊猫生态茶",噱头百出,各种新闻层出不穷。茶叶不"炒"不红,似乎已成为市场通则。企业想通过营销手段快速打响品牌知名度,但采取什么样的手段似乎值得企业深思。在赢得关注之后,是否对品牌有积极正面的影响?消费者是否接受这样的营销方式?

茶叶品牌营销活动的中心是消费者而不是销售者,当消费者日渐成为指引茶叶品牌经营的核心,体验式营销、关系营销等越来越获得市场的认同。以体验式营销为例,其关键在于消费者和品牌之间的互动和沟通。实际上,中国茶企已经开始注意消费者的变化并做出改变。如有的企业在自己的专卖店里提供更多的消费者体验服务;有的企业从产品命名、包装设计到意见反馈无一例外都利用平台实现与茶友的互动;有的企业在产品开发时注重收集不同地区茶友的消费诉求和意见等等。如西湖龙井的老字号狮峰品牌,开辟了企业官方微博等社交通道,经常在网上就具体问题与消费者进行互动,并定期推出实质性的网上优惠活动。由于体验是企业和顾客交流信息和情感的集合点,因此营销的重点在品牌与消费者的沟通,关注消费者体验,使消费者的心理需求得到充分满足。

四、未来应对

茶产业面临新的市场环境与消费趋势,中国茶企如何整合资源为己所用,占据品牌竞争优势?在我们看来,以下四种力量至关重要。

(一)整合共享平台力量

1.电子商务平台

对传统茶叶企业而言,电子商务是一种全新的交易方式,它将茶叶的生产单位、流通单位与消费者共同纳入一个以网络为纽带的数字化平台中。"十二五"规划明确提出,将大力推动以第三方电子商务交易平台的规范与可持续发展。诸多信息表明,电子商务平台将在拉动产业发展、推进模式创新方面发挥关键作用。中国有上万个茶叶品牌具备了电子商务的物质基础,电子商务的发展也为茶叶品牌发展提供了一个高效快捷的发展路径。随着国内电子商务的迅猛发展,一些传统茶叶大企业借助其基地、资金、品牌等优势,陆续增加了本企业茶叶产品的电子商务业务。目前,中国茶叶市场与电子商务相配套的条件正在逐步完善,随着网购人群的扩大,网络技术的不断改进,云计算技术进一步成熟,主动互联网营销模式开始出现,电子商务正在逐步摆脱传统销售模式生搬上互联网的问题,从主动、互动、用户关怀等多角度与消费者进行深层次沟通。

茶叶企业在利用电子商务平台时应注意三个问题:一、注意平台功能的复合应用,不能简单地将电子商务理解为线上交易,这是以网络为平台对信息和资源进行高效整合的一种模式;二、深入研究茶叶电子商务特性,注意线上产品与线下产品的区分,根据消费者需求匹配调整线上产品,实现线上线下的有力配合。可大胆运用产品差异,运用完善的仓储调配管理,通过网络的销售降低实体店面陈列成本,分摊库存成本,优化现金流通及茶叶产品流通;三、需要充分利用电子商务平台与茶叶消费人群建立强有力的关系,一方面这是一个实现茶叶销售的新渠道,另一方面这也是一个传播茶叶产品信息的媒介,可以直接实现与消费者互动沟通,应针对线上特点进行相关点对点的营销传播推广。

2.区域公用品牌平台

在中国茶叶品牌发展的进程中,一些区域公用品牌发挥了巨大作用,具有不可替代的强大的背书作用。从种植生产而言,长期以来,茶叶区域公用品牌对产业培育、企业培养以及经济联动等发挥着举足轻重的作用,为企业品牌发展提供强有力的基础;对消费者而言,茶叶区域公用品牌已经在其心智中占据了举足轻重的位置,选择茶叶产品时很大程度上已离不开区域公用品牌的引导和影响。这意味着茶企产品品牌可利用区域公用品牌实现自身的提升,可借助区域公用品牌为其背书,为消费者提供承诺和保证;可借助政府对茶叶区域公用品牌的基地建设、农企合作的政策扶持等相关支持;可挖掘茶叶原产地独特地域文化,并与茶企品牌文化相结合,用故事说茶文化,充分挖掘茶产业的文化内涵。

但我们也应该看到,虽然茶叶区域公用品牌在消费者心智中占据了相当重要的位置,却也可能会在某些方面限制企业品牌的成长空间。因此,茶叶企业要处理好区域公用品牌与企业品牌之间的辩证关系,积极利用区域公用品牌平台,而又不为其所限制,适时提升自身品牌,逐步形成保有公用特征的同时又具备的个性化、差异化的核心价值。

3.企业跨界共建平台

茶产业与其他产业实现跨界融合发展,共建新平台,如与文化创意产业、休闲旅游产业等实现跨界合作,是以小博大的有效方式之一。茶企势单力薄,因此在品牌发展中借力借势变得尤为重要,如安徽的徽六品牌与休闲旅游景区合作,在景区内开设"龙井沟风景区·徽六茶社",作为茶区旅游业的点睛之笔,通过茶园风景达到宣传品牌目的,既是茶企的生产示范基地,又是茶文化的交流平台;既是企业和品牌的展示窗口,又可作为参观旅游景点获取利益,可谓融合发展,各取所需。茶叶企业跨界共建平台,可衍生整合价值的产业链,形成更大的融合发展空间。

(二)借用优势资本力量

中国茶业一直以来存在着大市场小企业的矛盾。随着政策扶持、资源整合和企业自身品牌的发展,资本试水茶产业已见良好开局。对此,茶叶企业在转型升级中应从战略高度,充分考量如何选择优势资本,与资本共舞,通过自身累积加外力推动,以资本的车轮加速企业发展,探索适合个体发展的新模式,实现双赢。

在这一探索与对接的过程中,茶叶企业应该看到,无论寻求投资者的关注,还是谋求未来上市融资,无论是否有资本介入,企业自身的首要任务是建立健全现代企业管理体系、优化产品结构、吸引和培养人才、提升品牌价值、实现企业的稳健持续发展、获得资本青睐,关键还在于构建自身的核心竞争力和有效商业模式。目前,资本投资者最关心的是企业能否持续发展、企业能否保持利润这两大命题。能持续发展,则意味着企业有核心竞争力;能保持利润,要求有好的商业模式。这不仅是资本看重企业的重要依据,而且是企业长远发展的核心动力。拥有这些,即使企业不主动寻求资本,投资者也会纷至沓来。

同时,茶叶企业应清醒认识企业当前的状况。资本问题与自身企业的对接是否正当其时? 资本介入的时机是否恰当? 来自资本的约束力和压力是否可以承受? 对资本的介入应持有乐观而谨慎的态度,善用资本、慎用资本。

(三)强化精神符号力量

符号是最简洁高效的沟通工具。茶企应当充分运用与自身完美结合的符号,强化符号力量、体现精神寄托,借助文化精神与意境的沟通实现品牌的有效传播、建立品牌的消费关系。从某种意义上来说,品牌是情感的符号,品牌产品比之于普通商品,除了使用功能外,更突出的是品牌的符号价值,即消费或使用品牌时获得外界的认同与尊敬。在中国的茶文化中,茶不仅仅是一种单纯的冲泡饮用的产品,它还蕴含着更深刻的审美文化追求和思想、精神寄托,是消费者从物质享受到文化精神的符号化的介质。茶与儒家的中庸、和谐思想,道家的"道法自然"的思想密切关联。茶陶冶情操、修身养性的独特功能,历来为中国文人雅士所推崇。充分利用这一点,是茶叶企业占据品牌制高点的关键,也是茶品牌走向高端市场,成为真正的奢侈品的价值赋予。

没有深厚的精神文化支撑,茶叶就只是一片普通的树叶。以竹叶青品牌为例,其成功不仅仅是其商业模式和产品结构的成功,更因为其品牌精神符号对消费者有吸引力和感召力。一句"平常心,竹叶青"和与之相配的整个符号系统契合了其品牌目标消费群所追求的精神世界,也成为消费者长期追随其品牌的根源。

(四)发展茶品功能力量

研究表明,在不同阶段或不同区域,消费者对茶叶会有不同的功能需求偏好。例如在食品安全问题频发的背景下,健康意识和对品质的要求会更被重视;不同个性的消费者选择茶叶时会选择适合自己的品类;年轻消费者可能对花茶等新茶品更感兴趣;甚至在不同场合下消费者选择茶叶产品会有不同的考虑。因此,洞察消费者对健康和纯正茶品的需求心理,深入挖掘产品本身特性,打破同质化,在口感多元化、品牌差异化、产品个性化的基础上充分发展茶品的功能特征,是切实可行的选择。以农夫山泉推出的"东方树叶"为例,这款茶饮料与现今市场上其他茶饮料的最大不同在于它主推真正、原味茶饮料,最大程度上贴近浸泡茶。首先其口感与浸泡茶的口感类似;其次在其成分表中,清楚地标明能量、蛋白质、脂肪、碳水化合物、糖和钠、卡路里均为 0%。这款产品一进入市场即获得了持续的销量增长,获得了年轻人群、白领、中产阶级等消费人群的认同,同时向其他消费人群进行渗透。

茶叶作为极具内涵张力的农产品,本身即具有满足不同需求的可能,茶品特种功能的开发与深入利用、与其他相关养生产品功能的有效结合开发与利用等,是各种茶类发展自己、满足消费者需求的重要路径。因此,进一步着力开发茶的特殊功能,强化其时尚、健康、养生等要素,茶叶企业将会获得更充分的发展机会。

附表:2012 年中国茶叶企业产品品牌价值评估结果(前 100 位)

序号	品牌名称	品牌价值(亿元)	序号	品牌名称	品牌价值(亿元)
1	大益	11.01	27	太姥绿叶	2.12
2	吴裕泰	9.81	28	九华山	2.10
3	吉祥鸟(LUCKY BIRD)	7.68	29	西竺	1.99
4	春伦	6.95	30	浮瑶仙芝	1.95
5	采花	6.73	31	白沙溪	1.93
6	更香	6.45	32	金鹿	1.91
7	皇帝	6.05	33	誉达	1.85
8	猴王	5.19	34	绿昌茗	1.80
9	龙都香茗	5.16	35	隽永天香	1.77
10	鉴露	5.11	36	天方	1.75
11	汉家刘氏	5.08	36	裕荣香	1.75
12	新坦洋	4.43	37	绿芳	1.72
13	品品香	4.33	38	雪窦山	1.71
14	绿剑	3.48	39	湘益	1.70
15	汪满田	3.38	40	嘉竹	1.68
16	吟春碧芽	3.29	41	天峰	1.67
17	君山	2.65	42	了翁	1.65
18	满堂香	2.54	43	忆江南	1.62
19	午子	2.47	43	碧涛	1.62
20	徽六	2.43	44	黄花	1.61
20	迎客松	2.43	45	怡清源	1.56
21	雾里青	2.37	46	洪通	1.55
22	宜	2.31	47	碧云天	1.50
23	文新	2.29	48	三鹤	1.43
24	绿雪芽	2.17	48	普秀	1.43
25	大山坞	2.15	49	花秋	1.42
26	岩中玉兔	2.14	50	龙生	1.35

序号	品牌名称	品牌价值(亿元)	序号	品牌名称	品牌价值(亿元)
51	九龙山	1.33	75	福茗芳	0.74
51	定心	1.33	76	瑞达	0.73
52	川	1.29	77	龙都御芽	0.72
53	咏萌	1.27	77	野尖	0.72
54	双园	1.26	77	张元记	0.72
54	王者之香	1.26	78	秦汉相府	0.71
55	舒绿园	1.23	79	乡雨	0.70
56	浮红	1.19	80	黑玫瑰	0.69
57	羊岩山	1.16	81	顶峰茶业	0.64
58	巴南银针	1.15	81	安池	0.64
58	凯达	1.15	82	西岩山(Xi Yan Shan)	0.60
59	天壶	1.13	82	香妃翠玉	0.60
60	高黎贡山	1.12	83	宋茗	0.57
61	天品国香	1.10	84	墨玉天香	0.55
62	福百祥	1.09	85	皇茗园	0.53
63	多奇(Duoqi)	1.04	85	浪伏	0.53
64	鞠岭	1.02	86	天毫	0.52
65	蜀涛	1.00	87	太姥山	0.50
66	茂圣	0.99	88	春独早	0.49
66	御茶园	0.99	89	妙品栗香	0.42
67	鑫品	0.94	89	陈升老班章	0.42
67	狮	0.94	90	春辉	0.41
67	肖坑	0.94	90	云丽江山	0.41
68	味独珍	0.93	91	闽津	0.40
69	上茗轩	0.88	92	八角亭	0.39
70	大明山	0.86	92	卢正浩	0.39
71	三万昌	0.82	92	金花	0.39
72	久扬	0.80	93	千道湾	0.38
73	银龙	0.79	93	光州	0.38
74	龙都皇芽	0.78	93	坪春	0.38
75	仰天雪绿	0.74	94	石乳	0.37

续表

序号	品牌名称	品牌价值(亿元)	序号	品牌名称	品牌价值(亿元)
95	崇顶湖	0.36	98	晓阳春	0.30
96	细品人生	0.35	99	陈升号	0.27
97	福禄双星	0.33	100	望海峰	0.26

声明:本研究中所估算之品牌价值,均基于茶叶品牌持有单位提供的相关数据及其他公开可得信息,且是运用浙江大学CARD中国农业品牌研究中心的茶叶企业产品品牌专用评估方法对采集的数据处理的结果。

2013：中国茶叶企业产品品牌价值评估报告（数据跨度：2010—2012）[*]

前　言

本报告基于 2011—2013 年三年来中国茶叶企业产品品牌价值评估研究诸成果。在 2011—2013 年的三轮评估中，课题组以中国大陆上千个茶叶企业产品品牌为基础研究样本，通过一系列的筛选、甄别，选取部分品牌进行研究，通过茶叶企业调查、消费者综合调研、专家调查等多种方式，全面采集品牌样本的信息数据资料，并基于评估模型进行处理分析，最终形成了各年度的品牌价值评估研究成果。其中，2011 年完成了 151 个品牌的评估，2012 年完成了 169 个品牌的评估，2013 年完成了 185 个品牌的评估，基本涵盖了全国茶叶主要生产区域和消费区域。

三年来，随着中国茶叶区域公用品牌和中国茶企产品品牌两类品牌价值评估工作的开展，品牌价值的重要性已逐渐得到了品牌建设主体及关联机构等各方面的认可。与以往单纯以销售量、销售额等要素衡量品牌实力不同，品牌价值综合考量了品牌的成长性、持续性和稳定性等多方面因素，并通过品牌收益、品牌强度乘数和品牌忠诚度因子等品牌指标实现了产品品牌价值的量化。随着中国茶叶企业产品品牌的不断发展，各方对品牌价值的认识不断加深，以品牌价值衡量茶叶企业产品品牌的综合实力已逐渐成为共识。同时，我们期望在对品牌价值连续量化跟踪研究的过程中，探索中国茶企产品品牌的发展路径和成长规律，进一步推动有竞争力的高效茶企产品品牌的成长、壮大。

一、数据呈现

纵观三年数据，中国茶企产品品牌价值稳步增长，品牌收益、品牌价值总体均呈现微增长趋势，品牌强度、品牌忠诚度表现较为稳定。通过综合盘点 2011—2013 年三轮评估所得数据，从品牌价值综合数据和品牌成长性、持续性、稳定性四个方面作深入分析比较。

（一）2011—2013 年品牌价值评估综合数据

1.2011—2013 年评估结果的平均价值比较

如图 289 所示，2011 年有效评估的 151 个品牌平均价值为 1.244 亿元，2012 年有效评

　＊　本报告发表于《中国茶叶》2013 年第 5 期。

估的 169 个品牌平均价值为 1.316 亿元,这一数值到 2013 年增长到 1.425 亿元。可以看出 2013 年平均价值增长率为 8%,略高于 2012 年的 6%,这表明,中国茶企产品品牌的价值成长表现稳健,且增长速度相对稳定。

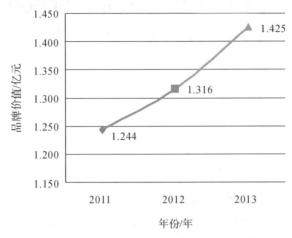

图 289　2011—2013 年获评品牌的平均品牌价值

2.三年评估结果中,各年度价值区间变化比较

从各年度品牌价值区间变化来看,如图 290 所示,品牌价值在 2 亿~5 亿元的品牌占比有所上升,从 2011 年占比 10%到 2013 年占比 18%,其余区间三年来品牌价值分布基本稳定,总的来看各区间分布纵向比较变化不大。但从价值区间比较来看,2 亿元以下所占比重最大,从 2011 年的 85%到 2012 年的 83%,再到 2013 年的 78%,各年度均在 80%上下,总体呈缓慢下降态势。这表明大部分茶叶企业产品品牌仍处于单个品牌小、力量单薄、品牌价值低的状态,品牌价值仍有相当大的上升空间,品牌处于不断成长发展过程中。

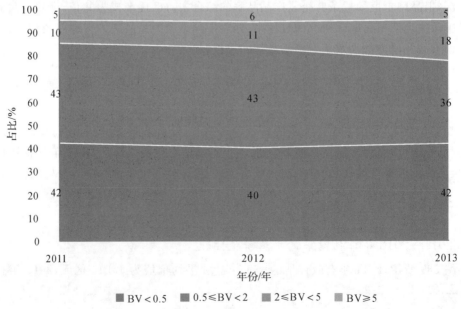

图 290　2011—2013 年品牌价值评估数据的分布区间

3. 对 96 个连续跟踪评估品牌价值比较

(1)各年度价值变化曲线

对 96 个连续跟踪评估的品牌价值进行比较,按照 2013 年品牌价值由高至低排列,三年间品牌价值三组曲线如图 291 所示,趋势基本吻合,除个别品牌有较大变动幅度外,绝大多数品牌价值变化总体相对稳定,呈现稳步增长。

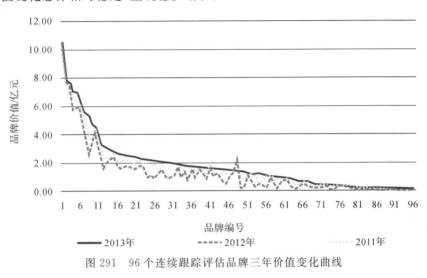

图 291　96 个连续跟踪评估品牌三年价值变化曲线

(2)各年度品牌价值增长率

进一步分析品牌价值的年度增长率,连续跟踪评估的 96 个品牌在 2012 年的品牌价值平均增长率为 45.04%,这一数据到 2013 年回落到 24.21%。如图 292、图 293 所示,2012年品牌价值保持相对平稳增长的品牌比重为 76%,而 2013 年这一比重扩大到 92%,说明相对于单个茶叶企业产品品牌而言,品牌价值增长趋势更趋向稳定增长。

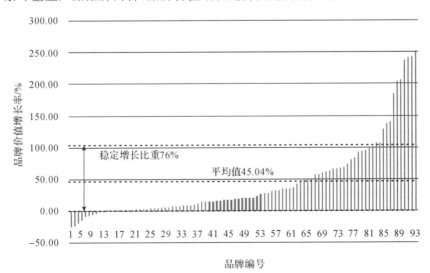

图 292　2012 年 96 个连续跟踪评估品牌价值增长率

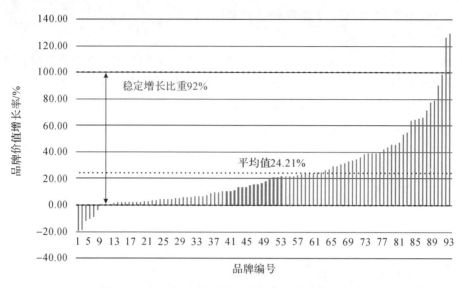

图 293　2013 年 96 个连续跟踪评估品牌价值增长率

(二)2011—2013 年品牌价值评估中,成长性数据比较

1.品牌收益比较

(1)全部评估品牌各年度平均收益比较

经过对各个年度所有参评品牌的平均品牌价值、平均品牌收益的比较分析,我们发现,2011 年所有参评品牌的平均品牌收益达到 795.46 万元,2012 年所有参评品牌的平均收益增长为 895.49 万元,2013 年为 931.16 万元,连年保持增长。具体数据见图 294。品牌收益的提高,表明消费者群体规模、消费量及为品牌产品支付溢价的意愿有了进一步的发展和成长。

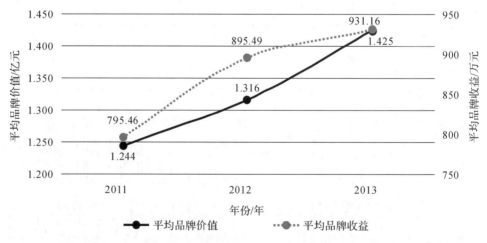

图 294　2011—2013 年各年度全部参评品牌平均收益与平均价值变化比较

(2)96 个连续跟踪评估品牌各年度品牌收益比较

2011—2013 年三轮评估中,按照 2013 年品牌价值由高至低排列,收益曲线如图 295 所示。对比图 294 的品牌价值变化曲线,可以看出 2011—2013 年连续跟踪评估的 96 个品牌的品牌收益整体趋势与价值曲线相吻合,品牌收益与品牌价值之间呈现正相关。2011—2013 年这三轮评估中,所有参评品牌的平均品牌收益稳中有升,而品牌价值也在连年上升,二者基本保持一致。

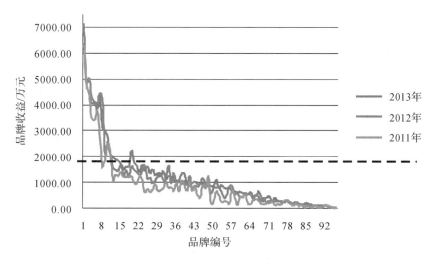

图 295　2011—2013 年 96 个连续参评品牌的品牌收益变化曲线

此外,观察收益曲线的最高值和最低值,96 个连续跟踪评估品牌 2011 年品牌收益最高 6316.10 万元,最低 19.90 万元;2012 年品牌收益最高 6359.11 万元,最低 25.33 万元;2013 年品牌收益最高 7151.4 万元,最低 45.20 万元。品牌收益在 1000 万元以下的品牌,2011 年有 71 个占比 74%,2012 年有 57 个占比 59%,2013 年 54 个占比 56%。可以看出品牌之间的强弱差距较大,综合水平较低,但中国茶叶企业产品品牌总体处于快速发展的进程中,对其中多数品牌而言,品牌价值的创造之路也才刚刚开始。

2.关联数据比较

(1)96 个连续跟踪评估品牌平均销售额与平均销售量比较

从三轮评估所得的 2008—2012 年的五年数据来看,对连续跟踪评估的 96 个品牌进行比较,如图 296 所示,平均销售额连年上升,由 2008 年的 5920.56 万元,到 2012 年的 14465.15 万元,平均销售量则由 2008 年 1197.36 吨,到 2012 年的 2141.09 吨。从数据可见,连续五年来,品牌销售量连年增加,销售额持续增长,这些数据情况反映了这几年茶叶消费市场的整体发展态势。

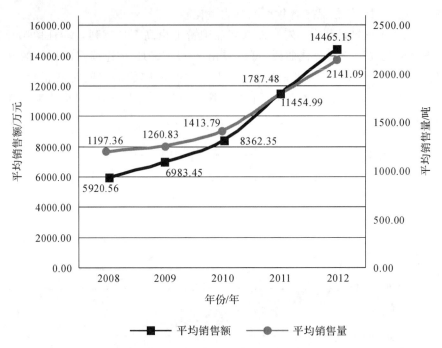

图 296　2008—2012 年 96 个连续参评品牌的平均销售额与平均销售量比较

(2)96 个连续跟踪评估品牌销售额与销售量增幅比较

再看 5 年来连续跟踪评估的 96 个品牌销售量与销售额的平均增幅变化,如图 297 所示,平均销售量与平均销售额增长率曲线变化基本保持一致,受茶叶价格持续上行的影响,每年销售额增长幅度更大。从年度变化来看,2011 年销售量与销售额变化最快,2012 年增长幅度逐步放缓。

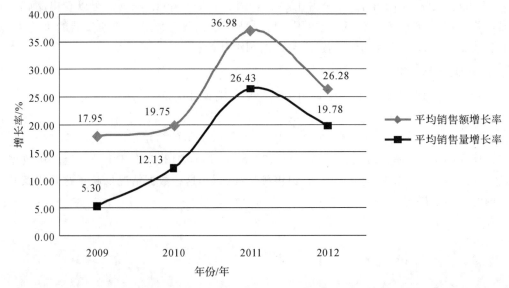

图 297　2008—2012 年 96 个连续参评品牌的平均销售额与平均销售量变化比较

(三)2011—2013年品牌价值评估中,持续性数据比较

1.品牌强度比较

品牌强度通过品牌强度乘数指标体现,是品牌在未来的收益能力持续性的综合体现。综合三轮评估数据来看,连续参与评估的96个品牌强度乘数分别是2011年16.17、2012年16.76、2013年16.80,基本维持在稳定状态,略有上升(见图298)。

从品牌强度增长幅度来看,增长幅度分别为3.6%、0.2%,与品牌价值比较增长明显放缓,曲线更趋向平和,这是因为品牌价值是品牌强度乘数与品牌收益、品牌忠诚度因子共同作用的结果。

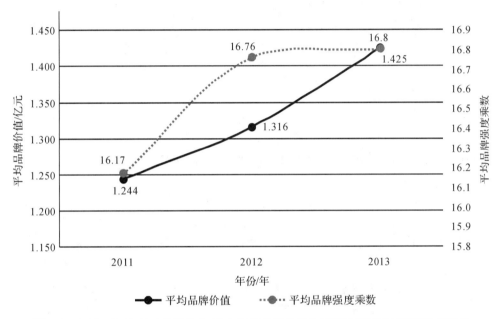

图298　2011—2013年三轮评估中96个连续参评品牌的品牌强度乘数与品牌价值变化

2.品牌"五力"比较

我们进一步对品牌强度的主要指标进行比较,从连续跟踪研究的96个品牌来看,在品牌领导力、品牌资源力、品牌经营力、品牌传播力和品牌发展力"五力"中,品牌资源力和品牌经营力在不断累积上升,品牌领导力由于新品牌的崛起受到冲击而略有下降,不过仍保持在较高位置,品牌发展力三年来总体分值不高(见图299)。

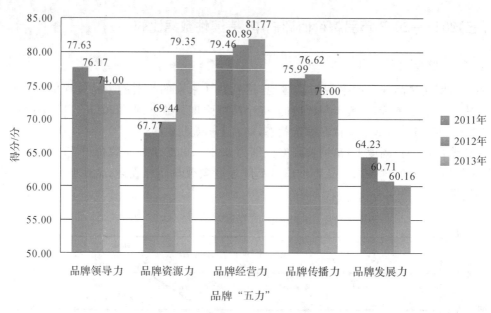

图 299 2011—2013 年三轮评估中 96 个连续参评品牌的平均品牌"五力"比较

(四)2011—2013 年品牌价值评估中,稳定性数据比较

1.96 个连续跟踪评估品牌忠诚度因子年度均值变化

相对于品牌收益和品牌强度乘数两个指标,品牌忠诚度因子的指标直接与市场挂钩,以来自市场的对品牌产生疏远或亲近作用的价格因子,综合了各种复杂的市场关系变化和外在因素影响,进而确定品牌价值偏离稳定状态的程度。因此,品牌忠诚度因子作为品牌价值稳定状态的数字表现,成为观察品牌价值长期稳定性的最好视角。综合三轮评估数据,如图 300 所示,我们可以看到,连续跟踪评估的 96 个品牌,2011—2013 年,品牌忠诚度因子均处于 0.86 以上,具体表现为 2012 年略有下滑,2013 年又有所上升,但上下变动的幅度稳定在 -10%~10% 之间,表明中国茶企产品品牌总体处于较为稳定发展的状态。

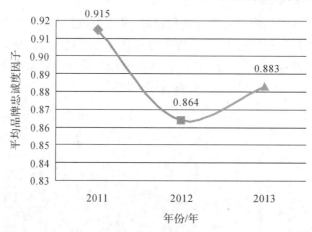

图 300 2011—2013 年三轮评估中 96 个连续参评品牌的平均品牌忠诚度因子变化

2.96个连续跟踪评估品牌忠诚度因子年度区间分布比较

综合2011—2013年度三轮评估数据,从各年度品牌忠诚度因子区间变化来看,如图301所示,品牌忠诚度因子低于0.8的品牌占比从2011年的10.42%到2013年的18.75%,稳定程度下降的品牌数量略有增加;总体来看,品牌忠诚度因子中高区间分布品牌依然占比较大,高于0.8的区间虽占比略有下降,但三年来仍在80%以上,这说明中国茶叶企业产品品牌忠诚度整体保持相对稳定。

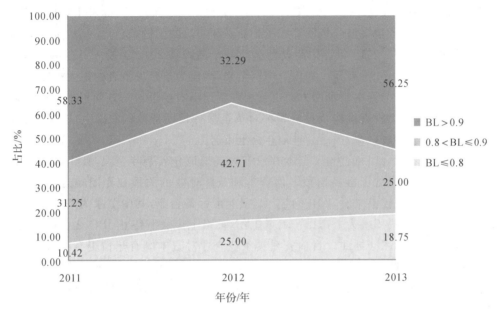

图301　三轮评估中96个连续参评品牌的平均品牌忠诚度因子分布区间比较

二、现象解读:双轴交叠的品牌价值创造

今天,互联网已逐渐渗透到日常生活的每个角落,中国茶叶消费者更为成熟和理性,消费的过程更为简便快捷,品牌的沟通更为快速畅通;同时,近些年来食品安全的挑战更为严峻,有关茶产品的诸如农残超标、重金属超标等方面的疑虑,使得媒体、政府监管部门、消费者等,每一方的目光都不断聚焦于此。在此背景下,中国茶叶企业一方面在生存轴端想方设法攻城略地,争夺有限的生存空间;另一方面,则在创新轴端不断尝试和探索,利用新资源,探索新途径新方法,为品牌壮大与自身发展占领有利先机,从而形成双轴交叠创造品牌价值的图景。

(一)生存之轴

1.丰富产品,多品类多品线的战争

为适应消费市场的需求变化,各个茶叶企业不断丰富产品品类,调整优化产品结构。以2013年调查数据为例,在产品品类方面,有效评估185个茶叶品牌,只有25%的品牌采用单

一品类经营,选择两个产品品类的品牌为22%,选择3个及3个以上品类的品牌占比53%。

产品的包装形态,也反映出茶叶产品多品线系列化路径的实际状况。在2013年评估的185个品牌中,超过87%的品牌选用了3种以上的包装形态。无论是多品类经营还是多品线多包装形态的系列化经营,这些改变不仅是茶叶企业化解市场风险、适应市场变化的举措,更是企业维持生存之道。

2.结亲资本,从游走边缘到逐步利用

中国茶叶企业在经历了一个快速成长时期,发展到一定阶段后,随着市场的激烈竞争,产品的开发与加工、营销渠道的拓展等成了企业必须解决的问题,资金不足也成为制约企业发展的主要瓶颈之一。2013年评估调查显示,185个品牌在2012年投入资金达22.8亿元,每个品牌平均投入达1391万元。如何解决资金来源,成为茶企决策者的重大难题。

这使得茶叶企业与资本市场两方面由互相观望到不断接近。一方面资本市场对茶行业关注度不断提高,各类投资机构及投资者都对茶企保持长期持续的跟踪关注;另一方面,不少茶企计划在股票市场融资,前赴后继地为上市努力。

同时我们也看到,到目前为止,资本并没有大规模地介入茶叶企业,真正成功上市的茶企也是凤毛麟角,大多处于准备阶段。但资本和茶叶企业的关系在不断拉近已成为事实。单从全国产茶大县安溪县来看,2013年有12家上市后备企业,其中7家为茶业企业。早在几年前,安溪铁观音集团就为上市做了大量工作,后虽上市失利终止IPO之旅,但也被当作推进茶产业资本化的一个插曲。目前安溪县茶业企业对资本既有热情更有准备,县政府也正在积极培育上市梯队,力争在5年到7年内打造一个中国股市的"安溪板块",参与其中的茶叶企业有安溪铁观音集团、八马茶业、中闽魏氏茶业、大自然茶业、盛世三和茶业、昭德茶业和中闽弘泰茶业等。

3.抢占资源,不断谋求品类占位

各茶叶企业除了丰富产品和接近资本外,更进一步寻求品类占位,试图在各细分品类市场中抢占一席之地,从多个角度开始了主动争夺资源的努力。如贵州的栗香品牌为应对市场多元化趋势,首先对自身产品进行市场细分,针对办公饮茶一族专门开发了栗香办公茶,力图抢占办公茶品类的头把交椅,不仅从外包装形式、袋泡茶容量等外在方面进行改进,在技术上也进行了新尝试,茶叶不仅可以沸水冲泡品饮,还可冷水冲泡,推出后即在区域市场上占据了一席之地。

同样也有茶叶企业从品牌定位上进行占位,如八马茶业提出的品牌定位是商政礼茶,直接明确礼品茶的最大市场——商界和政界,抢占细分市场。为此,八马茶业赋予品牌全新的品牌内涵,树立了新的产品形象,从物质层面和精神层面契合细分市场的需求。

(二)创新之轴

1.沟通创新,多媒介互动和线上关系构建

茶叶企业不仅通过各类的传统茶博会、茶友会、广告宣传等方式推介品牌,更积极尝试利用多媒介、多文化实现沟通和营销,主动达成政府、媒体、企业、茶商、消费者之间的良性互动。如吴裕泰积极探索新的微电影模式推介品牌,在2012年推出《茶香三部曲》微电影,通

过三部风格各异的影片,以不同角度展现人物情感,同时巧妙嵌入品牌进行传播,推出之始就在新浪微博等网络平台上掀起高潮。又如闽榕茶业与全国大学生广告艺术大赛合作,将品牌打造方案作为大赛选题,一方面集思广益,另一方面也不失为绝佳的品牌宣传机会。

互联网的深入发展深刻影响着消费者的日常生活,也给茶叶企业发展带来转变的机遇,沟通方式也在悄然嬗变,通过早期推出官方网站,到现在建立官方微博、微信等,以社区交流的方式构建全新的消费者线上沟通渠道。

2. 渠道创新

(1)网络渠道探索

近年来电子商务发展迅猛,展现出强大的市场推动力。从三轮评估数据来看,参评茶叶企业品牌在淘宝网或拍拍网拥有网络销售渠道的品牌在 2011 年占比为 58％,2012 年这一数值为 63％,到 2013 年比重则提升到了 73％,店铺数量也从 2011 年的 1967 个增加到 2012 年的 3138 个,2013 年飞跃到 7829 个,这些数据都表明越来越多的茶企进入电子商务领域,且表现越来越活跃。

当电子商务席卷一切行业并掀起营销革命时,带来的显著变化是:一方面,传统茶叶企业积极试水电子商务,在网络渠道的扩展方面频频发力;另一方面,新兴网络茶商的出现也给茶叶市场带来新的活力。阿里巴巴集团研究中心 2012 年的一份报告指出,从具体农产品看,茶叶在淘宝网销量最大。随着越来越多的茶商开始对电子商务展开探索,茶叶已经成为天猫、淘宝食品垂直线中的最大品类之一。以天猫为例,目前已经汇集各地 100 多个茶叶品类近千家品牌茶商。2012 年淘宝网评出的十大网商中,主营铁观音茶叶的中闽弘泰就在销量上创了新高。

(2)传统渠道精耕

近年来,消费趋势的变化和技术的进步对传统渠道带来冲击,茶叶企业在传统渠道的充分挖掘利用方面进行了一些积极探索,通过适应性再造以更好地适应市场变化。一方面,茶叶终端形态有了进一步的区隔和细分变化,既有社区店、形象展示店、旗舰店等的不同分工和侧重,更有终端的共享共建,如狮牌西湖龙井与阳澄湖大闸蟹的季节性店面共享。另一方面,渠道的经营内容也有适应性调整,探索复合经营模式。如天福茗茶,从 2012 年起旗下一些专卖店增加了泡饮业态。因为单一的售卖产品利润空间的压缩,天福计划将部分终端门店改为兼营茶叶零售、泡饮和茶餐厅的复合式门店,这是天福茗茶为适应市场变化对渠道进行的转型再造。

3. 营销创新,跨界合作,实现协同发展

通过跨界实现营销双赢,得到强强联合的品牌协同效应是成熟企业的重要发展模式,茶叶界亦是如此。茶叶企业的跨界合作既有战略结盟,也有战略协作,更有战略转型。

其典型如福建新华茗茶文化发展公司,将茶文化与书密切结合起来,借助新华集团的书店分销优势,深耕茶产业发展,在致力于名优茶叶的种植、生产加工、销售的同时,大力开展茶文化推广、图书出版策划、发行业务,力图打造品茗阅读的新模式。这种融茶叶销售和书籍销售为一体,并结合文化体验的新模式,在某种程度上是一个新的尝试,它不单将卖书与卖茶相结合,还给消费者提供了类似星巴克的第三空间。再如 2012 年,国品黔茶茶业股份有限公司与贵州茅台酒股份有限公司展开战略协作,在北京成立北京双国九茗投资有限公

司,将酒与茶跨界组合,进军茶叶终端建设,依托国酒茅台的品牌力和渠道力助推黔茶出山,可谓省力又省事。通过跨界合作,整合资源,优势互补,这些模式创新往往能获得更好的边际收益。

三、变革应对:品牌成长身后的商业价值链条重构

中国茶叶企业已达七万多家,在中国茶叶品牌千帆竞发、百舸争流之际,在互联网深入发展与食品安全问题频发背景下,如何在品牌的洪流中找到清晰的发展方向,可从以下两个方面审视、思考和构建品牌背后的商业价值链条。

(一)重审优势,突变求生

在竞争激烈却依然有资本不断进入的情况下,这是一个机遇和风险并存的时期。对于茶企而言,在这个时候要想不被淘汰、要想成功突围,立足优势、练好内功是更为明智的选择,针对企业自身现状进行全面梳理,迅速发掘自己过往的优势,进而加以优化和放大。

1.基于整合行销优势,全新沟通,获得更高附加值

具备整合行销优势的茶企,更擅长和依赖内外部整合与市场沟通,其独门武器偏重多媒体传播、广告、促销、宣传与公关、赞助等,利于茶企综合调动资源集中发挥优势。近年来,随着茶叶消费市场的成熟,消费者对茶叶产品的要求已从寻常农产品、加工品等角色中升华,进而转变为对品茶、饮茶的生活方式的追求,转变为向以茶为代表的传统文化的贴合,从单纯的物质产品需求转变为品牌、文化、品位等多重需求。这意味着擅长整合行销的茶叶企业,在建立产品销售关系的同时,更需要清晰品牌定位,挖掘品牌文化,丰富产品内涵,实现有效沟通,建立全新的消费者认知,从而攫取更高的品牌附加值。

2.基于成本领先优势,管理革新,获取更高的稳定价差

成本领先是最为基本的竞争优势,中国茶企在竞争中基于对总成本的控制的不在少数。他们或者以原料高效利用见长,或者以加工工艺创新节约见长,或者以人工费用降低见长,或者以供应链管理见长。随着中国茶叶市场竞争日趋激烈,成本支出和利润收入这一对最基本也最重要的矛盾,正变得越来越突出,"高成本、低利润"越来越成为茶企成长过程中的难以承受之重。在这一背景下,选择新的管理模式控制成本,从而在竞争中处于有利地位,成为企业迫切的选择。

但显而易见的是,没有一种通用的管理模式适用每一家茶企。在对一百多个评估样本的研究中,我们发现,但凡品牌价值较高的茶企,在企业制度变革、商业环节掌控、收益分配与激励等方面,总有些许突破常规之处,为效率优化和价值传递提供了最大可能。

3.基于资源抢先优势,实现原料、管道等资源的强力控制

在茶业领域抢占某类优势资源,形成某一方面的垄断地位,从而使茶企获得突破性发展,在今天虽然稀缺,却并非没有可能。对中国茶企而言,目前可抢先占领的优势资源主要有无形资源和有形资源两类,无形的资源包括区域文化形象、传统文化故事等,在消费者认知和好感方面可以借力区域品牌或众所周知的历史资源,可更快获得认同和信任。有形的

资源包括渠道控制、茶园基地、优质原料等,通过控制细分渠道来获得有效的消费者到达,通过掌握茶园基地和优质原料以确保获得竞争对手无法企及的稳定的产品品质等。

(二)寻找核心支点,实现品牌再造

未来,在各种尝试中探索寻找新的核心支点,匹配优化原有品牌基因,是重构茶叶商业价值链条的关键。

1. 争夺长尾头部

"长尾"是统计学中幂律和帕累托分布特征的一个口语化表达。这里长尾头部指全部个性化市场需求中的最大比例部分,其实质是占位的进一步延续。茶叶企业的不断成熟与发展进步,使得竞争更加激烈,加之全社会信息共享速度进一步加快,消费者需求或是新产品开发可能性不断延伸,新的、空白的、好的市场出现的几率越来越小,未来长尾会越来越长。长尾的价值会越来越低,因此头部显得越来越重要,茶叶企业则需要审时度势,依靠企业实力,以敏锐的市场洞察力,去填补争夺那个匹配自身发展的长尾头部,从而取得领先优势。

2. 优化重组生产端

尽管生产端的优化组合已不是一个新命题,但在品牌成长中,这一环节永远不可或缺,始终是企业在品牌锻造中的最基础工作。充分发挥社会化分工协作模式的基础作用,如何以利益驱动,更好地整合构建基地、茶农、合作社的关系,通过完善的利益分配机制促进生产能力的提高,保证茶产品的标准化,依然是中国茶企需要依据自身情况在实践中探索的重要问题。

3. 借力传统文化

文化拥有的无形力量,能更好地拉近茶叶企业和消费者之间的距离,形成稳定的品牌黏性。中国茶业发展向来与茶文化密不可分,是人们经济生活现代化和文化产业化发展的必然结果。受多种文化的滋润,茶文化消费市场扩大,一方面可以促进茶叶消费的增长,另一方面也是提升茶叶品牌的强有力因子。这需要中国茶企加强品牌与消费者之间的文化输出体验,创新性地融入更多与消费者互动的、强化消费体验的展示、茶器摆设、茶艺演示等内容。

4. 加速厘清中间环节

在茶产品从茶园到消费者的基本流动进程中,如何在移动互联、物联网时代,创新、充分地利用电子商务平台,应用千变万化的新型终端,厘清各式中间环节,搭建更具效率和长远价值的消费桥梁、资本桥梁、技术桥梁,这是品牌再造中的又一重要支点。

5. 连接命中消费热点

对今天的中国茶企而言,更需要洞悉和把握市场的动态与变化趋势,一切新的消费潮流和动向,都将为茶企产品品牌的塑造提供风向标。如对于茶产品的特殊消费感受,在茶叶消费中的文化因素之外,回归生活的愿望,体验自主的乐趣,精神享受的升温,新健康主义的兴起,茶叶产品 DIY 的涌现,乃至年轻一代的独特理解,等等。如何有效连接和命中这些消费热点,需要研究和洞察消费者,挖掘消费者需求,主动对接以 60、70、80 乃至 90 后的不同消费群体,提供更独特的品牌体验,形成更高的消费者黏性,以更多元的推广模式,获得更直接的消费者到达。

结　语

　　今天,茶叶还只是农产品中的一个体量相对较小的品类,中国茶叶企业产品品牌还在不断成长,品牌价值仍在不断提升,还有较大的上升空间和无可估量的发展潜力。在这样一个风起云涌的变革时代,对中国茶叶企业而言,既蕴藏机遇,也不乏竞争与挑战。

　　无论怎样,仅就 2011—2013 年这个短暂的阶段来看,中国茶叶企业产品品牌前方还有很远的路要走,还处在不断前行、高速发展与清洗牌面的过渡阶段。相信不久的将来,在经过市场洗礼之后,大浪淘沙尘埃落定之时,必将涌现出一批杰出的代表性茶叶产品品牌。

附表:2013 年中国茶叶企业产品品牌价值评估结果(前 100 位)

序号	品牌名称	品牌价值(亿元)	序号	品牌名称	品牌价值(亿元)
1	大益	12.02	20	雾里青	2.95
2	吴裕泰	10.49	21	碧螺	2.91
3	吉祥鸟(LUCKY BIRD)	7.84	22	君山	2.83
			23	雨佳	2.74
4	春伦	7.65	24	大山坞	2.62
5	采花	7.11	24	太姥绿叶	2.62
6	更香	7.03	25	徽六	2.57
7	皇帝	6.18	26	午子	2.53
8	汉家刘氏	5.63	27	宜	2.43
9	鉴露	5.56	28	白沙溪	2.4
10	新坦洋	5.42	29	九华山	2.38
11	绿剑	4.73	30	绿芳	2.29
12	品品香	4.6	31	绿雪芽	2.27
13	巴陵春	4.57	32	誉达	2.22
14	松萝山	4.4	33	岩中玉兔	2.19
15	吟春碧芽	4.13	34	清茗	2.16
16	汪满田	3.47	34	天峰	2.16
17	得雨活茶	3.36	35	浮瑶仙芝	2.14
18	文新	3.17	36	普秀	2.09
19	迎客松(GREETING PINE)	3.03	37	绿昌茗	2.08
			38	了翁	2.06

序号	品牌名称	品牌价值(亿元)	序号	品牌名称	品牌价值(亿元)
39	金鹿	2.01	66	味独珍	1.29
40	三鹤	1.97	67	宋茗	1.28
40	忆江南	1.97	68	天壶	1.24
41	洪通	1.95	69	福茗芳	1.21
42	贡	1.9	70	龙珠	1.19
43	湘益	1.88	71	天醇	1.12
44	碧涛	1.86	72	福百祥	1.11
45	隽永	1.8	73	绿宝石	1.1
46	定心	1.79	74	玲珑	1.08
46	乙万杯	1.79	75	肖坑	1.05
47	龙潭	1.78	76	凯达	1.04
48	裕荣香	1.77	77	瑞达	1.03
49	嘉竹	1.75	78	秦汉相府	1.02
50	黄花	1.7	79	鑫品	0.98
51	金龙玉珠	1.69	80	张元记	0.96
52	花秋	1.66	80	双园	0.96
52	碧云天	1.66	81	银龙	0.93
53	多奇(Duoqi)	1.62	81	九华红	0.93
54	西竺	1.61	82	仰天雪绿	0.92
55	高黎贡山	1.56	83	上茗轩	0.9
56	九龙山	1.54	84	大明山	0.88
57	羊岩山	1.52	84	西岩山(Xi Yan Shan)	0.88
58	浮红	1.51	85	浪伏	0.78
59	舒绿园	1.5	86	名峰山	0.77
59	御茶园	1.5	87	天毫	0.73
60	咏荫	1.47	87	香妃翠玉	0.73
61	天方	1.41	88	乡雨	0.7
62	三万昌	1.4	89	安池	0.69
63	茂圣	1.38	90	顶峰茶业	0.65
64	巴南银针	1.31	91	卢正浩	0.64
65	川	1.3	92	皇茗园	0.61

续表

序号	品牌名称	品牌价值(亿元)	序号	品牌名称	品牌价值(亿元)
93	金茗红	0.59	97	太姥山	0.52
94	凤凰山	0.56	98	千道湾	0.51
95	名峰	0.55	99	壹泡红	0.5
96	狮	0.53	100	天姥仙	0.48

声明:本研究中所估算之品牌价值,均基于茶叶品牌持有单位提供的相关数据及其他公开可得信息,且是运用浙江大学CARD中国农业品牌研究中心的茶叶企业产品品牌专用评估方法对采集的数据处理的结果。

2014：中国茶叶企业产品品牌价值评估报告（数据跨度：2009—2013）[*]

前　言

中国是茶的故乡，茶的历史源远流长，纵观中国茶叶品牌发展历程，茶叶企业的产品品牌作为直接面向消费者、对接市场的核心载体，在茶业增效、茶农增收、茶产业转型升级中发挥着不可替代的重要作用。

浙江大学 CARD 中国农业品牌研究中心与《中国茶叶》杂志、中国农科院茶叶研究所中国茶叶网联合组建课题组，采用"浙江大学 CARD 农产品品牌价值评估模型"，在全国范围内连续开展茶叶企业产品品牌的价值评估工作，并于 2011 年、2012 年、2013 年三次发布了"中国茶叶企业产品品牌价值"评估结果及报告。

2014 年，在前三轮研究的基础上，课题组继续开展相关研究。在全国主要产茶区的上千个茶叶企业产品品牌中，选取 200 个品牌为研究对象。历时数月，通过茶叶主体调查、消费者综合评价调研、专家调查、网誉调查等多种方式，去除数据相对不够完整的品牌，最终完成了对 178 个茶叶企业产品品牌的价值评估。

课题组期望通过品牌价值量化过程，实现长期持续的跟踪研究，透过数据探寻茶企产品品牌的成长规律和发展方向，进而引导茶企创建充满活力的高价值品牌。

一、数据分析：成长、累积、稳定

根据理论模型，课题组综合考量了品牌的成长性、累积性和稳定性等多方因素，并通过品牌收益、品牌强度乘数和品牌忠诚度因子等一级指标下众多指标的整合构成测量，实现产品品牌价值的量化。其中，品牌收益主要关注品牌的成长性；品牌强度乘数主要关注品牌持续发展的要素，涵盖品牌领导力、品牌资源力、品牌经营力、品牌传播力、品牌发展力等五个二级指标体系；品牌忠诚度因子反映的是消费者对品牌的认可和忠诚程度，主要关注品牌的稳定性。

本节将通过综合分析 2011—2014 年度四轮评估的数据，从品牌成长性、累积性和稳定性切入进行分析。

---

* 本报告发表于《中国茶叶》2014 年第 6 期。

(一)品牌成长性数据:价值和收益的双增长

1.品牌价值稳步成长

品牌价值是品牌发展的综合体现。四轮评估的数据显示,参评品牌的平均品牌价值呈现持续上升的态势,从 2011 年的平均 1.26 亿元,上升到 2014 年的平均 1.62 亿元,每年保持递增趋势,涨幅达到 28.6%。由此可见,我国大陆地区茶叶企业产品品牌的整体发展势头不错,如图 302 所示。

从各年度的增长幅度来看,数据显示,2012 年比 2011 年的平均品牌价值增长了 4.8%,2013年比 2012 年增长了 7.6%,2014 年相较上年增长 14%,增长幅度逐年加大,整体增长速度加快。

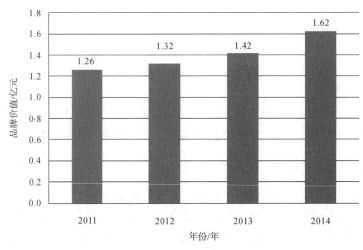

图 302 2011—2014 年四轮评估品牌的平均品牌价值比较

虽然从年度比较来看,平均品牌价值得到稳步成长,但同时我们需要看到本次有效评估的 178 个茶企产品品牌中,品牌价值超过 10 亿元的品牌只有两个,占总体数量的 1%。品牌价值超过 5 亿元的品牌总百分比只占 6%,大多数品牌价值在 5 亿元以下,甚至 1 亿元以下品牌占比高达 45%。这表明,虽然中国茶叶企业产品品牌处于不断成长发展的进程中,但整体品牌价值依然偏低,多为中小型企业。具体如图 303 所示。

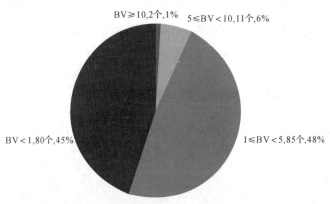

图 303 2014 年中国茶叶企业产品品牌价值区间分布

注:BV 为品牌价值,单位为亿元。

2.品牌收益持续上升

品牌收益体现的是品牌无形资产带来的收益,如图 304,我们看到,2011—2014 年评估品牌的平均品牌收益分别为 811 万元、898 万元、930 万元和 1071 万元,呈现持续上升态势,其平均品牌收益与平均品牌价值变化曲线的走向基本一致。

从各年度的增长幅度来看,品牌收益的年增长率由 2012 年的 10.7% 到 2013 年的 3.6% 到 2014 年 15.2%,相比较品牌价值逐年加大的增长幅度,品牌收益增长幅度在 2013 年有所回落,如图 305 所示。

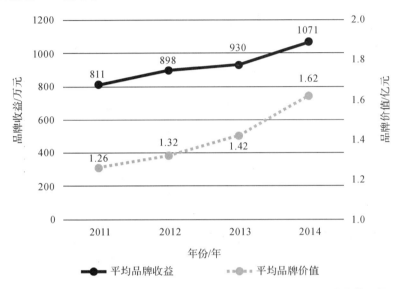

图 304　2011—2014 年四轮评估品牌的平均品牌收益与平均品牌价值比较

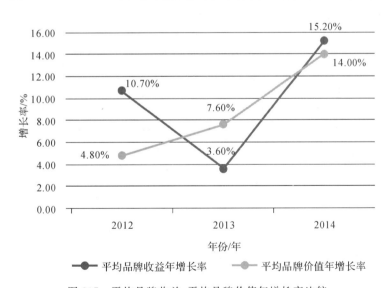

图 305　平均品牌收益、平均品牌价值年增长率比较

3.销售额连年增加

销售额是企业生产成果的货币表现,销售额的变化一定程度上体现了企业的发展情况。

比较四轮评估数据发现,参评品牌的平均销售额呈现持续上升态势,从 2010 年平均 7833 万元上升到 2013 年平均 11592 万元,连年稳定增长,整体涨幅达到 47.8%,如图 306 所示。超过 90% 的参评品牌近四年的销售额均处于上升趋势。也有少数品牌出现了销售额下滑现象,调查访谈中了解到,这些企业出现销售额下滑的原因多半是产量下滑、市场判断失误、品质下降等。

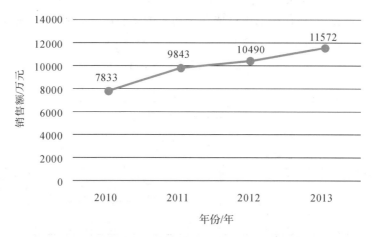

图 306　2010—2013 年各参评品牌的平均销售额比较

(二)品牌累积性数据:品牌强度的累积提升

1.品牌强度乘数累积进阶

品牌强度乘数是品牌的未来收益能力持续性的综合体现,由品牌领导力、品牌资源力、品牌经营力、品牌传播力和品牌发展力构成。

从平均品牌强度乘数来看,2011 年到 2014 年,参评品牌的平均品牌强度乘数稳定上升,从 16.21 到 16.55,如图 307 所示。这表明随着品牌的成长,品牌强度各项指标得到了累积发展。

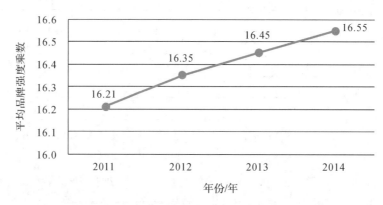

图 307　2011—2014 年四轮评估品牌的平均品牌强度乘数比较

在四次评估中,品牌强度乘数分布较均匀,历年均为两头小中间大,即高于 17 和低于 15 部分占少数,多数品牌强度乘数在 15—17 之间,如图 308 所示。变化在于:品牌强度乘数低于 15 的品牌逐年变少,由 2011 年的占比 16％变为 2014 年的 4％。这表明,随着时间推移,各参评品牌在品牌强度各个指数方面有所加强和进步。

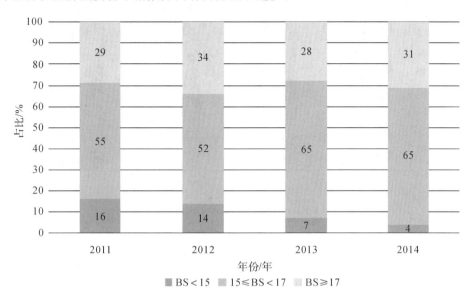

图 308　2011—2014 年四轮评估品牌的品牌强度乘数区间分布比较

2.品牌标准、认证和检测体系趋于完善

标准体系、认证体系、检测体系是茶叶品质的重要保证,品质是品牌的立足之本,拥有好的品质是品牌价值提升的必要因素。从评估品牌的统计数据来看,茶叶企业产品品牌的标准、认证、检测体系都在不断完善之中。以认证体系为例,2011 年取得绿色及绿色以上(包括有机)认证的品牌占参评品牌的 81.8％,这一数字到 2014 年增长为 85.7％,得到了累积增长。据农业部相关数据显示,截至 2013 年底,无公害茶园面积达 2462 万亩,比上一年度增加 194 万亩,增幅为 8.6％;有机茶园面积 228 万亩,增加 13.8 万亩,增幅 6.4％。这些数据都表明,茶叶质量安全水平在这几年得到了明显提高。

此外,通过调查访谈也了解到,越来越多的企业开始重视标准、认证、检测这三大体系的建设,进一步在自有基地中推行标准化建设,实施产品质量可追溯体系,形成自身企业的质量安全监管制度。并有越来越多的企业已创建或正在创建可供消费者直接查询的产品质量追溯系统。这一切都证明,各茶叶企业在提升茶叶产品品质等方面一直在作出努力。

3.品牌覆盖面、市场影响力累积扩大

市场对于企业产品销售而言至关重要,也是影响品牌价值的关键因素。企业对接市场有专营渠道、加盟连锁、区域经销代理等多种形式,除去销售量和销售额等数据,我们还可以透过其他数据看到市场的累积影响力。

纵观四年数据,我们看到各茶叶企业的市场覆盖区域在逐渐扩大,如图 309 所示,2011年局限在省内销售的品牌占比为 4％,但这一数据到 2014 年已降至 1％;在 5 个以上省份销售的品牌,由 2011 年的占比 82％上升为 2014 年的 88％,更多的茶叶企业品牌在不断扩张它们的销售范围,让更多的消费者能接触到产品。

出口情况也是如此。统计数据显示,4 年来参评品牌出口市场覆盖,由 2011 年的平均销

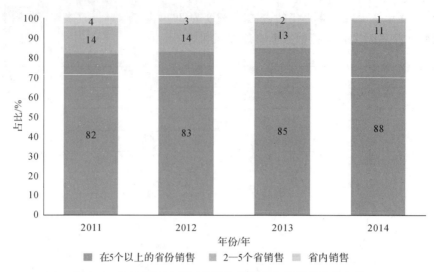

图 309　2011—2014 年四轮评估品牌的市场覆盖省份比较

售到 8 个国家和地区，扩张到 2014 年平均覆盖 10 个国家和地区。据中国食品土畜进出口商会茶叶分会统计，2002—2013 年，我国茶叶出口从 23 万吨增长到 32.58 万吨，出口量稳居世界第二位，出口规模持续增长，出口金额从 3.4 亿美元增至 12.47 亿美元，屡创历史新高，进一步印证了茶企产品品牌市场覆盖面不断扩张的趋势。市场的拓展带来了更多的销售和更广泛的消费者接触面，为企业产品品牌影响力和品牌价值的提升带来助力。

4. 品牌传播影响累积释放

随着品牌的持续传播以及时间累积，品牌自身影响力也得到了相应累积。四轮评估的品牌网络声誉调查数据显示，2011 年，每个评估品牌的平均检索相关信息量为 475379 条，2012 年为 612107 条，2013 年已上升为 773564 条，到 2014 年则为 940609 条，每年的平均网络检索相关信息量快速增长，表明相关品牌在持续的宣传投入、广泛的新闻信息传播后，影响力得到了累积增长（见图 310）。

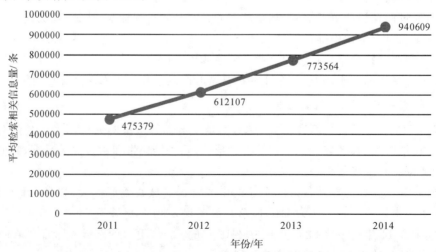

图 310　2011—2014 年四轮评估的年度网络检索相关信息量比较

与此对应的则是平均品牌知名度的提升。2011 年,参评品牌的平均品牌知名度得分为 53 分,2012 年为 64.52 分,2013 年为 66.38 分,到 2014 年则上升为 72.79 分,4 年间持续上升,如图 311 所示。4 年间,茶叶企业产品品牌的知名度得分从 60 分及格线以下上升了近 20 分,增长幅度达 37.3％。从数据曲线可见,随着品牌的发展,一般品牌知名度会继续累积,越来越高。

评估品牌的平均好感度曲线则不同,从图 311 可以看出其呈现轻微波动。2011 年和 2012 年的数据显示,平均品牌好感度分别为 64.04 分和 65 分,2013 年则下滑至 62.51 分,2014 年回升至 69.25 分。品牌好感度下降的原因众多,调查发现,个别品牌曝出品质下滑、农药残留、抽检不合格等负面报道,造成了品牌好感度的降低。对消费者而言,好印象和坏印象是同时累积的。

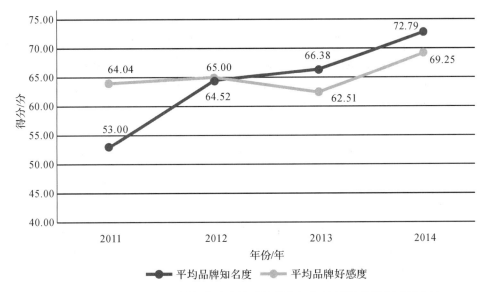

图 311　2011—2014 年四轮评估品牌的平均品牌知名度、平均品牌好感度比较

(三)品牌稳定性数据:品牌忠诚度稳定延续

品牌忠诚度因子反映消费者对品牌的忠实程度,主要表现在市场价格波动情况下,消费者购买该品牌茶叶的意愿。一般而言,价格的剧烈变化将导致品牌忠诚度的相对波动,品牌忠诚度因子作为品牌价值稳定状态的数字表达,成为观察品牌价值长期稳定性的最好视角。

如图 312 所示,从 2011—2014 年所有参评品牌的数据来看,平均品牌忠诚度因子从 2011 年的 0.913 到 2014 年的 0.886,都处于 0.8 以上。但数据也显示,尽管 4 年评估中参评品牌的平均品牌忠诚度因子均居于高位,但也出现了些许波动,特别从 2011 年平均品牌忠诚度因子 0.913 降至 2012 年的 0.865,这说明在 2012 年各参评品牌价格出现了较大幅度的波动。2013 年、2014 年两年平均忠诚度因子数据都在上升,也表明了价格波动在减弱,品牌忠诚度因子趋向稳定。

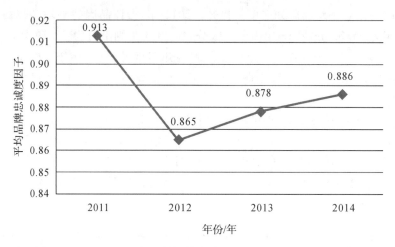

图 312 2011—2014 年四轮评估品牌的平均品牌忠诚度因子比较

从参评品牌的品牌忠诚度因子分布来看,如图 313 所示,品牌忠诚度因子低于 0.8 的品牌占比从 2011 年的 8% 上升到 2014 年的 15%,可见稳定程度下降的品牌数量略有增加。总体来看,品牌忠诚度因子处于中、高区间的品牌依然占比较大,高于 0.8 的区间虽占比略有下降,但仍在 80% 以上。这说明,参评品牌的品牌忠诚度因子整体虽略有波动,但仍保持相对稳定。由于品牌忠诚度因子计算的是 3 年数据,因此,这也说明了参评品牌在 2009—2014 这 6 年间,其价格出现了波动,品牌忠诚度因子水平受到了一定程度的影响,但影响不大。

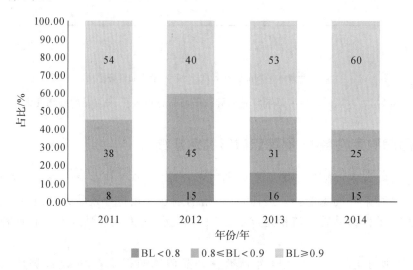

图 313 2011—2014 年四轮评估品牌的品牌忠诚度因子大小区间分布比较

二、洞察现象：行进中的变化趋势

(一)背景变化："名茶"时代走向"民茶"时代

近年来，随着茶叶消费市场的变化，越来越多的企业开始重新定位茶这一传统饮品，茶叶开始由"名茶"时代走向"民茶"时代，重新回归大众化消费。

大众化消费不仅仅指价格大众，而是更尊重大众的价值。对于大多数茶叶企业而言，做一杯安全、放心而且喝得起的好茶将成为主流。这一现象及趋势首先基于目前的政策导向和市场环境。农业部 2013 年茶叶数据显示，由于政策原因，名优茶价格明显下降，大众茶价格适度上升，全国大宗茶产值增幅加快，为 20.7%，而名优茶产值增幅减缓为 9.6%。随着政策的深入执行，相信茶叶消费大众化这一趋势将会保持。

中国人口结构改变也必然使茶叶更贴近大众消费者。麦肯锡《中国新一代务实型消费者》报告中谈到，对中国当代消费者消费习惯的深入研究可见，新一代的消费者更趋向务实型消费，表现在产品的品牌与品类选择上，消费更显理性，购物行为更明智。当受过良好教育的 80 后、90 后人群逐渐成为社会的中坚力量，也成为主要的发言群体和消费群体，未来茶叶市场的更多空间则留给茶叶产品本身。

此外，近年来，中国茶产业规模增速明显。各地区特别是贵州、浙江、福建等产茶重点地区将茶产业作为重点扶持产业，基地面积不断扩大。据农业部发布的 2013 年中国茶叶种植生产情况统计，2013 年茶园面积 3869 万亩，同比增长 253.8 万亩。规模的不断扩大带来了产量的持续增加，2013 年干毛茶总产量 189 万吨，同比增长 11.5 万吨，中国茶叶已连年增产增收，可以预计未来整个茶叶市场的销售压力。在这样的背景下，继续小而精的"名茶"时代显然已经不符合时代要求，拥有更广泛群众基础的"民茶"时代已经到来。

(二)渠道变化：茶叶电子商务全面开花

如果说，前两年茶叶企业在电子商务方面仍处于积极探索和突飞猛进阶段的话，2014 年茶叶电子商务可谓进入了"全面开花"时代。不仅越来越多的茶叶企业通过网上商店宣传、销售自身产品，而且越来越多的茶叶企业意识到电子商务与传统售卖的差异，并积极作出了相应改变。此外，越来越多专业的网络茶商开始出现。

自 2011 年茶行业兴起进军互联网热潮之后，传统的茶商、茶企纷纷进军茶叶电子商务，将眼光投向了网络卖茶领域。评估数据显示，2014 年，参评品牌在淘宝或其他网络平台拥有销售渠道的占比为 89%，而这一数据在 2011 年仅为 58%。增速如此明显，可见目前电子商务已渗入大部分茶叶企业的销售。随着微信、微博等新媒体形态的出现，相关电子商务功能的开拓与利用，相信未来茶叶品牌将会更加深入电子商务业务。

参评企业不仅在广度上将电子商务作为销售渠道的扩张，更注重电子商务的深入拓展。更多的茶叶企业意识到电子商务的特殊性，开始分析线上消费者与传统消费者的差异，重新规划品牌定位和产品线。如八马茶业、忆江南茶业等，纷纷对线上产品进行有针对性的调整，开发更适应电子商务的产品。

另一方面，电子商务作为一个新的市场平台，除了对传统茶企拓展市场提供助力以外，近年来，更造就了一批专业网络茶商。其代表品牌，如艺福堂近年来的销售节节高涨，2013年全年销售额突破2亿元。回顾历史可见，艺福堂在2006年成立时销售额不过4万元，在几年时间里增长了数千倍。目前，像艺福堂这样的专业网络茶商已越来越多地涌现。随着电子商务的"全面开花"，2014年，中国茶叶流通协会决定筹组"电子商务专业委员会"，这也从侧面反映了茶叶电子商务的蓬勃发展。

（三）合作变化：企业联盟的发展

调查发现，大多数茶叶企业产品品牌的价值额集中在5亿元以下，规模小、资金少，这是中国茶叶企业的现状。这些中小企业如何对抗市场？企业间的合纵连横必不可少。所谓合纵连横，即企业联盟，合纵注重团结，连横注重发展。

调查发现，茶叶企业之间合纵连横主要通过联盟等方式实现。前几年，企业联盟更多停留在渠道的拓展和相互学习上。如福建安溪铁观音集团、河南五云茶叶集团的战略合作，期望各自发挥企业优势，在销售网络方面相互共享。到2013年，联盟方式有了新的发展。更多企业意识到自身力量的局限，开始新的更紧密的企业联盟，如川茶集团联盟。该联盟由川茶集团股份倡议发起、30多家茶叶龙头企业共同成立，其主要作用是通过整合品牌、资金、产品等资源优势，改变过去传统的茶企单打独斗的情况，降低个企的投资风险，减少重复投资，整合川内茶企的各类资源，打造"川茶"大品牌。它更多地专注于市场销售的联合体，由联盟成员共同指定的第三方——专业销售公司开展统一经营管理。

如果说，川茶联盟是基于区域的联盟，那么，中国黄茶产业联盟则是基于品类的联盟。黄茶在古时享有盛誉，但在今天的消费市场，黄茶几乎很难与其他几大茶类抗衡。为了做大品类，发展企业，近年，湖南岳阳、四川雅安、安徽霍山等三地的黄茶主产区的龙头企业协同成立中国黄茶产业联盟，通过联盟的力量抱团宣传推动黄茶的影响力。2013年，这一联盟在湖南岳阳举办中国黄茶文化艺术节和中国黄茶产业发展论坛，在业界形成了一股黄茶热，企业联盟运作在黄茶影响力传播、企业抱团宣传等方面取得了一定的成功。

茶企通过多种形式的合纵连横谋求品牌的发展，合纵，以"积众弱为强"的思想策略，对抗强大的品牌；连横，深度开发自身资源优势，做大做强。可见，中国茶企在创建产品品牌的过程中，其经营主流将不再是以微弱的影响力各自独占资源，而是以竞合发展的方式，合理地再分资源、整合资源、共同出击。

（四）传播变化：传播手段精细化趋势

品牌传播是塑造和推广品牌的重要步骤，随着微博、微信等新传播媒介及互联网等新传播平台的兴起，我们欣喜地看到，茶叶企业的品牌传播手段呈现了精细化趋势。这种精细化趋势主要体现为对新媒体的进一步运用和与消费者的双向沟通。

调查发现，超过一半的参评品牌都设立了官方微博，且较多企业都将微博传播当作品牌传播的一部分，一些企业甚至专门安排团队实施微博营销。徽六茶业、普秀茶的官方微博保持了频繁的活跃度，吴裕泰则有每天一则茶知识和茶感悟的"老吴说茶"，艺福堂更是拥有14万的粉丝群，除了茶知识和健康知识分享，更侧重与消费者的交流互动，开展推广活动。调查显示,电子商务较活跃的企业如艺福堂、忆江南在微博上的活跃度更高,且微博传播内容更灵活,值得其他茶企学习。

除了微博,微信的兴起也给茶叶企业提供了更灵活、高效的推广平台。2013年广州茶博会上,微信"二维码"的身影随处可见,除了企业宣传册,还有企业的宣传海报、名片,甚至有参展企业的员工衣服、茶具上均印上了二维码。微信二维码的方便、快捷给茶企传播带来了很大便利,只要用手机扫描,即可进入企业微信平台。微信广阔的覆盖面和用户群也给品牌传播带来助力。据腾讯数据统计,截至2014年3月31日,微信月活跃用户总数达到3.96亿。目前,茶叶品牌利用微信传播主要在两个方面:一是公众平台的信息推送,茶叶品牌通过微信公众平台账号,定期将品牌有价值的信息直接推送给平台订阅用户。目前,大益、吴裕泰等品牌已经开通微信公众平台,这是单向的传播。二是微信平台的客服功能。用户就自己感兴趣的资讯进行查询,通过回复相关的数字代码或是文字代码,即可了解产品的特点、价格等,有些茶企的微信公众号还具有微信下单功能,通过微信会员优惠吸引稳定的消费者,同时保持双向沟通。可以相信,传播手段的精细化趋势将给茶叶企业的品牌成长提供更多助力。

三、应变对策:于变化中凸显品牌价值

(一)激活自身优势,挖掘品牌符号

1.确定品牌战略,走适合自己的道路

茶叶企业因为发展历程不同,各有其自身特色。审视自身、分析优劣,这是品牌战略的第一步。调查发现,一些茶叶企业在选择品牌战略上正作出积极尝试。如四川花秋茶业,将单一品牌拓展到多个品牌,原有的花秋品牌包含绿茶、花茶、新花茶等三大系列六十余个品种,花秋茶业新推出"天府飘雪"品牌,专售高端茉莉花茶。一些企业则整合其旗下品牌,如河南信阳毛尖集团,此前同时运营龙潭、五云山、陆羽等三个品牌,2013年则实施单一品牌战略,主推"龙潭"一个品牌。

单一品牌战略和多品牌战略是茶叶企业在战略选择时的不同模式,各有优劣。多品牌比单一品牌定位会更精准、抗风险能力和分散危机能力更强。单一品牌战略则更有利于节约传播成本,在短期内对品牌拉动力强。茶叶企业要根据自身条件做出适合自己的选择。

2.创新品牌精神,创造品牌符号

品牌精神是指一种能够代表品牌的富有个性的精神,是品牌在长期生产和经营中逐步形成的事业信念、价值观念。调查发现,受传统思想束缚,有些茶叶企业误以为品牌精神是"虚"的东西,是形式主义,或者误以为只有高端品牌才需要做文化、做精神。其实不仅是做高端品牌,只要想做大一个品牌,都需要赋予品牌以精神内涵与消费者进行精神沟通。比如可口可乐,代表着自由、活力、狂热的美国精神;立顿代表的是健康、快捷、时尚的生活方式;柯达公司卖的也不单是相机,而是人们留住永恒的记忆;同仁堂将自己的药品提升到"仁"的精神内涵,充分体现传统文化济世利人的道德价值,这些都是品牌精神的表达,茶叶企业若想真正成为一个让消费者敬佩、拥有高忠诚度的品牌,需根据自身情况创造属于自己的品牌

精神内涵。

品牌精神外化为品牌符号。符号是最简洁高效的沟通工具,将品牌所蕴含的理念符号化,帮助消费者简化他们对品牌的判断,通过视觉、声音、语言、色彩及其组合构成的符号体系,与消费者沟通。从某种意义上说,品牌是情感的符号。茶不仅仅是一种单纯的冲泡饮用的产品,它还是一种审美文化追求和思想、精神寄托,是消费者从物质享受到文化精神的符号化的介质。

无论是出于消费者的心理诉求,还是茶叶产品自身的文化属性,抑或行业竞争的市场要求,赋予产品以精神内涵,创造属于自己的品牌符号都将是未来茶叶产品销售的重要途径。

(二)累积传播创新互动,加深品牌关系

1.整合营销传播,维持消费者关系

品牌关系是品牌和顾客及其他利益关系者之间持久的联系。茶叶作为一种日常饮品,消费者重复购买可能性高,维持忠诚的品牌关系是节约沟通成本的有效途径。整合营销传播把营销传播活动看成是一个企业与消费者、供应商、分销商、竞争者、政府机构及其他公众发生互动作用的过程,其核心是建立和发展与这些对象的良好关系。这要求茶叶企业一方面把广告、促销、公关、直销、包装、新闻媒体等一切传播活动都涵盖到营销传播活动的范围之内;另一方面,则要求企业能够将统一的传播信息传达给消费者。

因此,茶企应当充分运用与自身结合的符号,强化符号力量、体现精神寄托,借助整合营销实现品牌的有效传播、建立品牌的消费关系。

2.对接新渠道新媒介,加深消费者互动沟通

在社交媒体日益发展的大环境下,各种新沟通渠道的兴起为茶叶企业和消费者之间构建更亲密的关系提供了可能,而如何利用好新渠道新媒介做好相应的对接,进一步加深与消费者互动沟通则是茶叶企业需要重视的问题。

如利用微信等新媒体与公众进行交流、互动,微信拥有互动性实时性强、精准到达率高等强大的功能属性,通过微信公众号向公众展示其微官网、微会员、微推送、微活动等,吸引到更多的关注品牌的粉丝,在潜移默化中将其普通粉丝转化为忠实粉丝,认可品牌,进而成为忠诚消费者。利用电子商务平台,与意向茶叶消费人群建立强有力的关系,一方面找到茶叶销售的新渠道,另一方面将之作为传播茶叶产品信息的媒介,直接实现与消费者点对点的互动沟通。

(三)关注消费市场,提升品牌价值

对于身处品牌消费时代中的人来说,一个人所消费的产品,都是他自己的或者某一个群体的认知符号。注重消费者个人价值的体现,增加品牌附加值,是茶企做强自身品牌的命脉。

消费者饮茶,出自解渴、社交、文化、审美、精神寄托等不同层次的需求,不同的消费群体对茶叶的消费需求不同。茶叶在消费者生活中的角色、出现的场所也不尽相同,如日常生活、办公商务接待、礼品社交、情趣茶艺等。因此,茶叶企业需要面对消费市场,分析消费者需求,考

虑到不同消费环境,制定对应发展方向,以此提升品牌的附加值。更进一步,茶叶品牌的消费具有象征性,消费者不但消费茶叶本身,而且消费不同品牌的茶所象征或代表的某种文化社会意义,包括个人的心情、美感、身份、气氛、情调,因此具有文化再生产或消费情绪、欲求的再生产特征。消费者通过对茶品牌的消费,实际上建构了一种生活方式或价值的新秩序,"茶"也就成为多义的开放性文本。根据不同消费群体的不同的价值取向,在满足产品需求的同时,以品牌形象满足其象征需要,也是获得更高附加价值的方式。总之,通过洞察消费需求生产适销对路的产品,并塑造合适的品牌形象以满足消费者的象征需求,将为企业带来更多利润。

结　语

当前,中国茶产业发展迅猛,茶叶产量屡创新高,至2013年,已连续19年增产增收,给未来茶叶企业的发展带来更多的市场竞争压力。同时我们也看到,喝茶已成为越来越多中国人的生活习惯,茶作为社会生活中不可缺少的健康饮品和精神饮品,正被越来越多的人接受、喜爱和追求,且与其他国家相比,中国人均茶叶消费量仍有很大增长空间。我们有理由说,茶叶消费市场潜力很大。

这是一个竞争的时代。未来茶叶品牌的竞争压力巨大,但同时茶叶消费市场潜力无限,蕴涵着更多的可能性。只要中国茶叶企业勇于突破、敢于创新,相信将会打造更强大的品牌。

附表:2014年中国茶叶企业产品品牌价值评估结果(前100位)

序号	品牌名称	品牌价值(亿元)	序号	品牌名称	品牌价值(亿元)
1	大益	12.82	16	文新	3.65
2	吴裕泰	11.34	17	迎客松(GREETING PINE)	3.42
3	吉祥鸟(LUCKY BIRD)	7.85	18	绿雪芽	3.37
			18	雪青	3.27
4	春伦	7.83	19	雾里青	3.13
5	采花	7.82	20	碧螺	2.98
6	更香茗茶	7.57	20	徽六	2.98
7	汉家刘氏	6.32	21	雨佳	2.94
8	新坦洋	6.26	22	武夷星	2.86
9	崟露	5.76	23	太姥绿叶	2.83
10	绿剑	5.27	24	九华山	2.77
11	巴陵春	5.1	25	龙潭	2.72
12	品品香	5.03	26	宜	2.66
13	吟春碧芽	4.15	27	誉达茶业	2.49
14	凤	3.96	27	清茗	2.49
15	汪满田	3.85	28	普秀	2.44

续表

序号	品牌名称	品牌价值（亿元）	序号	品牌名称	品牌价值（亿元）
29	三鹤	2.43	58	多奇	1.63
30	绿芳	2.34	59	定心	1.62
31	浮瑶仙芝	2.31	60	黄之江	1.6
32	天峰	2.3	61	浮红	1.56
33	洪通	2.27	62	福茗芳	1.55
34	花秋	2.24	62	茂圣	1.55
34	碧涛	2.24	62	天方	1.55
35	忆江南	2.23	63	银龙	1.54
36	岩中玉兔	2.15	64	名峰山	1.53
37	大山坞	2.11	65	瑞达	1.51
38	金鹿	2.06	66	茗红	1.47
39	黄花	2.02	67	品雅有机茶	1.46
40	碧云天	1.99	68	巴南银针	1.43
41	悟道茶	1.98	69	天毫	1.42
42	宋茗	1.95	70	雨泰茗茶	1.38
43	嘉竹	1.92	71	仰天雪绿	1.35
44	隽永	1.91	72	大明山	1.33
44	味独珍	1.91	73	嘉竹绿茶园	1.31
45	艺福堂	1.9	73	川	1.31
46	天壶	1.88	74	鑫品	1.28
47	三万昌	1.84	75	青钱神茶	1.27
48	九龙山	1.81	76	秦汉相府	1.26
49	裕荣香	1.8	76	玲珑	1.26
50	高黎贡山	1.77	77	张元记	1.21
51	西竺	1.76	77	盘龙	1.21
52	黄府茶行	1.75	78	郯公山	1.2
53	蒙山龙雾	1.72	78	千道湾	1.2
54	舒绿园	1.71	79	天醇	1.19
55	咏萌	1.69	80	古洞春	1.18
56	肖坑	1.68	81	福百祥	1.17
57	羊岩山	1.64	81	九华红	1.17

序号	品牌名称	品牌价值(亿元)	序号	品牌名称	品牌价值(亿元)
82	皇茗园	1.12	92	春辉	0.83
83	浪伏	1.1	93	极北云岫	0.81
84	台品	1.09	94	芭蕉	0.78
85	沂蒙春	1.06	95	顶峰茶业	0.77
86	双园	1.03	95	乡雨茶	0.77
87	凯达	1.02	96	正山堂	0.73
88	陈升号	0.97	97	御玺	0.72
88	上茗轩	0.97	97	春山	0.72
89	安池	0.9	98	林生	0.69
90	花枝山	0.86	99	坪春	0.68
91	谭家桥	0.84	100	兰草	0.67
92	西岩山(Xi Yan Shan)	0.83			

声明:本研究中所估算之品牌价值,均基于茶叶品牌持有单位提供的相关数据及其他公开可得信息,且是运用浙江大学 CARD 中国农业品牌研究中心茶叶企业产品品牌专用评估方法对采集的数据处理的结果。

2015：中国茶叶企业产品品牌价值评估报告（数据跨度：2012—2014）[*]

前　言

茶为国饮。发于神农，闻于鲁周公，兴于唐朝，盛于宋代。古时茶马古道即是茶叶流通之道，闻名中外的丝绸之路运输的不仅是丝绸，更有茶叶。在中国茶的发展历史上，出现过很多以茶为经营主项的商号。时至今日，伴随现代企业制度的建立诞生了诸多茶叶企业。茶叶企业的产品品牌作为直接面向消费者、对接市场的核心载体，在茶业增效、茶农增收、茶产业转型升级中发挥着不可替代的重要作用。

从 2011 年起，浙江大学 CARD 中国农业品牌研究中心和《中国茶叶》杂志、中茶所中国茶叶网联合组建课题组，致力于"中国茶叶企业产品品牌价值评估"专项研究。五年来，我们不仅见证了中国茶叶企业产品品牌价值的整体上升发展，看到了中国茶叶企业产品品牌的波动发展历程，更体察到了茶叶企业产品品牌成长过程中的变化与趋势。

2015 年，在 2011—2014 年四轮品牌价值研究的基础上，课题组继续开展相关研究，历时五个月，通过对品牌持有单位、消费者、大众传媒、专家等对象进行多方调查，从中国大陆上千个茶叶企业产品品牌中，根据材料的真实性、完整性等标准，最终完成了对 178 个茶叶企业产品品牌的价值评估。

一、数据解读：价值上升，增幅趋缓

本次评估依然沿用了浙江大学"CARD 农产品品牌价值评估模型"，品牌价值＝品牌收益×忠诚度因子×品牌强度乘数。下面，对依据该模型及指标体系而获得的相关数据进行分析。

（一）整体比较：波动中增长

纵观五轮价值评估数据，中国茶叶企业产品品牌的整体成长趋向良好，品牌价值、品牌收益总体在波动中向上，品牌强度、品牌忠诚度在波动中趋于稳定。

1.品牌价值与品牌收益：波动中增长

五轮专项评估数据显示，被评品牌平均品牌价值连年上升，从 2011 年的 1.26 亿元上升到 2015 年的 1.66 亿元。比较历年评估的平均品牌收益可见，2014 年被评品牌的平均

---

[*] 本报告发表于《中国茶叶》2015 年第 6 期。

品牌收益为1071万元,比2013年的930万元高出141万元,到了2015年,被评品牌平均品牌收益稳定在1079万元,表现出品牌收益先上升后稳定的现状,具体如图314所示。

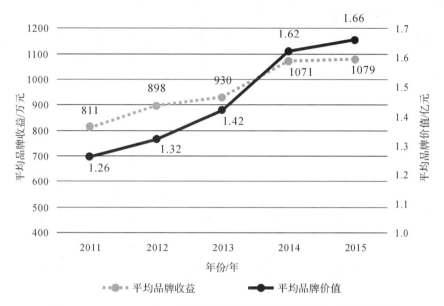

图314　2011—2015年五轮参评品牌的平均品牌价值与平均品牌收益

　　如图315所示,比较2011—2015年被评品牌的平均品牌价值和平均品牌收益的年度变化可见,平均品牌价值增长率最低时2.47%,最高时达到14.08%。其中,2013—2014年平均增长率持续上升,品牌价值整体保持较快的增长趋势,但2014—2015年增长率放缓,表明上升势头减弱。平均品牌收益变化方面,2012—2013年,平均品牌收益增长率为3.56%,2014—2015年为0.75%,其余年份增长率均超过10%,表明虽总体增长,但增长率有波动。

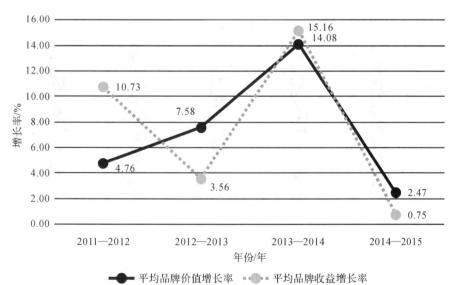

图315　2011—2015年五轮参评品牌的平均品牌价值及平均品牌收益增长率变化

2.品牌强度：波动中上升

品牌强度乘数由一组表征品牌强度程度的因子加权综合得出，衡量的是品牌的领导力、资源力、经营力、传播力和发展力等指标的水平。

比较五年评估数据发现，2011 年，被评品牌的平均品牌强度得分为 69.82 分，2014 年这一数值上升至 71.70 分，2015 年重新回落至 70.72 分。如图 316 所示，2011—2014 年平均品牌强度得分保持平稳上升，2014—2015 年则稍有下滑，但从线性来看，整体仍处于上升趋势。

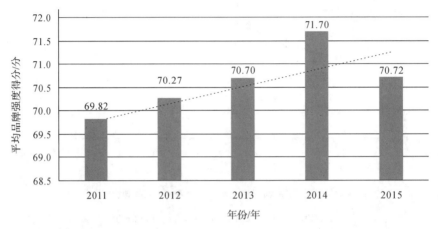

图 316　2011—2015 年五轮被评品牌的平均品牌强度得分比较

从参评品牌在 2014—2015 年两度评出的品牌"五力"得分情况来看，品牌资源力和品牌传播力得到了累积提升，品牌领导力和品牌经营力稍有下滑，品牌发展力较为平稳。具体数据见图 317。

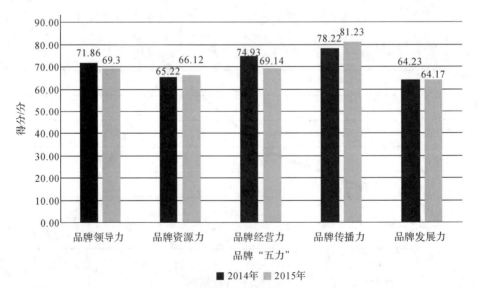

图 317　2014—2015 年参评品牌的平均品牌"五力"得分比较

3.品牌忠诚度：波动中趋平稳

品牌忠诚度因子反映消费者对品牌的忠实程度，主要表现在市场价格波动情况下，消费者购买该品牌茶叶的意愿。一般而言,价格的剧烈变化将导致品牌忠诚度的相对波动,品牌忠诚度因子作为品牌价值稳定状态的数字表达,成为观察品牌价值长期稳定性的重要指标。

如图318所示,平均品牌忠诚度因子从2011年的0.913到2015年的0.901,两个数据差异甚小。但在2011—2015年间的其他年份,品牌忠诚度因子出现过较大的波动,如2012年,平均品牌忠诚度因子低至0.865。这说明,2011—2012年各被评品牌的价格出现了较大幅度的波动,从而影响了消费者对品牌的购买意愿。2013年、2014年、2015年,参评品牌的平均品牌忠诚度因子均持续上升,表明了2012—2014年参评品牌的价格波动在减弱,品牌忠诚度因子趋于稳定。

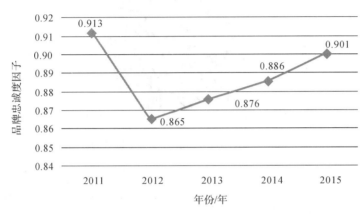

图318　2011—2015年五轮参评品牌的平均品牌忠诚度因子比较

(二)个体差异:不同品牌的表现

1. 价值差异

从年度平均值比较来看,参评品牌的品牌价值整体稳步成长,但不同品牌之间的表现差异显著。本次参评的178个茶企产品品牌中,只有一个品牌(吴裕泰)的品牌价值超过10亿元;品牌价值超过5亿元的品牌10个,占总体参评品牌的6%;大多数品牌价值在5亿元以下;1亿元以下品牌的占比高达46%。这表明,虽然中国茶叶企业产品品牌的价值处于不断成长发展的进程中,但整体品牌价值依然偏低。具体如图319所示。

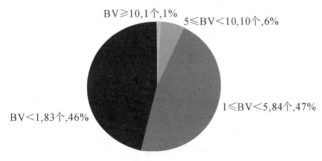

图319　2015年参评品牌的品牌价值区间分布

注:BV为品牌价值,单位为亿元。

2.市场差异

市场是影响品牌价值的关键因素。2011 年的评估数据显示,局限在省内销售的品牌占比为 4%。但这一数据到 2015 年已降至 1%。2015 年被评品牌的市场覆盖区间分布中,占比 65% 的品牌在 10 个以上省份销售,超过 30% 的品牌销售范围小于 10 个省,市场覆盖有限,具体如图 320 所示。

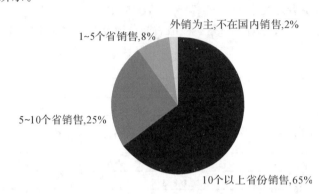

图 320   2015 年被评品牌的市场覆盖区间分布

不同的企业有不同的市场。被评品牌中,有少数品牌在国内极少销售,产品主要外销。这些品牌的国际市场销售数据显示,销售量下降,但销售额上升。如安徽茶叶进出口有限公司的 LUCKY BIRD 吉祥鸟品牌,近年来出口销售量下降,但销售额稳中有升。此外,据我国海关统计,2014 年,我国茶叶出口 30.1 万吨,同比下降 7.5%,出口金额 12.7 亿美元,同比上升 2.1%。海关统计数据印证,中国茶叶出口市场出现了销售量下降,销售额上升的重要变化。

同时,各茶叶企业陆续进入电子商务领域,线上销售也发生了变化。如图 321 所示,2015 年,在淘宝或其他网络平台拥有网络销售渠道的被评品牌占比为 90%,这一数据在 2011 年时仅为 58%。这说明,有近 90% 的被评品牌已拥有网络销售渠道,电子商务已成为茶企拓宽市场的常态化途径。

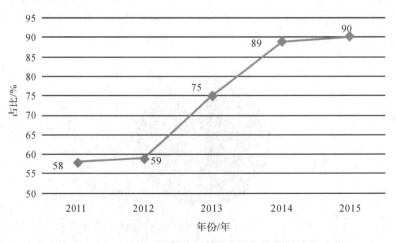

图 321   2011—2015 年被评品牌拥有网络销售渠道的比率

3.品牌"五力"比较

有投入方有回报。被评品牌在传播投入、市场拓展、认证检测等各方面的努力都会通过数据体现在品牌强度的各项指标中。表53是本次评估中品牌强度得分最高的10个品牌的得分情况。其中,安徽省六安瓜片茶业股份有限公司的"徽六"品牌以86.57的高分位居榜首。其次是福建品品香茶业有限公司的"品品香"牌、福建天湖茶业有限公司的"绿雪芽"牌和湖北采花茶业有限公司的"采花"牌,得分均在86分以上。

表53　2015年参评品牌的品牌强度得分前10位

序号	企业名称	品牌名称核准	品牌强度得分
1	安徽省六安瓜片茶业股份有限公司	徽六	86.57
2	福建品品香茶业有限公司	品品香	86.16
3	福建省天湖茶业有限公司	绿雪芽	86.15
4	湖北采花茶业有限公司	采花	86.11
5	浙江省诸暨绿剑茶业有限公司	绿剑	85.88
6	安徽茶叶进出口有限公司	迎客松(GREETING PINE)	85.44
7	福建武夷星茶业有限公司	武夷星	85.08
8	福建春伦茶业集团有限公司	春伦	84.39
9	贵州贵天下茶业有限责任公司	贵天下	84.14
10	信阳市文新茶叶有限责任公司	文新	83.98

表54是最具"五力"的品牌,其中贵州贵天下茶业有限责任公司的"贵天下"品牌的整体品牌强度得分为84.14分,但品牌发展力得分居所有被评品牌之首,达到87.60分,表现出强劲的发展势头。

表54　2015年参评品牌的"品牌强度五力"得分最高品牌

品牌强度压力	企业名称	品牌名称	得分
品牌领导力	湖北采花茶业有限公司	采花	93.75
品牌资源力	安徽茶叶进出口有限公司	迎客松(GREETING PINE)	91.25
品牌经营力	福建品品香茶业有限公司	品品香	90.40
品牌传播力	福建武夷星茶业有限公司	武夷星	98.00
品牌发展力	贵州贵天下茶业有限责任公司	贵天下	87.60

表55为2015年品牌评估中"品牌强度五力"位于前列的品牌。

表 55　2015 年参评品牌的"品牌强度五力"前五强品牌

品牌领导力前五位	
企业名称	品牌名称
浙江省诸暨绿剑茶业有限公司	绿剑
福建春伦茶业集团有限公司	春伦
湖北采花茶业有限公司	采花
安徽茶叶进出口有限公司	吉祥鸟(LUCKY BIRD)
福建满堂香茶业股份有限公司	满堂香
品牌资源力前五位	
企业名称	品牌名称
安徽茶叶进出口有限公司	迎客松(GREETING PINE)
安徽省六安瓜片茶业股份有限公司	徽六
安徽茶叶进出口有限公司	吉祥鸟(LUCKY BIRD)
福建省天湖茶业有限公司	绿雪芽
湖北采花茶业有限公司	采花
品牌经营力前五位	
企业名称	品牌名称
福建品品香茶业有限公司	品品香
福建省天湖茶业有限公司	绿雪芽
浙江省诸暨绿剑茶业有限公司	绿剑
安徽茶叶进出口有限公司	迎客松(GREETING PINE)
安徽省六安瓜片茶业股份有限公司	徽六
品牌传播力前五位	
企业名称	品牌名称
福建武夷星茶业有限公司	武夷星
贵州贵天下茶业有限责任公司	贵天下
福建品品香茶业有限公司	品品香
湖北采花茶业有限公司	采花
勐海陈升茶业有限公司	陈升号
品牌发展力前五位	
企业名称	品牌名称
贵州贵天下茶业有限责任公司	贵天下
浙江安吉宋茗白茶有限公司	宋茗

福建武夷星茶业有限公司	武夷星
信阳市文新茶叶有限责任公司	文新
湖北省赵李桥茶厂有限责任公司	川

二、现象洞察:新常态、新心态

(一)茶叶市场的新常态

21世纪开始,中国茶业一路高歌猛进、快速发展,农业部统计数据表明:中国茶业的复合增长率达到20%。具体表现为2000—2014年中国茶园面积的年增幅都在100万亩以上,产业总规模进入千亿时代。但是,由于国内消费环境的变化,从2013年起,礼品茶、中高档茶市场持续遇冷。评估数据显示,2012—2014年名茶市场依旧疲软。此次被评的178个品牌中,18个品牌的销售量在2014—2015年出现了不同程度下滑,占被评品牌总量的10%,这些品牌多半定位为高价礼品茶。与高价礼品茶"遇冷"形成鲜明反差的是,大众茶销售"量价齐升",如定位为大众茶的忆江南和艺福堂,近几年销量都是连年增长。大众茶销量增长证明了国人饮茶之风的普及,更证明了大众饮茶市场不仅是现实存在的,而且上升空间无限,茶叶消费大众化成为茶叶市场新常态。

(二)食品问题频发背景下的质量意识

近年来,食品安全问题频发,茶行业也未能幸免,接连曝出稀土超标、农残超标的负面新闻,严重影响了中国茶产业与茶企业的整体信誉。

品质是品牌的立足之本,拥有好的品质是品牌价值提升的必要因素。标准体系、认证体系、检测体系是茶叶品质的重要保证。从被评品牌的统计数据来看,茶叶企业产品品牌的标准、认证、检测体系都在不断完善之中。以认证体系为例,2011年,取得绿色及有机等认证的品牌占被评品牌总体的81.8%,2015年,该数据增长到86%。越来越多的品牌获得了更严格的认证,2015年被评的178个品牌中,有30个品牌获得了GAP认证,8个品牌获得了HACCP认证。数据表明,各茶叶企业提高了品质管理意识,并做出了相应的努力。

(三)电子商务的波动式发展

2011—2014年的中国茶叶企业产品品牌价值评估报告中,分别用"积极探索""突飞猛进""全面开花"来形容茶叶企业产品品牌在电子商务领域的发展。纵观2014年数据,我们可以将其概括为茶叶电子商务"转型发展"的一年。

数据显示,2015年被评品牌拥有网络销售渠道的品牌占比为90%,而这一比例在前四年分别为58%、59%、75%、89%;2014—2015年被评品牌的电子商务拓展在量上出现了提升缓慢的现象。访谈调研结果告诉我们,传统茶叶企业总体上对网络的认知度不高、操作专业化程度低,许多茶企跟风进入电商领域,不久就因业绩惨淡而萌生退意。传统茶企在没有认识到互联网思维的重要性的前提下进入电子商务,机械地将线下的传统商业模式生搬硬套到互联网上,打价格战,没有创建网络品牌及其个性,最后遭遇滑铁卢,阻碍了茶叶电子商务的高效发展。

三、未来应对:整合力量,创新业态

2015 年的评估数据显示,中国茶产业的企业规模小、单个企业的市场占有率低、单个品牌的价值不高等特征依然延续。

面对上述现实,我们应当如何去应对? 如何提供既适合中国茶产业现实又具有国内外市场竞争力的有效提升建议?

过去,面对一系列数据时,我们会有一种自发的担忧,担忧中国茶产业经不起国内外市场竞争的风浪,每一只茶叶企业的船都太小;我们会有一种"他山之石可以攻玉"的期待,到国际的同行中去寻找模板、建立标准;我们会有一种急切的心态,期望工商资本、风险投资早日投身茶产业,形成茶产业的"工业革命"。总之,我们期待改变,期待通过规模化、标准化、工业化改变中国茶产业品牌小而多的现状;期待在小而散的茶产业基础上,打造中国茶叶的航空母舰,驶入国际茶产业竞争市场并大获全胜。

但是,这么多年过去了,中国茶企的"航空母舰"并未形成。中国茶企的未来应当如何走?

2015 年 5 月 26 日,中国茶叶品牌馆授牌仪式之后,"中国茶业品牌与文创高峰论坛"上,各位专家观点纷呈。

杭州茶叶研究院院长张士康:通过育壮"茶产业树",政产学研商联动,做好行业品牌;挖掘与梳理独有资源,做好个性化、专业化、公共性的企业品牌;培育消费者认知品牌,三方联动有效融合,塑造茶业品牌。

中国茶叶研究所副所长鲁成银:提出"二元分类"理论,茶分为地缘茶与非地缘茶。中国茶业品牌建设要充分考虑自身优势,建立大众茶—礼品茶—顶级茶的金字塔结构的消费体验,融合第三产的发展,突出地域的文化、健康等概念,打造自身独有的品牌。

浙江大学 CARD 中国农业品牌研究中心主任胡晓云:品牌经济是以实体经济为基础的符号经济,是以消费者心智占领为目的的关系经济,是以产品与符号的意义构成为价值的价值经济。未来,我们应当以实体经济、资源经济为基础,创造符号经济、关系经济、价值经济。中国茶要重视大众市场、个性消费的关系处理。

祥源茶副总经理吴锡端:树立产品的识别度和口感识别度,营造品牌口碑。

艺福堂总经理:互联网是工具和手段,产品和品牌才是核心与灵魂,要注重服务体验,提升产品的服务体验。

上述专家建议,看似各说各的,其实呈现了较为共通的观点:根据中国茶产业的资源特征与现状,根据品牌经济、互联网时代的消费特征,寻找适合中国茶产业现状、中国茶产业特征的品牌建设道路。

（一）中国茶产业面临的消费市场特征

21世纪，消费者的生活态度、价值观发生了重要变化，其消费形态也随之发生了重要变化。

1.多元消费、个性消费、符号消费、价值消费成为趋势

虽然依然存在着跟风消费等现象，但消费者越来越理性、越来越自主，其价值主张也越来越多元，因此，形成了多元、个性化的消费趋势，越来越注重符号消费、意义消费、价值消费。

图322"新生活世界模型"显示，当今与未来的消费者不仅仅是生物人，更是社会人、符号人。他们在日常世界中生存，在现实世界中交流（社会界）、提升（向上界）、实现娱乐体验（游戏界），获得自我的存在感（个人界），在象征世界中超越物质状态，获得纯粹的意义与价值的象征消费。这些不同的象征消费，满足着他们各自的不同需求，如通过某个物品或品牌的消费，满足眷恋的需求（眷恋界）；通过某个产品或品牌的消费，显示自己的个性追求（符号界）与价值信仰（信仰界）；通过某个产品或品牌的消费，实现了美的体验与消费满足（审美界）。

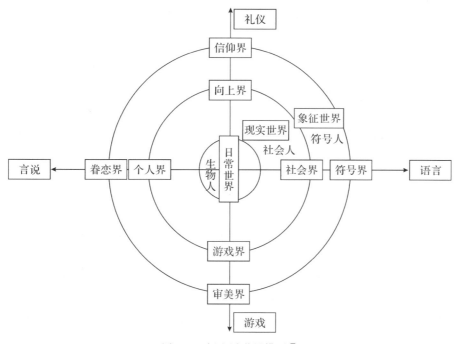

图 322　新生活世界模型①

在新的生活世界里，消费者的需求呈现出多样化、象征性特征。多样化消费，给不同个性的茶叶产品或品牌提供了多元对接的机会。不同的品类、不同的口感、不同的形态都能够有对应的消费人群，而寻求多样化消费的人群则更喜欢个性、小众、稀缺的茶产品。中国六大茶类，每一类茶的品类特征及其不同地域、不同制作工艺产生的个性化产品，都能够受到一定的消费者追捧或忠诚消费。象征性消费越来越盛行，使得消费者对茶产品的地缘资源、

---

① 胡晓云：《品牌价值评估研究》，杭州：浙江大学出版社，2013年。

文化资源、历史渊源、制茶工艺、品牌故事等体现的象征性内涵更感兴趣,茶产品成为某种意义、价值的象征。

2.互联网的兴起与飞速发展,改变了人们的生活方式和消费方式

数据显示,2014年全球网民数量已达30亿。2015年,全球网民数量将达32亿。而在2000年,全球的互联网用户才7.8亿人。随着移动互联网的出现,全球移动互联网用户已超过10亿,中国的用户已达到5亿。消费者通过互联网购买茶产品的几率将越来越高。2008年成立的"艺福堂",只用了7年时间就成为茶产业的"互联网领导品牌"。本次调研数据显示,艺福堂2011—2014年的茶叶销售额分别为7500万元、12800万元、20500万元、25000万元,短短四年时间,其销售额便从7500万元上升到25000万元,增长了3倍多。这与艺福堂品牌迎合了消费者的互联网消费方式有重要的关联。

3.消费者缺乏消费安全,品牌背书成为营销重点

5月17日,央视新闻频道《每周质量报告》栏目播出的"验茶"节目曝光了一批全国知名的茶叶品牌产品在茶叶污染物、茶叶农残、茶叶等级以及市场售价等方面存在的问题。中国消费者对中国农产品的质量安全问题缺乏信心,同时,对境外茶品牌有着先入为主的盲目信赖。因此,中国茶产品的营销中,品牌背书、行业背书等成为营销重点。

(二)中国茶产业的品牌新生态

课题组认为,根据消费者的消费趋势与消费方式的变化特征、中国茶产业的现状特征,中国茶产业、中国茶企应当建立一个适合中国茶产业的历史与现实、消费与生产、竞争与发展的品牌新生态。该品牌新生态,由代表中国茶产业的国家品牌形象与内核的中国茶产业品牌、具有不同个性与文化价值的中国茶企业(产品)品牌联合构成。该品牌新生态将拥有强大的中国茶行业品牌、个性突出的"小而美"的企业(产品)品牌、以地缘资源为特色的产地品牌、以渠道资源为优势的互联网电商品牌、超市品牌、O2O品牌……这些不同类型的品牌共同构建既有"中国茶"综合特征与民族文化个性的大产业品牌,又创造出不同层次、不同消费者、不同个性、不同优势、不同品类的茶品牌和谐共处、联合竞争的品牌新生态。

如图323所示,将"中国茶产业的品牌新生态"用阴阳相生、对立竞争又资生依存、相生相长的太极图来表示,整个太极图为中国茶的产业品牌图。其中,基于"地缘"优势的产地品牌与企业(产品)品牌之间,形成中国茶整体的产业品牌与各个不同区域的茶叶区域公用品牌、各个不同的区域公用品牌与区域内企业(产品)品牌的多重母子品牌关系;非地缘品牌包括以渠道资源为优势的互联网茶叶品牌、商超茶叶品牌、自营连锁加盟品牌等,以资源整合获得文创附加价值的茶叶文创品牌等。这些品牌的共通特征是品牌的产生并没有显著的地缘资源,但是,他们可以借助渠道资源、文创概念等利用地缘资源,形成超越地域界限的非地缘品牌。

图 323　中国茶产业品牌新生态结构

1. 中国茶的行业品牌"中国茶"

中国茶在世界茶产业中的位置一直比较尴尬。历史地位、品种品质、种植面积、产品数量、个性特征、文化独特性等均排在前列,但始终在国际市场上无法有更大的品牌作为和高溢价成就。虽然"七万茶企不敌一家立顿""立顿入口龙井洗手"等说法过于长他人志气灭自己的威风,但中国茶在国际市场上的原料茶地位并未得到根本的改变。因此,在世界的舞台上,着力打造"中国茶"的品牌形象,提升"中国茶"的行业特色,势在必行。在"中国茶"的品牌塑造中,如何利用"一带一路"的开放政策、如何利用中国茶的历史文脉与日益壮大的规模效应、如何与国家品牌塑造与传播之间形成互为融合的战略,值得更深入研究。

2. 以地缘资源为特色的产地品牌与母子联动品牌模式

茶是自然风物。区域环境资源、生态地理自然资源对其品质、品种、文化的独特性有重要的制约力。从中国地大物博、茶资源丰富、茶品种特色显著的地缘优势出发,打造一系列的品种独特、品质独特、工艺独特、文化独特的产地区域公用品牌,同时形成区域公用品牌与区域内企业(产品)品牌的品牌联盟与集聚,造就基于地缘优势的品牌整合力。"中国茶"产业品牌、区域公用品牌(西湖龙井、安吉白茶、安溪铁观音等)、区域内企业(产品)品牌(大益牌普洱茶、八马牌安溪铁观音、贡牌西湖龙井、祥源牌祁门红茶等)之间形成抱团发展、互动提升的格局。

3. 结合非地缘资源优势,打造非地缘品牌族群

地缘有其优势,也有其规模发展的局限性和资源制约性。利用互联网、创意思维的接触互动优势、产品渠道资源、文创附加价值优势,塑造如艺福堂(互联网茶叶品牌)、忆江南(商超茶叶品牌)、吴裕泰(连锁专卖店)、初印茶社(移动互联网文创品牌)等非地缘品牌,并从互联网生存、全球市场的角度出发,形成突破地缘限制的流通品牌或创意性品牌。

4.整合地缘与非地缘优势,打造兼具整合优势的整合品牌

地缘与非地缘之间,可以你中有我,我中有你,形成整合地缘与非地缘优势的整合品牌。英国的川宁与立顿、美国的"茶业共和国"、德国的"日历茶"、印度的"塔塔"、新加坡的"TWG"、澳大利亚的"T2"、日本的"伊藤园"等,都是相对结合地缘优势,同时顺应互联网世界、全球族群出现而不断超越地缘文化的茶叶品牌。这种品牌的优势,是能够整合地缘、非地缘双重优势,形成强大的整合价值,并连接消费者的现代感与时尚文化,吸引到新新人类的消费,形成巨大的消费市场。

(三)中国茶产业的产业超越

本次品牌价值评估的数据显示,当前,中国境内的众多茶企的主业多为茶叶生产与茶叶销售,其品牌的主体产品是茶叶或者初加工的茶叶产品,产业延伸不多。

产业延伸的价值,在于可以充分利用一个品牌的品牌影响力、品牌延伸能力,将品牌塑造的成本最小化,将品牌资产、品牌价值最大化。

其他国家的涉茶企业如英国的立顿、日本的"伊藤园"等品牌,均实现了原茶、茶饮料、抹茶或茶粉、茶深加工、茶添加食品、茶文化体验、茶旅游等环节的整合,创建了一二三产业的绵长产业链。一个品牌统辖一条长产业链,并在产业链的不同阶段分别获得不同的品牌影响力、品牌经济效益、品牌社会价值。

通过资本投入、技术创新、专利开发、文化挖掘等,形成中国茶的系列产业链,实现中国茶产业的产业超越,实现中国茶行业品牌、区域公用品牌、企业(产品)品牌的多重资源整合、产业链接,实现"中国茶"的现代化经营,完成与现代消费市场的对接,这是摆在中国茶人面前的新挑战。

附表:2015 年中国茶叶企业产品品牌价值评估结果(前 100 位)

序号	企业名称	品牌名称	品牌价值(亿元)
1	北京吴裕泰茶业股份有限公司	吴裕泰	11.70
2	安徽茶叶进出口有限公司	吉祥鸟(LUCKY BIRD)	8.07
3	湖北采花茶业有限公司	采花	7.92
4	福建春伦茶业集团有限公司	春伦	7.87
5	北京更香茶叶有限责任公司	更香	7.82
6	湖北汉家刘氏茶业股份有限公司	汉家刘氏	6.45
7	福建新坦洋茶业(集团)股份有限公司	新坦洋	6.35
8	湖南洞庭山科技发展有限公司	巴陵春	5.94
9	浙江省诸暨绿剑茶业有限公司	绿剑	5.89
10	福建敖峰闽榕茶业有限公司	銮露	5.78
11	福建品品香茶业有限公司	品品香	5.16
12	江苏吟春碧芽股份有限公司	吟春碧芽	4.31

序号	企业名称	品牌名称	品牌价值（亿元）
13	信阳市文新茶叶有限责任公司	文新	4.25
14	黄山市汪满田茶业有限公司	汪满田	3.81
15	福建省天湖茶业有限公司	绿雪芽	3.79
16	安徽茶叶进出口有限公司	迎客松(GREETING PINE)	3.79
17	安徽省六安瓜片茶业股份有限公司	徽六	3.49
18	天方茶业股份有限公司	雾里青	3.46
19	福建满堂香茶业股份有限公司	满堂香	3.37
20	湖北宜红茶业有限公司	宜	3.22
21	霍山县雨佳有机茶有限公司	雨佳	3.18
22	福建武夷星茶业有限公司	武夷星	3.09
22	永春县魁斗莉芳茶厂	绿芳	3.09
23	河南九华山茶业有限公司	九华山	3.06
24	苏州东山茶厂	碧螺	2.95
25	江西省宁红集团有限公司	宁红	2.83
26	福建誉达茶业有限公司	誉达	2.73
27	杭州忆江南茶业有限公司	忆江南	2.66
27	四川蒙顶山跃华茶业集团有限公司	跃华	2.66
28	云南普洱茶(集团)有限公司	普秀	2.60
29	成都市碧涛茶业有限公司	碧涛	2.57
30	广西梧州茶厂	三鹤	2.55
31	安吉县大山坞茶场	大山坞	2.54
32	江苏茅山青锋茶叶有限公司	金鹿	2.44
33	黄山市徽州洪通茶厂	洪通	2.41
34	浙江安吉宋茗白茶有限公司	宋茗	2.39
35	四川省花秋茶业有限公司	花秋	2.37
36	紫金县黄花茶业有限公司	黄花	2.36
37	浮梁县浮瑶仙芝茶业有限公司	浮瑶仙芝	2.33
38	四川蒙顶山味独珍茶业有限公司	味独珍	2.31
39	福建隽永天香茶业有限公司	隽永	2.29
40	湖北悟道茶业有限公司	悟道	2.27
41	贵州贵天下茶业有限责任公司	贵天下	2.21

续表

序号	企业名称	品牌名称	品牌价值（亿元）
42	广东省大埔县西岩茶叶集团有限公司	岩中玉兔	2.13
43	山东蒙山龙雾茶业有限公司	蒙山龙雾	2.09
44	安徽舒绿茶业有限公司	舒绿园	2.06
45	广西梧州茂圣茶业有限公司	茂圣	1.97
45	安溪县桃源有机茶场有限公司	品雅	1.97
46	池州市九华山肖坑有机茶有限责任公司	肖坑	1.96
47	广东省大埔县西岩茶叶集团有限公司	西竺	1.94
48	四川省蒙顶山皇茗园茶业集团有限公司	皇茗园	1.93
48	腾冲县高黎贡山生态茶业有限责任公司	高黎贡山	1.93
48	苏州三万昌茶叶有限公司	三万昌	1.93
49	江苏鑫品茶业有限公司	鑫品	1.91
49	六安市黄府茶业有限公司	黄府茶行	1.91
49	福建福鼎东南白茶进出口有限公司	多奇	1.91
50	四川嘉竹茶业有限公司	嘉竹	1.89
51	桂东县玲珑王茶叶开发有限公司	玲珑	1.88
51	金坛市御庭春茶业有限公司	天壶	1.88
52	浙江省武义茶业有限公司	九龙山	1.87
52	福建省裕荣香茶业有限公司	裕荣香	1.87
53	福鼎市天毫茶业有限公司	天毫	1.83
53	福建瑞达茶业有限公司	瑞达	1.83
54	浮梁县浮瑶仙芝茶业有限公司	浮红	1.77
55	福鼎市张元记茶业有限公司	张元记	1.76
55	浙江碧云天农业发展有限公司	碧云天	1.76
55	苏州市吴中区西山碧螺春茶厂	咏萌	1.76
55	奉化市雪窦山茶叶专业合作社	雪窦山	1.76
56	福鼎市芳茗茶业有限公司	福茗芳	1.74
56	宜宾川红茶业集团有限公司	川红	1.74
57	六安市黄府茶业有限公司	黄之江	1.72
58	重庆茶业(集团)有限公司	定心	1.71
59	福建福百祥茶文化传播有限公司	福百祥	1.69
59	镇江雨泰茶业有限公司	雨泰茗茶	1.69

序号	企业名称	品牌名称	品牌价值(亿元)
60	临海市羊岩茶厂	羊岩山	1.67
61	福建向荣大芹山茶业发展有限公司	名峰山	1.64
62	福建省银龙茶叶科技有限公司	银龙	1.61
63	天方茶业股份有限公司	天方	1.57
64	紫阳县盘龙天然富硒绿茶有限公司	盘龙	1.53
64	重庆茶业(集团)有限公司	巴南银针	1.53
65	河南仰天雪绿茶叶有限公司	仰天雪绿	1.51
65	杭州艺福堂茶业有限公司	艺福堂	1.51
66	婺源县郐公山茶叶实业有限公司	郐公山	1.50
67	湖北龙王垭茶业有限公司	龙峰	1.45
68	安吉千道湾白茶有限公司	千道湾	1.42
69	安徽大业茗丰茶叶有限公司	大业茗丰	1.35
70	广西农垦茶业集团有限公司	大明山	2.04
71	金坛市御庭春茶业有限公司	秦汉相府	1.34
72	勐海陈升茶业有限公司	陈升号	1.33
73	英德市上茗轩茶叶有限责任公司	上茗轩	1.23
74	杭州顶峰茶业有限公司	顶峰茶业	1.15
75	四川早白尖茶业有限公司	早白尖	1.13
76	临沂市沂蒙春茶叶有限公司	沂蒙春	1.11
77	安徽省池州市安池茶叶有限公司	安池	1.02
78	临沭县春山茶场	袁春山	1.00
79	恩施市润邦国际富硒茶业有限公司	芭蕉	0.99
79	广东凯达茶业股份有限公司	凯达	0.99
80	紫阳县盘龙天然富硒绿茶有限公司	春独早	0.96
81	江西婺源林生实业有限公司	林生	0.95
82	筠连县青山绿水茶叶专业合作社	娇芽	0.88
83	湖北龙王垭茶业有限公司	箭	0.87
84	山东沂蒙绿茶业有限公司	临港春秋	0.83
85	日照市林苑茶业有限公司	极北云岫	0.82
86	福建省春辉茶业有限公司	春辉	0.81
87	宜宾川红茶业集团有限公司	林湖	0.81

续表

序号	企业名称	品牌名称	品牌价值(亿元)
88	安徽舒绿茶业有限公司	兰草	0.80
89	广东凯达茶业股份有限公司	香妃翠玉	0.79
90	广西南山白毛茶茶业有限公司	圣种	0.78
91	汕头市云津茶业有限公司	日川单丛	0.77
92	贵州省湄潭县栗香茶业有限公司	妙品栗香	0.76
93	湖北省赵李桥茶厂有限责任公司	川	0.74
94	黄山来龙山茶林有限公司	谭家桥	0.73
95	恩施市花枝山生态农业开发有限责任公司	花枝山	0.72
95	江西省修水神茶实业有限公司	青钱神茶	0.72
96	句容市苏南茶业有限公司	苏南	0.71
97	广西金花茶业有限公司	金花	0.69
97	广东省大埔县西岩茶叶集团有限公司	西岩山(Xi Yan Shan)	0.69
98	江苏鑫品茶业有限公司	鑫园	0.65
98	临沂市玉芽茶业有限公司	玉剑	0.65
99	广西顺来茶业有限公司	周顺来	0.63
100	静茶(福建)茶业有限公司	静	0.61

声明:本研究中所估算之品牌价值,均基于茶叶品牌持有单位提供的相关数据及其他公开可得信息,且是运用浙江大学CARD中国农业品牌研究中心的茶叶企业产品品牌专用评估方法对采集的数据处理的结果。本评估所涉的品牌只包括在中国大陆注册的茶叶企业产品品牌。

2016:中国茶叶企业产品品牌价值评估报告
(数据跨度:2013—2015)[＊]

前　言

自 1951 年 12 月,"中茶"获得新中国第一枚茶叶商标之后,新中国的茶叶企业如雨后春笋般涌现。发展至今,中国大陆现已有 6.7 万家茶企,成为我国茶产业发展的中流砥柱。然而,中国茶叶企业虽然数量众多,但大多局限于区域,真正在国内外具有重要影响力的企业和品牌极少。具有半个多世纪的商标发展历史的"中茶"牌,也在 2015 年改换品牌名称为"中粮茶业",其品牌的消费影响力还得假以时日。中国"七万茶企不敌一家'立顿'"的说法,似乎成为中国茶叶企业发展史上的魔咒。尽管如此,中国茶叶企业仍在不断努力,通过多方探索,寻找适合自己的道路,创建或重塑茶叶企业产品品牌,以期共同顶起中国茶的一片天。

2011 年至今,历时 5 年,浙江大学 CARD 中国农业品牌研究中心联合中国茶叶研究所《中国茶叶》杂志、中茶所中国茶叶网等权威机构,连续开展公益性课题——"中国茶叶企业产品品牌价值评估"专项研究。通过价值评估研究,试图了解我国茶叶企业品牌发展的路径与现状,发现优势,洞悉短板,为中国茶企未来的品牌经营提供专业参考。

2016 年,中心依然联合中国茶叶研究所《中国茶叶》杂志、中茶所中国茶叶网,并联合了浙江大学茶叶研究所等权威机构,共同开展 2016 中国茶叶企业产品品牌价值评估活动。在前 5 轮的评估基础上,课题组继续开展相关研究,历时 4 个月,通过对品牌持有单位、消费者、大众传媒、专家等对象进行多方调查,从中国大陆上千个茶叶企业产品品牌中,根据材料的真实性、完整性等标准,最终完成了对 177 个中国大陆茶叶企业产品品牌价值的有效评估。

一、数据解读:总体价值上升,趋势良好

本次评估依然沿用"浙江大学 CARD 农产品品牌价值评估模型",该模型的一级指标为:品牌价值＝品牌收益×品牌强度乘数×品牌忠诚度因子。评估显示,177 个有效评估的茶叶企业产品品牌,其总价值达到了 368.84 亿元人民币。下面是有关本次评估的数据系统分析。

＊　本报告发表于《中国茶叶》2016 年第 5 期。

(一)整体比较:稳步增长,均衡发展

同往年评估数据相比,中国茶叶企业产品品牌的品牌价值、品牌收益稳步增长,均衡发展,整体趋势良好,且出现了小高峰;品牌强度、品牌忠诚度稳步上升,茶叶消费逐步回归理性。

1.品牌价值:总体稳步增长,小品牌仍占多数

本次有效评估的 177 个茶叶企业产品品牌,其平均品牌价值首次突破了 2 亿元,达到了 2.08 亿元,比 2015 年 1.66 亿元的平均品牌价值,提升了 0.42 亿元;2016 年有效评估的品牌价值最高值为 12.77 亿元,比 2015 年的品牌价值最高值高出了 1.07 亿元,具体数据见图 324。

比较历年评估中平均品牌价值的增长幅度,如图 325 所示,相比 2015 年,2016 年有效评估品牌的平均品牌价值,提升了 25.30%,比 2015 年的年增长率提高了 22.83 个百分点,达到了历年评估中年增长率的最高水平。2015—2016 年间,出现了品牌价值增长的小高峰,体现了中国茶叶企业产品品牌的整体品牌建设成果。

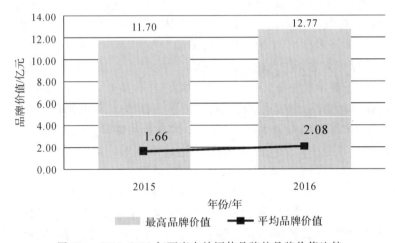

图 324 2015、2016 年两度有效评估品牌的品牌价值比较

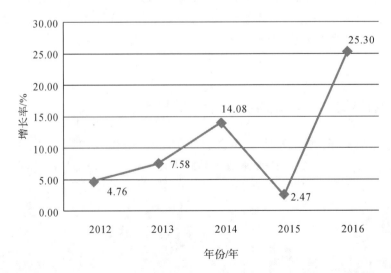

图 325 近五年(2012—2016)有效评估品牌的平均品牌价值增长率比较

　　进一步比较 2015 年、2016 年两年有效评估品牌的品牌价值区间分布,如图 326 所示:品牌价值在 10 亿元以上的均有且仅有一个品牌,即"吴裕泰";2016 年,品牌价值位于 5 亿~10 亿元之间的有效评估品牌有 13 个,比 2015 年多出了 3 个;2016 年,品牌价值在 1 亿~5 亿元之间的有效评估品牌达到 98 个,占整体评估品牌的 55.37%,2015 年是 84 个,占整体评估品牌的 47.19%;2016 年,品牌价值在 1 亿元以下的有效评估品牌有 65 个,比 2015 年减少了 18 个,占整体有效评估品牌的 36.72%。上述数据表明,2016 年有效评估的品牌中,亿元以下的小品牌数量有所减少,但 5 亿元以下的品牌仍然占据茶叶企业产品品牌的多数席位,10 亿元及以上品牌价值的品牌少之又少。

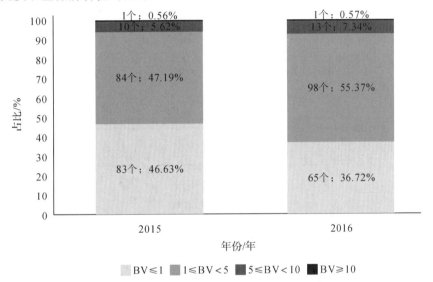

图 326　2015 年、2016 年有效评估品牌的品牌价值区间分布比较

注:BV 为品牌价位,单位为亿元。

2.品牌收益:整体呈现上升趋势

　　比较 2015 年、2016 年有效评估品牌的收益变化,如图 327 所示,2016 年,有效评估品牌的平均品牌收益为 1311.33 万元,较 2015 年增加了 232.48 万元;2016 年,有效评估品牌的

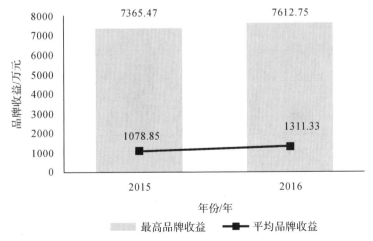

图 327　2015 年、2016 年有效评估品牌的品牌收益比较

品牌收益最高值为7612.75万元,比2015年的最高值高出247.28万元。从该两组数据可知,本次获得有效评估的品牌,其平均品牌收益均有较大程度的提升,表现出了较强的品牌收益上升势头。

进一步比较历年评估中平均品牌收益的增长幅度,如图328所示,历年评估中,平均品牌收益均有不同程度的增长,其中,2016年有效评估品牌的平均品牌收益的年增长率为21.55%,相比2015年,增加了20.80个百分点,表现了强势跳跃式提升。

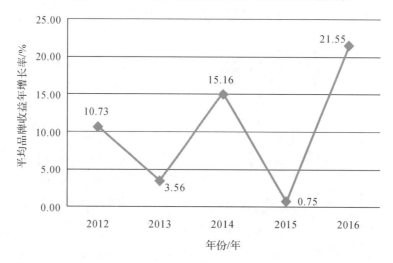

图328　近五年(2012—2016)有效评估品牌的平均品牌收益年增长率比较

依据单位销量品牌收益的大小,即每销售1千克茶叶由品牌所带来的收益,来比较茶叶的品牌溢价能力可见,如图329所示,2011年有效评估品牌的平均单位销量品牌收益为59.97元/千克,到2015年,该平均值为153.94元/千克,达到了历年评估的最高水平。2016年有效评估品牌的平均单位销量品牌收益有所回落,为140.16元/千克,相较2011年,整体水平翻了一番。这表明,经过6年的品牌化推进,我国茶叶企业产品品牌的品牌溢价能力得到了成倍的增长,表现出良好的品牌溢价能力。

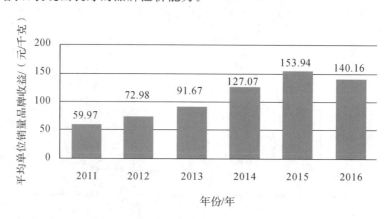

图329　历年有效评估品牌的平均单位销量品牌收益比较

3.品牌强度:总体稳步提升,传播有待加强

品牌强度乘数由一组表征品牌强度程度的因子加权综合得出,衡量的是一个茶叶企业产品品牌的品牌领导力、品牌资源力、品牌经营力、品牌传播力和品牌发展力等指标的水平。

比较 2015 年、2016 年两年的评估数据可见,2015 年有效评估品牌的平均品牌强度得分为 70.72 分,2016 年评估,该数值上升至 74.77 分,具体可见图 330。

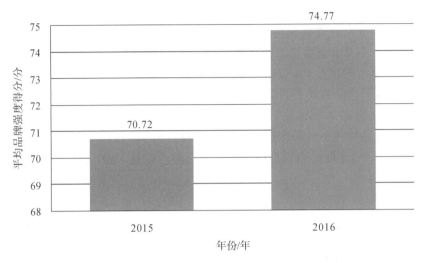

图 330　2015 年、2016 年两度有效评估品牌的平均品牌强度得分比较

进一步比较 2015 年、2016 年两度有效评估品牌的平均品牌强度"五力",由图 331 可见,2016 年有效评估品牌的平均品牌领导力、品牌资源力、品牌经营力、品牌传播力和品牌发展力得分分别为 75.49 分、79.89 分、75.83 分、75.62 分和 69.10 分。与 2015 年相比,除品牌传播力(75.62 分)外,品牌领导力、品牌资源力、品牌经营力、品牌发展力等"四力"均有不同程度的提升,其中品牌资源力提升了 13.77 分,增长幅度高达 20.83%,品牌领导力、品牌经营力和品牌发展力分别提升了 6.19、6.69 和 4.93 分。从这组数据可知,经过一年的品牌建

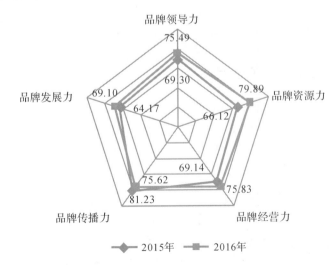

图 331　2015 年、2016 年有效评估品牌的平均"品牌强度五力"得分比较

设工作,本次有效评估品牌的品牌领导力、品牌资源力、品牌经营力和品牌发展力方面均得到了不同程度的提升,表明各企业在2015年间加大了对行业领导、文脉传承、经营管理和市场拓展等方面的投入,但减少了对品牌传播方面的投入。因此,2016年评估品牌的平均品牌传播力数据出现了下降。酒香还怕巷子深,优质茶叶企业在注重产品品质等基础工作之上,还需要重视在品牌传播方面的投入。

4.品牌忠诚度:理性消费逐步回归

品牌忠诚度因子反映消费者对品牌的忠诚程度。根据"CARD"品牌价值评估模型,品牌忠诚度因子的大小受市场价格波动幅度大小的影响,主要表现在市场价格波动情况下,消费者购买该品牌茶叶的意愿。图332是历年有效评估品牌的平均品牌忠诚度因子的比较。由图可见,2011年评估品牌的平均品牌忠诚度因子较高,为0.913;2012年评估品牌平均品牌忠诚度因子下降到了0.865,之后的2013—2016年,平均品牌忠诚度因子在逐步回升。2016年,有效评估品牌的平均品牌忠诚度因子已回升到0.910,基本与2011年持平。这表明,在2012—2016年,茶叶的市场价格波动在逐渐走向稳健,茶叶消费趋于理性,品牌忠诚度正在逐步回归。

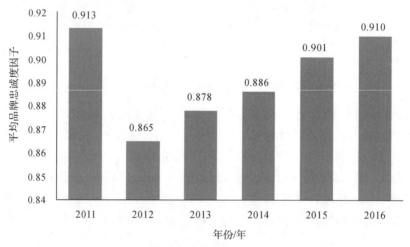

图332　历年有效评估品牌的平均品牌忠诚度因子比较

(二)典型分析:多数品牌在波动中发展

本次有效评估品牌中品牌价值前10位的品牌中8个品牌持续参与了历次评估。为更好地呈现数据的连续性,展现品牌价值的成长路径,本节就该8个品牌的品牌价值、品牌收益、品牌强度乘数、品牌忠诚度因子等四个维度展开相关数据的具体分析,希望从中窥见具有品牌优势的企业近年来的发展态势。

1.吴裕泰:品牌价值保持高位

"吴裕泰"系北京吴裕泰茶业股份有限公司所属品牌。在本次评估中,"吴裕泰"品牌的价值位列第一。历年评估数据也显示,其品牌价值一直保持在高位。

比较"吴裕泰"品牌在历年评估中的品牌收益指标可见,2011年,"吴裕泰"品牌收益为6316.10万元。之后几年,该品牌的品牌收益持续提升,到了2016年,品牌收益已达

7612.75 万元,2011—2016 年,该品牌的品牌收益总体增长了 20.53%。比较"吴裕泰"品牌的价值变化可见,2011 年,其品牌价值为 10.45 亿元,2012 年有所下降,为 9.81 亿元,之后持续提升,到 2016 年,其品牌价值已达到了 12.77 亿元。2011—2016 年,品牌价值总体上升了 22.20%,比品牌收益的增长幅度高出了 1.67 个百分点,具体可见图 333。

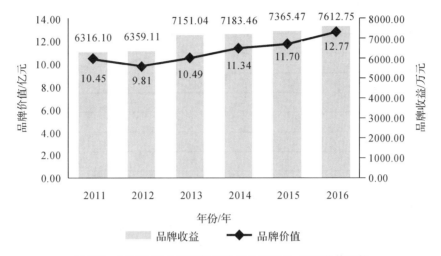

图 333 "吴裕泰"品牌历年评估的品牌收益、品牌价值比较

图 334 可见,"吴裕泰"的品牌强度乘数变化较大,相比 2011 年,2012—2016 年,其品牌强度乘数均在 18 以下,尤其是 2015 年,仅为 16.95,在一定程度上表现出品牌"五力"方面的下降。从品牌忠诚度因子的曲线变化来看,2011—2013 年间,呈现下降趋势;2013—2016 年间,又有所回升,2016 年达到了历年评估的最高水平。这充分表明,"吴裕泰"品牌的价格体系稳定增长,消费者的忠诚度日趋增高。

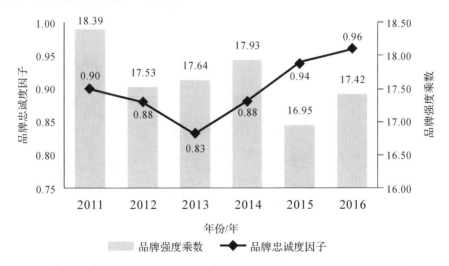

图 334 "吴裕泰"品牌历年评估的品牌强度乘数、品牌忠诚度因子比较

品牌好感度和品牌知名度、品牌认知度三个指标构成了品牌传播力指标,是衡量消费者与品牌之间的关系及偏好程度的指标,也是消费者对产品产生忠诚度的前提。

比较吴裕泰在历年评估中的好感度指标,如图 335 所示,2011 年,"吴裕泰"的品牌好感度为96.10分,在之后的评估中,该指标的得分呈现明显波动,尤其是2013年,该得分下降到了68.00分。到2016年,"吴裕泰"的品牌好感度得分回升至87.00分。从品牌好感度的变化曲线来看,"吴裕泰"的品牌好感度呈现略微下降的趋势,需要注意在品牌传播上增加与消费者之间的有效沟通。

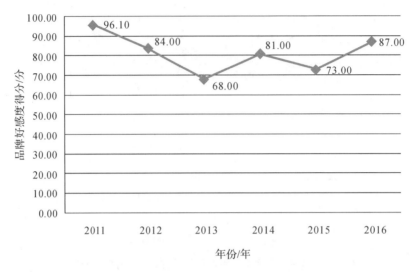

图335 "吴裕泰"品牌历年评估品牌好感度比较

图336是"吴裕泰"近三年的电子商务销售情况比较。数据可见,2013年,"吴裕泰"的产品通过电商销售了495.17万元,2014年为611.88万元,2015年,吴裕泰的全年电商销售额达到了1200.00万元,涨幅分别达到了23.57%和96.12%。这表明,自2015年始,"吴裕泰"在电子商务上发展较为迅速,呈现了跳跃式发展。

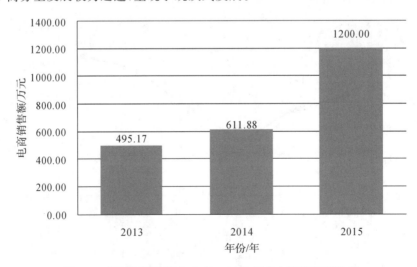

图336 "吴裕泰"品牌在2013—2015年的电商销售额比较

2.采花:品牌价值提升显著

"采花"系湖北采花茶业有限公司所属品牌。该品牌在2016年的中国茶叶企业产品品牌价值评估中位列品牌价值第三。

比较"采花"品牌历年评估中的品牌收益表现,从图337可见,2011年,"采花"的品牌收益为3483.48万元,在2012—2015年,采花的品牌收益维持在4000万元左右,到2016年评估时,其品牌收益增长为5080.00万元,比2011年高出了1596.52万元,整体涨幅高达45.83%。从历年的品牌价值的增长来看,"采花"从2011年的5.82亿元一路上升至2016年的9.23亿元,尤其是在2016年的评估中,以9.23亿元跃居排行榜第三位,比上一年度提升了1.31亿元。

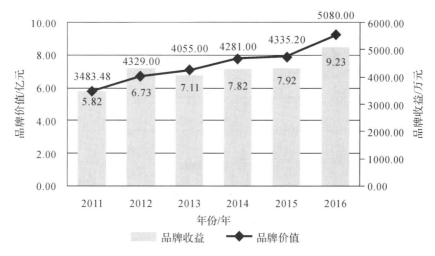

图337　"采花"品牌的历年评估品牌收益、品牌价值比较

如图338所示,"采花"的品牌强度乘数在历年评估中均较高,平均值达到了18.31,最低的是2011年的18.00,最高的是2014年、2015年的18.50。"采花"的品牌忠诚度因子除2012年为0.85之外,其余各年的评估数据均在0.90以上。其中,2014—2016年3年评估的数据显示,其品牌忠诚度因子均为0.99,表现出极强的价格稳定性。

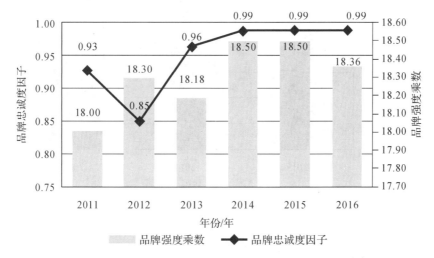

图338　"采花"品牌的历年评估品牌强度乘数、品牌忠诚度因子比较

如图339所示,比较"采花"历年的品牌好感度可见,"采花"品牌与消费者的关系虽然中间出现过波动,但整体呈现出上升趋势。2011年,其好感度为76.30分,2012年上升到

86.00 分,到 2013 年、2014 年,回落到了 75.00 分。2015 年,又提升至历年最高水平,达到了 90.00 分,与 2011 年相比,2016 年"采花"的品牌好感度增加了 14.02 个百分点。

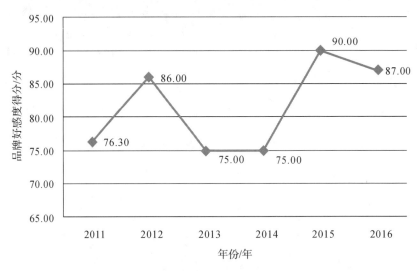

图 339 "采花"品牌在历年评估中的品牌好感度比较

比较"采花"在近三年的电子商务销售状况,从图 340 可见,2013 年,"采花"的产品的电商销售额达到了 1000 万元;2014 年、2015 年分别达到了 1200 万元和 1500 万元。相对"吴裕泰","采花"的电商销售额略高,但从电商销售额增长速度来看,"采花"相对较为平稳,平均年增长率为 22.5%。

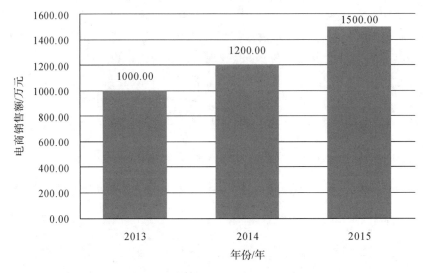

图 340 "采花"品牌 2013—2015 年电商销售额比较

3. LUCKY BIRD 吉祥鸟:品牌价值稳步提升

"LUCKY BIRD 吉祥鸟"(以下简称"吉祥鸟")系安徽茶叶进出口有限公司所属品牌,1997 年注册商标,发展至今已有 20 年左右的历史。在 2016 年的中国茶叶企业产品品牌价值评估中,该品牌的品牌价值位列第四。

　　如图 341 所示,"吉祥鸟"品牌 2011 年品牌价值为 7.67 亿元,之后逐年提升,发展到 2016 年,品牌价值达 8.87 亿元。2011—2014 年,"吉祥鸟"品牌价值相对稳定,提升不明显,到 2015 年、2016 年,品牌价值分别提升了 2.80%、9.91%。从品牌收益来看,2011 年,"吉祥鸟"的品牌收益为 4730.28 万元;到 2014 年,品牌收益达到历年评估最高水平,为 5382.60 万元;2015 年下降至 4659.55 万元,是历年评估最低水平;2016 年回升至 5175.67 万元,与 2011 年相比,品牌的总体品牌收益提升了 445.39 万元,上升幅度不大。

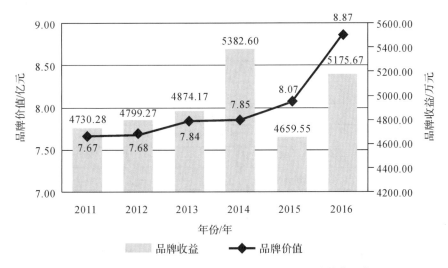

图 341　"吉祥鸟"品牌历年评估的品牌收益、品牌价值比较

　　比较"吉祥鸟"历年评估中品牌强度乘数和品牌忠诚度因子,从图 342 可见,"吉祥鸟"的品牌强度乘数相对其他几个典型品牌而言并不高,平均仅有 17.02。在 2015 年的评估中,"吉祥鸟"的品牌强度乘数为历年最高,达到了 17.62,之后 2016 年又下降至 17.23,比 2011 年的 16.56 上升了 4.05%,但整体上升不明显。在品牌忠诚度因子变化上,2011 年,"吉祥鸟"的品牌忠诚度因子为 0.98,之后持续下降,到 2014 年评估时,仅为 0.84,2015 年、2016

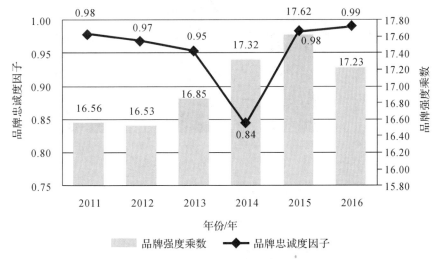

图 342　"吉祥鸟"品牌的历年评估品牌强度乘数、品牌忠诚度因子比较

年,该因子持续上升,分别达到了 0.98 和 0.99。这表明,"吉祥鸟"的产品价格在经过几年的市场大波动之后,又逐渐地回归平稳。

图 343 是"吉祥鸟"在历年评估中的品牌好感度得分比较,数据曲线可见,"吉祥鸟"的品牌好感度整体不高,但表现出了平稳上升的趋势。从 2011 年的 59.90 分,持续上升到了 2015 年的 79.00 分,2016 年回落至 77.00 分,但比较 2011 年,仍然提升了 28.55%。

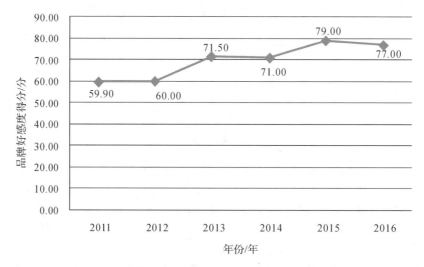

图 343 "吉祥鸟"品牌在历年评估中的品牌好感度比较

从近三年的电子商务销售额来看,如图 344 所示,2013 年至 2015 年,"吉祥鸟"的年度电商销售总额均为 5000 万元,"吉祥鸟"品牌在电商销售上的表现极为稳定。

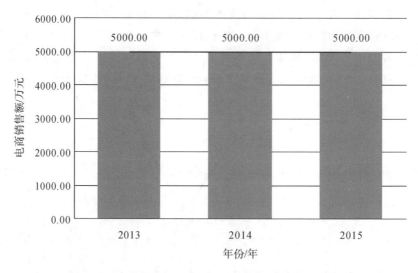

图 344 "吉祥鸟"品牌 2013—2015 年的电商销售额比较

4. 更香:品牌发展稳健

"更香"系北京更香茶叶有限责任公司所属品牌。2016 年的中国茶叶企业产品品牌价值评估中,"更香"的品牌价值位列第五位。

如图 345 所示,历年评估中,"更香"的品牌价值在逐年稳步提升,从 2011 年的 5.99 亿元,持续上升到 2016 年的 8.55 亿元,年平均增长率为 7.40%;从品牌收益变化来看,除 2013 年品牌收益比 2012 年略有下降外,其他几个年度均有所提升。2016 年,其品牌收益为 4782.50 万元,比 2011 年增加了 1381.94 万元。

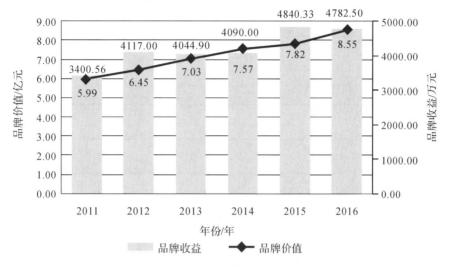

图 345　"更香"品牌的历年评估品牌收益、品牌价值比较

进一步比较品牌强度乘数及品牌忠诚度因子,如图 346 所示,"更香"在历年评估中的平均品牌强度乘数为 18.25,其中,2011 年的品牌强度乘数为历年最高,2012 年、2013 年的品牌强度乘数分别为 17.80 和 17.70,相对较低。从品牌忠诚度因子的变化曲线来看,更香平均保持在 0.94 以上。其中,从 2013 年、2014 年、2016 年数据可见,品牌忠诚度因子达到了 0.98 及以上,表现出较为稳定的市场价格体系。

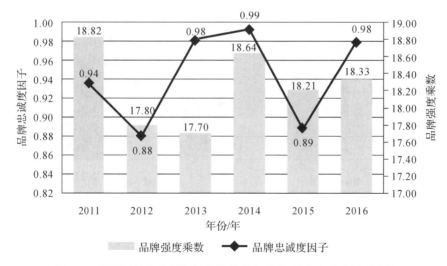

图 346　"更香"品牌的历年评估品牌强度乘数、品牌忠诚度因子比较

比较"更香"在历年评估中的品牌好感度得分,如图 347 所示,2011—2016 年,"更香"的平均品牌好感度为 86.43 分,其中,2011 年得分最高为 99.10 分,2015 年下降至 72.50 分,

从整体变化的曲线来看，"更香"的品牌好感度呈现下降趋势，折射出在消费者关系维护上存在一定问题，需要多加注意。

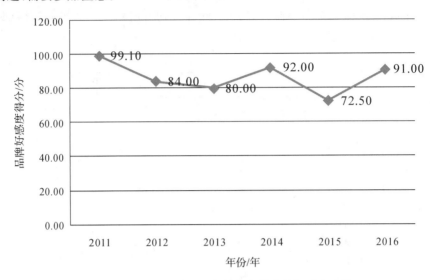

图 347 "更香"品牌在历年评估中的品牌好感度比较

图 348 是"更香"在 2013 年至 2015 年间的电子商务销售额的比较数据。从数据可见，"更香"通过电商平台销售的量并不大，2014 年仅有 300 万元的销售额，销售额最高的 2015 年也仅有 850 万元，相比"吉祥鸟"的 5000 万元的电商年度销售额，"更香"在电商平台上的销售量较小。

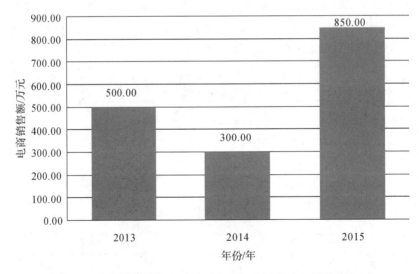

图 348 "更香"品牌在 2013—2015 年 3 年中的电商销售额比较

5. 春伦: 波动中曲线发展

"春伦"系福建春伦茶业集团有限公司所属品牌，以福州茉莉花茶为区域公用品牌背书，主营福州茉莉花茶。在 2016 年中国茶叶企业产品品牌价值评估中，春伦的品牌价值位列第六位。

　　比较"春伦"在历年评估中的品牌价值可见,2012 年,其品牌价值为 6.95 亿元,相对 2011 年下降了 0.55 亿元;之后的 2013—2016 年,其品牌价值逐渐回升;到 2016 年,达到了 8.40 亿元,整体提升了近亿元。进一步比较"春伦"品牌历年的品牌收益,从图 349 可见,"春 伦"的品牌收益波动较大,2011 年、2013 年、2015 年 3 年的品牌收益均在 5000 万元以下,但 从整体发展趋势来看,2016 年,其品牌收益为 5492.19 万元,比 2011 年的 4449.47 万元增加 了 1042.72 万元,表现出春伦的品牌收益在波动中曲线上升的态势。

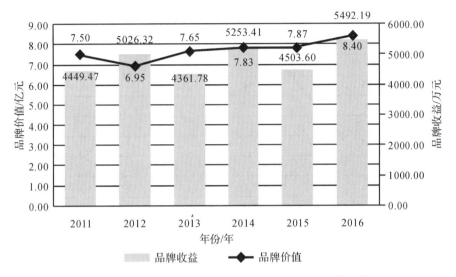

图 349　"春伦"品牌的历年评估品牌收益、品牌价值比较

　　从图 350 可见,2011 年,"春伦"的品牌强度乘数为 17.34;2012 年上升至 18.05;2013 年 又回落到 17.83;之后持续上升,到 2016 年,其品牌强度乘数已达 18.43。数据说明,从 2013 年起,该品牌的品牌强度"五力"持续得到了加强。比较品牌忠诚度因子可知,"春伦"品牌的

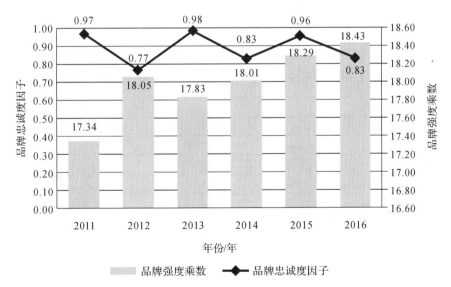

图 350　"春伦"品牌的历年评估品牌强度乘数、品牌忠诚度因子比较

品牌忠诚度因子波动较大,同品牌收益一样,表现出一高一低的情况,六轮评估中,"春伦"品牌的平均品牌忠诚度因子为0.89。

图351是"春伦"品牌在历年评估中的品牌好感度得分比较。2011年,"春伦"品牌的品牌好感度仅为49.40分,是历年评估中最低的水平;2012年,其好感度得分上升到了83.50,将近翻了一番;2014年,好感度得分90.50,达到历年评估中的最高水平;之后,在2015年、2016年评估中有所回落。从整体曲线来看,春伦品牌的品牌好感度的表现连年处于上升趋势。

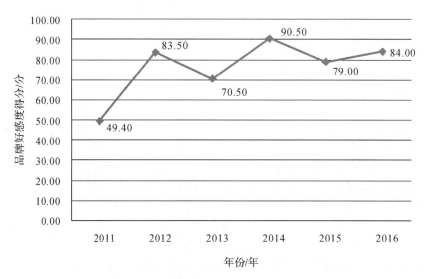

图351 "春伦"品牌的历年评估品牌好感度比较

比较近三年的电子商务情况,如图352所示,2013年,"春伦"品牌产品通过电商平台销售了225万元,2014年为318万元,到2015年为460万元,相比2013年翻了一番。从电商销售额的绝对数上看,"春伦"品牌的电商销售份额不大,2013—2015年三年间,平均年销售

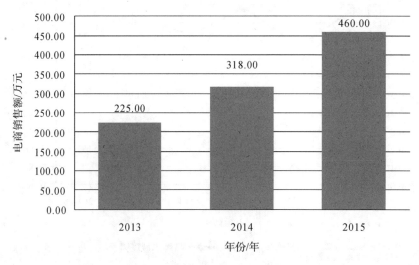

图352 "春伦"品牌的2013—2015年电商销售额比较

额达 7 亿元,电商仅占 0.48%,所占比例微乎其微。

6.新坦洋:处于品牌快速成长期

"新坦洋"系福建新坦洋集团股份有限公司所属品牌,在 2016 年中国茶叶企业产品品牌价值评估中,该品牌的品牌价值位列第七。

比较"新坦洋"品牌历年的品牌收益,具体如图 353 所示,2011 年,其品牌收益为 1607.99 万元;2012 年,品牌收益提升了近 2 倍,为 4189.61 万元;2013 年、2014 年,品牌收益略有下降;2015 年,品牌收益又回升到 5033.95 万元;2016 年,达到 5351.56 万元。与 2011 年相比,2016 年整体涨幅达到了 232.81%。比较历年品牌价值可见,"新坦洋"品牌在 2011 年仅为 2.68 亿元,之后一路高歌,到 2016 年,其品牌价值已达 8.26 亿元,整体涨幅高达 208.21%,成为所有有效评估品牌中的一匹黑马。这两组数据反映了"新坦洋"品牌正处在一个快速上升期,体现了惊人的发展速度。

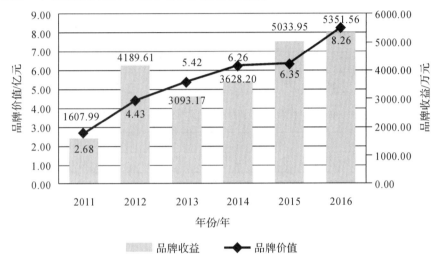

图 353　"新坦洋"品牌的历年评估品牌收益、品牌价值比较

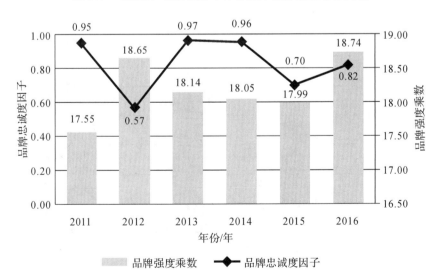

图 354　"新坦洋"品牌的历年评估品牌强度乘数、品牌忠诚度因子比较

如图 354 所示,从品牌强度乘数来看,新坦洋在 2011 年评估时,其品牌强度乘数为 17.55,2012 年上升到了 18.65,在之后的 2013—2015 年间,出现过下降,2016 年再度提升到了 18.74,表现出强劲的品牌强度"五力"。比较新坦洋历年的品牌忠诚度因子表现情况可见,2012 年,其品牌忠诚度因子仅为 0.57,表明其在 2009—2011 年 3 年间的市场价格波动幅度较大;2013 年、2014 年,新坦洋的品牌忠诚度因子回归到 0.95 以上,市场价格逐渐回归平稳;2015 年、2016 年,品牌忠诚度因子各为 0.70、0.82,说明其价格又出现了较大幅度的波动。这也说明,处在快速上升期的新坦洋品牌,其成长伴随着不断波动的市场价格体系。

如图 355 所示,2011 年,"新坦洋"的品牌好感度为 62.30 分,在 2012 年,该指标得分上升至 82.00,到 2013 年和 2014 年又连续回落至 77.50 分,随后两年,"新坦洋"的品牌好感度又获得了连续提升,并达到了历史最高值 91.00 分,表现出在 2011 年至 2016 年,"新坦洋"的品牌好感度在波动中上升。

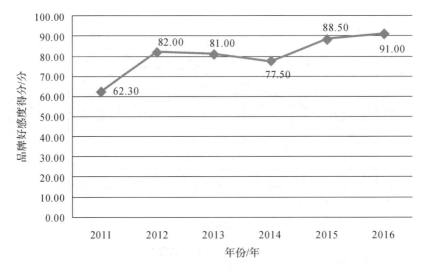

图 355 "新坦洋"品牌的历年评估品牌好感度比较

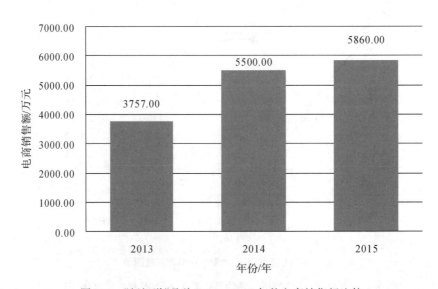

图 356 "新坦洋"品牌 2013—2015 年的电商销售额比较

比较"新坦洋"在近三年的电商销售情况,从图356可知,"新坦洋"的电商销售额相对较大,从2013年的3757万元到2014年的5500万元,增加了46.39%,2015年度电商平台销售总额达到了5860万元,比2014年提升了6.55个百分点,发展速度趋向平稳。

7.品品香:品牌价值骐骥一跃,电商呈现跨越发展

"品品香"系福建品品香茶业有限公司所属品牌,依托于福鼎白茶区域公用品牌,在2016年中国茶叶企业产品品牌价值评估中位列第九。

如图357所示,"品品香"在历年评估中的品牌收益和品牌价值的数据比较可见,"品品香"在2011—2015年基本处在一个稳定上升的时期,而到了2016年,其品牌收益和品牌价值均得到了较大提升,品牌收益由3014.80万元上升到了4109.10万元,品牌价值从5.16亿元提升至7.26亿元,涨幅分别达到了36.30%和40.70%。该两组数据表明,"品品香"在前些年稳定发展的基础上,于2015—2016年间出现了骐骥一跃,品牌价值提升显著。

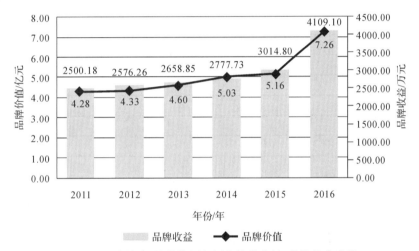

图357　"品品香"品牌的历年评估品牌收益、品牌价值比较

比较历年评估中的品牌强度乘数和品牌忠诚度因子,如图358所示,"品品香"的品牌强度乘数逐年提升,从2011年的17.48持续上升到2016年的18.74。这表明,"品品香"自

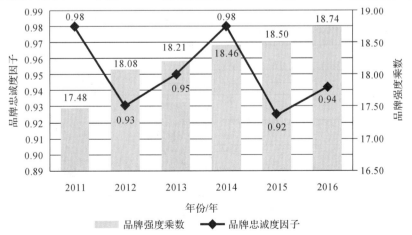

图358　"品品香"品牌的历年评估品牌强度乘数、品牌忠诚度因子比较

2011 年以来,在行业领导、品牌经营、传播推广及市场拓展等方面不断推进,其品牌"五力"得到了较大的提升。2011—2016 年 6 年间,"品品香"的品牌忠诚度因子均保持在 0.90 以上,最高的是 2011 年、2014 年两年,为 0.98;2015 年最低,但也有 0.92,平均水平达到了0.95,表现出了极为稳定的市场价格体系。

图 359 是"品品香"在历年评估中的品牌好感度得分比较。从该图可见,"品品香"的品牌好感度整体呈现出平缓向上的趋势。2011 年,其品牌好感度为 70.40 分;2014 年达到历年最高水平,为 97.00 分;之后,又略微下降至 87.00 分。但相比 2011 年,其品牌好感度整体上升了 23.58%。

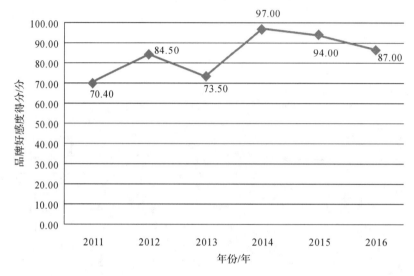

图 359 "品品香"品牌的历年评估品牌好感度比较

如图 360 所示,2013 年,"品品香"品牌产品的电商销售额仅 215 万元,2014 年上升到了1855 万元,2015 年又提高至 2745 万元,呈现出快速激增式上升。作为传统茶叶企业产品品牌,"品品香"在电商平台上短时间里爆发出了较强的发展力。

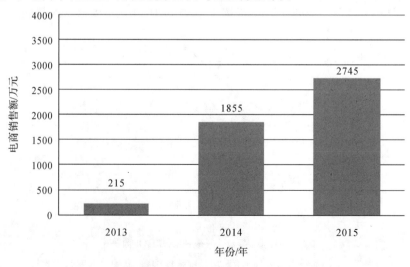

图 360 "品品香"品牌的 2013—2015 年电商销售额比较

8.汉家刘氏:品牌价值稳健持续上升

"汉家刘氏"系湖北汉家刘氏茶业股份有限公司所属品牌,在2016年中国茶叶企业产品品牌价值评估中,位列品牌价值第十。

比较"汉家刘氏"品牌在历年评估中的品牌收益及品牌价值,从图361可见,2011年,其品牌收益为2901.80万元,至2016年上升为5038.75万元,虽然在2013—2015年其品牌收益有所下降,但2016年比较2011年的评估数据可见,整体仍然提升了2136.95万元,涨幅高达73.64%。品牌价值的数值显示,与品牌收益波动式上升不同,汉家刘氏呈现出了连年持续性的增长,从2011年的4.64亿元,持续增长至2016年的7.14亿元,平均年增长幅度为7.57%,且上升过程较为稳健。

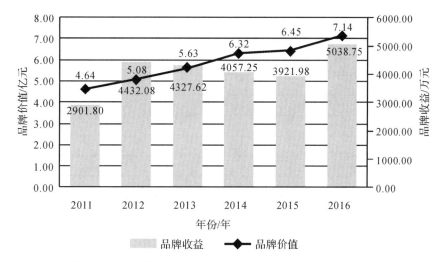

图361　"汉家刘氏"品牌的历年评估品牌收益、品牌价值比较

进一步比较"汉家刘氏"在历年评估中的品牌强度乘数和品牌忠诚度因子,如图362所示,与其他位于前10的品牌比较,"汉家刘氏"的品牌强度乘数不高,平均为17.71,且波动较

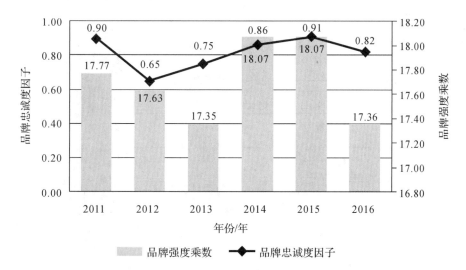

图362　"汉家刘氏"品牌的历年评估品牌强度乘数、品牌忠诚度因子比较

明显;从品牌忠诚度因子的比较可见,2012 年评估时,汉家刘氏在 2009—2011 年三年间的市场价格波动较为明显,品牌忠诚度因子仅为 0.65,在之后的 2013—2015 年的 3 年评估期间,该因子逐渐回升至 0.91,但在 2016 年,该因子又下降至 0.82。波动的数据表明,"汉家刘氏"在 2013—2015 年,其产品的市场价格存在着一定的波动。

比较图 363 历年评估中品牌好感度的得分可见,2011 年,"汉家刘氏"的品牌好感度仅为 59.10 分,表现较低;之后,在波动中上升至 2014 年的 98.00 分,达到历年评估中的最高水平;2016 年,该数值又回落至 87.00 分,数值呈现曲折上行的整体状况。

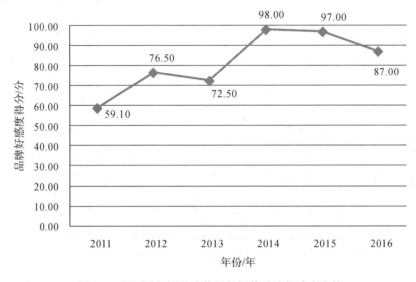

图 363 "汉家刘氏"品牌的历年评估品牌好感度比较

从图 364 可见,"汉家刘氏"的电子商务销售,从 2013 年的 2764 万元,发展至 2015 年的 5626 万元,3 年间,网络销售数值起点高,且整体翻了一番,表现出高起点、稳健、强劲的发展势头。

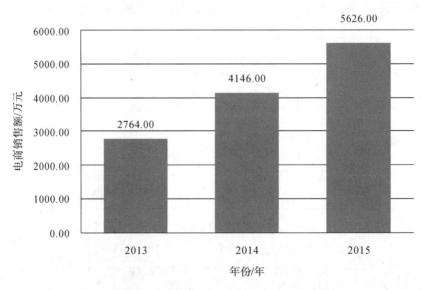

图 364 "汉家刘氏"品牌 2013—2015 年电商销售额比较

二、现象洞察:力量整合,业态创新

2016 年,是中国茶产业的企业产品品牌力量整合、业态创新的一年。

2016 年,具有"地缘"的茶企开展企业之间整合、企业与政府之间的资源力量配合,促进"地缘"茶叶品牌发展;"地缘"茶叶品牌与"非地缘"茶叶品牌借助互联网渠道资源,整合地缘与非地缘优势,扩大品牌影响力;茶叶企业整合旅游业资源,实现跨界融合,产业超越;顶级"小而美"茶叶品牌出现,针对年轻消费群体的茶叶品牌出现……因此,力量整合成为新常态,业态创新成为新趋势。

(一)力量整合成为新常态

企业与企业之间、企业与政府之间的资源力量整合,扩大品牌优势,提升品牌竞争力。同时,茶叶企业将旅游与茶产业相融合,创新茶叶企业发展方式,实现了产业超越。

1.资源整合,抱团发展

2013 年,在四川省委、省政府的支持下,20 家川内知名茶企组成产业联盟——川茶集团,并将"叙府龙芽"更名为"天府龙芽",由一个企业品牌发展成为公用品牌。2016 年,湖北英山县,在县委、县政府的支持下,8 家龙头茶叶企业抱团发展,组建"大别茶访"企业新品牌,试图以此带动英山云雾茶区域公用品牌及其茶产业、旅游业的整体发展。2016 年,"极白安吉白茶"品牌出现。这是"安吉白茶"区域公用品牌寻求突破的政企联盟整合资源,集聚力量发展区域公用品牌,探索茶产业集团化发展的方式。可见,中国茶叶企业正在整合企业之间、企业与政府之间的力量,探索不同性质资源之间的协同关系,在各种资源的相互协同、有效配置中抱团发展、共享大成。这一趋势,已经成为中国茶产业的新常态。

2.跨界发展,产业融合

茶叶企业不仅整合产业内资源,同时也将茶叶与旅游业融合,创新茶行业的发展模式,延伸茶产业的利益发展空间,拓展茶品牌的跨界发展空间。比如,茶旅已经成为各地各区域旅游的新亮点,游客可以在茶园享受到采茶、制茶、品茶、购茶等休闲体验;2016 年,径山茶区正在建造"大径山乡村国家公园",打造大径山休闲旅游带;武夷山大红袍、安吉白茶、大佛龙井、英山云雾茶等区域公用品牌背书的相关茶叶企业品牌,都在运筹茶、旅融合的跨界新发展。

3.拓展新渠道,线下线上联动

数据显示,2011—2015 年有效评估品牌中,拥有网络销售渠道的品牌占比分别为 58%、59%、75%、89% 和 90%。根据阿里零售平台数据,2015 年,仅淘宝的茶叶销量就达到了 88 亿,较 2014 年增长了 27.5%。同时,在电商平台上,传统茶叶品牌的销售正在逐渐壮大。可见,茶叶企业产品品牌在电子商务领域中正在不断发展,茶叶企业正通过线下与线上两大渠道,联动提升销量。

(二)业态创新成为新趋势

近年,茶行业不仅整合力量,同时也在创新中前行。顶级"小而美"以及针对年轻消费人群的茶叶品牌的出现,优化了中国茶叶企业的品牌结构,实现茶行业的业态创新。

1.非地缘小众品牌陆续浮现

先前中国茶叶品牌的"小而美"主要表现为地缘性强、产量小、品质优、品牌特色强,但规模化发展的空间小。"小罐茶""初印茶社""九袋长老"等"小而美"的新品牌的出现,试图通过品牌打造增加茶叶的文化附加值,提升茶叶溢价空间,以小众却高溢价的可能,实现业态创新的新探索。

2.跨国界理念品牌诞生

2016年,茶叶市场出现了"Try"(尝)这一针对年轻消费人群的茶叶品牌。其品牌命名体现了英中文的协同表达特征,其品牌含义"尝试"也体现了品牌对青年人的主流意识与行为方式的趋同认识与品牌理念应对。

可见,中国茶界正在逐步探索、完善中国茶叶品牌的消费者结构,并试图借助互联网,更直接、更深层次地进入国际、国内年轻消费者的生活空间,占领未来消费市场。

三、未来趋势:政企联动,新品牌生态初现

(一) 环境趋势:国家政策与行业动态

国家政策和行业动态是企业发展的风向标。国家政策牵一发动全身,行业动态随之会发生大变化。而行业的新变化,会给企业发展带来新的机遇、新的方向。

1.农业部牵头,倡导整合出拳

2015年3月,农业部首次启动全国百个农产品品牌公益宣传活动,决定从全国农民合作社中选出100个农产品品牌进行公益宣传。通过层层推选和公平评选,于2016年1月7日,公布了从全国140多万家合作社中选出的百个品牌。这意味着,农民合作社农产品品牌从此有了官方颁发的"金字招牌"。

全国百家合作社百个农产品品牌甄选的背后,实质上是国家对农产品品牌建设的重视。农业部部长韩长赋在出席发布会时强调,各级农业部门要高度重视农业品牌建设,在抓好农业生产的同时,着力打造农产品知名品牌,培育品牌主体,积极指导营销,强化服务监管,为优质农产品品牌健康发展营造良好的环境氛围。

在茶叶行业,中国茶叶流通协会贯彻农业部品牌建设的精神,立足"十二五"时期的成果与问题,在《中国茶叶产业"十三五"发展规划》中提出,要加强品牌建设,提升产业效益,构建以政府和行业组织为支撑,规模企业为主导,认证机构做补充的区域茶叶品牌孵化单元,合力打造以区域公共品牌为基础结构、企业自主品牌进行有效填充的产业品牌综合体系。

2016年3月,由农业部牵头,国家有关部委、相关行业组织,国内六家重点龙头企业共同聚首农业部,达成共识——"我国将合力打造茶叶国际大品牌,缔造大型茶叶集团,培育优秀民族品牌",创造"具有国际竞争力的知名茶叶大品牌"。

综上可见,品牌化、打造具有国际竞争力的茶叶品牌,是国家政策和行业动态,也已成为国家以及行业机构的共识。这给中国茶叶企业带来了新的机遇,新的发展可能。

2.社会力量介入,金融投资趋旺

最近几年,中国大陆各地的茶业企业纷纷引入外部资本,谋求上市,借助外力推动企业发展。迄今为止,已先后有谢裕大、恒福茶业、雅安茶厂、白茶股份以及湖南黑美人、八马茶业等企业选择在新三板上市,另有天福、龙润、坪山等企业在香港上市;有陕西大唐午子等茶企品牌在上海股权中心挂牌,福建昭德茶业在天津股权交易所挂牌。

中国茶叶企业长期处于小而散的状态。又因地缘性强的关系,规模化程度不高,借助资本市场、拓展品牌知名度,实现品牌与资本联姻,可以借助资本整合资源、加大投入,实现品牌延伸、跨界发展。

(二)　产业趋势:品牌建设翻开新篇章

我国倡议"一带一路",构建我国对外开放新格局;农业部领导批示,茶叶品牌要做大做强;金融投资介入茶叶市场,等等。在上述背景下,可以预计,中国茶产业的品牌建设将翻开新篇章。

1.品牌化与金融化的深度结合

未来,中国茶叶企业将在传统的融资渠道、融资模式的基础上,广泛采取上市、大宗交易、信托、企业联合、政企联合等手段,加快做大做强的步伐。

中国茶叶学会副理事长刘仲华预计,"资本市场是下一个五年茶企追求的对象。未来具备相当规模和良好运行的茶企都会借助资本的力量来发展,行业的集中度有望进一步提高"。

与金融化深度结合,借助资本,插上翅膀,实现茶企品牌的稳定发展与腾飞,是未来中国茶企品牌创建与发展的重要特征。

2.品牌化与互联网化的加速融合

互联网时代,网络不仅仅是销售渠道,更是一种生活方式、一种场景营造、一种面向全球跨国营销的平台体系。未来的中国茶企,将更重视与互联网化的融合。一方面,忆江南、艺福堂、清承堂等持续发力;另一方面,传统茶企将加快触电,实现互联网淘宝、京东等平台及其微商、微店的品牌营销与传播,取得线上线下的互动营销经验,多箭齐发,带动茶叶品牌加速互联网化进程。

3.品牌化与年轻化的互动融合

老一代茶企掌门人陆续让出企业经营第一线,第二代茶企掌门人陆续上岗;年轻的新农人进入茶产业创业;茶品牌的核心消费者从老茶客逐步向年轻消费者转型;茶旅融合跨界发展引发茶旅游风潮;年轻人对中国文化、国学的日渐热衷……上述变化,都将导致茶产业、茶企业、茶产品与年轻人的互动融合。可以预见,第二代茶企掌门人将更注重年轻人市场的突破,一批传统茶企的产品品牌将注入新的生命;一批具有新农人的朝气与新的茶理念、茶文化的青年人茶品牌将陆续崛起。

4."中国茶"新品牌生态初现

随着力量整合、业态创新趋势的形成,中国茶产业将迎来高潮迭起的金融化、互联网化、年轻化浪潮,推动中国茶产业新的品牌生态成型。新的品牌生态体系,将凸显大者越大、小者更美的品牌结构,在"中国茶"这一国家茶品牌的背书下,形成大型茶品牌集团超越区域限制、引领中国茶产业发展,各地区域公用品牌与各地中型传统茶企品牌中流砥柱,规模小但消费者消费力强的小型品牌个性纷呈的格局。

这一发展趋势,验证了2015年中国茶叶企业产品品牌价值评估报告中的未来发展预言。针对中国茶产业企业规模小、单个企业的市场占有率低、单个品牌的价值不高等常态特征,2015年的评估报告建议中国茶产业构建一个适合中国茶产业的历史与现实、消费与生产、竞争与发展的品牌新生态。该品牌新生态中,基于"地缘"优势的产地品牌与企业(产品)品牌之间形成"中国茶"整体的产业品牌与各个不同区域的茶叶区域公用品牌、各个不同的区域公用品牌与区域内企业(产品)品牌的多重母子品牌关系;非地缘品牌包括以渠道资源为优势的互联网茶叶品牌、商超茶叶品牌、自营连锁加盟品牌等,以资源整合文创附加价值的茶叶文创品牌,同时不论是"地缘"还是"非地缘"品牌,都要整合地缘与非地缘优势,打造兼具整合优势的整合品牌。

可以预见,随着多种力量的有效集聚,中国茶产业各类品牌万花竞放,品牌集聚发力的春天即将来临。值得注意的是,中国传统茶叶企业应当透过现象看趋势,抓住金融化、互联网化、年轻化、品牌新生态格局的环境趋势与产业趋势,实现品牌的有效转型,才能立于不败之地,迎来真正的春天。

附表:2016年中国茶叶企业产品品牌价值评估结果(前100位)

序号	企业名称	品牌名称	品牌价值(亿元)
1	北京吴裕泰茶业股份有限公司	吴裕泰	12.77
2	四川茶业集团股份有限公司	叙府	9.73
3	湖北采花茶业有限公司	采花	9.23
4	安徽茶叶进出口有限公司	吉祥鸟(LUCKY BIRD)	8.87
5	北京更香茶叶有限责任公司	更香	8.55
6	福建春伦茶业集团有限公司	春伦	8.40
7	福建新坦洋集团股份有限公司	新坦洋	8.26
8	闽榕茶业有限公司	鉴露	7.47
9	福建品品香茶业有限公司	品品香	7.26
10	湖北汉家刘氏茶业股份有限公司	汉家刘氏	7.14
11	湖南洞庭山科技发展有限公司	巴陵春	6.52
12	浙江省诸暨绿剑茶业有限公司	绿剑	6.49
13	信阳市文新茶叶有限责任公司	文新	5.33
14	福建鼎白茶业有限公司	鼎白	5.26
15	安徽茶叶进出口有限公司	迎客松(GREETING PINE)	4.65
16	江苏吟春碧芽股份有限公司	吟春碧芽	4.64
17	浙江安吉宋茗白茶有限公司	宋茗	4.43
18	福建省天湖茶业有限公司	绿雪芽	4.25

续表

序号	企业名称	品牌名称	品牌价值(亿元)
19	安徽天方茶业(集团)有限公司	雾里青	4.09
19	安徽省六安瓜片茶业股份有限公司	徽六	4.09
21	安徽省华国茗人农业有限公司	华国茗人	3.97
22	河南九华山茶业有限公司	九华山	3.83
23	四川蒙顶山跃华茶业集团有限公司	跃华	3.76
24	湖北龙王垭茶业有限公司	龙王垭	3.52
24	江西省宁红集团有限公司	宁红	3.52
26	浙江益龙芳茶业有限公司	益龙芳	3.44
27	福建誉达茶业有限公司	誉达	3.42
27	湖北宜红茶业有限公司	宜	3.42
29	陕西省午子绿茶有限责任公司	午子	3.39
30	福建省永春县魁斗莉芳茶厂	绿芳	3.38
31	贵州贵天下茶业有限责任公司	贵天下	3.34
32	成都市碧涛茶业有限公司	碧涛	3.31
33	武夷星茶业有限公司	武夷星	3.17
34	紫金县黄花茶业有限公司	黄花	3.15
34	福州东升茶厂	东来	3.15
36	湖南古洞春农业集团有限公司	古洞春	3.13
37	湖北悟道茶业有限公司	悟道	2.99
38	四川蒙顶山味独珍茶业有限公司	味独珍	2.98
39	六安市黄府茶业有限公司	黄府茶行	2.87
40	广西梧州茶厂	三鹤	2.80
41	四川省蒙顶山皇茗园茶业集团有限公司	皇茗园	2.74
42	黄山市丰瑶泉绿色食品有限公司	洪通	2.73
43	安徽大业茗丰茶叶有限公司	大业茗丰	2.59
44	六安市黄府茶业有限公司	黄之江	2.54
45	婺源县鄣公山茶叶实业有限公司	鄣公山	2.53
46	福建隽永天香茶业有限公司	隽永天香	2.52
47	祥源茶业股份有限公司	祥源茶	2.51
47	福建瑞达茶业有限公司	瑞达	2.51
49	福建隽永天香茶业有限公司	隽永	2.50

续表

序号	企业名称	品牌名称	品牌价值（亿元）
50	江西省修水神茶实业有限公司	青钱神茶	2.47
51	安吉县大山坞茶场	大山坞	2.45
52	镇江雨泰茶业有限公司	雨泰茗茶	2.43
52	正安天赐生态科技有限公司	正安天赐	2.43
54	常州市御庭春茶业有限公司	天壶	2.41
54	福鼎市张元记茶业有限公司	张元记	2.41
56	安溪县桃源有机茶场有限公司	品雅	2.40
57	安吉县千道湾白茶有限公司	千道湾	2.38
58	苏州市吴中区西山碧螺春茶厂	咏萌	2.37
59	浙江省武义茶业有限公司	九龙山	2.32
60	浮梁县浮瑶仙芝茶业有限公司	浮瑶仙芝	2.30
61	安徽舒绿茶业有限公司	舒绿园	2.28
62	广西梧州茂圣茶业有限公司	茂圣	2.25
63	广东省大埔县西岩茶叶集团有限公司	西竺	2.23
64	广西农垦茶业集团有限公司	大明山	2.21
65	苏州三万昌茶叶有限公司	三万昌	2.20
66	广东省大埔县西岩茶叶集团有限公司	岩中玉兔	2.12
66	福建向荣大芹山茶业发展有限公司	名峰山	2.12
68	杭州西湖龙井茶叶有限公司	贡牌	2.09
69	紫阳县盘龙天然富硒绿茶有限公司	盘龙茶业	2.07
70	临海市羊岩茶厂	羊岩山	2.05
71	福建省裕荣香茶业有限公司	裕荣香	2.03
72	腾冲县高黎贡山生态茶业有限责任公司	高黎贡山	2.02
73	重庆茶业（集团）有限公司	定心	1.97
74	福建福百祥茶文化传播有限公司	福百祥	1.95
75	桂东县玲珑王茶叶开发有限公司	玲珑	1.94
76	浙江碧云天农业发展有限公司	碧云天	1.92
77	黄山王光熙松萝茶业股份公司	王光熙	1.91
77	安徽省祁门红茶发展有限公司	天之红	1.91
79	浮梁县浮瑶仙芝茶业有限公司	浮红	1.89
80	福鼎市芳茗茶业有限公司	福茗芳	1.85

续表

序号	企业名称	品牌名称	品牌价值(亿元)
81	四川省蒙顶皇茶茶业有限责任公司	蒙顶	1.83
82	四川川黄茶业集团有限公司	植茶始祖	1.82
83	雅安市山雅茶业有限公司	雨城	1.78
84	四川嘉竹茶业有限公司	嘉竹	1.77
85	四川嘉竹茶业有限公司	嘉竹绿茶园	1.73
86	池州市九华山肖坑有机茶有限责任公司	肖坑	1.69
87	河南仰天雪绿茶叶有限公司	仰天雪绿	1.67
88	常州市御庭春茶业有限公司	秦汉相府	1.66
88	杭州艺福堂茶业有限公司	艺福堂	1.66
90	安徽省抱儿钟秀茶业股份有限公司	抱儿钟秀	1.61
91	临沂市沂蒙春茶叶有限公司	沂蒙春	1.58
91	安徽天方茶业(集团)有限公司	天方	1.58
93	临沭县春山茶场	袁春山	1.55
93	勐海陈升茶业有限公司	陈升号	1.55
95	重庆茶业(集团)有限公司	巴南银针	1.50
96	紫阳县盘龙天然富硒绿茶有限公司	春独早	1.45
97	安徽省池州市安池茶叶有限公司	安池	1.41
98	贵州省湄潭县栗香茶业有限公司	妙品栗香	1.38
98	河南蓝天茶业有限公司	蓝天茗茶	1.38
100	英德市上茗轩茶叶有限责任公司	上茗轩	1.37

声明:本研究中所估算之品牌价值,均基于茶叶品牌持有单位提供相关数据及其他公开可得信息,且运用浙江大学CARD中国农业品牌研究中心的茶叶企业产品品牌专用评估方法对采集的数据处理的结果。本评估所涉的品牌只包括在中国大陆注册的茶叶企业产品品牌。

2017：中国茶叶企业产品品牌价值评估报告（数据跨度：2014—2016）*

前　言

　　品牌战略是国家战略。劳动节前夕，国务院批复设立"中国品牌日"，各行各业均在探索以品牌为引领，推动供需结构升级的实现路径，一场前所未有的品牌运动正在席卷华夏大地。2017年是农业品牌推进年，从中央到地方，从职能部门到企业，都铆足了劲，"撸起袖子加油干"。

　　茶叶企业，作为茶产业中的重要生力军，与茶叶区域公用品牌共同构成了我国茶产业品牌化建设的双轮，在驱动茶业经济发展、茶业增效和茶农增收等方面，互动发挥着重大作用。品牌价值，是品牌建设的核心目标，也是品牌溢价的基本前提。为了总结我国茶叶企业品牌发展现状，发现中国茶企在品牌建设中的成绩与问题，为未来的品牌经营提供专业参考，2011—2017年，浙江大学CARD中国农业品牌研究中心联合中国茶叶研究所《中国茶叶》杂志、浙江大学茶叶研究所等权威机构，持续开展公益性课题——"中国茶叶企业产品品牌价值评估"专项研究。该评估依据浙江大学CARD中国农业品牌研究中心研制的"中国农产品企业产品品牌价值评估模型"，经过对茶叶企业主体调查、消费者评价调查、专家意见咨询、海量数据分析，最后形成相关评估结果。

　　2016年12月，浙江大学CARD中国农业品牌研究中心、中国茶叶研究所《中国茶叶》杂志、浙江大学茶叶研究所继续联合组成课题组，开展"2017中国茶叶企业产品品牌价值评估"活动（邀请评估对象不包括我国港澳台地区）。参与本次评估的我国茶叶企业产品品牌总数为169个。经由对参评品牌相关数据的多方审核，课题组最终完成了对128个茶叶企业产品品牌的有效评估。

一、数据说话：持续成长，增幅趋缓

　　浙江大学CARD中国农业品牌研究中心自主研制的"中国农产品企业产品品牌价值评估模型"为"品牌价值＝品牌收益×品牌强度乘数×品牌忠诚度因子"，其中的一级指标为：品牌收益、品牌强度乘数、品牌忠诚度因子。本节数据部分将就本次评估中的有关数据展开分析。

---

　　* 本报告发表于《中国茶叶》2017年第5期。

获得本次有效评估的 128 个茶叶企业产品品牌,多数来源于市级以上农业龙头企业,其中,有 20 个品牌企业是我国农业产业化国家重点龙头企业,63 个品牌企业是省级农业龙头企业,两者占本次评估品牌总量的 64.85%;市级农业龙头企业的茶叶企业产品品牌有 35 个,另有 10 个品牌来源于一般茶叶企业,具体数据可见图 365。

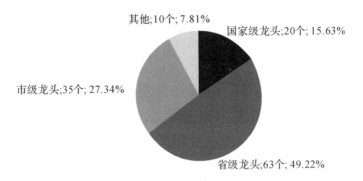

图 365　2017 年有效评估的茶叶企业产品品牌的企业类型分布

(一)品牌价值:整体上升,弱小品牌仍占多数

图 366 所示,本次评估数据显示,获得有效评估的 128 个茶叶企业产品品牌,品牌总价值为 293.22 亿元,平均品牌价值为 2.29 亿元,其中,吴裕泰品牌价值为 14.73 亿元,是本次评估中品牌价值最高且也是唯一超过 10 亿元的品牌。

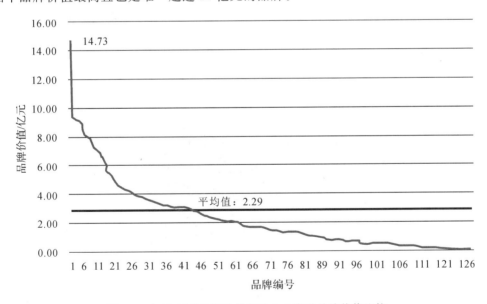

图 366　2017 年有效评估的茶叶企业产品品牌价值比较

与往年评估数据比较,本次获得有效评估的茶叶企业产品品牌,其平均品牌价值获得了持续提升。数据显示,2015 年有效评估品牌的平均品牌价值为 1.66 亿元,2016 年该平均值上升至 2.08 亿元,上升幅度达到了 25.30%。2017 年,该平均值为 2.29 亿元,比 2016 年上升了 10%,具体数据可见图 367。

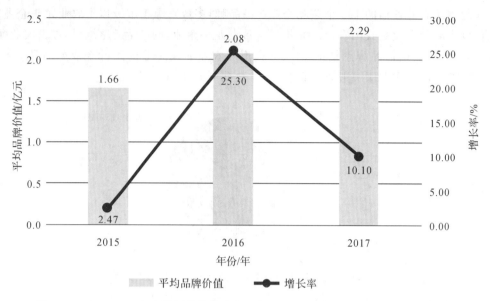

图367 2015—2017年有效评估的茶叶企业产品品牌的平均品牌价值及增长率比较

　　数据比较同时可见，虽然有效评估的128个品牌的平均品牌价值持续提升，但与2016年的数据比较，2017年的提升幅度趋小。

　　本次有效评估的128个茶叶企业产品品牌中，品牌价值超过10亿元的品牌仅有吴裕泰一个，品牌价值介于5亿元到10亿元之间的品牌数量为13个，品牌价值介于1亿元到5亿元之间的品牌数量为64个。可见，品牌价值在1亿元至5亿元之间的品牌占整体评估品牌数量的一半。品牌价值不足亿元的品牌有50个，占整体评估品牌数量的39.06％，具体数据可见图368。

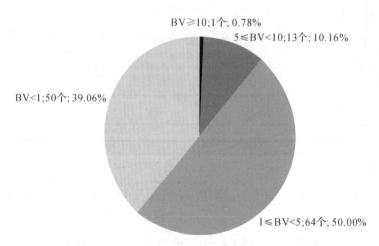

图368 2017年有效评估的茶叶企业产品品牌的价值区间分布

注：BV为品牌价值，单位为亿元。

　　图 368 数据可见,高品牌价值的有效评估品牌占比极少,处于低品牌价值的品牌数量占绝对比例。这说明,中国茶叶企业产品品牌的品牌价值水平低。

　　如图 369 所示,进一步比较 2015 年、2016 年、2017 年 3 年间的评估数据可见,品牌价值在 5 亿元以下的品牌,2015 年时占当年评估品牌数量的 93.82%,2016 年时占当年评估品牌数量的 92.09%,2017 年该比例降低为 89.06%。可见,中国茶叶企业产品品牌的品牌价值在 5 亿元以上的品牌数量在逐步增加。但数据同时显示,品牌价值在亿元以下的品牌数量比例一直在 40% 左右徘徊。

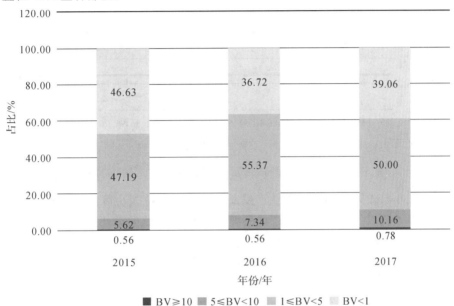

图 369　2015—2017 年有效评估的茶叶企业产品品牌的价值区间分布比较

注:BV 为品牌价值,单位为亿元。

　　以上两组数据综合表明,整体而言,我国茶叶企业产品品牌的品牌价值在逐年提升,但仍有四成左右的品牌价值不足亿元,九成左右的品牌价值在 5 亿元以下,表现出多数茶叶企业规模不大、品牌价值低的现状。

(二)品牌收益:国家级龙头企业品牌的溢价能力突出

　　根据模型,茶叶企业产品品牌的品牌收益是以品牌产品的三年平均销售额为基础,剔除各项投入成本、相关税费、资本收益等非品牌因素,最终统计得出企业因品牌而获得的实际收益。每公斤茶叶的品牌收益大小是品牌溢价能力大小的直观体现。

　　如图 370 所示,获得本次有效评估的 128 个茶叶企业产品品牌,平均品牌收益为 1361.90 万元,其中,吴裕泰的品牌收益最高,达到了 8278.61 万元。从图中曲线可见,品牌收益高的企业产品品牌少,而多数品牌的品牌收益在平均值以下。

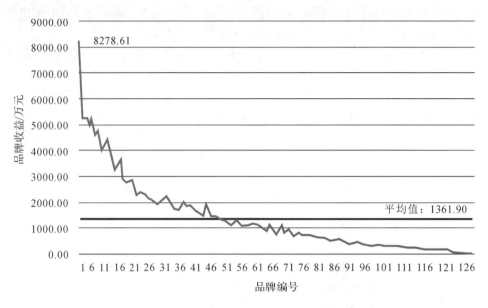

图 370　2017 年有效评估的茶叶企业产品品牌的品牌收益比较

比较 2017 年有效评估的茶叶企业产品品牌的品牌收益大小区间,如图 371 所示,品牌收益位于 5000 万元以上的茶叶企业产品品牌有 4 个;品牌收益介于 1000 万元和 5000 万元之间的品牌有 59 个,占整体评估品牌数量的 46.09%;品牌收益在 1000 万元以下的品牌有 65 个,占整体评估品牌数量的 50.79%,其中,12 个品牌的品牌收益不足 100 万元。

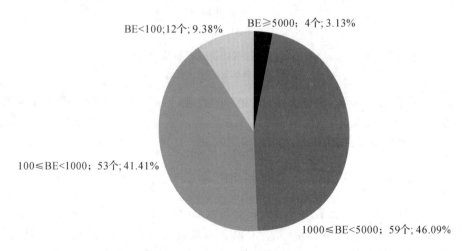

图 371　2017 年有效评估的茶叶企业产品品牌的品牌收益区间分布
注:BE 为品牌收益,单位为万元。

如图 372 所示,将这三年的评估数据进行比较可见,三年间,有效评估品牌的平均品牌收益略有上升,从 2015 年的 1078.85 万元,上升至 2016 年的 1311.33 万元,再至 2017 年的 1361.90 万元,2016 年的增长率达 21.55%,2017 年的增长率为 3.86%。可见,这三年来,评估品牌的平均品牌收益在不断上升,但 2017 年的增长率降低幅度较大。

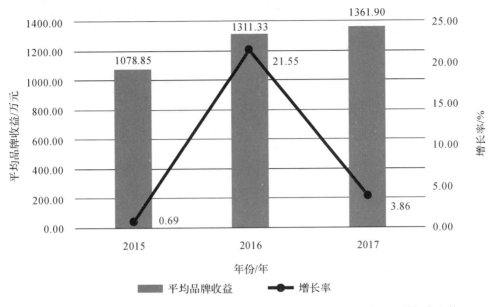

图 372　2015—2017 年有效评估的茶叶企业产品品牌的平均品牌收益及增长率比较

如图 373 所示,按照我国农业产业化龙头企业的层级进行比较,2017 年有效评估的 128 个茶叶企业产品品牌中,属国家级龙头企业的品牌,其平均品牌收益和平均单位销量品牌收益均高,分别为 2280.11 万元和 164.01 元/千克。属省级龙头企业的茶叶企业产品品牌,其平均品牌收益为 1437.98 万元,仅低于国家级龙头企业品牌收益的平均值,但平均单位销量品牌收益仅为 45.48 元/千克,属四类企业产品品牌中品牌收益最低。这两个相关数据,表现出虽然省级龙头企业的茶叶企业产品品牌销售量较大,但每千克茶叶的品牌收益不高。属市级龙头企业的品牌,以 93.10 元/千克的平均单位销量品牌收益位列本次评估的第二。

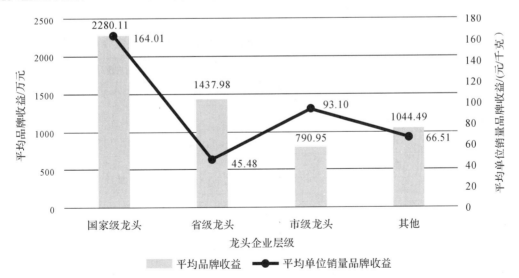

图 373　2017 年有效评估的茶叶企业产品品牌的平均品牌收益、平均单位销量品牌收益比较

比较本次评估中品牌收益前十位的品牌可见,除"吴裕泰"之外,其他9个品牌都来自国家级龙头企业或省级龙头企业,其中更香茗茶、LUCKY BIRD吉祥鸟、采花的品牌收益均在5000万元以上,具体数据参见表56。

表56 2017年有效评估茶叶企业产品品牌收益前10位

序号	龙头企业类型	品牌名称	品牌收益(万元)
1	其他	吴裕泰	8278.61
2	国家级	更香茗茶	5264.58
3	国家级	吉祥鸟(LUCKY BIRD)	5221.67
4	国家级	采花	5141.67
5	省级	新坦洋	4955.34
6	国家级	汉家刘氏	4745.81
7	省级	崟露	4574.37
8	省级	巴陵春	4435.29
9	省级	凤	4150.48
10	省级	品品香	4058.48

表57是本次评估中单位销量品牌收益前10位的品牌。其中,"雾里青"品牌以每千克茶叶928.51元的品牌收益位列第一。"定心"品牌茶叶产品的单位销量品牌收益为897.76元/千克,位列第二。表57中,5个茶叶企业产品品牌来自国家级龙头企业,省级龙头企业和市级龙头企业各2个。

数据显示,我国国家级龙头企业的茶叶企业产品品牌溢价能力较为突出,从一个侧面体现出国家级龙头企业的行业领导力。

表57 2017年有效评估的茶叶企业产品品牌的单位销量品牌收益前10位

序号	龙头企业类型	品牌名称	单位销量品牌收益(元/千克)
1	国家级	雾里青	928.51
2	国家级	定心	897.76
3	市级	吴侬	708.10
4	国家级	巴南银针	514.18
5	国家级	祁毫	324.83
6	市级	竹海金茗	324.38
7	国家级	文新	273.33
8	省级	吟春碧芽	270.23
9	其他	伊品茶	235.17
10	省级	六百里	212.39

(三)品牌强度：总体逐年增强，品牌经营力相对突出

品牌强度乘数，是指品牌所带来的未来持续收益的能力，是一组因子的加权综合，茶叶企业产品品牌的品牌强度由品牌领导力、品牌资源力、品牌经营力、品牌传播力和品牌发展力等5个二级指标构成。

比较近三年的评估数据可见，有效评估品牌的平均品牌强度乘数逐年增长。2015年为16.35，2016年提升至17.02，比2015年增长了4.10％，2017年达到了17.76，比上一年度提升了4.35％，具体数据可见图374。

数据显示，2012—2016年5年间，我国茶叶企业产品品牌在不断强化行业地位、文化资源、经营管理、市场拓展等方面的建设，也取得了相应的成绩。

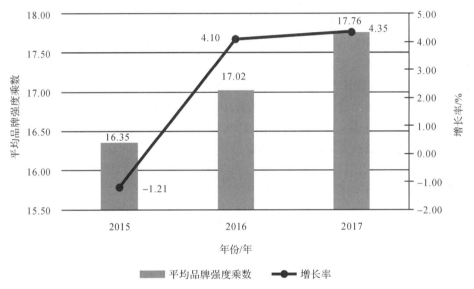

图374　2015—2017年有效评估的茶叶企业产品品牌的平均品牌强度乘数与增长率比较

品牌强度乘数由品牌强度"五力"加权综合计算得出。比较近三年有效评估的茶叶企业产品品牌的平均品牌强度"五力"，如图375所示。

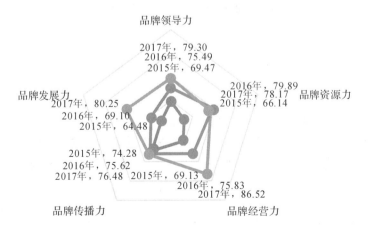

图375　2015—2017年有效评估的茶叶企业产品品牌的平均品牌强度"五力"比较

2017年有效评估的茶叶企业产品品牌的平均品牌领导力、品牌资源力、品牌经营力、品牌传播力和品牌发展力分别为79.30、78.17、86.52、76.48和80.25。其中,品牌经营力表现相对突出,是唯一一个得分超过85分的指标。相较于2015年,2017年有效评估的茶叶企业产品品牌的平均品牌经营力提升了17.39分,平均品牌发展力提升了15.77分,平均品牌领导力提升了9.83分。数据说明,2012—2016年5年间,我国茶叶企业产品品牌在品牌领导力、品牌经营力和品牌发展力等3个二级指标方面得到了较为快速的发展。数据同时显示,我国茶叶企业产品品牌在茶文化、茶历史等品牌资源力方面未有很好的挖掘与发挥,虽较2015年的评估数据有明显提升,但与2016年的评估数据相比略有回落。

数据显示,2017年有效评估品牌在品牌传播方面的表现也相对较平,没有出现较大变化。品牌传播力由知名度、认知度和好感度等三个指标构成。知名度是反映品牌被公众所知晓程度的指标;认知度是衡量消费者对品牌内涵、价值、属性等认识和理解深度的指标,充分体现了消费者和品牌之间的深层次认知关系;好感度是衡量消费者与品牌缔结起来的偏好程度及特殊情感的指标,是消费者对品牌产生忠诚度的前提。

进一步比较近三年有效评估的茶叶企业产品品牌的知名度、认知度和好感度数据,如图376所示,2015年有效评估品牌的平均知名度、认知度和好感度分别为74.18、75.66和73.04;2016年有效评估品牌的平均知名度、认知度和好感度分别为74.35、73.14和79.79。数据显示,认知度略微下降,知名度和好感度均有一定程度的提升。2017年有效评估茶叶企业产品品牌的平均知名度、认知度、好感度分别为73.41、74.48和82.57,相较于2016年有效评估数据,2017年有效评估品牌的平均知名度有一定程度的回落,平均认知度虽略有提升但仍不及2015年平均值,但好感度提升较为明显。

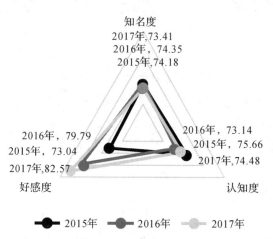

图376　近三年有效评估的茶叶企业产品品牌的平均知名度、认知度、好感度比较

进一步根据企业层级比较分析2017年有效评估的茶叶企业产品品牌的品牌强度乘数。如表58所示,2017年有效评估品牌中品牌强度乘数排列前10位的品牌中,3个来自国家级龙头企业,7个品牌属于省级龙头企业。其中,新坦洋的品牌强度乘数最高,达到了19.26。

表58　2017年有效评估的茶叶企业产品品牌的品牌强度乘数前10位

序号	龙头企业类型	品牌名称	品牌强度乘数
1	省级	新坦洋	19.26
2	省级	品品香	19.06
3	省级	晒白金	18.94
4	省级	徽六	18.93
5	国家级	更香茗茶	18.71
6	国家级	汉家刘氏	18.70
7	国家级	王光熙	18.56
8	省级	峡州碧峰	18.52
9	省级	凤	18.52
10	省级	崟露	18.52

　　进一步比较品牌强度"五力"得分,如图377所示,2017年有效评估品牌中,来自国家级龙头企业的茶叶企业产品品牌的平均品牌"五力"均高于非国家级龙头企业产品品牌的,表现出较强的未来收益保障能力。其中,品牌经营力得分最高,为88.24,品牌传播力相对较薄弱,得分为79.47,是品牌强度"五力"中唯一一个低于80分的指标。

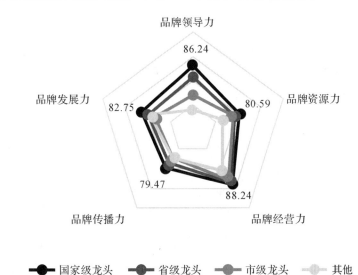

图377　2017年有效评估的茶叶企业产品品牌的平均品牌"五力"得分比较

　　表59是2017年有效评估的茶叶企业产品品牌的品牌"五力"得分前10位品牌。表中数据显示,崟露、金花、松萝山、吴裕泰和晒白金等五个品牌分别获得了品牌领导力、品牌资源力、品牌经营力、品牌传播力和品牌发展力第一位,得分分别为99.75、89.89、99.07、96.32和93.94。

表 59　2017 年有效评估的茶叶企业产品品牌的品牌强度"五力"得分前 10 位

品牌领导力		品牌资源力		品牌经营力		品牌传播力		品牌发展力	
鋈露	99.75	金花	89.89	松萝山	99.07	吴裕泰	96.32	晒白金	93.94
新坦洋	98.09	洞庭春	89.41	王光熙	97.68	新坦洋	95.27	长盛川	93.25
汉家刘氏	96.87	迎客松 (GREETING PINE)	89.16	更香茗茶	95.92	品品香	91.14	品品香	91.20
吉祥鸟 (LUCKY BIRD)	93.14	徽六	88.80	峡州碧峰	94.90	徽六	89.16	新坦洋	89.63
绿雪芽	92.97	益龙芳	87.64	新坦洋	94.85	晒白金	86.67	凤	88.28
凤	92.68	顶峰茶业	87.60	凤	94.72	雾里青	86.04	文新	88.19
巴陵春	91.29	松萝山	87.51	晒白金	93.95	更香茗茶	85.63	祁毫	87.91
徽六	91.05	吉祥鸟 (LUCKY BIRD)	87.26	品品香	93.89	汉家刘氏	85.37	雾里青	87.73
品品香	90.54	品品香	86.54	大明山	93.72	陈升号	85.25	徽六	87.56
雾里青	89.62	宁红	86.53	大业茗丰	93.46	巴陵春	85.13	隽永	87.36

(四)品牌忠诚度因子：价格体系趋于稳定，理性消费持续回归

茶叶品牌忠诚度因子主要测量茶叶消费者的品牌忠诚度，侧重于品牌能否在长时间内维持稳定的销售。根据模型，品牌忠诚度因子＝（过去三年平均售价－销售价格标准差）÷过去三年平均售价，品牌忠诚度因子的大小与近三年市场零售价稳定与否有直接关系，市场价格表现越平稳，其品牌忠诚度因子越高。

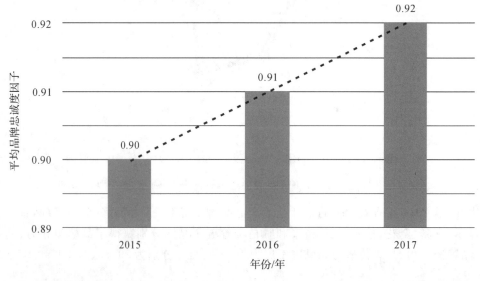

图 378　2015—2017 年有效评估的茶叶企业产品品牌的平均品牌忠诚度因子比较

　　比较这三年有效评估品牌的平均品牌忠诚度因子大小可见,2015 年的平均品牌忠诚度因子为 0.90,2016 年和 2017 年连续递增,2017 年提升至 0.92,数据显示,我国茶叶的整体市场价格体系逐年趋向稳定,具体数据见图 379。

　　比较 2017 年有效评估的茶叶企业产品品牌的品牌忠诚度因子大小区间分布,如图 380 所示,品牌忠诚度因子在 0.98 以上的品牌共计 21 个,占整体评估品牌数量的 16.41%,其中,石涵铭鉴和川牌茶叶企业产品品牌的品牌忠诚度因子大小为 1。这表明,该两个品牌近四年的茶叶市场价格体系没有变化。品牌忠诚度因子在 0.95～0.98 之间的品牌共有 40 个,32 个品牌的品牌忠诚度因子大小介于 0.90～0.95 之间,另有 35 个品牌的品牌忠诚度因子在 0.90 以下,占整体评估品牌数量的 27.34%,其中 8 个品牌的品牌忠诚度因子不足 0.80。

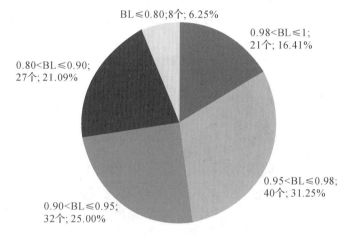

图 379　2017 年有效评估的茶叶企业产品品牌的品牌忠诚度因子大小区间分布
注:BL 为品牌忠诚度因子。

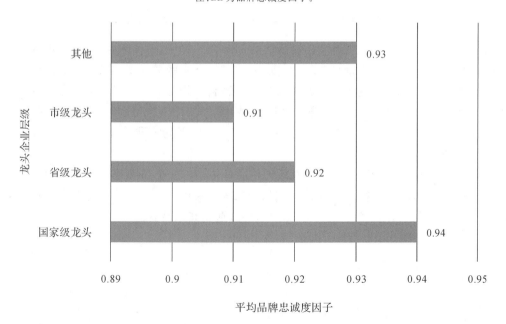

图 380　2017 年有效评估的茶叶企业产品品牌平均品牌忠诚度因子比较

按照龙头企业级别进行比较,如图380所示,国家级龙头企业的茶叶企业产品品牌平均品牌忠诚度因子较高,达到了0.94;省级龙头企业、市级龙头企业产品品牌的平均品牌忠诚度因子大小分别为0.92和0.91,其他茶叶企业产品品牌的平均品牌忠诚度因子为0.93,整体表现出较为稳定的市场价格体系。

(五)品牌触网:活跃度前所未有,已成消费新常态

2015年7月,国务院印发《国务院关于积极推进"互联网+"行动的指导意见》,经过近两年时间的推进,"互联网+"已经成为各行各业熟悉的名词,茶产业也不例外。

在浙江大学CARD中国农业品牌研究中心和阿里研究院联合开展的"2016中国农产品品牌网络声誉调查"研究中,网络声誉50强品牌的半壁江山被茶叶类品牌摘得(见图381)。可见,相比其他农产品,茶叶类品牌在互联网上的活跃度更强。

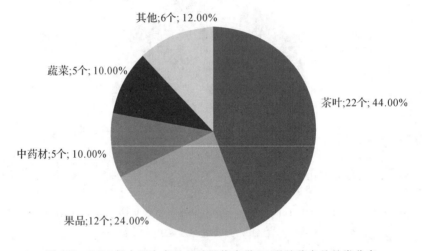

图381　2016年中国农产品品牌网络声誉50强品牌产品品类分布

本次品牌价值评估数据显示,有效评估的128个品牌中,有118个品牌已涉足茶叶电子商务,占整体评估品牌数量的92%。其中,有39个品牌将网络销售作为主要渠道之一,在淘宝、天猫、京东、一号店、苏宁易购等电商平台开设品牌专卖店,或自建电商平台开展销售。数据显示,涉足电子商务的118个品牌,其2016年的产品平均总销售额为17624.70万元,平均电子商务销售额为2135.75万元,平均电子商务销售额占当年产品平均销售额的12.12%。

表60显示,在118家涉足电商的有效评估品牌中,有39个品牌是主营电子商务渠道的品牌。其中,汉家刘氏、艺福堂、味独珍三个品牌2014—2016年3年的平均电商销售额分别为18972.33万元、12508.00万元、10550.00万元,远超其他品牌。

表60　39家主营电子商务的茶叶企业产品品牌2015—2017年的平均电商销售额与品牌价值比较

品牌名称	品牌价值（亿元）	平均电商销售额（万元）	品牌名称	品牌价值（亿元）	平均电商销售额（万元）
更香茗茶	8.68	817.67	林湖	1.67	5007.00
汉家刘氏	7.86	18972.33	艺福堂	1.66	12508.00
巴陵春	7.03	896.00	天方	1.65	1333.33
徽六	5.63	8360.00	顶峰茶业	1.41	492.00
文新	5.50	1960.00	巴南银针	1.41	860.00
雨佳	4.19	134.33	上茗轩	1.40	489.33
雾里青	4.14	1333.33	金花	1.36	793.33
黄花	4.00	4455.07	娇芽	1.20	203.33
御茶园	3.80	1865.67	人间壹香	0.85	793.33
碧涛	3.68	960.00	东	0.83	196.67
益龙芳	3.64	1142.33	鹏翔	0.82	800.67
宁红	3.63	1945.33	慢点	0.67	1333.33
川红	3.26	5007.00	玉山怀玉	0.65	27.33
黄府茶行	3.20	3527.00	祁毫	0.45	1333.33
茂圣	3.05	459.33	吴侬	0.42	226.67
大业茗丰	3.05	4635.67	百鸟峥茗	0.08	33.33
味独珍	3.02	10550.00	火山老土	0.07	328.33
黄之江	2.93	3527.00	塔峰	0.05	/
定心	2.07	860.00	石涵铭鉴	0.01	33.33
仰天雪绿	1.74	164.67			

根据上述研究结果可见，数据总体向我们显示了如下结论：

其一，虽然本次有效评估的茶叶企业产品品牌的平均品牌价值依然持续提升，但提升幅度有所回落，且品牌价值处于低位的品牌仍占多数。茶叶流通企业品牌"吴裕泰"一如既往地成为品牌价值最高的品牌。

其二，本次有效评估品牌中的国家级龙头企业产品品牌，其平均品牌收益和平均单位销量品牌收益均居于被评品牌中最高位置。这说明，国家级农业龙头的龙头效益得到显现。

其三，本次有效评估品牌的品牌强度乘数总体持续上升，新坦洋品牌强度总体得分第一；平均品牌经营力与品牌发展力得到了较高增长，但平均品牌传播力居于品牌强度"五力"中最低水平，五年中增长幅度最小，成为品牌强度"五力"中的短板。

其四，不同品牌在品牌"五力"方面表现差异较大。崟露、金花、松萝山、吴裕泰、晒白金等五个茶叶企业产品品牌分列第一。

其五，2015—2017年三度评估数据显示，被评品牌的平均品牌传播力为品牌的强度"五力"中最低，且平均品牌知名度、认知度出现回落现象，而平均品牌好感度在上升。这说明，被评估品牌的知名度、认知度并没有进一步扩大、深入，且存在回落现象，但消费者对评估品牌的平均好感度在逐年加深。

其六，品牌忠诚度因子数据显示，我国茶叶企业产品品牌的市场价格体系日趋稳定。特别是国家级龙头企业的茶叶品牌，其品牌忠诚度因子得分最高。

其七，有效评估品牌的电子商务数据显示，茶叶企业品牌的互联网化程度较其他农产品高，且网上销售已占整体的10％以上。其中，有39个品牌将网络销售作为主要渠道之一，且汉家刘氏、艺福堂、味独珍分属电子商务销售额前三甲。

二、典型解读：百年吴裕泰的现代传播价值

本次评估，"吴裕泰"的品牌价值又在所有评估品牌中居于高位，品牌价值为14.73亿元，是唯一超过10亿元的品牌。

（一）品牌价值与品牌传播力增长率水平的对应关系

比较"吴裕泰"品牌在历年评估中的品牌价值、品牌传播力指数可见，如图382所示，"吴裕泰"品牌传播力指数水平与品牌价值之间，整体呈现相互对应关系。品牌价值从2011年的10.45亿元，除2012年出现回落变化之外，一路攀升，直至14.73亿元。该过程中，"吴裕泰"品牌的品牌传播力也从90.34波动上升至96.32。

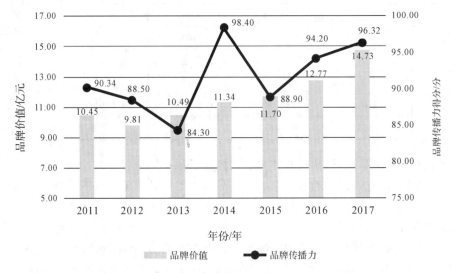

图382　2011—2017年历年评估中，"吴裕泰"的品牌价值与品牌传播力比较

（二）近三年，"吴裕泰"与整体有效评估品牌的平均品牌传播投入水平比较

图383可见，"吴裕泰"在2014—2016年3年里的平均品牌传播投入费用分别为2351.43万元、1445.30万元、1545.3万元，远远高于当年有效评估品牌的平均传播投入水平。可见，"吴裕泰"对品牌传播较为重视，投入力度较大。

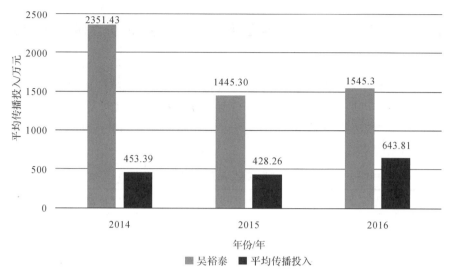

图 383　2014—2016 年评估中，"吴裕泰"与当年评估品牌的平均传播投入比较

（三）2015—2017 年评估中，"吴裕泰"与整体有效评估品牌的平均品牌传播力指数比较

比较 2015—2017 年的评估数据可见，"吴裕泰"与整体有效评估品牌的平均品牌传播力，如图 384 所示，三年来，"吴裕泰"的平均品牌传播力得到了持续提升，从 88.90 到 94.20，再上升至 96.32，整体上升了 7.42；与之相反，这三年有效评估品牌的平均品牌传播力出现了下降，2015 年有效评估品牌的平均品牌传播力为 81.23，2016 年该平均值下降至 75.62，2017 年虽有所回升，但仍与 2015 年的平均值相差了 4.75，同时与"吴裕泰"品牌传播力指数的差距拉大了 19.84。数据说明，当整体茶叶企业产品品牌的品牌传播力在下降的同时，"吴裕泰"的品牌传播力则逆流而上，表现可嘉。

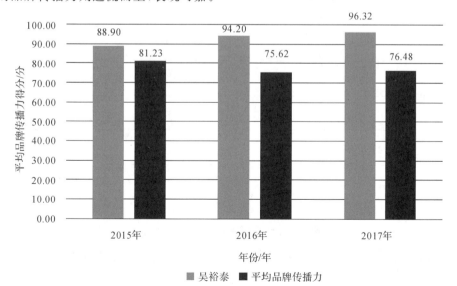

图 384　2015—2017 年评估中，"吴裕泰"与当年评估品牌的平均品牌传播力比较

(四)2015—2017 年评估中,"吴裕泰"的品牌价值、品牌传播力、传播投入额比较

表 61 所示,当我们将 2015—2017 年 3 年间的品牌价值、品牌传播力、品牌传播投入额等三个关键数据比较可见,"吴裕泰"的品牌价值持续上升的同时,其品牌传播力也在持续不断地上升。品牌传播需要不断投入,同时由于品牌传播的延后效果,前期的投入也对后续的品牌传播产生持续积累的作用。

表 61　2015—2017 年评估中,"吴裕泰"品牌价值、品牌传播力、传播投入额比较

年度	品牌价值(亿元)	品牌传播力	上年度品牌传播投入额(万元)
2015 年	11.70	88.90	2351.43
2016 年	12.77	94.20	1445.30
2017 年	14.73	96.32	1545.3

(五)2015—2017 年评估中,"吴裕泰"的品牌知名度、认知度、好感度比较

图 385 数据显示,2015—2017 年,"吴裕泰"的品牌知名度并未得到更大程度的提升,甚至有些下降。但其品牌认知度从 2015 年的评估数据 71.00 上升到了 2017 年的 104.00,整体增长了 33,得到了质的提升。同时,吴裕泰的品牌好感度呈现持续上升趋势,从 2015 年的 73.00 到 2016 年的 87.00,再至 2017 年的 90.46,实现了跳跃式上升。相比 2015 年,2017 年吴裕泰的品牌好感度提升了 17.46,增长幅度达到了 23.92%。

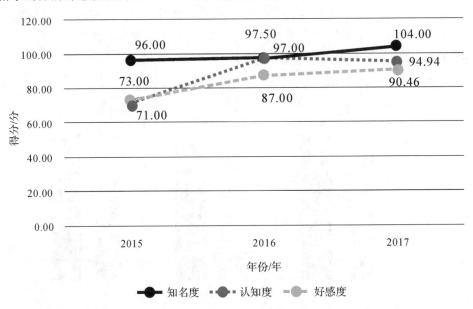

图 385　2015—2017 年评估中,"吴裕泰"的品牌知名度、认知度、好感度得分比较

"吴裕泰"的上述相关数据向我们显示了以下结论：

其一，"吴裕泰"的品牌价值提升与品牌传播力提升之间有密切的关系。

其二，2012—2016 年 5 年间，"吴裕泰"的品牌传播投入远远高于其他评估品牌，其品牌传播力也远远高于其他品牌的平均水平，尤其是品牌认知度和品牌好感度均出现了较大幅度的提升。

品牌知名度、认知度、好感度三者的关系，并非是固定的直线型关系。消费者的品牌知名度一般会为品牌认知度、好感度提供基础，但当一个品牌的知名度达到了一定水平之后，如何挖掘品牌知识，让对品牌已经知晓甚至尚未知晓的消费者深入了解品牌，是品牌传播的重要目标。当消费者对一个品牌的正面知识、产品体验、品牌价值、品牌灵魂等都获得了相当认知之后，好感度会随之上升。当一个品牌的形象塑造能够直达人心时，好感度会越过知名度与认知度，先期达到一定的水平，从而反过来诱发消费者的知名度、认知度产生。由此推论，"吴裕泰"这五年来在品牌建设特别是品牌传播方面的努力，得到了消费者正面的态度回应。

行业内的专家学者人所共知，作为百年品牌的"吴裕泰"，不仅仅在产品的标准化、连锁经营模式探索等方面作出了努力，且在 2007 年，完成了旗下所有门店的"新视觉"形象统一建设与塑造，并努力借助奥运呈现中国茶文化，体现一个百年老品牌的兴茶责任。"吴裕泰"聘请专业团队，从品牌的产品规划，品牌符号系统设计，品牌体验与品牌体验的人性化、时尚化，茶文化教育等方面都做出了重大投入与探索。其品牌传播的常规用语从"百年老店，1887"与"跨越三个世纪，好茶始终如一"到"好茶为您，始终如一"的品牌口号，体现了高尚茶品与品牌态度；而以淡雅的茉莉花为主要视觉元素的品牌形象，在"天猫""京东"等官方旗舰店与年轻人进行友好对接，严格的品质管控，良好的品牌体验，加上品牌传播的高投入等等，为品牌好感度的形成与提升提供了强大的保障。

百年老店"吴裕泰"品牌所提供的数据与品牌传播方面的典型现象，可以说明一个重要问题：产品是物质的，品牌是认知的。一个品牌，在努力提供好茶品的同时，必须同时提供不同策略、不同方式的品牌传播与品牌体验。通过有效的品牌传播与品牌体验，品牌的好感度才能油然而生，品牌价值也随之能够得到提升。

因此，与"吴裕泰"现象相反的有关数据，应当引起我们的重视。在保证品牌的产品品质的同时，加强品牌传播，提高品牌传播投入量，提升品牌传播策略水平与能力，提高品牌好感度与传播力指数，对维持一个品牌的发展非常重要。

三、未来建议：借助品牌传播，打出品牌建设组合拳，提升品牌竞争力

茶叶企业作为直面消费者的市场主体，在中国茶业品牌战略推进中，起着市场竞争的排头兵作用。但本次评估的数据显示，目前，大多数茶叶企业仍然处于规模小、品牌价值不高等境地。随着"一带一路"的持续推进，世界竞争格局形成，作为茶叶种植大国的中国，在供给大于需求的消费环境里，将面临越来越激烈的市场竞争局势。进入全球市场竞争环境的中国茶叶企业，已经面临立顿、TWG、Teavana、川宁等洋品牌进军中国市场的威胁，中国茶企品牌亟待塑造品牌形象、提升品牌影响力、提出品牌价值观，尝试与国内及国际的消费者形成品牌互动，创造品牌新关系，才能获得新生市场。

(一)借助品牌传播,提升品牌影响力,提高品牌价值

品牌传播是茶叶企业产品品牌从一个产品进入消费者心智的重要路径与重要策略体系。有效的品牌传播不仅是加大传播费用投入问题,更重要的是:其一,从理念上,充分认识到品牌传播对提升品牌影响力,提高品牌价值的重要作用;其二,在品牌传播的有效性方面,进行科学探索与专业化实践。

(二)认清竞争局势,努力协同作战,创造有利竞争格局

中国茶叶企业规模小而散,无法面对大规模的竞争对手。首先,要摆正位置,正确认识自主品牌与茶叶区域公用品牌、其他相关品牌之间的互助合作关系。努力协同起来,借助行业协会、产业联盟等力量,互相取暖、抱团发展,形成茶企品牌的互动合作模式,共同创造新的未来。其次,基于自身品牌的地缘与非地缘特征,寻找合适的品牌战略。在企业主体相对弱小的情况下,自主茶企品牌可与相关区域公用品牌形成背书关系,借助"母品牌"的区域整合力与区域联动力,获得品牌保护与竞争扶持。如果茶企品牌已经拥有了一定的规模与市场竞争力,企业主体可以尝试兼并或扩张的道路,寻找新的发展空间,或进入多个茶叶区域公用品牌产地领域,或发展非地缘茶产品,形成与原有产品互补的产品多样化的品牌战略,跳出区域限制,开拓新型市场,以建设全国知名品牌为战略目标。当茶企品牌在区域市场已经拥有相当话语权时,寻找更多的市场基础与资本支持,利用茶产品的金融属性与资本市场联合,放大格局,以更快速度、更新模式,建设国际强势品牌。有一定的品牌形象力与影响力,具备足够资本实力的非地缘茶企产品品牌,则可针对品牌消费、品牌经济的基本特征,制定并实施科学、合理、系统的品牌发展战略,强化品牌顶层设计,遵循品牌发展规律,进一步谋求品牌的健康发展与竞争新格局。

(三)渠道制胜,探索茶叶零售新模式

互联网时代,传统的产品销售模式已经远远跟不上时代的步伐。大数据、云计算已成为产品运营、品牌管理的新手段、新模式。在此背景下,电子商务不仅仅是一个卖产品的窗口,更是一个品牌传播平台,同时也是一个收集消费者大数据的数据采集端。茶企品牌要积极融入时代潮流,在原有市场基础上,探索以互联网为依托,通过运用大数据、人工智能等先进技术手段,对茶叶的生产、流通与销售过程进行升级改造,重塑业态结构与生态圈,探索对线上服务、线下体验以及现代物流进行深度融合的零售新模式。

在新零售模式下,茶企品牌可将电子商务作为工具,绘就消费者的全息画像,辅助品牌精准定位,完善茶叶产品结构,通过线上引流,线下消化,扩大茶叶销售,实现品牌溢价的提升。

(四)突破传统思维,实现产品创新

产品是消费的最终物质载体,产品的消费形式根据消费者的需求在不断变迁。我国传统的茶叶消费,在经历了吃茶、煎茶、点茶、泡茶的过程之后,以名优茶泡茶为主的消费形式

一直延续至今,这得益于消费形式的传承,也保留了传统茶文化的原汁原味。

随着现代人生活节奏的加快,传统的泡茶形式已不能满足消费者紧张而快速的消费生活特征,更多处于移动生活状态的消费者需要更为便捷、多元、个性化的茶叶消费形式。基于此,开发新型的茶产品,是应对现代消费需求的重要策略。茶产品的创新,并不是丢弃茶叶原有特质,而是在原有基础上,开发更适应现代消费者需求的产品。如"柑普茶""小罐茶",改变了茶叶产品的内容组合形态和包装规格,以其跨界与便携性赢得消费市场。"喜茶""因味茶"则改变了传统茶叶的泡饮消费形式,变身茶饮料,切入了茶叶快速消费品领域。此外,各类以茶为原料的食品、保健品、药品、日用品也都有开发,消化了一部分的中国茶叶原料市场,但整体而言,茶叶深加工的水平还有待提高,实现茶产品的跨界深化应用,可获得更多的产品创新机会,获得更多的消费市场。

目前,各地都在探索茶产品跨界组合,同养生、旅游、教育等领域结合,形成茶叶养生体验、茶园旅游、茶叶自然教育等多方面的新型茶相关产品,通过满足消费者的多样性需求,完成从吃茶到喝茶再到用茶、玩茶的消费形式转变,从而谋求茶产业的持续性发展,值得深入应用与推广。

总之,品牌价值依据品牌收益、品牌强度指数、品牌忠诚度因子的综合作用而获得提升。没有一定规模的品牌无法产生规模效应,品牌收益会受到一定程度的影响;没有差异化品牌个性的品牌,就无法得到消费者喜爱,无法产生高溢价,无法获得高品牌收益;即便拥有独特的环境资源、历史文化积淀,如果不挖掘、不传播、不提升价值内核,则依然无法获得高品牌价值,无法得到高品牌溢价,无法形成强大的品牌竞争力;如果品牌形象不显著、品牌产品无法获得消费与体验的满足感,则品牌忠诚无法形成,更无法产生高价值感前提下的超值消费行为。因此,茶企品牌应当加强品牌传播,塑造品牌形象,探索新型渠道,制造产品新体验,打出品牌建设组合拳,才能立于不败之地,让品牌价值获得更大的提升空间。

附表:2017 年中国茶叶企业产品品牌价值评估结果(前 100 位)

序号	企业名称	品牌名称	品牌价值(亿元)
1	北京吴裕泰茶业股份有限公司	吴裕泰	14.73
2	湖北采花茶业有限公司	采花	9.25
3	安徽茶叶进出口有限公司	吉祥鸟(LUCKY BIRD)	9.13
4	福建新坦洋集团股份有限公司	新坦洋	8.97
5	浙江更香有机茶业开发有限公司	更香茗茶	8.68
6	闽榕茶业有限公司	鋆露	8.06
7	湖北汉家刘氏茶业股份有限公司	汉家刘氏	7.86
8	福建品品香茶业有限公司	品品香	7.46
9	云南滇红集团股份有限公司	凤	7.07
10	湖南洞庭山科技发展有限公司	巴陵春	7.03
11	浙江省诸暨绿剑茶业有限公司	绿剑	6.80
12	安徽省六瓜片茶业股份有限公司	徽六	5.63

续表

序号	企业名称	品牌名称	品牌价值（亿元）
12	湖北邓村绿茶集团有限公司	峡州碧峰	5.63
14	信阳市文新茶叶有限责任公司	文新	5.50
15	安徽茶叶进出口有限公司	迎客松（GREETING PINE）	4.83
16	福建省天湖茶业有限公司	绿雪芽	4.71
17	浙江安吉宋茗白茶有限公司	宋茗	4.50
18	江苏吟春碧芽股份有限公司	吟春碧芽	4.36
19	霍山县雨佳有机茶有限公司	雨佳	4.19
20	天方茶业股份有限公司	雾里青	4.14
21	紫金县黄花茶业有限公司	黄花	4.00
22	湖北宜都市宜红茶业有限公司	宜	3.94
22	福建誉达茶业有限公司	誉达	3.94
24	福建省天禧御茶园茶业有限公司	御茶园	3.80
25	成都市碧涛茶业有限公司	碧涛	3.68
26	浙江益龙芳茶业有限公司	益龙芳	3.64
27	江西省宁红集团有限公司	宁红	3.63
28	湖南古洞春茶叶有限公司	古洞春	3.58
29	婺源县鄣公山茶叶实业有限公司	鄣公山	3.29
30	宜宾川红茶业集团有限公司	川红	3.26
31	六安市黄府茶业有限公司	黄府茶行	3.20
32	四川省蒙顶山皇茗园茶业集团有限公司	皇茗园	3.19
33	广西梧州茶厂	三鹤	3.10
34	广西梧州茂圣茶业有限公司	茂圣	3.05
34	黄山市徽州区洪通茶叶专业合作社	洪通	3.05
34	安徽大业茗丰茶叶有限公司	大业茗丰	3.05
37	四川蒙顶山味独珍茶业有限公司	味独珍	3.02
38	福鼎市张元记茶业有限公司	张元记	3.01
39	六安市黄府茶业有限公司	黄之江	2.93
40	安溪县桃源有机茶场有限公司	品雅	2.80
41	福建隽永天香茶业有限公司	隽永	2.76
42	广西农垦茶业集团有限公司	大明山	2.67
43	羊楼洞茶业股份有限公司	羊楼洞	2.62

续表

序号	企业名称	品牌名称	品牌价值（亿元）
44	安徽省祁门红茶发展有限公司	天之红	2.52
45	浙江省武义茶业有限公司	九龙山	2.42
46	苏州市吴中区西山碧螺春茶厂	咏萌	2.40
47	苏州三万昌茶叶有限公司	三万昌	2.39
48	广东省大埔县西岩茶叶集团有限公司	西竺	2.26
49	广东省大埔县西岩茶叶集团有限公司	岩中玉兔	2.13
50	重庆茶业（集团）有限公司	定心	2.07
51	临海市羊岩茶厂	羊岩山	2.06
52	福建省裕荣香茶业有限公司	裕荣香	2.05
53	福建百祥进出口贸易有限公司	福百祥	2.04
54	黄山王光熙茶业股份公司	王光熙	1.93
55	四川吉祥茶业有限公司	吉祥	1.91
56	奉化市雪窦山茶叶专业合作社	雪窦山	1.84
57	临沂市沂蒙春茶叶有限公司	沂蒙春	1.76
58	河南仰天雪绿茶叶有限公司	仰天雪绿	1.74
59	四川林湖茶业有限公司	林湖	1.67
60	杭州艺福堂茶业有限公司	艺福堂	1.66
61	天方茶业股份有限公司	天方	1.65
62	勐海陈升茶业有限公司	陈升号	1.60
63	福建品品香茶业有限公司	晒白金	1.49
64	山东蒙山龙雾茶业有限公司	龙雾	1.43
65	杭州顶峰茶业有限公司	顶峰茶业	1.41
65	重庆茶业（集团）有限公司	巴南银针	1.41
67	广东农垦华茗茶业有限公司	上茗轩	1.40
67	黄山王光熙松萝茶业股份有限公司	松萝山	1.40
69	广西金花茶业有限公司	金花	1.36
69	贵州省湄潭县栗香茶业有限公司	妙品栗香	1.36
71	黄山六百里猴魁茶业股份有限公司	六百里	1.35
72	广西南山白毛茶茶业有限公司	圣种	1.29
72	湖北省赵李桥茶厂有限责任公司	川	1.29
74	池州市九华山肖坑有机茶有限责任公司	肖坑	1.25

续表

序号	企业名称	品牌名称	品牌价值(亿元)
75	筠连县青山绿水茶叶专业合作社	娇芽	1.20
76	湖北品贵茶麻果股份有限公司	品贵	1.19
77	湖南百尼茶庵茶业有限公司	百尼茶庵	1.18
78	岳阳县洞庭春纯天然茶叶有限公司	洞庭春	1.06
79	临沭县春山茶场	春山	9453.66
80	临沂市玉芽茶业有限公司	玉剑	9337.97
81	广西金花茶业有限公司	人间壹香	8523.74
82	陕西东裕茶叶有限公司	东	8293.93
83	陕西鹏翔茶业有限公司	鹏翔	8202.62
84	雅安友谊茶叶有限公司	兄弟友谊	8152.54
85	汕头市云津茶业有限公司	日川	8050.21
86	舒城县早花名优开发有限责任公司	万佛山	7593.53
87	广东省大埔县西岩茶叶集团有限公司	西岩山(Xi Yan Shan)	7175.23
88	安吉龙王山茶叶开发有限公司	龙王山	7019.58
89	星子庐山七尖云雾茶有限公司	七尖幽兰	6996.68
90	天方茶业股份有限公司	慢点	6657.46
91	江西三山实业有限公司	玉山怀玉	6539.16
92	临沂春曦茶业有限公司	春曦	5182.31
93	赤壁市洞庄茶叶有限公司	洞庄青砖	5109.04
94	梧州市天誉茶业有限公司	熹誉	4887.14
95	青岛晓阳工贸有限公司	晓阳春	4848.55
96	宜兴市岭下茶场	竹海金茗	4839.83
97	福安市九拓茶业有限公司	九拓	4786.91
98	天方茶业股份有限公司	祁毫	4455.43
99	瑞昌青山茶业开发有限公司	雾上春	4429.77
100	四川省清溪茶业有限公司	金犍	4322.51

声明:本研究中所估算之品牌价值,均基于茶叶品牌持有单位提供相关数据及其他公开可得信息,且运用浙江大学 CARD 中国农业品牌研究中心的茶叶企业产品品牌专用评估方法对采集的数据处理的结果。本评估所涉的品牌只包括在中国大陆注册的茶叶企业产品品牌。

2018：中国茶叶企业产品品牌价值评估报告（数据跨度：2015—2017）[*]

前　言

2018年，是"实施乡村振兴战略"的第一个年头。乡村振兴的关键是产业兴旺。茶叶产业化，是推进乡村振兴战略的重要战略举措，以茶产业兴旺，让"一片叶子富了一方百姓"，这是茶产业的使命，也是我们共同的期待。

茶叶企业是茶叶产业化建设中的重要部分，是产茶区实现"质量兴农、绿色兴农、品牌强农"的主力军，是茶产业的市场竞争主体。品牌价值作为直观反映品牌的综合实力及竞争力水平的量化指标，体现了一个品牌的发展水平与未来的盈利能力。

为了全面、立体地呈现中国茶企的品牌建设与发展现状，发现我国茶企的品牌发展优势与品牌建设短板，寻找品牌未来发展路径，2011年起，浙江大学CARD中国农业品牌研究中心联合中国茶叶研究所《中国茶叶》杂志、浙江大学茶叶研究所等权威机构，持续开展公益性课题——"中国茶叶企业产品品牌价值评估"专项研究。该评估依据浙江大学CARD中国农业品牌研究中心研制的"中国农产品企业产品品牌价值评估模型"（简称CARD模型），经过对茶叶企业主体调查、消费者评价调查、专家意见咨询、海量数据分析，最后形成相关评估结果。

2017年12月，"2018中国茶叶企业产品品牌价值评估"活动启动。历经4个月，课题组共计收集了177个中国茶叶企业产品品牌（评估对象不包括我国港澳台地区）。经由对参评品牌相关数据的多方审核，课题组最终完成了对来自国内18个省（区、市）、145家茶叶企业的161个茶叶企业产品品牌的有效评估。其中，有101个品牌连续参与了2017年和2018年两度的评估。

一、数据揭示：中国茶企产品品牌现状

（一）参评品牌基本来源

在本次有效评估的161个品牌中，来自安徽和浙江的数量最多，均为19个品牌；其次是福建和湖北，分别为18个和17个。该四省的茶叶企业产品品牌数量占本次整体评估品牌数量的45.34%，具体省（区、市）来源分布可见图386。

---

* 本报告发表于《中国茶叶》2018年第5期。

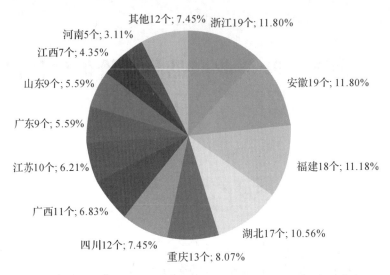

图386　2018年有效评估的茶叶企业产品品牌省(区、市)来源分布

如图387所示,本次有效评估的161个品牌,有六成的品牌所在企业为市级以上农业产业化重点龙头企业,其中,国家级农业龙头企业18个,省级农业龙头企业80个,市级农业龙头企业的品牌数量为55个,另有8个品牌来源于一般茶叶企业。

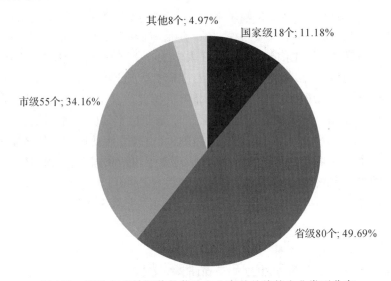

图387　2018年有效评估的茶叶企业产品品牌的企业类型分布

(二)品牌价值:中小规模茶企的品牌价值有待突破

根据CARD模型,中国茶叶企业产品品牌价值＝品牌收益×品牌强度乘数×品牌忠诚度因子。本次评估数据显示,获得有效评估的161个中国茶叶企业产品品牌,品牌总价值为356.00亿元,平均品牌价值为2.21亿元,60个品牌的品牌价值居于平均水平以上,占整体有效评估品牌数量的37.27%,超六成参评品牌的品牌价值居于平均水平之下(见图388)。

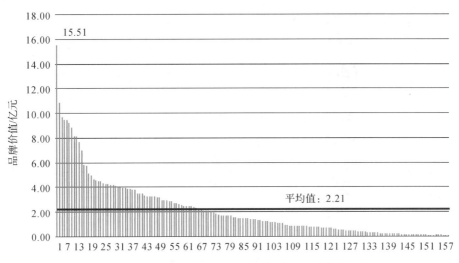

图 388　2018 年有效评估的茶叶企业产品品牌价值比较

按价值大小划分,如图 389 所示,本次有效评估的品牌,品牌价值在 10 亿元以上的品牌仅有 2 个,即吴裕泰和新坦洋,品牌价值分别为 15.51 亿元和 10.85 亿元;品牌价值居于 5 亿元至 10 亿元之间的品牌共计 12 个,占整体有效评估品牌数量的 7.45%;品牌价值在 1 亿元至 5 亿元之间的品牌为 79 个,占整体有效评估品牌数量的 49.07%;另有 68 个品牌的品牌价值不足亿元,占整体有效评估品牌数量的 42.24%。

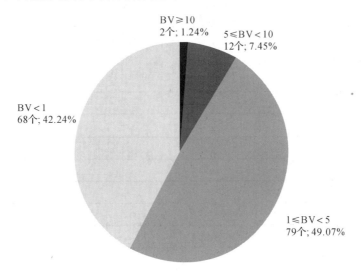

图 389　2018 年有效评估的茶叶企业产品品牌价值区间分布

如图 390 所示,获得有效评估的 161 个茶叶企业产品品牌,其所在企业平均自有茶园基地规模为 17034.47 亩,平均拥有 209.37 名员工,品牌价值前 10 位品牌所在企业的平均自有茶园基地规模为 72767.33 亩,平均拥有员工人数 476.70 人,品牌价值前 100 位品牌所在企业的平均基地规模和员工人数分别为 22270.85 亩和 273.16 人。

以上数据表明,本次获得高价值的参评品牌在茶园基地建设等产业规模化方面程度较高,而品牌价值则大多还处于较低水平,且中小规模的茶叶企业产品品牌仍占多数。

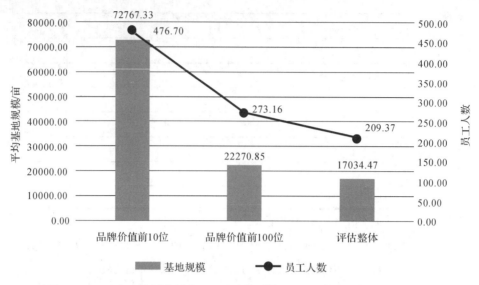

图 390　2018 年有效评估的茶叶企业产品品牌平均基地规模和员工人数比较

（三）品牌收益：适度规模化与产业化是品牌化基础

品牌收益是以企业产品品牌近三年的平均销售额为基础，剔除各项投入成本、相关税费、资本收益等非品牌因素，最终得出的企业因品牌而获得的实际收益。

本次获得有效评估的品牌，平均品牌收益为 1334.15 万元（见图 391）。其中，品牌收益最高的品牌是吴裕泰，达到了 8828.49 万元，与上一年度相比，吴裕泰的品牌收益增加了549.88 万元，提升了 6.64 个百分点。

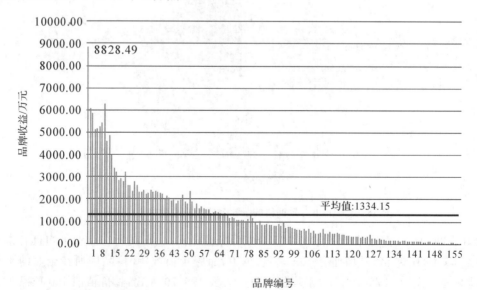

图 391　2018 年有效评估的茶叶企业产品品牌收益比较

比较连续参与 2017 年和 2018 年评估的 101 个茶叶企业产品品牌,如图 392 所示,2017 年的平均品牌收益为 1507.90 万元,2018 年该平均值上升为 1670.54 万元,整体提升了 10.79％。与此同时,平均品牌价值从 2.53 亿元提升至 2.78 亿元,涨幅达到 9.88％。

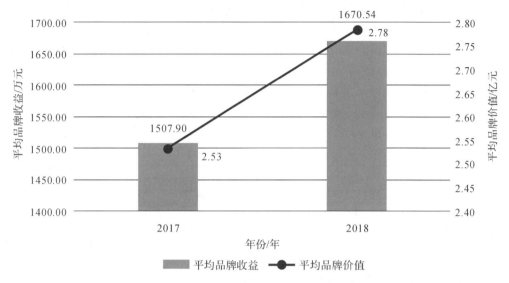

图 392　2017 年、2018 年两度连续参评品牌的平均品牌收益、平均品牌价值比较

品牌收益是因品牌而获得的整体收益,单位销量品牌收益是指剔除销售量的因素,比较同样销售 1 千克茶叶所获得的品牌收益大小。图 393 是本次参评品牌的品牌价值前 10 位、前 100 位以及有效评估品牌整体的平均品牌收益和平均单位销量品牌收益的比较。本次获得有效评估的茶叶企业产品品牌,平均单位销量品牌收益为 88.10 元/千克,其中雾里青、定心和香妃翠玉等 3 个品牌分别以 979.03 元/千克、866.50 元/千克和 781.09 元/千克的单位

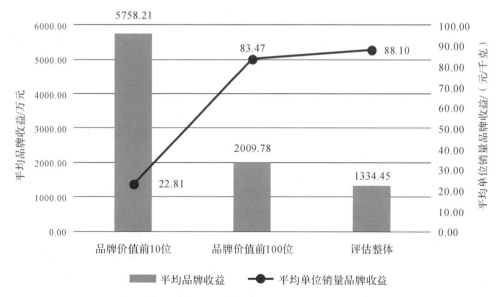

图 393　2018 年有效评估的茶叶企业产品品牌的平均品牌收益和单位销量品牌收益比较

销量品牌收益,成为最具品牌溢价能力的前三位品牌。

由图可知,品牌价值前10位品牌的平均品牌收益为5758.21万元,是品牌价值前100位品牌平均值的2.87倍,是有效评估整体品牌平均值的4.32倍;品牌价值前10位品牌的平均单位销量品牌收益为22.81元/千克,仅为品牌价值前100位品牌的平均单位销量品牌收益的27.33%,约为整体有效评估品牌平均单位销量品牌收益的1/4。

进一步比较2018年品牌价值位于前10位品牌的品牌收益和单位销量品牌收益,如图394所示,吴裕泰、凤牌、新坦洋等3个品牌的品牌收益分别以8828.49万元、6273.88万元和6094.64万元高于其他7个品牌,而单位销量品牌收益分别为61.76元/千克、10.19元/千克和8.14元/千克,除吴裕泰外,凤牌和新坦洋的单位销量品牌收益并不高,低于更香茗茶、品品香和巴陵春等3个品牌。

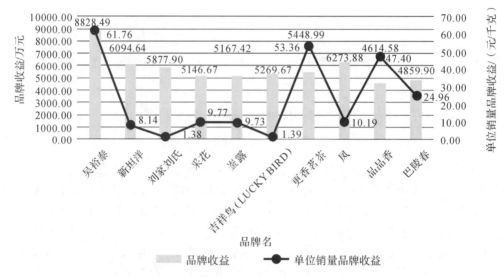

图394　2018年评估前10位品牌价值的品牌收益和单位销量品牌收益变化

上述数据表明,品牌收益高的品牌,其单位销量品牌收益不一定高。品牌收益的提升,要注重品牌溢价能力,也要保障一定的销售规模,适度的规模化和产业化是品牌化的基础。

(四)品牌忠诚度因子:茶叶的市场价格总体平稳

品牌忠诚度因子是测量消费者对品牌的忠诚度,侧重于品牌产品能否在长时间内维持稳定的销售。根据CARD评估模型,品牌忠诚度因子=(过去三年平均售价－销售价格标准差)÷过去三年平均售价,品牌忠诚度因子的大小与近三年市场零售价稳定与否有直接关系,市场价格表现越平稳,其品牌忠诚度因子越高,最大可为1。

2018年有效评估的茶叶企业产品品牌的平均品牌忠诚度因子为0.92,与去年平均品牌忠诚度因子数据基本持平。依据评估数据,品牌忠诚度因子在平均水平之上的品牌共计106个。这表明,我国茶叶企业产品品牌在市场价格体系上已经整体保持相对平稳状态。按照因子大小划分,如图395所示,品牌忠诚度因子在0.95以上的品牌,共计68个,占整体有效评估品牌数量的四成;品牌忠诚度因子介于0.90~0.95的品牌共计49个,占整体评估品牌数量的三成;品牌忠诚度因子在0.90以下的品牌共计44个,有3个品牌的品牌忠诚度因子不足0.70。品牌忠诚度因子数据分层次反映了个别品牌在近三年的市场价格上,依然存在大幅波动的情况,主要为价格呈现出跳跃式增长。

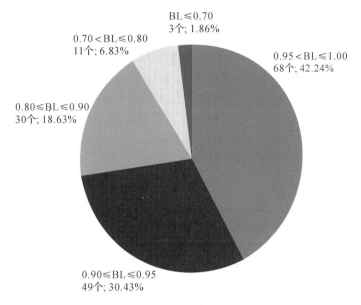

图395　2018年有效评估品牌的品牌忠诚度因子大小分布

注:BL为品牌忠诚度因子。

　　按照本次有效评估的中国茶叶企业产品品牌所在省份划分,如图396所示,来自安徽的茶叶企业产品品牌,其平均品牌忠诚度因子为0.95,高于其他各省份的平均值;来自广东、河南、重庆等3省的有效评估品牌的平均品牌忠诚度因子为0.94,也居于高位;来自广西地区的有效评估品牌的平均品牌忠诚度因子为0.85,低于其他各省平均值。在本次评估中,来自广西地区的茶叶企业产品品牌共计11个,其中,有3个品牌的品牌忠诚度因子数值不足

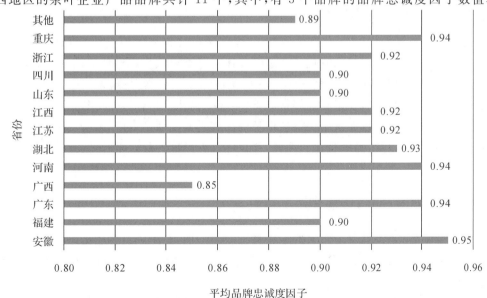

图396　2018年有效评估品牌的各省平均品牌忠诚度因子比较

0.80,该 3 个品牌近三年的市场价格呈现出跳跃式增长,在一定程度上打破了价格系统的稳定,影响品牌忠诚度因子的大小。

根据 CARD 模型,一般而言,品牌忠诚度因子越大,品牌价值就越高。实际上,因为品牌价值的评估是一个系统性的计算过程,近三年的价格波动幅度决定品牌忠诚度因子大小,也会间接影响品牌收益大小,从而影响到品牌价值的高低。图 397 是对本次有效评估品牌的价值前 10 位、前 100 位和整体评估品牌的平均品牌收益平均品牌忠诚度因子大小的比较结果,可见,品牌价值前 10 位品牌的平均品牌忠诚度因子为 0.90,低于品牌价值前 100 位品牌的平均值,同时,品牌价值前 100 位品牌的平均品牌忠诚度因子低于整体评估品牌的平均值,与平均品牌收益的高低正好形成了相反的关系。

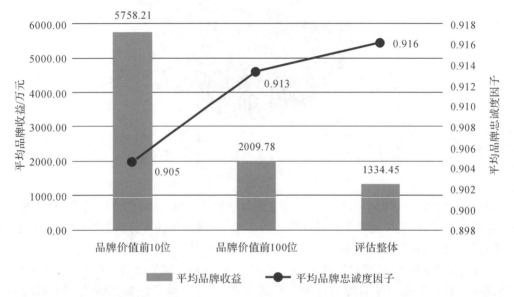

图 397　2018 年有效评估的中国茶叶企业产品品牌平均品牌收益和品牌忠诚度因子比较

当近三年的市场价格一成不变,品牌忠诚度因子可达到最大值 1。而价格的下降和上升,都会造成品牌忠诚度因子的变化。从进一步比对品牌忠诚度因子低的品牌可见,大部分品牌是由价格呈现出跳跃式上升而影响了该因子的大小。价格上涨,说明需求关系中出现了需大于求的利好状况,但如果在利好状态下,一味地高涨价格,不对价格进行有效的、符合品牌发展逻辑的控制,会令在价格失控前提下的品牌忠诚度因子下降,消费者替代性消费产生,最终影响到品牌收益、品牌价值。因此,要保障品牌价值的稳定增长,需要控制市场价格在一定阶段内有序、适当的变化。

(五)品牌强度:品牌传播有待持续性增强

品牌强度乘数,是指品牌所带来的未来持续收益的能力,是一组因子的加权综合。茶叶企业产品品牌的品牌强度由品牌领导力、品牌资源力、品牌经营力、品牌传播力和品牌发展力等 5 个二级指标构成。

从图 398 可见,本次有效评估的 161 个茶叶企业产品品牌,平均品牌强度乘数为 17.76,其中,属国家级农业产业化龙头企业的品牌,平均品牌强度乘数达到了 18.37;来自省级农业产业化龙头企业的品牌,其平均品牌强度乘数为17.93;来自市级农业产业化龙头企业以及一般性企业的品牌,平均品牌强度乘数在整体评估品牌平均值之下。

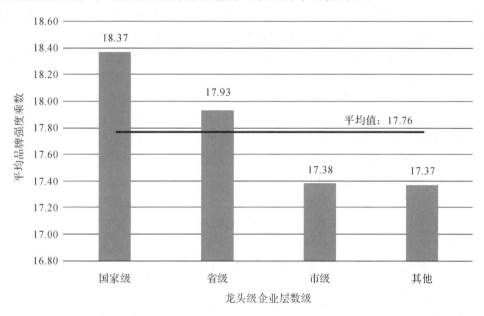

图 398　2018 年有效评估的各级农业产业化龙头企业产品品牌平均品牌强度乘数比较

比较构成品牌强度乘数的 5 个二级指标,如图 399 所示,本次强度评估的茶叶企业产品品牌平均的品牌领导力、品牌资源力、品牌经营力、品牌传播力和品牌发展力等分别为79.62、81.18、84.91、77.54 和 77.86。相对而言,品牌经营力较为突出,而品牌传播力略逊于其他"四力"指数。品牌价值处在前 100 位的品牌,其平均品牌强度"五力"分别为 84.22、83.32、86.34、79.63 和 79.95,均高于整体评估品牌的平均值。品牌价值前 10 位品牌的平均品牌强度"五力"分别达到了 92.08、87.36、89.87、83.91 和 85.27,数据显示,品牌强度"五力"均超出品牌价值前 100 位品牌以及整体强度评估品牌的平均值,且品牌领导力尤其突

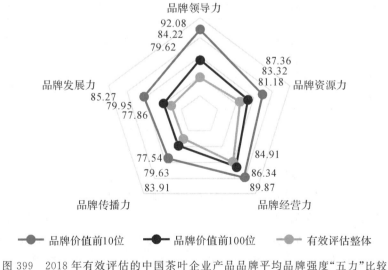

图 399　2018 年有效评估的中国茶叶企业产品品牌平均品牌强度"五力"比较

出。相比较而言,其品牌领导力的平均值比整体有效评估品牌的高出了15.65个百分点,比品牌价值前100位有效评估品牌的平均值高出9.33个百分点,居品牌强度"五力"中最高分值。但品牌强度"五力"中表现比较薄弱的是品牌传播力,与整体评估品牌的平均值相比,品牌价值前10位品牌的平均品牌传播力高出8.22%,但仍低于其余品牌强度"四力"。

可见,整体而言,我国茶叶企业产品品牌在标准化建设、组织经营管理方面的工作成效较好,在此基础上,具有高品牌价值的茶叶企业产品品牌在规模效应、行业地位、利税创造等方面有明显优势,但无论是整体有效评估品牌还是品牌价值高的有效评估品牌,均体现出在品牌传播方面的薄弱之处。品牌从战略规划伊始,经由品牌策略、品牌传播、品牌管理才能获得长期的品牌生存与发展的保障。因此,中国茶叶企业产品品牌不仅需要在品牌强度"五力"上综合提升,更需在品牌传播方面加深品牌传播认识,加强品牌传播力度,加大品牌传播有效投入,加快品牌传播有效产出。

表62是2018年有效评估的我国茶叶企业产品品牌的品牌强度"五力"排在前10位的品牌得分表。由表可知,汉家刘氏、崟露、松萝山、吴裕泰和新坦洋等五个品牌分获品牌领导力、品牌资源力、品牌经营力、品牌传播力和品牌发展力的最高分,同时,新坦洋品牌是本次评估中唯一一个品牌强度"五力"均位于前10位的品牌。

表62 2018年有效评估的中国茶叶企业产品品牌的品牌强度"五力"得分前10位

品牌领导力		品牌资源力		品牌经营力		品牌传播力		品牌发展力	
汉家刘氏	97.53	崟露	95.39	松萝山	94.13	吴裕泰	95.37	新坦洋	91.15
新坦洋	96.32	迎客松 (GREETING PINE)	94.72	品品香	93.78	新坦洋	91.39	天之红	89.76
崟露	95.84	吉祥鸟 (LUCKY BIRD)	93.11	更香茗茶	92.46	艺福堂	90.31	品品香	89.35
采花	92.34	新坦洋	92.79	茂圣	92.45	下关沱茶	87.76	绿剑	88.78
满堂香	91.57	川	92.37	大明山	92.39	文新	87.01	汉家刘氏	88.78
绿雪芽	91.56	大明山	92.21	新坦洋	91.70	汉家刘氏	86.68	下关沱茶	88.76
LUCKY BIRD 吉祥鸟	91.34	万里江	90.89	崟露	91.63	巴山雀舌	86.66	采花	87.07
吴裕泰	91.21	绿剑	90.48	祁魁	91.52	更香茗茶	86.31	晒白金	86.70
凤	91.16	石乳	89.95	碧螺	91.23	品品香	86.02	古洞春	86.66
文新	91.12	张元记	89.48	轩辕仙都黄贡	91.20	三鹤	85.99	巴陵春	86.25

进一步比较2017、2018两年度有效评估的101个品牌的平均品牌强度"五力",如图400所示:2017年,该101个品牌的平均品牌强度"五力"品牌领导力、品牌资源力、品牌经营力、品牌传播力、品牌发展力分别为79.71、78.56、86.92、76.93和79.47;2018年,该101个品牌的平均品牌强度"五力"分别达到81.33、82.10、85.78、78.91和79.33,变化幅度分别为2.03%、4.51%、-1.31%、2.57%和-0.18%。可见,经过一年的发展,该101个品牌的品牌领导力、品牌资源力、品牌传播力都有不同程度的提升,品牌经营力虽仍属"五力"中的强

势指标,但与去年相比,略有回落,品牌发展力则基本持平。

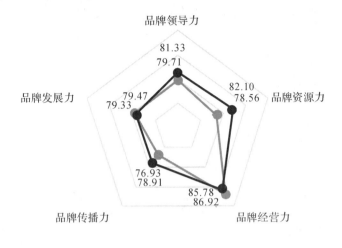

图 400　2017、2018 年两度连续参评品牌的平均品牌强度"五力"比较

　　品牌传播力由知名度、认知度和好感度等 3 个三级指标所构成。品牌传播力的变化在一定程度上与品牌传播投入经费的高低有关,但更与品牌效果相关。2018 年,连续参评的 101 个品牌的平均传播经费从 2017 年的 739.02 万元增加至 792.67 万元,传播经费提升了7.26 个百分点。如图 401 所示,其平均品牌知名度从 74.08 上升至 76.69,平均品牌认知度由 74.83 提升至 77.75,平均品牌好感度从 82.84 增长至 83.04,三个指标数据均有所增长。此外图 402 的数据显示,将 2018 年有效评估品牌的品牌价值位于前 10 位的品牌,与品牌价值前 100 位的品牌、评估品牌整体三者进行比较,我们可以清晰地看到,品牌价值高的品牌其品牌传播力、品牌传播经费都显著高于其他品牌。

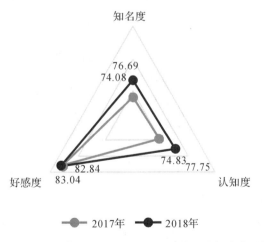

图 401　2017、2018 年两度连续参评的 101 个品牌的平均品牌知名度、认知度、好感度比较

　　数据说明,从连续参评的 101 个品牌的数据情况来看,2018 年的品牌传播力数据比2017 年的有所提高,说明中国茶叶企业产品品牌已经提高了对品牌传播的投入和有效传播

的产出。但正如图 399 所显示的,本次有效评估品牌的平均品牌传播力在品牌"五力"中处于相对弱势,评估品牌整体更需要提升品牌传播力,加大品牌传播投入。图 402 的数据,也说明了这一点。

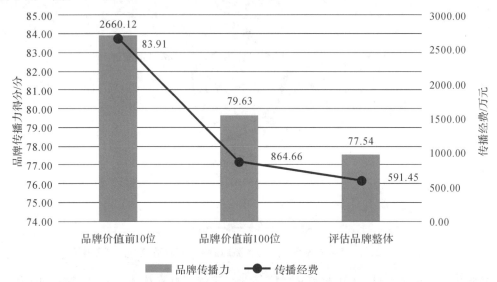

图 402　2018 年有效评估的茶叶企业产品品牌平均品牌传播力和传播经费大小比较

(六)品牌营销:电商销售份额逐年增加

随着电子商务的不断普及,我国茶叶企业产品品牌的触网已成为品牌营销常态。根据对 2017、2018 年两度连续参评的 101 个品牌所在企业的"年度电商销售额"数据统计,如图 403 所示,2014 年,101 个品牌的平均电商销售额为 1086.66 万元,占当年度企业销售总额的 4.93%;到 2017 年,101 个品牌的平均电商销售额已突破 2000 万元,达到了 2253.10 万元,

图 403　2017、2018 年两度连续参评的 101 个品牌的年度平均电商销售额和销售比例比较

占当年度企业销售总额的 8.90％,可见,我国茶叶企业通过电子商务进行品牌产品销售的销售额、销售比例均在逐年提升。

进一步比较本次评估中不同品牌价值层次的品牌的"年度电商销售额"和销售比例,如图 404、图 405 可见,无论是品牌价值前 10 位品牌,还是品牌价值前 100 位品牌,或是评估品牌整体,所在企业的电商销售额都在逐年增加,其中,品牌价值前 10 位品牌所在企业的"年度平均电商销售额"显著高于其他两类品牌的平均值。

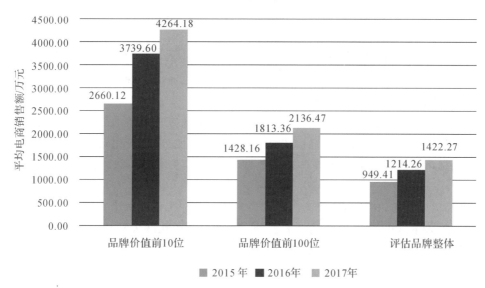

图 404　2018 年有效评估的中国茶叶企业产品品牌的年度平均电商销售额比较

由图 405 可见,2015 年,品牌价值前 10 位品牌、品牌价值前 100 位品牌以及整体评估品牌的平均电商销售比例分别为 3.66％、5.47％和 5.32％,到 2017 年,该百分比上升到了 5.10％、7.36％和 6.98％,电商销售占比得到了持续性提高。同时可见,品牌价值前 10 位品

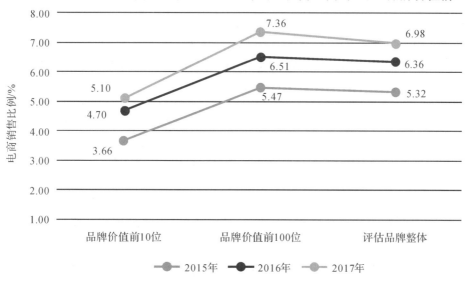

图 405　2018 年有效评估的茶叶企业产品品牌的年度电商销售百分比比较

牌的平均电商销售比例相对低于其他两组品牌的占比。

数据表明，尽管具有较高品牌价值的茶叶企业产品品牌，其电子商务份额在其销售总额中所占比例不大，但也同样日趋重视电子商务渠道的建设，使得电商销售额以及电商销售比重正在有序提升。

综上有关品牌价值、品牌收益、品牌忠诚度因子、品牌强度乘数、品牌营销五个层面的数据分析可见，本次我国茶叶企业产品品牌的价值评估数据揭示了以下五个方面的现实：

1. 我国茶叶企业产品品牌的价值相较 2017 年的评估结果有所增长，但大部分品牌所在的茶叶企业的产业规模不大，品牌价值也不高。

2. 获得较高品牌收益的品牌，其单位销量品牌收益并不一定高，还需要有一定的规模才能获得更稳健的品牌收益；而针对无法达到规模化要求的茶叶企业产品品牌，提升单位销量品牌收益是增加品牌收益的有效途径。

3. 价格突增或许能在短期内获得较高的销售，但对长期的品牌收益会产生负面的影响；而价格一成不变虽能维持较高的品牌忠诚度，但成本增加、环境变化，也未必能稳定保证品牌收益；根据市场状况，适当地、科学有效地调节价格体系，是保障长远的品牌收益的不败之选。

4. 品牌需要传播，传播需要投入。尽管各参评品牌在传播投入上有所增加，但与工业品牌相比较，投入量过小，影响品牌传播力提升。在产品同质化的大环境下，夯实生产、销售等品牌建设基础的同时，更要加大品牌传播投入，才能让品牌到达消费者，令消费者认知提升，获得消费者的认同与消费。

5. 电子商务已成为时下我国茶叶企业产品品牌重要的销售渠道，传统茶叶企业也正在积极拥抱电子商务，打造线上线下新零售体系。

二、品牌未来：抓住契机，高位发展

过去的 2017 年，是我国发展历史上特殊的一年。国务院首次设立"中国品牌日"，农业部将 2017 年确定为中国农业"品牌推进年"，党的十九大报告提出"打赢脱贫攻坚战""实施乡村振兴战略"，更有"一带一路"倡议的不断深入实施等等，都给中国的茶产业带来了前所未有的契机，同时，也提出了更多的挑战。作为茶产业的市场竞争主体与先锋，茶叶企业如何通过品牌化获得产业经济收益，引领区域茶业兴旺，这是未来一段时间内，需要深入研究与实践的问题。

（一）战略布局，放眼全球坚实基地，谋求品牌高位发展

近年来，无论是国家提出的"一带一路"倡议、"乡村振兴战略"，还是"国家品牌战略"，无疑都具有高度的战略意图。在此宏观环境下，对于有能力有条件的茶叶龙头企业，应当以战略性眼光进行品牌战略布局，谋求高位发展。

布局全球，从原料输出向品牌茶叶输出转变。"一带一路"共建国家对茶叶的需求空间巨大，给中国茶叶企业的国际化发展提供了庞大市场。一些茶叶企业便抓住契机，开拓新疆域。如汉家刘氏，借助"一带一路"，成功打开国际市场，所产的高端黑茶远销俄罗斯、德国、

美国、加拿大、法国、日本、意大利、西班牙、葡萄牙、东南亚等 36 个国家和地区,品牌价值一路高涨;安溪茶业龙头企业在政府的推动下,积极开拓国际市场,由东南亚扩大到日本、欧美,拓展至俄罗斯等 100 多个国家和地区,年出口量达 1.6 万吨,直接创汇超 1 亿美元。

布局乡村,以茶为媒振兴乡村发展。近年来,全国各地频建茶业特色小镇,以茶为媒,实现乡村经济繁荣发展。茶叶产业发展对乡村经济的重要性早已有论断,早在 2003 年,时任浙江省省委书记的习近平就在安吉发表"一片叶子成就了一个产业,富裕了一方百姓"的真知灼见。10 年之后,习近平同志又阐述了"绿水青山就是金山银山"的重要理念。茶产业一般在山区丘陵地带居多,正是践行"两山"理念、富裕茶乡经济的重要产业,是有效实施"乡村振兴"战略的重要抓手。"小茶叶,大作为",浙茶集团积极探索加强对茶叶主产区的扶贫帮扶工作,近日与四川万源签订战略合作,加速万源县富硒茶产业的规模化和品牌化发展,实现"乡村振兴、绿色崛起"。

在生产端与消费端进行战略布局,谋求全球,深入乡村,延伸产业,提升品牌溢价。

(二)企业抱团,突破小、散、乱症结,集聚整合化效应

在《2016 中国茶叶企业产品品牌价值评估报告》中,我们就已经看到了"力量整合成为新常态"的苗头。茶叶企业抱团取暖,是现阶段乃至未来一段时间内的趋势。在此背景下,各省出台文件,谋划打造千亿茶产业,以行政手段促成当地茶叶向大规模、大产业、大品牌方向发展。

同时,在市场刺激下,以龙头企业为主体,收购、并购、重组等一系列茶叶企业自发的整合举措也层出不穷。如近两年引起茶界"公私"属性大讨论的"极白",一个拥有国有资本背景的企业品牌,整合了安吉当地"峰禾园""千道湾""芳羽"等企业品牌,以整合之后的力量联合"八马""三万昌"等茶叶品牌,在茶叶营销界掀起了一场整合与兼并的"极白"风暴。尽管"极白"品牌成立未满 3 年,还未被纳入本次茶叶企业产品品牌价值评估体系,但其从诞生之初就具有研究价值,我们也会持续关注。在"极白"之前,还有同样具有国资背景的川茶集团,联合了四川省内 121 家茶企,共同打造"天府龙芽"川茶大区域品牌,灵活突破了原来茶叶区域品牌的地域局限性,以及传统茶叶企业品牌小、散、乱的现实,囊括四川六大茶类,在首届中国国际茶叶博览会上达成意向协议 8 亿元,其中出口协议金额 1.1 亿元,现场销售额达 100 万元。

2018 年 4 月 10 日,中国茶叶产业集群品牌联盟成立,标志着今后将有越来越多的茶叶企业品牌统一战线,以集群品牌战队,进军国内外市场,增强茶叶国家品牌的实现指数。

以区域为范畴,与中国茶叶已有的茶叶资源禀赋形成相得益彰的企业组织关系,整合、联动相关需求企业,协同作战,整合力量,做强品牌,形成强与特、大与小结合互补的中国茶产业品牌生态系统,满足不同消费需求。

(三)策略先导,实现精准传播与多效营销

品牌的打造,要有战略,也要有战术。战略指明方向,战术抵达目标。中国的农业品牌已经进入了传播时代。传统的茶叶生产企业,往往注重在生产端的投入,而忽视传播和营销,认为"酒香不怕巷子深",即使注册了商标,也并没有以品牌思维运营,导致产品以原料形

式销售,品牌无法得到溢价。随着茶叶产品同质化现象越来越严重,传统茶叶企业也开始重视品牌传播和营销,但也因为缺乏科学的策略指导,往往事倍功半。

中国的茶叶消费,已呈现年轻化、时尚化的特征,茶叶企业品牌的传播策略与营销方式,应当随着消费群体、消费习惯的转变而转变。依据消费者在感官层面和精神层面对物的不同感知方式,构建中国茶叶品牌传播的基本模式,即,通过视觉、听觉、嗅觉、味觉、触觉进行感官层面的传播,同时,更通过解决品牌态度、潜在消费以及价值认同、生活方式认同等方面展开精神层面的传播。小罐茶,在深刻了解现代人的生活节奏、消费习惯之后,在品牌定位、外观包装、销售渠道、产品标准、价格标准、情感认同、广告投放等各方面均做足了功课,成为现代茶叶市场的一匹黑马。吴裕泰是一个具有百年历史的老字号品牌,在传承传统的基础上,同时也积极拥抱年轻化,在品牌定位、包装设计、产品创新、传播渠道上充分焕发老字号的新生命,在全国范围内铺设了400余家专营店,拓展"裕泰东方"线上品牌,实现线上线下双轨并行。

老茶客的维护,新茶客的引领,这是两个缺一不可的任务。在针对老茶客基于"色香味形"的物质诉求的同时,利用精神诉求接近新型消费者,实施精准传播,实现多效营销,构建消费圈,形成新消费群落,策略先导,科学发展品牌未来的典型消费者。

(四)强化保护,尊重行业标准与知识产权

建立一个强势的茶叶品牌,除了要有完备的品牌基础,还需要有强劲的品牌保护。品质管控、商标注册、专利申请、知识产权保护等都是品牌保护的方式。现代化茶叶企业品牌建设,需要起到示范带头作用,做好自身品牌保护的同时,遵守行业标准,尊重他人的品牌权益。

遵守行业标准,不冒用、滥用区域公用品牌。近年来,西湖龙井在全国多地开展打假维权,涉及多家茶叶企业,还有更多茶叶企业并未意识到已侵犯权益,一如既往地在未授权的情况下擅用"西湖龙井"字样,混淆市场。这是对他人品牌的侵权,是对市场的欺骗,更是对自身品牌的不自信、不维护。茶叶企业作为茶产业中的重要角色,应当起到示范作用,遵守行业标准,提升产品品牌,做好品牌建设,维护行业秩序。

尊重知识产权,坚持品牌自主创新。在茶叶领域,经常能看到相似的产品包装,听到相似的品牌主张,乃至无法分辨哪一个是原创。2003年,兰馨茶业首创"条盒式小额化名茶包装",引发持续跟风现象,至今,此类包装已随处可见;2016年,小罐茶异军突起,引来茶界和消费者的追捧,一夜之间,各家茶叶企业纷纷推出小罐茶叶系列,在包装外观上几乎以假乱真。诸如此类,层出不穷。品牌战略,是差异化战略,是求异战略,这个根本理念不坚定,打造品牌的误区会越来越多。因此,茶叶企业品牌创新,应当以自主创新为核心,盲目的跟风或模仿并不能为品牌带来积累,反而会丧失品牌核心价值。

随着国家品牌战略的不断深入,中国茶叶作为神秘的东方树叶,在国内外茶产业、茶经济、茶文化中均有不可替代的地位。中国茶是中国国家品牌形象的重要组成元素,中国茶叶企业品牌的竞争必须放眼全球,立足当下,目标着眼未来,形势也必将更为严峻。在响应"世界共同体"与"乡村振兴战略"的号召下,坚持走科学发展道路,突破传统茶叶企业在规模、产品、品牌理念等多方局限,开展品牌顶层设计,合作共赢,自主创新,早日实现茶产业的国家品牌化。

附表：2018 年中国茶叶企业产品品牌价值评估结果（前 100 位）

序号	企业名称	品牌名称	品牌价值(亿元)
1	北京吴裕泰茶业股份有限公司	吴裕泰	15.51
2	福建新坦洋集团股份有限公司	新坦洋	10.85
3	湖北汉家刘氏茶业股份有限公司	汉家刘氏	9.67
4	湖北采花茶业有限公司	采花	9.50
5	闽榕茶业有限公司	釜露	9.43
6	安徽茶叶进出口有限公司	吉祥鸟 (LUCKY BIRD)	9.23
7	浙江更香有机茶叶开发有限公司	更香茗茶	8.84
8	云南滇红集团股份有限公司	凤	8.17
9	福建品品香茶业有限公司	品品香	8.11
10	湖南洞庭山科技发展有限公司	巴陵春	7.69
11	浙江省诸暨绿剑茶业有限公司	绿剑	6.95
12	湖北邓村绿茶集团有限公司	峡州碧峰	5.80
13	信阳市文新茶叶有限责任公司	文新	5.75
14	安徽茶叶进出口有限公司	迎客松 (GREETING PINE)	5.12
15	福建省天湖茶业有限公司	绿雪芽	4.97
16	霍山县雨佳有机茶有限公司	雨佳	4.66
17	浙江安吉宋茗白茶有限公司	宋茗	4.58
18	福建满堂香茶业股份有限公司	满堂香	4.51
19	广东黄花现代农业发展有限公司	黄花	4.49
20	天方茶业股份有限公司	雾里青	4.31
21	云南下关沱茶(集团)股份有限公司	下关沱茶	4.26
21	福建誉达茶业有限公司	誉达	4.26
23	婺源县鄣公山茶叶实业有限公司	鄣公山	4.20
24	江苏吟春碧芽股份有限公司	吟春碧芽	4.18
25	浙江益龙芳茶业有限公司	益龙芳	4.10
26	湖北悟道茶业有限公司	悟道茶	4.03
27	湖北宜红茶业有限公司	宜	4.00
28	河南九华山茶业有限公司	九华山	3.98
29	湖南古洞春农业集团有限公司	古洞春	3.92

续表

序号	企业名称	品牌名称	品牌价值(亿元)
30	永春县魁斗莉芳茶厂	绿芳	3.90
31	宜宾川红茶业集团有限公司	川红	3.88
32	安徽大业茗丰茶叶有限公司	大业茗丰	3.83
33	成都市碧涛茶业有限公司	碧涛	3.81
34	黄山市洪通农业科技有限公司	洪通	3.50
35	四川省蒙顶山皇茗园茶业集团有限公司	皇茗园	3.49
36	苏州东山茶厂股份有限公司	碧螺	3.48
37	六安市黄府茶业有限公司	黄之江	3.35
38	福鼎市张元记茶业有限公司	张元记	3.26
39	广西梧州茂圣茶业有限公司	茂圣	3.25
40	重庆市开县龙珠茶业有限公司	龙珠	3.22
41	四川蒙顶山味独珍茶业有限公司	味独珍	3.21
42	广西壮族自治区梧州茶厂	三鹤	3.20
43	青岛万里江茶业有限公司	万里江	3.18
44	安溪县桃源有机茶场有限公司	品雅	3.14
45	安徽省祁门红茶发展有限公司	天之红	2.97
46	镇江雨泰茶业公司	雨泰茗茶	2.96
47	羊楼洞茶业股份有限公司	羊楼洞	2.95
48	福建隽永天香茶业有限公司	隽永天香	2.88
49	福建瑞达茶业有限公司	瑞达	2.83
50	浮梁县浮瑶仙芝茶业有限公司	浮瑶仙芝	2.74
51	广西农垦茶业集团有限公司	大明山	2.71
52	苏州三万昌茶叶有限公司	三万昌	2.65
53	浙江省武义茶业有限公司	九龙山	2.56
54	宜宾川红茶业集团有限公司	林湖	2.48
55	广东省大埔县西岩茶叶集团有限公司	西竺	2.45
56	福建百祥进出口贸易有限公司	福百祥	2.44
57	苏州市吴中区西山碧螺春茶厂	咏萌	2.41
58	安徽舒绿茶业有限公司	舒绿园	2.29
59	重庆茶业(集团)有限公司	定心	2.24
60	广东省大埔县西岩茶叶集团有限公司	岩中玉兔	2.23

续表

序号	企业名称	品牌名称	品牌价值(亿元)
61	临海市羊岩茶厂	羊岩山	2.10
62	福建省裕荣香茶叶有限公司	裕荣香	2.07
63	浙江碧云天农业发展有限公司	碧云天	2.06
64	杭州艺福堂茶业有限公司	艺福堂	1.99
65	湖北省赵李桥茶厂有限责任公司	川	1.92
66	浙江益龙芳茶业有限公司	大龙山	1.82
67	浮梁县浮瑶仙芝茶业有限公司	浮红	1.76
68	河南仰天雪绿茶叶有限公司	仰天雪绿	1.73
69	杭州顶峰茶业有限公司	顶峰茶业	1.72
70	勐海陈升茶业有限公司	陈升号	1.70
71	广西金花茶业有限公司	金花	1.67
71	福建省银龙茶叶科技有限公司	银龙	1.67
73	福建品品香茶业有限公司	晒白金	1.57
74	黄山王光熙松萝茶业股份公司	松萝山	1.53
75	上犹犹江绿月食品有限公司	犹江绿月	1.50
76	宁波望海茶业发展有限公司	望海峰	1.49
77	重庆茶业(集团)有限公司	巴南银针	1.48
78	四川巴山雀舌名茶实业有限公司	巴山雀舌	1.47
79	池州市九华山肖坑有机茶有限责任公司	肖坑	1.45
80	福建省天醇茶业有限公司	天醇	1.38
81	贵州省湄潭县栗香茶业有限公司	妙品栗香	1.37
82	黄山六百里猴魁茶业股份有限公司	六百里	1.36
83	广西南山白毛茶业有限公司	圣种	1.33
84	英德市上茗轩茶叶有限责任公司	上茗轩	1.30
85	筠连县青山绿水茶叶专业合作社	娇芽	1.22
86	安徽舒绿茶业有限公司	舒绿	1.21
87	临沭县春山茶场	春山	1.20
88	湖南官庄干发茶业有限公司	干发	1.16
88	湖北羊楼洞果茶股份有限公司	品贵	1.16
90	临沂市玉芽茶叶有限公司	玉剑	1.12
91	陕西东裕生物科技股份有限公司	东	1.09

续表

序号	企业名称	品牌名称	品牌价值(亿元)
92	广元市白龙茶叶有限公司	白龙湖	1.08
93	日照市林苑茶业有限公司	极北云岫	1.06
94	安徽兰花茶业有限公司	万佛山	0.946
95	江西三山实业有限公司	玉山怀玉	0.940
96	广西金花茶业有限公司	人间壹香	0.876
97	安徽省金寨县金龙玉珠茶业有限公司	金龙玉珠	0.866
98	福州联合闽津茶业有限公司	闽津	0.845
99	宜兴市岭下茶场	竹海金茗	0.824
100	恩施花枝山生态农业股份有限公司	花枝山	0.822

声明:本研究中所估算之品牌价值,均基于茶叶品牌持有单位提供相关数据及其他公开可得信息,且运用浙江大学CARD中国农业品牌研究中心的茶叶企业产品品牌专用评估方法对采集的数据处理的结果。本评估所涉的品牌只包括在中国大陆注册的茶叶企业产品品牌。

2019：中国茶叶企业产品品牌价值评估报告（数据跨度：2016—2018）[*]

前　言

中国的茶叶品牌生态，基本形成了区域公用品牌和企业产品品牌双轮互动的格局。今年的中央一号文件，提出了创响一批"土字号""乡字号"特色产品品牌的任务。要完成使命，除了地方政府的引导，行业协会的指导，更多的需要企业发力，打造中国茶产业的特色品牌集群。

为了进一步科学考察中国茶叶企业产品品牌建设的现状，2018年年底，由浙江大学CARD中国农业品牌研究中心牵头，联合中国茶叶研究所《中国茶叶》杂志、浙江大学茶叶研究所、浙江永续农业品牌研究院等研究机构，组成了课题研究团队，开启了"2019中国茶叶企业产品品牌价值"专项评估课题。

历经5个月，评估课题组依据浙江大学CARD中国农业品牌研究中心研制的"中国农产品企业产品品牌价值评估模型"（简称CARD模型2），通过对茶叶企业主体调查、消费者评价调查、专家意见咨询、海量数据分析等一系列调研分析活动，最后获得了相关评估结果。

本次评估，共计有191个中国茶叶企业产品品牌（评估对象不包括我国港澳台地区）参评。经由对参评品牌相关数据的多方审核，课题组最终完成了对来自国内18个省（市、自治区）、164家茶叶企业的173个茶叶企业产品品牌的有效评估。其中，有83个品牌连续参与了近三年（2017—2019；数据支持：2014—2018）的评估活动。

一、数据引路：中国茶企产品品牌现状

（一）基本情况

本次有效评估的中国茶叶企业产品品牌共计173个。

从品牌所处省份来看，来自浙江省与福建省的品牌数量最多，分别为23个和19个，共占本次整体评估品牌数量的24%；其次是安徽省和四川省，分别为18个和15个；来自贵州省的品牌数量为2个，北京、上海各1个。品牌省份来源分布具体可见图406。

从品牌所属企业类型来看，如图407所示，本次有效评估的173个品牌中，属于省级龙

---

[*]　本报告发表于《中国茶叶》2019年第7期。

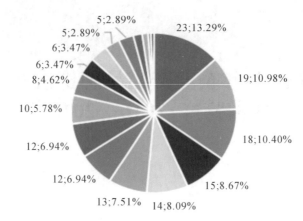

图 406　2019 年有效评估的茶叶企业产品品牌省份来源分布

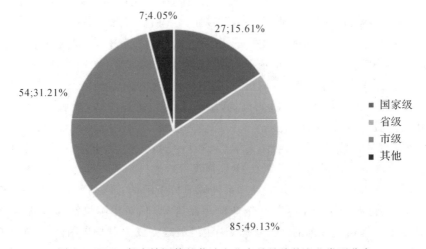

图 407　2019 年有效评估的茶叶企业产品品牌的企业类型分布

头企业的茶叶品牌数量最多,以 85 个的数量占整体有效评估品牌数量的 49.13%。来自市级龙头企业与国家级龙头企业的品牌则各以 54 和 27 的数量居二、三位。数据说明,本次有效评估的茶叶企业产品品牌在当地企业群体中处于排头兵位置者居多。

(二)品牌价值:平缓提升无奇迹

　　根据浙江大学 CARD 中国农业品牌研究中心自主研制的"中国农产品企业产品品牌价值评估模型",中国茶叶企业产品品牌价值=品牌收益×品牌强度乘数×品牌忠诚度因子,即,品牌收益、品牌强度乘数和品牌忠诚度因子为品牌价值评估的一级指标。

　　数据显示,本次有效评估的 173 个中国茶叶企业产品品牌的品牌总价值为 389.95 亿元,平均品牌价值为 2.25 亿元,60 个品牌的品牌价值位于平均水平及以上,占整体有效评估品牌数量的 34.68%(见图 408)。

　　按品牌价值高低划分,如图 409 所示,品牌价值(BV)在 10 亿元以上的品牌共 7 个。其中,吴裕泰以 16.11 亿元的品牌价值拔得头筹;品牌价值位于 5 亿~10 亿元之间的品牌共计

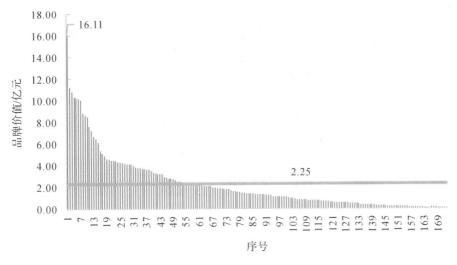

图 408　2019 年有效评估的茶叶企业产品品牌价值比较

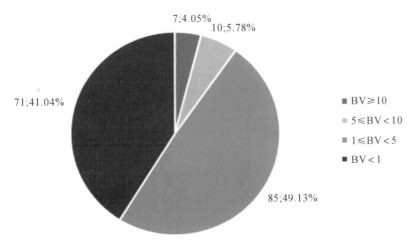

图 409　2019 年有效评估的茶叶企业产品品牌价值区间分布

注:BV 为品牌价值,单位为亿元。

10 个,占整体有效评估品牌数量的 5.78%;品牌价值位于 1 亿～5 亿元之间的品牌为 85 个,占整体有效评估品牌数量的 49.13%;余下的 71 个品牌的品牌价值未达到 1 亿元,占整体有效评估品牌数量的 41.04%。

2015—2017 年间获有效评估品牌的平均品牌价值呈现良好的发展趋势(见图 410)。其中,2016 年平均品牌价值比上一年增长高达 25.30%。2018 年,平均品牌价值有所回落,为 2.21 亿元,比上一年度下降了 3.49%。2019 年,有效评估品牌的平均品牌价值略升至 2.25 亿元,增长 1.81%。值得关注的是,从 2016 年至今的 4 年间,有效评估品牌的平均品牌价值始终维持在 2 亿元以上,未出现大幅变动。

综上说明,我国茶叶企业产品品牌的品牌价值发展较为平缓,整体处于平稳发展态势。

由图 410 可知,2015—2017 年间获有效评估品牌的平均品牌价值呈现良好的发展趋势。其中,2016 年平均品牌价值比上一年增长高达 25.30%。2018 年,平均品牌价值有所回落,为 2.21 亿元,比上一年度下降了 3.49 个百分点。2019 年,有效评估品牌的平均品牌价值略

图410　近五年有效评估品牌的平均品牌价值及增长率比较

升至2.25亿元,增长1.81％。值得关注的是,从2016年至今,4年间,有效评估品牌的平均品牌价值始终维持在2亿元以上,未出现大幅变动。

虽然近年来有效评估品牌的平均品牌价值较为稳定,但在本次评估中仍有超过60％的品牌尚未达到平均水平,且超过40％的品牌,其品牌价值不足1亿元。数据揭示,虽然近年来,从政府职能部门到企业主管,品牌意识加强了,品牌运营能力增长了,但我国茶叶企业产品品牌在品牌价值上还没有出现大幅提升的局面。

（三）品牌收益：单位溢价显实力

根据模型,茶叶企业产品品牌的品牌收益是以企业产品品牌近三年的平均销售额为基础,剔除各项投入成本、相关税费、资本收益等非品牌因素,最终得出企业因品牌而获得的实际收益。每千克茶叶的品牌收益是品牌单位溢价能力的直观展现。

本次有效评估的173个茶叶企业产品品牌,其平均品牌收益为1355.73万元(见图411)。其中,吴裕泰的品牌收益依旧最高,为9197.90万元,与上一年度相比,吴裕泰的品牌收益增加了369.41万元,提升了4.18％。图中曲线显示,前端坡度较陡,中后段趋于平缓,体现出只有少数有效评估品牌的品牌收益较高,多数品牌的品牌收益仍然处于平均线以下。

单位销量品牌收益是指剔除销售量的因素,比较同样销售1千克茶叶所获得的品牌收益大小。在本次有效评估的173个茶叶企业产品品牌中,雾里青、咏萌与定心等三品牌分别以992.31元/千克、948.47元/千克和861.59元/千克的单位销量品牌收益位列前三,远高于整体有效评估品牌的平均单位销量品牌收益(107.63元/千克),成为最具单位品牌溢价能力的前三位品牌。

通过比较连续参与2017、2018和2019年3年评估的83个茶叶企业产品品牌,如图412所示,平均品牌价值与品牌收益均呈现连年上升的趋势,且增幅明显。其中,2017—2019年连续有效评估品牌的平均品牌收益分别以1505.89万元、1665.81万元、1807.03万元递增,整体增长20％,平均品牌价值则从2017年的2.53亿元递增至2019年的3.01亿元,整体涨幅为18.97％。

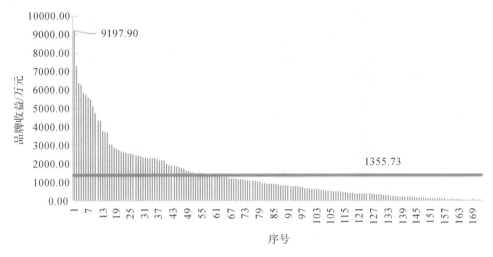

图 411　2019 年有效评估的茶叶企业产品品牌的品牌收益比较

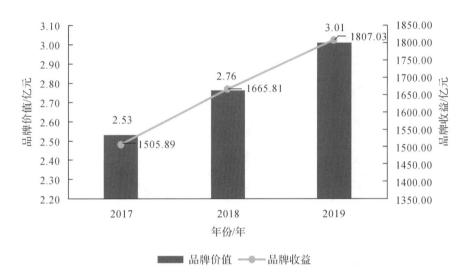

图 412　2017—2019 年连续有效评估品牌的平均品牌价值、品牌收益比较

　　按照我国农业产业化龙头企业的层级进行比较可见，本次有效评估的 173 个茶叶企业产品品牌中，属于国家级龙头企业的品牌，其平均品牌收益和平均单位销量品牌收益均为最高，分别为 2598.63 万元和 145.17 元/千克；来自省级龙头企业的茶叶品牌，其平均品牌收益略低于国家级龙头企业的平均值，为 2280.37 万元，但其平均单位销量品牌收益却不足国家级龙头企业平均值的 70%，仅有 93.44 元/千克；来自市级龙头企业的茶叶品牌，其平均品牌收益虽然不及国家级、省级龙头企业平均值的三分之一，但平均单位销量品牌收益仅次于国家级龙头企业产品品牌的平均值，为 125.97 元/千克（见图 413）。由此可见，国家级龙头企业品牌的溢价能力最突出，省级龙头企业的茶叶企业产品品牌虽然销量大，但品牌溢价能力却不及销量较小的市级龙头企业品牌。

　　图 414 是本次有效评估品牌的品牌价值前 10 位、前 100 位以及有效评估品牌整体的平均品牌收益、平均单位销量品牌收益汇总比较。品牌价值前 10 位的平均品牌收益为 6162.45 万

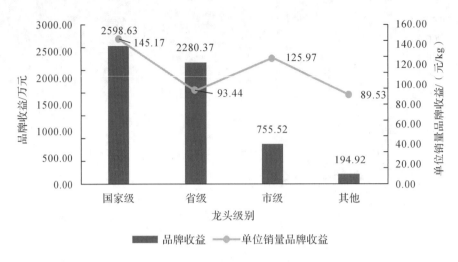

图 413　2019 年有效评估品牌的平均品牌收益、单位销量品牌收益比较

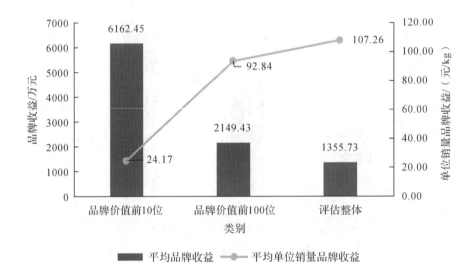

图 414　2019 年有效评估品牌的平均品牌收益和单位销量品牌收益比较

元,是品牌价值前 100 位品牌平均值的 2.87 倍,是有效评估整体品牌平均值的 4.55 倍,但其平均单位销量品牌收益是三者之中的最低值,为 24.17 元/千克,不足品牌价值前 100 位品牌平均值的三分之一,不足有效评估整体品牌的平均单位销量品牌收益的四分之一。

分析本次有效评估品牌中品牌价值排名前 10 位的茶叶企业产品品牌数据,如图 415 所示,其品牌收益与单位销量品牌收益并不成正比。品牌收益排名前三位的品牌分别是吴裕泰(9197.90 万元)、凤牌(7288.31 万元)和新坦洋(6344.98 万元),但后两者的单位销量品牌收益排名却并不理想,仅以 12.66 元/千克和 8.21 元/千克位于第七位和第九位。而品牌收益排名平平的更香茗茶,其单位销量品牌收益远高于除吴裕泰之外的其他茶叶企业产品品牌,以 55.35 元/千克居单位销量品牌收益第二位。

由此可见,品牌收益的高低作为衡量茶叶企业产品品牌收益方面的指标,在一定程度上,显示了品牌的收益现状,而单位销量品牌收益,则更直观地表现了一个品牌的品牌溢价

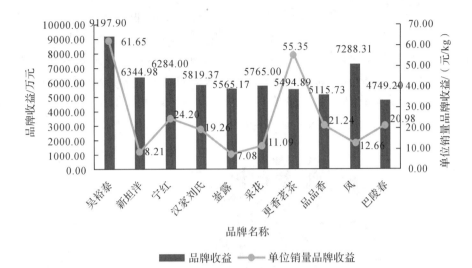

图 415 2019 年品牌价值评估前 10 位的品牌收益和单位销量品牌收益

能力。依靠规模达到高额品牌收益,与单位销量品牌收益高,前者的优势在于规模,后者的优势在于单位溢价。品牌建设不仅要保障适度的生产、销售规模,更要注重品牌溢价能力的提升。

(四)品牌忠诚度因子:市场价格稳中有升

茶叶品牌忠诚度因子(BL)主要测量茶叶消费者的品牌忠诚度,侧重于品牌能否在长时间内维持稳定的销售。根据评估模型,品牌忠诚度因子=(过去三年平均售价—销售价格标准差)÷过去三年平均售价,品牌忠诚度因子的大小与近三年市场零售价稳定与否有直接关系,市场价格表现越平稳,其品牌忠诚度因子越高,最大值可为 1。

比较近五年有效评估品牌的平均品牌忠诚度因子,如图 416 所示,2015 年的平均品牌忠诚度因子为 0.900,之后连续递增,到 2017 年已上升至 0.919。该指标在 2018、2019 年的评估中相继出现了轻微下滑,数据分别为 0.916 和 0.915。总体而言,近五年来我国茶叶企业产品品牌的平均品牌忠诚度因子变化幅度小。这从一个方面反映出,我国茶叶整体市场价

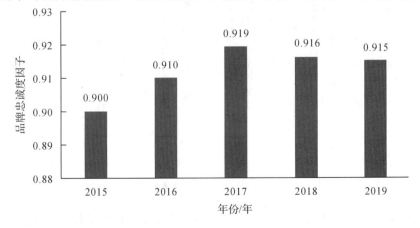

图 416 近五年有效评估品牌的平均品牌忠诚度因子比较

格体系相对处于价格稳定的态势,但 2017、2018 年出现了小幅波动。

2019 年有效评估的 173 个品牌中,品牌忠诚度因子在 0.95 以上的品牌共计 67 个(见图 417),占整体有效评估品牌数量的 38.73%;品牌忠诚度因子在 0.90 至 0.95 之间的品牌共计 49 个,占整体有效评估品牌数量的 28.32%;品牌忠诚度因子在 0.80 至 0.90 之间的品牌共计 40 个,占整体有效评估品牌数量的 23.12%;品牌忠诚度因子在 0.80 以下的品牌 17 个,其中 4 个品牌的品牌忠诚度因子不足 0.70。

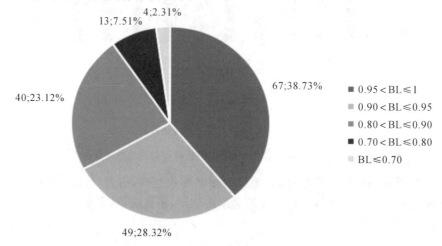

图 417　2019 年有效评估品牌的品牌忠诚度因子大小区间分布

注:BL 为品牌忠诚度因子。

按照本次有效评估品牌的所在省份进行比较可见,来自贵州省的有效评估品牌,其平均品牌忠诚度因子最高,为 0.976;来自重庆市的有效评估品牌,平均值为 0.958,位列第二;来自河南省的有效评估品牌的平均品牌忠诚度因子为 0.953,排名第三;来自山东、云南、陕西、湖南、四川等 5 个省份的茶叶企业产品品牌,平均品牌忠诚度因子均不足 0.90(见图 418)。

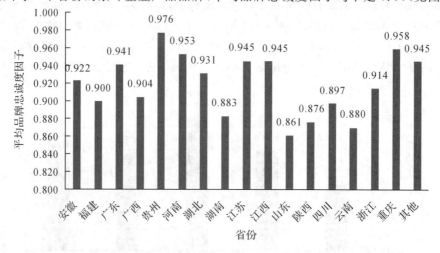

图 418　2019 年有效评估品牌中的不同省属品牌的平均品牌忠诚度因子比较

对本次有效评估品牌的品牌价值前 10 位、前 100 位和整体评估品牌的平均品牌收益和平均品牌忠诚度因子大小的比较可见(见图 419),品牌价值前 10 位品牌的平均品牌忠诚度因子高于品牌价值前100位及整体的有效评估品牌平均值,以0.919居于第一位。同样,品牌价值前10位品牌的平均品牌收益也以6162.45万元居于首位,远超品牌价值前100位品牌的平均值(2149.43万元)及整体评估品牌的平均值(1355.73万元)。

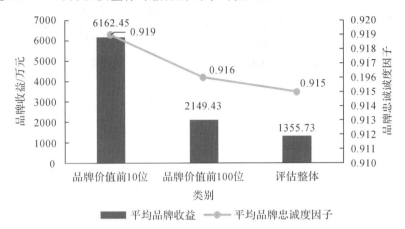

图419　2019年有效评估品牌的平均品牌收益与平均品牌忠诚度因子比较

品牌价值会受到品牌收益、品牌忠诚度等多种因素的影响。因此,要维持并逐步提升品牌价值,品牌需要以逐步上升的价格体系与稳定的销售关系巩固消费者忠诚度,扩大品牌收益,最终实现品牌价值的飞跃。为追求短期经济效益而盲目变动品牌定价,会导致消费者品牌忠诚度下降,继而引发连锁反应,不利于品牌长久稳健的发展。

(五)品牌强度:低位徘徊待提升

品牌强度乘数,是体现品牌未来持续收益能力、抗风险能力和竞争能力大小的指标,是一组因子的加权综合。茶叶企业产品品牌的品牌强度由品牌领导力、品牌资源力、品牌经营力、品牌传播力和品牌发展力等5个二级指标构成,统称为"品牌强度五力"。"品牌强度五力"及其三级指标均根据当年度有效评估品牌横向比较得出。

数据显示,本次有效评估的173个茶叶企业产品品牌,其平均品牌强度乘数为17.65,比上一年度下降了0.60%。比较近五年的评估数据,如图420可见,2015—2017年间有效评估品牌的平均品牌强度乘数持续上升,从2015年的16.35上升至2017年的17.76;2018年,有效评估品牌的平均品牌强度乘数与2017年的评估数据持平,但到2019年,有效评估品牌的平均品牌强度乘数回落至17.65,低于2017、2018年的评估数据。

本次有效评估的173个茶叶企业产品品牌中,属于国家级农业产业化龙头企业的品牌,其平均品牌强度乘数达到了18.25;来自省级农业产业化龙头企业的品牌,其平均品牌强度乘数为17.78;来自市级农业产业化龙头企业以及其他企业的品牌,其平均品牌强度乘数在整体评估品牌的平均值以下(见图421)。

比较构成品牌强度乘数的5个二级指标,如图422所示,本次有效评估品牌的平均品牌领导力、品牌资源力、品牌经营力、品牌传播力和品牌发展力等5个二级指标数据分别为79.95、80.75、83.61、76.07和77.25。数据显示,本次评估品牌整体的"品牌强度五力"数据均位于75~80之间,相对较低。其中,品牌经营力略微高于其他四力,而品牌传播力则略低

图 420　近五年有效评估品牌的平均品牌强度乘数与增长率比较

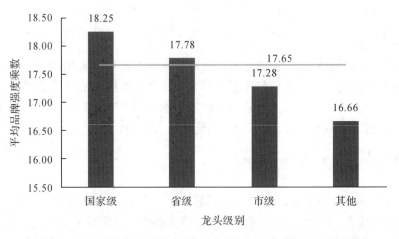

图 421　2019 年有效评估的各级企业产品品牌平均品牌强度乘数比较

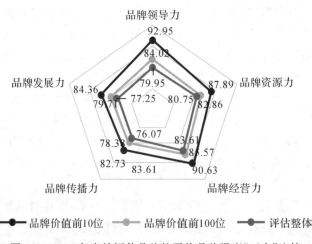

图 422　2019 年有效评估品牌的平均品牌强度"五力"比较

于其他四力。

　　同时比较品牌价值前 10 位、前 100 位有效评估品牌的平均"品牌强度五力"可见,品牌价值前 10 位有效评估品牌的平均品牌领导力、品牌资源力、品牌经营力、品牌传播力和品牌发展力均高于品牌价值前 100 位及有效评估品牌整体的平均值,分别达到了 92.95、87.89、90.63、82.73 和 84.36。其中,品牌领导力具有明显优势,高出有效评估品牌的整体平均值 16.26%,比品牌价值前 100 位有效评估品牌的平均值高出 10.63%。品牌价值前 100 位的有效评估品牌的平均品牌领导力、品牌资源力、品牌经营力、品牌传播力和品牌发展力也均高于有效评估品牌整体的平均值。值得注意的是,无论是品牌价值前 10 位、品牌价值前 100 位有效评估还是整体评估品牌,其平均品牌传播力均低于其他二级指标。品牌传播力决定了品牌与消费者之间的沟通投入、沟通能力、沟通效果。如果品牌传播出现问题,则品牌与消费者之间的关系会出现问题,品牌传播力的强弱,决定着一个品牌与消费者之间的关系的强弱。因此,中国茶叶企业产品品牌应当在品牌传播方面加大投入、提升能力、增强效果,提高品牌传播力。

　　进一步比较 2017—2019 年连续 3 年有效评估的 83 个茶叶企业产品品牌的平均"品牌强度五力",如图 423 所示,2017 年,该 83 个品牌的平均"品牌强度五力"分别为 79.65、78.48、87.11、77.67 和 79.69;2018 年,该 83 个品牌的平均"品牌强度五力"分别达到81.32、81.87、86.06、79.47 和 79.74,变化幅度分别为 2.10%、4.32%、−1.21%、2.32%和0.06%;2019 年,该 83 个品牌的平均"品牌强度五力"分别是 81.87、82.31、85.42、78.18 和 78.69,与 2017 年相比,除品牌经营力和品牌发展力略有下降外,其他"三力"均有不同程度的提升,其中品牌资源力提升最为明显,增长了 4.87%。数据可见,近三年来,该 83 个品牌的平均品牌经营力虽有所下降,但在当年度评估中,品牌经营力均优于其他"四力",表明该 83 个茶叶企业产品品牌在标准建设、质量检测、产品认证以及组织经营管理方面具有较好的成效。

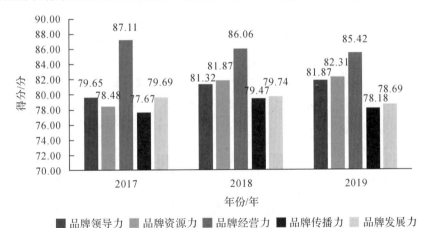

图 423　2017—2019 年连续有效评估品牌的平均"品牌强度五力"比较

　　数据同时可见,连续有效评估 3 年的 83 个茶叶企业产品品牌,其品牌传播力均低于其他品牌强度二级指标指数。品牌传播力由知名度、认知度和好感度等 3 个三级指标所构成。知名度是反映品牌被公众所知晓程度的指标;认知度是衡量消费者对品牌内涵、价值、属性等认识和理解深度的指标,充分体现了消费者和品牌之间的深层次认知关系;好感度是衡量消费者与品牌缔结起来的偏好程度及特殊情感的指标，是消费者对品牌产生忠诚度的前提。

比较 2019 年有效评估品牌的品牌价值前 10 位、前 100 位以及整体有效评估品牌的平均品牌传播力、上一年度品牌传播经费，如图 424 所示，品牌价值前 10 位品牌的平均品牌传播经费投入最高，达到了 3418.15 万元，其平均品牌传播力也最高，为 82.73；品牌价值前 100 位品牌的平均品牌传播经费和平均品牌传播力，分别为 1006.64 万元和 78.38；整体有效评估品牌的平均品牌传播经费和平均品牌传播力分别为 659.94 万元和 76.07。数据可见，品牌价值高的品牌，更愿意在品牌传播上进行投入，且其传播效果也更佳。

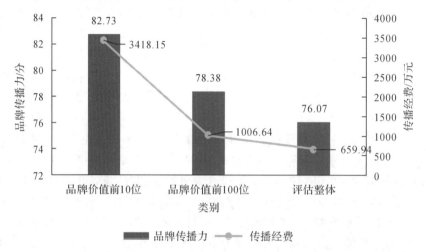

图 424　2019 年有效评估品牌的平均品牌传播力和传播经费比较

进一步比较 2017—2019 年连续 3 年有效评估的茶叶企业产品品牌的知名度、认知度和好感度，如图 425 所示。2017 年，该 83 个茶叶企业产品品牌的平均品牌知名度、认知度和好感度分别为 74.99、75.49 和 83.41；2018 年，平均品牌知名度、认知度和好感度分别提升至 77.28、78.41 和 83.44；2019 年，83 个茶叶企业产品品牌的平均品牌知名度、认知度和好感度分别为 74.53、76.43 和 84.81，知名度和认知度均比上一年度有所下降，而好感度获得持续提升。因知名度、认知度和好感度的得分均基于同当年度有效评估品牌横向比较而来，与 2018 年度相比，该 83 个茶叶企业产品品牌在 2019 年度有效评估的 173 个品牌中的相对知

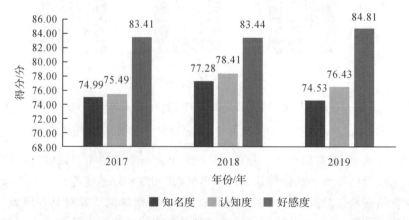

图 425　2017—2019 年连续有效评估品牌的平均品牌知名度、认知度、好感度比较

名度和认知度有所下降,而其相对好感度获得小幅提升。

　　数据可见,连续 3 年有效评估的 83 个茶叶企业产品品牌的平均品牌知名度与认知度存在一定范围内的波动,但平均品牌好感度整体呈现小幅度上升趋势,未来需要在保持维护品牌好感度的前提下,继续扩大品牌传播面、提高品牌传播内涵,从而提升品牌传播力。对于中国茶叶企业产品品牌的建设与发展而言,制定有效的品牌传播策略并适度开展品牌传播活动,有利于品牌的长远发展以及品牌价值的提升。

二、“一带一路”,中国茶叶走向世界

　　时隔两年,“一带一路”国际合作高峰论坛再次召开。从提出贸易畅通以来,已有 83 个国家和国际组织积极参与《推进“一带一路”贸易畅通合作倡议》。自 2013 年提出“一带一路”战略以来,中国与共建国家货物贸易进出口总额超 6 万亿美元,占中国货物贸易总额比重达 27.4%。

　　“一带一路”与历史上的丝绸之路、茶马古道、茶船古道息息相关,中国茶叶自古以来便是流通在丝路上的主要商品。“一带一路”倡议的提出,给中国茶叶的世界贸易带来了更大的机遇。多个产茶省、市抓住机遇,组织茶企走出国门。如 2016 年福建省启动“闽茶海丝行”,计划用 5 年时间走进各大洲代表性城市,宣传推广福建茶产业、茶文化;2017 年广西梧州市启动“茶船古道·新丝路”梧州六堡茶行销全球推广活动。

　　刚刚闭幕的第三届中国国际茶叶博览会,集中展示了新中国成立 70 周年来我国茶产业的发展成就。2018 年,中国茶叶(包括制品)出口量 37.74 万吨,比上年增长 2.85%,出口额 1907 亿美元,比上年增长 10.30%。2001 年至 2017 年,中国对“一带一路”沿线 64 个国家的茶叶出口量从 6.86 万吨增至 9.77 万吨,增长了 42.4%;出口额从 0.64 亿美元增至 4.01 亿美元,增长了 5.27 倍。

　　在“一带一路”倡议推动下,中国茶叶正在快速走向世界。在本次评估的 173 个茶叶企业产品品牌中,也有部分品牌借助“一带一路”,正在努力实现中国茶叶的世界品牌梦。为了更直观体现茶叶企业产品品牌的新时代竞争发展,我们特别选取了 5 个具有代表性的品牌进行深度分析,分别是安徽省祁门红茶发展有限公司的“天之红”、福建品品香茶业有限公司的“品品香”、广西梧州茂圣茶业有限公司的“茂圣”、湖北汉家刘氏茶业股份有限公司的“汉家刘氏”和云南滇红集团股份有限公司的“凤”牌。

(一)天之红

　　安徽省祁门红茶发展有限公司是安徽省农业产业化龙头企业,是祁门红茶最大的生产、加工基地,旗下的“天之红”品牌是安徽省老字号、中国驰名商标,产品以祁门红茶为主,也有部分黄山毛峰、太平猴魁和六安瓜片。

　　在世界范围内,红茶是茶叶消费主流,但中国仅祁门红茶位列世界四大红茶。“天之红”是祁门红茶的代表性企业产品品牌,茶叶产品在国内 31 个省(区、市)176 个城市销售,出口至全球 28 个国家和地区,主要出口英国、德国、美国、俄罗斯、日本等国家和地区。2018 年,安徽省祁门红茶发展有限公司在英国、加拿大设立办事处,进一步扩大海外市场份额。

连续 3 年的评估数据可见(见图 426),"天之红"的品牌价值从 2017 年的 2.52 亿元逐步提升至 2018 年的 2.97 亿元,到 2019 年,"天之红"品牌价值突破 3 亿元,达到了 3.27 亿元,较 2017 年,品牌价值增加 0.75 亿元,提升了 29.76%。

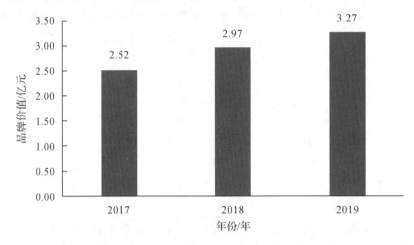

图 426 2017—2019 年"天之红"品牌价值比较

比较"天之红"在 3 年评估中的品牌收益和单位销量品牌收益,如图 427 所示,2017 年"天之红"品牌收益为 1530.76 万元,单位销量品牌收益为 13.46 元/千克;到 2018 年,分别提升至 1811.31 万元和 15.42 元/千克,涨幅分别达 18.33% 和 14.56%;2019 年分别达到了 1889.07 万元和 15.64 元/千克,较 2018 年分别增长 4.29% 和 1.43%,但增长率较上一年度有所回落。

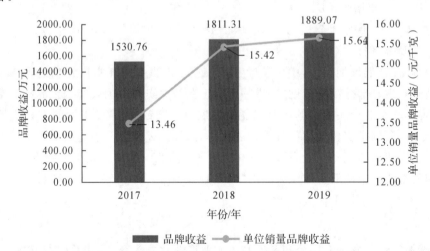

图 427 2017—2019 年"天之红"品牌收益和单位销量品牌收益比较

"天之红"连续 3 年评估数据中的品牌忠诚度因子大小比较见图 428。2017 年,其品牌忠诚度因子为 0.905;2018 年下降至 0.878;2019 年回升并达到 0.931,较 2017 年高。可见,"天之红"品牌产品的市场价格在短暂波动后回归相对平稳。

比较"天之红"品牌在 3 次评估中的品牌强度乘数和"品牌强度五力"(见图 429),"天之红"品牌强度乘数均在 18 以上,高于当年度有效评估品牌的平均水平,其中 2018 年达到了

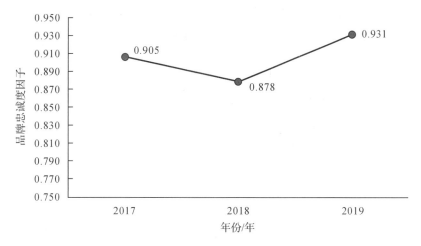

图 428　2017—2019 年"天之红"品牌忠诚度因子比较

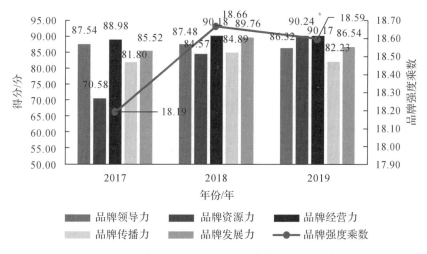

图 429　2017—2019 年"天之红"品牌强度乘数和"品牌强度五力"比较

18.66,2019 年略下降至 18.59。特别值得关注的是,"天之红"的品牌资源力在 3 年间获得了直线上升。评估数据显示,2017 年,其品牌资源力为 70.58,远低于品牌强度中的其他 4 个二级指标指数;2018 年,其品牌资源力迅速提升至 84.57,上升了 19.82%;2019 年,其品牌资源力一跃成为其"品牌强度五力"之首,达到了 90.24,与 2017 年相比,增长幅度高达27.85%。可见,短短 3 年间,"天之红"在品牌历史资源、文化资源、环境资源等品牌资源方面的工作成效显著,将劣势发展成为品牌优势。

　　与品牌资源力的突飞猛进相比,"天之红"在品牌领导力、品牌经营力、品牌传播力和品牌发展力等品牌强度指标上的表现相对较平,与 2017 年相比,品牌领导力略有下降。在2019 年评估中,"天之红"的品牌传播力为 82.23,虽较 2017 年略有提升,但与其他 4 个品牌强度指标相比较弱,是其"品牌强度五力"中指数最低的一项指标。

　　进一步比较构成品牌传播力的 3 个分指标及其上一年度品牌传播经费,2017—2019 年评估数据显示,"天之红"的品牌传播经费均在 2500 万元以上,并逐年增加,是当年度有效评估品牌的平均品牌传播经费的 4 倍左右。可见,"天之红"在品牌传播上的经费投入比一般企业高,且逐年增加。如图 430 所示,在 2017—2019 年评估中,"天之红"品牌的知名度从2017 年的 85.55 略降至 2019 年的 85.07;认知度从 2017 年的 70.96 上升至 2018 年的80.18,2019 年有所回落,为 72.67;好感度从 2017 年的 87.64,到 2019 年为 88.00。数据可见,"天之红"在 2017—2019 年评估中,其品牌的知名度、认知度和好感度均表现较平,并没有随着品牌传播经费的增加而获得提升,相反还略有下降;其中,品牌认知度远低于知名度和好感度。数据显示,"天之红"在品牌传播上的投入不少,但深度不够,应当针对认知度低的问题,提升用于消费者认知方面的投入,加深诉求力度,加强精准传播,让更多的消费者更深入地认知品牌。

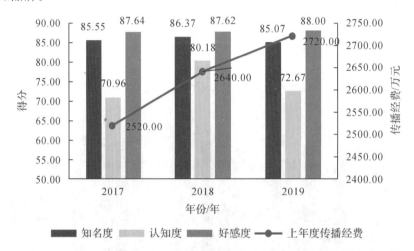

图 430 2017—2019 年"天之红"的品牌传播力分指标与上年度传播经费比较

(二)品品香

福建品品香茶业有限公司,位于福鼎白茶产地,是国家级农业产业化重点龙头企业,其主打品牌"品品香"获得了中国驰名商标,茶叶产品以福鼎白茶为主。

白茶在中国传统六大茶类中属于比较特殊的茶类,早期主要作为"出口外销茶",在 19世纪便已畅销欧美,2005 年前后,在福鼎市政府的大力扶持和推广下,福鼎白茶逐渐从外销转为内销。2016 年,福建省开始启动"闽茶海丝行","品品香"代表福鼎白茶出海。

目前,"品品香"茶叶产品已销至全国 32 个省(区、市)218 个主要城市,出口 14 个国家或地区,其中主要出口地为中国香港、日本、东南亚等。

比较"品品香"在 2017、2018、2019 年 3 年评估中的品牌价值(见图 431),2017 年,"品品香"品牌价值 7.46 亿元;2018 年达到 8.10 亿元,比上一年度增长 8.58%;2019 年提升至8.83 亿元,比 2018 年增长了 9.01%。可见,在近三年的评估中,"品品香"的品牌价值获得了稳步提升。

比较"品品香"3 年评估中的品牌收益和单位销量品牌收益,如图 432 所示。2017 年,其品牌收益 4058.48 万元,单位销量品牌收益为 20.55 元/千克;2018 年分别提高至 4614.58万元、21.15 元/千克;2019 年为 5115.73 万元、21.24 元/千克,与 2017 年相比,分别提高了26.05% 和 3.36%。

比较"品品香"的品牌忠诚度因子,如图 433 所示,在 3 年评估中,"品品香"品牌忠诚度

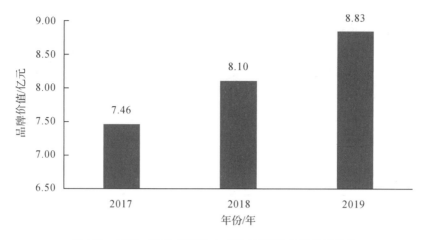

图 431　2017—2019 年评估中,"品品香"的品牌价值比较

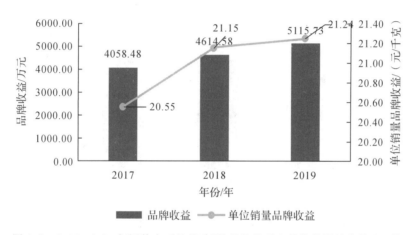

图 432　2017—2019 年评估中,"品品香"的品牌收益和单位销量品牌收益比较

因子均在 0.90 以上,说明其产品的市场零售价稳定性较高;但数据也显现,在 3 年评估中,"品品香"的品牌忠诚度因子在不断下降,从 0.964 降至 0.930,再下降至 0.917,可见"品品香"的茶叶市场零售价的波动幅度有所加大。

比较"品品香"在 3 年评估中的品牌强度乘数和"品牌强度五力"可见,"品品香"品牌强度乘数在 3 年中呈现持续略微下降趋势:2017 年为 19.06;2018 年,降至 18.88;2019 年为 18.83。分别比较"品品香"的"品牌强度五力"可见,"品品香"在品牌领导力、品牌传播力和品牌发展力 3 个指标的指数上均有不同程度的下降,而其品牌资源力是其中唯一逐年提高的指标,从 2017 年的 86.54 至 2018 年的 87.22,到 2019 年的 91.57。横向比较,在 3 年评估中,"品品香"的品牌经营力均高于其他四力,可见其在标准建设、质量检测、产品认证及组织管理经营等方面拥有较大优势。虽然"品品香"的"品牌强度五力"数据总体均在 80 以上,处于同类企业产品品牌中的中高水平,但"品品香"的品牌传播力不仅连年下降,且在 2018 年和 2019 年的评估中,均低于其他四力(见图 434)。可见"品品香"在品牌传播上还需要引起关注。

3 年评估数据显示,"品品香"在品牌传播上的经费虽有所减少,但均在 2000 万元以上,

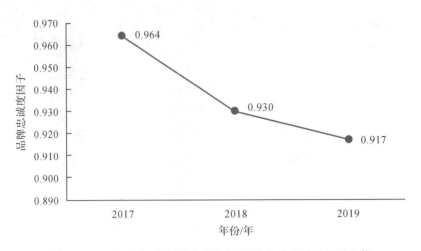

图 433　2017—2019 年评估中，"品品香"的品牌忠诚度因子比较

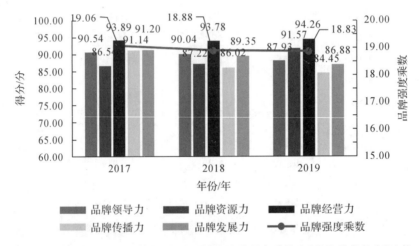

图 434　2017—2019 年评估中，"品品香"的品牌强度乘数和"品牌强度五力"比较

高出当年度有效评估茶叶企业产品品牌的平均品牌传播经费 2 倍以上。如图 435 所示，"品品香"的认知度高于知名度，而好感度又高于认知度，尤其是在 2019 年的评估结果中，"品品香"的好感度远高于知名度和认知度。好感度测量的是消费者对品牌的喜爱程度，可见"品品香"在其消费群体中拥有良好的口碑。图中数据同时可见，3 年评估中，"品品香"的知名度和认知度呈现出逐年下降，表明相较于当年度其他有效评估茶叶企业产品品牌，"品品香"的知名度和认知度有所降低。结合近三年评估的平均传播经费投入可见，"品品香"的品牌好感度与其上年度传播经费存在一定的正向关系。

（三）茂圣

广西梧州茂圣茶业有限公司，是一家以研发、生产、销售六堡茶为主的茶叶企业，属广西壮族自治区农业产业化龙头企业，是首家获准使用六堡茶国家地理标志保护产品专用标志企业。旗下"茂圣"品牌曾代表六堡茶亮相 2015 意大利米兰世博会，并获百年世博中国名茶的金骆驼奖。

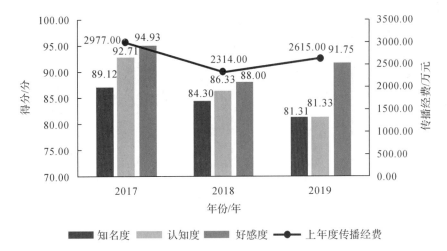

图435　2017—2019年评估中，"品品香"的品牌传播力分指标及上年度传播经费比较

广西梧州六堡茶具有1500年的历史，自古便通过"茶船古道"，成为海上丝绸之路的重要商品之一。近年来，六堡茶响应"一带一路"倡议，重振"茶船古道"，链接"海上丝绸之路"，不断开拓东盟市场。目前，"茂圣"茶叶已在国内28个省（区、市）591个城市建有销售渠道，产品出口美国、日本、澳大利亚、德国、马来西亚等20个国家与地区。

从2017—2019年评估的品牌价值数据比较可见（见图436），"茂圣"的品牌价值在逐年提升，从2017年的3.05亿元，增至2019年的3.48亿元，品牌价值提升了0.43亿元，整体涨幅达到14.10%。

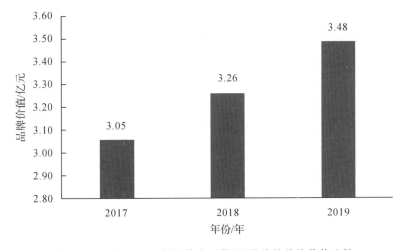

图436　2017—2019年评估中，"茂圣"品牌的品牌价值比较

比较"茂圣"3年评估的品牌收益和单位销量品牌收益（见图437），2017年，"茂圣"品牌收益为1714.10万元，2018年增至1809.54万元，增加了95.44万元，2019年又上升了90.55万元，为1900.09万元，品牌收益获得稳定增长。在单位品牌收益表现上，2017年，每销售1千克"茂圣"茶叶，品牌收益仅7.32元；到2018年，其单位销量品牌收益迅速提升至13.15元/千克，比2017年提升了79.64%；2019年，"茂圣"的单位销量品牌收益比上一年度增加了0.54元/千克，为13.69元/千克。

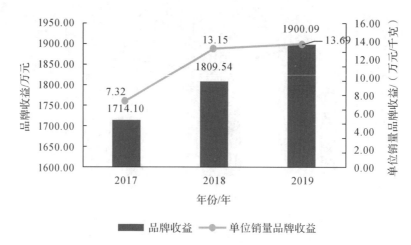

图 437 2017—2019 年评估中，"茂圣"的品牌收益和单位销量品牌收益比较

3 年评估中，"茂圣"的品牌忠诚度因子均在 0.95 以上，且连年获得提升，到 2019 年，其品牌忠诚度因子高达 0.980。可见，"茂圣"品牌的产品市场价格变动较小，市场价格体系的稳定性在不断加强（见图 438）。

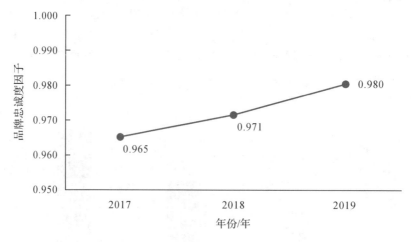

图 438 2017—2019 年评估中，"茂圣"的品牌忠诚度因子比较

"茂圣"的品牌强度乘数在连年提升，从 2017 年的 18.47，提升至 2019 年的 18.70（见图 439）。进一步比较其"品牌强度五力"，3 年评估中，"茂圣"的品牌领导力基本保持稳定；品牌资源力获得较大提升，2017 年为 78.97，2019 年高达 92.21，增长了 16.77%，一跃成为其"品牌强度五力"中的次高指标；品牌经营力虽在 2018 年度评估中呈现微弱下降，但持续保持在 90 以上，领先于其他 4 个品牌强度指标；品牌传播力则均在中等水平徘徊，品牌发展力呈现微弱下降趋势。

可见，"茂圣"在品牌经营管理方面具有长足优势，但近年来，"茂圣"在品牌资源力上的挖掘与提升显著，其品牌资源优势一度逼近品牌经营优势。而其在品牌传播和品牌发展方面，需要进行针对性研究，发现传播效果与品牌发展相关问题，为未来的成长提供更大的可能性。

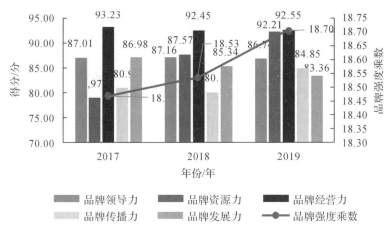

图 439　2017—2019 年评估中,"茂圣"的品牌强度乘数和"品牌强度五力"比较

进一步比较"茂圣"品牌传播力各分指标及其上年度传播经费,如图 440 所示。近三年,"茂圣"在品牌传播经费上的投入均在 1000 万元以上,相较于 2016 年和 2017 年,其在 2018 年的传播经费有所减少,为 1370 万元,与上两年相比均减少了 220 万元。尽管如此,2019 年,"茂圣"的品牌知名度、认知度和好感度均比前两次评估结果高,其中,好感度提升最为显著,从 2017 年的 86.47 提高至 2019 年的 91.48,而知名度和认知度提升幅度较小。可见,尽管"茂圣"降低了少量传播经费,但其在品牌传播上的有效性更强,知名度、认知度和好感度均得到了提升,尤其是在维护消费者关系上较显著,加深了消费者的喜爱程度。

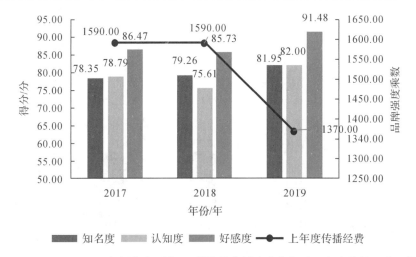

图 440　2017—2019 年评估中,"茂圣"的品牌传播力分指标及上年度传播经费比较

(四)汉家刘氏

湖北汉家刘氏茶业股份有限公司是一家老字号混合所有制茶企业、国家级农业产业化龙头企业,旗下"汉家刘氏"品牌获得了中国驰名商标,茶叶生产多样化,涉及绿茶、黑茶、红茶、白茶、乌龙茶、花茶、茶微粉,兼顾其他茶类和茶食品、茶饮料生产。

2013 年起,该企业开始沿着"一带一路"销售汉家刘氏茶。截至目前,已拥有"汉家刘氏茶坊"形象专卖店 86 家,加盟店 396 家,配送店 5000 多家,产品在全国 34 个省(区、市)196 个城市销售,远销俄罗斯、德国、美国、加拿大、法国、日本、意大利、智利、比利时、西班牙、马来西亚、迪拜、喀麦隆等 36 个国家和地区。其中在俄罗斯的科斯特罗马州、佛罗基米尔州、莫斯科州已开设加盟店 4 家,建有加盟店配送店 50 余家。在德国汉诺威、阿尔费尔德开设专卖店 2 家。近年来,"汉家刘氏"茶叶年度销售额保持在 10 亿元以上,其中电商销售占销售总额的 1/5。

"汉家刘氏"在 3 年评估中的品牌价值比较见图 441。2017 年,"汉家刘氏"品牌价值为 7.86 亿元;到 2018 年,迅速提高至 9.68 亿元,涨幅高达 23.16%;2019 年,已突破 10 亿元大关,达到了 10.29 亿元,比上一年度又提升了 6.30%。可见,近三年评估中,"汉家刘氏"品牌价值有显著的提高。

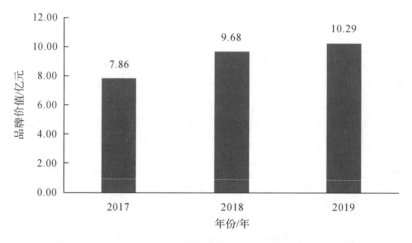

图 441 2017—2019 年评估中,"汉家刘氏"的品牌价值比较

比较"汉家刘氏"在 3 年评估中的品牌收益和单位销量品牌收益,如图 442 所示,2017 年,"汉家刘氏"品牌收益和单位销量品牌收益分别为 4745.81 万元和 17.86 元/千克;2018 年,两个指标均获得较大幅度提升,分别达到了 5877.90 万元和 21.05 元/千克,分别比上一

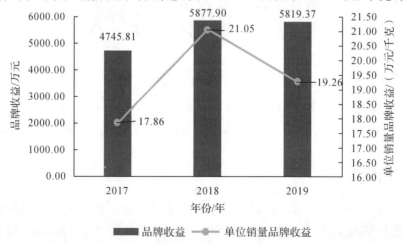

图 442 2017—2019 年评估中,"汉家刘氏"的品牌收益和单位销量品牌收益比较

年度增加了 23.85% 和 17.86%;到 2019 年,两个指标均略有下降,分别为 5819.37 万元和 19.26 元/千克,但仍高于 2017 年的评估水平。

比较"汉家刘氏"3 年评估的品牌忠诚度因子(见图 443),2017 年,其品牌忠诚度因子为 0.885;2018 年,该因子下降至 0.877;2019 年,该因子迅速提升至 0.944。可见,"汉家刘氏" 茶叶的市场价格虽在早年有较明显的波动,但近三年,其市场零售价处在相对稳定状态。

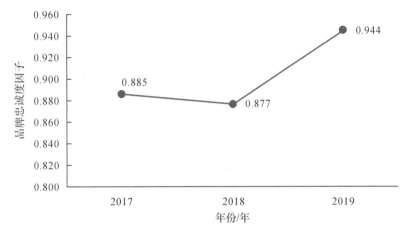

图 443　2017—2019 年评估中,"汉家刘氏"的品牌忠诚度因子比较

"汉家刘氏"的品牌强度乘数在 2018 年达到最高值,为 18.79,2019 年回落至 18.72,略 高于 2017 年水平。分别比较"汉家刘氏"的"品牌强度五力"可见,在 3 年评估中,其品牌领 导力均遥遥领先于其他四力,且表现出逐年略涨的态势,从 2017 年的 96.87,增至 2019 年的 97.58;与该品牌的领导力相比,品牌资源力、品牌经营力、品牌传播力和品牌发展力等四力 的表现均相对处于中等水平(见图 444)。

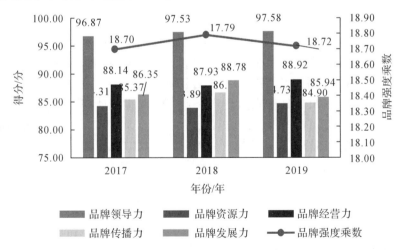

图 444　2017—2019 年评估中,"汉家刘氏"的品牌强度乘数和"品牌强度五力"比较

数据可见,"汉家刘氏"在行业内有一定品牌领导力,拥有相对的行业地位优势,其在品 牌资源、经营管理、传播推广及品牌发展等方面也处于行业中的中上水平。未来,其品牌资 源可进一步释放,形成更高的成长空间。

进一步比较"汉家刘氏"在品牌传播力上的各分指标及其上年度传播经费,如图445所示。近三年,"汉家刘氏"传播经费均维持在2000万元上下,而其知名度、认知度和好感度则有较为明显的变化。2017年,"汉家刘氏"的品牌知名度、认知度和好感度分别为84.74、77.78和93.81,好感度明显高于知名度和认知度,其中认知度处于相对弱势;2018年,"汉家刘氏"的知名度、认知度和好感度相对较为均衡,分别为86.55、85.57和87.96;2019年,其知名度、认知度和好感度分别是81.59、81.30和92.90,好感度又重新与知名度和认知度拉开距离。数据可见,"汉家刘氏"的品牌好感度均高于其知名度和认知度,可见,其品牌的消费评价、消费体验都给品牌带来了较高的好感度,但其认知度是薄弱的一项,还有待进一步加强对品牌的深度传播,加深消费者对品牌的产品特质、品牌内涵等的了解程度。

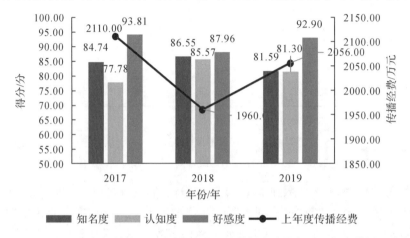

图445　2017—2019年评估中,"汉家刘氏"的品牌传播力分指标及上年度传播经费比较

(五)凤

云南滇红集团股份有限公司是国家扶贫龙头企业、云南省农业产业化重点龙头企业,是"滇红茶"的诞生企业,其"滇红茶制作技艺"被列入省级和国家级非遗名录。旗下主导品牌"凤"牌始创于1939年,是"中华老字号""中国驰名商标"。

滇红集团一直是国家出口红茶定点生产企业,从20世纪40年代起,其红茶就已出口英、美等国。目前,滇红集团在国内北京、新疆、内蒙古、深圳、上海、香港等地建立了6个平台公司,与俄罗斯卡波集团合作在临沧注册成立"临沧有泰茶业有限公司",在立陶宛注册成立"立陶宛凤凰滇红有限公司",茶叶远销立陶宛、波兰、韩国、日本、俄罗斯、美国、马来西亚等国家和地区。

"凤"牌在3年评估中的品牌价值:2017年,"凤"牌品牌价值7.07亿元;2018年,增长至8.13亿元,增加了1.06亿元,涨幅14.99%;2019年,品牌价值再度提升,达到了8.60亿元。可见,"凤"牌的品牌价值在不断增长(见图446)。

比较"凤"牌3年的品牌收益和单位销量品牌收益,如图447所示。2017年,"凤"牌品牌收益达4150.48万元,单位销量品牌收益7.01元/千克;2018年,"凤"牌的品牌收益增至6273.88万元,比上一年度提升了51.16%,单位销量品牌收益达到了10.19元/千克;到2019年,"凤"牌品牌收益和单位销量品牌收益分别达到了7288.31万元和12.66元/千克,

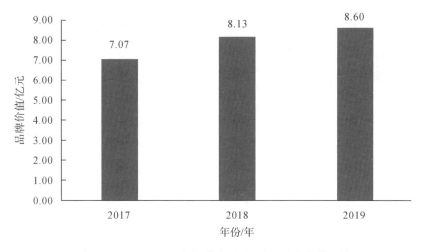

图 446　2017—2019 年评估中,"凤"牌的品牌价值比较

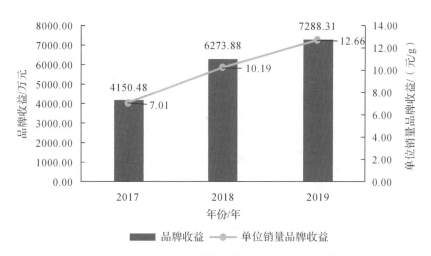

图 447　2017—2019 年评估中,"凤"牌的品牌收益和单位销量品牌收益比较

与 2017 年相比,增长幅度分别高达 75.60% 和 80.60%。数据可见,近三年评估中,"凤"牌的品牌综合溢价和单位品牌溢价能力均有大幅提升。

3 年评估中,"凤"牌的品牌忠诚度因子呈现连年下降态势(见图 448)。2017 年,其品牌忠诚度因子曾高达 0.920;2018 年下降至 0.706;2019 年,降至仅 0.638。根据 CARD 模型,品牌忠诚度因子的大小随近三年市场价格波动幅度的大小而变,波动越大,因子越低。"凤"牌在 2018、2019 年 2 次评估中,品牌忠诚度因子接连下降,主要原因是其在 2017、2018 年 2 个年度的平均市场零售价出现了大幅度的涨价。但基于价格上升,品牌收益增加,尽管品牌忠诚度因子明显下降,2 项综合,"凤"牌的品牌价值仍获提升。

比较"凤"牌 3 年的品牌强度乘数和"品牌强度五力",如图 449 所示。2017 年,"凤"牌品牌强度乘数为 18.52,2018 年略有下降,为 18.35,2019 年获得回升,为 18.50,但仍略低于 2017 年水平。进一步分析"品牌强度五力"可见,2017 年,"凤"牌的品牌经营力领衔"品牌强度五力",为 94.72;2018 年,"凤"牌的品牌领导力成为"品牌强度五力"中最高的一项指标,为 91.16;2019 年,"凤"牌"品牌强度五力"中最具优势的一项指标是品牌资源力,达到了

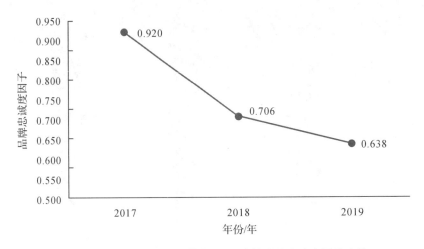

图 448　2017—2019 年评估中,"凤"牌的品牌忠诚度因子比较

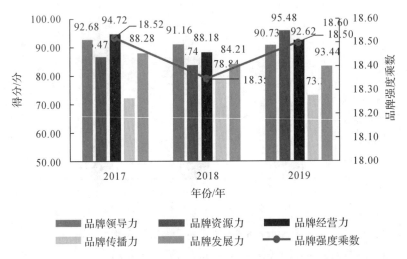

图 449　2017—2019 年评估中,"凤"牌的品牌强度乘数和"品牌强度五力"比较

95.48。数据显示,"凤"牌的品牌领导力、品牌资源力和品牌经营力表现较佳,轮番成为其当年度"品牌强度五力"之首。与此相反的是,"凤"牌的品牌传播力和品牌发展力,在 3 年评估中,均为"品牌强度五力"中较弱的两项指标,其中品牌传播力最为薄弱,与其他四力具有较大的差距。

　　比较"凤"牌在 2017 年至 2019 年 3 年评估中的传播经费可见,"凤"牌品牌传播经费投入不断增加,从 750 万元提升至 1000 万元,再增加至 3200 万元,整体翻了两番,可见"凤"牌对品牌传播上的重视程度在不断加强。但结合图 450 可见,"凤"牌的品牌传播经费投入的增加,并未在品牌传播上获得有效的体现。进一步比较"凤"牌的品牌传播力各项分指标,如图 450 所示,2017 年,"凤"牌的品牌知名度、认知度和好感度分别为 64.39、73.02 和82.18,依次呈现向上阶梯状;2018 年,"凤"牌品牌传播力各分指标均获不同程度的提升,分别达到了 73.07、82.22 和 83.14,其中知名度和认知度提升较为显著,分别上升了13.48%和12.60%;到 2019 年,"凤"牌的知名度和认知度回落至 2017 年水平前,分别仅 64.03 和72.78,而好感度达到新高,为 86.40。结合品牌传播经费可见,尽管"凤"牌加大了品牌传播经费投入,但其在同类中的相对知名度和相对认知度并未获得提升。这表明,重视品牌传播,增加传播经费,但重点应制定并执行科学、精准、有效的品牌传播策略。

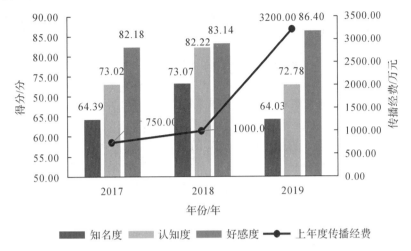

图 450 2017—2019 年评估中,"凤"牌的品牌传播力分指标及上年度传播经费比较

三、结语

如何让来自全球不同文化背景、消费习惯和年龄层次的人群了解并喜爱中国茶,如何应对来自其他国家的茶品牌、茶替代品的竞争,这是中国企业产品品牌和中国茶叶区域公用品牌共同面临的重大挑战。早在前几年的中国茶叶企业产品品牌价值评估报告中,我们就已提出"探索茶叶新零售模式""实现品牌化与年轻化、互联网化的结合""突破传统思维实现产品创新""策略先导,实现精准传播与多效营销"等多方建议,打造具有国际竞争力的茶叶品牌。时至今日,以上策略仍是实现中国茶叶企业产品品牌价值的有力法宝,问题的核心仍在于,如何让中国茶更为全球化、年轻化、时尚化、差异化,让更多的人能够了解并喜爱中国茶。

在多年的茶叶品牌观察与研究基础上,本报告再次强调以下几点建议。

(一)以茶文化为纽带,促进中国茶与世界沟通

"一带一路"倡议强调实现政策沟通、设施连通、贸易畅通、资金融通、民心相通,这不仅是强调经济全球化,更是跨文化交流的发展路径。中国是茶的故乡,在 2000 多年的历史长河中,中国茶完成了在种茶、饮茶上的传播,至今,全球已有 60 多个产茶国和超过 195 个饮茶国。尽管茶叶起源于中国,但世界上制茶、饮茶方式已然百花齐放。拥抱世界不等于一味迎合,茶文化作为中国传统文化的优秀组成部分,是中国茶有别于其他国家的重要标志。以茶文化为纽带,是中国茶叶企业产品品牌在对外贸易中的有效沟通手段。

(二)"茶+文创",复兴传统茶文化,创造新文化

中国博大精深的茶文化是中国茶的灵魂。对于现代人来说,传统茶文化具有神秘感和距离感。中国茶叶企业产品品牌,可充分发挥文创的力量,在传承中国传统茶文化的基础

上,结合现代人的审美与喜好,开展"茶+文创"的实践与探索,实现中国传统茶文化的复兴。如时下热门的故宫博物院文创,2017年故宫文创收入达15亿元,比上年增长50%,2018年故宫博物院线下参观人数1700万,创历史新高。可见,通过文创,让中国传统文物和传统文化不再有距离感,可吸引更多年轻人来喜爱。

(三)融入基础教育,培育年轻消费群

根据《2018中国茶叶消费市场报告》,我国茶叶消费群体已经突破4.9亿,中低年龄段消费群体比例增加趋势明显,加上新式茶饮,消费群体有望突破6亿。可见,年轻人饮茶的趋势在增加。但年轻人更倾向于方便、快捷、时尚的新式茶饮。茶叶企业应当看到年轻群体在原叶茶消费方面的潜在消费价值,有意识地培育年轻一代对中国传统茶文化的认识。比如延伸茶产业,将茶业与青少年的素质拓展结合起来,建立趣味性的青少年茶文化教育基地等,有条件的企业可推动当地中小学校开设茶叶兴趣班,完善乡土教育等,从小开展茶文化教育。

(四)重视产品创新,关注传播创新

近年,已经有越来越多的茶叶企业开展产品创新,主要基于传统茶叶饮用方式和消费方式上的创新,更适应现代人的生活和消费习惯,如小罐茶、冷泡茶、茶含片等产品创新,以及快客杯、茶漏等茶器的创新。茶叶企业在重视产品创新的同时,更需要加强在传播上的创新。制定有效品牌传播策略,转变以往单一的、单通道的展会传播、传统媒体传播等方式,结合新媒体、短视频、网络直播等方式,将中国传统茶文化通过现代的、有趣的、受人欢迎的现代传播方式传播,实现传播形式与传播内容的不断创新,有效提升品牌传播力,才能够无缝对接消费者,与消费者构建有效的品牌关系,提升品牌强度,提高品牌忠诚度,增长品牌溢价,提高品牌价值。

附表:2019年中国茶叶企业产品品牌价值评估结果(前100位)

排序	省份	企业名称	品牌名称	品牌价值(亿元)
1	北京	北京吴裕泰茶业股份有限公司	吴裕泰	16.11
2	福建	福建新坦洋集团股份有限公司	新坦洋	11.23
3	江西	江西省宁红集团有限公司	宁红	10.77
4	湖北	湖北汉家刘氏茶业股份有限公司	汉家刘氏	10.29
5	福建	闽榕茶业有限公司	鉴露	10.25
6	湖北	湖北采花茶业有限公司	采花	10.17
7	浙江	浙江更香有机茶业开发有限公司	更香茗茶	10.04
8	福建	福建品品香茶业有限公司	品品香	8.83
9	云南	云南滇红集团股份有限公司	凤	8.60
10	湖南	湖南洞庭山科技发展有限公司	巴陵春	8.50
11	浙江	浙江省诸暨绿剑茶业有限公司	绿剑	7.61

排序	省份	企业名称	品牌名称	品牌价值（亿元）
12	福建	福建鼎白茶业有限公司	鼎白（Dingbai）	7.24
13	河南	信阳市文新茶叶有限责任公司	文新	6.69
14	浙江	浙江华发茶业有限公司	皇帝	6.48
15	湖北	湖北邓村绿茶集团股份有限公司	峡州碧峰	6.13
16	云南	云南下关沱茶（集团）股份有限公司	下关沱茶	5.39
17	福建	福建省天湖茶业有限公司	绿雪芽	5.09
18	福建	福建满堂香茶业股份有限公司	满堂香	4.90
19	浙江	浙江安吉宋茗白茶有限公司	宋茗	4.62
20	四川	四川省文君茶业有限公司	文君牌	4.55
21	江西	婺源县鄣公山茶叶实业有限公司	鄣公山	4.48
22	福建	永春县魁斗莉芳茶厂	绿芳	4.45
23	安徽	天方茶业股份有限公司	雾里青	4.39
24	湖北	湖北宜红茶业有限公司	宜	4.33
25	浙江	浙江益龙芳茶业有限公司	益龙芳	4.28
25	湖南	湖南古洞春茶业有限公司	古洞春	4.28
27	江苏	江苏吟春碧芽股份有限公司	吟春碧芽	4.16
28	福建	福建誉达茶业有限公司	誉达	4.12
28	江苏	苏州东山茶厂股份有限公司	碧螺	4.12
30	河南	河南九华山茶业有限公司	九华山	4.08
31	四川	成都市碧涛茶业有限公司	碧涛	3.99
32	广西	广西壮族自治区梧州茶厂	三鹤	3.83
33	江苏	镇江雨泰茶业有限公司	雨泰茗茶	3.78
34	福建	福鼎市张元记茶业有限公司	张元记	3.77
35	山东	青岛万里江茶业有限公司	万里江	3.73
36	四川	四川省蒙顶山皇茗园茶业集团有限公司	皇茗园	3.71
37	四川	成都市金川茶业有限公司	金川	3.64
38	安徽	黄山市洪通农业科技有限公司	洪通	3.61
39	广西	广西梧州茂圣茶业有限公司	茂圣	3.48
40	四川	四川蒙顶山味独珍茶业有限公司	味独珍	3.33
41	安徽	安徽省祁门红茶发展有限公司	天之红	3.27
42	江苏	苏州三万昌茶叶有限公司	三万昌	3.22

续表

排序	省份	企业名称	品牌名称	品牌价值(亿元)
43	福建	福建隽永天香茶业有限公司	隽永天香	3.20
44	福建	福建瑞达茶业有限公司	瑞达	3.18
45	浙江	杭州艺福堂茶业有限公司	艺福堂	2.96
46	四川	四川早白尖茶业有限公司	早白尖	2.88
47	江西	浮梁县浮瑶仙芝茶业有限公司	浮瑶仙芝	2.79
48	广西	广西农垦茶业集团有限公司	大明山	2.77
49	山东	山东蒙山龙雾茶业有限公司	蒙山龙雾	2.70
50	福建	福建百祥进出口贸易有限公司	福百祥	2.67
51	广东	广东省大埔县西岩茶叶集团有限公司	西竺	2.52
52	云南	勐海陈升茶业有限公司	陈升号	2.51
53	云南	腾冲市高黎贡山生态茶业有限责任公司	高黎贡山(GAOLIGONGSHAN)	2.46
54	安徽	安徽舒绿茶业有限公司	舒绿园	2.42
54	江苏	苏州市吴中区西山碧螺春茶厂	咏萌	2.42
56	广东	广东省大埔县西岩茶叶集团有限公司	岩中玉兔	2.35
57	重庆	重庆茶业(集团)有限公司	定心	2.34
58	浙江	临海市羊岩茶厂	羊岩山	2.33
59	山东	临沂市沂蒙春茶叶有限公司	沂蒙春	2.27
60	浙江	杭州顶峰茶业有限公司	顶峰茶业	2.26
61	浙江	杭州西湖龙井茶叶有限公司	贡gong	2.18
62	浙江	浙江碧云天农业发展有限公司	碧云天	2.17
63	福建	福建品品香茶业有限公司	晒白金	2.09
63	安徽	黄山王光熙松萝茶业股份公司	王光熙	2.09
63	广西	广西金花茶业有限公司	金花	2.09
66	福建	福建省裕荣香茶业有限公司	裕荣香	2.08
67	福建	福建省莲峰茶业有限公司	三泉(SAN QUAN TEA)	1.97
68	浙江	浙江益龙芳茶业有限公司	大龙山	1.95
69	江西	上犹犹江绿月食品有限公司	犹江绿月	1.92
70	安徽	天方茶业股份有限公司	天方	1.91
71	四川	四川嘉竹茶业有限公司	嘉竹(JIAZHU)	1.88
72	江西	浮梁县浮瑶仙芝茶业有限公司	浮红	1.84
73	浙江	浙江云翠茶业发展有限公司	御玺	1.79
74	河南	河南仰天雪绿茶叶有限公司	仰天雪绿	1.79

续表

排序	省份	企业名称	品牌名称	品牌价值(亿元)
75	山东	临沭县春山茶场	袁春山	1.68
76	安徽	黄山王光熙松萝茶业股份公司	松萝山	1.58
76	重庆	重庆茶业(集团)有限公司	巴南银针	1.58
78	河南	河南蓝天茶业有限公司	蓝天茗茶	1.55
79	四川	四川巴山雀舌名茶实业有限公司	巴山雀舌	1.54
80	安徽	池州市九华山肖坑有机茶有限责任公司	肖坑	1.48
81	四川	雅安市友谊茶叶有限公司	兄弟友谊	1.46
82	安徽	黄山六百里猴魁茶业股份有限公司	六百里	1.42
83	贵州	贵州省湄潭县栗香茶业有限公司	妙品栗香	1.41
84	广西	广西南山白毛茶茶业有限公司	圣种	1.40
85	陕西	陕西鹏翔茶业股份有限公司	鹏翔	1.38
86	安徽	安徽省池州市安池茶叶有限公司	安池	1.35
87	广东	英德市上茗轩茶叶有限责任公司	上茗轩	1.34
88	安徽	安徽舒绿茶业有限公司	舒绿	1.33
89	山东	青岛晓阳工贸有限公司	晓阳春	1.30
89	山东	临沂市玉芽茶业有限公司	玉剑	1.30
91	四川	筠连县青山绿水茶叶专业合作社	娇芽	1.26
92	湖南	湖南百尼茶庵茶业有限公司	百尼茶庵 (NUNS TEA HUT)	1.24
93	江苏	句容市苏南茶业有限公司	苏南	1.23
94	广西	梧州市天誉茶业有限公司	熹誉	1.15
95	四川	广元市白龙茶叶有限公司	白龙湖	1.12
96	广西	广西金花茶业有限公司	人间壹香	1.11
97	山东	日照市林苑茶业有限公司	极北云岫	1.10
98	安徽	安徽省金寨县金龙玉珠茶业有限公司	金龙玉珠	1.09
98	安徽	安徽兰花茶业有限公司	万佛山	1.09
98	山东	临沂春曦茶叶有限公司	春曦	1.09

声明：本研究中所估算之品牌价值，均基于茶叶品牌持有单位提供相关数据及其他公开可得信息，且运用浙江大学CARD中国农业品牌研究中心的茶叶企业产品品牌专用评估方法对采集的数据处理的结果。本评估所涉的品牌只包括在中国内地注册的茶叶企业产品品牌，完整评估结果请见浙江大学CARD中国农业品牌研究中心网站。

2020:中国茶叶企业产品品牌价值评估报告
(数据跨度:2017—2019)[*]

前　言

茶叶对经济、社会和文化具有重要的价值和作用。为此,联合国大会第74届会议将每年的5月21日确定为"国际茶日"。尽管受到新冠疫情的影响,2020年上半年春茶线下渠道受阻,但各地、各茶叶企业都在自发地组织各类活动庆祝首个"国际茶日"的到来。茶叶企业作为茶产业链中直面消费市场的环节,市场环境的变化对其具有最直接的影响。

为了系统、全面地研究中国茶叶品牌建设现状,发现中国茶叶品牌发展趋势,提供有关茶叶品牌建设的有效分析与建议,2011年起,在开展"中国茶叶区域公用品牌价值专项评估"的基础上,浙江大学CARD中国农业品牌研究中心启动了"中国茶叶企业产品品牌价值专项评估"课题,意图为中国茶叶企业自主品牌的建设与发展提供指导和方向性参考。

2019年12月底,延续既往的研究,浙江大学CARD中国农业品牌研究中心牵头,联合中国茶叶研究所《中国茶叶》杂志、浙江大学茶叶研究所、浙江永续农业品牌研究院等机构,开展2020年中国茶叶企业产品品牌价值专项评估。评估历时5个月,依据浙江大学胡晓云团队自主研发的"中国农产品企业产品品牌价值评估模型"(简称CARD模型2),采用科学、系统、量化的方法,经过对品牌持有单位调查、消费者评价调查、专家意见咨询、海量数据分析,最后形成相关评估结果。

一、数据分析

本次评估,共计有180个茶叶企业产品品牌(评估对象不包括我国港澳台地区的企业产品品牌)参与。经过对参评品牌相关数据的多方审核,课题组最终完成了对172个品牌的有效评估。获得有效评估的企业产品品牌覆盖了国内18个省(区、市),来自共计156个茶叶企业的品牌。其中,99个品牌连续参与了2018年至2020年三年间三度品牌价值评估。本次评估,涉及2017—2019三年相关数据。

根据172个品牌所在省份比较,来自福建、浙江和安徽的茶叶企业产品品牌数量均达到了20个以上,分别为27个、26个和21个。该三省的有效评估品牌数量占整体有效评估品牌数量的43.03%;来自山东和四川的茶叶企业产品品牌数量均为14个;来自广东和湖北的

＊　本报告发表于《中国茶叶》2020年第6期。

茶叶企业产品品牌数量均为 10 个;来自北京、贵州、湖南和上海的茶叶企业产品品牌数量均为 1 个,其余各省情况可见图 451。

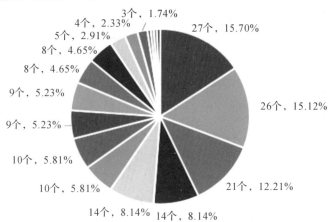

图 451　2020 年有效评估的茶叶企业产品品牌的省份来源分布

根据 172 个有效评估品牌的所在企业规模来看,如图 452 所示,半数品牌来自省级农业产业化龙头企业,共计 85 个;来自国家级农业产业化龙头企业的品牌有 29 个,另有 50 个品牌来自市级农业产业化龙头企业。

在 CARD 模型 2 中,茶叶企业产品品牌价值=品牌收益×品牌忠诚度因子×品牌强度乘数,本节将依据获得品牌价值的各项各级相关指标展开相关数据分析,通过数据展示中国茶企业产品品牌的发展现状。

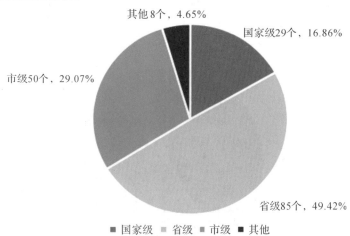

图 452　2020 年有效评估茶叶企业产品品牌的企业类型分布

(一)品牌价值:品牌价值稳步增长,高价值品牌仍凤毛麟角

本次评估数据显示,172 个茶叶企业产品品牌的品牌总价值为 428.70 亿元,较 2019 年

的 173 个品牌的总价值高出了 38.75 亿元,平均品牌价值为 2.49 亿元,较上年度平均值增长了 10.66%。据图 453 可知,品牌价值最高值达到了 16.52 亿元,品牌价值中位值为 1.57 亿元。可见,大部分品牌的品牌价值在平均水平之下。

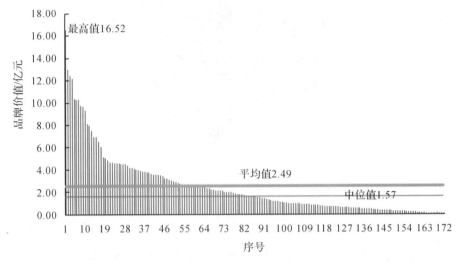

图 453　2020 年有效评估的茶叶企业产品品牌价值比较

根据品牌价值大小区间比较,如图 454 所示,本次评估中,品牌价值高于 10 亿元的品牌共计 7 个品牌,与去年持平;品牌价值居于 5 亿元和 10 亿元之间的品牌共计 12 个,较去年多出 2 个,占整体有效评估品牌数量的 6.98%;品牌价值位于 1 亿~5 亿元之间的品牌共计 82 个,占整体有效评估品牌数量的 47.67%;另有 71 个品牌的品牌价值尚不足亿元。

以上两组数据可见,在获得有效评估的 172 个茶叶企业产品品牌中,拥有高价值的品牌数量不多,100 个品牌中仅有 4 个品牌的品牌价值达到 10 亿元,高价值品牌仍凤毛麟角,绝大多数品牌价值仍然在低位徘徊。

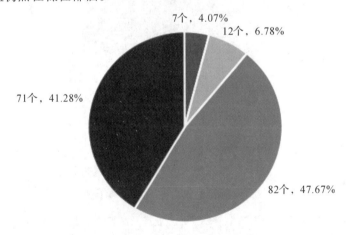

图 454　2020 年有效评估的茶叶企业产品品牌价值区间分布

注:BV 为品牌价值,单位为亿元。

比较连续参与 2018—2020 三轮评估的 99 个品牌,如图 455 所示:2018 年,该 99 个品牌的平均品牌价值为 2.60 亿元;2019 年,平均品牌价值增长至 2.86 亿元,增长了 10 个百分点;2020 年,该平均值继续提升至 3.13 亿元,比上年度增加了 9.44%。

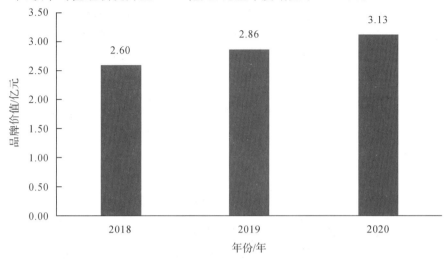

图 455　2018—2020 年,连续三轮参与有效评估品牌的平均品牌价值比较

从连续参评品牌的平均品牌价值变化可见,我国茶叶企业产品品牌的综合品牌建设成效在不断提升,且品牌价值的增长较为稳定。

(二)品牌收益:整体品牌溢价能力提升,个体间存在较大差异

品牌收益由剔除各项投入成本、相关税费、资本收益等非品牌因素之后计算得出。

本次有效评估品牌中,品牌收益最高的品牌达到了 9115.44 万元,平均品牌收益为 1502.81 万元,品牌收益中位值为 939.00 万元。根据品牌收益大小区间分布,如图 456 所示,品牌收益在 5000 万元以上的品牌共计 12 个,占整体有效评估品牌数量的 6.98%;品牌

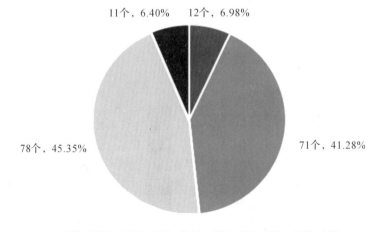

■ BE > 5000　1000 < BE ≤ 5000　100 < BE ≤ 1000　■ BE ≤ 100

图 456　2020 年有效评估的茶叶企业产品品牌的品牌收益区间分布
注:BE 为品牌收益,单位为万元。

收益在 1000 万元至 5000 万元之间的品牌共计 71 个,占比 41.28%;品牌收益在 1000 万元以下的品牌共计 89 个,其中,11 个品牌的品牌收益不足百万元。

比较连续参与 2018—2020 三轮评估的 99 个品牌的平均品牌收益(见图 457)可见,平均品牌收益获得了不断的提升,从 2018 年的 1571.98 万元,到 2019 年的 1715.05 万元,直至 2020 年的 1852.54 万元。数据可见,3 年时间,平均品牌收益整体增加了 280.56 万元,涨幅达到 17.84%。可见,我国茶叶企业产品品牌的整体品牌溢价能力在不断提高。

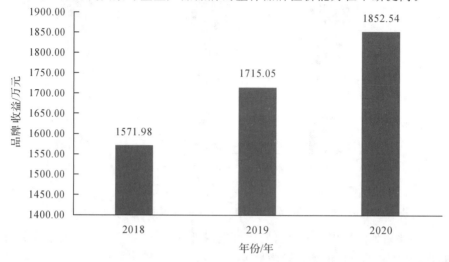

图 457　2018—2020 年连续三轮有效评估品牌的平均品牌收益比较

按照品牌价值大小区间进行分类比较,品牌价值位列前 10 品牌的平均品牌收益达到了 6559.49 万元,是整体有效评估品牌的平均品牌收益的 4 倍;品牌价值位列前 20 品牌的平均品牌收益为 5342.66 万元;品牌价值前 50 位品牌、前 100 位品牌以及整体品牌的平均品牌收益依次呈现阶梯状,具体可见图 458。数据反映,拥有高价值的茶叶企业产品品牌,整体品牌溢价高。

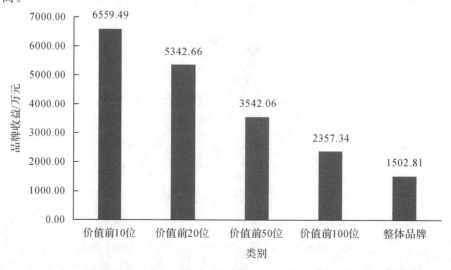

图 458　2020 年有效评估品牌中不同的品牌价值区间品牌的平均品牌收益比较

　　表63显示了本次有效评估的茶叶企业产品品牌中品牌收益位于前10位的品牌。由表可知,吴裕泰、宁红、鋆露、新坦洋、汉家刘氏、凤、御茶园、采花、品品香、更香茗茶等品牌的品牌收益均达到了5000万元以上,其中,吴裕泰的品牌收益更是达到了9115.44万元。除御茶园外,其余9个品牌的品牌价值均位于本次有效评估品牌的前10位。

表63　2020年有效评估茶叶企业产品品牌的品牌收益前10位

排序	品牌名称	品牌收益(万元)
1	吴裕泰	9115.44
2	宁红	8174.50
3	鋆露	6713.09
4	新坦洋	6606.39
5	汉家刘氏	6433.25
6	凤	6322.56
7	御茶园	6002.15
8	采花	5779.60
9	品品香	5635.05
10	更香茗茶	5596.48

(三)品牌忠诚度因子:品牌忠诚度普遍较高,且稳中有升

　　品牌忠诚度因子测算侧重于一个品牌能否在相对时间内维持相对稳定的价格。因为该因子会影响消费者对品牌的忠诚程度,因此,称之为"品牌忠诚度因子"。本次评估中,品牌忠诚度因子的大小与近三年中有效评估品牌的市场零售价稳定与否直接相关,市场价格表现越平稳,其品牌忠诚度因子越高。由此可见,突然出现的价格大幅跌落与大幅上涨,都会对品牌忠诚度因子产生重要的影响。

　　2019年有关茶叶企业产品品牌的品牌价值评估报告,曾将2015—2019年间五轮评估的平均品牌忠诚度因子进行了比较。数据显示,5轮评估中,有效评估品牌的平均品牌忠诚度因子均在0.900以上,从2015年的0.900到2017年的0.919,再到2019年的0.915。本次有效评估的茶叶企业产品品牌的平均品牌忠诚度因子达到了0.926,比上年的0.915提升了0.011,有所提升,且为历史最高水平。比较连续参与2018—2020年三轮有效评估的99个茶叶企业产品品牌的平均品牌忠诚度因子可见,2018年为0.910,2019年略上升到0.913,2020年则达到了0.933(见图459)。

　　可见,整体而言,我国茶叶企业产品品牌的品牌忠诚度因子在不断提高,表现出茶的市场价格稳定性在不断加强。数据说明,2016—2019年之间,我国茶叶企业产品品牌的产品的市场销售价格出现了越来越稳定的趋势,没有大起大落。

　　根据品牌忠诚度因子大小区间分布,如图460所示,本次有效评估品牌的品牌忠诚度因子在0.90以上的品牌共计127个,约占整体有效评估品牌数量的3/4。其中,89个品牌的品牌忠诚度因子达到了0.95以上。可见,本次有效评估茶叶企业产品品牌的品牌忠诚度普

483

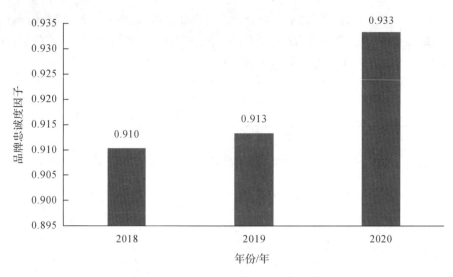

图 459　2018—2020 年连续三轮有效评估品牌的平均品牌忠诚度因子比较

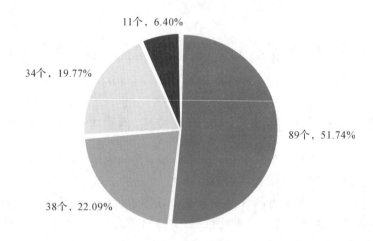

■ BL≥0.95　■ 0.90≤BL<0.95　　0.80≤BL<0.90　■ BL<0.80

图 460　2020 年有效评估茶叶企业产品品牌的品牌忠诚度因子大小区间分布
注：BL 为品牌忠诚度因子。

遍较高。

图 460 同时显示，有 11 个品牌的品牌忠诚度因子在 0.80 以下，其主要原因，是近三年的市场价格上涨幅度较大，在一定程度上可能会削弱消费忠诚。此外，连续参与 2018—2020年间三轮有效评估的 99 个茶叶企业产品品牌中，32 个品牌的品牌忠诚度因子出现了下降，表明其在市场价格上的调整幅度有所增加。与品牌收益指数进行结合比较，我们发现，该 32个品牌的品牌收益均获得了不同程度的提升，个别品牌的品牌价值则出现了不同程度的下降。这也说明，个别品牌的价格提升使品牌忠诚度因子出现了下降趋势，但在短期内对品牌收益的负面影响未体现，反而可能会得到一定程度的增加。品牌价值是品牌收益、品牌忠诚度因子以及品牌强度乘数的综合结果，品牌忠诚度因子的下降，会直接影响品牌价值的提升。茶叶企业在制定市场价格策略时，结合茶叶市场供需关系变化，站在长远的、系统的品

牌发展角度进行筹划，避免因追求短期经济效益而盲目变动品牌定价，以谋求品牌的长久稳健发展。

(四)品牌强度：品牌经营力具相对优势，高品牌价值的品牌投入高、带动力强

品牌强度及其乘数由品牌领导力、品牌资源力、品牌经营力、品牌传播力和品牌发展力等五个能够表现品牌稳定性和持续性的"品牌强度五力"因子加权得出，是体现品牌未来持续收益能力、抗风险能力和竞争能力大小的指标，是对品牌强度高低的量化呈现。"品牌强度五力"及其三级指标均根据当年度有效评估品牌的横向比较得出。

本次有效评估的茶叶企业产品品牌的平均品牌强度为78.89，品牌强度乘数为17.58。本次评估中，汉家刘氏、文君、品品香、吴裕泰和新坦洋等四个品牌分别位于品牌领导力、品牌资源力、品牌经营力、品牌传播力和品牌发展力的首位，表现出不同的品牌在不同方面的品牌强度分项指标的优势体现，具体数据可见表64。

表64　2020年有效评估的茶叶企业产品品牌的"品牌强度五力"前10位

排序	品牌领导力		品牌资源力		品牌经营力		品牌传播力		品牌发展力	
1	汉家刘氏	94.35	文君牌	92.97	品品香	93.02	吴裕泰	94.56	新坦洋	88.17
2	文新	93.57	碧螺	91.05	新坦洋	92.68	新坦洋	89.80	绿剑	86.03
3	宁红	93.54	凤	89.81	洞庄	92.64	长盛川	88.14	下关沱茶	85.69
4	鋆露	93.43	三鹤	89.49	更香茗茶	92.56	下关沱茶	87.16	品品香	85.13
5	采花	93.17	采花	89.01	凤	91.18	品品香	86.36	汉家刘氏	84.99
6	巴陵春	92.54	万里江	88.85	王光熙	91.07	抱儿钟秀	85.67	天方	84.72
7	御茶园	91.71	宋茗	88.66	下关沱茶	90.96	宋茗	85.44	高黎贡山	84.64
8	新坦洋	91.63	绿剑	88.43	隽永天香	90.84	宁红	85.14	芭蕉	84.62
9	凤	91.24	碧涛	88.14	芭蕉	90.59	陈升号	85.08	天之红	84.40
10	绿剑	90.10	吴裕泰	88.03	鋆露	90.16	巴山雀舌	85.08	雾里青	84.13

根据品牌价值大小区间进行分类，比较各价值区间的茶叶企业产品品牌在平均"品牌强度五力"上的表现可见，本次有效评估的整体茶叶企业产品品牌平均的品牌领导力、品牌资源力、品牌经营力、品牌传播力和品牌发展力分别为79.30、78.42、83.15、76.04和77.17。数据显示，平均品牌经营力具有相对优势；品牌价值位于前10位的品牌，平均"品牌强度五力"分别达到了91.47、84.77、90.02、83.92和83.54；品牌价值位于前20位品牌的平均"品牌强度五力"则分别为89.73、83.95、88.33、82.22和82.62；品牌价值位于前50位、前100位的品牌的平均"品牌强度五力"表现，具体可见图461。

数据可知，整体而言，茶叶企业产品品牌在品牌经营力上的表现较为突出，而拥有高品牌价值的品牌在品牌领导力上具有绝对优势，在行业内起到较好的带动示范作用。数据同时显示，茶叶企业产品品牌在品牌资源力、品牌传播力和品牌发展力上的表现相对薄弱。需要加强在历史、文化、环境等品牌资源上的拓展与提升，加强提高品牌知名度、认知度和好感

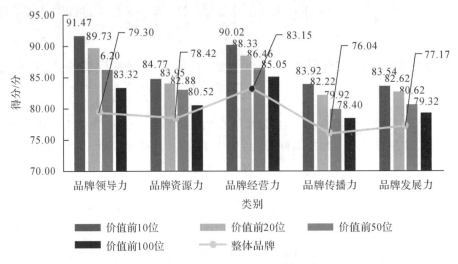

图 461　2020 年有效评估品牌中，各品牌价值区间品牌的平均"品牌强度五力"比较

度，同时也需要增强在品牌保护、销售渠道和市场营销等方面的品牌可持续发展措施力度。

　　高品牌价值的品牌、强品牌领导力的品牌，一般具有一定规模的企业员工人数和自建茶叶基地。如图 462 所示，品牌价值前 10 位品牌的所在企业，平均员工人数达到 488.40 人，平均茶叶基地面积为 2552.71 公顷，远高于本次有效评估的整体品牌的平均水平。

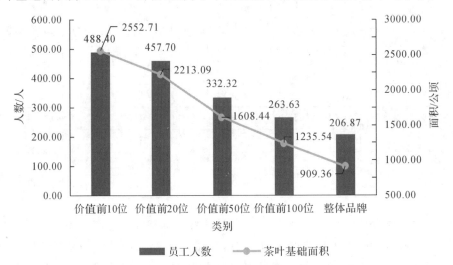

图 462　2020 年有效评估品牌中，不同的品牌价值区间品牌的平均员工人数和茶叶基地面积比较

　　品牌传播力由品牌知名度、品牌认知度和品牌好感度等三个指标所构成。进一步比较各品牌价值区间的品牌在品牌传播力子指标上的表现，如图 463 所示：品牌价值位于前 10 的品牌，2019 年度的品牌传播经费平均达到了 3708.66 万元，是本次有效评估整体品牌的平均传播经费的 5 倍。相应地，其平均品牌知名度、认知度和好感度均远高于整体品牌的平均水平。数据同时显示，品牌价值前 20 位、品牌价值前 50 位和品牌价值前 100 位的品牌，其有关数据均比整体品牌的平均值高。可见，年度品牌传播经费越高，品牌传播力越高，品牌价值也越高。

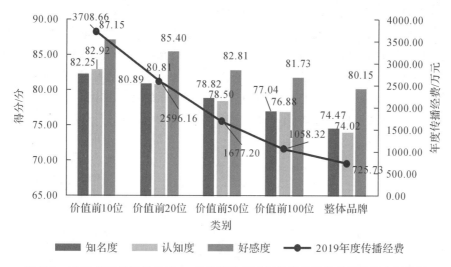

图 463　2020 年有效评估品牌中,各品牌价值区间品牌的平均品牌传播力子指标
和 2019 年度传播经费的比较

进一步比较连续参与 2018—2020 年三轮评估的 99 个茶叶企业产品品牌的平均"品牌
强度五力",如图 464 所示:2018—2020 年三轮评估中,该 99 个茶叶企业产品品牌的平均品
牌领导力、平均品牌传播力和平均品牌发展力均有不同程度的提升,尤其是平均品牌领导
力,其平均值从 2018 年的 79.44 增至 2019 年的 79.87,到 2020 年的 81.27,三轮评估期间,
该数值增长了 1.44。三轮评估中,平均品牌资源力存在较为明显的波动,先升后降,2020 年
评估数据为 79.93,低于 2018 年的平均数值。纵向比较可见,三轮评估中,平均品牌经营力
均高于其余四个指标,且稳定性较强,表现出该 99 个茶叶企业产品品牌在品牌标准化建设、
质量检测体系、产品认证体系和组织经营管理方面的重视程度和稳定成效。平均品牌传播
力相关数值显示,相对处于低位,表现出该 99 个品牌在品牌传播推广上的成效低于其他
四力。

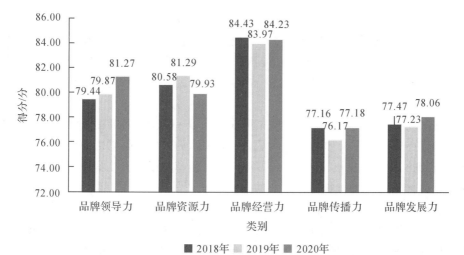

图 464　2018—2020 年连续三轮有效评估品牌的平均"品牌强度五力"比较

图 465 是对连续参与近年来三轮评估品牌的平均品牌知名度、平均认知度和平均好感度的比较。由图可见,三轮评估数据显示,整体而言,平均品牌好感度略高于平均品牌知名度和平均品牌认知度;2020 年的平均品牌知名度和平均品牌认知度均较 2019 年有所增长,但平均品牌好感度出现了下降,从 83.37 降至 81.15。数据反映,近年来,我国茶叶企业产品品牌的平均品牌传播力处于五力最低位,与其三个子指标的低位徘徊有密切关系。没有高知名度、高认知度前提下的高好感度,只能局限于小范围,无法有效提升品牌传播力。

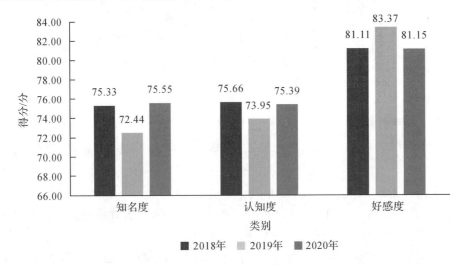

图 465 2018—2020 年连续三轮有效评估品牌的平均品牌传播力比较

二、现象与问题

(一)规模茶叶企业的品牌扶贫效果更为显著

茶作为我国重要的经济作物之一,在产业扶贫、品牌扶贫中具有重要作用。联合国设定"国际茶日"的初衷,便是赞美茶叶对经济、社会和文化的价值。本次有效评估的 172 个品牌,共计自建 11.79 万公顷标准化茶园,创造了 32175 个就业岗位,有效带动了周边茶农增收致富。前文图 462 显示,高品牌价值的品牌,在创造就业岗位和建设茶叶基地规模上具备优势。

来自国家级农业产业化龙头企业的茶叶企业产品品牌,在创造就业岗位和建设茶叶基地规模上的优势更为显著。如图 466 所示,来自国家级农业产业化龙头企业的茶叶企业产品品牌,平均拥有员工人数 373.83 人,平均建有 3126.25 公顷茶叶基地,远远高于来自省、市级农业产业化龙头企业和非龙头企业的茶叶企业产品品牌。图 467 数据可见,来自国家级农业产业化龙头企业的茶叶企业产品品牌平均品牌收益和平均单位销量品牌收益(单位销量品牌收益是指剔除各项投入成本、相关税费、资本收益等非品牌因素之后,销售每千克茶叶所获得的品牌收益)也非常高,分别为 3163.74 万元和 168.71 元/千克。

数据表明,规模化的茶叶企业产品品牌,在带动周边就业、提升品牌溢价上具有显著优势,在以茶为核心的"品牌扶贫""产业扶贫"中能够发挥示范带动作用。

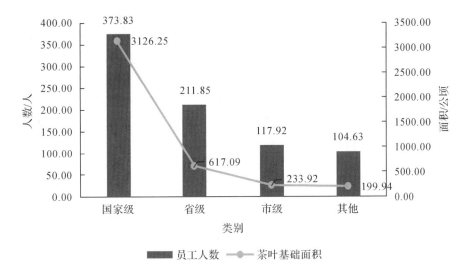

图 466　2020 年有效评估品牌中,不同企业类型品牌的平均员工人数和平均茶叶基地面积比较

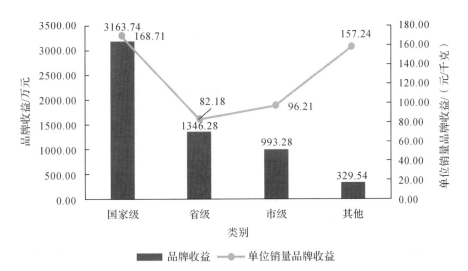

图 467　2020 年有效评估品牌中,不同企业类型品牌的平均品牌收益、平均单位销量品牌收益比较

(二)电商引流效果显著,比重增加

西南财经大学中国家庭金融调查与研究中心和阿里研究院于 5 月中旬发布《数字经济助力小微企业创立与成长》[①]报告,认为电商发展显著提高了线下经营企业的存活率,对线上和线下企业的成长都具有促进作用。

本次有效评估的 172 个茶叶企业产品品牌中,145 个品牌建有电子商务渠道。近三年来,其中,通过电商平台销售茶叶,其销售额占企业总体茶叶销售额的 30% 以上的品牌有 13 个,占比 20%～30% 的品牌也为 13 个。其中,艺福堂品牌的电商销售比重达到 100%。可

---

①　西南财经大学中国家庭金融调查与研究中心、阿里研究院:《数字经济助力小微企业创立与成长》,2020 年 5 月。

见,超过有效评估品牌八成的品牌建有电商销售渠道,除艺福堂外,多为线上线下结合的方式。建有电商渠道的 145 个品牌,其平均品牌收益 1674.19 万元,平均单位销量品牌收益 106.57 元/千克,平均品牌价值 2.78 亿元;未建电商渠道的品牌,其平均品牌收益为 582.43 万元,平均单位销量品牌收益为 92.36 元/千克,平均品牌价值为 0.94 亿元。可见,建有电商渠道的品牌在品牌溢价能力和品牌建设综合成效上均存在显著优势。

比较本次有效评估品牌近三年的销售情况,如图 468 所示,2017 年,平均茶叶电商销售额为 1526.09 万元,占企业平均茶叶总销售额的 10.09%;2018 年,平均茶叶电商销售额增至 1758.40 万元,占比 10.62%;2019 年,平均茶叶电商销售额达到了 2086.67 万元,占比提升至 11.54%。数据说明,电商的销售比重在逐年增加。

图 468　2020 年有效评估品牌近三年的电商销售额及比重比较

(三)出口茶叶品牌的品牌溢价有待提升

本次有效评估的 172 个茶叶企业产品品牌中,有 107 个品牌的茶叶产品有部分出口,且远销至美国、俄罗斯、英国、欧盟、加拿大、日本、新加坡、斯里兰卡等 47 个国家和地区,在促进中国同各国茶文化的交融互鉴上起到了积极作用。

据中国海关数据统计,2019 年,全国共计出口茶叶 36.66 万吨,其中绿茶出口量为30.39万吨,占总量的 82.9%,茶叶出口均价为 5.51 美元/千克,其中绿茶出口均价 4.34 美元/千克,尽管较 2019 年的出口均价有所增长,但出口均价与日本、法国等其他国家相比仍存在较大差距。评估数据显示(见图 469),出口品牌的平均品牌收益高于非出口品牌,分别为 1857.78万元和918.46 万元,出口品牌在平均品牌收益上的优势较为明显;但出口品牌的平均单位销量品牌收益较低,为 86.69 元/千克,较非出口品牌的平均值低 35.01%。

以上数据说明,我国茶叶出口仍以原料茶、干毛茶出口居多,精制茶和品牌茶的出口较少,这也使得我国茶叶出口量虽大,但品牌效益未能得到充分体现,出口茶叶品牌溢价有待提升。

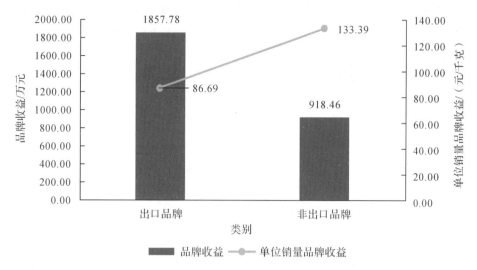

图 469　2020 年有效评估出口品牌和非出口品牌的平均品牌收益和平均单位销量品牌收益比较

(四)品牌传播投入的有效性可能存在偏差

品牌传播投入、品牌传播力与品牌价值三者之间存在正相关关系。这在《2020 中国茶叶区域公用品牌价值评估报告》中,我们已经就此进行过阐释和论证。而上述三者之间存在的正相关关系,在本次中国茶叶企业产品品牌价值评估的数据中也得到了相关印证。图 463 显示,品牌传播经费越高,品牌传播力也越高,同时品牌价值也越高。也可能存在逆向因果关系,品牌价值越高的品牌,更愿意在品牌传播上进行投入,从而维持并进一步提升品牌传播力。

比较连续参与 2018—2020 年三轮评估的 99 个品牌,如图 470 所示,2018 年评估,99 个品牌的平均年度传播经费为 712.86 万元,平均品牌传播力 77.16;2019 年,平均年度传播经费上涨至 836.40 万元,而平均品牌传播力有所下降,为 76.17;2020 年,平均传播经费再次

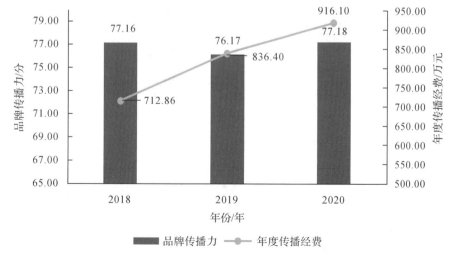

图 470　连续参与 2018—2020 年三轮评估品牌的平均品牌传播力和平均年度传播经费比较

上涨并达到 916.10 万元,平均品牌传播力回升至 77.18。数据可见,尽管年度传播经费在不断上涨,但一个不得不承认的事实是,品牌传播力并未获得同比增长,甚至出现了下降的情况。增加传播经费,是品牌提高品牌传播力的重要前提,而传播经费是否获得有效使用,则成为能否有效提升品牌传播力的关键。

(五)地标背书品牌,母子品牌协同,充分发挥地缘优势

在《2015 中国茶叶企业产品品牌价值评估报告》中,我们曾就茶叶企业产品品牌是否基于地缘优势提出地缘品牌和非地缘品牌的"中国茶产业品牌新生态结构"。地缘品牌主要基于区域环境资源、生态地理自然资源、茶品种特色显著等地缘优势,打造一系列的品种独特、品质独特、工艺独特、文化独特的产地区域公用品牌,同时形成区域公用品牌与区域内企业(产品)品牌的品牌联盟与集聚,从而形成品牌整合力。获准使用地理标志专用标志(AGI\GI\PGI,2020 年底开始,统一使用 GI)的茶叶企业产品品牌,便是典型的地缘品牌。

本次有效评估的 172 个品牌中,如宁红(修水宁红茶)、新坦洋(坦洋工夫)、鋆露(福州茉莉花茶)等 114 个品牌,被各地相关的区域公用品牌授权许可使用地理标志产品专业标志,占整体有效评估品牌比例高达 66.28%。通过比较非地理标志授权品牌和地理标志授权品牌的平均品牌价值和平均品牌收益,可见地理标志授权品牌具有明显的优势。地理标志授权品牌的平均品牌价值和平均品牌收益分别达到 2.89 亿元和 1739.87 万元,均明显高于非地理标志授权品牌的平均值(见图 471)。可见,具有地理标志产品背书的茶叶企业产品品牌,通过"茶叶区域公用品牌+茶叶企业产品品牌"母子品牌协同模式,可以充分发挥地缘优势,提升品牌收益,创造品牌价值。

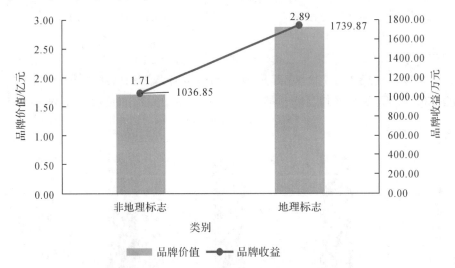

图 471　2020 年有效评估品牌中,非地理标志授权品牌和地理标志授权品牌
的平均品牌价值和平均品牌收益比较

三、趋势及建议

(一)持续扩大出口,注重品牌茶的出口

目前,全球范围内疫情形势严峻,对我国茶叶出口的负面影响显著。据中国海关统计,2020 年 1—3 月,中国茶叶累计出口量为 7.21 万吨,同比减少 9.68%;累计出口额为 3.73 亿美元,同比减少 1.32%。①

从长远来看,疫情影响是阶段性的。联合国对"国际茶日"的设定,以及"一带一路"倡议的持续推进,将给中国茶叶带来更多的国际关注。在此契机下,中国茶叶在持续扩大出口的同时,更要注重逐步改变出口茶叶产品结构,转变以往以原料茶、毛茶出口的现状,提高高端精制茶、品牌茶以及中国茶文化的向外输出。进一步扩大出口茶,不仅可以解决近年来我国茶产品供大于求的供需矛盾,提高中国茶的品牌溢价,提升中国茶品牌的国际影响力,更进一步,茶作为中国文化的象征元素,可以承担起"窗口"责任,真正促成以茶为媒,让世界通过茶,了解中国,了解中国文化。

(二)"双化互动"趋势加速形成

"双化互动",指的是品牌化与数字化(互联网化、电商化)互动发展模式。

据中国茶叶流通协会《2020 中国春茶产销形势分析报告》②统计,2020 年春茶销售市场遭受疫情严重影响,量价额明显下滑。可见,2020 年,突发的新冠疫情给正常的生产生活秩序带来了严重的负面影响。

疫情导致线下渠道受阻,因此,各地茶叶县区分管领导纷纷"触电",化身带货主播,通过政府引导,推动茶叶企业调整商业模式,转战线上寻找出路,并直接或间接地为茶叶企业产品品牌搭建互动平台。如 5 月中旬,绍兴市举办"云上茶博",组织了云展会、云互动、云代言、云品鉴、云炒制、云茶会、云课堂等系列活动,并为 50 余家绍兴本地茶叶企业产品品牌搭建官方平台,通过微信、快手、抖音、微博等社交平台集中上线直播销售。

本次评估数据显示,2017—2019 年间,电商销售占比均在 10% 及以上。据中国茶叶流通协会分析,2020 年春茶电商分担比例预计不超过线下销售的 30%③,因此,茶叶企业的实际经营压力并未得到缓解。尽管疫情给茶叶产销带来了阶段性的负面影响,但也正由于此,让茶叶企业看到了数字化技术所带来的便捷,看到了数字经济的崛起。电商、直播带货只是数字化的初步探索,未来,随着对数字化的持续深入,会加快形成数字新动能的形成,加速品牌化与数字化的结合,并达到互动发展。

要达到品牌化与数字化的互动发展,茶叶企业不仅需要掌握品牌化的能力,同时需要掌握数字化的能力。中国茶叶企业亟须向国际著名的茶叶企业产品品牌学习,在构建个性化

---

① 无名:《2020 年 3 月中国茶叶出口情况简报》,中国茶叶流通协会,2020 年 4 月 30 日。
② 梅宇、梁晓:《2020 中国春茶产销形势分析报告》,中国茶叶流通协会,2020 年 4 月 22 日。
③ 梅宇、梁晓:《2020 中国春茶产销形势分析报告》,中国茶叶流通协会,2020 年 4 月 22 日。

品牌的同时,利用数字化技术、数字化能力,与消费者沟通达到顺畅、快乐、专业的沟通。这是中国茶叶企业品牌在未来的品牌经营、产品销售中必须解决的新命题。

(三)回归品牌本质,实现"品效合一"

"互联网+"带来的信息爆炸,让"流量"变得异常重要,电商、直播带货等在一定程度上也需要流量的导入。很多时候,茶叶企业更关注的也是销量和销售额,却忽视了对品牌本身的打造与维护。如时下,茶叶企业主普遍更为关注的是如何在当下转变商业模式,将因疫情所带来的负面影响降到最低,集体进入电商、直播等平台,从线下渠道的竞争转为线上流量的竞争,甚至,有的已经陷入了"流量"怪圈,却达不到"品效合一"的目的。

"品效合一",指的是品牌提升与产品销售效果的有效结合。这是一个事物的两个方面,并非是对立的存在。一个品牌要实现科学的、有效的发展,应当做到"品效合一"。

富有特色的品牌战略意识与战略定位至关重要。品牌经营是一项长期的工程,流量固然重要,但不能"唯流量论"。在信息时代,流量是品牌引流的窗口,但单纯的流量并不能沉淀为品牌的资产。没有一个扎实的品牌基础,流量能带来的仅仅是一次性消费,无法提高消费者的品牌黏性。由于疫情所致,2020年春茶季的"流量之战",倾注了众多茶叶企业的精力。但是,经过一个阶段的流量红利和流量厮杀后,茶叶企业应当回归理性,站在品牌战略的高度,回归品牌本质,塑造品牌个性,重构品牌价值,在新型经济环境下,重构与消费者的新关系,发展消费新认知和新体验,走向真正达成"品效合一"的新阶段。

当我们比较研究中外茶叶品牌时,我们看到一个现实:一些被公认为国际茶叶奢侈品牌的茶叶品牌,其茶叶销售额其实并没有达到我国有些茶企的份额。也就是说,尽管我国一些茶叶企业,其销售量、销售额不低,但基本基于产品大量低价销售的前提,而国际上著名茶叶企业,是通过品牌塑造、工艺提升、消费者认同,达到了真正的"品效合一"。这是值得中国茶叶企业反思的。

(四)品牌传播策略的精准化

如上述,评估数据显示,近年来,我国茶叶企业在品牌传播经费上的投入有所增加,但品牌传播效果并未获得同比提升。同时,受宏观经济环境的影响,社会各界都在缩减支出预算,茶叶企业也会在一定程度上削减品牌传播的投入。在此背景下,如何在有限的预算下获得最大的传播效果,将是茶叶企业需要重视的问题。

在成本控制的前提下,如何做好品牌的精准传播将格外受到关注。精准传播的概念其实早已有之,在广告学领域,强调媒介与接触点管理,这便是对精准传播的专业要求。然而在实际操作中,茶叶企业的品牌经营管理者大多为茶叶生产者,并不具备专业、系统的品牌传播知识,因此,对品牌传播的策略、渠道投放、精准传播均无法提出具体要求,这也是花了经费却收效甚微的现实问题之一。随着传播经费、广告预算的缩减,将迫使茶叶企业主和相关服务方不得不重新审视传播效果,从而制定专业化、精准化的传播策略。

附表:2020 年中国茶叶企业产品品牌价值评估结果(前 100 位)

排序	省份	企业名称	品牌名称	品牌价值(亿元)
1	北京	北京吴裕泰茶业股份有限公司	吴裕泰	16.52
2	江西	江西省宁红集团有限公司	宁红	12.98
3	福建	福建新坦洋集团股份有限公司	新坦洋	12.46
4	福建	闽榕茶业有限公司	鋆露	12.19
5	湖北	湖北汉家刘氏茶业股份有限公司	汉家刘氏	10.32
6	湖北	湖北采花茶业有限公司	采花	10.27
7	浙江	浙江更香有机茶业开发有限公司	更香茗茶	10.24
8	福建	福建品品香茶业有限公司	品品香	9.74
9	云南	云南滇红集团股份有限公司	凤	9.64
10	湖南	湖南洞庭山科技发展有限公司	巴陵春	9.35
11	福建	福建鼎白茶业有限公司	鼎白(Dingbai)	8.12
12	浙江	浙江省诸暨绿剑茶业有限公司	绿剑	7.94
13	河南	信阳市文新茶叶有限责任公司	文新	7.48
14	湖北	湖北邓村绿茶集团股份有限公司	峡州碧峰	6.98
15	福建	福建省天禧御茶园茶业有限公司	御茶园	6.92
16	浙江	浙江华发茶业有限公司	皇帝	6.54
17	云南	云南下关沱茶(集团)股份有限公司	下关沱茶	6.09
18	江苏	苏州东山茶厂股份有限公司	碧螺	5.14
19	福建	福建满堂香茶业股份有限公司	满堂香	5.05
20	浙江	浙江益龙芳茶业有限公司	益龙芳	4.83
21	江苏	镇江雨泰茶业有限公司	雨泰茗茶	4.64
21	浙江	浙江安吉宋茗白茶有限公司	宋茗	4.64
23	山东	青岛万里江茶业有限公司	万里江	4.59
24	四川	四川省文君茶业有限公司	文君牌	4.55
24	江西	婺源县鄣公山茶叶实业有限公司	鄣公山	4.55
26	广西	广西壮族自治区梧州茶厂	三鹤	4.53
27	河南	河南九华山茶业有限公司	九华山	4.51
28	湖北	湖北宜红茶业有限公司	宜	4.50
29	福建	福建誉达茶业有限公司	誉达	4.37
30	江苏	苏州三万昌茶叶有限公司	三万昌	4.19
31	安徽	安徽省祁门红茶发展有限公司	天之红	4.16
32	四川	成都市碧涛茶业有限公司	碧涛	4.11
33	四川	四川省蒙顶山皇茗园茶业集团有限公司	皇茗园	4.03
34	福建	福鼎市张元记茶业有限公司	张元记	3.94
35	安徽	黄山市洪通农业科技有限公司	洪通	3.91
36	福建	福建瑞达茶业有限公司	瑞达	3.81

续表

排序	省份	企业名称	品牌名称	品牌价值（亿元）
37	福建	福建福鼎东南白茶进出口有限公司	多奇（Duoqi）	3.80
38	山东	青岛峰源春茶业有限公司	峰源春	3.77
39	四川	四川蒙顶山味独珍茶业有限公司	味独珍	3.76
40	浙江	杭州艺福堂茶业有限公司	艺福堂	3.64
41	江苏	江苏吟春碧芽股份有限公司	吟春碧芽	3.58
42	广西	广西梧州茂圣茶业有限公司	茂圣	3.57
43	福建	福建隽永天香茶业有限公司	隽永天香	3.54
44	福建	福建百祥进出口贸易有限公司	福百祥	3.51
45	云南	勐海陈升茶业有限公司	陈升号	3.44
46	四川	四川早白尖茶业有限公司	早白尖	3.20
47	安徽	天方茶业股份有限公司	雾里青	3.18
48	浙江	浙江省武义茶业有限公司	九龙山	3.11
49	山东	山东蒙山龙雾茶业有限公司	蒙山龙雾	3.02
50	山东	临沭县春山茶场	袁春山	2.93
51	广西	广西农垦茶业集团有限公司	大明山	2.89
52	山东	临沂市沂蒙春茶叶有限公司	沂蒙春	2.80
53	浙江	杭州顶峰茶业有限公司	顶峰茶业	2.72
54	浙江	杭州西湖龙井茶叶有限公司	贡	2.67
54	山东	青岛晓阳工贸有限公司	晓阳春	2.67
56	安徽	安徽舒绿茶业有限公司	舒绿园	2.64
57	云南	腾冲市高黎贡山生态茶业有限责任公司	高黎贡山	2.58
58	广东	广东省大埔县西岩茶叶集团有限公司	西竺	2.52
59	四川	成都市金川茶业有限公司	金川	2.51
60	江苏	苏州市吴中区西山碧螺春茶厂	咏萌	2.48
60	福建	福建品品香茶业有限公司	晒白金	2.48
62	浙江	临海市羊岩茶厂	羊岩山	2.39
63	广东	广东省大埔县西岩茶叶集团有限公司	岩中玉兔	2.37
64	浙江	浙江碧云天农业发展有限公司	碧云天	2.36
65	江西	上犹犹江绿月食品有限公司	犹江绿月	2.34
66	重庆	重庆茶业（集团）有限公司	定心	2.29
67	浙江	浙江益龙芳茶业有限公司	大龙山	2.22
68	福建	福建省天醇茶业有限公司	天醇	2.21
69	安徽	黄山王光熙松萝茶业股份有限公司	王光熙	2.12
70	安徽	霍山汉唐清茗茶叶有限公司	汉唐清茗	2.10
71	福建	福建省裕荣香茶业有限公司	裕荣香	2.10
72	安徽	安徽省抱儿钟秀茶业有限公司	抱儿钟秀	2.09

排序	省份	企业名称	品牌名称	品牌价值(亿元)
73	四川	四川巴山雀舌名茶实业有限公司	巴山雀舌	2.00
74	福建	福建省莲峰茶业有限公司	三泉	1.98
75	河南	河南仰天雪绿茶叶有限公司	仰天雪绿	1.97
75	浙江	宁波市奉化区雪窦山茶叶专业合作社	雪窦山	1.97
77	安徽	天方茶业股份有限公司	天方	1.93
78	四川	筠连县青山绿水茶叶专业合作社	娇芽	1.86
79	广西	梧州市天誉茶业有限公司	熹誉	1.81
79	四川	四川嘉竹茶业有限公司	嘉竹	1.81
81	河南	河南蓝天茶业有限公司	蓝天茗茶	1.77
82	陕西	陕西鹏翔茶业股份有限公司	鹏翔	1.69
83	安徽	安徽舒绿茶业有限公司	舒绿	1.67
84	福建	福建省银龙茶叶科技有限公司	银龙	1.59
85	安徽	安徽省华国茗人农业有限公司	华国茗人	1.58
85	重庆	重庆茶业(集团)有限公司	巴南银针	1.58
87	山东	临沂市玉芽茶业有限公司	玉剑	1.56
88	广西	广西南山白毛茶茶业有限公司	圣种	1.49
88	安徽	池州市九华山肖坑有机茶有限责任公司	肖坑	1.49
90	山东	临沂春曦茶叶有限公司	春曦	1.44
91	贵州	贵州省湄潭县栗香茶业有限公司	妙品栗香	1.43
92	广东	英德市上茗轩茶叶有限责任公司	上茗轩	1.41
93	陕西	陕西东裕生物科技股份有限公司	东	1.32
94	江苏	句容市苏南茶业有限公司	苏南	1.22
95	福建	福州联合闽津茶业有限公司	闽津	1.19
96	山东	日照市林苑茶业有限公司	极北云岫	1.18
97	安徽	安徽兰花茶业有限公司	万佛山	1.14
98	湖北	恩施市润邦国际富硒茶业有限公司	芭蕉	1.09
99	福建	福建省泉州市裕园茶业有限公司	裕园	1.07
100	安徽	安徽省池州市安池茶叶有限公司	安池	1.04

声明:本研究中所估算之品牌价值,均基于茶叶企业产品品牌持有单位提供数据及其他公开可得信息,且运用中国茶叶企业产品品牌专用评估方法对采集数据处理的结果。本评估所涉及的品牌只包括在中国内地注册的茶叶企业产品品牌。

2021:中国茶叶企业产品品牌价值评估报告
(数据跨度:2018—2020)[*]

前　言

茶,关乎中国百姓的生活日常,也关乎国民经济的发展。从"一片叶子富了一方百姓",到"因茶致富,因茶兴业",再到统筹发展"茶文化、茶产业、茶科技"实现乡村振兴,习近平总书记对茶产业的关注与重视从未停歇,政府、协会、企业、合作社、茶农,更增添了发展茶产业、传播茶文化、提升茶科技,实现中国茶品牌高品质发展的斗志。

为了持续观察中国茶叶品牌建设现状,发现中国茶叶品牌发展趋势,2020 年 12 月底,浙江大学 CARD 中国农业品牌研究中心牵头,联合《中国茶叶》杂志、浙江大学茶叶研究所、中国国际茶文化研究会中国茶业品牌建设专委会、浙江永续农业品牌研究院,开展"2021 年中国茶叶企业产品品牌价值专项评估"课题。评估依据浙江大学胡晓云团队"中国农产品企业产品品牌价值评估模型"(简称 CARD 模型 2),采用科学、系统、量化的方法,经过对品牌持有单位调查、消费者评价调查、专家意见征询、海量数据分析,最后形成相关评估结果。

一、数据分析

参与本次评估的茶叶企业产品品牌(评估对象不包括我国港澳台地区的茶叶企业产品品牌)总数为 183 个。经过对参评品牌相关数据的多方审核,课题组最终完成了对 175 个品牌的有效评估,覆盖国内 18 个省(区、市),共计 158 个茶叶企业。其中,有 106 个品牌连续参与了 2019—2021 年间 3 个年度的品牌价值评估。本次评估涉及 2018—2020 三年相关数据。

从各茶叶企业产品品牌分布的省份来看,福建省以 29 个有效评估品牌位居各省份第一,浙江省以 25 个位居第二,湖北省以 17 个位居第三,这 3 个省份的有效评估品牌数量占整体有效评估品牌数量的 40.57%,其中,湖北省获得有效评估的茶叶企业产品品牌相较去年增加了 7 个。来自广西壮族自治区、山东省的有效评估品牌数量均为 14 个,安徽省 13 个,江西省 12 个,其余各省份品牌数量见图 472。

本次有效评估的品牌中,来自国家级农业产业化龙头企业的品牌有 22 个;来自省级农业产业化企业的品牌有 86 个,约占整体有效评估品牌的一半;另有 54 个来自市级农业产业化龙头企业。

---

* 本报告发表于《中国茶叶》2021 年第 6 期。

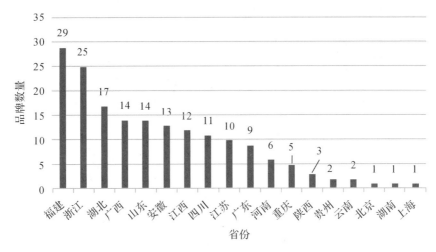

图 472　2021年有效评估的茶叶企业产品品牌的省份来源分布

根据"CARD模型2"可见，中国茶叶企业产品品牌价值＝品牌收益×品牌忠诚度因子×品牌强度乘数，本节将依据模型中有关品牌价值以及各项各级相关指标展开相关数据分析，通过数据展示中国茶企业产品品牌的发展现状。

（一）品牌价值：增长率整体趋缓，小微茶企出现负增长

本次评估数据显示，有效评估的175个茶叶企业产品品牌的品牌总价值为435.91亿元，较2020年有效评估的172个品牌的总价值高出7.21亿元。由图473可见，此次有效评估的品牌价值最高值达16.80亿元，平均品牌价值为2.49亿元，品牌价值中位值为1.29亿元；总计61个品牌的品牌价值位于平均值之上，占整体有效评估品牌数量的34.86％；品牌价值中位值较平均品牌价值相差1.20亿元。可见，近半数多的茶叶企业产品品牌的品牌价值处于相对较低的水平。

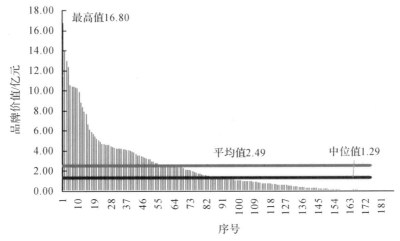

图 473　2021年有效评估的茶叶企业产品品牌价值比较

根据品牌价值大小区间分布来看，本次评估中，品牌价值高于10亿元的茶叶企业产品品牌共计9个，相较2020年增加了2个。于5亿～10亿元之间的品牌共计12个，与2020

年持平；品牌价值位于 1 亿～5 亿元的品牌共计 83 个，占整体有效评估品牌数量的47.43％；另有 71 个品牌的品牌价值尚不足亿元，占整体有效评估品牌数量的 40.57％。

比较近三年连续获得有效评估的 106 个品牌的平均品牌价值（见图 474），2019 年该 106 个品牌的平均品牌价值为 2.85 亿元；至 2020 年，其平均品牌价值提升至 3.14 亿元，较 2019 年增长了 10.18％；2021 年的评估中，该 106 个品牌的平均品牌价值为 3.33 亿元，较 2020 年增长了 6.05％，平均品牌价值向高，但增长率有所下降。

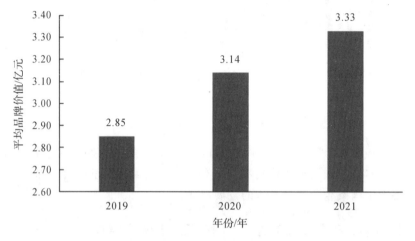

图 474   近三年连续有效评估品牌的平均品牌价值及增长率比较

近三年连续获得有效评估的 106 个品牌（其中 20 个品牌来自国家级龙头企业、57 个品牌来自省级龙头企业、27 个品牌来自市级龙头企业、2 个品牌来自非龙头企业）的平均品牌价值增长率如图 475 所示，不论是国家级、省级、市级还是非龙头企业，其 2020—2021 年度的平均品牌价值增长率较 2019—2020 年度的平均品牌价值增长率均有所下降，其中，国家级龙头企业下降了 3.07 个百分点，省级龙头企业下降了 4.17 个百分点，市级龙头企业下降了 6.92 个百分点，非龙头企业出现负增长，下降了 6.67 个百分点。同时，106 个品牌中，有 14 个品牌的品牌价值较上一年度出现了下降，占比达到 13.21％。

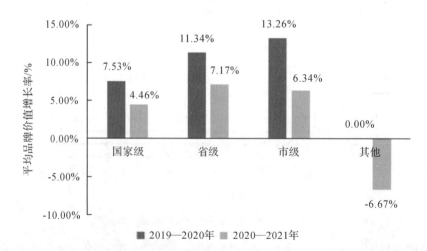

图 475   近三年连续有效评估的各级龙头企业产品品牌的平均品牌价值年度增长率比较

可见,新冠疫情的暴发与绵延,对茶叶企业的品牌价值提升造成了一定冲击,总体上看,国家级龙头企业的茶叶企业产品品牌,其承受社会危机事件、抵御突发风险的能力优于省级、市级龙头企业。

(二)品牌收益:整体获得提升,但增长率略有降低

根据模型,茶叶企业产品品牌的品牌收益是以品牌近三年的平均销售额为基础,剔除各项投入成本、相关税费、资本收益等非品牌因素,最终得出因品牌而获得的实际收益。

本次有效评估的茶叶企业产品品牌的最高品牌收益达 9878.67 万元,较上年最高值高出了 763.23 万元;2021 年有效评估品牌的平均品牌收益为 1492.88 万元,略低于上年度平均值(1502.81 万元)。有 61 个品牌的品牌收益位于本次评估的平均品牌收益之上,占整体有效评估品牌数量的 34.85%;上年度,品牌收益位于平均值之上的品牌共计 57 个,占比33.13%(见图 476)。

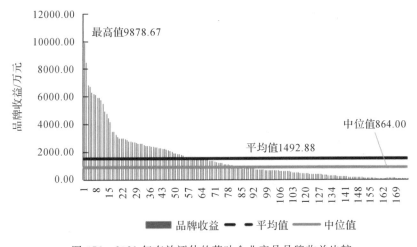

图 476　2021 年有效评估的茶叶企业产品品牌收益比较

比较近三年连续获得有效评估的 106 个品牌的平均品牌收益(见图 477),2019—2021 年期间,该 106 个品牌的平均品牌收益从 2019 年的 1709.77 万元上升到 2020 年的 1861.24 万元,再提升至 2021 年的 1972.18 万元。但分析其增长率数据可见,该 106 个品牌在 2019—2020 年期间的平均品牌收益增长率为 8.86%,2020—2021 年期间出现下降,仅为 5.96%。可见,近年来,我国的茶叶企业产品品牌的品牌收益在不断提升,但其提升速度有所放缓。

以近三年连续获得有效评估的 106 个品牌为数据基础,分析不同层级的龙头企业的平均品牌收益增长率(见图 478),不论是国家级、省级、市级还是非龙头企业,其 2020—2021 年度的平均品牌收益增长率较 2019—2020 年度均有所下降,其中国家级龙头企业的平均品牌收益增长率仅为 3.27%,较上年度下降了 4.69 个百分点;省级龙头企业的平均品牌收益增长率为 7.47%,较上年度下降了 1.21 个百分点;市级龙头企业的平均品牌收益增长率为 8.03%,较上年度下降了 3.52 个百分点;非龙头企业的平均品牌收益增长率则出现了负增长,较上年度下降了 7.37 个百分点。

值得注意的是,同时比较图 477 与图 478 数据可见,不同层级的龙头企业的企业产品品

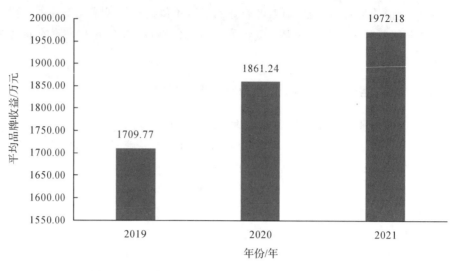

图 477　近三年连续有效评估品牌的平均品牌收益比较

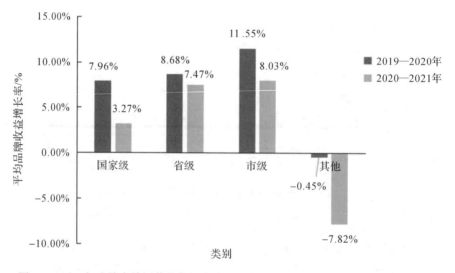

图 478　近三年连续有效评估的各级龙头企业产品品牌的平均品牌收益年度增长率

牌,其平均品牌价值增长率和平均品牌收益增长率较往年均有所下降,但下降幅度不同。来自国家级龙头企业的品牌,其平均品牌收益增长率的下降幅度比来自省级、市级龙头企业的品牌更为明显。

以上数据可见,尽管整体而言,品牌收益在持续升高,但升高幅度有所下降,且国家级龙头企业产品品牌在品牌收益的进一步提升上出现了一定的疲软,平均品牌收益增长率同比下滑更为显著。

(三)品牌忠诚度因子:2020 年市场价格波动略大

品牌忠诚度因子的测算侧重于一个品牌能否在相对时间内维持相对稳定的价格。根据评估模型,品牌忠诚度因子=(过去三年平均售价-销售价格标准差)÷过去三年平均售价,品牌忠诚度因子的大小与近三年市场零售价稳定与否有直接关系，市场价格表现越平稳，其品牌忠诚度因子越高。

此次有效评估的 175 个茶叶企业产品品牌的平均品牌忠诚度因子为 0.913。按品牌忠诚度因子大小区间比较，品牌忠诚度因子位于 0.95 之上的品牌共计 70 个，较去年减少了 19 个；位于 0.90～0.95 区间的品牌有 45 个，较去年增加了 7 个；位于 0.80～0.90 区间的品牌有 48 个，较去年增加了 14 个；小于等于 0.80 的品牌有 12 个，较去年增加了 1 个。其中，品牌忠诚度因子大于 0.90 的品牌个数占整体有效评估品牌总数的 65.71%，较去年下降 8.12 个百分点（见图 479）。

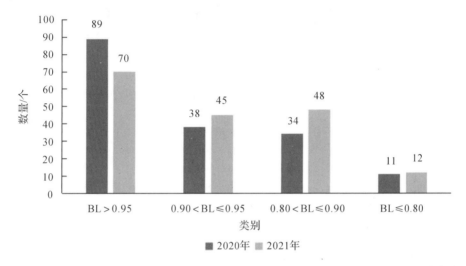

图 479　2020 年和 2021 年有效评估的茶叶企业产品品牌的品牌忠诚度因子区间分布
注：BL 为品牌忠诚度因子。

可见，2020 年间，我国茶叶企业产品品牌的市场价格较往年出现了较大波动，从而导致品牌忠诚度因子整体呈现下降趋势。具体查看本次有效评估的 175 个品牌可见，与 2019 年相比，2020 年的市场价格变化幅度在 20% 以上的品牌共计 26 个，其中 23 个品牌表现为大幅涨价。

进一步比较近三年连续获得有效评估的 106 个品牌的平均品牌忠诚度因子（见图 480），2019 年为 0.914，2020 年提升到 0.930，2021 年下降至 0.924，但依然比 2019 年高，也高于 2021 年有效参评品牌整体的平均值。可见，2020 年该 106 个品牌产品的市场销售价格出现了一定的波动，但相对稳定，平均品牌忠诚度因子较上年度仅下降了 0.65%。

比较本次有效评估的各级龙头企业产品品牌的平均品牌忠诚度因子（见图 481），来自国家级龙头企业品牌的平均品牌忠诚度因子最高，达 0.937，较整体平均品牌忠诚度因子高出 0.024；来自省级龙头企业品牌的平均品牌忠诚度因子为 0.917，略高于整体平均；来自市级龙头企业品牌的平均品牌忠诚度因子略低于整体平均，为 0.900；来自非龙头企业品牌的平均品牌忠诚度因子最低，仅为 0.896。可见，虽然 2020 年受到疫情影响，但国家级和省级龙头企业的品牌，其产品的价格并未出现较大波动，品牌忠诚度并未遭到威胁，而市级龙头企业或非龙头企业则存在价格波动、品牌忠诚度受到威胁的问题。

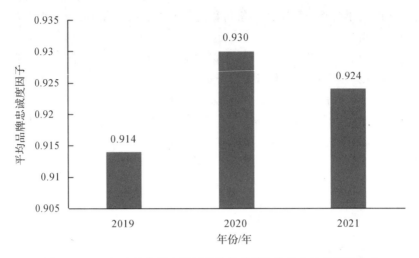

图 480　近三年连续获得有效评估品牌的平均品牌忠诚度因子对比

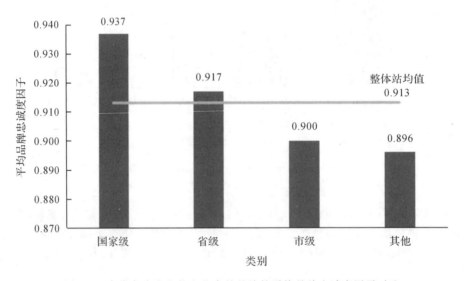

图 481　各类龙头企业的企业产品品牌的平均品牌忠诚度因子对比

(四)品牌强度:不同品牌差异巨大,品牌经营力相对较高

　　品牌强度及其乘数由品牌领导力、品牌资源力、品牌经营力、品牌传播力和品牌发展力等五个能够表现品牌稳定性和持续性的"品牌强度五力"加权计算得出,是体现品牌未来持续收益能力、抗风险能力和竞争能力大小的指标,是对品牌强度高低的量化呈现。"品牌强度五力"及其三级指标均根据当年度有效评估品牌的横向比较得出。

　　本次有效评估的茶叶企业产品品牌的平均品牌强度为 78.81,平均品牌强度乘数为17.56。此次评估中,品品香位于品牌领导力和品牌传播力榜首,吴裕泰、东裕茗茶、新坦洋等 3 个品牌分别位于品牌资源力、品牌经营力和品牌发展力的首位。具体数据见表 65。

表65　2021年有效评估的茶叶企业产品品牌的"品牌强度五力"前10位

排序	品牌领导力		品牌资源力		品牌经营力		品牌传播力		品牌发展力	
1	品品香	96.91	吴裕泰	91.11	东裕茗茶	93.27	品品香	91.57	新坦洋	90.17
2	晒白金	94.68	文君牌	90.83	更香茗茶	92.76	吴裕泰	91.43	品品香	86.20
3	宁红	93.85	凤	90.15	新坦洋	92.68	新坦洋	89.97	天之红	85.26
4	鉴露	93.38	宋茗	90.13	东南多奇	92.19	艺福堂	88.38	坦洋老枞	85.12
5	采花	92.48	东裕茗茶	88.36	茂圣	91.77	长盛川	87.39	汉家刘氏	84.54
6	文新	92.30	芭蕉	88.35	凤	91.75	晒白金	86.79	东裕茗茶	84.44
7	新坦洋	91.99	新坦洋	88.06	曦瓜（XI GUA TEA）	91.71	宁红	85.67	绿剑	84.42
8	汉家刘氏	91.38	采花	87.92	芭蕉	91.71	宜	85.37	文新	84.37
9	鼎白茶业	90.01	宁红	87.66	品品香	91.04	将军峰	85.35	艺福堂	84.25
10	文君牌	89.36	鉴露	87.55	坦洋老枞	90.39	茶船古道	85.22	凤	84.11

　　分析本次有效评估的175个茶叶企业产品品牌整体的平均"品牌强度五力"（见图482），平均品牌经营力最高，为82.76；其次是品牌领导力，为78.30；其三是品牌资源力，为78.07；品牌传播力和品牌发展力，分别为77.55和76.40，位于第四、第五。数据可见，我国茶叶企业品牌在茶叶标准体系、检测体系、认证体系以及组织管理执行等品牌经营层面表现较好，而在品牌保护、市场营销、推广传播等方面的运维能力还有待提升。

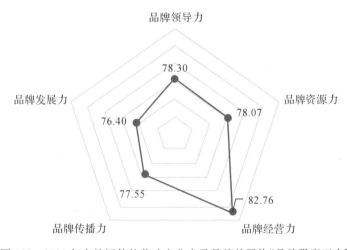

图482　2021年有效评估的茶叶企业产品品牌的平均"品牌强度五力"

　　进一步比较近三年连续获得有效评估的106个茶叶企业产品品牌的平均"品牌强度五力"（见图483），可以非常明显地看到，2019—2021年期间，连续获得有效评估的106个品牌的平均品牌领导力、平均品牌资源力、平均品牌经营力和平均品牌发展力均出现了一定程度的上下波动，唯有平均品牌传播力呈不断上升的态势。2019年，106个连续获得有效评估品牌的平均品牌传播力为76.64，位居当年度平均品牌强度五力中的最低位；2020年，其平均品牌传播力上升至77.12；2021年再次提升到了79.04，超过平均品牌发展力，提升至第四位。

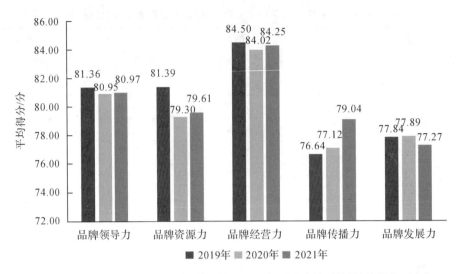

图483 近三年连续获得有效评估的茶叶企业产品品牌的平均"品牌强度五力"

可见,尽管我国茶叶企业产品品牌在品牌传播上还有待提升,但近几年来,我国茶叶企业的品牌传播意识在日渐加强,越来越重视旗下茶叶品牌的营销传播活动,品牌传播成效也愈加显著。

有关品牌强度乘数的总体数据显示,本次有效评估的茶叶企业产品品牌的品牌强度不高,整体处于中等水平。

进一步比较近三年连续获得有效评估的106个品牌的平均品牌传播力和平均品牌传播经费（见图484）可见,2019年,其平均品牌传播力为76.64,平均品牌传播经费为836.93万元;2020年,其平均品牌传播力为77.12,平均品牌传播经费为917.93万元,分别较2019年提升了0.63%和9.68%;2021年,其平均品牌传播力和平均品牌传播经费达到了79.04万元和1077.90万元,分别较2020年提升了2.49%和17.43%。可见,品牌传播力的提升与品牌推广传播经费的投入密切相关,品牌推广传播投入经费越大、经费利用转换效率越高,

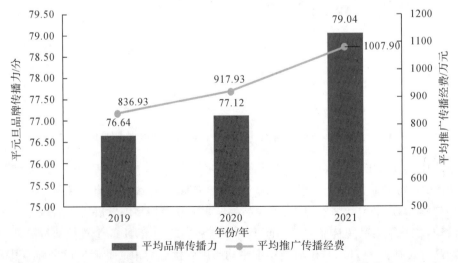

图484 近三年连续有效评估的茶叶企业产品品牌的平均品牌传播力与平均推广传播经费对比

其品牌传播力的提升也越显著。但是,总体而言,我国茶叶企业产品品牌的品牌传播力依然处于中等偏下水平。

品牌传播力由品牌知名度、品牌认知度和品牌好感度等3个指标构成。本次有效评估品牌整体的平均品牌知名度、认知度、好感度分别为75.48、74.22、83.64。比较各级龙头企业产品品牌在"品牌传播力"指标上的表现以及与平均品牌传播投入的对比(见图485)发现,来自国家级龙头企业的品牌和省级龙头企业的品牌的平均推广传播投入均超过了1000万元,相应的,其平均品牌知名度、认知度、好感度也均高于有效评估品牌整体的平均值;来自市级龙头企业的品牌以及非龙头企业的品牌的平均推广传播投入均低于500万元。其中,来自非龙头企业的品牌的平均品牌传播投入仅68.31万元,相应的,其平均品牌知名度、认知度、好感度也都远低于有效评估品牌整体的平均值。可见,层级越高的龙头企业,无论是在品牌传播意识还是在品牌营销传播的预算保障方面,均有更好的表现。

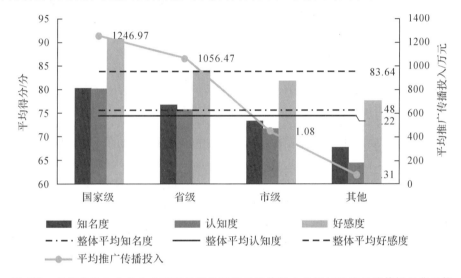

图485　各级龙头企业的企业产品品牌的平均品牌传播力指标与平均品牌传播经费比较

二、现象与问题

(一)茶文化:守正与拓新并存

茶文化是中国传统文化中的瑰宝之一。"CARD模型2"在考察茶叶企业产品品牌的品牌资源力时,侧重于对品牌的历史资源、文化资源和环境资源的考察。本次评估显示,175个茶叶企业产品品牌的平均品牌资源力为77.78,其中,平均历史资源、文化资源和环境资源得分分别为75.36、81.30和77.68。相对而言,文化资源的贡献度略高于历史资源和环境资源。数据表明,本次有效评估的茶叶企业对茶文化的建设较为重视,注重参与茶文化传播活动,以软性的方式进入到消费者世界,展示文化特色。茶文化的挖掘与有效利用,对品牌溢价能力的提升有促进作用,评估数据也印证了相关关系。如图486所示,品牌价值前10位的茶叶企业产品品牌的平均文化资源得分91.44,依次高于品牌价值前50位、前100位以及有效评估品牌整体的平均值。也正是认识到茶文化的重要性,越来越多的茶叶企业在茶文化的传承、创新和发扬方面下功夫。

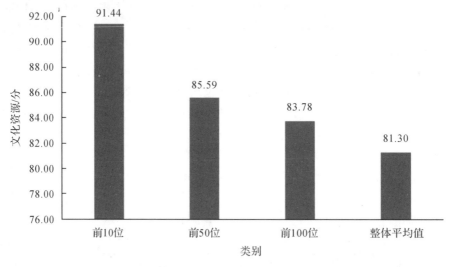

图486　2021年有效评估的茶叶企业产品品牌的平均文化资源得分比较

(1)传统茶文化的传承

在《国家级非物质文化遗产代表性项目名录》中,与茶相关的项目有49项,覆盖了传统音乐、传统舞蹈、传统戏剧、传统技艺、传统医药以及民俗等六大类别。而这49项国家级非遗项目中,11项由茶叶企业申请保护。如云南滇红集团股份有限公司的滇红茶制作技艺,在2014年获得国家级非物质文化遗产保护;北京吴裕泰茶业股份有限公司的吴裕泰茉莉花茶制作技艺,在2011年获得国家级非物质文化遗产保护。

中国传统茶文化的传承,离不开对人的培养。在国家文化主管部门先后命名的5批共计3068位国家级非物质文化遗产代表性项目传承人中,与茶相关的国家级非遗传承人35人,其中,属制茶传统技艺项目的传承人仅27人,非常宝贵。在本次有效评估的175个茶叶企业产品品牌中,有20个品牌拥有中国制茶大师,他们以过硬的实力为茶叶品质把关,也让中国的传统制茶文化得以延续。如吴裕泰就十分重视茶文化的传承与发扬,积极开展青少年茶文化学习活动,与媒体共同组织"小记者""小茶人"走进吴裕泰,学习了解吴裕泰茉莉花茶的窨制技艺,培养青少年对中国传统茶文化的兴趣。

茶器具也是茶文化的表现载体之一,"茶瓷结合"可以产生独特的风韵与内涵,融合文化特质的茶器具可以让茶文化绵延传承。2021年3月,贡牌龙井与"瓷颜茶语"联袂,打造了两套茶器——用温润清雅的龙泉青瓷为容器,从狮峰山(狮峰龙井产地)汲取设计灵感,为狮峰龙井打造了"狮出有茗"茶叶瓷罐;融合西湖胜景"三潭印月"和寓意富贵、福禄的"葫芦"两大元素,为西湖龙井打造了"西洲记"茶叶礼盒。好茶配好瓷,茶香更悠远,珍稀的茶叶与融合茶叶原产地文化元素的珍贵瓷器相结合,使茶器设计更有内涵,也更能向消费者和观赏者传递文化,引发心理共鸣。

(2)"新式"茶文化的流行与表达

应对年轻消费群,中国茶文化的内涵也在转型与发展,并试图采用新型方式与"新新人类"对接。

　　首先是新式茶饮。新式茶饮因其丰富多样的滋味、可随意匹配的食材、精美雅致的包装以及与社交活动的高关联度而被消费者尤其是年轻群体所喜爱。《2020新式茶饮白皮书》数据显示，2020年新式茶饮消费者规模突破3.4亿人，预计2021年的市场规模将突破1100亿元。《白皮书》用户调研数据显示，90后与00后消费者成为新式茶饮主流消费人群，占整体消费者近70%，其中，近30%的90后与00后消费者购买新式茶饮的月均花费在400元以上。近年来，新式茶饮持续得到消费者的青睐，尤其是喜茶、奈雪の茶、一点点、茶百道等新式茶饮品牌，能够通过不断推出新产品，获得持续的关注度。在本次有效评估的175个品牌中，也有部分品牌已经开展新式茶饮产品的生产与合作。

　　前文提到的百年老字号"吴裕泰"，经过多年的积累传承与用心经营，已经有了良好的口碑与较为稳定的消费群，但仍然敢于不断尝试，迎时代潮流而进。早在2015年10月，吴裕泰就在王府井、前门、雍和宫开办了3间"茶水吧"，提供茉莉花茶、荞麦绿茶、路易波士奶茶和玫瑰绿茶等以纯茶打底的茶饮产品，既能够保留清茶的风味，又能够符合年轻群体的口味需求，与消费新需求、新时尚对接。老牌茶企的大胆创新，引领中国茶文化实现了年轻化表达。

　　成立于新时代的年轻茶企，更是从品牌创建之初便注重"新式"茶文化的拓展。如成立于2001年的杭州忆江南茶业有限公司，专注于生产高性价比茶产品，自发研制了手冲奶茶、手摇奶茶、瓶装奶茶系列等创新时尚茶产品，倡导将历史悠久的茶饮品"快消品化"；根植于互联网电商领域的"艺福堂"，更是将互联网和茶文化进行了充分结合，领跑电商平台茶叶类目。茶叶企业不断在新式茶饮界开拓创新，不仅延展了企业的发展路径，更是创新了中国茶文化的内涵，为中国茶文化持续发展提供了新的可能。

　　其次，新式茶馆也是"新式"茶文化的载体。茶馆能够充分展现茶文化理念，以空间营造激发消费需求，是茶文化传播的重要场景。新式茶馆更多体现出三个新：新的装修风格，不再是纯粹的古色古香，而是融合了现代设计元素；新的产品内容，除了纯茶饮，还提供新式茶饮；新的服务体验，除了传统的茶艺表演，还有课程培训、调茶比赛、艺术大咖互动等。颇受奶茶爱好者欢迎的喜茶，结合中式茶饮产品与文化，以星巴克的模式打造新式茶馆，时尚的门店设计风格、独特的茶饮风味和不定期推出的产品，能够持续吸引消费者的注意力。首家径山茶特色茶铺"陆羽泡的茶"，以另一种方式打开了新式茶馆。茶馆中除了提供来自大径山的纯茶饮以外，还有各种配以果干、时令水果、冰沙、当地时令产品等的创新茶饮。其命名更是别具匠心，"晏坐红莓莓""鹏抟绿芒芒""凌霄绿橙橙"等融合了茶文化与国风文化，让消费者能够产生兴趣并欣然尝试。

　　再次，"新式"茶文化的表达还体现在品牌代言人策略的转变。以往，因为茶叶在大众心目中偏向于"风雅""淡泊""沉稳"等形象，代言人大多会邀请具有一定社会威望的中老年群体。如"竹叶青"茶叶品牌长期以来邀请的是国家围棋院的国手们，个个都是不同凡响的老派神仙与顶级棋手。但近几年，开始转变代言人策略，邀请具有人气和良好口碑的青年偶像代言。2019年，竹叶青邀请人气女歌手李宇春和男影星李某为其"双代言"。两位明星作为四川人为川茶品牌代言，能够得到消费者的认可，同时两位在各自领域的实绩和庞大的流量，也为"竹叶青"拓展年轻化消费群体提供可能，可以吸引更多人尝试，培养饮茶爱好，更多地接触茶文化。利用年轻人对二次元文化的喜爱，创造符合年轻群体喜好的虚拟IP形象代言的茶品牌，也在出现。

(二)茶科技:高新技术助力发展

本次有效评估的品牌背后,涉及国家级高新技术企业 20 家,省级高新技术企业 28 家。如图 487 所示,48 家高新技术企业经营的 53 个茶叶企业产品品牌的平均品牌收益为 1913.61 万元,平均品牌价值为 3.27 亿元;非高新技术企业的茶叶企业产品品牌的平均品牌收益为 1298.81 万元,平均品牌价值为 2.15 亿元。另如图 488 所示,来自高新技术企业的茶叶企业产品品牌的平均"品牌强度五力"分别为 80.72、80.18、85.53、79.86 和 78.16,均高于非高新技术企业产品品牌。

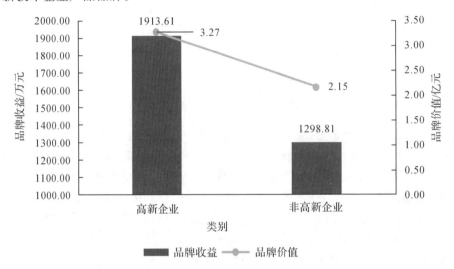

图 487 高新技术企业与非高新技术企业产品品牌的平均品牌收益、平均品牌价值比较

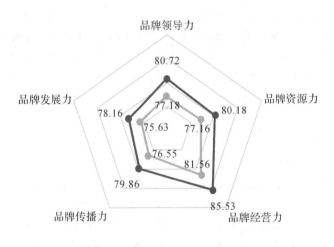

图 488 高新技术企业与非高新技术企业产品品牌的平均"品牌强度五力"比较

数据表明,高新技术企业产品品牌在平均品牌收益、平均品牌价值以及平均"品牌强度五力"上均具有明显优势。另据调查,本次有效评估的 175 品牌中,97 个品牌所在的茶叶企业拥有自己专门的研发机构或合作研发机构,52 个茶叶企业产品品牌有品种、工艺、种植技

术等方面的研发成果，124 个茶叶企业产品品牌申请了相关专利，125 个茶叶企业产品品牌拥有技术应用创新成果。经过交互分析发现，研发机构的成果，能够帮助品牌获得品牌溢价优势。

品牌化与数字化、智能化融合发展，已成为当前我国茶叶企业运营的"必备模式"。云技术、大数据、物联网、区块链技术等数字化技术，正在帮助企业实现茶品质量管理、消费者细分、质量追溯以及精准传播，与消费者数字化生存的状态相链接，准确抓住市场机遇。

2020 年，浙江更香有机茶业开发有限公司对 6000 平方米的生产车间进行提升改造，实现了数字化生产；2021 年，更香又与浙江移动金华分公司合作，利用浙江移动 5G、云计算、物联网等技术，共同打造了全省首个 5G＋智慧茶园。园内有 3000 平方米的茶叶数字化生产线和经过数字化改造的 13.33 公顷基地，进行改造后的茶园在产量和品质上都有所提升，有效带动了当地数万名茶农增收致富。

同样，广东英德市茶叶企业也通过新建中央智能茶厂，实现了全程连续化、自动化和清洁化生产，提升了茶叶生产技术水平和生产效益；贵茶集团为联盟企业开发了"贵茶联盟大数据管理系统"，帮助企业实现茶园管理和数据监控，减省了人力管理成本；武夷山市燕子窠生态茶园通过电信 5G 物联网设备实时监测茶园光照度、温湿度、土壤 pH 值等数据，为茶叶生长精准管理提供依据。

在茶叶深加工方面，各家企业也是各显神通，除了开发茶粉、茶饮料、茶食品等产品，更是在技术允许范围内开发茶日化、茶类保健品和茶类添加剂等，以各种方式实现茶的价值最大化。中国茶叶深加工开始于 20 世纪 70 年代，发展至今已经取得了非常大的进步，但与国际水平相比较还是稍显落后。有数据显示，日本、美国和西欧茶叶深加工消耗量占比达 40％到 90％，而我国茶叶深加工消耗量只有 6％到 8％。① 尽管如此，近几年，对受市场欢迎的茶类深加工品的开发企业在不断增加。茶叶深加工能够帮助茶企拓展更多销售渠道，创造更多市场机会，尤其是能够吸引更多年轻消费群体，提升整体消费能力。但是，当前茶类深加工品存在着一定的局限性，在看到茶食品的红利后，许多茶企开始进入该领域，同质化的产品充斥市场，无形中加大了同业竞争压力，也让消费者难以抉择。因此，未来茶企不仅需要开发研制新式茶食品，还需要注重产品的品质与美感，为消费者提供更多样、放心的选择，创造良性的销售竞争环境。

（三）茶销售：疫情之下危中寻机

前文提到，在连续 3 年有效评估的 106 个品牌中，共计有 14 个品牌的品牌价值出现了不同程度的下降，下降品牌占整体有效评估品牌的 13.20％。本次调查收集了有效评估的 175 个茶叶企业产品品牌 2018—2020 年 3 年的销售与出口贸易数据，2020 年，这 175 个茶叶企业产品品牌的平均销售总量为 1091.37 吨，较 2019 年下降了 3.99％；2020 年平均销售总额达到了 18022.94 万元（见图 489），较 2019 年提升了 5.07％，而 2019 年这 175 个品牌的平均销售总额较 2018 年提升了 9.25％。数据表明，尽管 2020 年销售总额较 2019 年有所提

---

① 茶在端："茶叶深加工：中国茶产业升级的必经之路"，https://baijiahao.baidu.com/s? id＝1696612863114150884&wfr＝spider&for＝pc，2021-04-10。

升,但提升幅度低于上一年度,而销售总量则出现了下降。可见,疫情影响了我国茶叶企业产品品牌的整体销售量,但总体上,茶叶的平均销售价格略有提升,侧面反映出品牌的溢价能力受疫情影响较小。

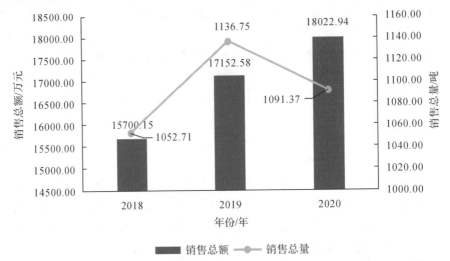

图489　本次有效评估品牌近三年的平均销售总额、销售总量比较

（1）茶叶出口贸易受到疫情冲击

我国是世界第一大产茶国,也是全球茶叶出口的主要国家。但2020年受到疫情影响,中国茶叶出口增长受阻,国际贸易形势发生一定变化。根据中国海关数据,2020年我国茶叶行业出口总量由2019年的36.66万吨下降至34.88万吨,同比减少4.86%,这是自2014年以来,我国茶叶出口量首次出现下降。出口总额为20.38亿美元,同比微增0.91%,较之2013年以来年均复合增长率达到7.27%的增长态势,2020年的增速明显放缓。

在本次有效评估的175个茶叶企业产品品牌中,有119个品牌涉及茶叶出口,占有效评估品牌数量的68%。2020年,这175个有效评估茶叶企业产品品牌的平均出口销售额为1120.51万元,较2018年（1206.77万元）和2019年（1290.78万元）的平均值低,同时,近三年的出口销售额比重逐年下降,2020年的平均出口销售额占销售总额的比重仅为6.22%,低于2018年（7.69%）和2019年（7.53%）的比重值。在出口销售量方面,2020年,本次有效评估的175个茶叶企业产品品牌的平均出口量为276.68吨,低于2018年（277.89吨）和2019年（320.09吨）的平均出口量,出口销售量比重为25.35%,也低于2018年（26.40%）和2019年（28.16%）的比重值（见图490）。

以上数据表明,2020年,新冠疫情及全球贸易环境的变化,的确给我国茶叶的出口贸易带来了较大的负面影响,反过来,也加剧了国内茶叶市场的竞争程度,促使我国茶叶企业产品品牌迅速应对,创新求变。

（2）直播带货与电子商务联袂,共同助力茶企稳定内销

新冠疫情的暴发,不仅给茶叶出口带来了负面影响,也给国内茶叶市场交易带来了难题。尤其是2020年第一季度,春茶销售一时成为茶业领域破题的关键。直播带货应运而生,成为新的风口,为企业及行业的复产复工提供了新通路。

直播带货打通了生产、加工、市场等诸多环节,可快速联通市场供需信息,更利于农产品

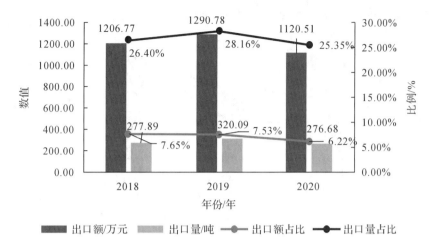

图 490　有效评估品牌近三年的平均出口额、出口量及其与销售总额、销售总量的比例比较

"走出去"。以湖北为例,2020 年 3—5 月,湖北多地政府、茶叶企业探索以直播带货为主要手段的互联网营销新模式,从"喝彩湖北茶"到"市县长请你喝春茶"等活动,实现了湖北茶叶从积压滞销到畅销大卖的转变。直播带货所带来的直观成效,促使越来越多的茶叶企业尝试直播带货,并逐渐成为销售常态。

吴裕泰自 2019 年 8 月便已试水电商直播,发展势头良好。2020 年,为应对疫情对销售的冲击,吴裕泰从多个层面深度参与直播带货,参加由当地商务局组织的"为家乡带货——老字号拥抱新经济"直播、进入央视"最强带货天团"直播间、加大官方旗舰店网上直播带货力度,与李佳琦等流量主播合作等,系列举措极大地提高了品牌知名度和销售力。同时,吴裕泰的传统线下渠道也积极拥抱直播带货这一新形式,北新桥店、前门店、王府井店等实体店主动进行网上直播带货。2020 年"双十一"购物节期间,吴裕泰的官方旗舰店连续 14 天参与直播,日均上播时间超过 12 小时,直播带来的销售额占线上整体销售的比例超过 15%。

以互联网为大本营的艺福堂,创新直播模式,引入了 AI 智能主播卖茶。除了明星名人、主播带货,茶叶企业负责人也加入了带货行列,如品品香董事长林振传在直播间"一脸严肃"地劝粉丝多喝茶。

尽管直播带货一时缓解了茶叶滞销的困境,但要成为常态,还得从品牌建设、电商基础设施、物流体系、电商人才培养等多方面下功夫。数据显示,本次有效评估的 175 个茶叶企业产品品牌中,有 112 个品牌自建了电商销售渠道。

2020 年,175 个茶叶企业产品品牌的电商平均销售额为 2301.18 万元,占整体品牌平均销售总额的 12.77%;而平均电商销售量为 108.99 吨,占整体品牌平均销售总量的 9.99%。如图 491 所示,无论是平均电商销售额还是平均电商销售量及其占比,近三年来,该 175 个茶叶企业产品品牌的数值均得到了逐年提升,尤其是 2020 年,平均电商销售额、销售量以及它们的比重增长幅度均高于上一年度。

以上数据说明,电商这一销售渠道对茶叶销售的贡献度越来越高,尤其在新冠疫情的大背景下,茶叶的电商引流效应愈发显著。图 492 数据的同时显示,2020 年,茶叶电商仅以 9.99% 的销售量获得 12.77% 的销售额,与前文图 491 显示的茶叶出口以 25.35% 的销售量仅以 6.22% 的销售额回报形成了鲜明对比。可见,在电商渠道上,我国茶叶企业产品品牌溢价能力更强。这一点，在图 492 数据中也得到了印证。

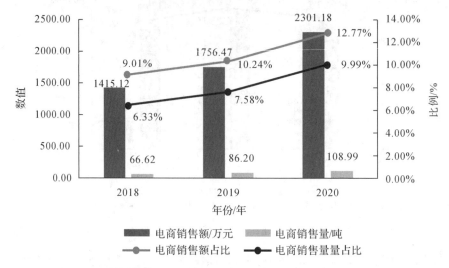

图 491　有效评估茶叶企业产品品牌近三年的平均电商销售情况比较

如图 492 所示，建有电商渠道的 112 个品牌，其平均品牌收益为 1527.65 万元，平均品牌价值为 2.55 亿元，均高于未建立电商渠道的茶叶企业产品品牌的平均值。可见，建有电商渠道的品牌，品牌溢价能力得到了更好的体现；通过电子商务，可以在一定程度上帮助茶叶企业稳定内销形势。

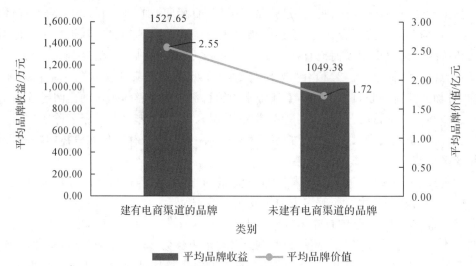

图 492　建有电商渠道和未建有电商渠道的品牌的平均品牌收益和平均品牌价值比较

（四）茶品牌：母子品牌关系多元并存

在往年的评估报告中，我们多次就中国茶叶品牌生态系统结构问题进行过阐述，尤其针对茶叶区域公用品牌和茶叶企业品牌这一"母子品牌"结构进行了剖析。结合 2021 年度茶叶区域公用品牌和茶叶企业产品品牌价值评估有关研究结果，可以发现，母子品牌结构存在多种现实可能,而不同的结构关系,所带来的品牌成效也不同。

(1)母子品牌相互促进、共同发展

许多茶叶企业品牌与区域品牌的关系表现为互利共生、共同促进,在数据上体现为二者均具有较高的品牌价值。如 2021 年中国茶叶区域公用品牌价值评估可见,"福鼎白茶"品牌价值为 52.15 亿元,位列有效评估品牌的前 10。以"福鼎白茶"为母品牌的"品品香""鼎白茶业""瑞达"和"誉达"等茶叶企业产品品牌的品牌价值均为本次有效评估品牌中的前 20 位品牌;"信阳毛尖"与主产信阳毛尖茶的企业产品品牌"文新",在本次茶叶区域公用品牌和茶叶企业产品品牌价值榜中也同样分别位列前 10 和前 20。可见,"茶叶区域公用品牌+茶叶企业产品品牌"母子品牌协同,"母荣子贵",能够充分发挥地缘优势,带来品牌综合实力的提升,提携子品牌的发展,实现母子联动的效果。

(2)大区域小企业,大树底下好乘凉

部分企业产品品牌背靠着品牌影响力较高的区域公用品牌,所谓大树底下好乘凉,母品牌知名度高,但子品牌实力欠佳。如"大佛龙井"已连续 12 年在中国茶叶区域公用品牌价值评估中位列前 10,但其子品牌的品牌价值始终未能得到较大的提升,在茶叶企业产品品牌中影响甚微。该情况也普遍存在于"西湖龙井""洞庭山碧螺春"等老牌名优茶品牌中,表现为品牌资源丰富的区域公用品牌在早期催生滋养了大量的企业产品品牌,但企业由于多种主客观原因缺少自我创新和发展的内驱动力,导致品牌成长效果不佳甚至止步不前。

(3)小区域大企业,企业反哺区域

以往,对于农业品牌的发展普遍依靠企业的带动,忽略了对区域公用品牌的重视与建设,因此也造就了部分地区茶叶区域公用品牌影响力小,而企业产品品牌影响力大的特殊现象。如"修水宁红茶"区域公用品牌和"宁红"企业产品品牌,"襄阳高香茶"区域公用品牌和"汉家刘氏"企业产品品牌,在现实层面均存在子品牌的行业影响力可能高于母品牌行业影响力的情况。这也就形成了"母凭子贵"的局面。

(4)企业品牌与区域品牌合作共赢

近年来,不少茶叶企业品牌与茶叶区域公用品牌达成合作,企业取得了地理标志等相关授权,区域公用品牌为企业产品品牌提供原料,而企业承担了品牌推广、渠道销售的职责,二者共同发展,释放合力。如"艺福堂"品牌,与"安吉白茶"达成深度合作,成为安吉县区域外第一家获得"安吉白茶"证明商标授权销售的茶企。2016 年,艺福堂加入安吉白茶协会;2019 年,艺福堂实现了全年"安吉白茶"单品销售突破 1200 万元的业绩,并获得了"安吉白茶金牌经销商"称号。"艺福堂"也获得了"西湖龙井"地理标志证明商标的授权,成为"西湖龙井"众多子品牌中的一员,二者优势互补,互相借力,共同提升品牌影响力。

(5)企业侵权区域品牌,得不偿失

与上述情况相反,部分茶叶企业对区域公用品牌缺乏正确的认识,滥用证明商标、假冒区域公用品牌的现象频出。假冒产品直接损害茶农利益,侵犯消费者权益,给茶叶区域公用品牌带来负面影响,易形成"劣币驱逐良币"的恶性循环。为了保护茶农、消费者以及区域公用品牌自身的权益,近年来,茶叶区域公用品牌全国打假的新闻屡见不鲜。如今年春茶上市期间,杭州警方以保护本地"中国驰名商标"知识产权为主题开展了集中规模化打假活动,在浙江、北京等 9 省 12 地破获了 14 起制售假冒西湖龙井案,涉案金额超 7000 万元,对违法使用"西湖龙井"地理标志证明商标的茶叶企业起到一定震慑、警醒作用。除了西湖龙井,同样被侵权的福鼎白茶等区域公用品牌也纷纷下场打假,并对侵权企业进行处罚。

随着国家对知识产权保护工作的不断深入,类似打假行动将逐渐成为常态。茶叶企业若还心存侥幸,擅用、滥用茶叶区域公用品牌,侵犯了他人利益,必将付出相应的经济代价,给企业产品品牌带来负面影响。

三、趋势及建议

(一)打破固有圈层,建构"茶+"新赛道

中国是茶的故乡,具有数千年的饮茶史。在这历史长河中,中国茶的历史资源、文化资源,以及流传下来的对茶的认知,形成了一套完整而庞大的自治系统。数千年来,我们站在先人的肩膀上,不断继承与发扬茶的事业。在这之中,有创新,但也有守旧。

前文数据向我们传递出一个讯息:茶叶企业发展到一定规模,提升品牌收益的难度更大。这要求我们不断推陈出新,永葆向上发展的动力。部分茶叶企业尝试"新式"产品,构建"新式"茶文化,取得了一定的成绩,但在面对人们对美好生活的多样化需求时,这还远远不够。茶叶企业需要打破对茶的固有认知,针对不同人群,探索一系列如"茶+艺术""茶+朋克养生""茶+AI"等各种跨界可能性,建构起多条"茶+"新赛道,让茶成为贯穿人们美好生活的使者。

(二)注重"产学研用"相结合,提高茶业科技含量

茶的发展离不开科技的支撑。一家具备自主研发能力的茶叶企业,往往能够在产品创新、加工技术创新等环节领先一步,保障品牌具有持续不断发展动力。

茶叶企业需要注重对自身研发能力的提升,吸纳农业、茶学、食品加工等领域的专业人才,提高企业茶叶生产和产品研制水平,推进科研成果转化,并发挥技术带动作用,引领周边其他茶叶企业、合作社、茶农等共同发展,以此提高自身品牌价值以及当地茶产业科技含量。而对于目前尚无能力开展自主研发的茶叶企业,可委托科研院校,以共建产学研用试点基地等多种形式,开展有关合作。

(三)把握国内国际双循环,构建立体营销网络

中国是世界上茶叶进出口贸易的主要国家之一。近年来,国际贸易环境的不断变化,给我国多项出口业务造成了一定的影响,2020年新冠疫情,更加剧了国际贸易形势的不确定性,致使我国茶叶出口量出现了自2014年以来的首次下降。

"十四五"规划明确提出了"加快构建以国内大循环为主体、国内国际双循环相互促进的新发展格局",这是国家为应对外部环境不确定性所作出的战略决策。新发展格局的提出,对于我国茶产业的营销格局的构建具有高度的前瞻性意义。中国茶叶企业要依托国内大市场,紧密结合年轻化、时尚化的消费形式,建设线上线下营销网络,同时也要面向国际市场,拓展海外销售网络,构建"线上线下加海外"的立体营销网络体系。前文关于茶叶出口和茶叶电商方面的数据对比显示,目前我国出口的茶叶主要以原料茶的形式出口,价格低于国内

市场,不利于在国际上树立中国茶品牌形象,未来在继续拓宽海外茶叶市场的同时,应更加注重提升中国茶叶的国际品牌形象,通过中国茶文化、茶品牌的输出,真正实现"以茶为媒,以茶会友",从而提高茶叶企业产品品牌稳定性和抗风险能力。

(四)树立科学"母子品牌"观,组合出拳扩影响

前文提到,现阶段在我国以茶叶区域公用品牌和企业产品品牌为母子品牌的结构,存在着多种关系类型,有形成正面影响的合作关系,也存在造成负面影响的竞争关系。造成这一现象的原因,主要是部分茶叶企业对"母子品牌"的结构不甚了解,没有树立科学的"母子品牌"观。

早在2015年的评估报告中,我们就提出中国的茶叶企业产品品牌基本上可分为地缘性品牌和非地缘性品牌两大类,不同的品牌类型意味着其品牌发展模式也不同。茶叶作为地方特色经济作物,离不开土地的支撑,因此以生产、初加工等为主的茶叶企业产品品牌多含地缘基因,而以销售、深加工等为主的茶叶企业产品品牌则可以不与地缘挂钩。茶叶区域公用品牌的建设是一个地方茶产业集聚效应的综合体现,茶叶企业是当地茶产业集群的经营主体,两者之间的发展具有高度统一性。茶叶企业应当正确认识"母子品牌"结构,并处理好与"母品牌"之间的关系,站在"母品牌"所搭建的产业化、规模化的平台基础之上,实现企业产品品牌自身的价值追求。

相对而言,非地缘性品牌与茶叶区域公用品牌无直接关联。但随着后者影响力的逐渐提升,部分非地缘性茶叶企业产品品牌也认识到茶叶区域公用品牌在消费市场的号召力,开始主动寻求区域公用品牌的背书,在部分产品上达成"母子品牌"结构,共享由区域公用品牌带来的市场认知,进而提升企业产品品牌自身的经济效益。

特别需要注意的是,企业不可擅自利用茶叶区域公用品牌的影响力,必须获得品牌授权许可,严格按照"母品牌"的标准要求开展生产、销售和传播等活动,只有共同维护好茶叶区域公用品牌的整体形象,才能确保以该区域公用品牌为引领的茶产业可持续发展。

附表:2021年中国茶叶企业产品品牌价值评估结果(前100位)

排序	省份	企业名称	品牌名称	品牌价值/亿元
1	北京	北京吴裕泰茶业股份有限公司	吴裕泰	16.80
2	江西	江西省宁红集团有限公司	宁红	13.96
3	福建	福建新坦洋集团股份有限公司	新坦洋	13.01
4	福建	闽榕茶业有限公司	鉴露	12.41
5	福建	福建品品香茶业有限公司	品品香	10.62
6	湖北	湖北采花茶业有限公司	采花	10.47
7	浙江	浙江更香有机茶业开发有限公司	更香茗茶	10.42
8	湖北	湖北汉家刘氏茶业股份有限公司	汉家刘氏	10.33
9	云南	云南滇红集团股份有限公司	凤	10.31
10	湖南	湖南洞庭山科技发展有限公司	巴陵春	9.93
11	福建	福建鼎白茶业有限公司	鼎白茶业	8.84

续表

排序	省份	企业名称	品牌名称	品牌价值/亿元
12	浙江	浙江省诸暨绿剑茶业有限公司	绿剑	8.42
13	河南	信阳市文新茶叶有限责任公司	文新	7.98
14	福建	福建省天禧御茶园茶业有限公司	御茶园	7.75
15	浙江	浙江华发茶业有限公司	皇帝	6.64
16	福建	永春县魁斗莉芳茶厂	绿芳	6.11
17	福建	福建瑞达茶业有限公司	瑞达	5.92
18	福建	福建誉达茶业有限公司	誉达	5.65
19	福建	福建满堂香茶业股份有限公司	满堂香	5.43
20	浙江	浙江益龙芳茶业有限公司	益龙芳	5.23
21	河南	河南九华山茶业有限公司	九华山	5.09
22	浙江	浙江安吉宋茗白茶有限公司	宋茗	4.89
23	江苏	镇江雨泰茶业有限公司	雨泰茗茶	4.73
23	山东	青岛万里江茶业有限公司	万里江	4.73
25	湖北	湖北龙王垭茶业有限公司	龙王垭	4.65
26	四川	四川省文君茶业有限公司	文君牌	4.62
27	福建	福建百祥进出口贸易有限公司	福百祥	4.60
28	湖北	湖北宜红茶业有限公司	宜	4.47
29	浙江	杭州忆江南茶业有限公司	忆江南	4.42
30	江苏	苏州三万昌茶叶有限公司	三万昌	4.29
31	福建	福鼎市张元记茶业有限公司	张元记	4.27
32	安徽	安徽省祁门红茶发展有限公司	天之红	4.26
33	四川	成都市碧涛茶业有限公司	碧涛	4.23
34	江西	婺源县郓公山茶叶实业有限公司	郓公山	4.22
35	安徽	黄山市洪通农业科技有限公司	洪通	4.17
36	浙江	杭州艺福堂茶业有限公司	艺福堂	4.15
37	山东	青岛峰源春茶业有限公司	峰源春	4.07
37	四川	四川省蒙顶山皇茗园茶业集团有限公司	皇茗园	4.07
39	福建	福建隽永天香茶业有限公司	隽永天香	4.05
40	福建	福建福鼎东南白茶进出口有限公司	东南多奇	3.97
41	四川	四川蒙顶山味独珍茶业有限公司	味独珍	3.85
42	四川	四川早白尖茶业有限公司	早白尖	3.68
43	山东	临沭县春山茶场	袁春山	3.55
44	广西	广西梧州茂圣茶业有限公司	茂圣	3.53

续表

排序	省份	企业名称	品牌名称	品牌价值/亿元
45	云南	勐海陈升茶业有限公司	陈升号	3.49
46	浙江	浙江省武义茶业有限公司	九龙山	3.38
47	重庆	开县龙珠茶业有限公司	龙珠	3.31
48	山东	青岛碧海蓝田生态农业有限公司	闽福茗苑	3.29
49	山东	临沂市沂蒙春茶叶有限公司	沂蒙春	3.17
49	江苏	江苏鑫品茶业有限公司	鑫品	3.17
51	安徽	安徽省金寨县金龙玉珠茶业有限公司	金龙玉珠	2.97
52	浙江	杭州顶峰茶业有限公司	顶峰茶号	2.94
53	福建	福建品品香茶业有限公司	晒白金	2.79
54	山东	青岛晓阳工贸有限公司	晓阳春	2.78
55	安徽	安徽舒绿茶业有限公司	舒绿园	2.64
55	江苏	江苏吟春碧芽股份有限公司	吟春碧芽	2.64
57	四川	成都市金川茶业有限公司	金川	2.62
58	江西	上犹犹江绿月食品有限公司	犹江绿月	2.58
59	广东	广东省大埔县西岩茶叶集团有限公司	西竺	2.55
60	福建	福建省天醇茶业有限公司	天醇	2.50
60	浙江	浙江益龙芳茶业有限公司	大龙山	2.50
62	福建	福建省莲峰茶业有限公司	三泉	2.47
63	浙江	浙江碧云天农业发展有限公司	碧云天	2.44
64	广东	广东省大埔县西岩茶叶集团有限公司	岩中玉兔	2.42
65	广西	梧州市天誉茶业有限公司	熹誉	2.39
66	安徽	安徽省抱儿钟秀茶业股份有限公司	抱儿钟秀	2.38
67	浙江	临海市羊岩茶厂	羊岩山	2.37
68	重庆	重庆茶业(集团)有限公司	定心	2.35
69	浙江	杭州西湖龙井茶叶有限公司	贡	2.24
70	安徽	黄山王光熙松萝茶业股份公司	王光熙	2.14
71	山东	日照瀚林春茶业有限公司	瀚林春	2.11
72	福建	福建省裕荣香茶业有限公司	裕荣香	2.10
73	河南	河南仰天雪绿茶叶有限公司	仰天雪绿	2.06
74	河南	河南蓝天茶业有限公司	蓝天茗茶	1.95
75	四川	筠连县青山绿水茶叶专业合作社	娇芽	1.87
76	安徽	安徽省华国茗人农业有限公司	华国茗人	1.85
77	陕西	陕西鹏翔茶业股份有限公司	鹏翔	1.73

续表

排序	省份	企业名称	品牌名称	品牌价值/亿元
78	四川	四川嘉竹茶业有限公司	嘉竹	1.72
79	安徽	安徽舒绿茶业有限公司	舒绿	1.69
80	重庆	重庆茶业（集团）有限公司	巴南银针	1.63
81	广西	广西顺来茶业有限公司	周顺来	1.57
82	山东	临沂春曦茶叶有限公司	春曦	1.54
83	安徽	池州市九华山肖坑有机茶有限责任公司	肖坑	1.53
84	陕西	陕西东裕生物科技股份有限公司	东裕茗茶	1.48
85	广西	广西南山白毛茶茶业有限公司	圣种	1.46
86	浙江	浙江茶乾坤食品股份有限公司	茶乾坤	1.44
86	贵州	贵州省湄潭县栗香茶业有限公司	妙品栗香	1.44
88	江苏	宜兴市岭下茶场	竹海金茗	1.29
89	福建	福州联合闽津茶业有限公司	闽津	1.27
90	广东	英德八百秀才茶业有限公司	八百秀才	1.25
91	山东	日照市林苑茶业有限公司	极北云岫	1.23
92	安徽	安徽兰花茶业有限公司	万佛山	1.17
92	福建	福建省泉州市裕园茶业有限公司	裕园	1.17
94	广东	汕头市日川供应链管理有限公司	日川	1.15
95	山东	烟台市供销社茶业有限公司	华和	1.14
95	广西	广西将军峰茶业集团有限公司	将军峰	1.14
97	湖北	恩施花枝山生态农业股份有限公司	花枝山	1.13
98	湖北	恩施市润邦国际富硒茶业有限公司	芭蕉	1.09
99	福建	武夷山香江茶业有限公司	曦瓜（XI GUA TEA）	1.08
100	山东	山东雪尖茶业有限公司	沂蒙雪尖	1.06

声明：本研究中所估算之品牌价值，均基于本次有效评估的茶叶企业产品品牌持有单位提供的数据及其他公开可得的信息，并以"CARD模型2"为理论工具与计算方法，协同数字化技术应用，对采集数据进行处理的结果。本评估所涉及的品牌只包括在中国内地注册、登记的茶叶企业产品品牌。

2022:中国茶叶企业产品品牌价值评估报告
(数据跨度:2019—2021)[*]

前　言

为了持续观察中国茶叶企业产品品牌的建设现状,发现中国茶叶企业产品品牌的发展趋势,提供有关茶叶品牌建设的有效分析和建议,2021年12月底,浙江大学CARD中国农业品牌研究中心牵头,联合中国农业科学院茶叶研究所《中国茶叶》杂志、浙江大学茶叶研究所、中国国际茶文化研究会中国茶业品牌建设专委会、浙江永续农业品牌研究院等,与"2022年中国茶叶区域公用品牌价值评估"活动相匹配,开展了"2022年中国茶叶企业产品品牌价值专项评估"课题。至此,该专项评估课题进入了第12个年度的研究。

一、数据分析

参与本次评估的中国茶叶企业产品品牌(评估对象不包括我国港澳台地区的茶叶企业产品品牌)总数为213个。评估依据浙江大学胡晓云团队"中国农产品企业产品品牌价值评估模型"(简称CARD模型2),采用科学、系统、量化的方法,经过对品牌持有单位调查、消费者评价调查、专家意见征询、海量数据分析,最后形成相关评估结果。经过对参评品牌相关数据的多方审核,课题组最终完成了对205个品牌的有效评估。相较2021年,本次获得有效评估的茶叶企业产品品牌数量增加了30个。其中,有122个品牌连续参与了2020—2022年3个年度的品牌价值评估。

根据205个有效评估的茶叶企业产品品牌的所在地分布,福建省以29个品牌位居各省份第一,浙江省以25个位居第二,安徽省以20个位居第三。这3个省份的有效评估品牌数量占整体有效评估数量的35.9%。本次所有参评省份中,有10个省获得有效评估的茶叶企业产品品牌较去年有所增加,其中陕西、安徽和云南增加最多,分别为8个、7个和6个(见图493)。

本次有效评估的品牌中,有36个品牌来自国家级农业产业化龙头企业,占17.56%;107个品牌来自省级农业产业化龙头企业,占52.20%;另有34个品牌来自地市级农业产业化龙头企业,占16.59%;14个品牌来自县市级农业产业化龙头企业,占6.83%。可见,各级龙头企业总占比为93.18%。

据"CARD模型2",中国茶叶企业产品品牌价值＝品牌收益×品牌忠诚度因子×品牌

---

* 本报告发表于《中国茶叶》2020年第6期。

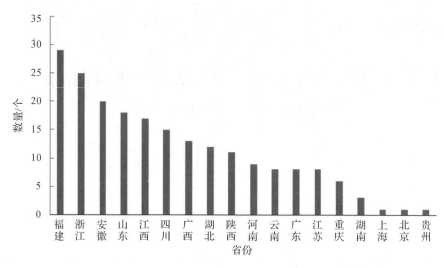

图 493 2022 年有效评估的茶叶企业产品品牌的所在地分布

强度乘数。本节将依据模型中的各项各级指标展开相关数据分析,通过数据展示中国茶叶企业产品品牌的发展现状。

(一)品牌价值:增长率整体稳中有升,半数多品牌仍在低价值区间徘徊

本次评估数据显示,205 个茶叶企业产品品牌的品牌总价值为 550.55 亿元,平均品牌价值为 2.69 亿元。共计 69 个品牌的品牌价值高于平均值,占整体有效评估品牌数量的 33.66%。

由图 494 可见,此次有效评估的品牌价值最高达 16.95 亿元,中位值为 1.68 亿元,中位值低于平均值 1.01 亿元,说明本次有效评估品牌的品牌价值差距较大,价值优势趋向头部品牌。但数据同时显示,只有 33.66% 的品牌的品牌价值高于平均值,大部分品牌的品牌价值低于平均值,处于低位徘徊状态。

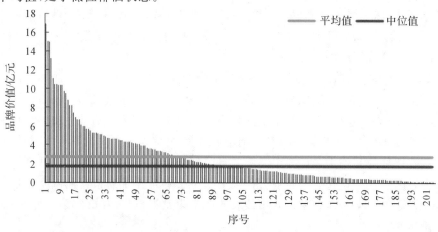

图 494 2022 年有效评估的茶叶企业产品品牌价值比较

进一步看品牌价值大小区间分布可见,本次评估中,品牌价值高于 10 亿元的品牌共 10 个。其中,"吴裕泰"品牌连续 3 年稳居品牌价值榜首;品牌价值位于 5 亿~10 亿元之间的品牌

共 21 个;品牌价值位于 1 亿~5 亿元的品牌数量最多,达 97 个,占整体有效评估品牌数量的 47.31%;另有 77 个品牌的品牌价值尚不足 1 亿元,占整体有效评估品牌数量的 37.56%。

数据显示,2022 年,共有 122 个品牌已经连续 3 年获得有效评估,创 12 年评估中连续获评量最高的新纪录。2020 年,该 122 个品牌的平均品牌价值为 2.94 亿元;2021 年增长至 3.13亿元,较 2020 年增长 6.58%;2022 年继续提升至 3.36 亿元,比上年增长 7.26%。可见,122 个连续 3 年获评的品牌,其平均品牌价值在持续增长,且增幅在加大。

连续 3 年获得有效评估的 122 个品牌中,有 22 个来自国家级重点农业龙头企业,70 个来自省级重点农业龙头企业,17 个来自地市级重点农业龙头企业,7 个来自县市级重点农业龙头企业,6 个来自非龙头企业。其中,国家级重点农业龙头企业、地市级重点农业龙头企业和非龙头企业在 2021—2022 年度的平均品牌价值增长率超过了其在 2020—2021 年的平均品牌价值增长率(见图 495),分别增加 0.92、2.69 和 17.69 个百分点。省级重点农业龙头企业的平均品牌价值较上年基本持平,县市级重点农业龙头企业的平均品牌价值较上年下降 7.19 个百分点。数据显示,不同类别的重点农业龙头企业的平均品牌价值增长情况不一,值得注意的是,县市级重点农业龙头企业的平均品牌价值不仅下降,且降幅较大。

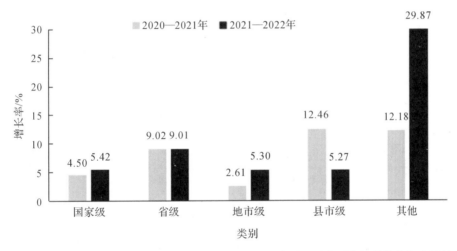

图 495　近三年连续有效评估的各级重点农业龙头企业产品品牌的平均品牌价值年度增长率

(二)品牌收益:整体持续提升,但不同品牌的品牌收益差距悬殊

茶叶企业产品品牌的品牌收益,是以品牌近三年的平均销售额为基础,剔除各项投入成本、相关税费、资本收益等非品牌因素,最终得出因品牌而获得的实际收益。

本次有效评估的 205 个茶叶企业产品品牌的平均品牌收益为 1630.94 万元,较上年提升了 138.06 万元;品牌收益的中位值为 1007.15 万元,较平均品牌收益相差 623.79 万元;品牌收益最高值已突破 1 亿元(11167.42 万元),较上年增加了 1288.75 万元(见图 496)。有 71 个品牌(占整体有效评估品牌数量的 34.63%)的品牌收益高于平均品牌收益,其中,13个品牌的品牌收益达到 5000 万元以上。数据同时显示,本次有效评估的茶叶企业产品品牌中,有 13 个品牌的品牌收益不足百万元,反映出我国茶叶企业产品品牌的品牌收益差距显著。

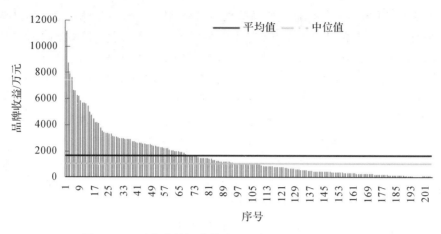

图 496　2022 年有效评估茶叶企业产品品牌的品牌收益

表 66 为本次有效评估品牌中品牌收益排名前 20 位的品牌。"吴裕泰"是唯一一个品牌收益达到上亿元的品牌，较品牌收益排在第二位的"宁红"高出了 2401.75 万元。

表 66　2022 年有效评估茶叶企业产品的品牌收益前 20 位

排序	企业名称	品牌名称	品牌收益/万元
1	北京吴裕泰茶业股份有限公司	吴裕泰	11167.42
2	江西省宁红集团有限公司	宁红	8765.67
3	福建新坦洋集团股份有限公司	新坦洋	7918.41
4	闽榕茶业有限公司	鲎露	7635.45
5	云南滇红集团股份有限公司	凤	6644.43
6	福建鼎白茶业有限公司	鼎白茶业	6608.98
7	湖北采花茶业有限公司	采花	6271.48
8	福建品品香茶业有限公司	品品香	6193.47
9	湖南洞庭山科技发展有限公司	巴陵春	5889.67
10	浙江更香有机茶业开发有限公司	更香茗茶	5708.90
11	羊楼洞茶业股份有限公司	羊楼洞	5705.72
12	湖北汉家刘氏茶业股份有限公司	汉家刘氏	5656.74
13	信阳市文新茶叶有限责任公司	文新	5463.10
14	浙江省诸暨绿剑茶业有限公司	绿剑	4990.47
15	福建省天禧御茶园茶业有限公司	御茶园	4787.80
16	永春县魁斗莉芳茶厂	绿芳	4467.13
17	福建瑞达茶业有限公司	瑞达	4214.90
18	云南下关沱茶(集团)股份有限公司	下关沱茶	4187.33
19	浙江华发茶业有限公司	皇帝	4136.67
20	福建誉达茶业有限公司	誉达	3810.86

从近三年连续参与有效评估的 122 个品牌的品牌收益(见图 497)可见,平均品牌收益获得了持续提升,从 2020 年的 1761.55 万元持续上升至 2022 年的 2035.74 万元,年增长率也从 2020—2021 年的 5.70% 上升至 2021—2022 年的 9.34%。同时,该 122 个品牌的品牌收益中位值从 2020 年的 1235.35 万元上升至 2022 年的 1377.95 万元,年增长率从 2020—2021 年的 0.73% 提升至 2021—2022 年的 10.73%。可见,这 122 个具有一定代表性的茶叶企业产品品牌整体的品牌溢价能力不断提升,增幅也在加大。

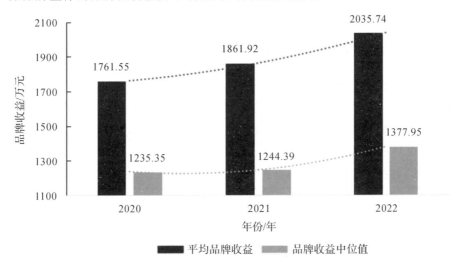

图 497 近三年连续获得有效评估品牌的品牌收益年度比较

对比以上 122 个有效评估品牌中各级重点农业龙头企业的品牌收益(见图 498),除了县市级重点农业龙头企业,其他类别的重点农业龙头企业在 2021—2022 年的平均品牌收益增长率均超过了上年的增长率。其中,省级重点农业龙头企业提升最明显,达 4.56 个百分点;其次是地市级重点农业龙头企业和国家级重点农业龙头企业,分别提升 3.41 和 2.67 个百分点。县市级重点农业龙头企业的平均品牌收益较上年下降 3.75 个百分点。

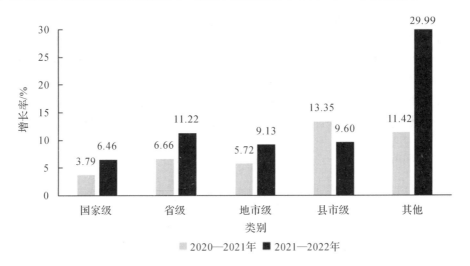

图 498 近三年连续有效评估的各级龙头企业产品品牌的平均品牌收益年度增长率

进一步对比图498和图496可见,县市级龙头企业的平均品牌收益年度增长率和平均品牌价值年度增长率虽较上年有所下降,但其平均品牌收益下降幅度比平均品牌价值下降幅度小。

综上多组数据可见,本次有效评估品牌的平均品牌收益整体在持续升高,上升速度稳中有进,且以非龙头企业的上升速度最为明显。与此同时,122个连续3年持续获评品牌中,不同类别的龙头企业的品牌收益表现不同,不同品牌的品牌收益差距显著,且依然有较多品牌的品牌收益处于低位徘徊。

(三)品牌忠诚度因子:市场价格略有波动,品牌价值位于前列的品牌价格较稳定

品牌忠诚度因子的测算,侧重于一个品牌能否在相对时间内维持相对稳定的价格,市场价格表现越平稳,消费者对品牌的忠诚度相对越高。根据模型,品牌忠诚度因子＝(过去三年平均售价－销售价格标准差)/过去三年平均售价,因此品牌忠诚度因子的大小与近三年各品牌的市场零售价的稳定性有关。

表 67 近三年有效评估的茶叶企业产品品牌的品牌忠诚度因子区间分布变化比较

年份	BL<0.80		0.80≤BL<0.90		0.90≤BL<0.95		BL≥0.95	
	数量/个	比例/%	数量/个	比例/%	数量/个	比例/%	数量/个	比例/%
2020	11	6.40	34	19.77	38	22.09	89	51.74
2021	12	6.86	48	27.43	45	25.71	70	40.00
2022	22	10.73	49	23.90	53	25.86	81	39.51

本次有效评估品牌的平均品牌忠诚度因子为0.907,较上一年下降了0.66%。由表67可见,品牌忠诚度因子大于0.90的品牌有134个,占整体有效评估品牌总数的65.37%,略低于2021年0.34个百分点,较2020年低了8.46个百分点。此外,品牌忠诚度因子低于0.80的品牌有22个(其中2个品牌的忠诚度因子低于0.60),较2021年增加了10个。该22个品牌有5个来自广西,说明来自广西的获评品牌过去三年对产品价格调整最频繁、调整幅度最大。所有获评的205个品牌中,市场价格在2020—2021年度变化幅度达20%以上的品牌有19个,比上一年减少7个;较上年价格上涨的品牌占61.27%,平均涨幅9.95%;较上年价格下跌的品牌占38.24%,平均跌幅7.76%。数据显示,价格上涨的品牌占比比价格下跌的品牌占比高,且涨幅大。有个别的品牌,因涨幅过大,导致品牌忠诚度因子出现了明显下跌。值得注意的是,无论短时间里爆发式上涨还是下跌,都会导致忠诚度因子下降,会影响到消费忠诚。

比较近三年连续获得有效评估的122个品牌(见图499),其平均品牌忠诚度因子出现持续下降,从2020年的0.925下降至2021年的0.919,再降至2022年的0.910。品牌忠诚度因子的中位值则经历2020年(0.950)到2021年(0.930)的下降后,于2022年(0.938)略有回升。2022年的评估数据可见,连续3年获得有效评估的122个品牌中,有78个品牌的品牌忠诚度因子高于平均品牌忠诚度因子。

以5年数据、3年评估为前提的数据可见,这122个品牌的品牌忠诚度因子经历了下降到回稳的过程。比较这122个品牌过去5年市场销售价格的波动情况可见,2020年有

42.6％的品牌出现了价格下跌，平均跌幅7.35％；53.3％的品牌出现价格上涨，平均涨幅11.05％；2021年的情况则有所改观，价格下跌的品牌范围缩小至35.2％，平均跌幅降至6.51％，价格提升的品牌则增加到了63.9％，平均涨幅7.15％，价格提升的品牌比下降的品牌比例高，无论下跌还是上涨，幅度均趋小。

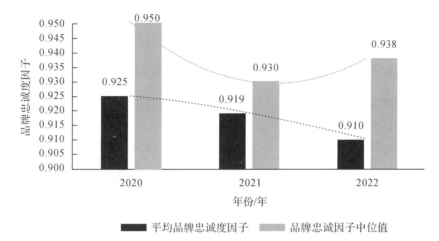

图 499　近三年连续获得有效评估品牌的品牌忠诚度因子年度比较

　　按照本次评估的品牌价值大小排序，对连续3年有效评估的茶叶企业产品品牌的平均品牌忠诚度因子进行比较，如图500所示，品牌价值位于前10位的品牌，其3年平均品牌忠诚度因子为0.938，前50位的品牌的平均品牌忠诚度因子为0.928，前100位品牌的平均值为0.919，整体平均值则是0.918，基本呈向下阶梯状分布。这说明，相对稳定的市场价格体系、稳中有升的价格，是品牌价值提升的重要前提之一。

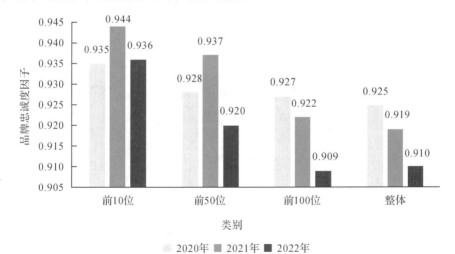

图 500　不同品牌价值区间的122个品牌的品牌忠诚度因子变化

　　数据同时显示，品牌价值越高的茶叶企业产品品牌，其2020—2022年间的3年评估显示的品牌忠诚度因子的变化也更稳定。具体表现为，品牌价值位于前10的品牌，其平均品牌忠诚度因子在3年内的波动幅度不超过0.009；品牌价值位于前50的品牌，其平均品牌忠诚度因子的波动幅度为 0.017;品牌价值位于前 100 品牌的波动范围则超过了 0.017;整体品牌的波动幅度为 0.015。可见,品牌价值位于头部的茶叶企业产品品牌,其品牌忠诚度相对稳定在一个较高的水平,品牌市场价格波动较小。

以上分析表明,中国茶叶企业产品品牌的市场销售价格整体略有波动,并且个体差异较大。品牌价值越高的茶叶企业产品品牌,其品牌市场价格体系稳定性更强,品牌忠诚度因子也相应更高。

(四)品牌强度:品牌经营力优势明显,品牌传播力差异显著

品牌强度及其乘数,由品牌领导力、品牌资源力、品牌经营力、品牌传播力和品牌发展力等 5 个能够表现品牌稳定性和持续性的"品牌强度五力"加权计算得出,是体现品牌未来持续收益能力、抗风险能力和竞争能力大小的指标,是对品牌强度高低的量化呈现。"品牌强度五力"及其 3 级指标均根据当年度有效评估品牌的横向比较得出。

本次有效评估的 205 个品牌的平均品牌强度为 78.98,较 2021 年平均值提升 0.17;平均品牌强度乘数为 17.59,较上一年提升 0.03,数据说明,品牌强度提升幅度小。本次评估中,东裕茗茶位于"品牌资源力"和"品牌经营力"的首位,新坦洋位于"品牌传播力"和"品牌发展力"的首位,盉露位于"品牌领导力"首位(见表 68)。

表 68　2022 年有效评估的茶叶企业产品品牌的"品牌强度五力"前 10 位

排序	品牌领导力		品牌资源力		品牌经营力		品牌传播力		品牌发展力	
	品牌	分值	品牌	分值	品牌	分值	品牌	分值	品牌	分值
1	盉露	94.93	东裕茗茶	90.82	东裕茗茶	94.21	新坦洋	89.29	新坦洋	88.25
2	品品香	94.76	新坦洋	89.86	六大茶山	93.84	吴裕泰	88.00	坦洋老枞	87.38
3	文新	93.79	曦瓜(XI GUA TEA)	89.26	曦瓜(XI GUA TEA)	92.90	凤	87.31	品品香	86.02
4	汉家刘氏	93.07	宋茗	89.18	品品香	92.74	艺福堂	87.27	天之红	85.12
5	更香茗茶	92.85	吴裕泰	88.75	八百秀才	92.25	长盛川	87.26	张元记	85.10
6	羊楼洞	92.76	八百秀才	88.71	新坦洋	92.20	天方	86.85	巴陵春	84.80
7	新坦洋	92.70	坦洋老枞	88.17	东南多奇	91.73	下关沱茶	86.48	汉家刘氏	84.71
8	吴裕泰	92.15	碧螺	88.15	新安源	91.47	白沙溪	85.68	白沙溪	84.67
9	下关沱茶	91.92	凤	88.08	更香茗茶	91.32	叙府	85.45	将军峰	84.55
10	晒白金	91.15	宁红	88.07	白沙溪	91.31	谢裕大	85.36	绿剑	84.32

横向比较本次有效评估品牌的平均"品牌强度五力"(见图 501)可见,平均品牌经营力最高,为 84.09,其次是品牌领导力 78.31,其后依次为品牌资源力(78.16)、品牌发展力(76.93)、品牌传播力(76.50)。对比 2021 年度评估的平均"品牌强度五力"分值可见,品牌传播力分值下降,且由上一年的第四位下跌至末位,其他四力均较上一年评估有所提升。可见,我国茶叶企业对品牌标准化建设、质量检测体系、产品认证体系和组织经营管理等层面较为重视且表现突出,但在品牌资源的利用和拓展、品牌保护,尤其是在品牌传播力方面仍有较大的提升空间。

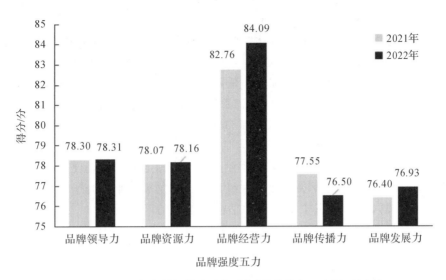

图501　2022年有效评估品牌的平均"品牌强度五力"年度比较

品牌传播力由品牌知名度、品牌认知度和品牌好感度等3个指标构成。本次有效评估品牌整体表现最好的是平均品牌知名度（77.56），其次是平均品牌好感度（77.00），平均品牌认知度得分最低（74.60），但3个指标均未达到80。其中，平均品牌知名度和平均品牌认知度略高于上一年的75.48和74.22，但好感度较上一年（83.64）显著下降。表69是本次评估品牌好感度排在前10位的品牌，由表可见，品牌好感度在90以上的品牌有且仅有1个，即焕古茶业（91.89），艺福堂、吴裕泰分别以88.91和88.70位列第二和前三。

表69　2022年有效评估茶叶企业产品品牌的品牌好感度前10位

排序	企业名称	品牌名称	好感度
1	陕西省紫阳县焕古庄园富硒茶业科技有限公司	焕古茶业	91.89
2	杭州艺福堂茶业有限公司	艺福堂	88.91
3	北京吴裕泰茶业股份有限公司	吴裕泰	88.70
4	谢裕大茶叶股份有限公司	谢裕大	88.51
5	福建鼎白茶业有限公司	鼎白茶业	88.32
6	云南下关沱茶（集团）股份有限公司	下关沱茶	88.05
7	陕西东裕生物科技股份有限公司	东裕茗茶	87.89
8	福建新坦洋集团股份有限公司	新坦洋	87.81
9	黄山王光熙松萝茶业股份公司	王光熙	87.57
10	福建品品香茶业有限公司	晒白金	87.47

根据《2022中国茶叶区域公用品牌价值评估报告》，有效评估的126个区域公用品牌的平均品牌传播力为80.55。这说明，中国茶叶区域公用品牌整体的品牌传播力比茶叶企业产品品牌高。结合本次有效评估品牌过去三年在品牌宣传与推广上的经费投入来看，2019、2020、2021年3年的平均品牌传播投入逐年上升，分别为836.91万元、979.32万元和1102.41万元。这说明，我国茶叶企业越来越重视并加大了品牌传播投入，但获得的品牌知

名度、认知度和好感度的正向反应并不显著。

品牌知名度是影响力的保障,品牌认知度是消费者和品牌深层次关系的基石,品牌好感度是产生品牌忠诚度的前提。本次评估显示3个指标整体平均均未达到80,可见品牌传播效果存在问题。3个指标中,品牌认知度最低。这说明,未来应当着力加深消费认知提升。进一步分析来自不同类别农业龙头企业的产品品牌的品牌传播力及过去三年的平均品牌传播经费(见表70),国家级重点农业龙头企业和省级重点农业龙头企业的平均品牌知名度、认知度和好感度整体上超过或接近本次有效评估品牌整体的平均值。地市级重点农业龙头企业、县市级重点农业龙头企业和非龙头企业在这3个指标上的平均表现则低于整体平均水平。相应地,国家级重点农业龙头企业和省级重点农业龙头企业过去三年在品牌宣传与推广上的平均经费投入都超过了本次有效评估品牌整体的平均投入(972.88万元),分别为1421.11万元和1170.00万元;地市级重点农业龙头企业的平均经费投入为539.34万元;县市级重点农业龙头企业和非龙头企业则分别仅为167.73万元和214.33万元。

深入比较各级重点农业龙头企业的传播经费与其实际销售总额的比例可见,过去三年,国家级重点农业龙头企业的平均传播经费占实际销售总额比为6.97%,省级重点农业龙头企业为5.08%,地市级重点农业龙头企业4.40%,县市级重点农业龙头企业3.55%,非龙头企业则是6.63%。以上数据可见,一方面,传播经费绝对值投入的多少和传播力大小有较密切的关系,类别越高的重点农业龙头企业品牌在品牌传播的预算保障方面表现越好;另一方面,非龙头企业也相当重视品牌的营销传播活动,但其品牌传播经费额度受限于企业整体的营业收入,传播效果未能有较大的呈现。

表70 不同类别重点农业龙头企业产品品牌的平均品牌传播力与平均品牌传播经费

类别	知名度	认知度	好感度	平均传播经费(万元)	平均传播经费占实际销售总额比(%)
国家级	83.04	78.98	82.38	1421.11	6.97
省级	78.01	75.38	76.99	1170.00	5.08
地市级	75.44	72.83	74.82	539.34	4.40
县市级	69.91	69.27	72.16	167.73	3.55
其他	72.80	67.04	73.37	214.33	6.63
整体平均	77.56	74.60	77.00	972.88	5.30

从表70可见,县市级重点农业龙头企业的品牌传播经费投入、实际销售总额占比均是最低的,从总体平均值来看,该类别重点农业龙头企业的3个品牌传播指标平均值也最低。

本次有效评估的茶叶企业产品品牌中,55.61%的品牌有有效品牌官网,32.68%的品牌有有效微博账号,80.49%的品牌有有效微信账号,58.05%的品牌有有效短视频(抖音、快手等)账号。"有效",指品牌相关网站或社交媒体账号真实存在并能正常浏览。数据可见,微信是绝大部分茶叶企业青睐的品牌传播新媒体阵地,其次是短视频。图502可见,各级重点农业龙头企业对以上不同类型新媒体平台的使用程度具有显著差异。国家级重点农业龙头企业产品品牌对各类自媒体的使用率最高,其中75.00%的品牌建立了有效官方网站,63.89%的品牌开设了有效微博账号,97.22%的品牌开设了有效微信公众号,83.33%的品牌开设有效短视频账号。省级重点农业龙头企业产品品牌在有效官网(59.05%)和有效微信公众号（82.86％）的使用率上略高于整体平均水平；地市级重点农业龙头企业产品品牌在有效官网（55.88％）和有效短视频（58.82％）的使用率上略高于整体平均水平；而县市级重点农业龙头企业和非龙头企业对新媒体平台的有效使用率较低。

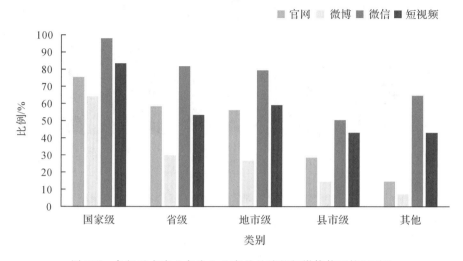

图 502　各级重点农业龙头企业产品品牌的新媒体使用情况对比

此外，就以上 4 种类型自媒体平台的使用范围来看，国家级重点农业龙头企业平均建有 2.44 种自媒体，省级和地市级重点农业龙头企业分别平均使用 1.64 种和 1.65 种，县市级重点农业龙头企业和非龙头企业分别平均使用 1.07 种和 1.14 种。可见，国家级重点农业龙头企业的品牌传播意识最强，善于利用不同传播媒体，重视打造新媒体传播矩阵，扩大品牌影响力。同时，短视频成为绝大多数茶叶企业除微信之外进行品牌传播的首选，说明短视频平台已成为我国茶叶企业产品品牌传播新的流量高地和营销热土。

比较近三年连续获得有效评估的 122 个品牌的"品牌强度五力"年度变化（见图 503），2020—2022 年间，该 122 个品牌的平均品牌经营力稳步上升，平均品牌领导力、平均品牌资源力和平均品牌发展力等 3 个指标的数值变化不大，平均品牌传播力则出现较大波动。2020 年，该 122 个品牌的平均品牌传播力为 76.93；2021 年上升至 79.19 并超过平均品牌发展力，在五力中排名第四；2022 年，平均品牌传播力又下跌至 77.29。

进一步分析以上 122 个品牌的品牌传播经费，2019 年，该 122 个品牌的平均品牌传播经费为 1199.21 万元，占当年平均销售总额的 5.28％；2020 年较上一年增加 9.28％，达 1310.43 万元，占当年平均销售总额的 5.43％；2021 年继续提升 11.54％，达 1461.66 万元，占比 5.34％。虽然传播经费比重相对较稳定，但传播经费额度大幅度提升。

理论上，经费投入提升会对品牌传播力有积极的影响。实际深入分析品牌传播力各项指标发现，该 122 个品牌除了平均品牌知名度由 2020 年的 75.38 持续提升至 2022 年的 78.27，平均品牌认知度和平均品牌好感度在过去三年则出现不同程度的上下波动。其中，平均品牌认知度的波动较小，上下波动范围为 0.71；平均品牌好感度波动较大，波动范围达 7.48。

有关平均好感度近三年数据显示，2020 年平均值为 80.59，2021 年平均值为 85.09，而 2022 年的平均值仅为 77.61。深入观察该 122 个品牌可见，仅有 3 个品牌的品牌好感度较

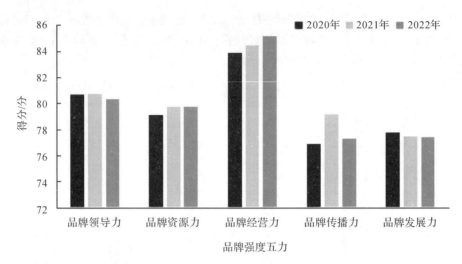

图 503　近三年连续获得有效评估品牌的"品牌强度五力"年度比较

上一年有所提升。上升幅度最高的为焕古茶业（6.98），品牌好感度增长率第一，第二位是蓝天茗茶（0.75），第三位鼎白茶业（0.30）。进一步分析发现，大部分茶叶企业产品品牌好感度下降的主要原因，在于电子商务零售平台的消费者体验评价不高。电商零售平台不仅是一个销售渠道，同时也是传播平台。品牌好感度的普遍下降，需要引起企业的重视，严格把控电商零售产品和服务的质量，提高消费者体验评价，从而有效维护品牌好感度。

综合以上数据表明，品牌传播力的增强，除了要保障传播经费的投入外，更有赖于品牌传播效果的有效性，有赖于品牌知名度、认知度和好感度三者的平衡、和谐、稳定地发展。因此，品牌传播策略需要具备科学、系统的长期规划，注重对品牌传播效果的精准把控，提高对品牌风险的管理和执行能力。

二、现象与问题

（一）文旅文创赋能，品牌创新发展

茶叶承载了厚重的历史底蕴。文化内涵不仅是这个传统产业的根基所在，也是支撑茶产业不断创新、年轻化发展的新引擎。"文创"和"文旅"作为近些年备受市场欢迎的新模式，也成为茶叶企业产品品牌积极实践摸索的发展方向之一。不少传统老字号通过这两种模式使得品牌焕发年轻活力，拓展了新的消费群体；也有不少新进的茶叶企业通过这些形式，在市场中快速站稳脚跟。

在"文创"方面，本次评估新增"茶文创""茶器具"两个指标，用于了解各品牌在非茶叶类产品上的占比，从产品角度探究茶叶产业同文创产业的融合情况。在本次有效评估的205个品牌中，有35个企业产品品牌进行了茶文创品类的拓展，占比17.07％；有65个企业产品品牌进行了茶器具的品类拓展，占比31.71％。文创产品作为文创产业的一环，正成为近些年品牌多元化展现自身形象、进行品牌传播、触达消费者的途径之一。吴裕泰从包装设计入手，打造四季茶礼盒，并联合著名漫画家李滨声老先生创作"四季饮茶图"；艺福堂联合动漫

IP艺术家南孔徐明团队推出了"茶小艺"和"茶小福"两个IP形象,并在微信端同步上架了同款表情包。对于茶叶品牌来说,文创产品植根于文化,从表达方式上进行创新,对于年轻消费者来说具有更强的体验感,是实现品牌年轻化的有效途径。

除了文创产业外,"茶旅融合"也成为近些年企业大力拓展的方向。不少企业因地制宜,充分利用品牌资源和地理文化资源,开展具有特色的茶文旅活动。浙江益龙芳打造以"开化龙顶茶文化"为主题的文化创意园,开发精品茶旅民宿;江西宁红打造的茶文化生态旅游区——宁红茶文化园,已成为国家AAA级旅游景区;谢裕大茶叶博物馆通过不同品类的馆藏,展现了中国徽文化和徽州茶文化悠久的历史。通过茶旅赋能,茶叶企业拉近品牌与消费者间的距离,实现具有创意的茶文化展示和深度体验,从而促进茶叶消费,提升茶的影响力。

(二)突破产业限制,衍生品成新潮

长久以来,茶叶的低附加值都是制约茶产业发展的最大瓶颈。从茶叶种植到采摘、加工,始终无法摆脱第一产业的发展思路和模式,导致茶叶价值难以提升。然而近些年,伴随着国家政策的出台、市场模式的改变、健康意识的提升、数字科技的进步,茶食品饮料、茶日用护肤品等产品的出现,不仅打破了公众对茶叶的固有认知,更颠覆了茶产业处在第一产业的传统。

在本次有效评估的205个品牌中,有42个企业产品品牌对茶健康衍生品进行了布局,其中,不乏有百年老品牌和新锐品牌,如吴裕泰、华国茗人,艺福堂、东裕茗茶等。其中,新安源与中国科学技术大学合作,致力于茶叶种植、选品、拼配、植物萃取等技术创新领域,已研发出新安源有机冬茶、新安源有机冬茶营养含片、冬茶啤酒等专利衍生品。吴裕泰的茶冰激凌和茶含片,华和的桑叶绿茶挂面和面膜,八百秀才的红茶麻花和红茶锅巴,东裕茗茶的茶多酚、儿茶素等产品,均已成为企业注册在列的售卖商品。

茶叶精深加工是挖掘茶叶消费潜力、提升茶叶附加值的重要突破口。当前,在需求增长缓慢、行业竞争激烈的市场环境下,企业产品品牌通过布局茶衍生品,也能够缓解茶叶产能过剩的问题,并实现茶叶资源的高效利用和品牌效益的逐步提升。由于茶叶本身具有的营养价值和功效作用,通过茶叶精加工、茶叶深加工、茶产品功能拓展,茶衍生品将为我国茶叶产业的经济效益带去广阔的提升空间。

(三)重视研发投入,落实科技兴茶

随着农业农村现代化的加快推进,科技创新赋能乡村振兴,带动茶产业欣欣向荣发展。在现代化、数字化、智能化科技手段的支撑下,我国农业生产效率和生产质量都取得了长足的进步。在"产业兴农""科技兴茶"思想的引领下,我国茶叶企业产品品牌秉承着这一科学发展理念,大力发展茶产业,对品种、技术研发等方面的重视程度和投入不断提高,经营理念发生明显转变。

本次有效评估的205个品牌,其2019年的茶叶品种、技术研发等投入平均为498.64万元,占当年茶叶销售总额的2.39%;2020年,该项投入为543.3万元,占当年茶叶销售总额的比重提升至2.48%;2021年,该项投入达到628.41万元,占当年茶叶销售总额的比重继续提升至2.60%。

考虑到头部企业产品品牌在研发方面的投入可能明显高于整体水平，使得平均数不能客观反映整体情况，本次评估对中位值也进行了对应分析：品牌对茶叶品种、技术研发等投入连续3年增加，中位值由2019年的160万元提升至2021年的235万元，占当年企业年度所有茶叶销售总额的比重也从1.65％逐年上升至2.24％。数据表明，本次有效评估的205个品牌，无论是投入总额还是占销售比重均得到了不同程度的提升；配备自有研发机构的企业数量高达64.39％。

在"三茶"统筹发展、科技兴茶的时代背景下，茶叶企业产品品牌积极提高创新能力、加大研发投入，以创新作为企业提高品牌竞争力的抓手，改变茶企以往普遍存在的重生产轻研发的状况。通过联合专业研发团队，围绕科技创新，用科技手段赋能茶产业的未来发展。伴随着越来越多的企业加大对茶叶品种、技术研发等方面的投入力度，我国茶叶产品的综合竞争力提升指日可待。

（四）出口溢价提升，外贸稳中提质

茶，作为中国文化的一张名片，一直承担着对外交往和文化沟通的角色。随着茶产业的蓬勃发展，也越来越多地肩负起"茶叙外交""茶文化外交"的重任。近些年，中国茶在APEC峰会、G20峰会、金砖峰会等重大国际场合不断亮相，积极地塑造、传播中国茶品牌的形象。同时，在"一带一路"倡议的支持下，中国茶快速走向世界，成为国际市场上兼具实力和内涵的中国元素。

本次有效评估的205个品牌中，有73个品牌的产品出口海外，出口的海外国家及地区涵盖全球七大洲68个国家和地区。数据显示，出口品牌的平均品牌收益高于非出口品牌，分别为2340.44万元和1286.47万元。

比较本次有效评估的出口品牌，2019年茶叶出口销售总额和销售总量分别为24.82亿元和6.71万吨，2020年的出口销售总额和销售总量分别为21.03亿元和5.80万吨，2021年分别为22.52亿元和5.68万吨。数据表明，有效评估品牌的茶叶出口销售总量连续3年逐年下降。另一方面，茶叶出口销售总额在经历了2020年的低谷后，在2021年有所回升，但仍未恢复至疫情前水平。

但从茶叶出口销售单价来看，2021年的平均茶叶出口销售单价为40.87万元/吨，不仅较2020年实现了正增长，且超过了2019年40.12万元/吨的水平。综合比较总额和单价可见，有效评估品牌近三年的出口价格上升，品牌效应较之前获得明显提高。

尽管受到新冠疫情的冲击，我国茶叶企业产品品牌的出口总量和出口总额受到了一定影响，但中国茶的形象已经在全世界范围获得了更广的传播和更大的认可。依靠品牌力量的推动，出口茶叶的附加值和盈利水平有了一定的提升。虽然疫情等外部因素使得茶叶生产难度加大、出口成本提高，但中国茶叶品牌已然在挑战中找到了新的发展机遇——在努力保持贸易稳定增长的基础上，牢牢把握做好"中国茶品牌"的工作，将"优质茶""品牌茶"作为更高发展战略，构建茶叶贸易新格局。

（五）发挥地缘优势，地理标志背书

在《2015中国茶叶企业产品品牌价值评估报告》中，课题组曾就茶叶企业产品品牌是否

基于地缘优势提出地缘品牌和非地缘品牌的"中国茶产业品牌新生态结构"。地缘品牌主要基于区域环境资源、生态地理自然资源、茶品种特色显著等地缘优势,打造一系列的品种独特、品质独特、工艺独特、文化独特的产地区域公用品牌,同时形成区域公用品牌与区域内企业(产品)品牌的品牌联盟与集聚,从而形成品牌整合力。

在本次有效评估的 205 个品牌中,共计 181 个企业产品品牌已获得区域公用品牌的使用授权,占整体有效评估品牌的比例高达 88.28%。本次企业产品品牌获区域公用品牌授权的情况可以分为"一对一"和"一对多"两种情况。"一对一",指 1 个品牌获得 1 个区域公用品牌的使用授权,包括宁红(修水宁红茶)、新坦洋(坦洋工夫)在内的 152 个品牌;"一对多",指 1 个品牌获得 2 个及以上的区域公用品牌的使用授权,包括凤(凤庆滇红茶和普洱茶)、谢裕大(黄山毛峰、祁门红茶、太平猴魁、六安瓜片)在内的 29 个品牌。通过比较非区域公用品牌授权品牌和区域公用品牌授权品牌的平均品牌价值和平均品牌收益可见,区域公用品牌授权品牌具有明显的优势。区域公用品牌授权品牌的平均品牌价值和平均品牌收益分别达到 2.77 亿元和 1672.37 万元,均高于非区域公用品牌授权品牌的平均品牌价值 2.06 亿元和平均品牌收益 1318.47 万元。

结合 2022 年中国茶叶区域公用品牌价值评估的结果,"普洱茶"品牌价值为 78.06 亿元,位列有效评估品牌的第二位。以"普洱茶"为母品牌的"凤""下关沱茶""六大茶山"和"陈升号"产品品牌的品牌价值均为本次有效评估品牌中的前 40 位。而"安吉白茶"与主产安吉白茶的企业产品品牌"宋茗",在本次茶叶区域公用品牌和茶叶企业产品品牌价值榜中,则分别位列前 10 和前 30。

获区域公用品牌授权的企业产品品牌比例高,说明这些企业产品品牌属于地缘优势品牌,并因其品质程度达到了区域公用品牌的相关要求,也体现了企业对区域环境资源、生态地理自然资源、茶品种特色显著、区域公用品牌集聚影响力等地缘优势的重视程度。获得区域公用品牌背书,为企业产品品牌的声誉打造和品质形象营造了良好的基础。当母子品牌相互协同时,能够充分发挥地缘优势,带来双品牌综合实力的共同提升。

(六)茶叶电子商务,助力产品销售

在新冠疫情暴发和市场环境变化的双重影响下,电子商务为茶叶的营销带来了新的机遇。数字化浪潮影响了现有的行业格局,企业产品品牌的形象塑造、品牌传播、未来发展,都因电子商务的兴起而呈现出更多的可能性。不少新老品牌通过直播获得成效可观的助力转化,拉新价值和沉淀潜客能力尤为突出。而电商平台也加速了茶叶市场规模的扩大,推动了茶叶品饮的普及化。

在本次有效评估的 205 个品牌中,有 173 个品牌在天猫、淘宝或京东 3 个主流电商平台布局,有不同数量和种类的产品在售。历年评估数据可见,2019 年,有效评估品牌的茶叶电商销售总额和销售总量分别为 37.44 亿元和 1.72 万吨;2020 年分别为 47.61 亿元和 2.08 万吨;2021 年分别为 54.51 亿元和 2.55 万吨。数据表明,近三年获得有效评估品牌的茶叶电商销售总额和销售总量均呈现逐年上升态势。

进一步比较电商销售总额和销售总量的平均值和中位值的变化趋势(见图 504),2019 年,电商销售量的平均值和中位值分别为 83.8 吨和 12 吨;2020 年,其平均值和中位值分别

提高至101.6吨和15吨,涨幅分别达21.24%和25.00%;2021年,其平均值和中位值继续提高至124.4吨和21.6吨,涨幅分别达22.44%和44.00%。反观电商销售总额的平均值和中位值,2019年两者分别为1826.5万元和547万元;2020年两者分别为2322.4万元和650万元,涨幅分别达27.15%和18.83%;2021年两者分别为2659.2万元和800万元,涨幅分别为14.50%和23.08%。可见,销售额的涨幅整体上较销售量的涨幅低。

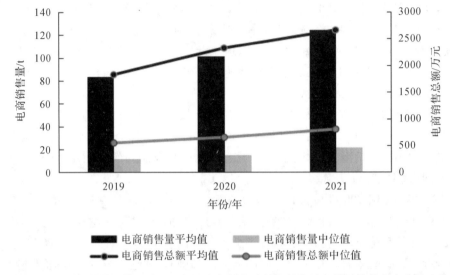

图504　2022年有效评估品牌近三年的电商销售总量和销售总额的平均值和中位值比较

电商平台是疫情以及数字化背景下重要的销售渠道之一。数据反映,我国茶叶线上市场规模一直呈稳步增长的态势,对茶产业销售的增长贡献较大。同时,通过比较中位值和平均值可以发现,头部企业的增效比中尾部企业更为明显,中国茶叶电商呈现向头部集中的趋势。电商平台作为如今品牌连接消费者的重要触点,更应用心维护和经营,借助电商平台进行良好的品牌形象传播,增强电商平台对品牌的溢价能力。

(七)借数字化东风,茶企转型升级

本次有效评估的茶叶企业产品品牌的品牌经营力优势明显,这与近年来全国多地的茶叶企业积极探索数字化赋能茶产业的转型升级有很大关系。数字化已经运用到茶业的种植、采摘、加工等生产环节以及传播、流通等销售环节,在提升茶叶质量、生产效率、产品附加值等方面发挥出积极的作用。数据显示,本次品牌经营力排名前10的茶叶企业产品品牌,其2022年平均品牌收益(3391.71万元)是获评的所有品牌的平均品牌收益(1630.94万元)的2倍多。

更香有机茶业开发有限公司数字化茶厂内,从鲜叶摊青、杀青到自动烘干,生产线完成了从靠人工控制向自动控制转变,茶叶加工全程实现智能化、连续化、标准化、规模化和清洁化。作为浙江省首个"5G+智慧茶园",在大量精准数据的积累和分析下,茶叶品质的稳定性、制茶效率和茶叶产量都得到大幅提升;杭州西湖龙井茶叶有限公司在狮峰山顶的3.3公顷茶叶种植示范基地,应用最新的5G+AI+IoT技术,在茶园中安装了360度探查的高清云台摄像机、气象站等物联网设备,可以实现对茶叶长势的实时管理,并收集天气温度、

空气湿度、土壤酸碱度等信息,为茶园管理提供数据支撑。通过这些数据,企业成功实现对茶叶有针对性施肥和灌溉。同时,通过分析茶芽生长过程中的各项指标,精准把握采摘时机。

此外,在极端天气频发、疫情常态化的背景下,数字化技术也能为茶叶产销提供科学依据和牢固保障。目前,全国多地茶产区已在茶园茶山上推行、建设气象观测站点,监测茶园周边的温度、湿度、光照、有效辐射、降雨量等数据,为茶农提供更加准确的气象参考。浙江气象部门建立了茶叶气象信息数据库,通过对气象观测数据的专业建模分析,提前7~15天对倒春寒、霜冻等采摘期高影响、灾害性天气作出预报预警;在福鼎市气象局牵头建立的11座智慧茶园立体气象站内,裕荣香等企业根据气象局的预报,提前做好应对措施,安排工人及时采摘。在数字化背景下,企业品牌正通过专业的气象服务,实现对茶园的科学化管理。

三、建议

(一)坚持品牌发展战略,立足资源禀赋,培育差异化的茶企品牌

品牌是企业的无形资产,是增进和消费者之间沟通的纽带,是塑造品牌形象、表达品牌内涵的重要载体。在全面推进乡村振兴,加快农业农村现代的时代背景下,强化茶叶品牌意识、加强茶叶品牌建设成为重中之重。"品牌化",不仅能帮助企业提高经营能力,更能扩大产品品牌在全球范围内的影响力。

在"十三五"期间,我国茶叶行业逐渐形成了以企业为主体、以市场为导向,政府推动、社会共建的茶业品牌发展态势。通过品牌建设,形成了以中茶、湘茶、浙茶、大益、竹叶青、品品香、八马、华祥苑等知名企业品牌为核心的产品、产业集聚。同时本次评估发现,具有区域公用品牌作为背书的企业产品品牌相比非背书品牌,普遍具有更高的品牌价值。未来,茶叶企业可以积极协同各地区资源禀赋,融入"品牌集群"模式,即以"中国茶"为中国茶产业的国家形象,并以产地为基础的区域公用品牌与企业品牌、产品品牌协同。通过培育茶叶集群品牌,可以形成具有不同资源融合、不同市场针对性的品牌生态结构与品牌方阵。此外,区域公用品牌的背书和企业品牌的实力也是相互的。一方面,区域公用品牌丰富的各类资源滋养了企业产品品牌;另一方面,企业应提高自身标准,获得合法、正式的授权。

以"品牌"为抓手,基于集群生态结构进行自身的品牌定位,打造具有特色产品、特色文化内涵的明星茶品,能够提升茶叶企业品牌的附加值和盈利水平,进而带动整个中国茶产业的转型升级。本次有效评估品牌中,有191个品牌拥有品牌口号,但大多的口号均存在同质化问题。未来,茶叶企业要从品种研发、品质控制、品牌传播各个环节,创造品牌的差异化。在越来越同质化的产业体系中脱颖而出,才能赢得更多的关注、获得更大的品牌影响力,产生更多的品牌溢价可能性。

(二)构建有效传播路径,实现知名度、认知度、好感度齐增

在设计创意好品牌故事的前提下,如何更好地传播品牌故事,也成为企业提升价值的关键。中国茶企是农产品企业中最具有品牌意识的企业,中国茶的品牌文化基础、品牌设计传

播能力都是农产品品牌中的佼佼者。然而本次评估发现,相比于其他产业的产品,大部分茶叶企业产品品牌仍然缺乏系统、规范、有效的品牌运维与传播策略。

在传播经费逐年上升的情况下,品牌的知名度、认知度、好感度却未获得明显提升。针对这一情况,中国茶叶企业应对症下药,针对"品牌传播力"3个不同的指标分别采取措施,构建有效传播路径。在知名度方面,需要在品牌的暴露平台下功夫,通过提升品牌暴露的高度和广度来提高品牌知名度。例如,构建以品牌官网、微博、微信、抖音等为核心的品牌新媒体传播矩阵,同时加大在权威户外媒体和大众媒体上的内容投放。如人民网、《中国日报》等主流媒体以及高铁等具备独特属性的媒介,都适合为品牌背书。在认知度方面,增加品牌暴露频次以达到消费者对品牌的深入认知。本次评估中,各级茶叶龙头企业对新媒体的使用频度呈现显著差异。企业应充分利用各大平台,做到持续、定期的原创性内容输出。企业向消费者高效率传输企业优质信息的过程中,能稳定形成和消费者间的情感纽带和价值观共鸣。在好感度方面,注重消费者体验诉求,营造产品互动性。在品牌价值和态度主张被消费者充分感知的情况下,通过品牌和消费者之间的高互动和强体验,可以吸引和留存消费者。从消费者角度,拓展其和品牌接触的场景,共同打造深度的体验。

有效传播路径的构建需要有科学、系统的传播策略引导。企业在持续加大传播投入的同时,也应当注重投入产出比,告别粗放式投放。将投放目标细化为覆盖率、到达率、转化率等指标,实现投入资源的高效利用,真正提升品牌的知名度、认知度和好感度。

(三)从产业数字化到品牌数字化,实现企业效能的全面提升

长期以来,中国茶叶生产、加工、营销均以手工作业为特征,因此,出现了生产效率低、产能低、标准化程度低、经营管理效能低等问题。如今,茶叶企业可以在传承传统技艺、保持其独特品种、品质、工艺价值的同时,借助数字化手段,提升现代化程度,提高品质标准,实现精细化生产与营销。

以益龙芳为例,该品牌不仅追根溯源,发扬非遗龙顶茶制作技艺,也致力于延伸现代化茶产业链,大力发展智慧农业,打造透明茶园标准化体系建设。"益龙芳"透明茶园,是利用互联网和物联网技术,通过视频监控、智慧管理系统、防伪溯源系统等方式对茶园进行智能化管控,从而实现全程监管、溯源和智慧展示等功能。"益龙芳"透明茶园已经成为智慧茶生活的试验区、体验区和示范区,树立起了行业新标杆。这里不仅是茶园、茶叶基地,也是了解传统茶文化、休闲娱乐的好地方,更是开化传统茶产业与现代热点产业的绝佳结合。

在产业数字化的背景下,茶叶企业实现品牌数字化是未来的发展方向之一。品牌是企业存在和发展的灵魂,只有将自身品牌特质与数字化技术紧密结合,使企业品牌呈现智能化品质和数字化形象,才能延续生命力。从产业数字化到品牌数字化,企业可以在产品、内容、渠道等方面发力。如在产品方面,品牌为消费者提供产品的使用价值。企业可以通过数字化技术进行产品全生命周期管理,通过精准洞察市场变化,进行及时的产品规划设计、更新迭代,以贴合消费者需求;在内容方面,内容为品牌与消费者搭建了有效的沟通与传播桥梁。企业可以通过数字化技术,全面地洞察消费者情感、价值观以及生活方式等方面的诉求,从消费者角度打造精品深度内容;在渠道方面,随着消费者在线上的触点增多,企业可以通过数字化技术进行全渠道布局,为消费者提供线下线上一致的服务体验,和消费者进行全时

段、多场景的互动,实现品牌价值转化。

(四)借助企业组织化创新,加强各要素和主体间的协同作用

中国茶叶产业是一个有着众多主体参与的庞大体系,而文化、科技、标准化等要素又始终贯穿其中发挥着作用。茶叶企业作为整个茶叶产业的核心,通过组织化创新,能帮助打通各要素和主体间的卡点堵点,加强协同作用,形成产业内部优势互补、互相促进和协同共生的机制。

茶叶企业产品品牌的组织化创新,包括以下几个方面。

其一,是外部组织创新,即与区域公用品牌、产业协会协同。依托平台背书能提升品牌价值。因此,企业一方面可以继续加强区域公用品牌对其品牌的授权,另一方面也应积极获得茶产业协会的政策支持。同时,整合品牌资源形成集群效应,获得更持久的品牌效应。

其二,是企业组织创新,即形成内部品牌生态结构及其品牌运营体系。企业作为市场主体,通过自身经营力,建构一个较为完备、扎实的组织管理体系和商业体系,对于营造一个有秩序、有活力、有品牌、有未来发展的茶产业来说,都是至关重要的。

其三,是产业链创新,包括三产融合、茶旅融合、产品衍生等。本次评估发现,不同企业对产业链创新都有所涉及。未来,企业可以充分整合内部和外部资源,从不同角度继续探索创新,拓展产业范围、增加产业功能、提升产业层次,实现茶叶产业链的多向延伸。

其四,是与社区协同,建立区域政府、茶农之间的创新组织,如创建龙头企业+合作社+茶村+茶农的模式等。未来,企业品牌应更多培育相关模式,实现专业化分工,最大化发挥各参与主体的积极性。通过健全交易市场体系,实现良性即时互动,合力推动茶产业振兴。

其五,是与社会组织的组织化协同创新,包括同科研单位、高校、媒体部门等主体相互协同。企业可与专业团队协作,获取外部可得资源,实现共创双赢。如,对于目前尚无能力开展自主研发的茶叶企业,可委托科研院校,以共建产学研用试点基地等多种形式,开展有关合作。

(五)以"三茶"统筹为基础,推动品牌发展,走好乡村振兴路

"三茶"统筹发展,为茶产业的未来发展指明了具体路径。茶叶企业首先要注重"茶产业、茶科技、茶文化"的融合、统筹发展。茶产业具有超越其他品类的文化属性,因此,加大科技含量、提升产品品质的同时,要融合统筹茶文化,提高茶叶企业产品品牌的文化价值,提升品牌的无形价值。如此,才能获得品牌的价值提升,充分溢价。通过强调"统筹"的发展思路,融合文化、产业、科技三者的力量,对茶产业及茶企业的"品牌化、数字化、组织化"起到促进和推动作用。

未来,以"三茶统筹"为基础,各茶叶企业产品品牌在"三化"方面仍大有发展空间。本次有效评估的品牌中,不乏艺福堂等以"品牌力"优势见长的品牌,也不乏更香有机茶等以"数字力"见长的品牌。对于茶叶企业来说,应审视自身优劣势,在充分发挥长处时,也要注意各要素间的融合,发挥联动协作的最优效益。例如,围绕科技创新和科技提升,针对加工工艺开展研究,能够提高产品质量和附加值,实现产品的综合竞争力明显提升,使其更具品牌基础。

此外，未来，茶叶企业对"品牌化"的战略模式、策略选择、工具利用，在"数字化"的技术参与、展现方式，在"组织化"的创新模式、生态结构等方面，都应当开展更多的探索和研究。之前的电商平台、直播带货等，只是数字化平台应用的初步探索，随着数字化的持续深入，数字新动能将加快形成，茶叶企业应当加速品牌化与数字化的结合，以达到互动发展。目前，中国茶叶企业的数字化能力仍然较弱，可以充分学习国内其他行业的头部公司和国际著名茶叶企业品牌，在构建个性化品牌的同时，利用好数字化技术，与消费者达到更高效顺畅、准确精细的沟通。这是中国茶叶企业产品品牌在未来的品牌经营、产品销售中必须解决的问题。

中国茶叶企业产品品牌，数量大、普遍规模小，历史悠久的老字号品牌以其文化价值见长，形成了消费忠诚，但需要解决品牌年轻化、品牌数字化问题；新近产生的品牌，以其资本及其新锐形象、产品包装、网络营销等吸引人，但产品的革命性变化尚待科技的深入参与；大部分品牌，规模小、影响力较弱、手工作业带来的小众化特征显著，如何找到适度规模、精准消费者、增加投入产出比等是关键，因此，作为中国茶叶企业产品品牌，有其共性竞争背景、共性产业趋势，但每一个品牌都有其属于自身独有的优势需要去凸显、传播，有其独有的短板需要去弥补、变通、提升。品牌价值的提升、品牌收益的获得，基于一个品牌的强度。希望未来每一个中国茶叶产品品牌都能够加大品牌强度建设，获得更有效的品牌忠诚，以强势、独特的品牌存世，实现跨越式发展。

附表：2022 年中国茶叶企业产品品牌价值（前 100 位）

排序	省份	企业名称	品牌名称	品牌价值/亿元
1	北京	北京吴裕泰茶业股份有限公司	吴裕泰	16.95
2	江西	江西省宁红集团有限公司	宁红	15.08
3	福建	福建新坦洋集团股份有限公司	新坦洋	15.03
4	福建	闽榕茶业有限公司	釜露	13.28
5	福建	福建品品香茶业有限公司	品品香	11.08
6	湖北	湖北汉家刘氏茶业股份有限公司	汉家刘氏	10.44
7	湖北	湖北采花茶业有限公司	采花	10.42
8	湖南	湖南洞庭山科技发展有限公司	巴陵春	10.40
9	浙江	浙江更香有机茶业开发有限公司	更香茗茶	10.38
10	云南	云南滇红集团股份有限公司	凤	10.34
11	福建	福建鼎白茶业有限公司	鼎白茶业	9.71
12	湖北	羊楼洞茶业股份有限公司	羊楼洞	9.50
13	浙江	浙江省诸暨绿剑茶业有限公司	绿剑	8.79
14	福建	福建省天禧御茶园茶业有限公司	御茶园	8.24
15	河南	信阳市文新茶叶有限责任公司	文新	8.20
16	福建	福建瑞达茶业有限公司	瑞达	7.41
17	云南	云南下关沱茶(集团)股份有限公司	下关沱茶	6.93

排序	省份	企业名称	品牌名称	品牌价值/亿元
18	福建	永春县魁斗莉芳茶厂	绿芳	6.67
18	浙江	浙江华发茶业有限公司	皇帝	6.67
19	福建	福建满堂香茶业股份有限公司	满堂香	6.12
20	福建	福建誉达茶业有限公司	誉达	6.03
21	江苏	苏州东山茶厂股份有限公司	碧螺	6.01
22	浙江	浙江益龙芳茶业有限公司	益龙芳	5.71
23	河南	河南九华山茶业有限公司	九华山	5.64
24	四川	四川米仓山茶业集团有限公司	米仓山	5.54
25	浙江	浙江安吉宋茗白茶有限公司	宋茗	5.30
26	云南	云南六大茶山茶业股份有限公司	六大茶山	5.27
27	福建	福建省天湖茶业有限公司	绿雪芽	5.25
28	四川	四川省茶业集团股份有限公司	叙府	5.17
29	福建	福建南安市莲花峰茶厂	莲花峰	5.12
29	湖南	湖南省白沙溪茶厂股份有限公司	白沙溪	5.12
30	江苏	镇江雨泰茶业有限公司	雨泰茗茶	4.96
31	山东	青岛万里江茶业有限公司	万里江	4.85
32	四川	四川省文君茶业有限公司	文君牌	4.70
33	浙江	杭州艺福堂茶业有限公司	艺福堂	4.69
34	湖北	湖北龙王垭茶业有限公司	龙王垭	4.67
35	福建	福建百祥进出口贸易有限公司	福百祥	4.66
36	四川	成都市碧涛茶业有限公司	碧涛	4.62
37	福建	福鼎市张元记茶业有限公司	张元记	4.60
38	云南	勐海陈升茶业有限公司	陈升号	4.57
39	福建	福建隽永天香茶业有限公司	隽永天香	4.51
40	湖北	湖北宜红茶业有限公司	宜	4.45
41	安徽	黄山市洪通农业科技有限公司	洪通	4.33
42	江苏	苏州三万昌茶叶有限公司	三万昌	4.32
42	安徽	安徽省祁门红茶发展有限公司	天之红	4.32
43	四川	四川省蒙顶山皇茗园茶业集团有限公司	皇茗园	4.28
44	四川	四川早白尖茶业有限公司	早白尖	4.20
45	重庆	重庆市开县龙珠茶业有限公司	龙珠	4.16
46	山东	青岛峰源春茶业有限公司	峰源春	4.13
47	福建	福建福鼎东南白茶进出口有限公司	东南多奇	4.08

续表

排序	省份	企业名称	品牌名称	品牌价值/亿元
48	安徽	黄山市新安源有机茶开发有限公司	新安源	4.04
49	四川	四川蒙顶山味独珍茶业有限公司	味独珍	3.94
50	福建	福建品品香茶业有限公司	晒白金	3.93
51	江西	婺源县鄣公山茶叶实业有限公司	鄣公山	3.90
52	山东	临沭县春山茶场	袁春山	3.72
53	浙江	杭州顶峰茶业有限公司	顶峰茶号	3.63
54	山东	青岛碧海蓝田生态农业有限公司	囤福茗苑	3.60
55	浙江	浙江省武义茶业有限公司	九龙山	3.52
56	广西	广西梧州茂圣茶业有限公司	茂圣	3.48
57	四川	四川蒙顶山跃华茶业集团有限公司	跃华	3.36
58	山东	青岛晓阳工贸有限公司	晓阳春	3.35
59	山东	临沂市沂蒙春茶叶有限公司	沂蒙春	3.32
60	山东	山东蒙山龙雾茶业有限公司	蒙山龙雾	3.25
61	江苏	江苏鑫品茶业有限公司	鑫品	3.22
62	安徽	霍山汉唐清茗茶叶有限公司	汉唐清茗	3.18
63	广西	梧州市天誉茶业有限公司	熹誉	3.12
64	福建	福建省莲峰茶业有限公司	三泉	2.98
65	安徽	安徽省抱儿钟秀茶业股份有限公司	抱儿钟秀	2.95
66	浙江	浙江益龙芳茶业有限公司	大龙山	2.87
67	安徽	安徽舒绿茶业有限公司	舒绿园	2.67
68	福建	福建省天醇茶业有限公司	天醇	2.63
69	江西	上犹犹江绿月食品有限公司	犹江绿月	2.62
70	重庆	重庆茶业(集团)有限公司	定心	2.59
71	云南	腾冲市高黎贡山生态茶业有限责任公司	高黎贡山	2.58
72	安徽	谢裕大茶叶股份有限公司	谢裕大	2.56
73	广东	广东省大埔县西岩茶叶集团有限公司	岩中玉兔	2.42
73	浙江	临海市羊岩茶厂	羊岩山	2.42
74	广东	广东省大埔县西岩茶叶集团有限公司	西竺	2.40
75	浙江	杭州西湖龙井茶叶有限公司	贡	2.31
76	浙江	宁波市奉化区雪窦山茶叶专业合作社	雪窦山	2.27
77	安徽	天方茶业股份有限公司	雾里青	2.20
78	广东	广东英九庄园绿色产业发展有限公司	英九庄园	2.18
79	河南	河南仰天雪绿茶叶有限公司	仰天雪绿	2.15

续表

排序	省份	企业名称	品牌名称	品牌价值/亿元
80	福建	福建省裕荣香茶业有限公司	裕荣香	2.09
81	安徽	黄山王光熙松萝茶业股份公司	王光熙	2.07
82	河南	河南蓝天茶业有限公司	蓝天茗茶	2.04
83	广西	广西将军峰茶业集团有限公司	将军峰	2.01
84	山东	山东浏园生态农业股份有限公司	浏园春	1.93
85	陕西	陕西东裕生物科技股份有限公司	东裕茗茶	1.92
86	安徽	安徽省华国茗人农业有限公司	华国茗人	1.89
87	四川	筠连县青山绿水茶叶专业合作社	娇芽	1.87
88	安徽	天方茶业股份有限公司	天方	1.86
89	山东	临沂春曦茶叶有限公司	春曦	1.85
90	福建	福建新坦洋集团股份有限公司	坦洋老枞	1.81
91	安徽	安徽兰香茶业有限公司	汀溪兰香	1.80
92	陕西	陕西鹏翔茶业股份有限公司	鹏翔	1.78
92	广西	广西顺来茶业有限公司	周顺来	1.78
93	广东	广东日川供应链管理有限公司	日川	1.74
94	重庆	重庆茶业(集团)有限公司	巴南银针	1.72
94	河南	河南其鹏茶业有限公司	其鹏	1.72
95	四川	四川嘉竹茶业有限公司	嘉竹	1.70
95	安徽	安徽舒绿茶业有限公司	舒绿	1.70
96	江西	江西御华轩实业有限公司	御华轩	1.68
97	浙江	浙江云翠茶业发展有限公司	御玺	1.66
98	广东	英德八百秀才茶业有限公司	八百秀才	1.63
99	安徽	池州市九华山肖坑有机茶有限责任公司	肖坑	1.54
100	福建	福建省中闽华源茶业有限公司	华源	1.52

声明：本研究中所估算之品牌价值，均基于本次有效评估的茶叶企业产品品牌持有单位提供的数据及其他公开可得的信息，并以"CARD模型2"为理论工具与计算方法，协同数字化技术应用，对采集数据进行处理的结果。本评估所涉及的品牌只包括在中国内地注册、登记的茶叶企业产品品牌。

2023:中国茶叶企业产品品牌价值评估报告
(数据跨度:2020—2022)*

前　言

2022 年 12 月,浙江大学 CARD 中国农业品牌研究中心、中国农业科学院茶叶研究所《中国茶叶》杂志、浙江大学茶叶研究所、中国国际茶文化研究会茶业品牌建设专业委员会和浙江永续农业品牌研究院等机构联合组建课题组,延续 2011 年开始的"中国茶叶企业产品品牌价值研究"(评估对象邀请不包含我国港、澳、台地区)公益课题,开展第十三次评估研究。通过数月的数据收集、分析,得出相关的数据及其分析结论。

一、数据与分析

申报本次评估的中国茶叶企业产品品牌共 142 个。本次评估依据"中国农产品企业产品品牌价值评估模型"(简称 CARD 模型 2),采用科学、系统、量化的方法,通过对品牌持有单位调查、消费者评价调查、专家意见征询、海量数据分析,最后形成相关评估结果。经过对申报品牌相关数据的多方审核,课题组最终完成了 141 个申报品牌的有效评估。其中,有 96 个品牌连续参与了 2021—2023 年 3 个年度的评估。

根据品牌所在地分布(见图 505)可见,141 个获评品牌覆盖国内 17 个省(区、市),其中,福建省以 23 个品牌位居参评数量第一,其次是浙江省(17 个)、安徽省(16 个)、山东省(13个)、江西省(12 个),共 5 个省份的获评品牌数量在 10 个以上。

图 505 同时可见,96 个连续参与 2021—2023 年三度评估的茶叶企业产品品牌中,来自福建省的有 18 个,占其 2023 年获评品牌数的 78.26%;来自浙江省的有 13 个,占其 2023 年获评品牌数的 76.47%;来自山东省的品牌为 10 个,占其 2023 年获评品牌的 76.92%。

从获评企业的龙头企业级别来看,本次获评品牌中,来自农业产业化龙头企业的参评品牌占获评品牌总数的 91.49%。其中来自国家级农业产业化龙头企业的品牌 26 个,占18.44%;来自省级农业产业化龙头企业的品牌 71 个,占 50.35%;来自地市级农业产业化龙头企业的品牌 30 个,占 21.28%;来自县级农业产业化龙头企业的品牌 2 个,占 1.42%。

据 CARD 模型 2,中国茶叶企业产品品牌价值=品牌收益×品牌忠诚度因子×品牌强度乘数。本节将依据模型中的各项各级指标展开相关数据分析,通过数据展示中国茶叶企

---

* 本报告发表于《中国茶叶》2023 年第 7 期。

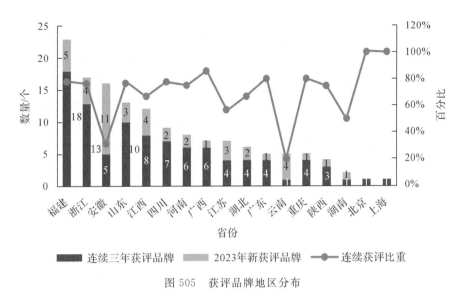

图 505　获评品牌地区分布

业产品品牌的发展现状。

(一)品牌价值:整体价值稳步提升,来自广西的品牌势头强劲

本次评估数据显示,获得有效评估的 141 个茶叶企业产品品牌的品牌价值最大值为 17.56 亿元,整体平均值为 3.24 亿元,整体中位值为 1.97 亿元。可见,品牌价值最大值是整体平均值的 5.4 倍,但整体平均值又为整体中位值的 1.64 倍。本次获评的 141 个品牌中,只有 34.04% 的品牌,其品牌价值高于整体平均值;65.96% 的品牌,其品牌价值处于整体平均值以下,属于相对较低的水平。

比较连续 3 年获得有效评估的 96 个品牌可见,其 2023 年评估的品牌价值最高值、整体平均值和整体中位值分别为 17.56 亿元、3.91 亿元和 2.65 亿元,均较前两年高(见图 506),且年增长率逐年提高。

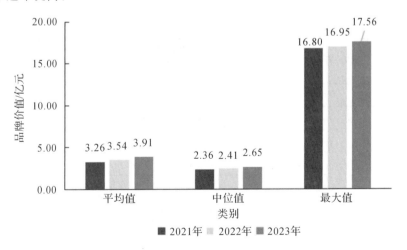

图 506　连续 3 年获评品牌的品牌价值

基于获评品牌所在主体的龙头企业级别比较平均品牌价值可见(见图507),来自国家级农业产业化龙头企业的26个品牌的最高值为17.56亿元、最低值为0.47亿元、平均品牌价值为6.27亿元,其中,平均品牌价值约为整体品牌平均值的2倍;来自省级农业产业化龙头企业的71个品牌的平均品牌价值为3.30亿元,略高于整体平均值;来自地市级农业产业化龙头企业的30个品牌的平均品牌价值为1.49亿元,来自县级农业产业化龙头企业的2个品牌的平均品牌价值为0.18亿元(因县级农业产业化龙头企业数量少,在后续数据比较中,将县级数据合并至其他类)。可见,获评品牌的龙头级别同其品牌价值整体上呈一定的正相关关系,其中,国家级农业产业化龙头企业的品牌综合表现强劲。

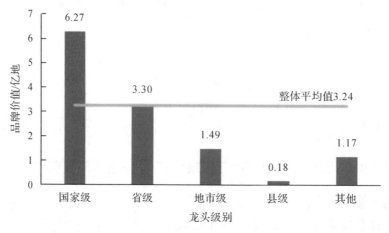

图507　2023年获评的各级农业龙头企业产品品牌平均品牌价值

比较各省获评品牌的品牌价值最高值和平均值(见表71)可见,湖北、福建、湖南3省获评品牌的平均品牌价值分别为6.69亿元、5.81亿元和5.58亿元,远高于其余省份品牌平均值;"吴裕泰""宁红""新坦洋""汉家刘氏"和"巴陵春"5个品牌的品牌价值超10亿元,分别以17.56亿元、15.62亿元、14.89亿元、11.28亿元和10.59亿元位列北京、江西、福建、湖北和湖南5省(市)榜首。

表71　各省获评品牌的品牌价值比较

省份	数量(个)	最高值(亿元)		平均值(亿元)
		名称	价值	
福建	23	新坦洋	14.89	5.81
浙江	17	绿剑	9.11	2.76
安徽	16	天之红	4.48	1.48
山东	13	万里江	6.03	2.61
江西	12	宁红	15.62	2.52
四川	9	文君牌	4.83	2.37
河南	8	文新	8.61	2.79
广西	7	三鹤	7.51	3.12
江苏	7	碧螺	6.60	2.26

续表

省份	数量（个）	最高值（亿元）		平均值（亿元）
		名称	价值	
湖北	6	汉家刘氏	11.28	6.69
云南	5	陈升号	6.81	2.14
重庆	5	龙珠	4.49	2.10
广东	5	英九庄园	2.53	2.00
陕西	4	东裕茗茶	2.63	1.65
湖南	2	巴陵春	10.59	5.58
北京	1	吴裕泰	17.56	—
上海	1	伊品茶	0.22	—

　　选取连续 3 年获评品牌数量在 5 个以上的 8 个省为目标对象，比较其 3 年获评品牌的平均品牌价值（见图 508）及其增长率。8 省连续获评品牌的平均品牌价值均在连年增长，其中福建、山东和广西 3 省（自治区）的年度增长率保持在 10% 以上，尤其是来自广西的品牌，分别以 19.88% 和 23.83% 的年度品牌价值增长率连续稳居前列。

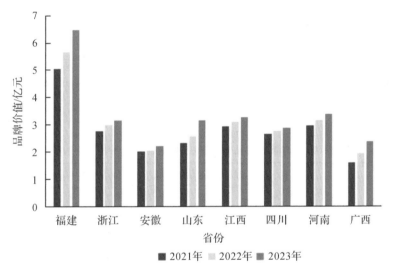

图 508　各省连续 3 年获评品牌的品牌价值

　　数据可见，尽管广西连续获评品牌的平均品牌价值低于其他省份平均值，但其近年品牌价值高速增长，表现出了强劲的发展势头。

（二）品牌收益：整体增速放缓，来自福建的获评品牌成长稳健

　　茶叶企业产品品牌的品牌收益，是以品牌近三年的平均销售额为基础，剔除各项投入成本、相关税费、资本收益等非品牌因素，最终得出因品牌而获得的实际收益。

　　获得本次有效评估的 141 个茶叶企业产品品牌，其品牌收益的最大值为 10176.55 万元，平均值为 1945.62 万元，中位值为 1172.30 万元。按照品牌收益高低的区间分布，品牌

收益达到 1 亿元以上的品牌仅有 1 个,占获评品牌总数 0.71%;品牌收益居于 5000 万至 1 亿元的品牌有 14 个,占获评品牌总数 9.93%;品牌收益位于 1000 万～5000 万元的品牌有 62 个,占获评品牌总数比为 43.97%;品牌收益不足 1000 万元的品牌有 64 个,占获评品牌总数 45.39%。

比较连续 3 年获评的 96 个品牌的平均品牌收益(见图 509)。2021 年,平均品牌收益为 1944.93 万元;2022 年提升至 2154.75 万元,增长 10.79%;2023 年达到 2343.36 万元,较上年度增长 8.75%,增长幅度略有下降。从整体看,品牌收益的增长速度有所放缓。

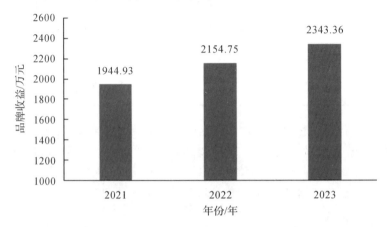

图 509　连续 3 年获评品牌平均品牌收益

表 72 为本次获评品牌中,品牌收益位于前 10 位的品牌近三年品牌收益及其增长情况比较。2022 年,除"羊楼洞"(该品牌未参与 2021 年评估)及"汉家刘氏"外,其余 8 个品牌的品牌收益均较 2021 年度有所提升,其中"新坦洋""垚露""吴裕泰"等 3 个品牌的品牌收益增长率均在 10% 以上。

表 72　2023 年品牌收益前 10 的品牌近三年品牌收益及增长率

排序	省份	品牌名称	品牌收益(万元)			2021—2022 年增长率	2022—2023 年增长率
			2021 年	2022 年	2023 年		
1	北京	吴裕泰	9878.67	11167.42	10176.55	13.05%	−8.87%
2	江西	宁红	8467.33	8765.67	8764.83	3.52%	−0.01%
3	福建	新坦洋	6844.14	7918.41	7932.98	15.70%	0.18%
4	福建	垚露	6736.27	7635.45	7682.42	13.35%	0.62%
5	福建	品品香	5923.72	6193.47	6911.06	4.55%	11.59%
6	湖南	巴陵春	5513.07	5889.67	6851.5	6.83%	16.33%
7	福建	鼎白茶业	6148.15	6608.98	6815.09	7.50%	3.12%
8	湖北	汉家刘氏	6228.26	5656.74	6131.64	−9.18%	8.40%
9	湖北	采花	5937.19	6271.48	6113.23	5.63%	−2.52%
10	湖北	羊楼洞	/	5705.72	6063.2	/	6.27%

2023 年,"汉家刘氏"的品牌收益为 6131.64 万元,较 2022 年度提高 8.40%,但仍略低

于 2021 年的品牌收益;"吴裕泰"连续 2 年品牌收益达到 1 亿元以上,但 2023 年较 2022 年
减少了 990.87 万元,降幅为 8.87%;"宁红"和"采花"的品牌收益也均有所减少,分别较
2022 年下降了 0.83 万元和 158.25 万元;其余品牌在 2023 年评估中的品牌收益均较上一年
度有所增加,但"新坦洋""釜露""鼎白茶业"等 3 个品牌的增长率较上一年度低。

表 72 同时可见,在品牌收益前 10 位品牌中,有 4 个品牌来自福建,3 个品牌来自湖北,
另有北京、江西和湖南各占 1 个品牌。

连续 3 年获评的 96 个品牌,其品牌收益年均增长率前 10 位的品牌(表 73)中,来自福建
有 4 个品牌,分别是"坦洋老枞"(186.77%)、"裕荣香"(80.07%)、"晒白金"(54.78%)和"畲
依茗"(44.07%)。结合表 72、表 73 统计可见,本次获评的福建省茶叶企业产品品牌在品牌
收益上具有较高的成长性。

表 73　连续 3 年获评品牌中品牌收益年均增长率前 10 的品牌

排序	省份	品牌名称	品牌收益(万元)			年增长率
			2021 年	2022 年	2023 年	
1	福建	坦洋老枞	265.73	1102.77	1748.48	186.77%
2	江西	纱坦太阳红	94.00	340.00	630.00	173.50%
3	福建	裕荣香	1215.76	1202.23	3140.83	80.07%
4	江西	天祥号	46.81	63.81	111.51	55.54%
5	福建	晒白金	1514.43	2274.70	3624.73	54.78%
6	浙江	绿水丫丫	236.13	274.50	503.58	49.85%
7	广西	将军峰	836.67	1576.67	1593.67	44.76%
8	福建	畲依茗	577.50	692.50	1165.00	44.07%
9	广西	熹誉	1804.83	2652.51	3388.19	37.35%
10	广东	日川	708.10	1077.89	1304.74	36.63%

(三)品牌忠诚度因子:市场价格趋于平稳,四川获评品牌表现稳定

品牌忠诚度因子的测算,侧重于一个品牌能否在相对时间内维持相对稳定的价格,市场
价格表现越平稳,消费者对品牌的忠诚度相对越高。根据 CARD 模型 2,品牌忠诚度因子=
(过去三年平均售价-销售价格标准差)/过去三年平均售价,因此,品牌忠诚度因子的大小
与近三年各品牌的市场零售价的稳定性有关。

数据显示,获得本次有效评估的 141 个茶叶企业产品品牌的品牌忠诚度因子平均值为
0.926,中位值为 0.940,最大值 1.000,中位值较平均值高 0.014,可见,过半数获评品牌的市
场零售价相对较为稳定。

进一步比较连续 3 年获评的 96 个品牌的品牌忠诚度因子。如图 510 所示,在 2021—
2023 年 3 个年度的评估中,该 96 个连续获评品牌的品牌忠诚度因子的平均值和中位值均在
0.90 以上,中位值均较高于平均值,并且均呈现先降后升的态势。2023 年数据同时显示,品
牌忠诚度因子的平均值和中位值分别达到了 0.929 和 0.940,均高于 2021 年数据。数据表

明，连续3年获评的96个品牌中，多数品牌近年的市场价格保持在相对稳定的状态。

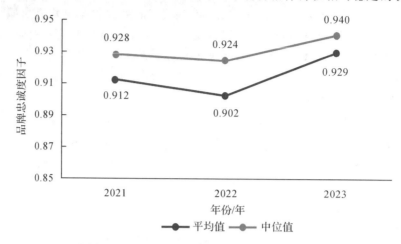

图510　连续3年获评品牌的品牌忠诚度因子

以连续3年获评品牌数量在5个以上的8个省份为目标对象，比较不同省份获评品牌的平均品牌忠诚度因子。如图511所示，本次获评品牌中，来自四川、江西、河南和山东等4省获评品牌的平均品牌忠诚度因子均高于整体平均值（0.926），其中，来自四川的获评品牌的平均品牌忠诚度因子最高，达到0.966；来自安徽和广西的获评品牌的平均品牌忠诚度因子低于0.90，相对其余省份，其平均值较低，但依然处于较高稳定值。

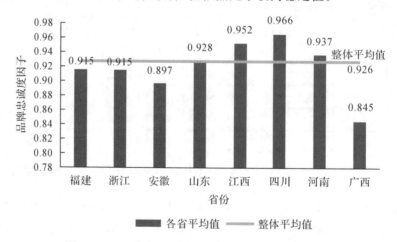

图511　2023年各省获评品牌的平均品牌忠诚度因子

进一步比较上述8省连续3年获评品牌各年度的平均品牌忠诚度因子（见图512）。从图中可见，来自四川、河南的获评品牌，其平均品牌忠诚度因子呈逐年上升的态势；来自福建、山东、江西、广西的获评品牌，其平均品牌忠诚度因子呈先降后升的态势，其中，广西的获评品牌波动幅度大；来自安徽的获评品牌，其平均品牌忠诚度因子呈逐年下降的态势；来自浙江的获评品牌，其平均品牌忠诚度因子呈先升后降的态势。

以上数据表明，近年来，四川省获评品牌的市场价格体系稳定性强，而来自广西的获评品牌的市场价格波动相对较大、稳定性较弱。

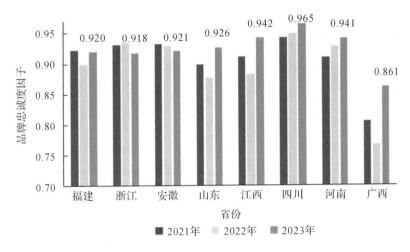

图 512　各省连续 3 年获评品牌的品牌忠诚度因子

(四)品牌强度:品牌经营力表现优异,品牌传播力有待提升

品牌强度及其乘数,由品牌领导力、品牌资源力、品牌经营力、品牌传播力和品牌发展力等 5 个能够表现品牌稳定性和持续性的"品牌强度五力"加权计算得出。该指标体现品牌未来持续收益能力、抗风险能力和竞争能力大小,是对品牌强度高低的量化呈现。具体评估中,"品牌强度及其乘数"各指标数值均根据当年度获评品牌的横向比较得出。

本次获评的 141 个茶叶企业产品品牌,其平均品牌强度得分为 79.09,平均品牌强度乘数为 17.60。品牌强度前三强分别为福建新坦洋集团股份有限公司的"新坦洋"、福建品品香茶业有限公司的"品品香"、信阳市文新茶叶有限责任公司的"文新",其中,"新坦洋"和"品品香"蝉联 2022 年、2023 年前二强,"文新"则从 2022 年的第六位晋升至第三位。

表 74 是本次获评品牌中品牌强度一级指标位于前 10 的品牌。表中可见,品牌强度及其乘数一级指标品牌领导力、品牌资源力、品牌经营力、品牌传播力和品牌发展力数据位于第一的,分别为"品品香""绿剑""品品香""吴裕泰"和"新坦洋"。据表 74 数据统计可见,其中,"新坦洋"出现 5 次,"品品香"出现 4 次,"崟露""文新""汉家刘氏"和"天之红"等 4 个品牌均出现 3 次,"羊楼洞""吴裕泰""采花""晒白金""坦洋老枞""芭蕉""谢裕大""绿雪芽"等 8 个品牌各出现 2 次,另有"宁红""绿剑""裕荣香"等 13 个品牌出现 1 次。

表 74　2023 年获评品牌中品牌强度及其乘数一级指标前 10 位的品牌

排序	品牌领导力		品牌资源力		品牌经营力		品牌传播力		品牌发展力	
	名称	得分	名称	得分	名称	得分	名称	得分	名称	得分
1	品品香	95.77	绿剑	92.77	品品香	94.14	吴裕泰	87.92	新坦洋	86.55
2	羊楼洞	95.22	新坦洋	92.01	新坦洋	94.09	艺福堂	86.93	汉家刘氏	85.67
3	宁红	95.02	崟露	91.23	晒白金	93.54	谢裕大	85.18	品品香	84.88
4	吴裕泰	94.93	文新	90.35	裕荣香	92.73	绿雪芽	84.95	天之红	84.80
5	崟露	94.56	坦洋老枞	90.16	坦洋老枞	92.24	汉家刘氏	83.99	碧螺	84.55

续表

排序	品牌领导力		品牌资源力		品牌经营力		品牌传播力		品牌发展力	
	名称	得分	名称	得分	名称	得分	名称	得分	名称	得分
6	文新	93.67	羊楼洞	90.08	东裕茗茶	92.20	文新	83.98	万里江	83.25
7	汉家刘氏	93.38	芭蕉	89.79	隽永天香	92.03	品品香	83.77	陈升号	83.12
8	采花	93.02	采花	89.42	鼎白茶业	91.83	天之红	83.48	绿雪芽	82.92
9	晒白金	92.30	谢裕大	88.77	瑞达	91.63	新坦洋	82.65	芭蕉	82.80
10	新坦洋	91.35	天之红	88.62	崟露	91.32	太姥山	82.61	莉香(LIXIANG)	82.71

　　对比本次 141 个获评品牌的品牌强度及乘数的一级指标(以下简称"品牌强度五力")平均值、最高值和最小值。如图 513 所示,从平均值比较,品牌经营力表现相对突出,平均得分为 84.81;品牌传播力和品牌发展力表现相对较弱,得分分别仅为 73.84 和 76.39,均不足 80;从最高值比较,品牌领导力、品牌经营力和品牌资源力最高值分别达到了 95.77、94.14 和 92.77,而品牌传播力和品牌发展力最高值分别为 87.92 和 86.55,相对低于前 3 个指标;从最小值比较,品牌领导力和品牌发展力的得分较低,品牌经营力则相对较高。

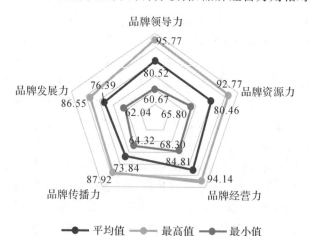

图 513　2023 年获评品牌的"品牌强度五力"

　　数据表明,本次获评品牌的品牌领导力、品牌资源力和品牌经营力具有相对优势,其中品牌经营力平均水平高于其他 4 个一级指标;但比较各指标最高值与最低值的差值可见,品牌领导力、品牌资源力、品牌经营力、品牌传播力和品牌发展力依次为 35.10、26.97、25.84、23.60 和 24.51,各品牌之间的"品牌强度五力"水平相差悬殊。

　　比较不同农业龙头级别企业品牌的"品牌强度五力",如图 514 所示,龙头级别越高,"品牌强度五力"表现越强,尤其是品牌领导力之间的差异较为明显,来自国家级农业龙头企业的茶叶品牌平均品牌领导力 89.75,较来自其他企业的茶叶品牌平均品牌领导力高出了 20.30。这表明,农业龙头企业的行业领导带动作用与价值得以有效体现,也表明农业龙头企业相关品牌的未来持续收益能力、抗风险能力和市场竞争能力越高。但横向比较图 514 数据发现,从国家级、省级、地市级农业龙头企业到其他企业,平均品牌传播力依次仅为 78.65、74.08、71.57 和 68.67,均较其余 4 项指标弱。

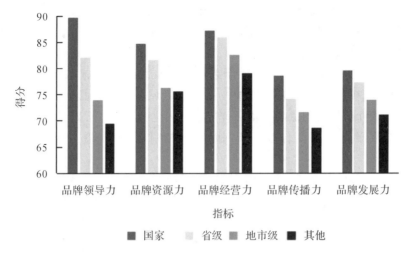

图 514　2023 年获评的各级农业龙头企业品牌"品牌强度五力"

针对 96 个连续 3 年获评品牌,比较其 2021—2023 年 3 个年度的平均"品牌强度五力"(见图 515)。与 2021 年度相比,获评品牌的平均品牌领导力、品牌资源力和品牌经营力均有所成长,且三度评估中,平均品牌经营力均普遍高于其余 4 项指标;而平均品牌传播力和平均品牌发展力在三度评估中均处于相对弱势,且平均品牌传播力呈逐年下降的态势,从 2021 年的 79.35 下降至 2023 年的 74.22。

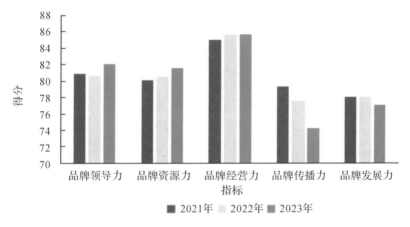

图 515　连续 3 年获评品牌的平均"品牌强度五力"

数据说明,该 96 个品牌的品牌经营力在不断提升,充分体现了中国茶叶企业产品品牌的品牌经营能力在持续不断增强,这是令人欣喜的。但平均品牌传播力,意味着获评品牌与市场、消费者的关系质量、传播效能逐年下降,值得高度重视。同时,平均品牌发展力意味着一个品牌为未来发展所建立的基础力量,如果该力量不够稳健、扎实,处于弱势,说明品牌未来的发展潜力不足。

以上 3 组数据同时表明,近年来,我国茶叶企业产品品牌在品牌标准化建设、质量检测体系、产品认证体系和经营管理等层面较为重视且表现突出,说明对品牌管理正处于安全保障、品质标准、产品认证等生产端的基础内容,但在品牌文化赋能、品牌营销传播,提升品牌在消费市场的知名度、认知度、好感度等方面,仍然力度不够,品牌传播工作成效不高。

品牌传播力由品牌知名度、认知度和好感度三要素构成。2023年获评品牌的平均知名度、认知度和好感度分别为73.42、71.55和76.73,3项平均值均在80以下,其中知名度和认知度不足75。事实上,本次获评的141个茶叶企业产品品牌中,有126个品牌具有茶叶区域公用品牌的授权,在开展品牌传播活动中,可依托区域公用品牌的官方平台,彰显企业品牌的个性。但与茶叶区域公用品牌平均品牌传播力相比(82.71、78.22、83.01),我国茶叶企业产品品牌的知名度和认知度普遍不高,从而导致整体品牌传播力低下,需要引起高度重视。

表75是本次评估中知名度、认知度和好感度排在前10位的品牌,"吴裕泰""艺福堂""谢裕大""绿雪芽"和"天之红"等5个品牌出现3次,体现品牌传播力各指标发展向好;"汉家刘氏""文新""品品香"和"羊楼洞"等4个品牌出现2次;另有"新坦洋"和"鹏翔"2个品牌知名度较强,"润思"在品牌认知度上有优势,而"焕古茶业""太姥山""将军峰"和"陈升号"则有较强的好感度。相对而言,好感度排行名单与知名度和认知度排行名单的差异较大。部分知名度、认知度不高的品牌,基于其较高的产品品质、良好的茶叶口感、舒适的消费体验等因素,从而具备高好感度;换言之,具备高好感度的品牌,其知名度和认知度未必具有同等水平。

表75 2023年获评品牌中品牌传播力三级指标前10位的品牌

排序	知名度		认知度		好感度	
	名称	得分	名称	得分	名称	得分
1	吴裕泰	89.03	吴裕泰	89.65	绿雪芽	87.96
2	艺福堂	85.83	艺福堂	88.25	焕古茶业	87.25
3	谢裕大	84.85	谢裕大	85.17	太姥山	87.14
4	汉家刘氏	84.36	文新	84.85	艺福堂	87.08
5	绿雪芽	84.21	品品香	84.30	天之红	85.91
6	文新	83.62	汉家刘氏	83.82	将军峰	85.71
7	品品香	83.40	润思	83.78	谢裕大	85.62
8	天之红	83.20	绿雪芽	82.92	羊楼洞	85.56
9	新坦洋	82.97	天之红	81.44	吴裕泰	84.71
10	鹏翔	82.36	羊楼洞	81.15	陈升号	84.40

二、现象与问题

(一)茶产业延伸,品牌综合效益增强

统计本次获评品牌在各类茶及茶周边产品的生产比重,绿茶生产比重最高,达到了41.21%,其次是红茶(21.74%)、白茶(13.40%),黑茶、乌龙茶、黄茶分别为7.17%、4.92%和1.82%;另有生产5.36%的花茶和1.98%的苦丁茶等替代茶,茶器具、茶文创、茶健康衍

生品等茶周边产品共计占 2.40％。

尽管茶周边产品的生产比重总体不大,但涉足该领域的品牌数量的比例有所增多。《2022 中国茶叶企业产品品牌价值评估报告》[①]对当年度获得有效评估的茶叶企业产品品牌涉及茶器具、茶文创和茶健康衍生品等茶周边产品的情况进行了统计,品牌数量分别占当年度品牌总量的 31.71％、17.07％、20.49％。2023 年,涉及以上 3 类"茶+"产品的品牌数量占比分别达到了 33.33％、24.11％和 24.11％,较上年度比重均有所增加,说明获评品牌在产品生产上不止于"茶"的品牌比例在进一步加大。

本次评估中,茶周边产品生产比重在 5％以上的品牌共计 24 个,占总体品牌数量的 17.02％。该 24 个"茶+"品牌的平均品牌收益 2662.07 万元,较整体品牌平均值高出了 716.45 万元;平均品牌价值 4.41 亿元,较整体品牌平均值高 36.11％。茶叶企业产品品牌在茶产业链上的延伸,有效提高了品牌综合效益。

(二)茶科技支撑,品牌逐步进入高质量发展

本次获评的 141 个品牌中,共计有 48 家品牌主体参与并主导制定了茶产品相关标准,其中,参与并主导制定国家标准的有 16 家、行业标准 20 家、地方标准 32 家。在品牌产品认证方面,共计有 84 个品牌获得有机产品认证,占 59.57％;有 74 个品牌获得绿色食品认证,占 52.48％;有 132 个品牌建有产品质量追溯体系。数据同时显示,共计有 50 家品牌主体获得高新技术企业的认证,占 35.46％;有 45 家品牌主体被认定为科技型/专精新特中小企业(获得多项认证的主体以高新技术企业为统计归口)。企业在标准化建设、产品检测、质量追溯、科技创新等方面的重视与成效可见一斑,也为各企业的茶叶产品品质提供了强有力的保障。

依据获评品牌是否获得高新技术企业、科技型/专精新特中小企业认证,对 141 个获评品牌进行分类(见图 516)。2022 年,50 个来自高新技术企业获评品牌在品种、技术方面的年平均研发费为 989.66 万元,年平均增长率 10.78％;45 个来自科技型/专精新特企业获评品

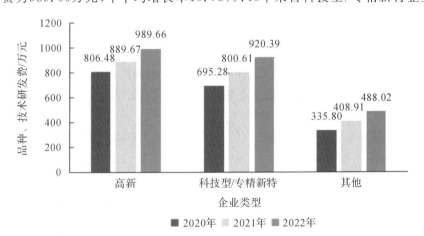

图 516　各类科技型企业近三年研发经费投入比较

---

① 胡晓云、黄桑若、刘晓宇:"2022 中国茶叶企业产品品牌价值评估报告",《中国茶叶》,2022 年第 44 卷第 6 期,第 20—36 页。

牌的年平均研发费为 920.39 万元，年平均增长率 15.05％；上述两种类型除外的获评品牌，尽管其年平均研发经费相对不高，但年平均增长率达到了 20.56％。可见，茶叶企业在茶科技上的投入力度不断加大，茶叶科技含量在不断提升。

比较品牌价值位于前 10 位、前 50 位、前 100 位与整体品牌近三年的平均品种、技术研发经费。如图 517 所示，近三年，品牌价值无论高低，但研发费用均在逐年增多，且品牌价值越高的企业，研发经费越高。尤其是品牌价值位于前 10 的获评品牌，近三年平均投入经费分别为 2493.45 万元、2721.85 万元和 3082.09 万元；整体品牌近三年的研发经费分别为 618.90 万元、703.72 万元和 803.90 万元。可见，品牌价值前 10 位品牌在品种、技术研发的投入经费是整体品牌平均值的 4 倍左右。由此印证，茶科技的投入与发展与品牌价值呈现正相关关系，研发投入的加大，有利于品牌价值的提升，有助于品牌的高质量发展。

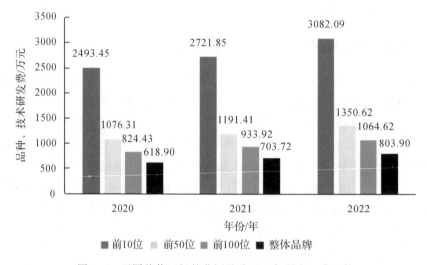

图 517　不同价值区间的获评品牌近三年研发经费比较

（三）茶文化赋能，提高品牌市场竞争力

2022 年底，由 44 个国家级非遗代表性项目构成的"中国传统制茶技艺及其相关习俗"正式列入联合国教科文组织人类非物质文化遗产（非遗）代表作名录，昭示着历史底蕴深厚的中国茶文化获得了世界的认可。①

茶文化是茶品牌重要的价值赋能。中国茶文化的复兴，除了政府的政策引领及资金支持之外，来自市场主体的支撑必不可少。企业作为市场主体的重要组成部分，是驱动我国茶叶产业不断发展的重要引擎。因此，在中国茶的非遗活化，讲好中国茶文化故事的过程中，企业应当体现其主体力量。在 44 个国家级非遗代表性项目中，有 14 个项目的保护单位为企业。如北京吴裕泰茶业股份有限公司作为茉莉花茶制作技艺保护单位，旗下 69.53％的产品为茉莉花茶，打造"老字号＋文化＋体验"模式，与中国国家博物馆跨界合作，在文化传承

---

① 鲁成银："加强茶非物质文化遗产保护助力茶产业高质量发展"，《中国茶叶》，2022 年第 44 卷第 12 期，第 48—54 页；鲁成银："'中国传统制茶技艺及其相关习俗'非遗申报解读"，《中国茶叶》，2023 年第 45 卷第 2 期，第 49—53 页。

与创新中,实现企业增效。再如谢裕大茶叶股份有限公司作为黄山毛峰制作技艺保护单位,建立谢裕大茶文化博物馆,并以此为核心,构建成含非遗制茶技艺体验园在内的"一馆四园"的谢裕大茶博园景区,全方位呈现黄山毛峰。

在本次获评的141个品牌中,拥有各级非物质文化遗产、重要农业文化遗产、非遗传承人等非遗资源的品牌共计64个,占45.39%。比较具有非遗资源和无非遗资源的获评品牌,拥有非遗资源的获评品牌的平均品牌收益和平均品牌价值分别为2329.11万元和3.91亿元,分别比无非遗资源的获评品牌高出40.17%和42.70%。可见,非遗资源对于茶品牌价值的积累与提升具有重要作用。

具有非遗资源的获评品牌在"品牌强度五力"上的表现也更具优势(见图518)。具有非遗资源的获评品牌,其平均品牌领导力、品牌资源力、品牌经营力、品牌传播力和品牌发展力分别为81.74、82.70、85.90、75.39和76.96,均高于无非遗资源获评品牌的平均值。在直接考察文化资源有关内容的"品牌资源力"指标上,具有非遗资源的获评品牌优势显著,较无非遗资源获评品牌的平均值高出3.85;在"品牌传播力"上也有明显成效,具有非遗资源的获评品牌比无非遗资源获评品牌的平均值高出2.67。数据说明,拥有非遗资源的获评品牌,其品牌的未来持续收益能力、抗风险能力和市场竞争力比无非遗资源的获评品牌要强。

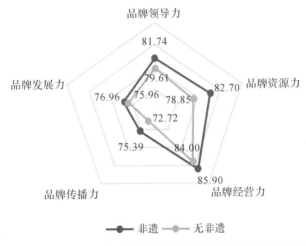

图518　具有非遗资源和无非遗资源的获评品牌的平均"品牌强度五力"比较

(四)茶叶内销与出口价格内外倒挂依然显著

根据中国海关数据统计,2022年中国茶叶出口总量38.94万吨,较上年增长1.54%;出口总额22.70亿美元,较上年下降10.25%;出口均价5.83美元/千克,同比上年下降11.53%[1]。据中国茶叶流通协会统计,2022年我国茶叶内销均价为141.62元/千克[2]。通过对比可以看到,当前我国茶叶销售价格内外倒挂明显,我国茶叶在面向国际市场中仍然以

---

[1]　潘蓉、余玉庚、刘兰等:"2022年中国茶叶进出口贸易结构简析",《中国茶叶》,2023年,第45卷第4期,第31—35页。

[2]　梅宇、张朔:"2022年中国茶叶生产与内销形势分析",《中国茶叶》,2023年第45卷第4期,第25—30页。

原料茶出口为主,品牌溢价能力低,甚至存在被压价的困境。

本次评估数据显示,在获得有效评估的 141 个品牌中,共计有 43 个品牌拥有出口业务。由图 519 可见,2022 年度,该 43 个品牌的平均出口总额为 3508.64 万元,较上年度增加 160.77万元,增长 4.80%;平均出口总量为 872.19 吨,较上年度增加 98.19 吨,增长 12.69%。数据同时显示,该 43 个品牌近三年的平均出口折算价分别为 41.32 元/千克、43.25元/千克和40.23 元/千克,与海关统计数据大体相当,2022 年,出口价格出现下滑。

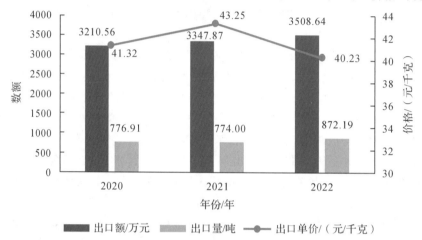

图 519　涉及出口的 43 个获评品牌的 3 年出口数据比较

图 520 呈现的是近三年该 43 个品牌的出口额和出口量的占比情况。可以明显看到,其出口额占比与出口量占比的数值相差较大,出口额占比远小于出口量占比,平均相差 22.79 个百分点。数据进一步佐证了茶叶内销与出口的价格倒挂现象。

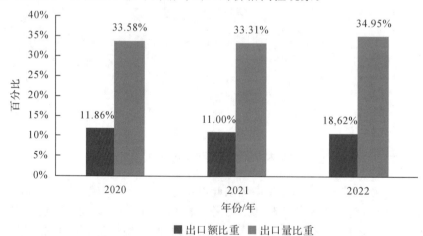

图 520　涉及出口的 43 个获评品牌的 3 年出口额、出口量占比情况

(五)传播投入量加大,传播效果有待提高

前文数据分析中提到,本次获评品牌的"品牌传播力普遍不强"。针对该现象,本研究统计了本次 141 个获评品牌主体的官方传播平台建设现状。

据统计，本次 141 个获评品牌中，有 17 个品牌主体未建官方网站，占 12.06%；同时，在 123 个建有官方网站的品牌中，有 44 个品牌的网站无法打开，仅有 28 个品牌主体官方网站在 2023 年有所更新（调查基准日 2023 年 3 月 31 日），官方网站有效性比例不足 1/5。从获评品牌"两微一抖"账号创建情况看，仍有 77 个品牌未设微博账号、19 个品牌未建微信公众号、38 个品牌无抖音账号。可见，大部分获评品牌未建或未有效维护自身传播平台，对自媒体传播的重视程度不高。

进一步统计 96 个连续获评品牌近三年的品牌传播力及其上年度品牌宣传与推广投入数据。如图 521 所示，96 个连续获评品牌近三年的宣传推广投入金额平均达到了 1 329.40 万元、1521.86 万元和 1698.58 万元，2023 年较 2021 年整体增长了 369.18 万元，增长率达 27.77%；而平均品牌传播力从 79.35 降至 74.22，整体下降了 6.46%。数据呈现了传播投入经费上升但品牌传播力下降的现状，这从一定程度上反映了获评品牌在传播上存在投入产出不对等的问题，传播工作的有效性需引起重视。

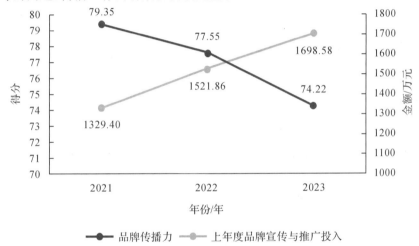

图 521　连续 3 年获评品牌的品牌传播力与上年度品牌宣传与推广投入金额比较

三、趋势与建议

（一）趋势

中国茶叶企业产品品牌的品牌价值专项评估，作为"中国茶叶品牌价值评估课题"的重要研究内容之一，已经连续开展了 13 年。课题组持续观察并见证了我国茶叶企业产品品牌 15 年来的建设与发展历程。结合本次评估研究与近年茶行业发展现状，我们看到了以下五大趋势。

趋势一：品牌经营超越产业经营。品牌主体的品牌经营意识、品牌经营能力均得到了快速加强，整体超越了长期以来只关注生产端的产业经营的产业经济模式，先后进入茶业品牌经营时代，创造了茶业品牌经济。

趋势二：活化非遗超越传承非遗。长期以来，对"中国传统制茶技艺及其相关习俗"等非遗资源，茶界更多关注的是传承与保护。近年来，茶界纷纷认识到，非遗保护是基础，非遗传承的同时,需要更关注非遗资源的"活化",让茶技艺、茶习俗重新焕发生机,让历史走入现实,让过去走向未来,让资源转换为资产。

趋势三:企业集群超越单打独斗。"区域公用品牌＋企业产品品牌"的母子品牌模式,是大部分茶产区所选择的发展路径。事实也证明,该模式对于提升茶业经济、推进茶区共同富裕有显著效果。在区域公用品牌的推动下,各地茶企之间的竞争合作关系也在向好发展,求同存异,集群发展,共同进步,托起茶叶区域公用品牌及中国茶国家品牌的集聚发展。

趋势四:国际国内传播齐头并进。"一带一路"倡议提出 10 周年,《中欧地理标志协定》稳步推进,"中国传统制茶技艺及其相关习俗"申遗成功等,在诸多国际化发展契机的加持下,中国茶,作为最具代表性的国家名片之一,它的海外传播正朝着定位更准确、表达更清晰、品牌更落地的方向前进,试图形成国际、国内传播的良性互动发展。

趋势五:适度包装回归产品本质。随着国家标准《限制商品过度包装要求 食品和化妆品》(GB23350—2021)即将正式实施,各级政府有关部门、行业组织、媒体平台、设计机构等,均在关注该标准的落地与实施,呼吁强调适度包装。茶叶是本次国家标准重点要求的产品之一,茶叶企业必将迎来包装"瘦身""轻装"上阵的大趋势,让包装回归到茶叶本身,并体现茶性的简朴、理性。

(二)建议

持续 13 年的《中国茶叶企业产品品牌价值评估报告》中,课题组曾先后提出了多项针对性建议,部分建议至今仍有一定的适用性。针对本次评估的数据呈现及其发现的突出问题,我们重点提出以下 6 点建议。

1.加强品牌素养培训,保障品牌持续发展

品牌是一项系统性工程,在建设与管理过程中需要避免"头痛医头、脚痛医脚"。目前,我国茶叶企业产品品牌虽然普遍重视了品牌经营,也有了前所未有的品牌经营效果,但在品牌传播力和品牌发展力上,其成效还有待提升,茶叶企业人员的品牌素养、品牌知识、品牌运作能力尚显不足。

提高对我国茶企人员的品牌素养培训,打造一支具有高品牌素养的人才梯队,可从人力资源方面保障品牌的科学、有效经营及可持续发展。

2.科学布局产业,适当回归茶健康路径

企业是茶产业生产与建设的主力军,对于市场需求具有敏锐的反应。市场对茶产品的多元化需求,推动了一批茶叶企业转向多元化发展,而多元化的产业链延伸,在一定程度上对增强品牌综合效益具有正向作用。

根据《2023 年十大消费者洞察趋势》《女性消费力洞察报告》等多项消费调查发现,人们对于"健康"的需求在回归并上升。茶,作为国人健康饮品,除充分发掘"茶"本身的功效价值以外,可结合企业自身资源禀赋,或联合相关机构主体,遵循自身发展战略,结合产品优势与产业基础,开发布局茶健康衍生品,如"茶＋康养""茶＋疗愈"等。

3.进一步重视科技发展,提高品牌自身硬实力

科技是第一生产力,中国茶的发展,无论是生产型品牌还是销售型品牌,均需要茶科技

的助力。

19 世纪末以来,我国在茶科技方面的关注与探索,主要集中在品种研发、加工机械、生态防护、茶园物联网等方面,均主要聚焦在生产端,而对于后端物流、销售、服务、体验等方面的关注与研究尚少。中国式现代化茶叶企业的创建与发展,不仅仅需要在生产过程中实现现代化,在物流、销售、服务、体验等各环节同样需要注入科技。持续加大科技投入,应当合理、有效利用科技,发掘差异化品牌价值。随着数字技术的发展,以数字技术为手段,串联并提升茶叶从生产到市场全链路的科技含量,并逐步从"数字化"向"数智化"转型,以"数实结合"反向倒逼茶叶企业生产出更具市场竞争力的产品,提升品牌自身硬实力。

4.文化传承与创新,释放企业主体力量

茶文化的复兴、传统技艺的活化,需要充分、有效发挥茶叶企业的主观能动作用。作为直接面向消费者的主体,茶叶企业对市场往往具有更强的敏锐度,在将沉淀千百年的中国茶文化与需求多样多变的现代消费市场进行对接、融合的过程中,企业自然更具内在活力与创新优势。

中国茶灿若繁星,不同的地域、品种、工艺及历史文化孕育出了上百个各具特色的茶叶区域公用品牌,这无疑为企业对茶产业、茶文化的传承与创新提供了丰富的资源,大有可为。与此同时,面对高度细分的茶资源,各茶叶企业也应秉持务实的态度,避免落入曲高和寡的窠臼,始终以消费需求为导向,时刻把握大众消费市场的趋势,不断激发市场活力。对于非遗而言,使用才是最好的保护,消费才是最好的传承。

5.探索跨境电商,打开中国茶品牌出海新通道

传统的茶叶国际贸易,多以茶原料形态出口,无法有效承载中国茶文化、茶品牌的价值内涵。随着跨境电子商务的不断推进,2022 年以来,跨境电商平台逐渐放开了茶叶类目,为中国茶叶企业的国际贸易打开了一条新通道。尽管在本次评估调查中,仅有 15 个品牌涉足跨境电商板块,且跨境电商销售比重不高,但 2022 年茶叶跨境电商销售单价达到了 105.88元/千克,是传统茶叶出口单价的 2 倍以上。

茶叶企业应抓住机遇,通过跨境电商,扭转长期以来面向海外市场仍以原料出口为主的产业困境,向世界传递分享具有高品牌价值感、彰显东方文化独特韵味的中国茶,实现中国品牌茶的国际贸易突破,并逐步重构中国茶品牌的国际话语权。

6.开展传播效果评估,实施有效传播策略

当前的传播环境早已不再是传统的电视、广播、纸媒时代,而是集内容生产、平台支撑、技术创新三位于一体的融媒体时代,其中以手机为主要载体的移动互联是该时代重要特征之一,这使传播手段、传播形式乃至传播逻辑均发生了重大变化。

在人人均是自媒体的环境下,意见领袖、大众传媒、社交媒体、短视频平台、电子商务零售平台等,均可成为品牌传播的重要阵地。在此变局下,茶叶企业如何选择与自身品牌定位、消费市场定位相匹配的传播计划,需要进行充分的调研与分析。可以与数智化结合,在充分掌握消费大数据的前提下,制定精准的传播策略,在有限的成本预算下,合理分配使用,以期达到传播效果最大化。

同时,茶叶企业应完善自媒体矩阵建设,自媒体平台是茶叶品牌对外传播的官方窗口,也是公域流量转化为私域流量的"蓄水池"。在无外部媒体加持的特殊情况下,自媒体平台

可以承载低成本的自我传播，一定程度维持品牌在互联网环境中的能见率，保障品牌知名度的积累。注重对传播内容的把控，切勿天马行空发散思维，须有效聚焦品牌认知。着重保障产品品质、消费体验水平，媒体好感评价和消费体验评价双管齐下，从而有效提高品牌好感度。

附表：2023年中国茶叶企业产品品牌价值评估结果（前100位）

排序	省份	企业名称	品牌名称	品牌价值/亿元
1	北京	北京吴裕泰茶业股份有限公司	吴裕泰	17.56
2	江西	江西省宁红集团有限公司	宁红	15.62
3	福建	福建新坦洋集团股份有限公司	新坦洋	14.89
4	福建	闽榕茶业有限公司	崟露	13.51
5	福建	福建品品香茶业有限公司	品品香	11.33
6	湖北	湖北汉家刘氏茶业股份有限公司	汉家刘氏	11.28
7	湖北	羊楼洞茶业股份有限公司	羊楼洞	11.17
8	福建	福建鼎白茶业有限公司	鼎白茶业	11.09
9	湖北	湖北采花茶业有限公司	采花	10.71
10	湖南	湖南洞庭山科技发展有限公司	巴陵春	10.59
11	福建	福建奇古枝茶业有限公司	奇古枝	9.46
12	浙江	浙江省诸暨绿剑茶业有限公司	绿剑	9.11
13	福建	福建瑞达茶业有限公司	瑞达	8.81
14	福建	福建省天禧御茶园茶业有限公司	御茶园	8.63
15	河南	信阳市文新茶叶有限责任公司	文新	8.61
16	广西	广西梧州茶厂有限公司	三鹤	7.51
17	福建	永春县魁斗莉芳茶厂	绿芳	7.36
18	云南	勐海陈升茶业有限公司	陈升号	6.81
19	浙江	浙江华发茶业有限公司	皇帝	6.71
20	江苏	苏州东山茶厂股份有限公司	碧螺	6.60
21	福建	福建品品香茶业有限公司	晒白金	6.56
22	河南	河南九华山茶业有限公司	九华山	6.48
23	福建	福建誉达茶业有限公司	誉达	6.38
24	浙江	浙江益龙芳茶业有限公司	益龙芳	6.36
25	福建	福建省天湖茶业有限公司	绿雪芽	6.33
26	山东	青岛万里江茶业有限公司	万里江	6.03
27	福建	福建省裕荣香茶业有限公司	裕荣香	5.48
28	福建	福建隽永天香茶业有限公司	隽永天香	5.19

续表

排序	省份	企业名称	品牌名称	品牌价值/亿元
29	山东	青岛碧海蓝田生态农业有限公司	闽福茗苑	5.00
30	山东	青岛晓阳工贸有限公司	晓阳春	4.84
31	浙江	杭州忆江南茶业有限公司	忆江南	4.84
32	四川	四川省文君茶业有限公司	文君牌	4.83
33	广西	梧州市天誉茶业有限公司	熹誉	4.80
34	湖北	湖北宜红茶业有限公司	宜	4.72
35	浙江	杭州艺福堂茶业有限公司	艺福堂	4.70
36	四川	四川早白尖茶业有限公司	早白尖	4.58
37	重庆	重庆市开县龙珠茶业有限公司	龙珠	4.49
38	福建	福建福鼎东南白茶进出口有限公司	多奇	4.49
39	安徽	安徽省祁门红茶发展有限公司	天之红	4.48
40	四川	四川省蒙顶山皇茗园茶业集团有限公司	皇茗园	4.38
41	江苏	苏州三万昌茶叶有限公司	三万昌	4.37
42	山东	临沭县春山茶场	袁春山	3.99
43	四川	四川蒙顶山味独珍茶业有限公司	味独珍	3.96
44	浙江	杭州顶峰茶业有限公司	顶峰茶号	3.85
45	山东	临沂市沂蒙春茶叶有限公司	沂蒙春	3.76
46	江西	婺源县鄣公山茶叶实业有限公司	鄣公山	3.64
47	广西	广西梧州茂圣茶业有限公司	茂圣	3.47
48	江苏	江苏鑫品茶业有限公司	鑫品	3.26
49	福建	福建省莲峰茶业有限公司	三泉	3.15
50	浙江	浙江益龙芳茶业有限公司	大龙山	3.15
51	福建	福建新坦洋集团股份有限公司	坦洋老枞	3.04
52	福建	福建省天醇茶业有限公司	天醇	2.99
53	江西	江西犹江绿月嘉木文化发展有限公司	犹江绿月	2.67
54	重庆	重庆茶业(集团)有限公司	定心	2.66
55	广西	广西将军峰茶业集团有限公司	将军峰	2.63
56	陕西	陕西东裕生物科技股份有限公司	东裕茗茶	2.63
57	安徽	谢裕大茶叶股份有限公司	谢裕大	2.57
58	云南	腾冲市高黎贡山生态茶业有限责任公司	高黎贡山	2.55
59	广东	广东英九庄园绿色产业发展有限公司	英九庄园	2.53
60	浙江	临海市羊岩茶厂	羊岩山	2.51
61	广东	广东省大埔县西岩茶叶集团有限公司	岩中玉兔	2.43

续表

排序	省份	企业名称	品牌名称	品牌价值/亿元
62	浙江	杭州西湖龙井茶叶有限公司	贡	2.38
63	广东	广东省大埔县西岩茶叶集团有限公司	西竺	2.37
64	安徽	安徽省华国茗人农业有限公司	华国茗人	2.32
65	河南	河南仰天雪绿茶叶有限公司	仰天雪绿	2.15
66	河南	河南蓝天茶业有限公司	蓝天茗茶	2.13
67	山东	山东雪尖茶业有限公司	沂蒙雪尖	2.13
68	安徽	黄山王光熙松萝茶业股份公司	王光熙	2.10
69	安徽	天方茶业股份有限公司	雾里青	2.06
70	广东	广东日川供应链管理有限公司	日川	2.03
71	安徽	天方茶业股份有限公司	天方	1.97
72	四川	筠连县青山绿水茶叶专业合作社	娇芽	1.94
73	江西	江西御华轩实业有限公司	御华轩	1.92
74	山东	山东春曦茶业有限公司	春曦	1.88
75	陕西	陕西鹏翔茶业股份有限公司	鹏翔	1.81
76	陕西	陕西省紫阳县焕古庄园富硒茶业科技有限公司	焕古茶业	1.81
77	山东	烟台市供销社茶业有限公司	华和	1.74
78	重庆	重庆茶业(集团)有限公司	巴南银针	1.73
79	福建	福鼎市品茗香茶业有限公司	畲依茗	1.72
80	河南	河南省妙高茶业有限公司	妙高	1.60
81	山东	山东环河茶叶有限公司	碧芽春	1.59
82	广西	梧州市天誉茶业有限公司	臻誉	1.53
83	广西	广西南山白毛茶茶业有限公司	圣种	1.41
84	江西	江西省宁红有限责任公司	漫江红	1.38
85	湖北	恩施市润邦国际富硒茶业有限公司	芭蕉	1.32
86	安徽	黄山茶业集团有限公司	云谷	1.29
87	山东	日照市林苑茶业有限公司	极北云岫	1.26
88	福建	福建省泉州市裕园茶业有限公司	裕园茶	1.25
89	安徽	安徽兰花茶业有限公司	万佛山	1.24
90	安徽	安徽国润茶业有限公司	润思	1.19
91	云南	云龙大栗树茶业有限公司	大栗树	1.15
92	江西	江西三山实业有限公司	玉山怀玉	1.08
93	浙江	缙云县黄贡茶业有限公司	仙都贡珠	1.07
94	安徽	黄山锦绣农业科技有限公司	徽源	1.05

排序	省份	企业名称	品牌名称	品牌价值/亿元
95	江西	庐山市东林雨露现代农业有限公司	东林雨露	1.02
96	安徽	安徽省华国茗人农业有限公司	大别山黄茶	1.01
97	安徽	安徽省大别山茗茶小镇农业综合开发有限公司	大别山茗茶小镇	1.00
98	山东	济南南湖玉露茶叶科技开发有限公司	泉城	0.97
99	江西	江西省太阳红茶业有限公司	纱坦太阳红	0.95
100	湖北	湖北赤壁赵李桥茶业有限公司	赵李桥	0.94

声明：本研究中所估算之品牌价值，均基于本次有效评估的茶叶企业产品品牌持有单位提供的数据及其他公开可得的信息，并以"CARD模型2"为理论工具与计算方法，协同数字化技术应用，对采集数据进行处理的结果。本评估所涉及的品牌只包括在中国内地注册、登记的茶叶企业产品品牌。

第二版后记

时间，是一个相对的概念。特别是有着热爱的事情需要全情投入时，时间总会在不知不觉间倏然而过。

《价值决胜——中国茶叶品牌价值成长报告》第一版出版于 2018 年。记得那年，我的身体积劳成疾，非常不好。当年 7 月召开新书发布会时，我就在想，2019 年是否依然继续？

从 2010 年开始的中国茶叶品牌价值评估专项研究，从区域公用品牌扩展至企业产品品牌，每年汗牛充栋的数据收集、数据分析以及研究报告写作，都是团队深重的工作任务。何况，为了保证研究的客观、真实、公正，我们坚持公益研究，更由于研究的学科交叉性，也没有可能得到纵向课题的支持。

到了 2019 年底，当我与当时的中国茶叶研究所副所长鲁成银、《中国茶叶》杂志主编翁蔚讨论是否继续研究时，鲁所长的一段话点醒了我。他说，"事实证明，这些年的研究对中国茶叶的品牌化发展，是起到了非常好的推动作用的。每年发表的这两个研究报告，已经成为中国茶界每年的风向标。应该继续坚持，做下去"。

是的，初心仍在，坚持，才是硬道理。就这样，我与团队依然选择了坚持。五年之后，回想起这个小插曲，非常感谢鲁所长在关键时刻的激励与点拨。

从 2019 到 2023，又是一个完整的五年。10 个研究报告，准时发表在《中国茶叶》杂志上，依然是每一年中国茶界的风向标。每一个获评品牌的品牌价值成长数据与未来发展方向，都会被记录、被分析、被建议。而每一个获评品牌的后面，是一个区域的茶产业的兴衰、茶经济的现状、茶文化的赋能情况、茶品牌的竞争能力与溢价分析。从这些数据及其分析、研判中，每一个品牌的价值都被客观呈现，每一个品牌的未来都循序可见。我们依然不辜负初心，为中国茶的产业发展、品牌竞争力创塑提供了自己的专业价值。

本书集成了 2010—2023 年之间发表的共 27 个研究报告，共 90 多万字。其中并不包括这些年为各个品牌独立提供的品牌价值分析报告。书中的每一个数据，都经过多方核实，都客观地记录了从 2007 年至今中国主要的茶叶区域公用品牌、企业产品品牌的价值成长线；书中的每一条研究建议，都是团队富有针对性的专业判断与未来建议。我相信，这 27 个研究报告，陪伴了中国茶产业突飞猛进发展的十六年历程；更相信，在未来的日子里，这一份研究的价值将越来越值得珍惜。

持续研究的过程中，我们依然得到了第一版后记中我所提及的所有亲朋好友的支持，在此，恕不一一复述。

我要借第二版的后记，以最诚挚的心，感谢这一路上跟着我努力拼搏的团队，特别是魏春丽老师。十多年青春时光，就这样在数据分析中度过，需要坚定的信念。当年她毕业选择留下来工作，用她的话来说，是"与有肝胆者共事"。十多年过去，我欣喜地看到了她的快速成长，我也希望未来的自己能够一如既往地给予她以及整个团队更多的专业滋养，共同探索,持续进步。

我还要诚挚感谢为第二版写序的刘仲华院士、王岳飞教授,谢谢他们长期以来的高度肯定与热情支持。

未来的路还很长。我们将一如既往地坚持对于中国茶叶品牌价值成长的研究。因为我深知,中国茶产业的未来发展,需要我们的研究积累;中国茶品牌的未来竞争力培养,需要我们的专业智慧。

我期待,中国茶,能够让世界转身向东;我希望,中国茶人,能够持续向世界奉上一杯杯的东方美茶。通过茶,我们将与整个世界分享中国的东方之美。

胡晓云

2024 年 3 月 24 日

第一版后记

中国有句古语:"一个好汉三个帮",何况我还是一个弱女子。所以,当凝集了十年心血的研究报告即将积集出版的时候,我不用多说其他,唯有感恩。

我感谢我的博士生导师、浙江大学农村发展研究院院长黄祖辉教授及夫人谢丽莎女士,前辈与忘年交"超级农民"顾益康夫妇,好朋友、CARD执行院长钱文荣夫妇,是他们对我的爱,给了我无言的支持与爱护。

我感谢中国茶叶研究所的鲁成银研究员,是他的睿智、专业与爱心,让他从研究一开始一直支持到今天,十年里,只听到他对课题组的赞许与肯定,鼓励我们努力前行;

我感谢新昌县人民政府,每年的春天搭起高台,让我们的研究成果能够第一时间向行业发布;

我感谢中国茶叶网、《中国茶叶》杂志团队对我与课题组的全力支持,让我们的研究成果能够第一时间发表在专业杂志,分享给各位读者;

我感谢我的团队,特别是报告成稿时一起废寝忘食的魏春丽女士、陈清爽女士、袁馨瑶女士;我感谢浙江大学、中国计量学院、浙江农林大学、浙江财经学院的黄桑若、李闯、杨小竹、唐武峰老师及其同学们,在大家的努力下,我们每一年的立体调研、数据输入、数据分析、报告成稿等工作都是扎扎实实,严谨有序;

我感谢这十多年来,支持我们专题研究的阮浩耕、王岳飞、王建荣、梁国彪、黄飞、吴晓力、屠幼英、孙状云、翁蔚等专家、教授们,你们的专家声音让我们的研究更立体、更全面;

我感谢这十多年来,一直向我们提供各个品牌发展资料的各个茶叶品牌管理者,是你们的共同努力,让我们的研究能够成就今天的蔚为大观;

我感谢本书的责任编辑李海燕女士对我们的肯定与厚爱,并一起忙碌,一起表达,力求完美;

我感谢所有默默关注着我的研究的朋友们,是你们在德尔菲法的研究中,是你们的关注给了我专业的、无形的力量;

我感谢我的父母家人对我的包容与爱,这十多年的时间里,我总是在路上,没有更多的时间陪你们,但你们从不责怪;

我感谢我自己,有梦想,并能够付诸实施。

我期望,本书的出版,能够让世界转身,向东看。

胡晓云

2018年4月20日